사회보장행정법

하명호 · 박정연 · 황지애

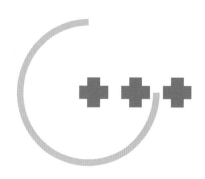

박영사

머리말

사람은 살면서 누구나 출산, 양육, 실업, 노령, 장애, 질병, 빈곤 및 사망 등 다양한 생활상의 어려움을 겪게 된다. 그런데, 최근의 연구성과에 의하면, 네안데르탈인 공동체는 14만5000여 년 전에 이미 다운증후군을 앓는 '티나'라는 6세의 어린이를 돌봤다고 한다. 또한, 네안데르탈인의 화석에서 골절이 아문 흔적을 발견하였다고 하는데, 이는 사냥 능력을 상실한 구성원을 위하여 다른 이들이 보살폈다는 것을 말한다. 이러한 사회적 연대의식과 집단 구성원에 대한 돌봄을 맹자식 표현으로 측은지심(惻隱之心)의 발로라고 할 수 있지 않을까. 어린이가 우물에 빠지는 것을 보면, 누구라도 측은한 마음이 드는데, 그것은 그 어린이의 부모와 친해지거나 주변 사람들로부터 칭찬을 듣기 위해서도 아니고, 구해주지 않았다는 비난을 듣고 싶지 않아서도 아니다.

위와 같은 생활상의 어려움은 주로 가족과 같은 개인적 차원에서 해결되어 왔다. 그런데, 산업혁명으로 인한 산업구조 변화나 생활환경의 변화에 따라 생산, 소비, 부양공동체의 성격을 가지고 있었던 전통적인 대가족제도가 해체되어, 농촌에 잔류한 가족은 경제활동인구의 이탈로 부양이 곤란해졌고, 도시의 핵가족은 육아, 가사노동과 같은 서비스를 시장에서 구입하거나 부부 일방이 전담하여야 하는 문제가 발생하였다. 인류의 지혜는 위와 같은 개인적 차원의 생활상의 어려움을 사회화시켰고, 국가가 이러한 사회적 위험을 예방하고 구제하는 역할을 맡도록 하였다.

우리 헌법도 직접 명시하고 있지는 않지만 사회국가의 원리를 헌법 원리로 채택하고 있다고 해석되고, 「사회보장기본법」 제9조에서는 법률적 차원에서 사회보장수급권을 보장하고 있다. 이상의 논의를 정리하면, 사회보장행정법은 "헌법에서 보장하고 있는 인간다운 생활을 할 권리, 복지국가 원리 및 사회국가 원리를 실현하기 위하여 국가나 공법인이 주체가 되어 개인을 생활위험으로부터 보호하는 것을 1차적인 목적으로 제공되는 행정상의 급여관계를 규율하는 공법체계"라고 정의할 수 있고, 국가 또는 지방자치단체와 같은 행정주체와 국민 또는 주민과 같은 행정객체 사이에 사회적 보장수급권을 내용으로 하는 법률관계를 규율하는 법률체계를 규율대상으로 하고 있다.

그동안 사회보장 또는 사회보장제도에 관한 법학적 연구는 사회적 기본권을 중심으로 한 헌법이나 사회보장의 내용을 탐구하는 사회법의 범주에서 주로 수행되었다. 그러나, 사회보장은 국가나 지방자치단체와 같은 행정주체가 행정행위, 사실행위, 행정입법 등 행정작용을 수단으로 국민의 생활에 관여하고 있기 때문에, 국민의 사회보장수급권이 확실히 보장될 수 있도록 행정법적 이론체계를 구축하는 것이 중요하다. 그렇다면, 사회보장행정법은 사회보장행정의 조직·작용·절차 및 구제에 관한 공법으로서, 사회보장행정조직법, 사회보장행정작용법(행정의 행위형식, 행정의 실효성 확보수단), 사회보장행정절차법, 사회보장행정구제법으로 구성된다.

　　우리 행정법학계는 행정법의 도그마틱이나 권리구제를 연구하는 데 집중하였고 각론 분야의 연구에 투여할 여유가 없었다. 이는 우리 생활과 매우 밀접한 관련을 가지는 사회보장행정법도 마찬가지이다. 이러한 현실 인식하에서 우리는 사회보장행정법 연구의 초석을 놓는 작업을 수행하기로 뜻을 같이하였고, 처음에 그리려던 용의 모습은 아니지만 그 결과물을 이제 세상에 내놓는다. 이 책은 사회보장행정법 중에서도 총론부분에 집중하였는데, 하명호 교수의 총괄하에 박정연 교수는 사회보장행정작용법과 행정절차법을 주로 작성하였고, 황지애 판사는 실효성 확보수단과 행정구제법을 집필하였다. 향후 이를 토대로 도그마틱을 심화시키거나 각론을 분석하는 연구를 진행할 작정이다.

　　이 책을 쓸 수 있도록 도와준 분들이 많이 있다. 판례와 같은 기초자료를 제공해준 김혜성 판사, 교정을 도와주고 조언을 아끼지 않은 곧 박사가 될 김주희 조교에게 특별한 감사의 마음을 전한다. 이 책의 편집을 도와준 박영사의 장유나 차장에게도 깊이 감사드린다.

2025. 1.

저자 일동

목차

제1장	사회보장행정법의 의의와 체계

제2장　　　**사회보장행정상 법률관계**

제4장   사회보장 행정절차 · 행정조사 · 정보공개

제5장	**사회보장행정에서 실효성 확보수단**

제6장   사회보장행정에서의 권리구제

제1장
사회보장행정법의 의의와 체계

사회보장행정법의 의의

Ⅰ. 사회보장의 의의와 역사

1. 사회보장의 의의

가. 개념

사람은 살면서 출산, 양육, 실업, 노령, 장애, 질병, 빈곤 및 사망 등 다양한 생활상의 어려움을 겪게 된다. 특히 고령으로 인한 소득의 상실이 가장 큰 어려움으로 꼽힌다. 이러한 사회적 위험에 대비하기 위하여, 국가 또는 지방자치단체와 같은 행정주체가 생활보장을 위한 급여제공 등의 방법으로 그 위험으로부터 국민을 보호하고 인간다운 생활을 할 수 있게 하는 것을 제도적으로 보장하여야 한다는 관념이 사회보장의 기본적 사고이다. 그러나, 사회보장을 보는 시각은 입장의 차이와 시대와 장소에 따라 다양하게 정의되고 있다.

사회보장이 법률용어로서 처음 사용된 것은 1935년 미국에서 사회보험제도를 도입하기 위하여 사회보장위원회를 조직하고 그 이후 제정된 법률의 명칭을 사회보장법(Social Security Act)이라고 정한 것에서 비롯된다. 그 후 1942년 국제노동기구(ILO)가 1942년에 「사회보장에의 길(Approaches to social security)」이라는 보고서를 간행한 것을 계기로 사회보장이라는 용어가 광범위하게 사용하게 되었다. 그 보고서에서는 '사회보장'을 "사회가 적절한 조직을 통하여 그 구성원이 봉착하는 일정한 사고에 대하여 제공하는 보장"이며, 이때의 사고는 "개인으로서는 스스로의 능력이나 예지 혹은 동료와의 개인적 결합에 의해서도 유효하게 대비할 수 없는 본질적 사고"라고 정의하였고, "기본적으로는 질병, 출산, 산업재해, 실업, 장애, 노령 및 사망에서 기인하는 소득의 정지또는 중대한 감소에 의하여 발생하는 경제적·사회적 곤궁에 대한 일련의 공적 조치로 사회가 그 구성원에게 제공하는 보호를 의미하고, 의료보호의 제공 및 아동을 부양하는 가족에 대한 원조"라고 설명하고 있다. 한편, 1942년 영국에서 간행된 「베버리지 보고서(Beveridge Report-Social Insurance and Allied Services)」에서는 사회보장을 "실업, 질병 혹은 재해로 인하여 수입이 중단된 경우에 대처하기 위하거나 노령에 의한 퇴직이나 본인 이외의 사망에 의한 부양 상실에 대비하기 위하여, 출생·사망·결혼 등과 같은 특별한 지출을 감당하기 위한 소득 보장"이라고 정의하여 소득보장적 측면을 강조하였다.

결국 '사회보장'이란 개인이 처한 질병, 상해, 장애, 노령, 부양자의 사망, 실업 등의 사회적 위험에 대하여, 국가 또는 지방자치단체와 같은 행정주체가 생활보장을 위한 급여를 제공하는 등의 방법으로 개입하여 그 위험으로부터 국민을 보호하고 인간다운 생활을 할 수 있게 하는 것이라고 정의할 수 있다. 한편, 「사회보장기본법」 제2조에서는 사회보장의 기본이념을 "모든 국민이 인간다운 생활을 할 수 있도록 최저생활을 보장하고 국민 개개인이 생활의 수준을 향상시킬 수 있도록 제도와 여건을 조성하고 그 시행에 있어 형평과 효율의 조화를 기함으로써 복지사회를 실현하는 것"이라고 규정하고, 제3조 제1호에서 사회보장을 "출산, 양육, 실업, 노령, 장애, 질병, 빈곤 및 사망 등의 사회적 위험으로부터 모든 국민을 보호하고 국민 삶의 질을 향상시키는 데 필요한 소득·서비스를 보장하는 사회보험, 공공부조, 사회서비스"라고 정의하고 있다.

나. 사회복지와의 관계

헌법 제34조 제2항에서는 "국가는 사회보장·사회복지의 증진에 노력할 의무를 진다."라고 규정하여, 사회보장과 사회복지라는 용어를 나란히 사용하고 있다. 따라서, 사회보장과 사회복지의 관계를 둘러싸고 용어상의 혼란이 야기되고 양자의 관계가 문제될 수 있다.

사회복지(social welfare)는 사회구성원의 일정한 생활 수준 및 보건 상태를 확보하기 위한 사회정책 및 제도의 조직적인 체계라고 정의할 수 있다. 사회복지는 사회적 약자뿐만 아니라 사회의 모든 구성원에게 그들이 속해 있는 사회와 적절한 관계를 확보할 수 있는 수단을 제공하는 계획적인 사회적 서비스 또는 시설의 체계와 사회정책·사회보장·주택보장·공중위생·비행문제대책 등을 포함하는 넓은 뜻으로 쓰이기도 한다. 다른 한편 사회복지를 사회보장의 한 방법으로서 제도적 의미로 이해한다면, 아동·노인·장애인과 같이 평균적 생활 수준에서 낙오된 사회적 약자에 대하여 금전 급부 이외의 이른바 서비스 제공의 방법으로 행해지는 사회적 보호의 방책을 의미하게 된다.

사회보장과 사회복지의 관계에 관하여, 이를 병렬적으로 이해하는 견해, 사회보장을 사회복지보다 더 상위의 개념으로 이해하는 견해, 사회복지를 보다 상위의 개념으로 이해하는 견해 등 다양한 견해가 존재한다. 그러나, 사회복지를 위와 같이 제도적인 개념으로 파악한다면, 사회보장을 실현하는 방법의 하나로서, 사회보험, 공공부조, 사회보상 등 다른 사회보장제도를 보완하는 관계에 있다고 할 수 있다. 이하에서는 이러한 관점 하에서 논의를 전개하도록 하겠다.

2. 사회보장의 기원과 형성

산업혁명 이전에도 질병, 노령, 장애, 빈곤, 실업 등 개인의 정상적인 사회생활을 저해하는 사회적 위험이 있었다. 그러나, 이러한 위험은 개별적인 원인의 결과로서 개인적인 위험으로 인식되었고, 이에 대한 해결은 민간부문에 맡겨져 있었으며, 국가가 해결책을 마련하더라도 개별적·산발적인 정책에 불과하였다. 또한, 이에 대한 국가정책의 목적은 개인의 생활보장보다는 '공동체의 질서유지'에 있었다.

그러나, 산업혁명으로 인한 산업구조 변화나 생활환경의 변화에 따라 새로운 사회적 위험이 출현하고 기존의 위험이 심화되는 등의 문제가 발생하면서, 더 이상 개인 또는 가족 내부의 힘으로 대처할 수 없게 되었다. 산업혁명의 결과로 대가족제도가 해체되었는데, 생산, 소비, 부양공동체의 성격을 갖는 전통적인 대가족과 달리 농촌에 잔류한 가족은 경제활동인구의 이탈로 부양이 곤란해졌고, 도시의 핵가족은 육아, 가사노동과 같은 서비스를 시장에서 구입하거나 부부 일방이 전담하여야 하는 문제가 발생하였다. 이렇게 인구가 도시로 대량적으로 유입되면서 노동시장의 수요를 초과하게 되고, 도시에서는 대량실업과 대량빈곤현상이 동시에 발생하였으나, 이러한 사회문제를 해결할 수 있는 연대적 생활공동체가 형성되어 있지 않았다. 따라서, 사회나 국가가 이러한 사회적 위험을 예방하고 구제하는 역할을 수행할 필요성이 대두하였다.

사회보장제도는 제2차 세계대전 후 빠르게 세계 각국에 퍼져나갔다. 그 직접적인 계기는 1920년대 말경부터 1930년대에 걸친 대공황으로 대규모의 실업과 심각한 생활상의 위험이었고, 나아가 제2차 세계대전으로 인한 국민생활의 피폐도 사회보장제도를 형성하게 된 원인이 되었다. 이러한 심각한 생활상의 위험에 대하여 국가적 차원에서 대처할 필요가 있었기 때문에 사회보장제도가 서구사회에서 채택된 것이다.

사회보장의 기원은 주요국가별로 차이가 있다. 먼저, 영국은 빈곤문제를 사회적 문제로 인식하고 국가적 대응을 한 대표적인 국가이다. 1834년에 개정된 구빈법(Poor Law)은 새로운 형태의 대량 빈민을 보호하기 위한 목적에서 제정된 최초의 체계적인 입법에 해당한다.[1) 노동능력 있는 빈민의 문제, 실업으로 인한 빈곤의 문제 그리고 실업의 사회적 성격에 대한 인식은 1905년 실업노동자법(Unemployed Workmen Act)의 제정으로 나타났다. 모든 국민에게 최저생활을 보호하는 정책적 전통은 이후 영국의 사회정책을 지배하는 이념으로 정착하였다. 초기 빈민에 대한 보편적 의료정책은 2차 세계대전 이후 국민보건제도(National Health Service, NHS)의 기원이 되었고, 노동자의 생활보장은 주로 노동조합이 기업 내에서 사용자와의 협상을 통해서 실현하도록 하였다.

19세기 후반 독일에서는 저임금노동 및 실업으로 인하여 노동자계층의 생활환경이 악화되고 장래의 생활에 대한 불안으로 인하여 현실비판의식이 점차 늘어나게 되었다. 이는 당시 노동자해방을 구호로 내건 사회민주주의 세력과 그 관심이 같았고, 정치가들은 이러한 운동을 군주정에 대한 위협으로 받아들여 비스마르크(Bismarck)를 중심으로 한 당시의 지배세력은 노동자계층에 대한 유화책으로 사회보장 정책의 시행을 구상하였다.

반면에 미국은 자본주의의 발전과 함께 뿌리 깊은 개인주의와 자조주의, 자유주의 등으로 인하여 사회보장에 관한 이념과 제도의 발전이 늦어졌다. 미국에서의 사회보장은 1930년대 경제대공황을 타개하기 위하여 루즈벨트가 제창한 뉴딜정책의 정치강령 중의 하나인 사회보장법(Social Security Act)의 제정에 기원을 두고 있다.[2) 이 법은 경제공황에 대한 처방이었기 때문에 일자리와 생계를 잃은 전국민을 대상으로 최저생계를 보장하기 위한 것이었으므로, 이 법의 핵심적인 프로그램인 노령-유족-장애-입원보험(OASDHI) 외에도 넓게는 실업보험, 진폐급여, 산재보험 등을 비롯한 공적부조 및 그밖

---

1) 이 법은 '빈곤 그 자체'를 보호의 대상으로 삼았다는 점에서 인식의 전환을 가져왔다는 의미가 있으나, 빈곤의 원인을 무능력과 게으름과 같은 개인의 속성으로 이해하였다는 점에서 한계가 있다.
2) 전광석, 「한국사회보장법론」 제10판, 법문사, 2014, 72면.

의 사회서비스까지 사회보장의 개념에 포함된다.[3]

3. 우리나라에서 사회보장법제의 형성과 발전

우리나라의 사회보장법제사를 시대구분에 따라 설명하면, 대략 다음과 같다.[4] 먼저 1961년 이전 시기이다. 이 시기에는 법률적인 근거 없이 구호행정의 일환으로 미국에서 도입된 잉여농산물을 배급하는 형태로 사회보장이 이루어졌다.

두 번째는 1961년부터 1976년까지의 시기이다. 5·16 쿠데타 이후 실제로 입법까지 이루어지지는 않았지만, 군사정부가 사회보장에 관한 입법을 시도하는 과정에서 사회보장에 대한 논의가 시작되는 시점이었다.

세 번째는 1977년부터 1986년까지의 시기이다. 1977년 「의료보험법」이 전부개정되면서 본격적으로 사회보험을 통한 사회적 위험에 대처해야 한다는 인식이 생겨났고, 1986년에 제정되고 1988년에 시행된 「국민연금법」이 우리나라 사회보장제도의 지평을 넓혔다.

네 번째는 1987년부터 1997년까지의 시기이다. 이 시기에는 민주화라는 정치적 환경의 변화로 의료보험 및 국민연금의 보호대상이 급격하게 확대되고, 실업에 대처하기 위하여 1993년에 「고용보험법」이 제정되고 1995년에 시행하게 됨으로써, 비로소 4대 사회보험법이 완비되었다. 이 시기의 사회보장법은 사회통합을 목표로 사회적 취약계층을 보호하는 입법도 활발하였는데, 그 예로 「장애인 고용촉진 등에 관한 법률」이 1990년에 제정되기에 이르렀다.

다섯 번째는 1997년 이후 현재까지의 시기이다. 이 시기는 1997년의 외환위기와 그에 따른 세계화, 고령화와 저출산으로 인한 인구구조의 불균형 등이 사회보장에 영향을 미치게 되었다. 그리하여, 건강보험과 국민연금, 특수직역연금에 대한 지속가능성에 문제가 제기되어 부분적으로 개인에게 불이익하게 개정되었다. 다음으로 기존의 소득보장 중심의 사회보장제도의 문제점이 부각되어, 고용, 자녀양육, 장기요양 등의 영역에서 사회서비스를 지속적·보편적으로 보장하는 문제가 과제가 되었다.

---

3) 정일용, 「미국사회보장제도의 발전과정과 특성」, 국민경제교육연구소, 1992, 13면.
4) 아래의 내용은 전적으로 전광석, 「한국사회보장법론」, 164-166면에 의존한 것이다. 아울러 우리나라의 사회보장법제사의 자세한 내용은 앞의 책, 167-200면 참조.

4. 사회보장의 발전 유형과 전망

가. 사회보장의 발전 유형

같은 유럽에서 태동된 사회보장제도라고 하더라도 나라별로 추구하는 목표와 국가의 개입 정도에 따라 발전 유형이 다르다. 스웨덴의 사회정책학자인 에스핑 안데르센은 탈상품화와 사회 계층 체제의 형태에 따라 복지국가를 '자유주의적' 복지국가, '조합주의적' 복지국가, '사회민주적' 복지국가로 분류한다. 여기에서 탈상품화란 시장에서의 소비인 '상품화'를 대신하여 복지가 행할 수 있는 재량을 뜻하는 것으로, 복지국가의 유형에 따라 탈상품화의 정도가 달라진다.[5]

그 분류에 따르면, 자유주의적 복지국가는 탈상품화 정도가 가장 낮아 시장과 친밀하고 영미권 국가들이 채택하고 있고, 이들은 복지급여 대상의 초점을 빈곤층과 저소득층에 맞춘다. 반면에, 탈상품화가 중간 정도로 평가되는 조합주의적 복지국가는 독일, 프랑스, 이탈리아 등의 유럽 대륙 국가들로 사회보험 중심의 복지 체계로 되어있다. 마지막으로 사회민주적 복지국가는 탈상품화 효과가 가장 높아 국가와 시장, 사용자와 노동자 간의 갈등을 통합하고 최대 수준의 불평등을 완화하며, 앞선 유형에 비하여 사회보험보다 사회수당과 사회서비스에 더 주안점을 두므로, 사회보장제도의 보편성 확보, 사회정책과 경제정책의 유기적 연결이 그 특징이다.[6]

그런데, 오늘날 복지포퓰리즘, 재정위기 등과 같은 문제가 꾸준히 제기되자 복지국가에 대한 회의론이 고개를 들게 되었는데, 영국에서는 작은 정부, 절세, 복지 축소로 표방되는 신자유주의가 득세하기도 하였고, '제3의 길'로 상징되는 유럽의 중도좌파는 복지국가의 생산성 향상을 위하여 세금의 효율적 사용이라는 소극적 복지에서부터 일자리 창출 등이라는 적극적 복지에까지 다양한 방안을 모색하게 되었다.

우리나라의 경우 헌법의 추상성으로 인하여 사회적 기본권이나 사회보장제도의 구체적 내용은 입법에 맡길 수밖에 없다. 지금까지는 사인이 국가에 대하여 수당이나 급여에 대한 지급청구를 하는 사안에서, 법원이나 헌법재판소가 사회보장수급권의 내용을 제시하거나 헌법상 국가의 기본권보장의무를 확인하는 차원에만 머물렀고, 향후 사회보장이 어떠한 방향으로 발전하여야 하는지, 재원의 조달과 사용에 관한 국민적인 의견수렴과 논의는 심도 있게 이루어지지 않고 있다. 이제부터라도 사회보장의 목표 설정과

---

5) 정원오, 「복지국가」, 책세상, 2010, 94면.

6) 정원오, 「복지국가」, 94-101면.

그 제도 마련에 대하여, 국가의 기본권보장의무의 취지와 정도, 관련 법령과의 체계상의 조화, 재원조달과 사용절차 등을 고려하여 사회제도와 경제발전이 상호작용을 하는 지속가능한 사회보장제도를 발전시키는 단계로 나아가야 한다.

나. 새로운 사회적 위험의 등장

실업, 노령, 질병, 산업재해 등으로 인한 소득 중단과 빈곤과 같은 전통적인 사회적 위험은 21세기에 들어서면서 새로운 모습을 띠게 된다. 저출산·고령화, 여성의 경제활동 참여 증가, 양육·돌봄 부담 증가에 따른 일·가정 양립의 어려움, 노동시장의 구조적 변화와 불안정, 1인 가구 증가로 대표되는 가족 구조 변화와 더불어 노동력 부족과 잠재성장률 감소, 장기 실업과 근로빈곤, 청년실업, 주거비 부담 등 다차원적 빈곤과 사회적 배제 등과 같은 새로운 사회문제가 대두되었는데, 이를 새로운 사회적 위험(new social risk)이라고 한다.[7] 한편, 4차 산업혁명 및 디지털 전환에 따라 새로운 위험이 출현하거나 기존 위험이 심화되면서, 디지털 플랫폼 기반 혁신이나 인공지능 등 과학기술의 발전과 관련된 사회적 위험도 등장하기 시작하였다.

이러한 새로운 사회적 위험의 부상은 누가 어떻게 사회적 위험을 관리할 것인가에 대한 논의로 이어지고 있는데, 사회적 위험에 대한 유형을 나누고 각각의 유형에 따른 위험관리전략을 모색하는 과정에 있다.[8] 이는 어떠한 위험을 사회적 위험으로 평가하여 국가와 지방자치단체 등 행정주체의 책임 영역으로 포섭하고 그 책임을 어떻게 분배할 것인가의 문제와도 연결되는데, 향후 사회보장과 관련하여 논의하여야 할 문제가 된다.

다. 기본소득의 도입논의

신자유주의와 세계화, 지식기반 경제, 금융주도 축적체제 등으로 상징되는 신자유주의적 글로벌 자본주의 경제에서는 고용없는 성장으로 말미암아 임금노동과 복지의 연계를 모델로 하는 기존의 사회보장시스템 및 위와 같은 노동연계 복지전략은 더 이상 유효하지 않다고 인식되기에 이르렀고, 보편적 소득보장 구상인 기본소득(Basic Income)에 대한 주장이 주목받기 시작하였다.

---

7) 최현수·오미애, "4차 산업혁명에 대비한 보건복지 분야 데이터 주도 정책 추진 필요성과 방향", 보건복지포럼 통권 제250호, 한국보건사회연구원, 2017, 6면.
8) 김영란, "한국사회에서 새로운 사회적 위험과 위험관리전략: 복지국가의 재설계", 사회보장연구 제24권 제1호, 사회보장학회, 2008, 3면.

기본소득은 공적으로 통제되는 자원으로, 행정주체가 정액의 현금을 정기적으로 모든 구성원에게 지급하는 것을 말한다. 현재 브라질, 미국 알래스카주 등에서 기본소득과 유사한 형태의 제도를 실시하고 있다. 기본소득은 모든 사람에게 아무런 조건 없이 최저한의 소득을 보장하려고 하는 것으로서, 완전고용을 추구하는 등 근로연계성이 있고 빈곤층 등에 한정하여 생활을 보장하고자 하고 가족 중심의 노동에 의존하여 가족 중심으로 수급이 이루어지는 현재의 사회보장제도와는 근본적으로 다르다고 볼 수 있다.

사회보험은 공식고용 하에 임금노동과 그에 따른 사회보험료의 연결을 필연적으로 요구하기 때문에 비공식 고용의 영역에 남아있는 노동자의 경우 사회보험의 사각지대에 놓이게 된다. 그러나, 기본소득은 아무런 조건이 없으므로 임금노동과 소득이라는 연결고리를 단절시킨다. 한편, 공공부조는 공공부조의 보충성 원리에 기인하여 자산조사가 이루어지고 낙인효과, 자산조사에 따른 프라이버시 침해 등의 문제가 있다. 그러나, 기본소득은 요건심사 및 그에 따른 부작용이 없다는 점에서 공공부조와 차이가 있다.

기본소득은 종래 선별적 복지제도에 따라 제기되던 사회적 낙오자라는 인식을 해소하고 공공부조제도 등이 포섭하지 못하는 사각지대를 해소할 수 있다. 근로소득과 무관하게 지급됨으로써 실업함정을 발생시키지 않으며, 개인단위로 지급되므로 가족해체와도 무관하다. 그 효과는 급여수준에 따라 달라질 수 있지만, 기본소득은 공공부조에 대한 의존을 줄일 수 있는 정책이 될 수 있다.

한편, 기존의 사회정책은 특정한 사회적 욕구 또는 문제를 해결하고자 하는 것이었다. 그런데, 우리 사회에서 사회구성원들의 욕구가 다양해지고 있으며 무엇이 '사회적 욕구'인가를 규정하는 것이 점차 어려워지고 있다. 기본소득은 사회구성원들이 시민으로서 가질 수 있는 다양한 욕구를 스스로 규정하고 이를 해결할 수 있게 한다. 또한, 개인은 노동시장 참여와 상관없이 사회적으로 용인되는 삶의 수준을 유지할 수 있게 되며, 노동에 의하여 얻는 임금은 생활보장을 위한 것이 아니라 노동에 대한 개인적 노력, 기능에 대한 특별 보수라는 것으로 그 성격이 바뀌게 된다.

그러나, 이러한 기본소득은 재정적 능력이 충분한 국가에서만 도입할 수 있을 뿐만 아니라, 윤리성, 정치적 실현가능성, 비용효과성 등 다양한 측면에서 논란이 되고 있다.

Ⅱ. 사회보장행정의 의의와 특성

1. 의의

근대적 입헌국가에서 국가는 공공의 안녕과 질서의 유지라는 임무를 충실히 수행하고 시민의 일상적 생활은 개인의 자유와 창의에 맡기는 것을 이상으로 삼아왔다. 18세기 법치국가사상의 영향 하에서는 공법의 주된 임무가 국가와 같은 공권력의 위법한 행사로부터 개인의 권리와 사유재산을 방어하고 분쟁상황에서 개인 사이의 정의를 배분하는 것으로 인식되어 왔던 것이다.

그러나, 위와 같은 자유주의사상 하에서 계급적 소외·지역적 불균형 등의 심각한 부작용이 발생하였다. 또한, 도시적·문화적 생활을 영위하는 개인은 남의 도움이나 공급 없이는 하루도 생활하기 어려운 상황이 되었다. 그리하여 국가 등 행정주체가 위와 같은 부작용을 시정하고 개인에게 공공재를 공급하는 역할을 적극적으로 부여받게 되었다.[9] 이에 발맞춰 공법의 역할도 국가 등 행정주체가 공공재를 적절한 범위에서 설정하여 준비하고 합리적으로 배분하는지를 조정하고 감시하는 것으로 그 중점이 옮겨가고 있다.

급부행정은 일반적으로 '사회국가의 이념하에 국가가 소극적으로 질서유지를 하는 것에 그치지 않고 국민의 생존배려와 생활여건 개선을 목적으로 적극적으로 생활에 필요한 재화와 서비스 등 급부를 제공하는 행정'이라고 정의할 수 있다. 급부행정은 임무를 기준으로 공급행정·사회보장행정·조성행정 등으로 구분할 수 있다. 도시적·문화적 생활을 영위하는 개인은 남의 도움이나 공급 없이는 하루도 생활하기 어려운 상황이 되면서 공급행정이 주목받게 되었고, 자유주의사상 하에서 계급적 소외·지역적 불균형 등의 심각한 부작용이 발생함에 따라 사회보장행정이 체계를 갖추게 되었으며, 국가의 발전전략에 따라 개인이나 기업을 구조적으로 개선시키는 것이 필요해지면서 그것을 직접 목적으로 하는 조성행정이 성립하게 되었다.

이렇게 사회보장행정은 급부행정의 하위 영역의 하나로서, 개인의 사회적 위험에 대한 대응을 국가의 공적 임무로 받아들여 국가 또는 지방자치단체와 같은 행정주체에 의한 급여활동을 내용으로 하는 행정의 한 영역이라고 이해할 수 있다. 따라서, 사회보장행정을 "행정주체가 사회구성원의 생존을 배려해주기 위하여 행하는 사회보험, 공공부

---

9) 하명호, 「행정법」 제6판, 박영사, 2024, 933면.

조, 사회보상, 사회서비스 및 관련복지제도 등의 급부행정작용"으로서,[10] 사회적 위험으로부터 국민을 보호하고 국민의 삶의 질을 향상시키는 데 필요한 소득·서비스를 보장하는 것이라고 정의할 수 있다.[11]

사회보장행정은 국민 개개인의 사회보장수급권을 실현시켜 주기 위한 공행정작용이지만, 국가의 재정상황이나 정책과 같은 여러 조건에 의하여 제약을 받게 된다는 점에서 사회국가의 원리에 따른 요구를 충분히 실현하는 것은 한계가 있다. 따라서, 수급자격에 있어서 선별주의와 보편주의 중 어느 것을 택하여 그 범위의 광협을 결정할 것인지 그리고 급여수준과 관련하여 과소보호금지의 원칙에 어긋나지 않는 수준 이상으로 보장할 것인지에 대해서는 입법형성의 문제로 이해하게 된다.[12]

2. 특성

사회보장행정은 다른 행정 영역과 다른 다음과 같은 특징이 있다.

첫째, 사회보장행정은 기본적으로 수익적 행정이라는 점이다. 물론 정신질환자 강제입원의 경우와 같이 정신질환자의 신체의 자유를 제한하는 침익적 성격이 도드라져 보이기도 하고, 사회보험의 경우와 같이 보험가입이 강제되고 보험금을 납부하여야 할 부담을 지기도 하며, 3면적 관계가 전제되는 장애인 고용보장의 경우와 같이 고용주의 계약의 자유가 제한되는 침익적 효과가 발생하기도 한다. 그렇지만, 이러한 현상에도 불구하고 사회보장행정은 수급권자에 대한 수익적 효과를 주된 목적으로 하는 것이고, 침익적 효과는 그 수행과정에서 어쩔 수 없이 수반되는 부수효과에 지나지 않으므로 사회보장행정은 급부행정의 한 분야로 파악되어야 한다.

둘째, 사회보장행정주체는 급여의 수급자격과 급여수준과 관련하여 사회보장수급권의 구체적 내용을 결정하고 이에 따라 급여를 이행한다는 점이다. 일반적으로 사회보장수급권은 수급자격이나 급여수준 혹은 양자 모두에서 행정청의 결정을 요구하는 경우가 많다. 또한, 사회보장행정 영역에서는 재정과 정책의 영향을 강하게 받고 입법재량과 행정재량이 크게 작용하기 때문에 사회보장급여 자체를 시혜적인 것으로 인식할 가능성이 높다. 그리하여, 사회보장행정법관계에서 국민이 스스로를 행정의 객체로 인식하여 타율

---

10) 김남진·김연태, 「행정법Ⅱ」 제28판, 법문사, 2024, 571면 참조.

11) 김동희, 「행정법 Ⅱ」 제25판, 박영사, 2019, 332면 참조.

12) 하명호, "사회보장행정에서 권리의 체계와 그 구제", 고려법학 제64호, 고려대학교 법학연구원, 2012, 175면 참조.

적 성향이 나타나기 쉽다. 이러한 인식은 저소득층이나 교육기회가 적었던 계층에서 두드러지게 나타나는 경향이 있다.[13] 그러나, 「사회보장기본법」 제9조에서 "모든 국민은 사회보장에 관한 관계 법령에서 정하는 바에 따라 사회보장급여를 받을 권리를 가진다."라고 규정한 것에서 알 수 있듯이 사회보장수급권은 당연히 공법상 권리에 해당한다.

셋째, 사회보장행정에서 급여결정은 형성적 기능을 하는 경우가 많다는 점이다. 사회보장행정에서 급여대상자의 선정 또는 결정이 있게 되면, 행정주체에게는 그 대상에 대한 급여의무가 발생하고, 수급자에게는 그에 관한 실체법상의 권리가 생기게 된다.

넷째, 사회보장행정은 급부행정의 한 유형에 속하지만 사회보장방식이 시장구조와 결합하면서 일정 부분 경제행정 또는 유도행정으로서의 성격을 가지기도 한다는 점이다. 급여제공방식의 다변화로 국가나 지방자치단체가 아닌 다른 행정주체나 사인에 의하여 급여가 제공되는 경우가 확대되면서 다면적 법률관계가 형성되게 되었다. 따라서, 행정주체가 사회보장수급권자에게 행하는 수익적 행정행위라는 관점뿐만 아니라 행정주체와 급여제공자, 급여제공자와 수급권자 사이의 행정법관계 등 다양한 관점에서 분석되어야 한다는 점에 유의할 필요가 있다.

Ⅲ. 사회보장행정법의 의의

1. 사회보장에 관한 법으로서 사회보장행정법

사회보장제도와 관련된 법의 총체를 사회보장법이라고 한다면, 그것은 생존권을 직접적이고 구체적으로 실현하는 법체계로서, 국민의 사회보장에 대한 권리 및 이를 실현하여야 할 국가의 의무관계를 규정한 법체계로 정의될 수 있다.[14] 이러한 정의하에서 사회보장법은 '넓은 의미의 사회보장법'과 '좁은 의미의 사회보장법'으로 나누어 설명할 수도 있다.[15]

넓은 의미의 사회보장법이란 주체와 방법을 불문하고 개인을 사회적 위험으로부터 보호하는 '기능'을 수행하는 모든 법 영역으로서, 헌법상의 사회적 기본권을 구체화하기

---

13) 이호용, 「사회보장행정법의 구조적 특성」, 한국학술정보, 2007, 215면.
14) 곽노현·김엘림, 「사회보장법」, 한국방송통신대학교출판부, 2009, 4면.
15) 전광석, 「한국사회보장법론」, 76-79면.

위하여 행하는 사회보장정책에 관한 모든 법규범을 말한다. 여기에서 사회보장정책은 보호를 필요로 하는 국민 개개인의 상황을 고려하여 개인의 사회적 상황을 보호함으로써 사회문제를 해결하기 위한 국가의 포괄적 정책을 의미한다.[16] 여기에는 민간에서 수행하는 사보험에 관한 보험법, 노동자의 보호와 실업의 방지를 위한 노동관계법, 사회보장적 기능을 수행하는 조세법령이나 사회보장을 실현하기 위한 사회적 기반으로서 의미를 가지는 제도나 법령 및 사회보장을 실현하기 위하여 함께 있어야 할 제도나 법령 등도 포함하게 된다.

좁은 의미의 사회보장법은 이보다 세분화되고 범위를 축소한 것으로 "국가 또는 공법인이 주체가 되어 개인을 사회적 위험으로부터 보호하는 것을 직접적인 목적으로 급여관계를 규율하는 공법체계"를 말한다.[17] 즉, 개인을 사회적 위험으로부터의 보호하는 것을 '직접적인 목적'으로 하는 '급여관계'를 규율하는 법만을 사회보장법으로 분류한다. 이러한 정의에 의하면, 개인을 사회적 위험으로부터 보호하기 위한 법이어야 하므로, 개인의 수요를 충족시키는 목적이 아니라 사회환경을 구조적으로 개선하는 목적을 가지는 각종 구조정책 등은 포함되지 않는다. 또한, 개인을 사회적 위험으로부터 보호하는 것을 '직접적 목적으로 하는 급여관계'에 관한 법이므로, 노동법상 퇴직금제도나 세법상의 소득공제제도 등에 관한 법령은 여기에서 제외된다. 그리고, '국가 또는 공법인'이 주체가 되어야 하므로, 민간보험과 같은 사법상 급여관계를 규율하는 법령은 이 체계에 포함되지 않는다.

그러나, 사회보장행정법의 규율대상은 사회보장법의 규율대상에 한정되는 것만은 아니다. 사회보장행정에서 사회보장 급여관계를 규율하는 것이 주된 것이라는 점은 더할 나위가 없지만, 사회보장행정주체는 부수적으로 상대방이나 제3자에게 침익적 효과를 발생시키는 경우가 종종 있기 때문이다. 이러한 점에서 사회보장행정법을 사회보장법과 같은 개념이라고 이해하는 것은 곤란하다.

---

16) 최철호, "사회복시행정법의 행정서분의 기준과 유형의 법직 특징", 영산법률논총 제7권 제2호, 영산대학교 법률연구소, 2010, 25면 참조.
17) 전광석·박지순·김복기, 「사회보장법」 제7판, 신조사, 2022, 8면 참조.

2. 행정법의 한 영역으로서의 사회보장행정법

「사회보장기본법」 제1조에서는 "사회보장에 관한 국민의 권리와 국가 및 지방자치단체의 책임을 정하고 사회보장제도에 관한 기본적인 사항을 규정함으로써 국민의 복지증진에 기여함"을 목적으로 하고 있으므로, 국가 및 지방자치단체를 사회보장의 주체로보고 있다. 이렇게 「사회보장기본법」에서는 행정주체가 개인을 사회적 위험으로부터 보호하는 것을 입법목적으로 하고 있기 때문에, 공법으로 분류되고 사법 영역에서 이루어지는 민간보험사업이나 구호활동 등은 그 대상에서 제외된다. 만일 여기에 이들도 포함시킨다면, 공법과 사법의 서로 다른 원리들이 동시에 지배하게 됨으로써 독자적인 법영역으로서 사회보장행정법이 성립하기 어렵게 된다.

위와 같은 (좁은 의미의) 사회보장법은 국가 또는 공법인이 행정상의 법률관계를 통하여 급여관계를 형성하기 때문에 행정법의 한 분야를 이루고 있다. 그런데, 사회보장은국가나 지방자치단체와 같은 행정주체가 행정행위, 사실행위, 행정입법 등 행정작용을수단으로 국민의 생활에 관여하고 있기 때문에, 국민의 사회보장수급권이 확실히 보장될 수 있도록 사회보장 분야에서 행정법의 이론이 체계화되는 것이 중요하다.[18] 이를감안하여 사회보장행정법을 정의하면, "헌법에서 보장하고 있는 인간다운 생활을 할 권리, 복지국가 원리 및 사회국가 원리를 실현하기 위하여 국가나 공법인이 주체가 되어개인을 생활위험으로부터 보호하는 것을 1차적인 목적으로 제공되는 행정상의 급여관계를 규율하는 공법체계"라고 할 수 있겠다. 이러한 관점하에서 사회보장행정법은 사회보장행정의 조직·작용·절차 및 구제에 관한 공법이라고 정의되고, 사회보장행정조직법, 사회보장행정작용법(행정의 행위형식, 행정의 실효성 확보수단), 사회보장행정절차법, 사회보장행정구제법으로 구성된다.

3. 급부행정법의 하위 영역으로서 사회보장행정법

지금 우리는 국가 등 행정주체의 역할이 개인의 권리와 사유재산을 방어하는 것에서 공동체 구성원의 수요를 충족하는 재원이나 자원을 준비하고 이를 공급하는 것으로변모하고 있는 급격한 변환기에 있다. 이러한 시대적 변화에 대응하여 행정법의 체계와임무에 대한 관점을 침익적 행정 중심적 사고에서 수익적 행정 중심적 사고로 시급히

---

18) 園部逸夫·田中舘照橘·石本忠義, 「社會保障行政法」, 有斐閣, 1980, 36頁 참조.

전환할 필요가 있다. 그 중심에 사회보장행정법이 있다고 할 수 있다.

　침익적 행정에서 공권력은 개인의 권리와 재산을 침해할 위험성을 가지고 있어서 항상 감시와 통제의 대상이었다. 그런데, 역설적으로 자유주의적 시장이 만들어낸 부작용을 시정하며 공공재를 확보하고 배분할 역할을 담당할 적임자도 국가일 수밖에 없다. 이러한 역설을 받아들이기 위해서는 국가를 비롯한 행정주체에 대한 새로운 법철학적인 시각과 국민의 신뢰가 필요하다. 한편, 침익적 행정에서 수익적 행정으로 전환됨에 따라 행정법학에도 감당하기 어려운 과제가 부과되고 있다. 처분을 비롯한 행정작용의 개념이나 성질의 강조점이 달라질 것이고, 그에 대한 통제도 전혀 다른 양상으로 이루어져야 한다. 또한, 공공재를 적절히 배분하기 위해서는 공공재를 받을 권리를 가진 자를 공정하게 선정하여야 한다. 특히 대상자의 선정과정과 공공재의 수급과정에서 정보가 공개되어야 하며 투명한 절차가 확보되어야 한다.[19) 공공재의 수급에서 위법하게 소외되거나 불충분한 배분을 받은 자에게 신속하고 적절한 구제수단도 마련되어야 한다.

　이렇게 급부행정을 대상으로 하는 행정법을 급부행정법이라고 한다면, 사회보장행정을 대상으로 하는 행정법을 사회보장행정법이라고 할 수 있다. 공급행정법과 사회보장행정법, 조성행정법은 국가가 개인에게 재화나 서비스를 제공한다는 점에서 급부행정법이라는 카테고리 안에서 포괄될 수 있다. 그러나, 공급행정법과 사회보장행정법은 수급의 대상과 범위를 정하는 원리와 기준이 다르고, 조성행정법은 개인생활의 편의를 제공하거나 생활을 돕는 공급행정법이나 사회보장행정법과는 결이 다르다. 이렇게 사회보장행정법은 공급행정법이나 조성행정법과 이질적인 특성을 가지고 있어서, 급부행정법의 영역 아래에서 설명되기도 하지만, 행정법 영역 중 독자적인 분과로서 개별적으로 탐구될 필요가 있다.

---

19) 「사회보장기본법」에는 정보의 공개의무(제33조), 설명의무(제34조), 상담의무(제35조), 통지의무(제36조) 등이 규정되어 있다.

사회보장행정법의 법원과 규율체계

Ⅰ. 법령체계

사회보장행정은 사회적 자원을 할당하고 수급자를 보호하는 규범으로서의 성격을 가지는데,[20] 통상 사회보험, 공공부조, 사회보상, 사회서비스로 구분할 수 있다.[21] 「사회보장기본법」 제3조 제1호에서도 사회보장을 "출산, 양육, 실업, 노령, 장애, 질병, 빈곤 및 사망 등의 사회적 위험으로부터 모든 국민을 보호하고 국민 삶의 질을 향상시키는 데 필요한 소득·서비스를 보장하는 사회보험, 공공부조, 사회서비스"(제1호)라고 정의하고 있다. 다만 「사회보장기본법」에서는 사회보상을 사회보장의 범주에 포함시키고 있지 않다. 그러나 사회보상은 국가유공행위 중에 발생하거나 특별히 공동체 전체에 책임이 귀속되는 개인의 인적·물적 피해를 하나의 사회적 위험으로 보아 국가의 적극적 급여를 통해 대응한다는 점에서 강학상 사회보장행정법제에 포함된다고 할 수 있다. 따라서, 사회보장행정법제는 사회보험법제, 공공부조법제, 사회보상법제 및 개별 복지법을 포함하는 사회서비스법제로 구분할 수 있다.

사회보장행정법의 최상위에는 헌법이 위치하고, 사회보장행정의 전반에 적용되는 사회보장행정법제의 기본법으로서 「사회보장기본법」, 사회보장급여에 관한 일반법이라고 할 수 있는 「사회보장급여의 이용·제공 및 수급권자 발굴에 관한 법률」(사회보장급여법)이 있다. 앞에서 본 사회보험, 공공부조, 사회보상, 사회서비스 등의 개별 사회보장행정에 관한 법령들이 있고, 「사회보장기본법」이나 사회보장급여법에 규정되어 있지 않은 사항에 대해서는 「행정기본법」, 「행정절차법」 등 행정법상의 일반법이 적용된다.

---

20) 이호용, 「사회보장행정법의 구조적 특성」, 45-47면.

21) 사회보장법체계에 대하여 학자들간의 합의가 이루어져 있는 것은 아니다. 공공부조·사회보험·사회복지 서비스 및 특별원호로 분류하는 견해, 사회보험제도와 공적 부조제도로 나누어 설명하는 견해, 사회보험법체계, 사회보상법체계, 사회부조법체계 및 사회복지관련법체계 등으로 나누어 보는 견해 등 매우 다양하다. 급여의 원인와 입법목적을 기준으로 보면 마지막 견해가 적절하다(하명호, "사회보장행정에서 권리의 체계와 그 구제", 180-181면). 다만 2012년 사회보장기본법이 전부개정되어 사회복지서비스와 관련 복지제도를 사회서비스로 포괄하여 확대하였으므로, 사회복지관련법제를 사회서비스법제로 대체하는 것이 바람직하다.

〈표〉 사회보장행정법체계

구 분	의 의	종 류
헌법		
기본법	「사회보장기본법」	
사회보장급여의 제공에 관한 일반법	사회보장급여법	
사회보험법체계	사회적 위험이 발생하기 전에 보험료를 납부하여 보험관계를 성립시키고 사회적 위험이 현재화되면 급여를 지급하는 사회보험에 관한 사항을 규율	「국민건강보험법」, 「국민연금법」, 「공무원연금법」, 「공무원재해보상법」, 「사립학교교직원연금법」, 「군인연금법」, 「군인재해보상법」, 「산업재해보상보험법」, 「고용보험법」, 「노인장기요양보험법」 등
공공부조법체계	법적 원인관계를 전제로 하지 않고 순수한 사회정책적 목적에서 지급되는 급여관계를 규율	「국민기초생활보장법」, 「긴급복지지원법」, 「의료급여법」 등
사회보상법체계	국가유공행위 중에 발생하거나 특별히 공동체 전체에 책임이 귀속되는 개인의 인적·물적 피해에 대한 국가적 차원에서의 보상을 규율	「국가보훈기본법」, 「국가유공자 등 예우 및 지원에 관한 법률」, 「보훈보상대상자 지원에 관한 법률」, 「범죄피해자보호법」 등
사회서비스법체계	신체적·정신적인 특수한 상황으로 인하여 스스로의 능력으로 인격을 실현하는 데 지장이 있는 집단의 지원을 규율	「아동복지법」, 「노인복지법」, 「장애인복지법」 및 「사회복지사업법」

Ⅱ. 법 원

사회보장행정법의 인식근거가 되는 법원에는 헌법·법률·조약 및 국제법규·명령·자치법규와 같은 성문법원뿐만 아니라 관습법·판례법·조리와 같은 불문법원도 포함된다. 이는 사회보장행정에 대한 사법심사에서 문제가 되는 행정작용의 위법성을 판단하는 기준이 된다.

1. 헌법과 헌법원리

가. 최고법원으로서의 헌법

헌법은 국가의 기본법으로서 사회보장행정에서 행정조직·행정작용·행정구제 등 사회보장행정에 관한 기본적 사항을 포괄하고 있어서 사회보장행정법의 중요한 법원이 된다. 아울러 헌법은 국가의 최고법으로서 다른 형식의 성문법원에 대하여 우월한 효력을 가진다.

나. 헌법에서 도출되는 사회보장행정법의 지도원리

사회보장은 헌법상 사회국가의 원리의 실현과 가장 직접적으로 관계되므로, 사회보장행정법이 실현하여야 할 헌법원리로서 사회국가의 원리가 중심에 놓이게 된다. 그리고, 행정은 그것이 고권적이든 비고권적이든 국가작용이므로, 민주국가의 원리, 법치국가의 원리, 문화국가의 원리 등 그 밖의 헌법상 지도원리들의 지배를 받는다.

(1) 사회국가의 원리

(가) 의의

사회보장행정법에서 직접적인 관련이 있는 가장 중요한 헌법원리는 사회국가의 원리이다. 사회국가란 자유주의 또는 시장경제의 원리로 인하여 파생된 모순과 폐단을 시정하고, 모든 사람이 인간다운 생활을 할 수 있는 경제적·사회적 정의를 적극적으로 실현하고자 하는 국가체제를 말한다. 사회국가 대신 복지국가, 복리국가라는 용어도 종종 사용된다.

헌법재판소도 사회국가를 "사회정의의 이념을 헌법에 수용한 국가, 사회현상에 대하여 방관적인 국가가 아니라 경제·사회·문화의 모든 영역에서 정의로운 사회질서의 형성을 위하여 사회현상에 관여하고 간섭하고 분배하고 조정하는 국가이며, 궁극적으로는 국민 각자가 실제로 자유를 행사할 수 있는 그 실질적 조건을 마련해 줄 의무가 있는 국가"라고 정의하고 있다.[22]

---

22) 헌재 2002. 12. 18. 선고 2002헌마52 결정.

(나) 헌법상의 근거

우리나라 헌법은 사회국가의 원리를 헌법 원리로 직접 명시하고 있지는 않다. 다만 헌법전문에서의 "안으로는 국민생활의 균등한 향상을 기하고"라는 문구, 헌법 제2장에서 규정된 사회적 기본권조항, 제9장에서 규정된 경제헌법조항 등으로부터 우리나라 헌법이 사회국가의 원리를 채택하고 있다고 해석하는데 별다른 이의가 없다.[23] 특히 헌법 제34조 제1항에서는 모든 국민에게 인간다운 생활을 할 권리를 보장하고, 「사회보장기본법」 제9조에서는 법률적 차원에서 사회보장수급권을 보장하고 있다.

사회보장행정에서의 법체계의 특징은 「수급자격과 급여수준에 의거한 권리체계」라고 요약할 수 있을 것이다. 국가는 재정이 허락하는 한 보다 많은 공공재를 확보하여 배분하는 것이 바람직할 것이다. 그러나, 그 공공재의 크기와 양은 항상 한계를 가질 수밖에 없으므로, 필연적으로 수급권자의 범위와 급여의 수준이 정해져야 한다. 만일 인간다운 생활을 할 권리를 침해할 정도로 수급자격과 급여수준을 과소하게 정한 법률이 있다면 그 법률은 과소금지의 원칙에 어긋나 위헌이 될 것이다. 이러한 문제는 주로 헌법과 헌법재판의 기본권 보장이라는 영역에서 다루어진다. 과소보호금지의 원칙에 어긋나지 않는 수준 이상의 보장은 입법형성의 문제이고, 사회정책상 수급자격을 특정집단으로 한정할 수도 있고 모든 국민에게 개방할 수도 있다(보편주의와 선별주의의 선택문제).

(다) 사회국가의 원리의 실현방법으로서 사회보장행정

오늘날 국가는 단순히 사회의 질서유지 임무만 수행하면 충분한 것이 아니라 사회국가로서의 책무도 부담하고 있고, 행정은 이와 같은 책무를 이행하기 위한 일상적 업무를 수행하고 있다. 사회국가의 원리는 주로 급부행정을 통하여 구현되는데, 앞에서 본 것처럼 "주는 활동을 통해 공동체 구성원의 이익추구를 직접적으로 촉진하는 공행정"이라고 정의할 수 있다. 그런데, 사회국가의 실현을 위한 행정의 역할은 생활무능력자의 구호와 같은 업무에만 한정되는 것은 아니다. 앞에서 살펴본 것처럼 사회보장행정뿐만 아니라 공급행정·조성행정도 여기에 포함된다.

그렇지만, 사회국가의 원리의 직접적인 효과는 생활능력이 없는 자에 대한 국가의 보호의무라 할 수 있다. 이것은 헌법 제34조가 보장하고, 이를 구체화한 법률이 「사회보장기본법」, 「국민기초생활보장법」, 「국민연금법」, 「국민건강보험법」, 「노인복지법」 등

---

23) 김남진·김연태, 「행정법Ⅱ」, 468면 참조.

이다. 또한, 사회국가의 원리에 의하여, 국가적 공동체뿐만 아니라 그 구성원인 국민도 일정한 의무를 부담한다. 이것이 사회적 연대성과 우애성이다. 헌법에 규정된 재산권 행사의 공공복리 적합성(제23조 제2항), 근로의 의무부과(제32조 제2항) 등에서 국민의 사회국가적 의무를 발견할 수 있다.

그런데, 사회국가의 원리가 일차적으로는 개인이 자신의 생활에 관하여 스스로 책임지게 하면서도 개인이 혼자서는 감당할 수 없는 빈곤과 사고, 노령 등에 대하여 대비하게 하려는 제도에 관한 원리라는 점에 유의하여야 한다. 따라서, 사회국가는 국민들이 자유롭고 건강한 상태에서 적극적으로 사회와 국가의 제반 활동에 참여하면서 살아갈 수 있도록 지원하는 국가라고 할 수 있다.[24]

한편, 헌법재판소는 「저상버스 도입의무불이행 위헌확인사건」에서, 입법자는 사회·경제정책을 시행하는 데 있어서 서로 경쟁하고 충돌하는 여러 국가목표를 균형있게 고려하여 서로 조화시키려고 시도하고, 사안마다 그에 적합한 실현의 우선순위를 부여하게 된다고 전제하고, "국가는 사회적 기본권에 의하여 제시된 국가의 의무와 과제를 언제나 국가의 현실적인 재정·경제능력의 범위 내에서 다른 국가과제와의 조화와 우선순위결정을 통하여 이행할 수밖에 없다."라고 판시하였다. 따라서, 사회적 기본권은 입법과정이나 정책결정과정에서 사회적 기본권에 규정된 국가목표의 무조건적인 최우선적 배려가 아니라 단지 적절한 고려를 요청하는 것이라고 하였다.[25] 결국 국가에게 헌법 제34조에 의하여 장애인의 복지를 위하여 노력하여야 할 의무가 있다는 것은, 장애인도 인간다운 생활을 누릴 수 있는 정의로운 사회질서를 형성하여야 할 국가의 일반적인 의무를 뜻하는 것이지, 장애인을 위하여 저상버스를 도입하여야 한다는 구체적 내용의 의무가 헌법으로부터 나오는 것은 아니므로, 국가가 저상버스의 도입을 추진하는 문제는 재원확보의 문제이고, 제한된 국가재정의 배분과 우선순위결정의 문제라는 것이다.

(2) 민주국가의 원리

헌법은 제1조에서 "① 대한민국은 민주공화국이다. ② 대한민국의 주권은 국민에게 있고, 모든 권력은 국민으로부터 나온다."라고 규정하고 있다. 모든 권력이 국민으로부터 나온다는 것은 그 권력이 국민을 위하여 행사되어야 한다는 것을 뜻한다. 따라서 헌

---

24) 박귀천, "사회보험법과 사회보장기본법-사회보장기본원리에 입각한 현행 사회보험법제 검토", 사회보장법학 제1권 제1호, 한국사회보장법학회, 2012, 125-126면.

25) 헌재 2002. 12. 18. 선고 2002헌마52 결정.

법 제1조로부터 국민에 의한, 국민을 위한 통치라는 민주국가의 원리가 도출되고 이러한 민주국가의 원리가 행정을 포함한 모든 국가기능의 기본원리가 된다.

민주국가의 원리는 ① 국민의 공복으로서 공무원, ② 지방자치의 실시, ③ 국민의 행정에의 참가, ④ 행정의 공개·투명화 등으로 행정을 통하여 실현되고 있다.

(3) 법치국가의 원리

법치국가의 원리란 ① 행정이 헌법과 법률에 적합하게 행해져야 한다는 법률적합성의 원칙과 ② 행정이 이해할 수 있는 기준에 의하여 행해짐으로써 예측가능성이 확보되어야 한다는 법적 안정성의 원칙 및 ③ 행정작용에 의하여 권리·이익이 침해받은 국민이 권리를 구제받을 수 있는 수단인 행정구제제도가 마련되어 있어야 한다는 것을 내용으로 하는 헌법원리이다.

헌법상의 권력분립에 관한 규정(제40조, 제66조 제4항, 제101조), 기본권 보장에 관한 규정(제10조 이하), 사법심사에 관한 규정(제107조 등), 그 규정들을 구체화하기 위하여 제정된 수많은 법률이 이 원리의 근거가 된다.

(4) 문화국가의 원리

문화국가란 인간의 정신적·문화적 활동을 보장하고 창달하는 것을 헌법적 과제로 정하고 있는 국가체제를 말한다. 이러한 문화국가의 원리는 헌법 제9조의 "국가는 전통문화의 계승·발전과 민족문화의 창달에 노력하여야 한다."라는 조항을 비롯하여, 제19조의 국민의 기본권으로서의 양심의 자유, 제20조의 종교의 자유, 제21조의 언론·출판의 자유, 제22조의 학문·예술의 자유와 저작권 등 보호에 관한 각 조항을 근거로 한다. 그리고 이와 같은 문화국가 원리를 실현하기 위하여 수많은 개별법이 제정되어 있는데, 행정은 일차적으로 이러한 문화 관련 개별법을 성실하게 집행하여 문화국가 원리를 구현한다.

다. 헌법상 경제조항과 관계

헌법 제119조 제1항에서는 "대한민국의 경제질서는 개인과 기업의 경제상의 자유와 창의를 존중함을 기본으로 한다."라고 규정하는 한편, 제2항에서는 "국가는 균형있는 국민경제의 성장 및 안정과 적정한 소득의 분배를 유지하고, 시장의 지배와 경제력의 남용을 방지하며, 경제주체간의 조화를 통한 경제의 민주화를 위하여 경제에 관한 규제와 조정을 할 수 있다."라고 규정하고, 전문에서는 "국민생활의 균등한 향상을 기하"는 것을 국가의 과제로 선언하고 있다.

이에 대하여, 헌법재판소는 "재산권보장에 관한 헌법 제23조, 경제질서에 관한 헌법 제119조의 각 규정에서 우리 헌법의 경제체제는 사유재산제를 바탕으로 하면서 법치주의에 입각한 재산권의 사회성·공공성을 강조하는 사회적 시장경제체제임을 알 수 있다."라고 판시하거나,26) "우리 헌법 전문 및 제119조 이하의 경제에 관한 장에서 균형 있는 국민경제의 성장과 안정, 적정한 소득의 분배, 시장의 지배와 경제력 남용의 방지, 경제주체간의 조화를 통한 경제의 민주화, 균형있는 지역경제의 육성, 중소기업의 보호 육성, 소비자 보호 등 경제 영역에서의 국가목표를 명시적으로 규정함으로써 우리 헌법의 경제질서는 사유재산제를 바탕으로 하고 자유경쟁을 존중하는 자유시장경제질서를 기본으로 하면서도 이에 수반되는 갖가지 모순을 제거하고 사회복지·사회정의를 실현하기 위하여 국가적 규제와 조정을 용인하는 사회적 시장경제질서의 성격을 띠고 있다."라고 판시하여,27) 현행 헌법상의 경제질서를 사회적 시장경제질서라고 보고 있다.

이렇게 우리 헌법상의 경제체제를 사회적 시장경제질서라고 해석한다면, 사회보장과 사회복지에 관한 내용을 광범위하게 실현할 수 있는 근거가 될 수 있다. 그렇지만, 우리 헌법이 개인의 자율과 창의에 대한 존중을 바탕으로 한 사유재산제도와 시장경제질서를 근간으로 하고 있으므로, 양자의 균형을 이룰 것이 요구된다. 이는 사적 영역에 대한 행정개입의 정도 및 방법의 문제와 관련되는데, 사회보장행정의 보충성 문제로 귀결된다.

2. 법률

법률은 국회의 심의절차를 거쳐 제정된 법형식이다. 법률은 국회라는 국민대표기관에 의하여 제정되었다는 점에서 특별한 의미를 가지며 가장 보편적인 성문법원이다. 법률은 헌법에 적합하여야 하지만, 명령이나 자치법규에 대해서는 우월한 형식적 효력을 갖는다. 법률이 상호 충돌할 때에는 신법우선의 원칙, 특별법우선의 원칙 등에 따라 해결된다.

---

26) 헌재 1989. 12. 22. 선고 88헌가13 결정.
27) 헌재 2001. 6. 28. 선고 2001헌마132 결정.

가. 「사회보장기본법」 및 사회보장급여법

「사회보장기본법」은 전체 사회보장행정법제에 대한 기본법에 해당한다. 「사회보장기본법」 제정 전에는 1963년 「사회보장에 관한 법률」이 제정되기는 하였으나 사실상 사문화된 상태였고, 1980년대까지는 사회보장이 주로 국가의 행정재량 영역으로 인식되었으며, 국가의 '사회보장에 관한 노력의무' 수준에 머물렀다. 그 이후 1995년 「사회보장기본법」과 1993년 「고용보험법」 및 1999년 「국민기초생활보장법」의 제정 등이 이루어지면서 비로소 독자적인 법체계로서 사회보장행정법제에 대한 논의가 활발해지고 법적 권리로서의 사회보장수급권에 대한 인식이 자리잡게 되었다. 특히 1997년 IMF 경제위기 이후 적극적인 노동시장정책의 수단이자 전제로서 사회보장의 현실적 중요성이 강조되었다.[28]

그런데, 복지전달체계가 중앙행정기관별·지방자치단체별로 분절적으로 운영됨으로써 복지혜택의 중복이나 복지사각지대 등의 문제가 지속적으로 제기되었다. 또한, 「사회보장기본법」의 개정으로 사회서비스가 강조되기는 하였지만 이를 실현하기 위한 세부적인 실행방안과 절차가 미비하였고, 기존 「사회복지사업법」이 사회복지사업 중심의 서비스 이용 절차와 운영에 한정되어 있다는 점 등이 지적되면서 이를 보완할 후속조치가 절실히 요구되었다.

그리하여, 2012년 전부개정된 「사회보장기본법」에서는 국가와 지방자치단체에 대하여 사회보장수급권의 보장 및 재정의 효율적 운용을 위하여 사회보장급여의 관리체계를 구축·운영하도록 규정하였고(제30조), 2014. 12. 30. 「사회보장급여의 이용·제공 및 수급권자 발굴에 관한 법률」(사회보장급여법)이 제정되었다. 사회보장급여법에서는 사회보장급여의 신청, 조사, 결정·지급, 사후관리에 이르는 복지대상자 선정과 지원에 필요한 일련의 절차 및 방법 등에 관한 사항을 구체적으로 규정하고, 소외계층을 발굴하기 위한 신고의무, 보호대상자에게 필요한 급여의 직권신청, 보호계획 수립·지원, 상담·안내·의뢰 등 수급권자 보호를 강화하고 복지사각지대를 해소하기 위한 방안을 제도적으로 보완하였다.

또한, 중앙행정기관·지방자치단체 및 관련 공공기관 간 정보의 연계를 통하여 복지행정 업무를 전자적으로 지원하는 사회보장정보시스템의 원활한 운영을 뒷받침함으로써 복지사업의 효과성을 제고함과 아울러 중앙행정기관과 지방자치단체 간의 유기적인 연

---

28) 박귀천, "사회보험법과 사회보장기본법-사회보장기본원리에 입각한 현행 사회보험법제 검토", 135면.

계와 통일성을 기하여 지역 단위의 종합적 사회보장과 지역 간 균형발전을 실현하기 위한 방안 및 지원체계를 정립하여 궁극적으로는 국민이 자신에게 적합한 복지혜택을 선택할 수 있도록 하는 맞춤형 서비스를 제공함으로써 국민의 복지체감도를 향상시키고자 하였다.

나. 영역별 개별 법률

(1) 사회보험법 영역

사회보험은 사회적 위험이 발생하기 전에 보험료를 납부하여 보험관계를 성립시키고 사회적 위험이 현재화되면 급여를 지급하는 사회보장의 수단이다.[29] 「사회보장기본법」 제3조 제2호에서는 사회보험을 "국민에게 발생하는 사회적 위험을 보험의 방식으로 대처함으로써 국민의 건강과 소득을 보장하는 제도"라고 정의하고 있다. 여기에는 「국민건강보험법」, 「국민연금법」, 「공무원연금법」, 「공무원재해보상법」, 「사립학교교직원연금법」, 「군인연금법」, 「군인재해보상법」, 「산업재해보상보험법」, 「고용보험법」, 「노인장기요양보험법」 등이 속한다.

사회보험법관계에서 가입자에게 사회적 위험이 발생하면, 급여청구권이 발생하는데, 가입자와 급여의 실제 수령자가 다를 수도 있다. 한편, 보험가입의무 및 보험료 납부의무는 법률의 규정에 의하여 발생하게 된다. 위와 같은 보험료 납부의무와 급여청구권을 중심으로 주된 권리와 의무 내용이 정해지는데, 보험료 납부의무 이행 여부는 급여청구권의 성립에 영향을 주지 않고, 계속적 법률관계의 성격이 강하다. 이렇게 사회보험법관계는 다른 사회보장법관계와 비교하면, 가입자라는 개념이 있고 일정한 요건을 충족하면 급여청구권이 발생한다는 점에 특색이 있다.

(2) 공공부조법 영역

공공부조란 사회보장제도의 하나로서 모든 국민이 인간다운 생활을 영위하도록 하기 위하여 국가 및 지방자치단체의 책임 하에 생활 유지 능력이 없거나 생활이 어려운 국민의 최저생활을 보장하고 자립을 지원하는 제도를 말한다. 「사회보장기본법」 제3조 제3호에서는 공공부조를 "국가와 지방자치단체의 책임 하에 생활 유지 능력이 없거나 생활이 어려운 국민의 최저생활을 보장하고 자립을 지원하는 제도"라고 정의하고 있다.

---

29) 전광석·박지순·김복기, 「사회보장법」, 11면.

공공부조는 전통적으로 빈민구호제도로부터 발전하여 왔는데, 사회보험·사회서비스 등 다른 사회보장법체계와 달리 법적 원인관계를 전제로 하지 않고 순수한 사회정책적 목적에서 지급되는 급여관계를 규율한다.[30]

공공부조에 관한 법령으로는 「국민기초생활보장법」, 「긴급복지지원법」, 「의료급여법」 등이 있다. 「국민기초생활보장법」의 제정 이전에도 1961년 제정된 「생활보호법」이 있었으나 보호대상자가 엄격히 제한되어 있었고 대상자 선정기준도 입법화되지 않았으며 급여 내용도 불충분하여 최저생활 보장과 거리가 멀었다. 그 이후 「생활보호법」에 대한 문제인식이 커지면서 이를 대폭 개선한 「국민기초생활보장법」이 제정되어 2000년 10월부터 시행되었으나, 수급권자 범위에서 벗어나는 경우 지원대상에서 벗어나는 등 문제점이 지적되면서 이를 보완한 「국민기초생활보장법」 개정법률이 2015년부터 시행되게 되었다.

「국민기초생활보장법」에서는 급여의 종류로 의료급여 및 주거급여를 규정하고 있는데, 이를 구체적으로 규정한 법이 각각 「의료급여법」과 「주거급여법」이다.

(3) 사회보상법 영역

사회보상은 국가유공행위 중에 발생하거나 특별히 공동체 전체에 책임이 귀속되는 개인의 인적·물적 피해에 대한 국가적 차원에서의 보상을 말한다.[31] 여기에는 「국가보훈기본법」, 「국가유공자 등 예우 및 지원에 관한 법률」, 「보훈보상대상자 지원에 관한 법률」, 「범죄피해자보호법」 등이 속한다.

사회보상은 국가가 피해자에 대한 사회보장의무를 가진다는 점과 사회보상급여가 일반적으로 연금의 형태로 계속급여로 지급되기 때문에 피해자의 생활을 장기적으로 보장한다는 점에서 사회보장적 기능을 수행한다. 그러나, 보험법적 관계가 전제되지 않는다는 점에서 사회보험과 구분되고, 개인의 희생이 공동체의 책임으로 귀속되어 그 책임에 기초하여 지급되는 반대급여적 성격이 있다는 점에서 공공부조나 사회서비스와도 구분되는 독자적인 체계로 다루어진다.[32]

---

30) 진광석·박지순·김복기, 「시회보장법」, 15면 참조.
31) 전광석·박지순·김복기, 「사회보장법」, 14면.
32) 전광석, 「한국사회보장법론」, 85-86면.

(4) 사회서비스법 영역

사회서비스란 일반적 의미에서 개인 또는 사회 전체의 복지증진 및 삶의 질 향상을 위하여 사회적으로 제공되는 서비스로서, 사회복지, 보건의료, 교육, 문화 및 환경·안전에 관한 공행정 등을 포괄하는 개념이다. 「사회보장기본법」 제3조 제4호에서는 사회서비스를 "국가·지방자치단체 및 민간부문의 도움이 필요한 모든 국민에게 복지, 보건의료, 교육, 고용, 주거, 문화, 환경 등의 분야에서 인간다운 생활을 보장하고 상담, 재활, 돌봄, 정보의 제공, 관련 시설의 이용, 역량 개발, 사회참여 지원 등을 통하여 국민의 삶의 질이 향상되도록 지원하는 제도"라고 정의하고 있다. 사회서비스법체계에서는 주로 신체적·정신적인 특수한 상황으로 인하여 스스로의 능력으로 인격을 실현하는 데 지장이 있는 집단의 지원을 규율하고 있다.

「사회보장기본법」이 2012년에 전부개정되기 전에는 "사회복지서비스 및 관련 복지제도"라는 용어를 사용하였는데, 전부개정으로 인하여 "사회서비스"라는 용어를 새롭게 사용하게 되었다. 법률개정이유에 따르면, 국민이 평생 동안 겪는 다양한 사회적 위험에 대하여 사회정책과 경제정책을 통합적으로 고려하여 국민의 보편적 생애주기적인 특성에 맞게 소득과 사회서비스를 함께 보장하는 방향으로 사회보장제도를 확대·재정립하고자 한 것이다. 이는 소득분배구조의 악화와 노동시장구조의 변화 등으로 전통적 소득보장제도가 한계에 달하면서 사회서비스 강화를 통해 사회보장 정책 방향을 근본적으로 변화시키고자 한 것으로 보인다.[33]

사회서비스 제공과 관련한 법률에는 「아동복지법」, 「노인복지법」, 「장애인복지법」 및 사회복지법인·사회복지시설 등에 관하여 규정하고 있는 「사회복지사업법」 등이 속하는데, 특히 장애인에 대한 지원과 관련하여 「장애인 등에 대한 특수교육법」, 「장애인활동 지원에 관한 법률」, 「장애아동복지지원법」, 「장애인고용촉진 및 직업재활법」, 「발달장애인 권리보장 및 지원에 관한 법률」 등이 시행되고 있다.

다. 「행정기본법」 등 행정에 관한 주요 법률

우리나라의 약 5,000개의 법령 중에서 행정법령이 90% 이상을 차지하고 있음에도 불구하고, 행정 영역 전반에 관한 행정의 원칙과 기본사항을 규정한 총론적 법률은 지

---

33) 강신욱, "사회보장기본법 개정의 의의와 과제", 보건복지포럼 제189권, 한국보건사회연구원, 2012. 7, 33면.

금까지 없었다. 그로 인하여 하나의 사항에 대하여 개별 법령마다 다르게 규정되기도 하는 등 행정법체계가 복잡하여, 국민들뿐만 아니라 이를 집행하는 공무원들에게 혼란을 초래함으로써 행정의 예측가능성과 법적 안정성을 해치는 일이 빈번하였다. 그리하여, 행정의 기본법이자 일반법이라 할 수 있는 「행정기본법」이 "행정의 원칙과 기본사항"을 규정하기 위하여 2021. 3. 23. 제정되었다.

「행정기본법」 이외의 행정에 관한 주요법률로 「행정절차법」, 「행정심판법」, 「행정소송법」, 「행정대집행법」, 「국세징수법」, 「정부조직법」, 「지방자치법」, 「국가공무원법」 등을 들 수 있다.

3. 조약 및 국제법규

조약이란 협약·협정·약정·의정서 등 그 명칭에 관계없이 국가와 국가 사이 또는 국가와 국제기구 사이의 문서에 의한 합의를 말한다. 또한, 일반적으로 승인된 국제법규란 우리나라가 당사국이 아닌 조약으로서 국제사회에서 일반적으로 그 규범성이 승인된 것과 국제관습법을 말한다. 이러한 조약과 일반적으로 승인된 국제법규는 국내법과 같은 효력을 가지므로(헌법 제6조 제1항), 그것이 사회보장행정에 관한 사항을 포함하고 있을 때에는 그 범위에서 사회보장행정법의 법원이 된다.

4. 명령

명령이란 행정권에 의하여 제정되는 법형식을 의미한다. 행정권이 제정하는 일반·추상적 규정에는 법규명령과 행정규칙이 있으나, 법규명령만 법원에 해당한다고 할 수 있다. 각종 사회보장행정법의 시행령과 시행규칙은 여기에 포함된다.

5. 자치법규

자치법규는 지방자치단체(광역지방자치단체 및 기초지방자치단체)가 법령의 범위 안에서 제정하는 '자치에 관한 규정'을 말한다(헌법 제117조 제1항). 자치법규에는 지방의회의 의결을 거쳐 제정되는 조례와 지방자치단체의 장이 정하는 규칙이 있다. 각종 사회보장행정과 관련된 조례나 규칙이 여기에 해당한다.

6. 사회보장행정법의 불문법원

관습법은 사회서비스 행정의 영역에서 일반사회생활 및 행정의 운용에 관한 오랜 관행이 국민 또는 관계자의 법적 확신을 얻어 법적 규범으로 승인된 것을 말한다.[34]

판례법은 영미법계 국가와 달리 성문법주의를 취하고 있는 대륙법계 국가인 우리나라에서는 법원성을 인정하기 곤란할 것이다. 다만 법률상으로는 상급법원의 법률적·사실적 판단은 '당해 사건'에 한하여 하급심을 기속하는 효력을 가진다(「법원조직법」 제8조, 「민사소송법」 제436조 제2항 후문). 따라서 판례가 가지는 현실적 구속력은 무시할 수 없다.

조리 내지 법의 일반원칙도 사회보장행정법의 법원을 이룬다. 다만, 그 연원은 대부분 헌법 및 헌법을 지배하는 기본원리에서 유래하고, 이를 위반하면 위헌·위법이 된다.

제3절 사회보장행정법의 일반원칙

Ⅰ. 의의

사회보장행정법의 일반원칙이란 사회보장행정법 영역에 적용되는 기본원칙을 말한다. 아직까지 사회보장행정에 대한 독자적인 지도원리나 일반원칙이 정립되었다고 할 수는 없지만, 사회보장행정도 국가작용의 일종이므로, 앞에서 살펴본 사회국가의 원리를 비롯한 민주국가의 원리, 법치국가의 원리, 문화국가의 원리와 같은 헌법원리는 사회보장행정에서 중요한 지도원리가 된다.

또한, 행정법의 일반원칙으로는 법치행정의 원칙, 평등의 원칙, 비례의 원칙, 성실의무 및 권한남용금지의 원칙, 신뢰보호의 원칙, 부당결부금지의 원칙 등이 있다. 위와 같은 원칙들은 「행정기본법」이 제정되기 이전에도 판례와 학설로 확립되어 있었다. 그런

---

34) 대법원 1983. 6. 14. 선고 80다3231 판결 등 참조.

데, 「행정기본법」이 제정되어 제2장의 행정의 법원칙으로 법전화되었고, 이로써 위 원칙들이 실정법상의 효력을 발휘하게 되어 그 규범력이 강화되었다고 평가할 수 있다. 다만 종래 행정법의 일반원칙으로서 논의되던 것들은 침익적 행정행위로부터의 개인의 자유권 보장에 초점을 두었기 때문에, 사회보장행정의 영역에서는 그 의미가 다소 한정될 것이며, 사회보장행정의 특수성에 걸맞은 원칙들과의 결합이 요구된다.

한편, 행정을 통해 사회보장을 잘 구현한다는 것은 최소의 비용으로 최적의 효과를 만들어내는 것을 의미하므로, 이를 위한 원리의 설정이 모색되어야 한다. 즉, 양적으로나 질적으로 사회보장행정의 최적화를 이끌어내기 위한 방법론적인 원칙이 필요하다. 그런데, 이때 비용이란 시간적·인적·경제적 비용을 비롯하여 사회보장행정에 드는 모든 희생을 말한다. 따라서, ① 시간적으로 사회보장행정의 수요에 빠르게 대처할 수 있어야 할 것이고, ② 재정적으로 되도록 적은 비용을 소모하여야 할 것이며, ③ 해당 행정작용을 통해 침해되는 다른 공익이나 기본권이 가장 적어야 할 것이다. 또한, 최대의 효과를 낸다는 것은 ① 사회보장행정의 수요자들이 빠짐없이 파악되고 그들 각각의 특정한 수요가 정확히 포착하는 것(수요자 및 수요의 포착), ② 그들이 실제로 자신의 권리를 행사할 수 있도록 유도하는 것(권리행사의 실행), ③ 계속적인 사회보장급여를 요하는 경우에는 그것이 지속적으로 잘 이루어지도록 하고 사회보장급여가 더 이상 요하지 않는 경우에는 조속히 국가적 원조를 필요로 하지 않게 하는 것(수요만족), ④ 위법·부당하게 수요파악의 대상에서 제외되거나 만족에 이르지 못한 경우에는 그에 대한 효율적인 권리구제가 이루어지게 하는 것, 나아가 ⑤ 국가의 재정능력이 향상되는 등 사회경제적 여건의 변화에 따라 사회보장의 수준도 고양될 수 있도록 기존 시스템이 재정비·발전할 수 있는 피드백이 이루어지게 하는 것을 의미한다.

이를 종합하여 보면, 행정작용의 측면에서는 ① 충분보장의 원칙, ② 보충성의 원칙, ③ 신뢰보호의 원칙, ④ 자유권 보장의 원칙, ⑤ 평등의 원칙이 요구된다. 이에 더하여, 행정절차의 측면에서 고양된 절차적 접근성이, 행정조직의 측면에서 전문성·연계성이, 행정구제의 측면에서 권리구제의 신속성·용이성이 요구된다.

II. 행정 전반에 적용되는 일반원칙

1. 법률적합성의 원칙

가. 의의

법치국가에서의 행정은 헌법과 법률에 기속받게 되므로, 행정은 헌법과 법률에 적합하게 행해져야 한다. 따라서, 행정의 법률적합성의 원칙은 헌법상 법치국가의 원리로부터 도출된다. 이에 따라 「행정기본법」 제8조에서는 "행정작용은 법률에 위반되어서는 아니 되며, 국민의 권리를 제한하거나 의무를 부과하는 경우와 그 밖에 국민생활에 중요한 영향을 미치는 경우에는 법률에 근거하여야 한다."라고 규정하고 있다.

법률적합성의 원칙으로부터 법률의 법규창조력, 법률우위의 원칙, 법률유보의 원칙 등 세부적인 원칙들이 파생된다. 법률의 법규창조력이란 국민의 권리의무관계에 구속력을 가지는 법규범을 창조하는 것은 국민의 대표기관인 의회의 전속적 권한에 속하므로, 의회에서 제정한 '법률'만 법규로서의 구속력을 갖는다는 것을 말한다.

나. 법률우위의 원칙

(1) 의의

법률우위의 원칙이란 행정은 어떠한 경우에도 법률에 위반되는 조치를 취해서는 안된다는 것을 말한다. 여기에서의 '법률'은 헌법, 형식적 의미의 법률, 법규명령 및 관습법과 같은 불문법을 포함하는 모든 법규범을 의미하지만, 행정규칙은 포함되지 않는다. 이러한 법률우위의 원칙은 행정의 모든 영역에 적용된다. 행정이 적법하게 행위할 의무를 위반한 경우에는 그에 대한 책임을 지게 되는데, 구체적으로 어떠한 법적 효과가 발생하는지는 행위형식에 따라 다르다. 법규명령의 경우에는 무효가 되고, 행정행위의 경우에는 하자의 정도에 따라 무효가 되거나 취소할 수 있게 된다. 그 밖에 법률우위의 원칙은 행정청에게 기속력 있는 법률을 실제로 집행할 것을 요구한다. 예를 들면, 납세의무는 의무자의 의사를 고려하지 않고 법률이 정한 요건에 해당하는 모든 사람에게 부과되는 것으로, 과세관청이 자의적으로 또는 납세자와 합의나 계약에 의하여 납세의무를 감면하는 것은 허용되지 않는다.

(2) 사회보장행정에서 법률우위의 원칙

지방자치단체가 지방의회의 의결을 거쳐 제정하는 법규를 조례라 하는데, 조례도 법령(헌법, 법률 및 법규명령)을 위반해서는 안 된다. 헌법 제117조 제1항과 「지방자치법」 제28조 제1항 본문에서 지방자치단체는 "법령의 범위에서" 조례를 제정할 수 있다고 한 취지도 바로 이러한 법률우위의 원칙을 선언한 것이다.[35]

그런데, 지방자치단체가 사회보장행정 영역에서 상위 법령이 정하고 있는 기준을 초과하거나(초과조례) 급여사항이나 대상을 추가하는 조례(추가조례)를 제정하는 경우 해당 조례가 법률우위의 원칙에 위배되는 것인지 여부가 문제된다. 과거에는 조례의 법령위반에 관한 판단이 매우 엄격하여 해당 사항에 관하여 국가 법령이 이미 규율하고 있다면 그 사항은 조례로 규율할 수 없다고 보았다(국가법률선점이론). 그러나, 국가의 법령이 최소한의 규제조치를 정하고 있는데 불과하고, 그 이상의 규제는 각 지방의 특수한 사정을 고려하여 자율적으로 정하는 것을 허용하고 있다고 해석되는 경우에는 법령의 내용을 초과 또는 추가하는 내용의 조례도 유효하다고 보는 것이 통설과 판례이다(수정된 국가법률선점이론).

다. 법률유보의 원칙

(1) 의의

법률유보의 원칙이란 행정이 법률의 수권에 의하여 행해져야 한다는 것을 말한다. 이는 행정의 법률에의 구속성으로서 소극적으로 행정이 법률에 위반되어서는 안 된다는 법률우위의 원칙을 넘어 적극적으로 행정작용이 법률에 근거를 두어야 함을 의미한다. 이러한 법률유보의 원칙은 법치국가의 원리, 의회민주주의의 원리, 헌법상의 기본권 조항으로부터 도출된다. 그리고 '법률의 유보'라고 하는 경우에서의 '법률'은 국회에서 법률의 제정절차에 따라 만들어진 형식적 의미의 법률과 헌법 제75조에 따라 위임요건을 갖춘 법규명령도 포함된다.

(2) 법률유보의 적용 영역

행정이 법률의 수권에 의하여 행해져야 한다는 것이 원칙이라고 하더라도 모든 국

---

35) 대법원 2002. 4. 26. 선고 2002추23 판결; 대법원 2003. 9. 23. 선고 2003추13 판결; 대법원 2004. 7. 22. 선고 2003추51 판결.

가작용을 미리 형식적 의미의 법률에 그 근거를 마련하는 것은 불가능에 가깝다. 그리하여 법률유보의 원칙은 그 적용 영역이 문제가 된다.

① **침해유보설**: 행정이 개인의 자유나 권리를 침해·제한하거나 새로운 의무를 부과하는 경우에는 반드시 법률의 수권이 있어야 하지만, 수익적 행정 등 그 밖의 영역에는 법률유보의 원칙이 적용되지 않는다는 견해이다.

② **전부유보설**: 직접적으로 시민을 향하여 행해진 행정작용 전부에 대하여 법률의 유보를 요구하는 견해로서, 민주국가에서는 주권이 국민에게 있고 국민은 그들의 대표기관인 의회에 권력을 위임하고 있으므로, 국가의 다른 기관은 의회가 제정한 법률의 수권이 있어야 비로소 활동할 수 있다는 점을 근거로 한다.

③ **급부행정유보설**(사회유보설): 개인의 생활이 상당부분 국가로부터의 급부에 의존하고 있는 현대국가에서는 국가적 급부의 공정한 확보가 중요한 의미를 가지므로, 전통적인 침해행정 이외의 급부행정 영역에도 법률유보원칙이 적용되어야 한다는 견해이다.

④ **중요사항유보설**(본질사항유보설 또는 본질성설): 중요사항은 반드시 법률적 근거를 요하지만, 비중요사항에 대해서는 법률의 근거 없이도 행정권을 발동할 수 있다는 견해로서, 판례의 기본적인 입장이다.

침해유보설은 의회민주주의가 발달하고 급부행정이나 유도행정의 비중이 커지고 있는 현대국가에서는 이미 소명을 다한 이론이다. 전부유보설은 행정권이나 사법권도 국민에 의하여 제정된 권력이라는 점을 잊고 있다. 급부행정유보설에 대해서는 국가의 급부적 기능이 중요하므로 의회가 법률제정의 방법으로 개입할 수 있다는 것과 아직 법률이 제정되어 있지 않은 경우에 행정권이 조직법·예산 등에만 근거하여 급부적 활동을 수행하는 것이 모순되는 것만은 아니라는 비판이 가능하다.

「행정기본법」 제8조에서는 침해유보에 해당하는 것으로서 국민의 권리를 제한하거나 의무를 부과하는 경우와 중요사항유보에 해당하는 것으로서 국민생활에 중요한 영향을 미치는 경우에 법률에 근거하도록 "법률유보의 원칙"을 명시하고 있다. 이는 전통적인 '침해유보'와 함께 판례로 확립된 '중요사항(본질사항) 유보'를 명문화한 것이라고 평가된다.

(3) 사회보장행정에서 법률유보의 원칙

사회보장행정 영역에서 법률유보의 원칙이 그대로 적용되는지에 관해서는 논의의 여지가 있다. 사회보장행정에 대한 의회입법은 물론 행정입법에서도 재량이 널리 인정되고, 사회보장행정에서 처분 및 행정계획 등 행정작용 전반에서도 행정권의 재량이 널리 인정될 수 있다. 이러한 특수성을 가진 사회보장행정 영역에서의 무조건적인 법률화는 행정의 전문성과 능률성을 떨어뜨리고 오히려 국민의 기본권을 침해하는 부작용이 발생할 수도 있다.

그러나, 사회보장행정의 중요성 및 국민의 의존도를 감안할 때 급부의 거부나 부당한 배분은 침익적 처분 못지않게 침해적 성질을 가지게 되므로, 사회보장행정에 대한 예측가능성을 부여하고 행정의 자의를 방지하기 위해서라도 본질적 사항이나 중요사항에 대해서는 법률의 근거가 필요하다. 헌법재판소도 기초적인 생존배려와 관련된 부분과 같은 본질적 사항에 관하여 법률유보의 원칙의 적용을 인정하고 있다.[36]

이렇게 사회보장행정에서 중요사항유보설을 따르더라도 법률유보사항이 되는 중요성의 판단기준을 설정하는 것이 중요하다. 사회보장행정에서도 법률유보사항이 되는 중요성의 판단기준으로 '규율대상의 기본권적 중요성'과 의회절차의 공개성과 이익조정기능에 비추어 '입법절차에서 규율되어야 할 고도의 필요성'이 제시할 수 있을 것이다.

그런데, 사회보장행정 영역은 복잡하고 다양하며, 수급권자에 따라 그 내용이 달라지기 때문에 전문성을 요한다. 따라서 이를 법률로써 세세한 것까지 사전에 규율하는 것은 불가능하므로, 사회보장행정 영역에서 위임입법의 필요성은 매우 크다. 또한, 전문적이고 기술적인 영역이라는 특수성 때문에 법률유보의 원칙이나 포괄위임금지의 원칙 등을 적용하는 데 침해행정의 경우와 같이 볼 수 없다.

그렇지만, 사회보장수급권은 법률의 형식으로 규율되어야 비로소 어떠한 종류와 내용의 급여가 어떠한 형태로 지급되는지에 관한 예측을 할 수 있는데, 우리 사회보장행정법은 이러한 헌법적 요청을 충분하게 반영하고 있다고 보기 어렵다. 특히 사회보장의 인적 대상, 보호하는 위험의 내용, 급여의 종류와 내용 및 형태, 재정과 조직 등의 중요사항으로서 법률에 규정되어야 함에도 법률이 아닌 행정입법의 형태로 규율되는 경우가 많다. 적어도 급여를 산정하는 최소한의 기준과 절차 등 중요한 사항에 대해서는 법률의 형식으로 규율되는 것이 타당하다.[37]

---

36) 헌재 1995. 7. 21. 선고 93헌가14 결정.
37) 박귀천, "사회보험법과 사회보장기본법-사회보장기본원리에 입각한 현행 사회보험법제 검토", 132-133면.

(4) 영역별 고찰

사회보장행정은 사회의 다양한 위험으로부터 국민을 보호하기 위해 개별 영역별로 별도의 법체계가 발전하였기 때문에 각 영역별로 적용되는 원리가 다르거나 그 적용 강도에도 조금씩 차이가 있다.[38]

사회보험법체계 중에서 대표적인 건강보험은 모든 국민들이 가입하는 강제보험이다(「국민건강보험법」 제5조). 건강보험은 질병 등을 치료하기 위하여 서비스 형태로 요양급여가 지급된다. 현금급여로 지급되는 다른 사회보장급여와 달리 서비스 형태로 지급되는 경우에는 제공되는 급여의 종류와 내용을 법제화하는 것에 한계가 있다. 또한, 요양기관의 경우 환자의 개별적인 상태를 구체적으로 판단하여 진료를 하기 때문에 그 유형을 일반화하기가 어렵다. 이러한 특성에 따라 법률차원에서 모든 급여의 종류와 내용을 규율하기는 어렵고, 하위 법령인 시행령, 시행규칙을 비롯한 고시에서 구체적 내용이 규율될 여지가 높아진다.[39]

공공부조의 경우에는 개인이 수령하는 급부에 대하여 아무런 기여가 없기 때문에 국가가 국민의 최저생활을 보장하기 위하여 제도를 마련하여 운영할 때 행정입법의 가능성이 높아질 수도 있다. 특히 이 경우 국가의 시혜성 급부로 여겨질 가능성이 높아지게 된다.[40] 그러나, 생활이 어려운 국민에 대한 최저생활보장을 해주는 것은 그들에게 생존권에 있어 중요한 의미를 가진다. 따라서, 법률이나 법률의 위임규정에서 그 보장의 내용을 확인하거나 예측할 수 있어야 한다.[41] 한편, 세금을 납부한 국민과 수급권자인 빈곤층 간에 서로 이해관계가 대립할 가능성이 높다는 점에서 입법부에서 토론과 타협의 과정을 거치는 것이 필요하다. 특히 최저생활의 보장의 정도는 수시로 변화한다거나 정책적으로 전문적인 영역이라고 하는 것은 어려우므로, 법률에 그 내용을 예측할 수 있도록 하는 것이 필요할 것이다.[42]

소득보장과 의료보장을 위한 사회보험과 공공부조는 헌법 제34조에서 규정하는 사

---

38) 박정연, "복지서비스의 민간공급에 관한 공법적 규율-노인요양서비스를 중심으로-", 고려대학교 박사학위논문, 2016, 58면.

39) 전광석, 「사회보장법과 헌법재판」, 집현재, 2021, 5-6면.

40) 김진곤, "사회보장법영역에서 포괄위임입법금지원칙의 적용과 그 한계", 사회보장법학 제3권 제1호, 사회보장법학회, 2014, 51면.

41) 전광석, 「사회보장법과 헌법재판」, 317면.

42) 정관영·박보영, "사회보장수급권에 대한 헌법 제37조 제2항의 위헌심사기준: 공공부조를 중심으로", 사회보장법연구 제3권 제2호, 사회보장법학회, 2014, 194-195면.

회보장의 권리를 구체화하는 핵심적인 법체계인 반면, 사회서비스는 생존을 위하여 반드시 필요한 소득이나 의료보장이 아니기 때문에 '의회유보'의 원칙을 적용할 수 있는지에 관하여 논란이 있을 수 있다. 그렇지만 사회서비스 역시 국민의 삶에서 중요한 영향을 미치고 있다는 점, 특히 다양한 사회변화에 따라 더욱 중요한 역할을 할 것이라는 점에서 사회보험이나 공공부조와 본질적으로 다르게 놓고 볼 수 없을 것이다.[43] 특히 사회서비스 영역에서도 경제적 약자를 대상으로 하는 사회서비스인 경우에는 수급 대상자와 수급 조건에 대해서는 적어도 법률에서 명확하고 구체적인 위임규정을 두어야 할 것이다.[44]

(5) 법률적 근거 없는 급부와 권리성 여부

행정주체가 아직 법률이 제정되어 있지는 않지만 조직법·예산 등에만 근거하여 급부적 활동을 수행하는 경우가 있을 수 있다. 이 경우 급부를 신청하였지만 부작위 상태에 있거나 신청이 거부된 신청인에게 행정구제를 받을 수 있는지는 위와 같은 경우에 권리가 성립할 수 있는지의 문제와 관련이 있다.

현재 대법원 판례에 의하면, 거부처분이 성립하기 위해서는 신청권의 존재가 전제되어야 하는데, 이 경우에 법령상의 신청권이 인정되지 않을 것이므로, 거부처분 취소소송이나 부작위위법확인소송으로 다투기는 어려울 것으로 보인다. 다만 법령에 급부의 근거가 규정되어 있지만 신청절차나 급부절차가 규정되어 있지 않는 경우에는 조리상의 신청권을 인정할 수 있는 여지가 있을 수 있다.

2. 평등의 원칙

가. 의의

평등의 원칙이란 행정작용을 할 때 특별한 합리적 사유가 존재하지 않는다면 상대방인 국민을 공평하게 처우하여야 한다는 원칙을 말하고, 헌법 제11조, 「행정기본법」 제9조가 그 근거이다. 평등의 원칙 위반 여부에 대한 심사는 ① '본질적으로 동일한 것을 다르게 또는 다른 것을 동일하게 취급하고 있는지'라는 본질적 차별대우의 존재 여

---

43) 이신용, 「사회보장법과 의회」, 한울, 2017, 155-156면.
44) 김주희, "사회보장행정에서 법률유보의 원칙-주거복지를 중심으로-", 법학논총 제47권 제4호, 단국대학교 법학연구소, 2023. 12, 84면.

부와 ② '이러한 차별대우가 헌법적으로 정당화되는지'라는 합리적 근거가 있는 차별인지에 관한 판단으로 이루어진다.

평등의 원칙과 관련하여, 행정의 내부에서만 효력을 가지는 행정규칙이 평등의 원칙을 매개로 그 효력이 외부화되는 경우가 있는데, 이를 '행정의 자기구속'이라고 한다. 가령 행정규칙의 일종인 재량준칙이 되풀이 시행되어 행정관행이 이루어지면 행정청은 그 상대방에 대한 관계에서 그 규칙에 따라야 할 자기구속을 당하게 되고, 그러한 경우에는 대외적인 구속력을 가지게 될 수 있다.[45]

나. 사회보장행정에서 평등의 원칙

평등의 원칙은 행정의 거의 모든 분야에서 매우 중요한 기능을 수행하는데, 적용영역에 따라 명칭과 의미가 달라지기도 한다. 특히 사회보장 영역에서는 입법자의 재량이 널리 인정되는 만큼 평등의 원칙 위반 여부에 있어서도 현저하게 불합리한 차별이 아니라고 판단되는 경우가 많다.

> **헌재 2011. 12. 29. 선고 2009헌마354 결정:** 범죄피해자 구조청구권을 인정하는 이유는 크게 국가의 범죄방지책임 또는 범죄로부터 국민을 보호할 국가의 보호의무를 다하지 못하였다는 것과 그 범죄피해자들에 대한 최소한의 구제가 필요하다는 데 있다. 그런데 국가의 주권이 미치지 못하고 국가의 경찰력 등을 행사할 수 없거나 행사하기 어려운 해외에서 발생한 범죄에 대하여는 국가에 그 방지책임이 있다고 보기 어렵고, 상호보증이 있는 외국에서 발생한 범죄피해에 대하여는 국민이 그 외국에서 피해구조를 받을 수 있으며, 국가의 재정에 기반을 두고 있는 구조금에 대한 청구권 행사대상을 우선적으로 대한민국의 영역 안의 범죄피해에 한정하고, 향후 해외에서 발생한 범죄피해의 경우에도 구조를 하는 방향으로 운영하는 것은 입법형성의 재량의 범위 내라고 할 것이다. 따라서 범죄피해자구조청구권의 대상이 되는 범죄피해에 해외에서 발생한 범죄피해의 경우를 포함하고 있지 아니한 것이 현저하게 불합리한 자의적인 차별이라고 볼 수 없어 평등원칙에 위배되지 아니한다.

그러나, 인간의 생존이나 인간다운 생활을 함에 있어서 본질적이고 기본적인 부분에서는 평등의 원칙이 엄격히 적용되어야 할 것이다. 이에 관하여 최근 대법원은 국민건강보험공단이 사실상 혼인관계에 있는 사람 집단에 대해서는 피부양자 자격을 인정하면서도 동성 동반자 집단에 대해서는 피부양자 자격을 인정하지 않음으로써 두 집단을 달

---

45) 헌재 1990. 9. 3. 선고 90헌마13 결정; 헌재 2007. 8. 30. 선고 2004헌마670 결정.

리 취급하고 있는 것은 성적 지향을 이유로 본질적으로 동일한 집단을 차별하는 행위에 해당한다고 판시하여 주목을 끌고 있다.

대법원 2024. 7. 18. 선고 2023두36800 판결: 국가와 지방자치단체는 국가 발전수준에 부응하고 사회환경의 변화에 선제적으로 대응하며 지속가능한 사회보장제도를 확립하고 매년 이에 필요한 재원을 조달하여야 하고(「사회보장기본법」 제5조 제3항), 사회보장제도의 급여수준과 비용 부담 등에서 형평성을 유지할 의무가 있다(제25조 제2항). 사회보장제도인 건강보험의 보험자로서 가입자와 피부양자의 자격 관리 등의 업무를 집행하는 특수공익법인인 피고는 공권력을 행사하는 주체이자 기본권 보장의 수범자로서의 지위를 갖는다. 그 결과 사적 단체 또는 사인의 경우 차별처우가 사회공동체의 건전한 상식과 법감정에 비추어 볼 때 도저히 용인될 수 없는 경우에 한해 사회질서에 위반되는 행위로서 위법한 행위로 평가되는 것과 달리, 피고는 평등원칙에 따라 국민의 기본권을 보호 내지 실현할 책임과 의무를 부담하므로, 그 차별처우의 위법성이 보다 폭넓게 인정될 수 있다. 건강보험제도와 피부양자제도의 의의, 취지와 연혁 등을 관련 법리와 기록에 비추어 살펴보면, 피고가 직장가입자와 사실상 혼인관계에 있는 사람, 즉 이성 동반자와 달리 동성 동반자인 원고를 피부양자로 인정하지 않고 이 사건 처분을 한 것은 합리적 이유 없이 원고에게 불이익을 주어 그를 사실상 혼인관계에 있는 사람과 차별하는 것으로 헌법상 평등원칙을 위반하여 위법하다.

3. 비례의 원칙

가. 의의 및 법적근거

비례의 원칙이란 행정주체가 구체적인 행정목적을 실현할 때 그 목적 실현과 수단 사이에 합리적인 비례관계가 유지되어야 한다는 것을 말한다. 이 원칙은 법치국가 원리의 파생원칙의 하나이므로 헌법적 차원의 원칙으로서의 성질과 효력을 가진다.

이 원칙의 헌법적 근거로 "국민의 모든 자유와 권리는 …… 필요한 경우에 한하여 법률로써 제한할 수 있으며 ……"라는 제37조 제2항을 들 수 있고, 「행정기본법」 제10조에서도 학설과 판례에서 인정되어오던 비례의 원칙의 세 가지 파생원칙인 ① 적합성의 원칙, ② 필요성의 원칙, ③ 상당성의 원칙을 나누어 규정하고 있다. 「행정규제기본법」 제5조 제3항, 「경찰관직무집행법」 제1조 제2항 등에서도 그 근거를 찾을 수 있다.

나. 내용

비례의 원칙에 부합하기 위해서는 ① 행정기관이 취한 조치 또는 수단이 그가 의도하는 행정목적을 달성하는데 유효하고 적절하여야 하고(적합성의 원칙), ② 일정한 행정목적을 달성하기에 적합한 수단이 여러 가지가 있는 경우에 행정기관은 관계자에게 가장 적은 부담을 주는 수단을 선택하여야 하며(필요성의 원칙 또는 최소침해의 원칙), ③ 어떤 행정조치가 설정된 목적 실현을 위하여 필요한 경우라 할지라도 그 행정조치를 취함에 따른 불이익이 그것에 의하여 초래되는 이익보다 큰 경우에는 해당 행정조치를 취해서는 안 된다(상당성의 원칙 또는 협의의 비례의 원칙).

비례의 원칙은 개인의 자유와 권리 영역에 대한 공권력의 침해로부터 개인을 보호하는 기능이 있다. 원래 이 원칙은 경찰행정 영역에서 경찰권의 한계를 설정해 주는 것에서 시작되었으나, 오늘날에는 행정의 모든 영역에 적용된다. 「행정기본법」 제10조에서도 적용대상을 침익적 처분에 한정하지 않고 모든 행정작용에 적용하는 것으로 규정하고 있다.

비례의 원칙은 작용하는 국면에 따라 다른 형태로 구체화된다.[46] 국가의 소극적 행위를 요구하는 방어권을 제한하는 영역에서는 과잉금지의 원칙으로 구체화되는 반면, 국가의 적극적 행위를 요구하는 급부권을 제한하는 영역에서는 과소금지의 원칙으로 구체화된다. 과소금지의 원칙은 기본권에 대한 보호가 과도하게 적어지는 것을 금지하는 원칙이다.

다. 사회보장행정에서 비례의 원칙

사회보장행정에서도 비례의 원칙이 적용된다. 특히 사회보장수급권을 보장하는 입법에서 해당 국가의 '경제수준과 재정규모'와 형량이 요구된다. 또한, 사회보장행정에서는 상대방에게는 급부행정으로서 수익적 행정에 속하는 경우가 많기 때문에, 과소금지의 원칙이 적용되어야 할 경우도 있을 수 있다. 이때 급부의 자격요건과 수준은 문제가 되는 사회보장수급권과 충돌하는 공익에 따라 상대적으로 달라질 수 있다.

한편, 사회보장행정 영역에서는 침해나 규제를 상정하기 쉽지 않기 때문에 비례의 원칙과 관련짓기 어려울 수도 있다. 그러나, 사회보장행정에서도 부수적으로 상대방이나 제3자에게 침익적 효과를 발생시키는 경우가 종종 있다. 대표적인 사례로는 ① 수급자격의 확인을 위하여 민감한 개인정보를 요구하거나 수진명령에 따를 의무를 부과하는 등 사생활의 비밀과 자유, 생명·신체에 관한 자유권을 제한하는 경우, ② 사회보험의

---

46) 이에 관한 자세한 설명은 이준일, 「헌법과 사회복지법제」, 세창출판사, 2010, 36면 참조.

재정운용방식과 관련하여 보험가입자의 재산권이 침해될 우려가 있는 경우,[47] ③ 공무원임용시험에서 국가유공자에게 돌아가는 혜택이 제3자의 공무담임권을 제한하게 되는 경우,[48] ④ 정신질환자의 강제입원이 그의 인격권, 신체의 자유 등을 제한하게 되는 경우 등이 있다. 이러한 경우에는 과잉금지의 원칙이 작동하게 된다.

4. 성실의무 및 권한남용금지의 원칙

가. 성실의무의 원칙

「행정기본법」 제11조에서는 「행정절차법」 제4조 제1항이나 「국세기본법」 제15조 등에 규정되어 있는 "신의성실의 원칙"을 공법관계에 맞게 행정청의 "성실의무의 원칙"으로 수정하여 규정하고 있다(제1항). 신의성실의 원칙은 사법의 영역에서 발전된 것이나 공법의 영역에서도 적용되는 법의 일반원칙으로서, 공법의 영역에서 특히 법의 흠결·공백이 있는 경우 그 공백을 메워 주는 원칙의 하나로 일찍부터 활용되어 왔다.

대법원은 행정법관계에서 행정청의 행위에 대하여 신의성실의 원칙이 적용되기 위해서는 합법성의 원칙을 희생해서라도 상대방의 신뢰를 보호하는 것이 정의의 관념에 부합한다고 인정되는 특별한 사정이 있는 경우에 예외적으로 적용된다고 판시하고 있다.[49] 법치행정을 지도이념으로 하는 행정법 영역에서는 법률적합성의 원칙이 우선적으로 적용되어야 하기 때문이다.

대법원은 근로복지공단의 요양불승인처분에 대한 취소소송을 제기하여 승소확정판결을 받은 근로자가 이를 기초로 요양기간 동안의 휴업급여를 청구하자 근로복지공단이 그 휴업급여청구권은 시효로 소멸하였다고 주장한 사안에서 근로복지공단의 주장은 신의성실의 원칙에 반하여 허용될 수 없다고 판시하였다.[50] 근로복지공단은 업무상 재해임을 인정하여 요양급여신청을 승인한 경우에 한하여 휴업급여를 지급하고 요양급여신청을 승인하지 않은 상태에서는 휴업급여를 지급하지 않는 것이 관행이기 때문에, 요양급여신청이 승인되지 않은 경우에는 근로자가 휴업급여를 청구하더라도 근로복지공단이 이를 거절할 것이다. 그런데, 휴업급여청구권의 「산업재해보상보험법」상 소멸시효기간은

---

47) 헌재 1996. 10. 4. 선고 96헌가6 결정.
48) 헌재 2001. 2. 22. 선고 2000헌마25 결정.
49) 대법원 2004. 7. 22. 선고 2002두11233 판결 등.
50) 대법원 2008. 9. 18. 선고 2007두2173 전원합의체 판결.

3년에 불과하여 근로복지공단의 요양불승인처분에 대한 소송계속 중에 휴업급여청구권에 대한 소멸시효기간이 도과할 가능성이 높았다. 그와 같은 상황이라면 채권자가 권리를 행사하는 것을 기대하기가 어려운 특별한 사정이 있었던 것으로서 근로자에게 휴업급여청구권을 행사할 수 없는 사실상의 장애사유가 있었으므로, 이러한 경우에까지 근로복지공단의 소멸시효 주장을 받아들여 채무이행의 거절을 인정하는 것은 현저히 부당하거나 불공평하여 신의성실의 원칙에 반한다는 것이다.

또한, 관할관청이 사업주에게 행한 직업능력개발훈련과정 인정제한처분과 훈련비용지원제한처분이 쟁송절차에서 취소되거나 무효로 확인된 후에 사업주가 그 인정제한기간에 실시한 직업능력개발훈련과정에 대한 비용지원을 사후에 신청한 경우, 관할관청이 미리 훈련과정의 인정을 받아 두지 않았다는 형식적인 이유만으로 그 신청을 거부하는 것은 허용되지 않는다. 이러한 거부행위는 위법한 훈련과정 인정제한처분을 함으로써 제때 훈련과정 인정신청을 할 수 없게 장애사유를 만든 행정청이 오히려 사전에 훈련과정 인정신청을 하지 않은 것을 탓하는 것이므로, 신의성실의 원칙에 반하여 허용될 수 없기 때문이다.[51]

나. 권한남용금지의 원칙

「행정기본법」 제11조에서는 성실의무의 원칙과 아울러 행정권한을 행사할 때 행정청이 행정권한을 남용하거나 그 권한의 범위를 넘어서 행사하는 것을 금지하는 "권한남용금지의 원칙"을 명시하고 있다(제2항). 행정법상 권한남용금지의 원칙은 법치국가의 원리 또는 법치주의에 기초한 것으로서 민법상 권리남용금지의 원칙과 구별하여 행정법의 고유한 법원칙으로 선언한 대법원 판례를 반영한 것이다.[52]

---

51) 대법원 2019. 1. 31. 선고 2016두52019 판결.
52) 대법원은 "법치주의는 국가권력의 중립성과 공공성 및 윤리성을 확보하기 위한 것이므로, 모든 국가기관과 공무원은 헌법과 법률에 위배되는 행위를 하여서는 아니 됨은 물론 헌법과 법률에 의하여 부여된 권한을 행사할 때에도 그 권한을 남용하여서는 아니 된다."라고 판시한 바 있다(대법원 2016. 12. 15. 선고 2016두47659 판결).

5. 신뢰보호의 원칙

가. 의의

신뢰보호의 원칙이란 행정기관의 어떤 결정의 정당성 또는 존속성에 대하여 신뢰한 경우 그 신뢰를 보호받을 만한 가치가 있는 한 그 신뢰를 보호해주어야 한다는 원칙을 말한다. 이론적 근거에 대해서는 여러 견해가 대립하나, 행정작용의 정당성 또는 존속성에 대한 국민의 신뢰를 보호하여 행정작용에 대한 국민의 예측가능성을 확보하기 위한 원칙이라는 점에서 법치국가의 구성요소인 법적 안정성에서 그 근거를 찾을 수 있다. 실정법적 근거로는 「행정기본법」 제12조, 「행정절차법」 제4조 제2항 및 「국세기본법」 제18조 제3항 등을 들 수 있다.

신뢰보호의 원칙이 적용되기 위해서는 ① 행정기관의 선행조치, ② 선행조치에 대한 신뢰, ③ 신뢰의 보호가치성, ④ 관계자의 신뢰에 기한 사인의 처리, ⑤ 선행조치에 반하는 행정작용 등의 요건이 충족되어야 한다. 판례도 행정청의 행위에 대하여 신뢰보호의 원칙이 적용되기 위해서는 행정청이 개인에 대하여 신뢰의 대상이 되는 공적인 견해표명을 하여야 하고, 행정청의 견해표명이 정당하다고 신뢰한 데에 대하여 그 개인에게 귀책사유가 없어야 하며, 그 개인이 그 견해표명을 신뢰하고 이에 상응하는 어떠한 행위를 하였어야 하고, 행정청이 위 견해표명에 반하는 처분을 함으로써 그 견해표명을 신뢰한 개인의 이익이 침해되는 결과가 초래되어야 한다고 판시하였다.[53]

신뢰보호의 요건이 충족되면 행정작용의 정당성이나 존속성을 신뢰한 자는 보호받아야 한다. 신뢰보호의 원칙 적용은 특히 행정입법의 개정, 수익적 행정행위의 취소·철회, 확약, 계획보장이나 실권 등에 있어서 문제가 되는 경우가 많다.[54] 신뢰보호는 이미 부여한 허가, 행정계획 등을 유지하거나 약속한 허가 등을 부여하는 의미하는 이른바 존속보호가 우선하며, 공익상 이유로 존속보호를 할 수 없는 경우 보상보호가 이루어져야 한다.

그러나, 행정작용의 정당성이나 존속성에 대한 신뢰가 보호요건을 충족하는 경우에도 신뢰보호라는 가치는 다른 공익적 가치와 충돌하게 된다. 이러한 가치들은 어느 하나가 절대적인 우위를 갖는 것이 아니므로, 사안에 따라 형량을 통하여 최적화할 필요가 있다. 위법한 행정작용을 신뢰한 경우에는 법률적합성이라는 가치와 비교형량하여야

---

53) 대법원 1998. 9. 25. 선고 98두6494 판결.
54) 신뢰보호의 원칙이 적용되는 개별 영역 사례에 대해서는 하명호, 「행정법」, 46면 이하 참조.

하고, 적법한 행정작용을 신뢰한 경우에는 사정변경에 대한 행정의 적응성 내지 탄력성이라는 가치와 비교형량하여야 하는 것이다.

특히 위법한 행정작용을 신뢰한 경우에는 신뢰보호의 원칙과 법률적합성의 원칙이 충돌하게 되는데, 양자의 관계를 어떻게 설정할 것인지에 대해서는 다툼이 있다. 법치주의의 원리를 구성하는 법률적합성의 원칙과 법적 안정성의 원리는 동위적·동가치적인 것이므로 후자로부터 도출되는 신뢰보호의 원칙과 법률적합성의 원칙도 동위적이라고 보아야 한다(동위설). 따라서, 신뢰보호의 요건이 충족되는 경우에도, 관계인의 보호이익과 행정처분의 취소 등에 의하여 달성되는 공익 사이의 구체적인 형량이 필요하다.[55]

나. 사회보장행정에서 신뢰보호의 원칙

(1) 이익형량과정에서 특별한 고려의 필요성

부익부 빈익빈 현상은 더 이상 경제력에 국한되는 개념이 아니라 경제적 격차가 교육적 격차로, 문화적 격차로, 건강상의 격차로, 그리고 이것이 다시 경제적 격차로 돌아오게 되는 삶의 전반을 아우르는 악순환을 의미하게 되었다. 예컨대, 장애가 있는 사람은 경제력이나 학력 등 다른 측면에서도 핸디캡을 감수해야 하는 상황에 놓이게 되는 것이다. 따라서, 특정 기본권을 1만큼 제한하는 경우에도 그 사인이 이미 가지고 있는 총체적인 핸디캡으로 인하여 100만큼의 효과를 가져올 수 있다는 점, 그리고 특정 기본권의 제한은 다른 기본권의 행사에 대해서도 연쇄효과를 일으켜 핸디캡을 더욱 강화하게 된다는 점 등을 적극적으로 고려한 이익형량이 필요하다.

(2) 취소·철회의 제한

상대방의 신뢰에도 불구하고 수익적 행정행위의 취소가 정당화되는 경우는 ① 상대방의 부정한 행위가 있는 경우, ② 위법성에 대하여 상대방의 책임이 있는 경우 등이 있다. 또한, 수익적 행정행위의 철회사유로 드는 것 중에는 ① 부담의 불이행, ② 상대방의 의무위반 등이 있다. 이는 모두 넓은 의미에서 사인에게 취소·철회권의 행사에 대한 귀책사유가 있는 경우라 할 것이다.

그러나, 사회보장행정 영역에서는 위의 사유에 의한 취소권 행사의 가능성이 제한되어야 할 필요가 있다. 수익자가 사기·강박·증뢰 등 고의적으로 적극적인 위법행위를

---

55) 대법원 2006. 2. 9. 선고 2005두12848 판결 등 다수.

한 것이 아니라 행정행위의 위법성을 알았거나 중대한 과실로 알지 못했지만 그러한 상태를 소극적으로 이용한 것에 불과하다면, 위법한 행정행위가 발급된 것을 그에게 객관적으로 귀속시킬 수 없기 때문이다. 따라서, 이러한 경우에는 고의 또는 중과실의 태양, 해당 취소행위가 생존권에 미치는 영향, 기타 제반사정을 참작하여 취소권 행사효과의 소급효를 부정하고 장래효만 인정하거나 하자의 전환 또는 하자의 치유 법리 등에 의한 해결을 꾀하도록 하여야 한다.

철회권 행사의 경우에도 마찬가지이다. 예컨대, 갑작스러운 사정으로 인하여 납부해야 할 사회보험금을 납부하지 못하는 경우 곧바로 보험관계를 종료시킬 것이 아니라 체납보험료를 분할납부할 수 있도록 하거나 사정변경에 따라 일시적으로 보험료를 감경 또는 면제해주는 등의 방법으로 보험관계가 유지될 수 있도록 하고, 급부의 분리가능성이 있는 경우에는 일부 철회를 우선적으로 고려하여야 한다. 그 밖에 의무위반이 있는 경우에도, 의무위반상태를 시정할 수 있는 기회를 충분히 보장하고, 국가가 스스로 상대방의 의무이행상태를 실현할 수 있는 경우에는 그에 의할 것이며, 의무위반이 수급자격의 판단에 본질적으로 관련되지 않는 경우에는 철회권 행사보다 가벼운 제재를 택하는 등의 배려가 필요하다.

(3) 대안제시

공익과 사익을 비교형량한 결과 공익이 우선하는 것으로 판명되거나 기타 취소·철회권 행사의 요건을 갖춘 경우에 해당하여 사인의 신뢰가 보호받지 못하게 되더라도 문제되는 사회적 위험이 여전히 존재하는 경우라면, 행정은 그에 대처할 수 있는 대안을 제시할 의무가 있다고 보아야 한다. 예를 들어, 기초생활보장수급권자였던 자의 경제적 상황이 다소 개선되어 차상위계층으로 편입된 경우, 기존에 이루어진 급여의 지급결정은 철회되겠지만 다른 요건의 사회보장수급권자가 될 수 있으므로, 후속절차에 대하여 안내해 주어야 한다. 이렇게 보지 않는다면, 일응 적법한 것으로 보이는 취소·철회권의 행사가 사인을 사회적 위험에 그대로 노출시키는 결과가 되어버리기 때문이다.

6. 부당결부금지의 원칙

가. 의의

부당결부금지의 원칙이란 행정작용을 할 때 그와 실질적 관련이 없는 반대급부를 결부시켜서는 안 된다는 원칙을 말한다. 이 원칙은 법치국가의 원리로부터 도출되는 행정의 예측가능성, 법적 안정성 및 인권의 존중에 근거하여 실질적 관련성이 없는 사항을 결부시켜 국민의 권익침해를 방지하기 위한 행정법의 일반원칙이다.

부당결부금지의 원칙은 학설과 판례에 의하여 인정되어온 일반원칙이지만, 개별 법령에 명문으로 규정된 사례가 없었는데, 「행정기본법」 제13조에서는 "행정청은 행정작용을 할 때 상대방에게 해당 행정작용과 실질적인 관련이 없는 의무를 부과해서는 아니된다."라고 규정하여 이를 행정법의 일반원칙으로 명문화하였다.

나. 사회보장행정에서 부당결부금지의 원칙

부당결부금지의 원칙은 주로 수익적 행정행위에 대한 부관의 한계나 새로운 실효성확보수단의 가능성과 관련하여 논의되고 있지만, 「행정기본법」에서는 모든 "행정작용"에 적용되는 것으로 명시하였다. 따라서, 사회보장행정 영역에서도 급부와 내용적으로직접 관련이 없는 반대급부를 요구해서는 안 된다.

Ⅲ. 사회보장행정에서의 고유한 원칙

1. 보충성의 원리

가. 의의

급부행정에서 보충성의 원리에 대해서는 다양하게 정의되고 있으나, 일반적으로 보다 큰 사회적 단위는 보다 작은 사회적 단위가 자신의 기능을 수행하지 못할 때 비로소개입하여야 한다는 원칙을 말한다. 즉, 국가와 같은 행정주체에 의한 급부활동은 개인또는 하급의 사회공동체가 그 기능을 수행할 수 없을 경우 또는 그들에게 맡기는 것이부적당한 경우에만 보충적으로 행해져야 한다는 원칙이다.[56]

이는 국가 및 지방자치단체의 재정적인 부담을 덜어주어 지속가능한 사회보장행정이 가능하도록 해야 한다는 점과 더불어 개인이 스스로 위험상황에 대처할 수 있다면되도록 공적인 개입을 자제하고 그의 자율에 맡기는 것이 국민의 자유권 혹은 인격권존중의 차원에서도 바람직하다는 점에서 요청된다.

---

56) 박수혁, "급부행정법의 기본원칙", 고시계 제31권 제6호, 고시계사, 1986, 37면.

나. 근거

헌법은 보충성의 원리를 명시적으로 언급하지는 않고 있다. 그러나, 헌법 제10조 제
1문 전단(인간의 존엄과 가치), 제11조(평등원칙) 및 특히 일반적 인격권으로 해석되는 제
10조 제1문 후단(행복추구권), 제36조 제1항(혼인과 가족생활), 제21조(결사의 자유) 및 제
117조(지방자치단체)와 같은 규정들을 종합하여, 보충성의 원리를 헌법상의 원리로 해석
하여 모든 사회 영역에 적용되어야 한다는 견해가 있다.[57] 헌법재판소도 "자유민주주의
국가에서는 각 개인의 인격을 존중하고 그 자유와 창의를 최대한으로 존중해 주는 것을
그 이상으로 하고 있는 만큼 기본권주체의 활동은 일차적으로 그들의 자결권과 자율성
에 입각하여 보장되어야 하고 국가는 예외적으로 꼭 필요한 경우에 한하여 이를 보충하
는 정도로만 개입할 수 있고, 이러한 헌법상의 보충의 원리가 국민의 경제생활 영역에
도 적용됨은 물론이므로 사적자치의 존중이 자유민주주의국가에서 극히 존중되어야 할
대원칙임은 부인할 수 없다."라고 판시하여, 보충성의 원칙이 헌법상 원칙인 듯한 판시
를 하고 있다.[58]

한편, 「국민기초생활보장법」 제3조 제1항에서는 "이 법에 따른 급여는 수급자가 자
신의 생활의 유지·향상을 위하여 그의 소득, 재산, 근로능력 등을 활용하여 최대한 노
력하는 것을 전제로 이를 보충·발전시키는 것을 기본원칙으로 한다."라고 규정한 것에
서 보는 것처럼 보충성의 원칙은 사회보장행정에 적용되는 법원칙의 하나라 볼 여지가
있다.

다. 내용

보충성의 원리는 사회적 위험에 대하여 국가 또는 지방자치단체의 개입을 최후의
수단으로 삼고, 개입하는 경우에도 개인의 능력을 존중해 줄 것을 요구한다. 따라서, ①
사적인 대응이 가능하다면 공권력이 개입하지 않을 것, ② 국가·지방자치단체 등 행정
주체와 민간 영역과의 공조가 가능한 경우에 행정주체와 민간 영역이 효율적으로 역할
을 분담할 것, ③ 지방자치단체의 개입으로 충분하다면 국가차원의 개입은 삼갈 것, ④
비권력적인 행정형식이 적절한 경우에는 권력적 작용에 우선하여 그것을 택할 것을 내
용으로 한다.

---

57) 홍성방, "헌법상의 보충성의 원리", 공법연구 제36집 제1호, 한국공법학회, 2007, 618-619면.
58) 헌재 1989. 12. 12. 선고 88헌가13 결정.

다만 주의할 것은 ① 사적 영역에서의 해결이 불가능한 경우뿐만 아니라 부적당한 경우에도 국가적 개입이 요청되므로 특별히 안정적이고 지속적인 급부가 필요한 경우나 사인에 의한 자유권 침해의 우려가 있는 경우에는 국가가 민간에 대한 적극적인 감독·통제권을 행사하는 방식으로라도 최종적인 책임을 맡을 것이 요구되고, ② 아동학대·치매노인유기의 문제와 같이 요보호자가 자신의 위험을 인지·대처할 현실적 가능성이 없어 공적인 부조를 긴급히 요구하는 경우에는 개인적 자율 존중의 요청은 후퇴하고 후견주의적인 국가개입이 정당화된다는 점이다.

라. 한계

사회보상의 경우에는 인과성을 본질로 하기 때문에 원칙적으로 보충성의 원칙이 적용되지 않는다.[59] 또한, 국가의 급부능력이 향상되고 삶의 질에 대한 요구가 커져감에 따라 국가·지방자치단체가 보충적 개입을 하게 되는 기준이 달라지게 되었는데, 관점에 따라서는 이를 보충성의 원칙이 완화되어 가는 것으로 볼 수도 있다.[60] 예컨대, 과거에는 사인이 스스로 최저한의 생계수준도 영위하지 못하게 되는 경우에 비로소 공적부조의 대상이 되었는데, 이제는 건강하고 문화적인 생활수준에 위협을 받게 될 때 공적부조를 행하는 것을 사회보장의 목표로 삼게 된 것이다.

한편, 보충성 원리의 소극적 측면인 국가개입의 원칙적 금지만 강조하면서, 사회국가의 원리를 국가가 모든 것을 책임지거나 사회보장에 관한 국가의 독점적 활동을 정당화하는 것은 아니라고 주장하고, 보충성 원리를 사회국가 원리의 헌법적 한계로 파악하는 견해가 있다.[61] 그러나, 수급권자의 입장에서 당연히 누려야 할 급여의 수준에 관한 것과 그렇게 결정된 급여를 제공하는 주체가 누구이고 어떠한 방식으로 제공되어야 하느냐에 관한 것은 차원이 다른 문제이다. 오히려 보충성은 사적 영역에서 해결하지 못한 나머지 부분은 국가나 지방자치단체 등 행정주체가 보충적으로 해결하여 주어야 한다는 적극적인 의미로 이해될 수도 있다. 따라서, 사회국가의 원리의 실현과 관련하여 개인의 노력과 국가의 적극적인 역할을 선후관계로 이해하는 방식으로 보충성 원리를

---

59) 이헌석, "사회보장행정의 일반 법원칙에 관한 연구", 사회과학연구 제10집, 서원대학교 사회과학연구소, 1997, 194면.

60) 이헌석, "사회보장행정의 일반 법원칙에 관한 연구", 195면.

61) 홍성방, "헌법상의 보충성의 원리", 615-617면; 홍완식, "헌법과 사회보장법에 있어서의 보충성의 원리", 공법연구 제28집 제4호 제2권, 2000, 183면; 정극원, "헌법상 보충성의 원리", 헌법학연구 제12권 제3호, 한국헌법학회, 2006, 192면.

적용하는 것은 적절하지 않다고 생각된다.[62] 이러한 점에서 보충성의 원리를 헌법적 원리로 볼 수 있는지도 의문이다.[63]

2. 사회보험 영역에서의 원칙

가. 수정된 보험의 원리

사회보험은 사회보장의 한 영역이기는 하지만, 일종의 보험이기 때문에 기본적으로 보험의 원리가 적용된다. 다만, 가입, 보험료 및 급여의 산정 등에서 사(私)보험에서의 보험의 원리가 그대로 적용되는 것이 아니라 이른바 '수정된 보험의 원리'가 적용된다.

보험의 원리란 보험료와 보험급여 사이의 등가성의 원칙을 말한다. 그런데, 공보험은 사보험과 같이 계약자유의 원칙에 따라 민법상 계약에 따라 성립하는 것이 아니라 법정요건을 충족하는 국민에게 가입의무가 부과되고 보험료·보험급여를 둘러싼 법률관계가 법률에 의하여 성립한다. 또한, 피보험자의 위험발생의 정도나 개연성에 따라 보험료가 산정되는 것이 아니라 피보험자의 경제적 능력에 비례하여 정해지는 등 개인별 등가의 원칙이 철저히 적용되지는 않는다.[64]

사회보험에서의 수정된 보험의 원칙의 적용은 아래에서 소개할 사회연대의 원리로부터 정당성의 근거를 찾을 수 있다는 점에서 서로 유기적인 관계에 있다.

나. 사회연대의 원리

사회연대의 원리는 사회국가의 원리로부터 도출되므로, 사회국가의 원리가 지향하는 사회정의의 이념을 공유한다. 즉, 사회연대의 원리도 '사회정의 이념'을 실현하는 것을 목표로 하고 이를 지향한다.[65] 헌법재판소는 "사회보험은 사회국가원리를 실현하기 위한 중요한 수단이라는 점에서, 사회연대의 원칙은 국민들에게 최소한의 인간다운 생활을 보장해야 할 국가의 의무를 부과하는 사회국가원리에서 나온다. 보험료의 형성에 있

---

62) 홍석한, "보충성의 원리에 대한 헌법적 고찰", 법학논문집 제43집 제1집, 중앙대학교 법학연구원, 2019, 27-30면.

63) 하명호, 「행정법」, 935면.

64) 공보험과 사보험의 차이에 대해서는 헌재 2000. 6. 29. 선고 99헌마289 결정 참조.

65) 장우찬, "사회연대 원리의 규범적 의미와 그 효력", 법학연구 제22권 제4호, 인하대학교 법학연구소, 2019, 120면.

어서 사회연대의 원칙은 보험료와 보험급여 사이의 개별적 등가성의 원칙에 수정을 가하는 원리일 뿐만 아니라, 사회보험체계 내에서의 소득의 재분배를 정당화하는 근거이며, 보험의 급여수혜자가 아닌 제3자인 사용자의 보험료 납부의무를 정당화하는 근거이기도 하다. 또한 사회연대의 원칙은 사회보험에의 강제가입의무를 정당화하며, 재정구조가 취약한 보험자와 재정구조가 건전한 보험자 사이의 재정조정을 가능하게 한다."라고 판시하였다.[66]

헌재 2001. 2. 22. 선고 99헌마365 결정: 우리 헌법의 경제질서 원칙에 비추어 보면, 사회보험 방식에 의하여 재원을 조성하여 반대급부로 노후생활을 보장하는 강제저축 프로그램으로서의 국민연금제도는 상호부조의 원리에 입각한 사회연대성에 기초하여 고소득계층에서 저소득층으로, 근로세대에서 노년세대로, 현재세대에서 다음세대로 국민 간에 소득재분배의 기능을 함으로써 오히려 위 사회적 시장경제질서에 부합하는 제도라 할 것이므로, 국민연금제도는 헌법상의 시장경제질서에 위배되지 않는다.

다. 그 밖에 사회보험에 적용되는 원리 · 원칙

사회보험에서 보장하는 소득보장의 수준은 최저생활 수준 이상이어야 하고(최저생활 수준 이상의 보장), 사회계층 간에 소득재분배 효과가 나타나야 한다(소득재분배). 다만 어느 정도 수준의 소득재분배여야 하는지는 사회적 효율성과 개별적 공평성이라는 두 가지 목표 사이에서 적절히 선택되어져야 한다. 한편, 사회보험의 적용에서 구성원 통합과 국민연대의 효과가 나타날 수 있도록 적용대상을 전 국민 또는 특정계층을 대상으로 입법한 경우에는 그 집단에 속한 전원에게 적용하는 것이 원칙이다(보편성). 또한, 사회보험의 운영에 필요한 재원은 국가 외에도 사용자, 피용자도 분담하여 조달하는 것을 원칙으로 한다(보험재정의 분담).[67]

---

66) 헌재 2000. 6. 29. 선고 99헌마289 결정.
67) 박귀천, "사회보험법과 사회보장기본법-사회보장기본원리에 입각한 현행 사회보험법제 검토", 142면.

3. 공공부조 영역에서의 원칙

가. 최저생활의 보장

(1) 의의

최저생활보장의 원리란 생존권 보장을 그 제도가 보장하고 있는 생활내용의 관점에서 본 원리이다. 해당 제도에 의하여 급여를 받는 자는 최저한도의 수요가 충족될 수 있는 정도의 생활을 모든 국민에게 한결같이 보장하는 것이다. 즉, 생활이 어려운 자에게 생계, 주거, 의료, 교육, 자활 등 필요한 급여를 행하여 이들의 최저생활을 보장해주는 것을 말한다. 공공부조는 헌법 제34조에서 도출되고, 「국민기초생활보장법」 제1조에서도 최저생활의 보장 및 자활조성을 그 목적으로 하고 있다. 아울러 같은 법 제4조에서는 급여기준으로 "건강하고 문화적인 최저생활의 유지"를 규정하고 있는데, 이것은 최저한의 인간다운 생활을 보장해야 한다는 것을 의미한다. 따라서, 시장·군수·구청장에 의하여 구체적으로 결정된 급여 내용이 위 법의 입법목적과 급여기준에 미치지 못하는 것이라면 위와 같은 원칙에 위배되는 것이다.

헌법재판소도 "생계보호의 구체적 수준을 결정하는 것은 입법부 또는 입법에 의하여 다시 위임을 받은 행정부 등 해당 기관의 광범위한 재량에 맡겨져 있다고 보아야 할 것이므로 국가가 인간다운 생활을 보장하기 위한 헌법적 의무를 다하였는지의 여부가 사법적 심사의 대상이 된 경우에는, 국가가 생계보호에 관한 입법을 전혀 하지 아니하였다든가 그 내용이 현저히 불합리하여 헌법상 용인될 수 있는 재량의 범위를 명백히 일탈한 경우에 한하여 인간다운 생활을 할 권리를 보장한 헌법에 위반된다고 할 수 있다."라고 판시하였다.[68]

(2) 보장의 내용

급여는 양적인 것뿐만 아니라 질적으로도 보장기준을 넘어야 한다. 예를 들면, 거동이 불편하여 경제적 활동을 하지 못하고 있는 장애인에게는 금전급부만을 행하는 것으로는 부족하고, 그가 일상생활을 영위할 수 있도록 대인서비스를 제공하고, 직업을 통해 경제적으로 자립할 수 있도록 상담서비스를 제공한다든지 취업을 알선하는 등 다양한 서비스가 제공되어야 한다. 즉, 양적으로 급여수준을 현실화하는 것도 중요하지만, 질적

---

68) 헌재 1997. 5. 29. 선고 94헌마33 결정 등.

인 측면에서 안정적이고 계속적인 급여의 제공, 수요분석의 다각화를 통한 기본권 보장의 실질화도 중요하다.

이와 같이 공공부조는 근로능력이 없거나 생활이 어려운 자에게 최저한의 생활보장을 목적으로 하므로, 보호대상자가 최저한도의 생활을 유지하고 있는지의 여부를 판단할 필요가 있다. 따라서, 필연적으로 수요조사(needs test)와 자산조사(means test)가 이루어진다.[69]

(3) 한계

급여의 양과 질은 충분한 것이어야 하지만 다른 한편으로는 과잉급부가 이루어져 자원이 낭비되어서도 안 된다. 급부제공능력의 낭비는 장기적으로 볼 때 충분보장 원칙의 지속가능한 실현을 저해할 것이다. 따라서, 형식적 요건상으로는 수급권자이지만 실질적으로는 공공부조가 필요하지 않는 경우에 자원이 낭비되어서는 안 될 것이므로 필요성을 심사하기 위한 제도 및 조직의 마련이 요구된다.

헌재 2004. 10. 28. 선고 2002헌마328 결정[국민기초생활보장최저생계비 위헌확인]: 국가가 행하는 「국민기초생활보장법」상의 "생활능력 없는 장애인에 대한 최저생활보장을 위한 생계급여지급"이 헌법이 요구하는 객관적인 최소한도의 내용을 실현하고 있는지의 여부는 국가가 인간다운 생활을 보장함에 필요한 최소한도의 조치를 취하였는가의 여부에 달려있다고 할 것인바, "인간다운 생활"이란 그 자체가 추상적이고 상대적인 개념으로서 그 나라의 문화의 발달, 역사적·사회적·경제적 여건에 따라 어느 정도는 달라질 수 있는 것이고, "최소한도의 조치" 역시 국민의 사회의식의 변화, 사회·경제적 상황의 변화에 따라 가변적인 것이므로, 국가가 인간다운 생활을 보장하기 위한 생계급여의 수준을 구체적으로 결정함에 있어서는 국민 전체의 소득수준과 생활수준, 국가의 재정규모와 정책, 국민 각 계층의 상충하는 갖가지 이해관계 등 복잡 다양한 요소를 함께 고려해야 하므로, 생활이 어려운 장애인의 최저생활보장의 구체적 수준을 결정하는 것은 입법부 또는 입법에 의하여 다시 위임을 받은 행정부 등 해당기관의 광범위한 재량에 맡겨져 있다고 보아야 한다. 그러므로 국가가 인간다운 생활을 보장하기 위한 헌법적 의무를 다하였는지의

---

69) 최저보장수준으로서 최저생계비와 기준 중위소득: 최저생계비란 건강하고 문화적인 생활을 유지하기 위하여 필요한 최소한의 비용으로서, 보건복지부장관이 매년 계측하여 공표하여 「국민기초생활보장법」상 급여정책의 기준으로 활용되었다. 「국민기초생활보장법」의 개정으로 수급권자의 선정에 관하여 보건복지부장관 또는 소관행정기관의 장이 급여종류별로 최저보장수준을 정하며, 각종 급여의 수급자 결정에 대해서는 급여선정기준으로서 '기준 중위소득'을 활용하고 있다. 보건복지부장관이 매년 8월 1일까지 다음 연도의 급여별 선정기준 및 최저보장수준을 공표하여야 하므로(「국민기초생활보장법」 제6조 제2항), 기준 중위소득도 매년 8월 1일까지 공표한다.

여부가 사법적 심사의 대상이 된 경우에는, 국가가 최저생활보장에 관한 입법을 전혀 하지 아니 하였다든가 그 내용이 현저히 불합리하여 헌법상 용인될 수 있는 재량의 범위를 명백히 일탈한 경우에 한하여 헌법에 위반된다고 할 수 있다.

나. 보편성의 원리

공공부조에서 보편성의 원리는 두 가지 의미를 가진다. 먼저, 사회보장의 필요성이나 사회적 위험의 개념에 대하여, 특정의 사회적 위험만 보장하는 것이 아니라 인간다운 생활을 하는데 문제가 되는 내용을 모두 보호대상으로 하고 빈곤 원인을 묻지 않고 모든 생활상 위험을 공평하게 보장하여야 한다는 것이다. 이는 질병·장애·노령·사망·실업 등 특정 원인에 의하여 야기된 위험으로부터 보호하는 사회보험제도와 다른 점이다.

다음으로, 특정의 국민만 보장하는 것이 아니라 인간다운 최저생활이 불가능한 모든 국민을 대상으로 한다는 것이다. 과거 생활보호법은 근로능력의 존재여부를 요건으로 삼거나 보호대상을 특정하였기 때문에 보편성의 원리에 충실하지 못한 결과를 낳았다. 이와 달리「국민기초생활보장법」상 공공부조는 근로능력 여부에 관계없이 빈곤상태에 있는 모든 국민을 보호대상으로 한다.

다. 공공부조에서 보충성의 원리

앞에서 살펴본 보충성의 원리는 특히 공공부조와 밀접한 관련성을 가진다.「국민기초생활보장법」에서는 수급자가 자신의 생활의 유지, 향상을 위하여 그 소득·재산·근로능력 등을 활용하여 최대한 노력하는 것을 전제로 이를 보충·발전시킬 것을 규정하고 있다(제3조 제1항). 이와 더불어 부양의무자의 부양과 다른 법령에 의한 보호에 대해서도 보충성을 적용하고 있다(제3조 제2항). 즉, 국가로부터 공공부조에 기초한 급여를 받고자 하는 자는 그 전제조건으로서 개인적으로 가능한 모든 자원을 동원하여 생활 유지에 최대한 노력해야 하고 그렇게 노력하더라도 부족할 경우에만 그 부족한 부분을 급여하자는 원리인 것이다. 요컨대, 이러한 원리는 생활의 개인책임 내지 자기책임을 기초로 한 자본주의 사회의 최종적 또는 포괄적인 생활보장수단으로서의 공공부조의 본질을 가장 잘 나타낸 것으로 다음과 같이 구체화된다.

첫째, 공공부조에 관한 급여에 우선하여 개인의 재산·근로능력 등의 활용이 요구된다.

둘째, 공공부조에 관한 급여에 우선하여 사적 부양이 우선되어야 한다. 예컨대, 요보호자에게 부양의무자가 있는 경우에는 「국민기초생활보장법」에 의한 급여에 우선하여, 부양의무자의 의무 이행을 청구하지 않으면 안 된다. 다만, 부양의무자의 우선 책임을 지나치게 강조하거나 형식적으로 적용하게 될 경우 실질적으로 도움이 필요한 자에게 급여가 제공되지 않는다는 비판이 있고, 이에 대한 입법적 개선이 이루어지고 있다.

셋째, 공공부조에 관한 급여에 우선하여 다른 법령이 우선 적용되어야 한다. 공공부조에 관한 다른 개별법이나 사회보험 등 다른 법령에서 정한 보호는 「국민기초생활보장법」에 의한 보호에 우선하여 적용된다.

헌재 2011. 3. 31. 선고 2009헌마617 결정[「국민기초생활보장법 시행령」 제2조 제2항 제3호 위헌확인]: 생활이 어려운 국민에게 필요한 급여를 행하여 이들의 최저생활을 보장하기 위해 제정된 「국민기초생활보장법」은 부양의무자에 의한 부양과 다른 법령에 의한 보호가 이 법에 의한 급여에 우선하여 행하여지도록 하는 보충급여의 원칙을 채택하고 있는바, 「형의 집행 및 수용자의 처우에 관한 법률」에 의한 교도소·구치소에 수용 중인 자는 당해 법률에 의하여 생계유지의 보호를 받고 있으므로 이러한 생계유지의 보호를 받고 있는 교도소·구치소에 수용 중인 자에 대하여 「국민기초생활보장법」에 의한 중복적인 보장을 피하기 위하여 개별가구에서 제외키로 한 입법자의 판단이 헌법상 용인될 수 있는 재량의 범위를 일탈하여 인간다운 생활을 할 권리를 침해한다고 볼 수 없다.

라. 자활조성의 원리

공공부조는 단지 최저생활을 보장하는 것만이 아니라 궁극적으로 생활이 어려운 자의 자활을 조성하는 것을 목적으로 하고 있다. 즉, 사회보장(복지)의 최고 이상은 모든 국민에게 최저생활을 보장해 주는 데 있는 것이 아니라, 모든 국민이 스스로 자기의 생계를 유지할 수 있는 능력을 길러 주는 데 있다는 요청에서 자활조성의 원리가 비롯되었다고 볼 수 있다.

4. 사회보장의 공공성에 대한 논의

사회보장행정에 적용되는 독자적인 법원리·원칙이라고는 볼 수 없지만, 사회보장 영역에서의 공공성이 지속적으로 논의되고 있다. 특히 코로나19 이후 의료보장 영역과 고령화에 따른 돌봄서비스의 불충분성 및 아동 보육을 둘러싼 갈등으로 인한 사회서비스 영역에서 공공성에 대한 논의의 필요성이 높아지고 있다. 사회보험 영역에서도 영세 자영업자나 비정규직 노동자 등 사회보험에서 실질적으로 배제되는 복지사각지대에 대한 대책이 필요하고, 건강보험의 비급여대상 항목이 넓다는 문제, 국민연금의 소득대체율이 계속 낮아지는 문제 및 사회보험의 재정 불안정의 문제를 사회보험의 공공성이라는 측면에서 개선해야 한다는 요구가 있다.[70]

사회보장의 공공성에 대한 논의는 사회보장행정 영역에 속하는 다양한 급여나 서비스들이 민간에 의하여 제공된다고 하더라도 급여나 서비스 등이 국가·지방자치단체의 공적 책임 하에 제공·관리되거나 보장되어야 한다는 것을 핵심으로 한다. 이는 공법학에서의 보장책임론과도 그 맥을 같이 한다. 보장책임론은 민간에게 공공 서비스 등 급부행정의 수행을 위탁하더라도 여전히 국가에게 책임이 있다는 것을 내용으로 하는 보장국가론(Gewahrleistungsstaat Theorie)을 기초로 한다.[71] 보장국가는 급부에 관한 영역에서 국가의 역할이 단순히 후퇴하는 것이 아니라 변화된 환경에서 다른 방식으로 여전히 책임을 진다는 것이다. 다만, 보장책임론은 독자적인 행정법의 일반원칙이라기보다는, 국가의 국민에 대한 사회보장의무 내지 보호의무의 모습이 변화하고 있지만, 이러한 변화에도 국가 등 행정주체가 여전히 고유의 임무를 지니고 있다는 '국가책임'에 대한 이론이라는 점에서 사회보장의 공공성과는 다른 차원의 논의이다.

---

70) 박귀천, "사회보험법과 사회보장기본법-사회보장기본원리에 입각한 현행 사회보험법제 검토", 144-148면 참조.

71) 이에 관한 상세한 논의로는 '박재윤, 「독일 공법상 국가임무론과 보장국가론」, 경인문화사, 2018' 등 참조.

제2장

사회보장행정상 법률관계

제1절 사회보장행정의 당사자

Ⅰ. 사회보장행정에서의 행정주체

1. 행정주체와 행정기관의 의의와 종류

가. 행정주체와 행정기관의 의의

(1) 행정주체

행정법관계에서 행정권을 행사하고 그 법적 효과가 궁극적으로 귀속되는 당사자를 행정주체 또는 행정권의 주체라고 한다. 행정주체는 ① 국가, ② 지방자치단체, ③ 공공조합(공법상의 사단법인), ④ 영조물법인, ⑤ 공재단(공법상의 재단법인), ⑥ 공무수탁사인(공권력이 부여된 사인) 등이 있다.

(2) 행정기관

(가) 의의

국가와 지방자치단체 등과 같은 행정주체는 물리적인 실체가 없어서 권한을 가진 기관을 통하여 활동을 할 수밖에 없는데, 그 행위의 법률효과를 행정주체에게 귀속시킬 수 있는 "권한의 귀속자"를 행정기관이라고 한다.[1] 그중에서 직접 대외적으로 구속력이 있는 의사를 결정·표시할 수 있는 권한을 가진 기관을 특히 행정청이라고 한다.[2]

이렇게 행정기관은 행정주체의 기관에 불과하고 권리능력을 가지지 않아 권리주체가 될 수 없고, 권한을 행사할 수 있을 뿐이다. 다만 「행정소송법」제13조에 의하여 행정청이 항고소송의 피고가 되는 것과 같이, 행정기관은 법률관계의 당사자로서의 지위를 부여받기도 한다. 또한, 행정청이 권한을 위임하거나 기관소송의 당사자가 되는 것과 같이, 자기 명의로 행위를 하고 그에 따르는 법률효과를 귀속받기도 한다. 한편, 행정기관의 구성원인 행위자는 자신의 행위로 인하여 법률효과가 행정주체에게 귀속되기는 하지만 개인적으로도 처벌을 받거나 손해배상 또는 그 밖의 책임을 부담하기도 한다.

(나) 분류

행정기관은 국가의 중앙행정기관·지방행정기관 및 지방자치단체와 같은 공공단체의 행정기관으로 분류된다. 국가의 중앙행정기관이란 헌법에 규정된 대통령 및 그 직속기관, 국무회의, 국무총리 및 그 직속기관, 행정각부와 그 직속기관을 의미하며 「정부조직법」에 규정된 행정기관을 말한다. 그 밖에도 「국가정보원법」, 「국가안전보장회의법」, 「감사원법」, 「선거관리위원회법」 등에 근거를 두기도 한다.

국가의 지방행정기관이란 중앙행정기관의 소관사무를 분장하기 위하여 필요한 경우에 지방에 일정한 관할구역을 획정하여 설치한 국가의 행정기관을 말한다. 우리나라에서는 보통지방행정기관을 따로 설치하지 않고 지방자치단체의 장에게 사무를 위임하여 수행하는 경우가 많다. 한편, 중앙행정기관은 그 소관사무를 분장하기 위하여 필요한 때에는 대통령령이 정하는 바에 따라 특별지방행정기관을 설치할 수 있다(「정부조직법」제3조 제1항).

---

1) 이는 작용법적·쟁송법적 관점에서의 정의이고, 행정기관을 조직법적 관점에서 보면, 「정부조직법」제2조 제2항에서 "중앙행정기관은 …… 부·처 및 청으로 한다."라고 규정하고 있는 것처럼 "행정사무의 분배단위"를 말한다.

2) 「행정기본법」제2조 제2호에서는 "행정청"을 "행정에 관한 의사를 결정하여 표시하는 국가 또는 지방자치단체의 기관"과 "그 밖에 법령등에 따라 행정에 관한 의사를 결정하여 표시하는 권한을 가지고 있거나 그 권한을 위임 또는 위탁받은 공공단체 또는 그 기관이나 사인"이라고 정의하고 있다.

나. 국가와 지방자치단체

(1) 국가와 지방자치단체의 역할

사회보장행정주체는 기본적으로 국가와 지방자치단체이다. 「사회보장기본법」 제5조 제2항에서는 국가와 지방자치단체가 사회보장에 관한 책임과 역할을 합리적으로 분담하도록 규정하고 있다. 또한, 사회보장급여법 제2조 제5호에서도 출산, 양육, 실업, 노령, 장애, 질병, 빈곤 및 사망 등의 사회적 위험으로부터 모든 국민을 보호하고 국민 삶의 질을 향상시키기 위해 관계 법령 등에 따라 현금, 현물, 서비스 등 각종 사회보장급여를 제공해주는 보장기관으로 국가와 지방자치단체를 규정하고 있다.

한편, 사회보장행정의 지방분권화에 대해서는 다음과 같은 찬반양론이 있다.[3] 지역 간 재정격차로 인하여 복지수준의 격차를 심화시킨다는 점, 이로 인하여 보편적 서비스의 확대를 제약하고 지방재정의 부담을 가중시킨다는 점, 사회복지는 지방자치단체의 정책의 우선순위에서 지역경제 활성화에 밀려 외면될 것이라는 점 등의 우려로 인하여 사회복지정책을 국가 차원에서 책임지고 운영하는 것이 효율적이라는 견해가 있다. 반면에 지방자치단체가 주민들로부터 근거리에 있으므로 주민들의 수요를 잘 파악하여 요구에 잘 대응할 수 있다는 점, 주민의 참여와 자율이 증진된다는 점 등을 이유로 적극적인 분권화를 하여야 한다는 견해도 있다.

생각건대, 사회보장행정을 일률적으로 지방에 이양한다거나 중앙에서 집중하여야 한다고 주장할 수는 없을 것이다. 사회보장의 각 영역마다 가장 효율적인 권한배분의 방법이 다르기 때문이다. 사회보험은 사회적 위험에 대한 표준화된 기준을 적용한 보험방식으로 대처하는 제도이므로 국가적 차원에서 시행하는 것이 바람직하다. 반면에 사회서비스는 개인별 특성에 따라 개별적 처우를 달리 제공하여야 하는 특성이 있으므로, 수급권자가 처해 있는 구체적 사정을 파악하기 쉬운 지방자치단체가 중심적 역할을 맡는 것이 바람직하다.[4] 그리하여, 「사회보장기본법」 제25조 제5항에서는 사회보험은 국가의 책임으로 시행하고, 공공부조와 사회서비스는 국가와 지방자치단체의 책임으로 시행하는 것을 원칙으로 정하고 있다.

---

3) 아래의 내용은 구정태, "우리나라 사회복지정책의 분권화–분권교부세 '사회복지사업'을 중심으로-", 사회복지법제연구 제1호, 한국사회복지법제학회, 2010. 10, 176면 참조.

4) 이호용, "복지분권화와 국가·지방간 사회복지사무의 분담", 사회복지법제연구 제1호, 한국사회복지법제학회, 2010. 10, 146면 참조.

(2) 사회보장행정조직의 전문성·연계성에 대한 필요

「사회보장기본법」 제25조 제4항은 "국가와 지방자치단체가 사회보장제도를 운영할 때에는 국민의 다양한 복지 욕구를 효율적으로 충족시키기 위하여 연계성과 전문성을 높여야 한다."라고 규정하고 있다.

사회보장행정에서 전문성이 특히 요구되는 이유는, 사회보장급부에 관한 법적 요건의 충족여부를 판단하기 쉽지 않기 때문이다. 급여를 결정할 때 경우에 때때로 사회급부수급권자에 대한 의학적·사회학적 판단을 내려야 할 상황이 생기게 되고, 법규에서 규정하고 있는 '질병', '소득능력의 감소', '보호를 요하는 상태' 등과 같은 법적 구성요건의 개념을 해석을 할 때 관련 분야에 대한 지식과 경험을 요구하게 된다.[5]

한편, 사회보장에 대한 수요가 점차 복잡하고 다양해지고 있다. 노인복지만 놓고 보더라도, 국가적 보호를 필요로 하는 노인은 다시 독거노인, 장애노인, 도시노인, 농촌노인 등으로 나누어져 각각 필요로 하는 서비스를 달리하므로, 정형화된 대응이 곤란하고 맞춤형 서비스가 필요하다. 이에 부응하기 위해서는 수급권자들의 절차적 접근성을 높일 수 있는 방안에 더하여 각각의 수요에 맞는 솔루션을 제공해 줄 수 있는 전문인력이 확충되어야 하고, 전문인력의 효율적 활용을 위한 물적 자원의 지원, 1인당 관리가능한 최대 가구수의 제한, 의사결정구조의 개선 등이 뒷받침되어야 할 것이다.

사회보장행정조직의 효율적 운영을 위해서는 무엇보다도 ① 사회보장의 각 분야에 따라 적절히 관할기관을 통합하거나 조정하고, ② 각 기관 간의 연계를 강화할 것이 요구된다. 또한, 국가와 지방자치단체 사이, 시·도와 시·군·구 사이의 업무분장의 효율성을 도모하고 상호간 정보 활용 및 모니터링 등의 업무협조가 원활히 이루어질 수 있도록 하는 방안이 모색되어야 한다.

(3) 사회보장행정기관

국가나 지방자치단체의 사회보장행정사무는 국가의 중앙행정기관과 지방행정기관에 의하여 수행된다. 사회보장에 관한 중앙행정기관으로는 정부 내 주무부처인 보건복지부, 고용노동부, 국가보훈부 등이 있다. 한편, 사회보장에 관한 지방자치단체의 행정기관으로는 각각의 지방자치단체의 소관 부서가 이에 해당한다. 그런데, 뒤에서 보는 것처럼 국가 및 지방자치단체의 사회보장행정사무는 국민건강보험공단, 근로복지공단, 국민연금

---

5) 손미정, "사회보장행정상 권리보호에 관한 법적 고찰", 노동법학 제27호, 한국노동법학회, 2009. 6, 69면.

공단, 사회보장정보원 등과 같은 공법인에게 권한이 위임되어 있는 경우가 많이 있다.

(4) 사회보장행정기관으로서 위원회

사회보장행정기관으로서 각종 위원회는 행정청의 일정한 결정에 대하여 심의·의결하거나 자문을 해주는 행정기관으로서의 성격을 가질 뿐 행정주체가 아닌 경우가 많다. 설령 의결권을 행사하는 경우라고 하더라도 이를 대외적으로 표시하는 행정청의 지위를 갖는 경우도 거의 없다.

대표적인 사회보장행정기관으로서 위원회로는 「사회보장기본법」 제20조에 따라 설치된 사회보장위원회가 있다. 사회보장위원회는 국무총리 소속 합의제 행정기관으로, 위원장 1명, 부위원장 3명과 행정안전부장관, 고용노동부장관, 여성가족부장관, 국토교통부장관을 포함한 30명 이내의 위원으로 구성된다. 사회보장 증진을 위한 기본계획, 사회보장 관련 주요 계획, 사회보장제도의 평가 및 개선, 사회보장제도의 신설 또는 변경에 따른 우선순위, 둘 이상의 중앙행정기관이 관련된 주요 사회보장정책, 사회보장급여 및 비용 부담, 국가와 지방자치단체의 역할 및 비용 분담, 사회보장의 재정추계 및 재원조달 방안, 사회보장 전달체계 운영 및 개선 등의 사항을 심의·조정한다.

시·도 사회보장위원회는 지역의 사회보장 증진 및 관련 기관·단체와 연계를 강화하고 사회보장업무를 효율적으로 수행하기 위하여 2014년 사회보장급여법이 제정되면서 도입되었고, 제40조에 근거를 두고 있다. 시·도 사회보장위원회는 시·도 지역사회보장계획 수립·시행 및 평가, 지역사회보장조사 및 지역사회보장지표, 사회보장급여 제공 및 사회보장 추진 등에 관한 업무를 심의·자문하는데, 구체적인 사항은 조례로 정해진다.

그런데, 시·도 사회보장위원회는 시·도 단위 조직체라는 점에서 기초자치단체의 행정조직과 긴밀히 협력하는 데에는 한계가 있다. 따라서, 현행법에서는 시·군·구 단위에 설치되어 있는 시·군·구 지역사회보장협의체 등과 협력이 가능한 여러 관련 위원회를 두고 있다.[6] 이러한 위원회가 개별 법률에서 명시적으로 해당 지방자치단체 소관 사무의 일부를 독립적으로 처리하도록 규정되어 있지 않고 독립적인 지위와 위원회 운영이 명시되지 않은 이상, 대부분은 위원회, 협의회, 협의체 등 그 명칭에도 불구하고 '자문위원회'로 이해된다. 이 경우 위원은 비상근이 원칙이고, 20인 이내의 위원으로 구

---

[6] 이에 대해서는 박정연, "지역복지 행정조직의 문제와 법제 개선-지역중심 통합서비스의 관점에서-", 사회복지법제 제9권 제1호, 한국사회복지법제학회, 2018, 187면 참조.

성하는 것이 일반적이다.

공공부조와 사회서비스 주무부처인 보건복지부와 각 지방자치단체도 사회서비스 수행을 위한 다양한 위원회를 두고 있다. 이러한 위원회는 공공부조와 사회서비스의 전문성과 민주성을 확보하는 것 외에도 지역 민간조직과 공적 행정조직 간 교류와 사회서비스 연계를 가능하도록 하는 데에 기여한다. 예컨대, 「국민기초생활보장법」에서는 국가와 지방자치단체를 보장기관으로 하되 생활보장사업에 관한 사항을 심의·의결하기 위하여 보건복지부와 시·도와 시·군·구에 생활보장위원회를 두고 있다. 지방자치단체의 지역별 생활보장위원회에서는 급여신청에 대한 조사 및 확인조사와 급여의 결정처분 및 통지 등을 수행한다. 「의료급여법」에서는 지방자치단체의 장을 보장기관으로 하여 이 법에 따른 사업을 실시하도록 규정하고 있다. 또한, 의료급여사업의 실시에 관한 사항을 심의하기 위하여 보건복지부와 시·도와 시·군·구에 의료급여심의위원회를 두고 있다.

정부는 개별 법률 외에도 「정부조직법」 제5조, 「행정기관 소속 위원회의 설치·운영에 관한 법률」에 따라 사회보장 관련 사항을 심의·의결 등을 하거나 자문에 응하기 위하여 행정기관 소속 위원회를 설치·운영할 수 있다. 지방자치단체의 경우에도 위원회 제도에 대한 일반적인 규정은 없지만, 「지방자치법」에서는 소관 사무의 범위에서 법령이나 그 지방자치단체의 조례로 정하는 바에 따라 자문기관을 설치·운영할 수 있도록 규정하고 있으므로(제130조 제1항), 사회보장행정 분야에서도 개별 법령과 조례에 따라 다양한 위원회가 설치·운영되고 있다.

다. 공법인

(1) 의의

사회보장행정사무는 법률의 규정에 의하여 설립된 공단과 같은 공법인에 의하여 수행되는 경우가 많이 있다. 공법인에는 ① 공공조합(공법상의 사단법인), ② 영조물법인, ③ 공재단(공법상의 재단법인) 등이 있다.

공공조합이란 특수한 사업을 수행하기 위하여 일정한 자격을 가진 사람에 의하여 구성된 공법상의 사단법인을 말한다. 공공조합은 인적 결합체라는 점에서 사법상의 사단법인과 같지만, 그 목적이 국가나 지방자치단체로부터 부여된다는 점에서 구별된다. 한정된 특수한 사업을 수행하는 것을 목적으로 한다는 점에서 일반적인 공공사무를 처리하는 지방자치단체와도 구별된다. 영조물법인은 영조물을 운영하기 위한 법인을 말하는데, 여기에서 '영조물'이란 특정한 공적 목적에 계속적으로 봉사하도록 정해진 인적·물적 수단의 종합체를 말한다. 공재단은 재단설립자가 출연한 재산(기금·물건 등)을 관리하기 위하여 설립된 공공단체를 말한다.

(2) 사회보장행정에서 공법인

사회보장행정은 공공조합을 설립한 다음 행정기관의 권한 중 일부를 권한의 위임의 법리에 따라 위임하여 그 사무를 수행하는 경우가 많이 있다. 특히 사회보험은 사회적 위험에 대한 표준화된 기준을 적용한 보험방식으로 대처하는 제도이므로, 국가적 차원에서 시행하는 경우가 많다. 원래 사회보험 행정사무는 국가사무로서 개별법에 따라 국민연금과 건강보험은 보건복지부가, 산재보험과 고용보험은 고용노동부가 주관하지만, 실제로는 개별 사회보험제도의 운영을 위하여 국민연금공단, 국민건강보험공단 및 근로복지공단이 보험자로서 설립되어 있다. 사회보험과 같이 안정적인 재정수입과 일관적인 업무수행 및 독립적 운영을 통해 전문성을 확보하여야 할 필요성이 큰 분야의 경우에는 별도의 공법인을 설립하여 그 업무를 위임받아 운영하는 방식이 효율적일 수 있기 때문이다. 그러나, 중앙행정조직에 의한 직접운영방식보다 정책 변경에 따른 사업 운영의 신속성과 탄력성을 확보하기 어렵고 중앙행정조직과 공법인 사이에 긴밀한 업무 협조 등이 원활하지 않을 수 있는 문제점도 없는 것은 아니다.

라. 공무수탁사인

사인은 행정법관계에서 행정객체로서의 지위를 갖는 것이 통상적이다. 그러나 때에 따라서는 자신의 이름으로 행정사무를 처리할 수 있는 권한을 부여받는 경우가 있는데, 이를 공무수탁사인이라 한다. 공무수탁사인의 지위는 법률의 규정에 의하거나 법률에 근거한 행정행위에 의하거나 공법상 계약에 의한 위임 등에 의하여 발생한다.

공무수탁사인은 일정한 범위에서 자기의 이름으로 독자적으로 공권력을 행사할 수 있으므로 그 한도 내에서 행정주체의 지위를 갖는다. 위탁되는 공무의 의미에 관하여 ① 실질적인 국가사무의 위탁이라는 '임무설'과 ② 국가활동을 위한 고권적인 행정권한의 위탁이라는 '법적 지위설'이 있다. 임무설은 실질적인 국가임무가 무엇인지 정의하기 어렵다. 따라서, 법적 지위설에 의하되 고권적인 행정권한인지에 대해서는 그 권한의 근거법령, 목적, 방법, 내용, 분쟁해결에 관한 특별규정의 존재 여부 등 여러 가지 점을 종합적으로 검토하여 결정하여야 한다.

사회보장행정에서 사인도 그동안 사회보장급여의 제공에 실질적이고 중요한 역할을 수행하여왔음에도 불구하고 그 법적 지위에 대해서는 단순히 행정객체로만 평가되어 온 경향이 있었다. 그러나, 법인뿐만 아니라 개인이 사회보장법령에 따라 행정사무를 위탁받아 일정한 공적 기능을 수행한다면, 이는 앞에서 논의한 공무수탁사인으로서 수탁 범위 내에서 행정주체로서의 지위를 가진다고 보아야 한다.

2. 권한의 위임

가. 의의

'권한의 위임'이라 함은 "행정청이 법령에 근거하여 자기의 의사로써 권한의 일부를 이전하고, 수임기관이 그 위임받은 권한을 자기의 이름과 책임으로 행사할 수 있게 하는 것"을 말한다. 통상 위임청은 하급행정청 또는 보조기관이지만, 다른 행정청 또는 사인에게도 권한을 위임할 수 있고 이때에는 위탁이라는 용어가 사용되는 경우가 많다. 위임은 위임의 상대방 또는 태양에 따라 ① 하급행정청에 대한 위임(예: 국세청장이 세무서장에게 권한을 위임하는 경우), ② 보조기관에 대한 위임(예: 장관이 국장에게 위임하는 경우), ③ 대등행정청 또는 다른 행정청에 대한 위임(권한의 위탁), ④ 지방자치단체 또는 그 기관에 대한 위임(단체위임 또는 기관위임), ⑤ 지방자치단체 이외의 법인·단체 또는 개인에 대한 위임(민간위탁) 등으로 구분할 수 있다.

행정권한의 위임은 법령에서 획정된 권한의 귀속을 변경하는 것이므로, 법령이 허용하고 있는 경우에만 인정된다. 반면에 행정권한의 내부위임 또는 전결은 내부적인 사무처리의 편의를 위하여 하급행정청 또는 보조기관에게 권한을 사실상 행사하게 하는 것이다. 따라서, 권한의 위임은 수임청이 자기 이름으로 권한을 행사하지만, 내부위임 또는 전결은 수임청이 위임청의 이름으로 그 권한을 행사할 수 있을 뿐이다.[7] 한편, 내부위임이나 전결은 법령의 근거가 필요하지 않으므로, 전결규정과 같은 행정청의 내부적인 사무처리규정에 위반하여 위임되었다고 하더라도 그 하급행정청이나 보조기관이 처분권자인 행정청의 이름으로 행정행위를 하였다면 위법하다고 할 수 없다.[8]

대행은 행정청이 다른 법인·단체 또는 그 기관이나 개인에게 행정청의 명의로 소관하는 사무를 사실상 수행하게 하는 것을 말한다. 통상 행정사무를 사실상 수행하게 하

---

7) 대법원 1995. 11. 28. 선고 94누6475 판결.
8) 대법원 1998. 2. 27. 선고 97누1105 판결.

는 것을 가리키지만,9) 「국세징수법」 제103조에서 규정하고 있는 한국자산관리공사의 공매대행과 같이 권한의 위임과 같은 뜻으로 쓰이기도 하는 등 그 의미가 일의적으로 분명한 것은 아니라는 점에 유의하여야 한다.

나. 법적 근거

위임은 법령에서 획정한 권한의 법적인 귀속을 변경하는 의미를 가지므로, 법령에서 위임을 허용하고 있는 경우에만 인정된다. 권한의 위임에 관하여 개별 법령의 규정이 있다면 그에 따르면 되므로, 문제는 개별 법령에 규정이 없을 때 발생한다. 그런데, 「정부조직법」 제6조 제1항에서는 행정기관이 법령으로 정하는 바에 따라 그 소관사무의 일부를 위임할 수 있고, 위임을 받은 기관은 특히 필요한 경우에는 법령으로 정하는 바에 따라 그 사무의 일부를 재위임할 수 있다고 규정하고 있다. 또한, 「행정권한의 위임 및 위탁에 관한 규정」 제4조에서는 지방자치단체장은 행정의 능률향상과 주민의 편의를 위하여 필요하다고 인정될 때 수임사무의 일부를 그 위임기관의 장의 승인을 받아 규칙으로 정하는 바에 따라 다시 위임할 수 있다고 규정하고 있다. 여기에서 「정부조직법」 제6조 제1항, 「행정권한의 위임 및 위탁에 관한 규정」이 개별적인 위임의 근거가 될 수 있는지에 관하여 논란이 있으나, 판례는 이를 긍정한다.10)

다. 위임의 효과

권한의 위임에 따라 위임청은 위임사항을 처리할 수 있는 권한을 상실하고, 그 사항은 위임을 받은 수임기관의 권한으로 이전된다. 따라서, 수임기관은 자기의 이름으로 권한을 행사하고, 그 효과는 수임기관에게 귀속되며, 행정쟁송에서의 피고도 위임된 사항에 관하여 처분을 행한 수임청이 된다.

라. 위임청의 지휘 · 감독과 비용부담

하급행정청이나 보조기관이 수임기관인 경우 위임청은 원래 그 기관을 지휘·감독할 수 있는 지위에 있으므로, 위임에 따른 지휘·감독권의 유무를 논할 실익이 없다. 위 기관들 이외의 기관이 수임기관인 경우에는 「행정권한의 위임 및 위탁에 관한 규정」 제6

---

9) 「법령 입안·심사기준」, 법제처, 2012, 446면 참조.
10) 대법원 1995. 7. 11. 선고 94누4615 전원합의체 판결.

조에 따라 위임기관 및 위탁기관은 지휘·감독권 및 위법·부당한 사무처리의 취소·정지권을 갖는다.

위임청이 사무처리의 취소·정지 여부를 결정할 때에는 위임 및 위탁의 취지, 수임 및 수탁기관 사무처리의 부당한 정도, 취소·정지되는 사무의 성격과 내용, 취소·정지로 이익이 제한·침해되는 제3자의 존재 여부 및 제한·침해의 정도 등을 종합적으로 고려하여야 하고, 이러한 취소·정지에 재량권 일탈·남용이 인정된다면 그 취소처분은 위법하다고 판단될 수 있다.[11]

한편, 행정청의 권한의 위임에는 그에 따르는 비용변상에 대한 조치를 아울러 행하여야 한다. 국가사무를 지방자치단체 또는 그 기관에 위임하는 경우에는 그 소요되는 경비의 전부를 국가가 해당 지방자치단체에 교부할 것을 규정하고 있다(「지방재정법」 제21조 제2항).

3. 사회보장행정 영역별 행정사무의 수행

가. 사회보험사무의 수행

(1) 개관

사회보험은 가입이 강제되고, 급여대상자, 급여 내용 및 제공방식 등이 전국 단위로 통일적이라는 점에 특징이 있다. 따라서, 그 사무는 보건복지부, 고용노동부 등과 같은 중앙행정기관이 수행하지만, 국민연금공단, 국민건강보험공단, 근로복지공단 등 공법인에게 권한이 위임되어 있는 경우가 많다. 우리나라 사회보험법은 각각 개별 입법화되는 과정에서 독자적인 형태로 발전해 온 결과 사회보험 주무관청과 관장기구가 각각의 보험마다 다르고 가입대상, 징수요율, 지급금액 등도 다르다.

국민건강보험과 노인장기요양보험은 각각 「국민건강보험법」과 「노인장기요양보험법」에 따라 보건복지부장관이 관장하는데(「국민건강보험법」 제2조, 「노인장기요양보험법」 제7조 제1항), 그 사업의 보험자를 국민건강보험공단으로 규정하고 있다(「국민건강보험법」 제13조, 「노인장기요양보험법」 제7조 제2항). 국민연금 역시 보건복지부장관이 사업을 주관하고(「국민연금법」 제2조) 별도의 공법인인 국민연금공단이 보건복지부장관의 위탁을 받아 국민연금사업을 수행한다(같은 법 제24조).

---

11) 대법원 2017. 9. 21. 선고 2016두55629 판결.

반면, 산업재해보상보험사업과 고용보험사업은 고용노동부장관이 관장하고(「산업재해보상보험법」 제2조, 「고용보험법」 제3조), 그 사무는 근로복지공단이 위탁받아 수행한다. 다만, 보험료등의 고지 및 수납, 체납 관리 등에 관해서는 국민건강보험공단이 이를 수행한다(「산업재해보상보험법」 제10조, 「고용보험 및 산업재해보상보험의 보험료징수 등에 관한 법률」 제4조 단서).

(2) 국민건강보험공단과 건강보험심사평가원

국민건강보험공단은 「국민건강보험법」에 설립 근거를 둔 공법인으로서 독자적인 법인격을 지고 있는데(제15조), 「국민건강보험법」은 국민건강보험공단을 보험자로 삼아 국민건강보험사업 수행에 관한 업무를 맡기고 있다. 과거 의료보험은 개별 조합에 의하여 다보험자 방식으로 운영되었으나, 1998년 지역의료보험조합과 공무원·교원 의료보험공단이 '국민의료보험관리공단'으로 통합되었고, 2000년 국민의료보험관리공단이 139개 직장의료보험조합과 단일조직으로 통합되었으며, 「국민건강보험법」의 제정과 함께 '국민건강보험공단'이 출범하게 되었다.

국민건강보험공단의 국민건강보험제도에 관한 주요 업무로는 가입자 및 피부양자의 자격 관리, 보험료 및 그 밖에 「국민건강보험법」에 의한 징수금의 부과·징수, 보험급여의 관리, 가입자 및 피부양자의 건강 유지·증진을 위한 가입자 보호 사업, 보험급여비용의 지급, 건강검진·증진사업, 의료시설의 운영, 자산 관리·운영 업무 등이 있다.

공단은 이사장, 이사회, 상임이사, 상임감사 외에 건강보험연구원 인재개발원을 소속기관으로 두고 6개 지역본부와 178개 지사를 두고 있다. 또한, 일산병원 및 서울요양원을 직영하고 있다.

한편, 국민건강보험공단은 노인장기요양보험사업의 보험자로서 「노인장기요양보험법」에 따른 업무를 수행하고 있다. 국민건강보험공단은 장기요양보험제도에 따른 급여 여부 및 급여 종류 등을 결정하고 보험료를 부과·징수하며 장기요양기관을 관리평가하고 급여비용을 심사하는 등 제도 전반에 걸쳐 핵심적인 역할을 한다. 각 지방자치단체는 노인장기요양보험제도와 관련하여 신청에 따라 장기요양기관을 지정하고 서비스 제공에 대하여 관리·감독하는 것으로 역할이 분담되어 있다.

「국민건강보험법」에서는 국민건강보험공단과는 별도로 건강보험심사평가원을 두도록 규정하고 있다. 심사평가원은 2000년 7월 「국민건강보험법」에 따라 설립되었으며,

요양급여비용을 심사하고 요양급여의 적정성을 평가하는 역할을 수행한다(제62조).[12] 심사평가원도 공단과 마찬가지로 법률에 따라 설립된 공법인으로서 행정주체에 해당한다. 심사평가원은 분야별 상임이사 및 상임감사 외에 진료심사평가위원회 심사평가연구소를 두고 있으며, 지역조직으로 10개의 지원을 두고 있다.[13]

(3) 국민연금공단 및 직역별 연금공단

국민연금공단은 국민연금사업을 수행하는 공법인이다. 국민연금제도의 기금운용 등 효율적 관리운영을 위하여 「국민연금법」에 따라 1987년 국민연금관리공단이 설립되었으며, 2007년 국민연금공단으로 명칭이 변경되었다.

「국민연금법」에 규정된 국민연금공단의 사업 내용은 국민연금가입자에 대한 기록관리 및 유지, 연금급여의 결정 및 지급, 가입자 및 연금수급권자를 위한 복지시설의 설치·운영 등 복지증진사업, 그 밖에 국민연금사업에 관하여 보건복지부장관이 위탁하는 사항 등이다. 국민연금공단은 중앙조직 외에 7개 지역본부, 109개소 지사를 갖추고 국민연금연구원, 노후준비지원센터 및 장애심사센터를 두고 있다.

공무원연금사업은 인사혁신처장이 주관하고, 공무원연금공단이 인사혁신처장으로부터 「공무원연금법」에 따라 그 권한 및 업무를 위탁받아 수행한다. 공무원연금공단은 1980년대 공무원 수 및 연금기금 규모의 증가로 관리업무의 효율성과 전문성이 요청됨에 따라 1982년 「공무원연금 특별회계 및 기금의 설치·운영 등에 관한 법률」이 제정되면서 공단의 설립 근거가 마련되었다. 공무원연금공단은 연금업무, 기금운용업무 그 밖에 국가위탁업무를 수행한다. 이사장, 감사, 혁신경영본부, 연금본부, 복지본부 및 고객지원본부 및 그 지원을 소속기관으로 두고 있다.[14]

한편, 군인연금제도는 별도 공법인에 위탁되지 않고 국방부에서 직접 「군인연금법」에 따른 군인연금정책과 연금 운영, 기금관리, 급여심사 및 사업관리 및 재정 추계 등 업무를 담당한다.

---

12) 심사평가원과 공단의 관계를 보면, 심사평가원의 심사·평가 업무가 공단의 요양급여비용 지급절차의 일부를 이루고 있으므로, 심사평가원이 공단으로부터 권한을 위탁받아 수행하는 것으로 생각할 수 있다. 그러나, 「국민건강보험법」에서 공단과 별도로 심사평가원을 두도록 한 입법취지와 보험자와 심사자를 분리하여 공정성·객관성과 전문성을 확보한다는 차원에서 보면 심사·평가에 관한 권한은 심사평가원의 고유한 권한이라고 해석함이 타당하다(최계영, "국민건강보험의 행정법적 쟁점", 서울대학교 법학 제55권 제2호, 서울대학교 법학연구소, 2014, 46면).

13) 심사평가원 홈페이지 〈http://www.hira.or.kr/dummy.do?pgmid=HIRAA040011000000〉.

14) 공무원연금공단 홈페이지 〈https://www.geps.or.kr/intro/we/page_05.jsp〉.

(4) 근로복지공단

근로복지공단은 「산업재해보상보험법」 제10조에 근거를 두고 있다. 1963년 「산업재해보상보험법」이 제정·공포되었고, 1976년 「근로복지공사법」이 제정·공포되어 1977년 6월 공단의 전신인 근로복지공사의 설립등기가 완료되었다. 이후 1995년 5월 근로자의 업무상 재해에 대한 보상과 재해근로자의 재활 및 사회복귀 촉진을 위한 보험시설의 설치·운영, 재해 예방, 기타 근로자의 복지증진을 위한 사업 시행을 목적으로 근로복지공단이 설립되었다.

근로복지공단은 「고용보험 및 산업재해보상보험의 보험료징수 등에 관한 법률」 제4조에 따라 「고용보험법」에 따른 고용보험사업 및 「산업재해보상보험법」에 따른 보험사업을 고용노동부장관으로부터 위탁받아 수행한다. 다만, 산업재해보상보험료 및 고용보험료나 그밖의 징수금에 대한 고지 및 수납, 체납관리 등의 업무는 「고용보험 및 산업재해보상보험의 보험료징수 등에 관한 법률」에 따라 국민건강보험공단이 위탁받아 통합징수한다.

산업재해보상보험에 관하여 근로복지공단은 다음과 같은 사무를 수행한다. 첫째, 근로자가 업무로 인하여 재해를 당한 경우 치료와 생활보장을 위하여 「산업재해보상보험법」에 따른 보험급여를 지급한다. 둘째, 업무상 재해 근로자의 직업복귀 및 사회복귀를 위하여 전국 10개 지역에 직영병원을 운영하면서 산재 상병에 특화된 진료와 재활 전문 의료서비스를 제공한다. 셋째, 근로자 생활안정자금 대부, 학자금 대부, 체불임금지급과 퇴직연금서비스, 직장보육서비스 등 저임금 중소기업 근로자 복지증진을 위한 근로자 복지사업을 수행한다. 그 밖에 사회 안전망 확충에 기여하기 위한 사회보험 가입 확대 사업을 하고 있다. 또한, 「고용보험법」에 따른 고용보험사업도 근로복지공단이 주관하는 업무 영역이다. 「고용보험법」에 따른 고용안정·직업능력개발 사업, 실업급여, 육아휴직 급여 및 출산전후휴가 급여 등을 고용보험사업이라 한다.

근로복지공단은 소속기관으로 6개의 지역본부, 54개의 지사, 6개의 위원회를 두고 있다.15) 그 밖에 인재개발원, 연구원 및 연구소(근로복지연구원, 재활공학연구소, 직업환경연구원) 등을 두고 있으며, 10개의 직영병원을 운영하고 있다.

---

15) 6개 위원회 중 업무상 질병판정위원회는 「산업재해보상보험법」 제38조에 따라 업무상 질병의 인정 여부를 심의하기 위한 공단의 소속기관 심의기구이고, 산업재해보상보험심사위원회는 「산업재해보상보험법」 제104조에 따라 심사청구를 심의하기 위하여 공단에 두는 기구이다.

나. 공공부조의 수행

「국민기초생활보장법」에 따른 생활보장사업은 주무부처인 보건복지부와 지방자치행정조직을 통해 이루어진다. 이와 같이 중앙행정조직과 지방자치행정조직이 중심이 되어 사회보장사무를 수행하는 방식은 통일된 시행기준과 지침을 가지고 공정성이 담보된 공무원 등을 통해 수행된다는 점에서 통일성·공공성·공정성의 확보가 수월한 반면, 전문성에서 취약할 수 있다.

「국민기초생활보장법」에서는 수급권자 또는 수급자의 거주지를 관할하는 시·도지사와 시장·군수·구청장을 보장기관으로 하고(제19조), 「의료급여법」에서도 수급권자의 거주지를 관할하는 지방자치단체의 장을 보장기관으로 하고 있다(제5조). 보건복지부장관은 최저생계비, 소득인정액 산정방식의 결정, 급여기준의 결정, 수급권자 범위의 특례, 자활후견기관 지정 등 기초생활보장제도의 중요 정책사항을 결정하고, 보건복지부의 기초생활보장팀을 주무부서로 하여 자활을 담당하는 근로연계복지팀, 의료급여를 담당하는 기초의료보장팀이 국민기초생활보장제도에 관여하고 있다.

국민기초생활보장사업 수행의 최일선 단위는 시·군·구 관할의 읍·면·동 사무소이고, 시·도지사 및 시·군·구청장이 법령에서 위임된 사무를 집행하며, 그 결과를 각각 시·도 및 보건복지부에 보고한다.

한편, 공공부조와 관련된 개별법상 위원회도 있다. 「국민기초생활보장법」에서는 생활보장사업에 관한 사항을 심의·의결하기 위하여 보건복지부와 시·도 및 시·군·구에 생활보장위원회를 두도록 규정하고 있다(제20조). 보건복지부에 두는 중앙생활보장위원회는 기초생활보장 종합계획의 수립, 소득인정액 산정방식과 기준 중위소득의 결정, 급여의 종류별 수급자 선정기준과 최저보장수준의 결정, 급여기준의 적정성 등 평가 및 실태조사에 관한 사항, 급여의 종류별 누락·중복, 차상위계층의 지원사업 등에 대한 조정, 자활기금의 적립·관리 및 사용에 관한 지침의 수립 등에 대한 심의·의결기관이다. 반면에 시·도 및 시·군·구 생활보장위원회는 해당 지방자치단체장이 위원장으로서 실제 집행기구의 역할을 수행하고 있다. 「의료급여법」에서도 의료급여사업의 실시에 관한 사항을 심의하기 위하여 보건복지부, 시·도 및 시·군·구에 각각 의료급여심의위원회를 두고 있다(제6조).

다. 사회보상의 수행

사회보상은 다양한 구성요건을 대상으로 하고 있기 때문에, 그 사무 및 사무의 수행기관도 사회보상에 관한 개별법에 따라 다르다.

「국가보훈기본법」에는 국가보훈발전 기본계획의 수립에 관하여 국가보훈부장관으로 하여금 국가보훈 기본계획을, 국가보훈부장관과 관계 중앙행정기관의 장으로 하여금 기본계획에 따라 연도별 소관 실천계획을 수립·시행하도록 규정하고 있다(제8조 및 제9조). 한편, 「국가보훈기본법」 제11조에 따라 국무총리 소속으로 국가보훈위원회가 설치되어 있다. 국가보훈정책의 방향 설정에 관한 사항, 기본계획의 수립 및 변경에 관한 사항, 보훈문화 창달 및 애국심 고취에 관한 중요 사항, 국가보훈대상자의 신규인정 등 국가보훈대상의 범위 및 기준 설정에 관한 사항, 국가보훈대상자에 대한 보상 기준의 결정 등 국가보훈에 관한 중요 사항, 국가보훈에 관한 중요 정책의 조정에 관한 사항 및 제대군인 지원정책에 관한 사항 등을 심의한다.

국가유공자 예우 및 지원에 대해서는 「국가유공자 등 예우 및 지원에 관한 법률」에 따라 국가보훈부가 관장한다. 국가유공자 결정은 신청주의 원칙에 따르고 있기 때문에 국가보훈부장관에 대한 등록 신청이 있어야 하며, 보훈심사위원회의 심의·의결을 거쳐야 한다(제74조의5). 보훈심사위원회는 보상 등에 관련된 사항을 심의·의결하는 국가보훈부장관 소속 합의제 행정기관에 해당한다.

한편, 국가유공행위 중 발생한 희생 이외에 그와 유사한 행위를 원인으로 하는 희생에 대해서는 2011년 「보훈보상대상자 지원에 관한 법률」이 제정되어 2012년부터 시행되고 있다. 이 법률에 따른 보훈대상자 지원사무도 국가보훈부장관이 관장하고, 보훈보상대상자, 그 유족 또는 가족에 해당하는 사람으로 결정할 때에는 「국가유공자 등 예우 및 지원에 관한 법률」에 따른 보훈심사위원회의 심의·의결을 거치게 된다.

범죄피해자 보호에 관한 사무는 법무부 소관이고, 범죄피해에 대한 구조금 지급 및 피해회복을 위한 상담·의료제공·법률구조·취업관련 지원 등의 사무를 수행한다. 「범죄피해자 보호법」 제15조에 따라 범죄피해자 보호·지원에 관한 기본계획 및 주요 사항 등을 심의하기 위하여 법무부장관 소속으로 범죄피해자보호위원회가 설치되어 있다. 또한, 구조금 지급에 관한 사항을 심의·결정하기 위하여 각 지방검찰청에 범죄피해구조심의회를, 법무부에 범죄피해구조본부심의회를 둔다(제24조).

라. 사회서비스의 수행

(1) 개관

사회서비스는 중앙부처인 보건복지부와 지역 사회서비스 행정조직을 중심으로 이루어지고 있다. 사회서비스는 국가와 지방자치단체의 책임 아래 수행된다(「사회복지사업법」제4조, 「장애인복지법」제9조 및 「노인복지법」제4조 등). 각 지방자치단체는 자신의 고유한 사무로서 또는 중앙 행정청으로부터 위탁받은 사무로서 복지사무를 수행하는 행정기관을 두고 있다. 또한, 국가는 지방행정조직으로서 사회복지 관련 사무를 담당하기 위한 특별지방행정기관을 설치하기도 한다. 이들 지방자치단체의 기관과 국가의 특별지방행정기관은 사회복지법인 등 사회복지 관련 민간기관과 협의체, 위원회 등 다양한 네트워크를 통해 사회서비스를 제공한다.

한편, 최근 10여 년간 확대된 전자바우처 사회서비스는 「사회서비스 이용 및 이용권 관리에 관한 법률」에 따라 운영된다. 보건복지부는 대상자 선정기준 및 서비스 유형 및 바우처 지급방법 등에 관한 세부계획을 수립·시행하고 그 주요 내용을 공표하는 역할을 담당한다. 지방자치단체에서는 대상자의 신청을 접수하여 해당 신청 건에 대하여 조사를 통하여 대상자를 선정하고 이를 통지하는 역할을 담당한다. 마찬가지로 제공기관의 선정 및 통지 등에 관한 업무도 수행한다.

사회서비스는 재화의 급부가 아닌 서비스의 제공이라는 점에서 말미암은 '서비스'가 가지는 기본적인 특성을 가지고 있다. 즉, 사회서비스는 재화의 생산 또는 분배와 관련된 서비스라기보다 대인서비스가 중심이다. 또한, 서비스이용자 개개인의 특성과 상황에 따라 서비스 욕구의 내용과 수준이 다르다는 개별화의 특성을 가지고 있다.[16] 따라서, 서비스 전달체계의 구축과 운영 및 서비스대상자 선정 등을 담당하는 행정조직과 전달체계의 끝단에서 실제 서비스를 제공하는 기관 간의 연계가 중요하다.

한편, 사회서비스는 그 특성상 서비스대상자와 근거리에서 대상자에게 필요한 서비스가 제공될 필요가 있는 반면, 지나치게 하향식으로 운영되는 사업과 기초지방자치단체에게 과도하게 집중되는 사무가 지역 복지사무의 불균형과 사회적 문제를 야기한다는 비판도 크다. 개별 수급자에게 적합하고도 필요한 서비스를 제공하면서도 이른바 '복지깔때기' 현상[17]을 해소하기 위해서는 업무의 효율화와 함께 지방행정조직으로서 기초지

---

16) 윤영진·양기용·이인재·이재원, 「사회서비스정책론」, 나눔의집, 2011, 26-27면.

17) 각종 복지사업과 예산은 늘어나고 있지만, 현장 담당인력이 뒷받침되지 않아 수급권자에게 제대로

방자치단체의 역량 및 기능을 강화하는 방향으로 사회서비스 전달체계를 개선하여야한다.[18]

(2) 한국사회보장정보원

한국사회보장정보원은 사회보장급여법 제29조에 따라 사회보장정보시스템의 구축·운영·지원 및 수탁 사업의 수행을 위하여 설립된 기관이다.

한국사회보장정보원은 사회서비스에 대한 직접적인 제공업무를 수행하는 것은 아니지만, 보건복지 분야 정보시스템 통합 운영·관리 및 사회·보육서비스 사업의 통합 관리 등 사회서비스 전반에서 관련 시스템 운영 및 정보의 통합·연계 업무를 수행하고있다. 전자바우처 사회서비스의 제공은 개별 지역이 아닌 전국 단위의 사업으로서 전자정보시스템을 필수요소로 하는데, 정부와 지자체의 사회서비스에 대한 신청, 이용, 비용지불정산 등의 전 과정이 한국사회보장정보원에서 운영하는 전자정보시스템을 통하여이루어진다. 또한, 사회복지시설 통합업무관리시스템을 운영하면서 일반 국민, 사회복지시설 종사자, 유관기관 및 복지부·지방자치단체 공무원과의 업무 연계를 통해 사회복지시설 업무의 표준화·투명화 및 일반 국민의 편의 증진에 기여한다. 그 밖에 취약노인지원시스템, 보육통합정보시스템, 노인맞춤돌봄시스템, 정신건강사례관리시스템 등 사회서비스 전반의 정보시스템을 운영하고 있다.

최근 사회보장행정정보의 중요성이 강조되는 만큼 한국사회보장정보원의 역할도 커질 것으로 보이나, 2022년 전산시스템 오류로 인한 업무마비 사례에서 보는 것처럼[19]업무에 관한 공적 책임도 더욱 강조되어야 한다.

(3) 사회서비스원

사회서비스 행정조직과 관련하여, 지방자치단체가 설립한 공법인인 사회서비스원이다. 그동안 저출산, 고령화 및 돌봄수요의 증가 등으로 사회서비스가 비약적으로 성장했

전달되지 못하는 현상을 말한다.

18) 채현탁, "읍·면·동 복지기능 강화에 따른 지역사회복지협의체와 사회복지협의회의 협력방안", 한국지역사회복지학 제52집, 한국지역사회복지학회, 2015, 118면 참조.

19) 2022년 9월 한국사회보장정보원에서 기존 복지 시스템을 차세대 사회보장정보시스템인 행복e음으로 교체하면서 일어난 오류로 2022년 하반기 내내 지방자치단체 및 사회복지기관 관련 기관들의 업무가 장기간 마비되었다. 이로 인하여 긴급복지 생계지원금 지급 등 시급한 지역복지사무까지 차질이 빚어지며 수급자들에게 많은 피해가 발생하였다.

지만 주로 민간 중심으로 사회서비스가 확대되어 오면서 공공성이 부족하다는 지적이 꾸준히 제기되었다. 또한, 복지서비스 종사자들의 처우가 악화되자, 이들에 의하여 제공되는 서비스의 질도 악화되는 등 악순환이 계속되었다. 이는 2010년 지방선거부터 사회서비스의 공공성 확보를 위한 별도의 공단 설립이 화두가 되었다. 이에 따라 정부는 2017년 7월 사회서비스 일자리 창출 및 서비스 제공인력의 처우 개선 및 서비스의 품질 또한 향상시키는 것을 목적으로 하는 '사회서비스공단' 추진 계획을 발표하였다.[20] 이후 공공인프라 확충, 비용 및 명칭 등에 대한 논의가 지속되면서 명칭을 현재의 '사회서비스원'으로 확정하였다. 아울러 사회서비스원 설립이 추진되는 과정에서 사회서비스원 설립에 대한 근거 법령이 없다는 문제가 제기됨에 따라 2021년 9월 24일 「사회서비스 지원 및 사회서비스원 설립·운영에 관한 법률」이 제정되어 2022년 3월 25일부터 시행되고 있다.

위 법에 따라 각 시·도에는 시·도 사회서비스원이 설립되었으며, 시·도 사회서비스원의 설립·운영을 지원하고 사회서비스의 품질 향상을 위하여 보건복지부 산하에는 중앙사회서비스원이 설립되었다.[21] 전국적 국가조직인 사회서비스공단이 아니라 특별지방자치단체조직인 사회서비스원으로 그 규모가 축소되고 설립주체가 변경된 것이다.

사회서비스원은 국·공립 사회복지시설을 위탁받아 운영하면서 서비스를 제공한다. 또한, '커뮤니티케어' 제공 전달체계로서 '사회서비스원' 산하에 '종합재가(나눔돌봄)센터'를 설립하여 각종 재가서비스를 통합·연계하여 제공한다. 그 밖에 상담이나 컨설팅으로 민간 서비스 기관을 지원한다. 그러나, 돌봄인력의 처우 개선, 서비스 질 개선 등 사회서비스의 공적 책임을 강화하겠다는 당초 취지와 달리 최근에는 기능의 축소와 지방자치단체의 예산 삭감 등으로 존립 자체가 위태롭다는 평가를 받는다.

---

20) 이만우, "'사회서비스진흥원' 설립의 쟁점 및 과제", 이슈와 논점 제1469호, 국회입법조사처, 2018. 6, 1면

21) 2024년 1월 23일 시·도 사회서비스원을 설립하려는 경우 조례로 정하고, 시·도 사회서비스원을 통합·해산하려는 경우에도 보건복지부장관과 협의하도록 하는 등 정부와 지방자치단체의 공공성을 강화하기 위한 법 개정이 이루어졌다.

II. 사회보장행정에서 사인

1. 수급권자로서의 사인

가. 국민

(1) 사회보장수급권자로서의 국민

기본적으로 급부행정의 성격을 가지는 사회보장행정법관계에 있어서 사인은 대부분 급여결정 및 이행의 상대방으로서 수급권자의 지위에 있게 된다. 사회보장행정의 역사적 발전과정에서 과거 국민은 공공부조의 대상자로서 지위에 머물렀다. 사회보장행정상 법률관계가 개인이 일정한 공권을 가진다는 차원에서 이해되지 않고, 단지 국가가 시혜를 베풀면 그에 따른 수익만을 할 수 있는 정도의 법적 지위에 그쳤을 뿐이다. 그러나 인간다운 생활을 할 권리가 헌법에서 보장되고 개별법에 사회보장수급권이 명시되면서, 구체적인 사회보장급여에 관하여 국민은 사회보장수급권이라는 개인적 공권을 가진 행정의 상대방으로서의 법적 지위를 인정받게 되었다.

다만 개별 법령에서 정해진 요건과 기준에 따라 수급권자가 정해지기 때문에 개별 법령에 따라 수급권자의 범위에 해당하는 자만 급여의 이행을 청구할 수 있고, 쟁송수단을 통하여 권리구제를 받을 수 있다.

(2) 보편주의와 선별주의

산업화는 복지국가의 기원을 설명하는 중요한 계기인 것은 분명하지만 복지국가의 형성과 관련하여 항상 같은 결과를 도출하지는 않는다. 복지국가의 유형을 나누어 보면, 다음과 같다.[22] 덴마크, 핀란드, 아이슬란드, 노르웨이, 스웨덴 등과 같은 보편적 유형의 복지국가에서는 국가가 국민 전체에 대한 보호를 목표로 한다. 반면에 미국, 영국, 일본, 호주, 뉴질랜드 등과 같은 잔여적 유형의 복지국가에서는 시장의 기능에 대한 강한 믿음을 가지고 있어서 국가의 복지생산은 보충적이기 때문에 시장이 포섭할 수 없는 주변집단이 복지의 대상이 된다. 한편, 독일과 같은 선택적 유형의 복지국가는 국민 전체를 연대공동체로 파악하기 보다는 사회경제적 동질성을 기준으로 신분 혹은 직업별로 연대공동체의 범위를 획정·제한한다.

---

22) 전광석, 「복지국가론」, 신조사, 2012, 92-103면 참조.

우리나라에서 급부의 범위에 관하여 보편주의와 선별주의 중 어떠한 것을 선택하느냐의 문제는 주로 사회서비스 영역에서 논해져 왔지만, 그 문제는 거기에만 국한된 것이 아니라 사회보장행정 전반에서 나타날 수 있는 문제이다. 통상 자산이나 소득과 같은 자력요건을 부과하지 않고 급부를 행하는 것을 보편주의라고 하고, 자력을 조사하여 일정한 자력을 가지지 못한 사람에게 급부를 행하는 것을 선별주의라고 한다. 오늘날 선진국에서 공공부조를 제외하고 사회보장급부에서 보편주의가 선별주의보다 압도적으로 많이 채택되어 있다고 한다.[23]

사회보장급부방식으로 선별주의를 채택하면, ① 수치심 내지 낙인효과의 문제가 발생하고, ② 신청률이 낮아져서 생활보장의 목적이 달성되기 어려워지며, ③ 자력요건을 충족시키기 위하여 일부러 자력에 의한 소득증가를 저어하는 빈곤트랩 현상이 나타날 수 있는 문제가 있다. 그러나, 보편주의를 채택하더라도 ① 충분한 자력이 있음에도 급부가 행해진다는 점, ② 대상자가 증가하여 비용이 증대된다는 점, ③ 정보를 얻기 쉬운 중산층의 이용률이 높아지기 쉽다는 점 등의 문제점이 지적되고 있다.

나. 외국인

저출산·고령화 및 노동 인구의 감소로 외국인이 점점 더 우리 사회의 구성원으로 통합되어 가며 그 비중도 높아지고 있다. 이러한 상황에서 사회보장수급권자로서 사인에 외국인이 포함될 수 있는지 문제된다.

먼저, 헌법 제6조 제2항에서는 "외국인은 국제법과 조약이 정하는 바에 의하여 그 지위가 보장된다."라고 규정하고 있는데, 이는 국내 체류 외국인의 권리에 관한 헌법적인 근거가 된다. 그러나, 구체적으로 사회적 기본권의 주체로서 구체적인 권리를 향유할 수 있는지는 별도로 논해야 한다. ① 사회적 기본권이 인간의 존엄성, 자유권의 실질적 조건 형성, 인간다운 생활 등의 실현과 직접적이고 밀접한 관련을 맺는 경우이거나 ② 외국인이 공동체의 일원으로서 국민과 동일한 사회적 부담 등을 지고 있으며 입법을 통해 외국인에게 사회적 기본권의 적용 범위를 인정하고 있다면 외국인도 사회적 기본권의 주체가 된다고 보는 것이 타당하다.[24] 이와 관련하여 「사회보장기본법」은 관계 법령이 정하는 바에 따라 모든 '국민'이 사회보장수급권을 가지고(제9조), 국내 거주 외국인

---

23) 堀 勝洋, 「社會保障法總論」 第2版, 東京大學出版會, 2004, 48頁.
24) 노호창, "현행 사회보장제도에서 외국인의 처우에 대한 현황과 문제점", 사회보장법연구 제4권 제1호, 서울대 사회보장법연구회, 2015, 62면.

에 대해서는 상호주의의 원칙에 따르되 관계 법령에서 정하는 바에 따르도록 규정하고 있다(제8조).[25]

각 영역별로 살펴보면, 외국인에 대한 사회보험의 적용에 대하여, 각각의 사회보험마다 그 제도의 목적이나 설계 기타 세부적인 내용이 다를 수 있기 때문에 일률적으로 말할 수 없고 사회보험의 종류에 따라 서로 다르다. 예를 들면, 「산업재해보상보험법」은 다른 사회보험에 관한 법률들과는 달리 적용대상을 '국민'으로 한정하지 않는다.[26] 반면에 「고용보험법」은 종래 원칙적으로 외국인근로자를 적용대상에서 제외했으나, 2019년 「고용보험법」 및 동법 시행령을 개정하여 「외국인근로자의 고용 등에 관한 법률」의 적용을 받는 외국인근로자 및 그 외 근로자에 대한 고용보험의 적용 범위를 규정하고 있다(「고용보험법」 제10조의2 및 시행령 제3조의3). 건강보험의 경우에는 외국인의 건강보험 가입 및 피부양자 자격 요건에 대하여 특례를 규정하고 있다(「국민건강보험법」 제109조). 마지막으로 「국민연금법」에서는 제126조 및 제127조에 따라 상호주의적 입장에서 국내 거주 외국인의 국민연금 가입자격을 인정하고 있다. 이와 같이 개별 법령에 따라 사회보험 수급자격이 인정되고 사회보험수급권이 인정되는 외국인은 내국인인 가입자와 마찬가지로 보험료 납부의무 등 개별법상의 공의무도 함께 부담한다.

공공부조 영역에서는 보편성의 원리와 관련하여 외국인에 대한 공공부조수급권 인정여부가 문제될 수 있다. 그런데, 「국민기초생활보장법」은 수급권자가 될 수 있는 자에 대하여 국적요건을 정하지 않고 있으므로, 공공부조수급권은 모든 국민을 대상으로 하고 이는 대한민국 국민을 의미하지만, 국내에 체류하고 있는 외국인 중 출입국관리법에 따라 외국인등록을 한 자로서 대한민국 국민과 혼인하여 대한민국 국적의 미성년 자녀를 양육하고 있거나 대한민국 국민인 배우자와 이혼하거나 그 배우자가 사망한 자로서 대한민국 국적의 미성년 자녀를 양육하는 자는 수급권자가 될 수 있다.

사회서비스 영역에서는 개별 법령에서 외국인의 법적 지위에 대하여 규정하고 있지 않기 때문에 「사회보장기본법」에 따라 상호주의가 적용된다(제8조). 그러나 사회서비스 역시 상호주의를 적용하기보다는 개별 법령에 따른 수급자격을 갖출 것을 조건으로 모든 외국인을 대상으로 할 필요가 있다.

---

25) 「사회보장기본법」 제8조에서 상호주의에 따라 외국인의 사회보장법상 지위를 인정하는 것에 대한 비판적 견해로는 전광석, 「한국사회보장법론」, 221-222면.

26) 「산업재해보상보험법」은 무과실책임을 기초로 업무상 재해에 대한 구제하는 목적이 있다는 연혁적 성격을 고려하면, 외국인도 근로자성이 인정되면 재해보상을 해주어야 하기 때문인 것으로 보인다. 대법원 1995. 9. 15. 선고 94누12067 판결에서는 불법체류자로 불리는 미등록 외국인근로자까지 「산업재해보상보험법」의 적용대상이 된다고 판시하였다.

다. 사회보험 강제가입의 문제

한편, 국민건강보험과 국민연금 등 대부분의 사회보험은 강제가입과 보험료의 강제징수를 전제로 설계되어 운영되고 있다. 국민연금과 건강보험의 경우에는 직장가입자 외에 지역가입자 등의 규정을 두어 전국민을 대상으로 하는 반면, 산업재해보상보험과 고용보험은 보호 필요성에 따라 근로자를 중심으로 운영되는 차이가 있을 뿐이다. 이렇게 사회보험이 강제로 가입되고 누진적으로 보험료를 부과함으로써, 일정 정도 소득의 재분배효과도 가지고 있다.

이러한 강제가입과 강제징수가 헌법상 조세법률주의에 위배되는지 여부 및 재산권과 행복추구권을 침해하고 개인의 경제적 자유와 창의를 존중하는 헌법 제119조에 반하는지 여부가 문제가 되었다. 이에 대하여, 헌법재판소는 사회보험에서의 사회연대의 원칙을 강조하면서 사회보험 강제주의가 공공복리의 목적에 충실하고 국가의 사회보장 의무에 부합하는 것이어서 기본권을 과도하게 제한하는 것이 아니고, 사회적 시장경제 질서에 부합하는 제도이므로, 헌법에 위배되지 않는다는 입장에 있다.

헌재 2001. 2. 22. 선고 99헌마365 결정(국민연금의 강제가입): 강제가입과 연금보험료의 강제징수를 전제로 한 국민연금제도는 자신 스스로 사회적 위험에 대처하고자 하는 개인들의 행복추구권을 침해한다고 볼 수 있다. 그러나 국민의 노령·폐질 또는 사망에 대하여 연금급여를 실시함으로써 국민의 생활안정과 복지증진에 기여할 것을 그 목적으로 하는 「국민연금법」의 입법목적에 정당성이 있으며, 국가적인 보험기술을 통하여 사회적 위험을 대량으로 분산시킴으로써 구제를 도모하는 사회보험제도의 일종으로서 그 방법 또한 적정하고, 필요한 최소한도로 개인의 선택권이 제한되며, 국민연금제도를 통하여 달성하고자 하는 공익이 개별적인 내용의 저축에 대한 선택권이라는 개인적 사익보다 월등히 크다고 보아야 할 것이어서 과잉금지의 원칙에 위배되지 아니하므로, 결국 위 행복추구권 침해는 헌법에 위반된다고 할 수 없다. 또한, 우리 헌법의 경제질서 원칙에 비추어 보면, 사회보험방식에 의하여 재원을 조성하여 반대급부로 노후생활을 보장하는 강제저축 프로그램으로서의 국민연금제도는 상호부조의 원리에 입각한 사회연대성에 기초하여 고소득계층에서 저소득층으로, 근로세대에서 노년세대로, 현재세대에서 다음세대로 국민 간에 소득재분배의 기능을 함으로써 오히려 위 사회적 시장경제질서에 부합하는 제도라 할 것이므로, 국민연금제도는 헌법상의 시장경제질서에 위배되지 않는다.

2. 사회보장급여 제공자로서의 사인

법인이나 개인은 그동안 단순히 행정객체의 지위로만 다루어져 왔으나, 때로는 사회보장급여제공에 관하여 실질적이고 중요한 역할을 수행한다. 아래에서는 사회보장급여를 제공하는 대표적인 사인으로 「국민건강보험법」상 요양기관인 의료기관이나 「노인장기요양보험법」상 장기요양기관 및 사회서비스 제공을 담당하고 있는 사회복지법인에 관하여 살펴보기로 한다.

가. 요양기관

요양기관이란 건강보험 가입자 또는 피부양자의 질병, 부상, 출산 등에 대하여 요양급여를 실시하는 곳을 말한다. 「국민건강보험법」 제42조에 따르면, 「의료법」상 의료기관, 「약사법」상 약국 및 한국희귀필수의약품센터, 「지역보건법」상 보건소·보건의료원 및 보건지소, 「농어촌 등 보건의료를 위한 특별조치법」상 보건진료소가 요양기관에 해당한다. 「국민건강보험법」에서는 「의료법」에 따라 개설된 의료기관은 원칙적으로 요양기관으로서 요양급여(의료서비스)를 지급하여야 하고 정당한 이유 없이 요양급여를 거부할 수 없으며, 보건복지부장관이 공익이나 국가정책에 비추어 요양기관으로 적합하지 않은 대통령령으로 정하는 의료기관 등만 요양기관에서 제외할 수 있도록 함으로써 '당연지정제'를 채택하고 있다(제42조).[27]

한편, 의료기관이 「국민건강보험법」상의 요양급여를 제공한 경우에는 공단으로부터 미리 고시로 확정된 요양급여비용을 받게 된다. 즉, 고시로 정해진 의료서비스에 대한 대가를 받을 수 있을 뿐 그 이상의 비용을 환자로부터 받거나 공단으로부터 받게 되면 「국민건강보험법」상의 부당이득이 되어 환수처분은 물론이고 이에 대하여 과징금처분이나 요양기관업무정지처분 등의 제재를 받을 수 있다.

요양기관의 당연지정제는 모든 요양기관을 원칙적으로 건강보험체제 안에 두고 개별적 자유를 제한하는 방식인데, 이는 헌법상 평등권, 직업수행의 자유 등을 침해한다는 이유로 종래부터 의료계를 중심으로 많은 비판을 받아 왔다. 이와 관련하여 헌법재판소는 요양급여비용의 산정제도를 고려한다면 의료인이 강제지정 하에서도 의료행위를 통

---

27) 이에 따라 대법원은 의료기관이 요양기관 지정 무효확인소송을 제기한 사건에서 구 「의료보험법」상 당연지정 규정에 의하여 직접적으로 법적 효과가 발생하므로, 지정거부할 수 있는 사유가 없다고 한 의료보험연합회의 회신에 대하여 처분성을 부정하였다(대법원 1999. 11. 26. 선고 97누10819 판결).

하여 개인의 직업관을 실현하고 인격을 발현할 수 있는 여지를 어느 정도 가지고 있으므로, 강제지정제가 최소침해의 원칙에 위배되지 않는다고 결정하였다. 나아가 당연지정제의 시행에 따른 보상입법을 할 의무도 없다고 판시하였다.

헌재 2014. 4. 24. 선고 2012헌마865 결정: 이 사건 법률조항이 규정하고 있는 요양기관 강제지정제는 의료보장체계의 기능 확보 및 국민의 의료보험수급권 보장이라는 정당한 입법목적을 달성하기 위한 적정한 수단이다. 요양기관 계약지정제를 선택하거나 요양기관 강제지정제를 선택하면서도 예외를 허용하는 경우에는 의료보장체계의 원활한 기능 확보를 달성하기 어렵다고 본 입법자의 판단이 잘못된 것이라고 할 수 없고, 의료보험의 시행은 인간의 존엄성 실현과 인간다운 생활의 보장을 위하여 헌법상 부여된 국가의 사회보장의무의 일환으로 모든 현실적 여건이 성숙될 때까지 미룰 수 없는 중요한 과제이므로, 요양기관 강제지정제는 최소침해원칙에 위배되지 않는다. 요양기관 강제지정제를 통하여 달성하려는 공익적 성과와 이로 인한 의료기관 개설자의 직업수행의 자유의 제한 정도가 합리적인 비례관계를 현저하게 벗어났다고 볼 수도 없으므로, 이 사건 법률조항이 청구인들의 의료기관 개설자로서의 직업수행의 자유를 침해한다고 볼 수 없다.

헌재 2014. 8. 5. 선고 2014헌마455 결정: 청구인들은 요양기관 강제지정제, 당연지정제 및 요양급여비용 산정제도의 시행으로 인하여 의료기관의 개설자가 재산권의 제한을 받으므로 입법자는 이에 대해 정당한 보상을 지급하거나 이를 완화하는 내용의 법률을 제정할 의무가 있다고 주장한다. 먼저 헌법은 청구인들이 주장하는 내용의 법률을 제정할 입법의무를 명시적으로 규정하고 있지 않다. 그리고 앞에서 본 바와 같이 국민건강보험법상의 요양기관 당연지정제 및 요양급여비용 산정제도는 의료기관 개설자의 재산권을 제한하지 아니하고, 구 의료보험법상의 요양기관 강제지정제 및 요양급여비용 산정제도 또한 의료기관 개설자의 재산권을 제한하지 아니하므로 의료기관 개설자의 재산권 제한을 전제로 한 청구인들의 위 주장은 이유 없다 할 것이고, 달리 헌법해석상 청구인들이 주장하는 내용의 입법을 함으로써 의료기관 개설자의 기본권을 보호하여야 할 입법자의 행위의무 내지 보호의무가 발생하였다고 볼 만한 사정도 보이지 않는다. 결국 이 사건 입법부작위는 헌법에서 법령에 명시적인 입법위임을 하였음에도 입법자가 이를 이행하지 아니한 경우이거나, 헌법해석상 국가의 행위의무 내지 보호의무가 발생하였음이 명백함에도 불구하고 입법자가 아무런 입법조치를 취하지 아니한 경우에 해당하지 아니하므로, 이를 대상으로 한 이 부분 심판청구 역시 부적법하다.

나. 장기요양기관

「노인장기요양보험법」에서는 장기요양기관을 "장기요양보험의 수급자에게 보험급여를 제공할 수 있는 기관"이라고 정의하고 있는데(제2조 제4호), 특별자치시장·특별자치도지사·시장·군수·구청장으로부터 지정을 받은 기관이 이에 해당한다(제31조). 구법에서는 기존 「노인복지법」상 재가노인복지시설, 노인요양시설 또는 노인요양공동생활가정

등이 신청에 따라 장기요양기관으로 지정되는 경우와 재가급여제공만 목적으로 '신고'를 거쳐 재가장기요양기관이 되는 시설을 구분하였으나, 2018년 개정으로 모두 지정신청에 의하여 장기요양기관으로서의 지위를 취득하도록 하였다.

장기요양기관은 비영리법인, 영리법인 뿐만 아니라 자연인인 경우에도 개인사업자로서 일정한 시설 및 인력 요건을 갖추어 장기요양기관으로 지정받을 수 있다. 「노인장기요양보험법」에서는 장기요양기관과 이용자(수급자) 사이에 계약을 체결하도록 명시하고 있다는 점에서 요양기관과 차이가 있다(시행규칙 제16조).

다. 사회복지법인

우리나라의 사회보장행정은 민간부문에 상당부분 의존하고 있다. 특히 사회서비스 영역은 민간의 참여가 두드러지는 영역으로서 공행정조직 외에 사회복지법인과 같은 민간조직의 역할이 매우 크다. 대표적인 민간 사회복지조직인 사회복지법인은 사회복지사업을 수행하기 위하여 설립된 법인이다.

「사회복지사업법」제2조에 따르면, "사회복지사업"이란 소정의 법률[28]에 따른 보호·선도 또는 복지에 관한 사업과 사회복지상담, 직업지원, 무료 숙박, 지역사회복지, 의료복지, 재가복지, 사회복지관 운영, 정신질환자 및 한센병력자의 사회복귀에 관한 사업 등 각종 복지사업과 이와 관련된 자원봉사활동 및 복지시설의 운영 또는 지원을 목적으로 하는 사업을 말하고(제1호), "사회복지법인"이란 사회복지사업을 할 목적으로 설립된 법인을 말하며(제3호), "사회복지시설"이란 사회복지사업을 할 목적으로 설치된 시설을 말한다(제4호). 따라서, 「사회복지사업법」에서 정하고 있는 사업이 아닌 부분에 대해서는 권리와 의무의 주체가 될 수 없고, 「사회복지사업법」제2조 제1호 각목에서 열거하고

---

28) 여기에서 소정의 법률이란 「국민기초생활보장법」, 「아동복지법」, 「노인복지법」, 「장애인복지법」, 「한부모가족지원법」, 「영유아보육법」, 「성매매방지 및 피해자보호 등에 관한 법률」, 「정신건강증진 및 정신질환자 복지서비스 지원에 관한 법률」, 「성폭력방지 및 피해자보호 등에 관한 법률」, 「입양특례법」, 「일제하 일본군위안부 피해자에 대한 생활안정지원 및 기념사업 등에 관한 법률」, 「사회복지공동모금회법」, 「장애인·노인·임산부 등의 편의증진 보장에 관한 법률」, 「가정폭력방지 및 피해자보호 등에 관한 법률」, 「농어촌주민의 보건복지증진을 위한 특별법」, 「식품등 기부 활성화에 관한 법률」, 「의료급여법」, 「기초연금법」, 「긴급복지지원법」, 「다문화가족지원법」, 「장애인연금법」, 「장애인활동 지원에 관한 법률」, 「노숙인 등의 복지 및 자립지원에 관한 법률」, 「보호관찰 등에 관한 법률」, 「장애아동 복지지원법」, 「발달장애인 권리보장 및 지원에 관한 법률」, 「청소년복지 지원법」 등과 그 밖에 대통령령으로 정하는 법률(「건강가정기본법」, 「북한이탈주민의 보호 및 정착지원에 관한 법률」, 「자살예방 및 생명존중문화 조성을 위한 법률」, 「장애인·노인 등을 위한 보조기기 지원 및 활용촉진에 관한 법률」)을 말한다.

있는 법률과 관련된 사업만 그 정관에 목적사업으로 명시한 후에 이를 수행할 수 있다.[29]

사회복지법인은 사회복지시설을 설치·운영하거나 국가나 지방자치단체가 설치한 사회복지시설을 위탁받아 운영하는 것 외에 다양한 사회복지사업을 수행한다. 그런데, 1997년에 「사회복지사업법」이 개정됨에 따라 사회복지법인 외에 개인도 사회복지시설을 설치·운영할 수 있게 되었다. 또한, 사회복지시설 설치가 허가제에서 신고제로 완화되면서 민간부문의 사회보장행정 참여는 더욱 확대되었다.

사회복지법인은 수행 기능 또는 업무에 따라 시설법인과 지원법인으로 구분된다. 시설법인은 시설을 직접 설치·운영하거나 국가나 지방자치단체로부터 시설을 위탁받아 운영하는 사회복지법인을 말하고, 지원법인은 시설운영이 아닌 각종 복지사업 및 이와 관련된 자원봉사활동 등 지원을 위하여 설립된 사회복지법인을 말한다. 보건복지부도 사회복지법인을 시설법인과 지원법인의 2종으로 구분하여 실무를 처리하고 있는데, 시설법인과 지원법인은 사회복지법인이라는 공통점이 있지만, 실제 사회복지현장에서는 시설법인인지 지원법인인지에 따라 설립부터 운영방식에 이르기까지 다양한 차이가 있다.[30]

사회복지법인은 공적 성격과 사적 성격이 혼재하는 이른바 공익법인이어서 어떠한 성격을 강조할 것인가를 놓고 공공성을 강조하는 공공부문설, 민간성을 강조하는 민간부문설, 반공반사의 조직이라는 중간설 등이 대립하고 있다. 공공성의 관점에서 살펴보면, 사회복지법인 중 시설법인은 비영리·공익목적 등 상대적으로 공공성이 강하여 공공부문에 가깝다고 볼 수 있다.[31] 사회복지시설에서는 수급자와 직접 접촉하여 다양한 복지를 제공할 뿐만 아니라 정부의 재정적 지원을 통하여 사회취약계층에 우선적인 급여를 제공한다. 시설법인은 사회적 취약계층이 주된 대상자이며 보조금 등 예산의 공공성이 강하여 국가 등의 지도·감독, 시설 평가 및 회계검사 등을 지속적으로 받게 된다.

그렇지만, 사회복지법인의 공공성은 설립·소유·재원·운영·인사 등 거의 모든 업무가 공법에 기속되는 공공부문의 공공성과 같다고 할 수는 없다. 공공성 확보의 필요성에 따라 규제와 지원 정도를 결정하되, 사회복지법인의 법적 지위는 설립 근거, 소유관계 등에 따라 판단하여야 한다.

---

29) 최호용, 「사회복지사업법 해설」, 부크크, 2017, 3면. 법제처 역시 사회복지사업법 제2조 제1호 각 목에 열거되지 않는 법률과 관련된 사업은 사회복지사업이라고 할 수 없다고 해석하고 있다(법제처 법령해석사례, 안건번호 15-0247).

30) 「2024년 사회복지법인 관리안내」, 보건복지부, 2024, 13면 이하 참조.

31) 김연·김정우, "사회복지법인의 법적 성격과 외부이사제의 필요성: 학설과 판례 분석을 중심으로", 한국사회복지학회 제67권 제4호, 한국사회복지학회, 2015, 192-193면.

사회복지법인의 설립과 운영 등을 규정하는 「사회복지사업법」은 「민법」과 「공익법인의 설립·운영에 관한 법률」의 특별법이므로, 사회복지법인은 민법상 비영리법인 또는 「공익법인의 설립·운영에 관한 법률」상의 공익법인의 특수한 형태라고 볼 수 있다. 헌법재판소도 "사회복지법인은 설립자의 자발적인 의사와 재산출연으로 다양하고 특색 있는 목적을 구현하기 위하여 설립·운영되는 것으로서 독자적인 운영방침에 따라 개성 있는 복지사업을 실시할 수 있도록 그 설립의 자유와 물적·인적시설 운영의 자율성을 보장하는 것은 헌법 이념 실현에 이바지하는 것이다. 이에 따라 모든 국민에게 사회복지법인을 설립할 자유가 인정되고 사회복지법인은 복지사업의 주체로서 이용자들에 대한 자율적인 복지사업을 행하기 위한 포괄적인 법인운영권을 보장받아야 한다. 이러한 사회복지법인의 운영의 자유는 헌법 제10조에서 보장되는 행복추구권의 구체적인 한 표현인 일반적인 행동자유권 내지 사적자치권으로 보장되는 것이다."라고 판시하였다.[32] 헌법재판소가 사회복지법인의 운영의 자유를 헌법 제10조의 구체화로 볼 수 있는 사적 자치권으로부터 찾은 것은 기본적으로 사회복지법인의 사적 주체성을 인정한 것으로 볼 수 있다.

헌법재판소가 결정한 바와 같이 사회복지법인은 기본적으로 사적자치권을 향유하는 사인으로서의 법적 지위를 가지며, 법령 또는 행정행위에 의하여 사회보장에 관한 구체적인 사회보장사무를 처리하는 경우 위탁받은 사무를 처리하는 범위에서 공무수탁사인으로 평가된다고 할 것이다.

3. 참여와 협력의 대상으로서의 사인

가. 의의

자연인과 사법인은 행정주체에 의한 공권력 행사의 상대방이라는 의미에서 행정객체로 인식되어왔으나, 행정주체와 행정객체의 관계를 명령복종의 관계로 보아서는 안 되고, 서로 권리와 의무를 나누어 가지며, 협력관계에 있는 것으로 이해하여야 한다.

「사회보장기본법」에서는 "국가와 지방자치단체는 사회보장에 대한 민간부문의 참여를 유도할 수 있도록 정책을 개발·시행하고 그 여건을 조성하여야 한다."라고 민간의 참여에 관한 국가와 지방자치단체의 책무를 규정하여(제27조), 사회보장행정에서의 사인

---

32) 헌재 2005. 2. 3. 선고 2004헌바10 결정.

의 역할을 예정하고 있다. 특히 지방자치단체의 복지행정 영역에서는 민간의 협력을 전제로 하는 지역사회보장협의체가 운영되고 있는 것에서 볼 수 있듯이 협력의 주체로서의 사인의 지위가 강조되고 있다(사회보장급여법 제41조).

나. 지역사회보장협의체

지역사회보장협의체는 지역의 사회보장을 증진하고, 사회보장과 관련된 서비스를 제공하는 관계 기관·법인·단체·시설과 연계·협력을 강화하기 위하여 시·군·구 및 읍·면·동 단위로 설치된 조직으로서 사회보장급여법 제41조에 근거를 두고 있다.

시·군·구 지역사회보장협의체는 각 시·군·구별로 설치되고, 각 지역의 지역사회보장계획, 사회보장급여, 사회보장 추진 등에 관한 업무를 심의하거나 자문하는 역할을 하는데, 그 조직 운영은 각 시·군·구의 조례로 위임되었다. 읍·면·동 지역사회보장협의체도 사회보장급여법 제41조에 근거를 두고 있는데, 이는 지방자치단체 조례에 의하여 개별적으로 시행되어 오던 주민과의 협력적 구조가 공공전달체계의 하나의 축으로 법제도 내에 자리잡게 된 것이다.[33]

제2절

사회보장행정법관계에서 공권과 공의무

Ⅰ. 사회보장행정법관계에서 개인적 공권

1. 개인적 공권의 의의

행정법관계에서 공권은 행정주체 등이 가지는 국가적 공권과 행정의 상대방인 국민이 가지는 개인적 공권으로 구분된다. 국가적 공권이란 국가, 공공단체 또는 국가와 같

---

33) 오민수, "사각지대 발굴체계의 현황 진단: 읍면동 지역사회보장협의체를 중심으로", 한국사회보장학회 정기학술발표논문집 2016권 제1호, 한국사회보장학회, 2016, 357면.

은 행정주체로부터 공권력을 부여받은 자가 개인 또는 단체에 대하여 가지는 권리를 의미하는데, 일반적으로 권한 내지 권능으로서의 성질을 가진다.

한편, 개인적 공권이란 개인이 자기의 이익을 위하여 국가 그 밖의 행정주체에 대하여 일정한 행위(작위, 부작위, 급부, 수인 등)를 요구할 수 있도록 공법에 의하여 부여된 힘을 말한다.[34] 개인적 공권이 성립하기 위해서는 일반적으로 ① 행정주체에게 일정한 작위, 부작위, 급부, 수인 등의 의무를 부과하는 법규가 존재해야 하고(강행법규성), ② 행정법규가 단순히 공익의 실현 외에도 사익의 보호도 목적으로 하고 있어야 한다(법규의 사익보호성). 이러한 개인적 공권은 법규가 공익을 위하여 또는 제3자에게 일정한 의무를 부과한 결과 향유되는 개인의 이익으로서 법에 의하여 보호받지 못하는 '반사적 이익'과는 구별된다. 양자의 구별에 대하여, 통설은 법률상 보호이익설을 취하여 처분의 근거법규 내지 관련법규가 공익뿐만 아니라 개인의 이익도 보호하고 있는 경우에 보호받는 이익을 법률상 이익이라고 하고, 대법원도 대체로 같은 입장을 취하고 있다.[35] 다만 양자는 그 구별이 쉽지 않고 상대적인 것이므로, 법규의 취지나 목적, 그 처분으로 인하여 침해되는 이익의 내용, 성질, 태양 등을 종합하여 구체적으로 판단할 수밖에 없다.[36]

사회보장행정에서는 급여의 수급자격과 급여수준에 따라 구체적인 사회보장수급권의 내용이 결정된다. 일반적으로 사회보장수급권은 수급자격 또는 급여수준에서 혹은 양자 모두에서 행정청의 결정을 요구하고 있다.[37] 그런데, 사회보장행정 영역에서는 일반 급부행정보다 정책적 판단에 따른 급여결정이 빈번하다. 이로 인하여 수급권자가 단순히 행정객체로 전락하는 경우도 발생하고, 사회보장급여가 수급권자의 공권의 대상이 아니라 시혜적 국가작용 내지 반사적 이익으로 인식되기도 한다. 그러나, 오늘날 사회보장행정 영역에서도 공법적 인식에 기반한 접근이 활발해지고 있는 만큼 각종 사회보장수급권을 개인적 공권의 차원에서 인식하려는 노력이 필요하다.

---

34) 하명호, 「행정법」, 58면.
35) 대법원 2002. 1. 25. 선고 2001두4450 판결 등.
36) 하명호, 「행정법」, 60면.
37) 박정연, "복지서비스의 민간공급에 관한 공법적 규율-노인요양서비스를 중심으로-", 57면.

2. 사회적 기본권

가. 의의

사회보장행정에서 급여의 수급자격과 급여수준에 관하여, 입법자는 그에 관한 사항을 스스로 정하여 직접 법률에 기재해놓은 경우도 있고, 행정청에게 위임하여 그의 결정에 맡겨두는 경우도 많이 있다. 즉, 사회보장행정에서 급여를 받을 권리는 입법자나 행정청이 정한 기준에 의하여 좌우된다.

이렇게 되면, 사회보장수급권은 입법자 특히 입법자로부터 위임을 받은 행정청의 관념의 세계에 그려진 생존권에 불과한 것은 아닐까 하는 의문이 생긴다. 이러한 의문을 해소하는 역할을 하는 것이 헌법에서 보장하는 사회적 기본권조항이다. 그 조항으로 인하여 국민은 국가를 상대로 일정한 급부를 요구할 수 있는 적극적 권리를 보장받고,[38] 이를 제대로 보장하지 않는 법령 등이 있다면 그것은 위헌이어서 무효가 된다.

사회적 기본권의 대상은 우선적으로 물질적·재정적 여건과 밀접하게 관련을 맺는 것이기는 하지만, 생존에 필수적인 대상으로 한정할 이유는 없고, 문화 영역을 포함하는 시장에서 공급되고 수요되는 모든 재화와 서비스라고 할 수 있다.[39]

나. 사회적 기본권의 성격에 관한 논의

(1) 학설

사회적 기본권의 성격에 관하여 프로그램규정설, 추상적 권리설, 불완전한 구체적 권리설, 구체적 권리설, 복합설, 제도보장설 등 견해의 대립이 있지만,[40] 앞의 네 견해가 주로 논의된다.

프로그램규정설에 따르면, 헌법상 사회적 기본권조항은 주관적 권리를 의미하지 않고 국가의 사회정책적 목표와 강령 또는 정치적·도의적 의무를 선언한 것에 불과하다. 따라서 개인은 헌법상 사회적 기본권조항만으로는 국가에 대하여 의무의 이행을 재판상 청구할 수 없을 뿐만 아니라, 사회적 기본권을 보장하는 입법이 결여되어 있거나 입법

---

38) 이준일, 「헌법과 사회복지법제」, 3면.

39) 이상의 설명은 이준일, 「헌법과 사회복지법제」, 6-9면 참조.

40) 이하 학설의 소개는 이호용, "사회보장을 받을 권리의 구체적 권리성을 위한 새로운 시론-행정법의 관점에서-", 토지공법연구 제14집, 한국토지공법학회, 2001. 12, 342면 이하; 윤석진, "사회보장을 받을 권리의 법적 성격", 중앙법학 제8집 제2호, 중앙법학회, 2006. 8, 61면 이하 참조.

의 내용의 불충분한 경우에도 이를 위헌법률심판 등의 사법적 방법을 통하여 강제할 수 없게 된다.

추상적 권리설에 의하면, 사회적 기본권이 헌법상 국민의 권리로서 명시된 이상 그 주관적 권리성을 인정하여야 할 것이나, 그 내용을 구체화하는 입법이 갖추어지지 않은 이상 헌법 규정으로부터 국가에 대한 구체적인 청구권이 도출될 수는 없으므로 추상적 권리성만 인정된다. 이 견해는 국민이 헌법조항에 따라 구체적인 급여나 서비스를 제공할 것을 국가에게 청구할 수 없을 뿐만 아니라 추상적 권리를 구체화하는 입법이 없거나 미흡한 경우 이를 사법적인 방법에 의하여 다툴 수도 없다고 하는 점에서 프로그램 규정설과 현실적인 차이가 뚜렷하지 않다. 그러나, 일단 입법이 이루어지면 법률상의 구체적 권리와 일체가 되어 헌법상 구체적 기본권으로 전환된다고 한다.

불완전한 구체적 권리설은 사회적 기본권은 자유권적 기본권처럼 직접적인 효력을 가지는 완전한 의미의 구체적 권리일 수는 없다고 할지라도 청구권적 기본권이나 정치적 기본권과 동일한 수준의 불완전하나마 구체적인 권리로서의 성격을 가진다는 것이다. 이 견해는 한편으로 사회적 기본권의 현실적 의의와 비중에 초점을 맞추어 이를 구체적 권리로 인정할 실익을 강조하고, 다른 한편으로 사회적 기본권이 일정한 경우에는 헌법재판을 통하여 재판규범으로서의 효력을 가질 수 있다고 주장한다. 그러나, 불완전한 구체적 권리라는 것은 개념 자체가 불명확할 뿐만 아니라 추상적 권리설과의 차이가 뚜렷하지 못하다는 문제가 있다.

구체적 권리설은 사회적 기본권이 그 자체로서 직접적인 효력을 가지는 권리이고, 이를 위반할 경우에는 법적 구제가 가능하다고 주장한다. 예컨대, 국가가 사회적 기본권의 실현을 위한 적절한 입법을 게을리한 경우에는 부작위에 의한 사회적 기본권의 침해가 발생되는 것이기 때문에, 「행정소송법」에 따른 부작위위법확인소송이나 이행소송을 제기할 수 있으며, 헌법소원에 의한 사법적 구제도 가능하다는 것이다. 이처럼 구체적 권리설이 사회적 기본권의 권리성을 인정하려는 노력은 높이 평가될 수 있겠지만, 법적 권리로서의 성질에 대한 구체적 검토 및 논증이 부족하다는 비판을 받고 있다.

(2) 헌법재판소의 선례

헌법재판소의 선례 중에 대표적인 결정으로서 먼저 검토되어야 할 것은 「국가유공자 예우 등에 관한 법률」 제9조 위헌제청사건이다.[41] 이 사건은 국가유공자 등의 보상

---

41) 헌재 1995. 7. 21. 선고 93헌가14 결정. 헌재 2003. 5. 15. 선고 2002헌마90 결정도 같은 취지이다.

금수급권을 보상사유가 발생한 때가 아니라 국가유공자로 등록신청한 때부터 부여하도록 하는 「국가유공자 예우 등에 관한 법률」 제9조의 위헌여부에 관한 것이었다.

헌법재판소는 이 조항이 보상금수급권자들의 인간다운 생활을 할 권리를 침해하는지 여부를 판단하면서, "인간다운 생활을 할 권리로부터는 인간의 존엄에 상응하는 생활에 필요한 '최소한의 물질적인 생활'의 유지에 필요한 급부를 요구할 수 있는 구체적인 권리가 상황에 따라서는 직접 도출될 수 있다고 할 수는 있어도, 동 기본권이 직접 그 이상의 급부를 내용으로 하는 구체적인 권리를 발생케 한다고는 볼 수 없다고 할 것이다. 이러한 구체적 권리는 국가가 재정형편 등 여러 가지 상황들을 종합적으로 감안하여 법률을 통하여 구체화할 때에 비로소 인정되는 법률적 권리라고 할 것이다."라고 판시하였다.

다음으로, 생계보호기준 위헌확인사건은 보건복지부장관이 고시한 생활보호사업지침상의 "94년 생계보호기준"에 의한 보호급여수준이 최저생계비에도 훨씬 미치지 못하여 헌법상 보장된 청구인들의 인간다운 생활을 할 권리가 침해되었는지 여부가 문제된 것이었다.[42]

헌법재판소는 "모든 국민은 인간다운 생활을 할 권리를 가지며 국가는 생활능력 없는 국민을 보호할 의무가 있다는 헌법의 규정은 입법부와 행정부에 대하여는 국민소득, 국가의 재정능력과 정책 등을 고려하여 가능한 범위 안에서 최대한으로 모든 국민이 물질적인 최저생활을 넘어서 인간의 존엄성에 맞는 건강하고 문화적인 생활을 누릴 수 있도록 하여야 한다는 행위의 지침, 즉 행위규범으로서 작용하지만, 헌법재판에 있어서는 다른 국가기관, 즉 입법부나 행정부가 국민으로 하여금 인간다운 생활을 영위하도록 하기 위하여 객관적으로 필요한 최소한의 조치를 취할 의무를 다하였는지의 여부를 기준으로 국가기관의 행위의 합헌성을 심사하여야 한다는 통제규범으로 작용하는 것이다."라고 판시하여, 인간다운 생활을 할 권리에 관한 헌법 규정이 모든 국가기관을 기속한다는 점, 특히 헌법재판에서 재판규범성을 갖는다는 점을 명확히 밝혔다.

한편, 국가가 인간다운 생활을 보장하기 위한 헌법적인 의무를 다하였는지 여부가 사법적 심사의 대상이 된 경우의 합헌성 심사기준에 대해서는 "국가가 생계보호에 관한

---

42) 헌재 1997. 5. 29. 선고 94헌마33 결정. 보건복지부 장관의 '2002년도 최저생계비고시'에 관한 헌재 2004. 10. 28. 선고 2002헌마328 결정도 위 결정의 연장선상에 있다. 한편, 위 결정들에 관한 소개와 평석은 이은선, "공공부조의 권리성에 관한 헌법재판소 결정례", 2011년 한국사회복지법제학회 하반기 학술대회 자료집, 한국사회복지법제학회, 2011. 11. 참조.

입법을 전혀 하지 아니하였다든가 그 내용이 현저히 불합리하여 헌법상 용인될 수 있는 재량의 범위를 명백히 일탈한 경우에 한하여 헌법에 위반된다고 할 수 있다."라고 판시하여 '과소보호금지의 원칙'에 따라 광범위한 입법형성권을 인정하였다.

(3) 검토

앞에서 본 헌법재판소의 결정들은 인간다운 생활을 할 권리에 관한 헌법 규정이 단순히 국가기관의 정치적 의무 또는 정책적 목표를 의미하는 데에 그치지 않고 행위규범이자 통제규범으로서의 법적 구속력을 가진다고 판시하였으므로, 헌법재판소가 적어도 프로그램규정설을 따르고 있지 않다는 점은 분명하다. 또한, 인간의 존엄에 상응하는 생활에 필요한 '최소한의 물질적인 생활'의 유지에 필요한 급부를 요구할 수 있는 구체적인 권리가 상황에 따라서는 직접 도출될 수 있다고 판시한 점에 비추어 인간다운 생활을 할 권리의 구체적 권리성을 부분적으로나마 인정한 것으로 평가되기도 한다.[43] 이러한 점에서 추상적 권리설에 머물고 있는 일본의 최고재판소보다는 전향적인 자세를 취하고 있다고 평가할 수 있다.[44]

헌법재판소의 견해에 따르면, 국가가 인간다운 생활을 보장하기 위한 헌법적 의무를 다하였는지 여부는, 국가가 최저생활보장에 관한 입법을 전혀 하지 않았다거나 그 내용이 현저히 불합리하여 헌법상 용인될 수 있는 재량의 범위를 명백히 일탈한 것인지에 따라 결정된다고 판시하여, 자유권적 기본권 제한 입법에 대한 과잉금지의 원칙과는 달리 사회적 기본권과 관련해서는 과소보호금지의 원칙을 제시하고 있다. 그러나, 헌법재판소는 인간다운 생활을 할 권리의 과소보호의 기준으로 '건강하고 문화적인 최저한도의 생활을 할 권리'가 아니라 '물질적인 최저생활을 할 권리'를 제시하고 있다는 점에서 문제가 있다.

3. 사회보장수급권

가. 개인적 공권으로서 사회보장수급권

헌법상 권리인 사회적 기본권은 개별 사회보장행정법령을 통하여 사회보장수급권으

---

43) 김선택, "인간다운 생활을 할 권리의 헌법규범성 -생계보호기준결정: 헌법재판소 1997. 5. 29. 94헌마33결정-", 판례연구 제9권, 고려대학교 법학연구원, 1998, 6면.

44) 最高裁判所 昭和 42(1967)年 5月 24日 判決 民集 21卷 5号 1043頁(朝日訴訟) 參照.

로 구체화된다. 사회보장수급권이란 수급권자가 관계 법령에 따라 사회보장급여를 청구할 수 있는 법률상 권리이며, 공법상 쟁송을 통하여 실현할 수 있는 수급권자의 개인적 공권을 말한다.[45]

그런데, 사회보장행정에서 입법자는 급여의 수급자격과 급여수준에 관한 사항을 스스로 정하여 직접 법률에 명시하는 경우도 있고, 행정청에게 위임하여 그의 결정에 맡겨두는 경우도 많이 있다. 특히 사회보장행정 영역에서는 행정청의 재량적 판단에 따라 급부 여부나 수준을 결정하도록 하는 이른바 재량규정으로 되어 있는 경우가 많아 강행법규성을 인정하는 것이 용이하지 않다. 그러나, 사회보장법규가 재량규정으로 해석된다고 하더라도 적어도 수급자격 결정·확인 및 급여 내용 결정과 관련하여 행정청에게 하자없는 재량행사를 할 의무가 있으며, 재량이 0으로 수축하는 경우에는 기속규정으로 변하게 된다. 한편, 사회보장급여에 관한 근거법규는 급여상대방의 개별적 구체적 이익을 보호하는 것으로 해석된다. 따라서, 사회보장수급권이 개별 법률에 규정되어 있는 경우에는 행정법의 일반이론에 따라 당연히 개인적 공권을 도출할 수 있다.

더구나 「사회보장기본법」 제9조에서는 "모든 국민은 사회보장에 관한 관계 법령에서 정하는 바에 따라 사회보장급여를 받을 권리를 가진다."라고 규정하여, 사회보장수급권은 당연히 공법상 권리에 해당한다는 것을 선언하고 있다.[46] 이로써 사회적 기본권을 법률적 차원에서 구체화한 사회보장수급권을 공권이 아니라 시혜적 혜택이라는 견해는 성립될 수 없게 되었다.

사회보장수급권이 법률에 따른 권리로서 명시되어 있다고 하더라도 사회보장의 연혁, 사회적 기본권의 법적 성격에 관한 논쟁 및 사회보장행정 영역에서의 수많은 행정재량과 입법재량을 고려할 때 이를 구체적으로 실현하는 것은 쉽지 않다. 또한, 사회보장입법이 정책결정과 국가재정에 영향을 받는 정도가 크고 급여기준 및 내용결정의 전문적·기술적 성격이 강하다는 점은 사회보장수급권의 권리 실현에서 장애가 된다. 이러한 취약성을 보완하기 위하여 오늘날 사회보장행정에서는 수급권자의 절차보장 또는 절차적 권리가 강조되고 있다.

---

45) 이준일, "사회적 기본권", 헌법학연구 제10권 제1호, 한국헌법학회, 2004, 461면 참조.
46) 하명호, "사회복지서비스법 총론 구성의 시론", 사회보장법학 제1권 제1호, 사회보장법학회, 2012, 221-224면.

나. 사회보장수급권의 구체화

사회보장수급권은 '추상적 형태의 권리'와 '구체적 형태의 권리'로 구분된다. 사회보장수급권은 법령에서 실체적 요건을 규정하면서 수급권자 여부, 급여액 범위 등에 관하여 행정청이 1차적으로 심사하여 결정하도록 정하고 있는 경우가 많다. 통상 사회보장수급권은 관계 법령에서 정한 실체법적 요건을 충족시키는 객관적 사정이 발생하면 추상적인 급부청구권이 발생하고, 관계 법령에서 정한 절차·방법·기준에 따라 관할 행정청에 지급신청을 하여 관할 행정청이 지급결정을 하면 그때 비로소 구체적인 수급권으로 전환되기 때문이다.[47]

대법원 판례에 따르면, 「공무원연금법」이나 「군인연금법」상 각종 급여는 법령의 요건에 해당하는 것만으로 바로 구체적인 청구권이 발생하는 것이 아니라 행정청의 인용결정에 의하여 비로소 구체적 청구권이 발생하는 경우에 해당하므로, 인용신청에 대한 행정청의 거부결정이나 일부 거부결정을 대상으로 항고소송을 제기하여야 한다.[48] 급여사유의 발생, 기여금의 납부, 재직기간의 계산에 필요한 이력사항, 그밖의 공무원 또는 공무원이었던 자의 신분에 관한 사항 등에 대하여 소속 기관장의 확인이 필요하고 그에 따라 공무원연금관리공단이 급여대상자인지 여부와 급여액을 결정하는 것이므로, 법령의 규정에 따라 당연히 급여액이 확정되는 것이 아니기 때문이다. 따라서 항고소송을 제기하지 않고 곧바로 당사자소송으로 권리의 확인이나 급여의 지급을 구할 수는 없다.[49]

다만 퇴직연금에 대하여 최초의 급여결정이 있고 그 이후 법령의 개정에 의하여 연금액의 증감이 있는 경우에는 공무원연금공단의 선결적인 판단 없이 기계적으로 그 수액이 확정되는 것이므로, 이 경우에는 당사자소송을 제기하여야 한다. 퇴직연금은 최초의 급여결정 당시에 이미 요건사실이 모두 확인되었기 때문에 법률이 개정되어 퇴직연금이 감액되더라도 공무원연금공단은 당초에 확인된 급여청구의 요건을 다시 확인하는 것이 아니라 단지 법률의 개정내용에 따라 비율이나 보수월액 등을 기초로 향후 지급될

---

47) 대법원 2021. 3. 18. 선고 2018두47264 전원합의체 판결.

48) 대법원은 「산업재해보상보험법」에 의한 각종 급여청구(대법원 2008. 2. 1. 선고 2005두12091 판결 등), 「국가유공자 예우 및 지원에 관한 법률」에 의한 각종 급여청구(대법원 1991. 2. 12. 선고 90다10827 판결) 등의 경우에도 항고소송절차에 의하여야 한다고 하였다.

49) 이러한 법리는 구체적인 급여를 받을 권리의 확인을 구하기 위하여 소를 제기하는 경우뿐만 아니라, 구체적인 급여수급권의 전제가 되는 지위의 확인을 구하는 경우에도 마찬가지로 적용된다(대법원 2017. 2. 9. 선고 2014두43264 판결).

퇴직연금을 산정하는 것에 불과하기 때문이다.

> **대법원 2021. 3. 18. 선고 2018두47264 전원합의체 판결(「고용보험법」상 육아휴직급여):** 공법상 각종 급부청구권은 행정청의 심사·결정의 개입 없이 법령의 규정에 의하여 직접 구체적인 권리가 발생하는 경우와 관할 행정청의 심사·인용결정에 따라 비로소 구체적인 권리가 발생하는 경우로 나눌 수 있다. 이러한 두 가지 유형 중 어느 것인지는 관계 법령에 구체적인 권리의 존부나 범위가 명확하게 정해져 있는지, 행정청의 거부결정에 대하여 불복절차가 마련되어 있는지 등을 종합하여 정해진다. (중략) 육아휴직급여청구권도 관할 행정청인 직업안정기관의 장이 심사하여 지급결정을 함으로써 비로소 구체적인 수급청구권이 발생하는 경우로 앞서 본 후자의 유형에 해당한다. (중략) 따라서 사회보장수급권의 경우 구체적인 권리가 발생하지 않은 상태에서 곧바로 행정청이 속한 국가나 지방자치단체 등을 상대로 한 당사자소송이나 민사소송으로 급부의 지급을 소구하는 것은 허용되지 않는다.

다. 사회보장수급권의 제한

오늘날 사회적 기본권이 헌법상 권리로 인정되고 있지만 국민을 위한 국가의 재정적 부담이 전제된다는 측면에서 이를 정당화할 수 있는 자격을 국민에게 요구하고 있고, 일정한 사유에 의한 수급권 제한도 널리 인정되고 있다. 특히 최근 사회적 안전망의 확충에 따라 사회보장수급권이 더욱 중요해지고 그 비중도 확대되고 있는 만큼 구체적 급부의 기준과 방식의 합리화 또한 더욱 중요해지고 있다.[50]

다른 영역에서의 권리와 마찬가지로 사회보장수급권도 법률 또는 법률의 위임을 받은 법규명령에 의하여 제한할 수 있다. 「사회보장기본법」 제13조 제1항에서는 사회보장수급권을 제한하거나 정지할 수 없는 것을 원칙으로 하되, 관계 법령에서 따로 정하는 경우는 제한 또는 정지가 가능하다는 것을 규정하고 있다. 물론 이러한 경우에도 「사회보장기본법」 제13조 제2항 및 헌법 제37조 제2항에 따라 필요 최소한에 그쳐야 한다. 그 밖에 개별 법령에서는 사회보장수급권의 제한사유를 규정하기도 한다.

한편, 연금수급권과 같은 사회보험수급권 제한이 문제된 사안에서, 헌법재판소는 사회적 기본권 외에도 재산권을 관련 기본권으로 파악하여 사회보험수급권의 제한이 위헌인지 여부를 검토하기도 한다.[51] 헌법재판소는 공법상의 법적 지위가 사법상의 재산권

---

50) 차진아, "사회보장수급권의 헌법적 근거와 제한사유의 합헌성에 대한 검토", 사회보장법학 제2권 제2호, 사회보장법학회, 2014, 12면.

51) 이에 대해서는 헌법에서 사회적 기본권으로서 인간다운 생활을 할 권리를 인정하고 있는 우리의

과 비교될 정도로 강력하여 그에 대한 박탈이 법치국가의 원리에 반하는 경우에만 그러한 성격의 공법상 권리가 재산권의 보호대상에 포함된다고 보면서,[52] 공법상 권리가 재산권으로서 보장받기 위해서는 사적 유용성, 수급자의 상당한 자기기여, 생활수단성, 수급요건, 범위, 수급액 등이 법률에 규정될 것 등을 요구하고 있다.[53] 재산권적 성격이 인정되는 사회보험수급권에 대해서는 개별 법률상 제한사유와 헌법 제37조 제2항 외에도 헌법상 재산권 제한 규정이 적용될 수 있을 것이다.

〈표〉 사회보험수급권 제한 관련 판례

연금 수급권	헌재 2013. 10. 24. 선고 2012 헌마906 결정	「국민연금법」상 조기노령연금의 수급개시연령의 인상의 위헌여부가 문제된 사건에서 이를 신뢰보호원칙에 반한 재산권 침해 여부문제로 파악한 후 합헌결정
	헌재 2016. 12. 29. 선고 2015 헌바182 결정	별거나 가출 등으로 실질적인 혼인관계가 존재하지 아니하여 연금 형성에 기여가 없는 이혼배우자에 대해서까지 법률혼 기간을 기준으로 분할연금 수급권을 인정한 구 「국민연금법」 규정의 위헌여부가 문제된 사건에서 노령연금을 받을 권리를 재산권의 보호대상으로 보아 이를 재산권 제한문제로 파악한 후 헌법불합치 결정
	헌재 2007. 3. 29. 선고 2005헌바33 결정	공무원의 범죄행위로 인한 퇴직급여 감액의 위헌여부가 문제된 사건에서 「공무원연금법」상 연금수급권의 재산권적 성격을 인정한 후 재산권 침해를 인정
건강보험 수급권	헌재 2003. 12. 18. 선고 2002 헌바1 결정	구 「국민의료보험법」상 의료보험수급권이 헌법상 사회적 기본권의 성격과 재산권의 성격을 아울러 지니고 있다고 본 후, 보험급여 제한사유에 고의와 중과실에 의한 범죄행위 이외에 경과실에 의한 범죄행위까지 포함되는 것으로 해석하는 것은 재산권에 대한 과도한 제한으로서 재산권을 침해할 뿐만 아니라 사회적 기본권으로서의 의료보험수급권의 본질을 침해한다고 판시

경우 사회보험수급권 제한의 관련 기본권으로 굳이 재산권을 차용할 필요는 없으며, 독자적 심사기준을 정립할 필요성이 있다고 주장하는 견해로는 김복기, "헌법상 사회보장권 보장에 관한 소고 -헌법재판소 결정에 대한 비판적 검토에 기한 시론", 사회보장법학 제7권 제1호, 사회보장법학회, 2018, 63면.

52) 헌법재판소는 헌법적 의미의 재산권에 대하여 "사적 유용성 및 그에 대한 원칙적 처분권을 내포하는 모든 재산가치 있는 구체적 권리"로 이해한다(헌재 1996. 8. 29. 선고 95헌바36 결정; 헌재 1999. 4. 29. 선고 96헌바55 결정; 헌재 2000. 7. 20. 선고 99헌마452 결정). 여기에서 '재산가치 있는 구체적 권리'란 경제적 가치가 있는 모든 공법상·사법상의 권리를 뜻한다.

53) 헌재 2000. 6. 29. 선고 99헌마289 결정; 헌재 2005. 2. 24. 선고 2003헌마31 결정.

산재보험 수급권	헌재 2014. 6. 26. 선고 2012헌바 382 등 결정	「산업재해보상보험법」상 최고보상제도의 적용대상이 문제된 사건에서 일정한 법정요건을 갖춰 발생한 산재보험수급권은 구체적인 법적 권리로 보장되고 그 성질상 경제적·재산적 가치가 있는 공법상의 권리로서 헌법상 재산권의 보호대상에 포함된다고 본 후, '최고보상기준금액'에 관한 새로운 규정이 최고보상제도가 최초 시행되기 전에 업무상 재해를 입고 최고보상기준금액이 아닌 종전에 자신의 평균임금을 기준으로 보상연금을 지급받아 온 산재근로자들에게 적용된 것이 재산권을 침해하지 않는다고 판시

4. 그 밖의 사회보장행정법관계에서의 공권

요양기관 또는 장기요양기관은 각각 「국민건강보험법」과 「노인장기요양보험법」에 따라 급여제공에 따른 급여비용청구권을 가진다. 이와 같이 사회보장행정법관계에서 일정한 행정사무를 수행하는 주체도 다른 국가나 지방자치단체와 같은 행정주체에 대하여 일정한 공권을 가질 수 있다.

Ⅱ. 사회보장행정법관계에서 공의무

공의무란 공권에 대응하여 행정 또는 행정의 상대방이 공법에 의한 기속을 받는 것으로 국가적 공의무와 개인적 공의무로 구분된다. 사회보장행정 영역에서도 법률로부터 사회보장수급권과 같은 권리가 명시적으로 인정되는 경우이거나 개인적 공권이 일반적 성립요건에 따라 인정되는 경우 국가적 공의무가 인정되는 것은 물론이다. 그 밖에 행정청은 하자없는 재량행사로써 사회보장행정결정을 할 의무가 있다. 사회보장행정에서 공무수탁자의 지위를 가지는 사인 역시 수탁사무 범위에서 공의무를 부담한다. 예를 들면, 「국민건강보험법」에 따른 요양기관인 「의료법」상 의료기관이나 약사법상 약국 등은 정당한 이유 없이 요양급여를 거부할 수 없고(제42조 제5항), 장기요양기관도 급여제공 거부 금지나 명세서 교부 등 「노인장기요양보험법」에 따른 여러 의무를 부담한다(「노인장기요양보험법」 제35조 등).

사회보장행정은 전통적으로 사회보장급여를 중심으로 한 국가적 공의무가 대부분이지만, 일정한 경우 사인도 수급요건 충족 여부를 확인하기 위한 자료제출의무 등 일정한 공의무를 부담하기도 한다. 예를 들면, 「국민기초생활보장법」에 따라 급여를 신청할 경우 수급권자와 부양의무자는 자료 또는 정보제공동의서를 제출하여야 한다(제21조 제3항).

Ⅲ. 사회보장행정법상 공권·공의무의 승계

1. 개인적 공권과 공의무의 승계

개인적 공권과 공의무의 승계에 관한 일반법은 없다. 다만 「행정절차법」 제10조에서는 지위의 승계에 관하여 규정하고 있다. 이에 따르면, 상속이나 합병이 있으면 당사자 등의 지위를 승계하고, 이 경우 당사자 등의 지위를 승계한 자는 행정청에 그 사실을 통지하여야 한다. 한편, 처분에 관한 권리 또는 이익을 사실상 양수한 자는 행정청의 승인을 얻어 당사자 등의 지위를 승계할 수 있다. 위 조항은 「행정절차법」의 당사자를 대상으로 하고 있으나, 다른 법에 특별한 규정이 없고 법의 흠결이 있는 경우에는 행정법관계 전반에 걸쳐 준용되는 법의 일반원칙을 천명한 규정으로 볼 수 있다.

사회보장행정법에서 공권 또는 공의무의 승계에 관하여 아무런 규정을 두지 않는 경우에는 해당 공권 또는 공의무가 일신전속적인지 여부에 따라 승계 여부가 결정된다. 그런데, 사회보장수급권은 급부가 수급권자의 생활곤란에 착안하여 생활보장을 행하는 경우가 많기 때문에 수급권자에게만 부여된 일신전속적인 성격을 가지는 경우가 많다. 그리하여, 수급권자가 사망하면 소멸하고, 사회보장수급권은 양도가 금지되는 것이 원칙이다.

다만 사회보장수급권에 관하여 개별 법령에서 상속을 인정하는 경우가 있다. 이 경우에도 「민법」에 따른 상속인과 개별 법률에서 정한 상속인이 다를 수가 있으므로 주의를 요한다. 「산업재해보상보험법」의 규정에 의한 보험급여의 수급권자가 사망한 경우 그에게 아직 지급되지 않은 보험급여의 수급권은 민법에서 정한 상속순위에 따라 상속인들이 상속하는 것이 아니라 「산업재해보상보험법」에서 정한 순위에 따라 우선순위에 있는 유족이 이를 승계한다.[54]

---

54) 대법원 2006. 3. 9. 선고 2005두13841 판결. 그러나, 공무상 요양불승인처분 취소소송 도중 원고인 공무원이 사망한 경우에는 「민법」상의 재산상속인이 소송수계를 하는 것으로 해석하고 있다(대법원 2001. 3. 27. 선고 2000두10205 판결; 대법원 2006. 4. 27. 선고 2005두4069 판결). 또한, 「석

한편, 사회보장수급권은 개인에게 부여된 급부에 대한 권리이지만 공법상의 권리이고, 사회보장수급권이 다른 사람에게 이전되거나 담보로 제공되는 것을 방치할 경우 모든 국민이 사회보장을 통하여 건강하고 문화적인 생활을 유지할 수 있도록 하려는 「사회보장기본법」의 입법목적이 달성될 수 없다. 그리하여, 사회보장수급권은 관계 법령에서 정하는 바에 따라 다른 사람에게 양도하거나 담보로 제공할 수 없으며, 이를 압류할 수 없다(「사회보장기본법」 제12조). 그 밖에도 「국민건강보험법」 제59조에서는 수급권의 양도·압류가 금지되어 있고, 「산업재해보상보험법」 제88조에서는 이에 더하여 담보제공도 금지되어 있다.

개별 영역에서 해당 사회보장수급권이 일신전속적 권리인지 여부를 개략적으로 살펴보면, 장애인, 아동, 노인 등의 사회서비스수급권은 일신전속적 성격으로 인하여 승계가 부정되는 경우가 많을 것이다. 사회보험수급권 역시 일신전속적 성격이 크지만, 국민연금수급권은 수급권자 자신이 보험료의 일부 또는 전부를 부담하는 등 기여분에 대하여 재산권으로서 성격을 갖는다고 보는 것이 헌법재판소의 입장인 점을 고려하면,[55] 일부 사회보험수급권에 대해서는 승계가 긍정된다고 보아야 한다. 다만 이러한 경우에는 개별 법률에서 수급권(급여)의 승계에 관한 개별 규정을 두는 경우가 많다. 반면에 자기기여가 없고 일반적으로 수급권자 개인의 인간다운 생활을 보장하기 위한 물적 급부로서의 성격을 가지는 공공부조수급권은 승계가능성이 없는 경우가 많다.

> **서울고등법원 1981. 3. 13. 선고 80나4240 판결:** 「군사원호보상법」 제7조의 규정에 의하면 상이군인에 대하여는 법률에 정하는 바에 의하여 연금을 지급하도록 규정되어 있고, 이에 따라 「군사원호보상급급여금법」 제10조는 상이군인에게 1급 내지 3급의 상이 구분에 따라 상이연금을 지급하게 되어 있으나, 이는 군인으로서 전투 또는 공무수행중 부상을 입고 전역 또는 퇴역하는 경우, 경제적 생활안정과 복리향상에 기여함을 목적으로, 사회보장제도의 일환으로 국가가 지급하는 급여로서, 수급자의 가동능력에 대응한 보상금의 성질을 가진 것이 아니고, 수급자가 사망하면 수급권이 상실되는 일신 전속적 성질을 갖고 있으므로 상속대상이 될 수 없고, 따라서 불법행위를 이유로 배상을 명할 이익이라고는 볼 수 없으니 위 주장은 이유없어 받아들일 수 없다.

탄산업법」에 따른 유족보상일시금 상당의 재해위로금 수급권자에 관해서도 「민법」의 상속에 관한 규정을 적용하여야 하고, 「산업재해보상보험법」의 유족급여 수급권자에 관한 규정을 유추할 수 없다(대법원 2020. 9. 24. 선고 2020두31699 판결).

55) 헌재 1996. 10. 4. 선고 96헌가6 결정; 헌재 2000. 6. 1. 선고 97헌마190 결정 등.

한편, 보험료 납부의무와 같은 공의무가 승계되는지는 공권과 마찬가지로 명문의 규정이 있는 경우가 아니라면, 일신전속적인지 여부에 따라 판단하여야 한다. 그런데, 실무에서는 「민법」 제1005조에 따라 국민건강보험료가 체납된 경우 그 보험료도 상속재산에 포함되어 포괄승계된다고 보고 있으며, 실제로 상속이 이루어졌다는 전제 하에 판단한 하급심 판결례도 있다.

> **수원지방법원 2016. 9. 8. 선고 2016나54251 판결(확정):** 상속재산인 이 사건 부동산의 매각대금 은 한정승인자인 안○○의 고유채권자로서 그로부터 이 사건 부동산에 관하여 저당권 등의 담보권 을 취득한 바 없는 피고들보다 상속채권자인 원고에게 우선 배당되어야 하고, 이는 피고들이 조세 채권자나 보험료 채권자라고 하더라도 마찬가지이다.

다만, 보험료 납부의무자가 사망하기 전에 고지서도 송달되지 않았다면 그 사망자 몫의 보험료 납부의무는 발생하지 않은 것이어서 상속이 될 수 없을 뿐 아니라 가입자 나 피부양자가 이미 사망하여 보험급여를 받을 수 없게 되었다면 그 사망자 몫의 보험 료를 상속인에게 부과할 수 없다.[56]

> **대법원 1991. 9. 10. 선고 90누8848 판결:** 「산업재해보상보험법」 제6조, 제19조, 제25조에 의 하면, 이미 확정된 보험료의 납부의무는 당시의 보험가입자인 사업주가 지는 것으로서, 보험시행 자인 국가는 특별한 법령상의 근거가 없는 한 당해 사업에 대하여 종전보험가입자에게 귀속되었 던 보험료를 새로운 보험가입자에게 다시 징수할 수는 없다고 하여야 할 것이며, 사업의 양도 · 양 수가 있어 그 사업에 관한 모든 권리의무가 포괄적으로 사업양수인에게 승계되었다거나 혹은 사 업주들 간에 산재보험에 관한 사항을 승계하기로 한 약정이 있었다 하더라도 그 효력은 당사자 간의 사법적인 법률관계에 미칠 뿐이다.

2. 제재사유 및 제재적 처분 효과의 승계 여부

영업양도 등의 경우에 당사자 사이에 지위가 승계되는 것과 양도인에게 있었던 제 재사유나 양도인이 받은 제재적 처분의 효과가 양수인에게 승계되는 것과는 관련은 있 지만 별개의 문제이다. 후자의 문제는 양도인에게 있었던 허가 등의 정지 · 철회사유, 영

---

56) 국민건강보험공단 홈페이지-해설 자료실(제77조 해설자료) 〈https://www.nhis.or.kr/lm/lmxsrv/data/ commentaryDataRoomList.do〉.

업소의 폐쇄조치사유 등이 발생한 다음 영업양도가 이루어졌다면 제재사유도 이전되어 양수인에게 행정제재를 가할 수 있는지(제재사유의 승계문제), 양도인이 이미 받은 제재적 처분의 효과가 양수인에게도 미치는지(제재적 처분 효과의 승계문제) 여부에 관한 것이다.

대법원은 제재사유의 승계여부에 관하여 대인적 처분의 경우에는 승계를 부인하나, 대물적 처분의 경우에는 양도인에게 발생한 제재사유가 양수인에게 승계되는 것으로 보고 있다.[57] 그러나 영업의 이전이 가능한지의 문제와 법률위반이라는 제재사유가 이전되는지의 문제는 차원이 다른 것이다. 어떤 허가영업이 대물적 성격을 가짐으로써 이전이 가능하다 하더라도, 양도인의 법률위반과 같은 귀책사유가 허가의 이전과 함께 당연히 이전한다고 볼 수는 없다. 만일 행정제재의 사유가 설비 등 물적 사정에 관련된 경우에는 양수가 가능하다 할 것이나,[58] 양도인의 자격상실이나 부정영업 등 인적인 사유 또는 책임이 문제되는 경우에는 승계되지 않는 것으로 보아야 할 것이다.[59]

대법원의 입장은 행정제재를 받을 것이 임박한 상황에서 행정제재를 피하기 위하여

---

57) 대법원 2001. 6. 29. 선고 2001두1611 판결. 위 판결의 사안은 위반행위만 존재하는 경우이지만, 더 나아가 위반행위로 인한 벌점이 부과되고 누적된 벌점 때문에 입찰참가자격제한의 요청조치 등이 예정되어 있는 경우에는 그와 같이 부과된 벌점은 승계된다고 한다. 그 이유는 회사분할을 통하여 기존에 부과받은 벌점 및 이에 따르는 후속 처분을 무력화할 여지가 있어 벌점 부과 제도의 실효성을 확보할 수 없게 되기 때문이라고 한다(대법원 2023. 4. 27. 선고 2020두47892 판결). 한편, 대법원 판결 중에는 위와 같은 태도와 결을 달리하여, 회사분할의 경우 신설회사 또는 존속회사가 승계하는 것은 분할하는 회사의 권리와 의무라 할 것인데, 과징금을 부과하기 전까지는 승계할 어떠한 의무가 존재하지 않으므로, 분할하는 회사의 분할 전 위반행위를 이유로 신설회사에 대하여 과징금을 부과하는 것은 허용되지 않는다고 판시한 사례도 없는 것은 아니다(대법원 2007. 11. 29. 선고 2006두18928 판결). 위 판결 이후 「공정거래법」 제55조의3 제3항이 개정되어 위반행위를 한 사업자가 분할되거나 분할합병된 경우 신설회사에게도 과징금을 부과할 수 있는 규정을 신설하여 이 문제는 과징금의 부과에 관해서는 입법적으로 해결되었으나, 같은 사안에서 시정조치의 발령에 관해서는 위와 같은 법률의 규정이 없다는 이유로 여전히 위 판례와 같이 회사분할 후 신설회사에 대하여 분할하는 회사의 분할 전 위반행위를 이유로 시정조치를 명하는 것은 허용되지 않는다는 입장에 있다(대법원 2023. 6. 24. 선고 2021두55159 판결).
58) 예컨대, 영업장 면적 변경에 관한 신고의무가 이행되지 않은 일반음식점 영업을 양수한 자가 그 신고의무를 이행하지 않은 채 영업을 계속하는 경우 영업허가 취소나 영업정지의 대상이 된다(대법원 2014. 3. 13. 선고 2012두18882 판결).
59) 제재사유의 승계문제와 하자있는 지위의 승계문제는 구별되어야 한다(김남진·김연태, 「행정법Ⅰ」제28판, 법문사, 2024, 109면). 후자의 경우를 예로 들면, 개인택시 운송사업의 양도·양수 이전에 있었던 양도인에 대한 운송사업면허 취소사유를 들어 양수인의 사업면허를 취소할 수 있다(대법원 2010. 4. 8. 선고 2009두17018 판결). 즉, 양수인이 양도받은 운송사업면허 자체에 내재하고 있는 하자를 들어 취소할 수 있다는 것이다.

양도인이 양수인과 공모하여 영업양도를 이전한 경우가 빈번하였거나 그러한 우려가 농후하였기 때문이라는 현실적인 이유에서 선고된 것이라고 선해할 수는 있다. 그렇지만, 대법원의 위와 같은 태도는 구체적 타당성에 치우쳐서 법치주의의 원리와 책임의 원칙에 배치되는 것이므로 받아들이기 어렵다. 이러한 결론은 제재적 처분 효과의 승계문제에도 마찬가지로 적용된다고 생각된다. 이러한 논란을 없애기 위해서는 입법적 해결이 필요하다.

사회보장행정법관계에서도 당사자 사이에 지위의 승계가 이루어지는 경우 지위를 승계한 자에게 승계한 자에게 발생한 제재 내지 책임이 타인에게 이전될 수 있는지 문제된다.[60] 그런데, 「영유아보육법」 제45조의3에서와 같이 양도인과 양수인 사이에 공모가 있었다거나 그러한 행위를 제재할 수 있다는 등의 근거규정을 두는 경우가 있다.

「**영유아보육법**」 **제45조의3 (행정제재처분효과의 승계)** ① 어린이집을 설치·운영하는 자가 그 어린이집을 양도하거나 사망한 때 또는 법인의 합병이 있는 때에는 종전의 어린이집을 설치·운영한 자에게 제45조 제1항 각 호의 사유로 행한 행정제재처분의 효과는 그 행정처분일부터 1년간 그 양수인·상속인 또는 합병 후 신설되거나 존속하는 법인에 승계되며, 행정제재처분의 절차가 진행 중인 경우에는 양수인·상속인 또는 합병 후 신설되거나 존속하는 법인에 대하여 행정제재처분의 절차를 속행할 수 있다. 다만, 양수인·상속인 또는 합병 후 신설되거나 존속하는 법인이 양수 또는 합병할 때 그 처분 또는 위반사실을 알지 못하였음을 증명하는 경우에는 그러하지 아니하다.
② 제1항의 양수인·상속인 또는 합병 후 신설되거나 존속하는 법인이 어린이집을 양수·상속 또는 합병할 때에는 종전의 어린이집을 설치·운영한 자가 제45조 제1항 각 호의 사유로 행정처분의 절차가 진행 중인지 및 행정제재 처분을 받은 이력이 있는지 여부를 확인하여야 하며, 교육부장관, 시·도지사 및 시장·군수·구청장은 양수인·상속인 또는 합병 후 신설되거나 존속하는 법인이 그 확인을 요청하는 경우 이를 교육부령으로 정하는 바에 따라 확인하는 서류를 발부할 수 있다.

한편, 제재처분이 어떠한 개인을 대상으로 한 것이 아니라 영업소나 업체 등의 업무 자체를 대상으로 하는 경우, 제재절차가 진행되기 전에 폐업한 영업소에서 발생한 위반행위를 가지고 그 영업소의 개설자가 새로 개설한 영업소에 대하여 제재를 가할 수 있는지도 의문이다. 이와 관련하여 대법원은 요양기관이 속임수나 그 밖의 부당한 방법으로 보험자에게 요양급여비용을 부담하지 않는 경우 부과되는 업무정지처분이 의료인 개

---

60) 제재사유 및 제재적 처분 효과의 승계문제에 관한 자세한 사항은 하명호, 「행정법」, 69-71면 참조.

인의 자격에 대한 제재가 아니라 요양기관의 업무 자체에 대한 것으로서 대물적 처분의 성격을 가지므로, "속임수나 그 밖의 부당한 방법으로 보험자에게 요양급여비용을 부담하게 한 요양기관이 폐업한 때에는 그 요양기관은 업무를 할 수 없는 상태일 뿐만 아니라 그 처분대상도 없어졌으므로 그 요양기관 및 폐업 후 그 요양기관의 개설자가 새로 개설한 요양기관에 대하여 업무정지처분을 할 수는 없다."라고 판시하여, 이러한 경우에 특별한 법령조항이 없다면, 제재사유의 승계를 부정하고 있다.[61]

3. 국가적 공권 · 공의무의 승계

행정주체의 권한의 획정은 국민의 권익에 중대한 영향을 미치므로, 「정부조직법」이나 「지방자치법」 등 법률로 정하는 것이 원칙이다(행정권한 법정주의). 행정주체 사이의 승계는 지방자치단체의 폐치 · 분합,[62] 그 밖의 공공단체의 통 · 폐합의 경우와 같이 공법상 법인이 소멸되거나 합병되는 때에 이루어지는 경우가 많다.

제3절

사회보장행정상 법률관계의 유형

Ⅰ. 의의

사회보장급여를 둘러싼 법률관계는 사회보장급여를 국가나 지방자치단체가 직접 제

---

61) 대법원은 국민건강보험법령상 업무정지처분의 대상이 요양기관이고 요양기관의 개설자가 아니라는 점에 착안하여, 그 논거로써 침익적 행정행위의 근거가 되는 행정법규는 가급적 엄격하게 해석 · 적용하여야 한다는 점을 들고 있다(대법원 2022. 1. 27. 선고 2020두39365 판결).

62) 「지방자치법」 제8조에 의하면, 지방자치단체의 구역을 변경하거나 지방자치단체를 폐지하거나 설치하거나 나누거나 합칠 때에는 새로 그 지역을 관할하게 된 지방자치단체가 그 사무와 재산을 승계하고(제1항), 이 경우 지역으로 지방자치단체의 사무와 재산을 구분하기 곤란하면 시 · 도에서는 행정안전부장관이, 시 · 군 및 자치구에서는 특별시장 · 광역시장 · 특별자치시장 · 도지사 · 특별자치도지사가 그 사무와 재산의 한계 및 승계할 지방자치단체를 지정한다(제2항).

공하는 경우와 공무수탁사인을 포함한 제3자가 제공하는 경우로 나누어 볼 수 있다. 다른 행정 영역에서와 같이 행정청이 이용자에게 바로 사회보장급여를 제공하는 2면적 급부행정의 방식도 있을 수 있다. 그러나 대부분의 경우에는 행정청이 이용자를 상대로 급부를 제공할지 여부를 결정하고, 제공하기로 결정된 경우 실제 사회보장급여의 제공은 공단 등과 같은 공법인이나 사회복지법인 등과 같은 공무수탁사인이 담당하는 것이 일반적일 것이다. 이 경우 행정청과 이용자와의 관계, 이용자와 사회보장급여 제공자와의 관계, 행정청과 사회보장급여 제공자와의 관계라는 3면적 법률관계가 형성된다. 이를 사회보장행정의 수행방식 또는 급여의 제공방식의 관점에서 살펴보면, 국가 또는 지방자치단체의 직접운영방식, 공법인의 위탁운영방식, 공무수탁사인의 위탁운영방식으로 나눌 수 있다.

한편, 오늘날 급여제공방식이 다양해지고 행정의 효율성을 중시하는 만큼 국가 등 행정주체에 의하여 직접적으로 급여가 제공되는 경우는 오히려 드물고, 별도의 법인에게 공법상 자격을 부여하여 급여를 제공하도록 하거나 공법적 성격의 급여임에도 불구하고 사경제적 요소를 가미하여 민간주체가 계약을 통하여 그 상대방인 수급자에게 급여를 제공하도록 하는 경우가 늘어나고 있다. 이에 따라 직접적 급여제공주체와 행정주체 및 수급자를 둘러싼 복잡한 법률관계가 형성된다. 또한, 급여이행에서 사경제적 방식을 활용함에 따라 공법적 규율과 사법적 규율이 혼재하는 양상이 나타난다.

이하에서는 급여의 제공방식과 관련하여 사회보장행정상 법률관계와 적용법규의 특징을 각각 살펴보도록 한다.

Ⅱ. 국가 또는 지방자치단체에 의하여 직접 급여가 제공되는 경우

1. 국가 또는 지방자치단체의 직접운영방식

이는 공공부조와 사회서비스 영역에서 자주 보는 것과 같이 제도의 운영을 국가와 지방자치단체가 직접 수급권자에게 급여를 제공하는 방식으로서, 자체의 행정기관을 중심으로 제도를 운영하는 방식을 말한다. 이 방식은 입법의 목적에 따른 통일된 시행기준과 지침을 가지고 공정성이 담보된 공무원 등을 통하여 수행된다는 점에서 통일성·

공공성·공정성의 확보가 수월하다. 반면에 한정된 재정으로 사업을 수행하여야 하고, 담당 공무원의 순환 근무 등으로 해당 분야의 전문성을 유지하기 어렵다는 한계가 있다. 또한, 중앙행정기관으로부터 지방자치단체에 위임된 사무의 처리는 행정절차가 여러 기관에 걸쳐 수행되기 때문에 인력과 비용의 낭비가 초래될 수 있다.

2. 법률관계

이러한 방식에서 행정주체와 수급권자의 법률관계는 다른 공법관계에서의 공권·공의무 관계와 다르지 않다. 예를 들면, 「국민기초생활보장법」상 국가와 지방자치단체는 보장기관이 되고, 시·도지사와 시장·군수·구청장이 급여를 실시한다(제19조). 따라서, 이 법에 따른 기준과 절차에 따라 기초수급자의 지위를 취득한 사람에게 행정청이 급여를 제공하지 않은 경우 개인적 공권인 기초생활급여수급권이 침해되었음을 이유로 행정쟁송을 제기하거나 국가배상청구소송을 제기할 수 있다. 또한, 수급자격을 취득하지 못한 경우에도 그 선정기준과 절차가 위헌·위법임을 이유로 행정쟁송을 제기하거나 국가배상소송을 제기할 수 있으며, 위헌·위법인 법률 또는 법규명령에 대한 구체적 규범통제 수단을 강구할 수 있다.

수원지방법원 2019. 12. 20. 선고 2017가단531037 판결[63]

〈사실관계〉

기초생활급여는 소득과 재산 등의 선정기준을 충족한 65세 이상의 노인, 중증장애인 등, 국가에서 노동할 수 없다고 판정하는 사람들에 해당하지 않을 경우 자활사업 등에 참여하여 근로할 것을 조건으로 수급권이 보장된다(조건부 수급권자). 버스운전기사로 일했던 C씨는 흉복부대동맥을 인공혈관으로 교체하는 수술을 2005년과 2008년 두 차례에 걸쳐 받은 후 건강 악화와 생계유지가 어려워져 기초생활수급자가 되었다. 그러나 2013년 기초생활수급요건 중 근로능력평가를 수행하는 국민연금공단으로부터 근로능력이 있다는 판정을 받았다. 그리하여, 일하지 않으면 수급권이 박탈될 처지가 되자 건강 악화 우려에도 불구하고 취업성공패키지에 참여해 약 한 달간 교육을 받은 뒤 2014년 2월 아파트 지하주차장 청소부로 취업했다. C씨는 이후 일을 하다가 두 차례나 쓰러져 응급실에 실려 갔고, 과거 수술받은 이식 혈관이 감염됐다는 진단을 받고 치료 중 같은 해 8월 숨졌다. C씨 유족은 국민연금공단이 C씨가 근로능력이 없는데도 '근로능력 있음' 판정을 내렸고, 수원시는 공단의 평가 결과만 가지고 판단을 하는 위법행위를 저질렀다고 주장하며 소송을 제기하였다.

〈판결요지〉

① 국민연금공단의 손해배상책임: 피고 공단이 망인에 대한 의학적 평가를 1단계로 보아 망인을 근로능력있음으로 평가한 것은 위법하고, 과실도 있다. 〈중략〉 망인은 피고 공단의 근로능력평가 결과에 기하여 피고 시로부터 근로능력 있음의 이 사건 판정을 받게 되었고, 그에 따라 근로능력이 없음에도 취업을 하여 일을 하다가 전에 수술을 받은 이식혈관 부위가 감염되어 사망에 이르렀는바, 환자의 면역 상태는 감염병의 진행, 치료경과에 큰 영향을 주는 중요한 요인이고, 환자가 과로를 하는 것은 그 면역 상태에 부정적인 영향을 줄 수밖에 없으므로, 피고 공단의 근로능력평가 결과와 이 사건 사고 사이에는 상당인과관계가 있다.

② 수원시의 손해배상책임: 피고 공단의 망인에 대한 근로능력평가 결과가 위법한 이상, 피고 시가 이에 기하여 망인에 대하여 근로능력 있음의 이 사건 판정을 한 것 역시 위법하다. 〈중략〉 다만, 질병, 부상 또는 그 후유증으로 치료나 요양이 필요한 사람에 대한 근로능력판정은 사실상 피고 공단의 근로능력평가 결과에 전적으로 의존하여 이루어지는 것으로서 피고 공단의 근로능력평가 결과가 외관상 명백히 잘못되었다고 볼 만한 특별한 사정이 없는 한 피고 시에 과실이 있다고 보기는 어려운데, 원고가 제출한 모든 증거들을 종합하여 보더라도 이러한 특별한 사정이 있었음을 인정하기에 부족하고, 달리 증거가 없다.

울산지방법원 2013. 2. 6. 선고 2012구합151 판결[64]: 원고는 2009. 7. 25.경 기초생활보장수급자로 선정되어 국가로부터 기초생활급여 등을 받아 왔다. 피고는 2011. 9. 9. 원고에 대하여 원고가 양산시에서 대서소를 운영하여 소득이 820,000원(월 기준, 이하 같다)에 이르는 것으로 파악한 후 그 소득액이 2011년 1인 가구 최소생계비 기준 532,583원(월 기준, 이하 같다)을 초과한다고 판단하여 「국민기초생활보장법」 제5조 제1항, 제30조 제1항 제1호에 의하여 기초생활급여 등 중지처분(이하 이 사건 처분이라 한다)을 하였다. 법원은 다음과 같은 이유로 기초생활수급자 중지처분을 취소하였다. 일단 발생한 기초생활보장수급권이 소멸하였음을 이유로 하는 이 사건 처분의 경우 그 적법성에 대한 입증책임은 피고에게 있어 피고가 원고의 소득평가액이 최저생계비를 초과함을 입증하여야 할 것이다. 그런데 앞서 본 사실과 제출된 증거만으로는 원고가 대서소를 운영함으로써 얻은 실제 수입이 820,000원에 이른다는 점이 입증되었다고 보기 부족하고, 달리 이를 인정할 증거가 없다. 〈중략〉 원고의 소득평가액은 대서소의 전기요금, 수도요금 등 경비를 공제하지 않더라도 531,125원(534,125원-3,000원)에 불과하여 2011년 1인 가구 최소생계비 기준 532,583원을 초과하지 않는다고 할 것이다. 그러므로 이 점에서 이 사건 처분은 위법하다고 할 것이다.

---

63) 국민연금공단의 잘못된 근로능력평가와 고인의 사망 사이의 인과관계를 인정하여 법원은 원고승소 판결을 선고한 사안이다. 이후 국민연금공단과 수원시가 공동으로 항소를 제기하자 항소심은 2020년 10월 29일 사망한 수급자의 아내인 원고에게 위자료 1500만 원을 지급하라고 선고했던 제1심 판결을 인용하면서 항소를 기각하였고(수원지방법원 2020. 10. 29. 선고 2020나51686 판결), 위 판결은 확정되었다.

64) 위 판결에 대하여 피고가 항소하였으나 부산고등법원은 항소를 기각하였고(부산고등법원 2014. 1. 22. 선고 2013누772 판결), 위 판결은 확정되었다.

III. 공법인에 의하여 급여제공이 이루어지는 경우

1. 공법인의 위탁운영방식

국가가 사회보장행정사무를 자신이 직접 수행하지 않고, 공법인을 설립하고 사무를 수행하게 할 수 있다. 이를 사회보장행정의 수행방식 또는 급여의 제공방식의 관점에서 공법인의 위탁운영방식이라 할 수 있다.

사회보험과 같이 공적인 필요성이 있는 사무 중에서 재정수입원이 일정하고, 장기간 반복적으로 업무수행이 필요하며, 독립적 운영으로 전문성이 확보될 수 있는 분야의 경우에는 공공성을 지닌 공단과 같은 공법인을 설립하고 그 권한을 위임하여 운영하게 하는 형태가 효율적인 경우가 있다. 이 방식은 해당 업무의 통일성과 전문성을 꾀한다는 점에서는 국가의 직접운영방식보다 효과적이라는 장점이 있으나, 정책의 변화에 신속하고 탄력적으로 대응하지 못한다는 단점과 법령에 의한 위탁업무의 경우 공법인 사이의 업무조정이 쉽지 않다는 문제점 등이 있다.

2. 법률관계

공단과 같은 공법인은 법령에 의하여 국가 또는 지방자치단체의 사무를 위임받아 행정객체인 제3자에게 행정권을 행사하고 그 법적 효과가 궁극적으로 귀속되는 관계 하에서 행정주체로서의 지위를 갖는다.[65]

그러나, 국가 또는 지방자치단체의 사무가 아닌 공법인과 그 임직원의 내부 법률관계는 법령에 규정된 내용에 따라 결정되겠지만, 그러한 명시적인 규정이 없는 경우에는 행정주체의 지위에 있다고 할 수 없다. 대법원은 의료보험조합의 직원에 대한 징계,[66] 의료보험관리공단과 직원과의 근무관계[67]는 공법관계가 아니라 사법관계라고 하였다.

---

65) 대법원 1992. 11. 27. 선고 92누3618 판결.
66) 대법원 1987. 12. 8. 선고 87누884 판결.
67) 대법원 1993. 11. 23. 선고 93누15212 판결.

Ⅳ. 공무수탁사인에 의하여 급여제공이 이루어지는 경우

1. 공무수탁사인의 위탁운영방식

사회복지법인과 같은 사인이 사회복지시설을 이용하여 사회서비스를 제공하기 위해서는 사회보장행정기관으로부터 권한을 위임받아야 하는 경우가 많다. 이때 사회보장행정기관으로부터 사인이 권한을 위임받아 공법상 급여제공사무를 수행하는 관계는 공무수탁관계라고 볼 수 있다. 사회보장급여법에서는 보건복지부장관의 업무 일부를 사회보장 관련 민간 법인·단체·시설에 위탁할 수 있도록 함으로써 사회보장사무의 민간위탁에 관한 법적 근거를 두고 있다(사회보장급여법 제51조 제2항).

사회서비스의 경우 사회복지법인, 재단법인, 사회단체 등에 의하여 설립된 사회복지시설에 의하여 제공되는 경우가 많다. 민간위탁의 활성화는 국가의 한정된 재원 외에 추가적인 복지재원을 창출할 수 있다는 측면과 공공의 경직성을 탈피하여 민간의 유연성·창의성으로 다양한 프로그램의 운영과 변형이 가능하다는 점 및 민간과 지역민의 참여와 관심을 수월하게 이끌어 낼 수 있다는 점 등의 장점을 가지고 있다. 반면에 제도의 목적을 위한 업무수행의 통일성이 부족하고, 정부 보조금의 사용과 위탁업무가 적절히 수행되고 있는지에 대한 철저한 감독이 필요하다는 점 등은 단점으로 지적될 수 있다.

2. 법률관계

공무수탁사인과 국가 또는 지방자치단체는 별개의 독립된 행정주체로서 공법상 위임관계에 있다. 그에 따라 공무수탁사인은 독립하여 자기의 이름으로 수탁업무를 수행할 의무를 부담하고, 비용청구권을 갖기도 한다. 한편, 공무수탁사인은 위탁된 직무에 대하여 위탁자인 국가 또는 지방자치단체의 감독을 받게 된다.

한편, 공무수탁사인은 외부관계에서 국가나 지방자치단체 등 행정주체와는 독립된 행정주체이면서, 위탁받은 행정권한의 행사자로서 행정청으로서의 지위를 아울러 갖는다. 따라서, 당사자소송이나 민사소송의 피고가 될 수 있을 뿐만 아니라 항고소송의 피고적격도 가질 수 있다. 공무수탁사인은 공무를 수탁받은 권한의 범위 안에서는 행정행위를 발령할 수 있고, 자력으로 수수료를 징수하는 등의 자력집행도 할 수 있다. 또한, 공무를 수행하는 범위 안에서는 「국가배상법」 제2조의 공무원에 해당되므로 그의 불법행위에 대해서는 「국가배상법」이 적용된다.[68]

그러나, 공법인이나 사법인인 공무수탁사인과 그 법인의 구성원인 사원이나 임직원 사이의 내부관계에서는 특별한 규정이 없는 이상 사법관계에 해당하므로 항고소송의 대상이 되지 않고 민사소송으로 처리된다.

3. 사회복지시설 설치·운영 등의 위탁관계

사회보장행정 영역에 민간위탁이 이루어지는 대표적인 예로, 국가나 지방자치단체가 사회복지시설의 운영을 민간에 위탁하는 경우를 들 수 있다. 「사회복지사업법」에 따라 국가나 지방자치단체는 사회복지시설을 설치·운영할 수 있다. 이와 같은 국공립 사회복지시설은 법인 또는 비영리법인에게 위탁하여 운영할 수 있는데, 위탁운영의 기준·기간 및 방법 등은 보건복지부령으로 정해진다(법 제34조 제5항 및 제6항, 시행규칙 제21조 및 21조의 2).

사회복지법인 등에 의한 급여제공 중 발생한 사고에 대하여는 해당 사회복지법인에 대하여 민사상 불법행위책임을 묻는 데 그치고 공무수탁의 법리에 따라 국가나 지방자치단체의 국가배상책임을 인정한 예는 확인되지 않는다. 다만, 사회복지법인이 위탁받아 운영하던 사회복지시설에서 발생한 사고에 대하여 지방자치단체에 대하여 시설 소유자로서의 배상책임을 인정하거나,[69] 국가에 대해서는 위탁관계에 관한 언급없이 개별 법령상 감독책임만 언급하며 국가배상책임을 인정한 예가 있다.

> **대법원 2006. 7. 28. 선고 2004다759 판결:** 부랑인선도시설 및 정신질환자요양시설에 대한 지도·감독 업무를 담당하는 공무원이 위 시설에서 수용자들에 대하여 폭행 등의 부당한 대우가 있음을 알았거나 쉽게 알 수 있었음에도 불구하고 이와 관련하여 필요한 조치를 취하지 아니한 경우, 그 직무상 권한의 불행사가 현저히 합리성을 결한 것으로서 위법하다.

---

68) 대법원 2001. 1. 5. 선고 98다39060 판결; 대법원 1991. 7. 9. 선고 91다5570 판결.

69) 전주지방법원 2002. 8. 16. 선고 2001가합1019판결. 이 판결에서는 시설운영을 위탁받은 사회복지법인에서 발생한 수영장 안전사고에 관한 것으로, 법원은 시설운영 위탁자인 전라북도에 대해서는 수영장의 소유자로서, 사회복지법인에 대해서는 점유자로서 손해배상책임을 인정하였다.

4. 요양기관·장기요양기관에 의한 급여제공 및 이용관계

제3자인 사인에 의하여 직접 급여가 제공되는 대표적인 경우는 요양기관이나 장기요양기관에 의한 현물급여로서의 서비스 제공 및 이용관계에서 찾아볼 수 있다. 요양기관의 경우를 살펴보면, 건강보험수급권자인 가입자는 요양기관인 의료기관에 가서 진료 등 의료서비스를 받으면 가입자는 요양기관에 본인부담금을 직접 지급하고 요양기관은 보험자인 국민건강보험공단으로부터 본인부담분을 제외한 요양급여비용을 지급받는다. 이와 같이 의료기관은 「국민건강보험법」에 따라 요양기관으로 편입됨으로써 필연적으로 요양기관은 보험자 및 가입자와 일정한 법률관계를 형성한다. 장기요양기관도 요양기관으로 강제로 지정되는 의료기관과는 달리 신청에 의하여 지정된다는 차이가 있지만, 급여제공 및 이용관계에서는 양자가 유사하다.

공단과 요양기관의 관계에 대해서는 ① 보험자가 가입자에게 요양급여를 제공할 직접적인 책임을 부담하고 요양기관은 단지 보험자의 이행보조자에 불과하다고 보는 견해, ② 독자적으로 법률관계를 맺고 보험급여를 제공하는 관계에 있다고 보는 견해 등이 대립한다. 요양기관인 의료기관은 가입자인 국민에게 구체적인 의료행위와 관련하여 공단과 독자적인 책임 하에 권리의무의 주체가 되고, 반대급부 없이 의무만을 부담하는 것이 아니므로, 가입자에게 발생한 채무불이행 및 불법행위에 대해서도 독자적으로 책임을 진다고 할 것이다.

한편, 요양기관인 의료기관이 가입자인 국민과의 관계에서 행정주체로서의 지위를 가지는지 여부도 문제이다. 국민건강보험의 보험자인 공단은 국가사무인 건강보험사업을 보건복지부장관으로부터 위임받아 수행하는 공법인이므로(「국민건강보험법」 제2조 및 제15조), 공단의 현물급여는 공무로 보아야 할 것이고 요양기관인 의료기관이 이를 수행하는 것은 공단과의 관계에서 공법적이라는 것은 분명하다. 그렇지만, 요양기관이 가입자인 국민과 사이에 사법상 진료계약을 체결하여 급여를 제공하는 관계에 있을 뿐 행정행위와 같은 고권적인 권한을 행사하는 것은 아니므로, 특별한 규정이 없는 이상 공의무부담사인은 몰라도 공무수탁사인으로 보기는 어려울 것이다.

V. 바우처제도와 사회서비스계약

공적 서비스임에도 불구하고 국가가 서비스의 제공주체가 아니라 제도를 조성하고 관리감독만 하고, 서비스 자체는 민간기관에 의하여 사법상 계약에 따라 제공되도록 하는 방식이 있다. 특히 사회서비스는 사회보장법에 따른 사회보장의 하나로서 공적 서비스임에도 불구하고 민간기관에 의하여 서비스가 제공되는 경우가 많다. 대표적인 예가 바우처를 통한 사회서비스이다. '바우처(Voucher)'는 '일정한 조건을 갖춘 사람이 교육, 주택, 의료 따위의 복지 서비스를 이용할 때 정부가 비용을 대신 지급하거나 보조하기 위하여 내놓은 지불 보증서'를 의미하는데,[70] 특정한 상품이나 서비스를 사용할 수 있는 쿠폰이나 카드 형태의 구매권을 부여하는 정책수단에 해당한다. 현재 장애인활동지원, 산모신생아건강관리, 가사간병방문서비스, 발달장애인지원, 임신출산진료 및 아이돌봄 등 다양한 사회서비스가 바우처제도로 운영되고 있다.[71]

이와 같이 공법상의 사회서비스를 제공하는 민간주체의 법적 지위에 대해서는 주로 행정법상의 공무수탁사인으로 구성하는 경우가 많았다. 즉, 공무수탁이론에 의하더라도 오늘날에는 반드시 고권적 권한뿐만 아니라 비고권적 권한도 수탁의 대상이 된다고 보는 것이 일반적이라는 논거 하에 사회서비스 제공과 같은 비권력적 성격의 임무에 대해서도 공무수탁사인이 인정될 수 있다는 것이다.[72]

그러나, 사회서비스 바우처제도는 일반 위탁관계와는 달리 서비스 제공자의 독자적인 사적 거래 주체성이 강하게 나타나고 이용자와 서비스 제공자 간의 서비스 이용계약관계와 자율성이 강조된다. 따라서, 바우처에 의한 사회서비스 제공을 일률적으로 민간위탁관계로 파악하는 것은 무리가 있다.[73] 그렇다면, 사회서비스 영역에서 사회서비스를 직접 제공할 것인지 민간에 위탁할지, 아니면 민간 영역에 맡기되 서비스제도를 구축하고 바우처 등으로 비용을 지원하고 서비스 질 등에 관한 관리감독에 관한 임무만지는 것으로 할 것인지에 대하여, 입법자는 선택의 자유가 있다고 해석할 수 있다.

일반적으로 바우처 서비스 이용관계는 사법관계로 해석된다.[74] 사회보장급여로 이루

---

70) 국립국어원 홈페이지-우리말샘 〈http://www.korean.go.kr〉.

71) 사회서비스 전자바우처 홈페이지 참조 〈https://www.socialservice.or.kr:444〉.

72) 장봉석, "사회복지서비스계약에 관한 연구", 전북대학교 박사학위논문, 2015, 107-109면; 장욱, "사회서비스바우처에 대한 행정법적 고찰", 법학연구 제21권 제1호, 연세대학교 법학연구원, 2011, 118-119면; 노호창, "사회서비스 이용권 사업을 위탁받아 수행하는 비영리단체에 대한 장애인고용부담금 부과에 관한 쟁점", 노동법논총 제27집, 한국비교노동법학회, 2013, 188-189면.

73) 바우처 서비스 제공자와 국가 등 행정주체의 법률관계를 공무수탁관계로 본다면, 서비스 제공자에 대한 감독권한의 행사 등과 관련하여, 국가배상을 청구하거나 행정쟁송을 제기할 수 있는 가능성이 열리게 된다(박정연, "사회서비스 바우처제도의 법문제", 행정법연구 제51호, 행정법이론실무학회, 2017, 281-284면 참조).

어지는 사회서비스 바우처의 경우 국가나 지방자치단체는 바우처의 지급으로 국가의 사회보장급부의무를 이행하고, 수급권자는 바우처의 지급을 요구할 개인적 공권을 가진다. 한편, 바우처 서비스 제공자는 이용자와의 사법상 계약을 체결하여 바우처 서비스를 제공한 후 본인부담금을 제외한 공적 부담분에 대하여 행정주체 내지 보장기관에 그 비용을 지급할 것을 요구할 수 있다.

사회서비스 바우처의 또다른 특징은 이용자의 선택권과 자율성이 보장된다는 점이다. 바우처를 발급받은 수급권자는 국가 등 행정주체가 제공하는 서비스를 수동적으로 받는 것이 아니라 자격을 갖춘 민간 제공자 중 하나를 스스로 택하여 서비스 이용계약을 체결하고 서비스를 받게 된다.

제4절 사회보장행정법상 법률요건과 법률사실

Ⅰ. 행정법상 법률요건과 법률사실

행정법관계의 발생·변경·소멸의 법률효과를 발생시키는 사실을 행정법상의 법률요건이라 하고 이러한 법률요건을 이루는 개개의 사실을 행정법상의 법률사실이라 한다. 행정법상의 법률사실은 사람의 정신작용을 요건으로 하지 않는 행정법상의 사건과 사람의 정신작용을 요소로 하는 용태로 나눌 수 있다.[75]

행정법상의 사건으로는 사람의 출생, 사망, 물건의 점유, 시간의 경과, 일정한 장소에의 거주 등을 예로 들 수 있다. 「행정기본법」에서는 행정에 관한 기간의 계산에 관하여 「민법」을 준용하므로 초일을 불산입하고 말일이 공휴일 또는 토요일인 경우에는 그 다음날 만료한다. 다만 권익의 제한 또는 의무가 지속되는 기간의 계산에 대해서는 「민

---

74) 「장애인활동지원법 시행규칙」 제13조에서는 장애인활동지원기관과 수급자 간에 장애인활동지원급여 제공 계약을 체결하도록 규정하면서, 시행규칙 제13조 제4항 제5호에서는 손해배상책임을 계약내용에 명시하도록 함으로써 사법상 법률관계임을 전제하고 있다.

75) 하명호, 「행정법」, 81면.

법」의 규정과 달리 기간의 첫날을 산입하고 말일이 토요일 또는 공휴일인 경우에도 기간은 그 날로 만료하는 것으로 정하고 있다(「행정기본법」 제6조).

이하에서는 사회보장행정에서 특히 사회보장수급권의 행사와 관련이 많은 제척기간과 소멸시효에 대하여 항을 나누어 설명하기로 한다.

Ⅱ. 사회보장행정에서의 제척기간

1. 사회보장수급권의 제척기간

제척기간이라 함은 법이 정한 권리의 존속기간을 말하고, 그 기간이 경과하면 해당 권리는 당연히 소멸한다. 그 제도적 취지는 권리자로 하여금 권리를 신속하게 행사하도록 함으로써 그 권리를 중심으로 하는 법률관계를 조속하게 확정하려는 데에 있다. 일정기간이 경과하면 육아휴직급여를 신청할 수 없는 것(「고용보험법」 제70조 제2항)[76] 등이 그 예이다.

사회보장수급권의 행사기간에 대하여 법령에 규정하고 있는 경우 이를 제척기간으로 볼 것인지 소멸시효기간으로 볼 것인지는 당사자에게 중요한 문제이다. 제척기간은 권리자로 하여금 권리를 신속하게 행사하도록 함으로써 그 권리를 중심으로 하는 법률관계를 조속하게 확정하려는 데에 그 제도의 취지가 있는 것으로서, 소멸시효가 일정한 기간의 경과와 권리의 불행사라는 사정에 의하여 그 효과가 발생하는 것과는 달리 관계 법령에 따라 정당한 사유가 인정되는 등 특별한 사정이 없다면 그 기간의 경과 자체만으로 권리가 소멸한다. 따라서, 추상적 권리의 행사에 관한 제척기간은 권리자의 권리행사 태만 여부를 고려하지 않고 당사자의 신청만으로 추상적 권리가 실현되므로, 기간 진행의 중단ㆍ정지를 상정하기 어렵다. 이러한 점에서 제척기간은 소멸시효와 근본적인 차이가 있다.[77]

대법원은 대체로 일반 국민의 신청기간과 행정기관의 업무처리기간으로 구분하여, 이를 규정한 행정법령의 형식에 따라 그 법적 성격을 달리 보고 있는 듯하다. 즉, 국민의 신청기간은 ① 법률에서 이를 직접 규정한 경우에는 강행규정으로 보고, ② 대통령

---

76) 대법원 2021. 3. 18. 선고 2018두47264 전원합의체 판결.
77) 대법원 2021. 3. 18. 선고 2018두47264 전원합의체 판결.

령 등 하위 법령에서 신청기간을 규정한 경우로서 법률의 위임이 있는 경우에는 강행규정으로 보지만, 법률의 위임이 없는 경우에는 훈시규정으로 본다. 그리고 행정기관의 업무 처리기간은 ③ 법령형식을 불문하고 훈시규정으로 본다.[78]

사회보장수급권의 행사를 위한 급여청구기간에 대해서도 일반적으로 위와 같은 기준에 따라 판단될 것이다. 대법원은 사회보장수급권은 관계 법령에서 정한 실체법적 요건을 충족시키는 객관적 사정이 발생하면 추상적인 급부청구권의 형태로 발생하고, 관계 법령에서 정한 절차·방법·기준에 따라 관할 행정청에 지급 신청을 하여 관할 행정청이 지급결정을 하면 그때 비로소 구체적인 수급권으로 전환된다고 설명하면서, 권리의 행사기간은 입법자가 정책적으로 결정할 사항이라고 판시하였다.[79] 판례에서 예시한 개별 실정법에 나타난 입법형태는 아래와 같이 크게 4가지 유형으로 분류된다.

첫째, 각각의 권리행사기간을 병존적으로 규정한 경우이다. 이러한 경우 수급권자가 관할 행정청에 대한 추상적 권리의 행사(급여지급의 신청)에 관한 기간은 제척기간으로, 관할 행정청의 지급결정 후 급여청구와 같은 수급권자의 구체적 권리의 행사에 관한 기간은 소멸시효로 이해된다. 예컨대, 「지뢰피해자 지원에 관한 특별법」 제8조 제2항에서는 추상적 권리단계의 위로금 지급신청의 행사기간을 '2021년 5월 31일까지'로, 제16조에서는 위로금의 지급결정이 있은 후 구체적 권리 단계의 위로금 청구권의 행사기간을 '지급결정서 정본 송달일로부터 3년'으로 각 규정하고 있다. 이 경우 전자는 기간 진행의 중단·정지를 상정하기 어려우므로 제척기간 규정이라고 보아야 하고, 후자는 권리자의 구체적 권리 불행사로 권리의 소멸이라는 효과가 발생하게 되는 법문 그대로의 소멸시효 규정이라고 보아야 한다.

둘째, 추상적 권리의 행사에 관해서만 기간을 규정한 경우이다(「석면피해구제법」 제9조 제4항 참조). 이런 경우에는 추상적 권리의 행사기간에 관해서는 이를 소멸시효로 한다는 명시적인 규정이 없는 이상 제척기간으로 보는 것이 타당하고, 구체적 권리의 행사기간에 관해서는 같은 법률 내에 별도의 규정이 없다고 하더라도 무제한적으로 인정되는 것이 아니라 소멸시효에 관한 일반조항(「국가재정법」 제96조 제2항 등)에 따라 소멸시효가 적용된다고 보아야 한다.

셋째, 추상적 권리의 행사에 관하여 아무런 기간을 규정하지 않은 경우이다(「국가유

---

78) 이상수, "행정법령상 '신청기간' 관련 판례 분석 및 법제적 시사점-대법원 전원합의체 판결(2018두47264)을 중심으로", 원광법학 제39권 제2호, 원광대학교 법학연구소, 2023, 43면.

79) 대법원 2021. 3. 18. 선고 2018두47264 전원합의체 판결.

공자 등 예우 및 지원에 관한 법률」 제9조 제2항, 제15조 등 참조). 이러한 경우에는 다시 ① 추상적 권리를 구체적 권리로 전환하기 위한 권리행사를 별도의 기간 제한 없이 허용하면서 그 권리행사에 따라 결정되는 구체적 권리를 권리행사시점부터 장래에 대해서만 인정하는 취지에서 별도로 추상적 권리의 행사기간을 두지 않은 경우와 ② 추상적 권리에 대해서도 그 권리가 발생한 때부터 일반조항에 따라 소멸시효 규정이 적용되어야 함을 전제로 별도의 기간을 두지 않은 경우로 나눌 수 있다. 어느 경우에 해당하는 지는 개별 법령과 그 권리의 성질에 따라 정해진다.

넷째, 각각의 권리 단계를 구분하지 않고 하나의 규정으로 권리행사기간을 규정한 경우이다(「산업재해보상보험법」 제112조 제1항 제1호 참조). 이런 경우에는 추상적 권리를 구체적 권리로 전환하기 위한 권리행사와 구체적 권리의 실현을 목적으로 한 권리행사에 대하여 각각의 권리가 발생한 때를 기산점으로 같은 기간 규정을 적용하게 된다.

2. 제재처분의 제척기간

가. 「행정기본법」 제23조상의 제척기간

사회보장행정 영역에서도 제재처분을 행하는 경우가 종종 있다. 이에 대하여 「행정기본법」 제23조에서는 제재처분의 처분권자인 행정청이 그 처분 권한을 장기간 행사하지 않아 발생하는 법률관계의 불안정한 상태를 신속히 확정시키고, 당사자의 신뢰보호 및 행정의 법적 안정성을 높이기 위하여 제재처분에 대한 제척기간을 규정하고 있다.

「행정기본법」 제23조가 적용되는 대상은 제재처분 중에서 의무위반에 대한 제재적 성격이 뚜렷한 것으로서 다수 법률에서 제척기간을 규정한 제재처분인 인허가의 정지·취소·철회, 등록 말소, 영업소 폐쇄와 정지를 갈음하는 과징금 부과로 한정된다. 「행정기본법」에서 사용하는 '제재처분'이란 "법령 등에 따른 의무를 위반하거나 이행하지 아니하였음을 이유로 당사자에게 의무를 부과하거나 권익을 제한하는 처분"을 말하고, 같은 법 제30조 제1항 각 호에 따른 행정상 강제는 제외된다. 한편, "인허가의 정지·취소·철회"에서의 인허가는 제16조에서 인가·허가·지정·승인·영업등록·신고 수리 등이라고 정의하고 있다. 여기에서 "신고 수리"라고 규정하고 있으므로, 수리를 요하지 않는 신고영업에 대한 제재처분의 경우 제재처분의 제척기간이 적용되지 않는 것 아니냐는 의문이 제기되기도 한다.[80] 만일 그렇게 해석된다면 규제의 강도가 더 높은 인허가의 정지·취소·철회에는 제척기간이 적용되지만, 수리를 요하지 않는 신고영업에 대한 제재처분은 제척기간이 적용되지 않아 균형이 맞지 않게 된다. 따라서 "인가·허가·지정·승인·영업 등록·신고 수리 등"은 인허가의 예시라고 해석하여야 할 것이므로, 수리를 요하지 않는 신고영업에 대한 제재처분에도 이 조항이 그대로 적용된다고 생각된다.

또한, 제척기간의 기산점과 그 기간은 "법령 등의 위반행위가 종료된 날부터 5년"으로 정하고 있다. 「행정기본법」 제정과정에서 제척기간의 기산점을 독일처럼 '행정청이 제재처분을 할 수 있는 날'로 하자는 의견도 있었는데, 행정청의 처분 가능일은 해석상 논란의 여지가 있고, 상대방의 권리보호에 미흡한 측면이 있다는 점 등을 고려하여 '위반행위 종료일'을 기준으로 채택하였다. 참고로 대법원도 제척기간이라고 해석되는 구 「독점규제 및 공정거래에 관한 법률」 제49조 제4항에서 정한 처분시효는 원칙적으로 위반행위가 종료되어야 비로소 진행하기 시작한다고 판시하고 있다.[81]

그리고, 당사자의 보호가치 없는 신뢰에 대한 제척기간의 적용을 배제하기 위하여 적용이 제외되는 사유를 거짓이나 그 밖의 부정한 방법으로 인허가를 받거나 신고를 한 경우와 제재처분을 하지 않으면 국민의 안전·생명 또는 환경을 심각하게 해치거나 해칠 우려가 있는 경우 등으로 구체적으로 명시하여 부작용을 최소화하고 있다.

한편, 판결 등에 따라 제재처분이 취소된 경우 확정일부터 1년(재처분을 위한 과징금 재산정에 상당한 시일이 소요될 수 있는 합의제행정기관은 2년)이 지나기 전까지는 제재처분을 취소한 판결의 취지를 고려하여 위법하지 않은 내용의 새로운 제재처분을 할 수 있도록 근거규정을 두고 있다. 이는 제재처분에 대한 쟁송절차가 진행되는 중에 제척기간이 도과한 경우 판결 등의 기속력으로 인한 행정청의 재처분의무가 제척기간의 도과에 따른 처분의무의 소멸로 제한되는 것을 방지하기 위한 것이다.

또한, 제척기간을 달리 정한 개별 법률과의 적용상 우선순위가 해석상 문제될 수 있으므로, 「행정기본법」과 다른 기간을 정한 특별규정이 있으면 그 법률에 따르도록 하고 있다.

---

80) 이재훈, "「행정기본법」(안)상 신고제에 대한 연구", 공법학연구 제21권 제4호, 한국비교공법학회, 2020, 239면 참조.

81) 대법원 2021. 1. 14. 선고 2019두59639 판결. 따라서, 사업자 등이 「표시·광고의 공정화에 관한 법률」 제3조 제1항을 위반하여 상품의 용기 등에 부당한 표시를 하였다면, 위와 같은 표시와 함께 해당 상품을 유통할 수 있는 상태가 계속되는 이상 해당 상품을 수거하는 등 그 위반행위를 시정하기 위하여 필요한 조치가 완료될 때까지 부당한 표시행위로 인한 위법상태가 계속되고, 그러한 '위법상태가 종료된 때'를 '위반행위 종료일'로 보아야 하며, 사업자 등이나 그 대리인이 일정 시점에 이르러 더 이상 해당 상품을 직접 생산하거나 유통하지 않는다는 사정만으로 달리 볼 수 없다(대법원 2022. 3. 17. 선고 2019두35978 판결; 대법원 2022. 3. 17. 선고 2019두58407 판결).

나. 실권의 법리

실권의 법리는 공법상 권리를 장기간 행사하지 않았고 그 부작위에 대하여 신뢰보호의 요건을 갖추고 있다면 행정기관은 그것을 행사할 수 없다는 것으로서, 신뢰보호의 원칙에서 파생된 법리이다. 그러나, 대법원은 "실권의 법리는 본래 권리행사의 기회가 있음에도 불구하고 권리자가 장기간에 걸쳐 그의 권리를 행사하지 아니하였기 때문에 의무자인 상대방은 이미 그의 권리를 행사하지 아니할 것으로 믿을 만한 정당한 사유가 있게 되거나 행사하지 아니할 것으로 추인케 할 경우에 새삼스럽게 그 권리를 행사하는 것이 신의성실의 원칙에 반하는 결과가 되므로 그 권리행사를 허용하지 않는 것을 의미한다."라고 판시하였다.[82] 즉, 실권의 법리를 신의성실의 원칙에 근거한 것이라고 보는 듯하다. 그런데,「행정기본법」제12조 제2항에서는 신뢰보호의 원칙 중 묵시적 견해표명으로 인한 신뢰보호로서 '실권의 법리'를 법제화한 것이다.

한편, 실권의 법리에 관한「행정기본법」제12조 제2항과 제재처분의 제척기간에 관한 제23조 제1항의 관계에 대하여 의문이 생길 수 있는데, 후자는 제재적 처분 중 인허가의 정지취소철회, 등록 말소, 영업소 폐쇄와 정지를 갈음하는 과징금 부과에 한정하여 우선 적용되고, 그 밖의 불이익처분에 대해서는 전자가 적용되는 관계에 있다.

Ⅲ. 사회보장급여청구권의 소멸시효

1. 의의

공법상 권리라도 국가배상청구권이나 조세환급청구권 등과 같이 재산권적 성격을 가지는 권리는 소멸시효의 대상이 된다. 소멸시효제도는 권리자가 권리행사를 할 수 있음에도 불구하고 일정기간 그 권리를 행사하지 않는 상태가 지속되는 경우 그 권리를 소멸시키는 제도이다. 시효로 소멸하기 위해서는 권리의 대상이 소멸시효의 대상이 되어야 하며, 일정기간 권리를 행사하지 않을 것, 나아가 권리 불행사에 법률상 장애사유가 없을 것이 요구된다.

소멸시효의 적용을 받는 사회보장급여청구권의 경우 사법상 채권과 마찬가지로 소멸시효가 완성되면 당사자의 주장이 없더라도 청구권은 당연히 소멸한다. 그렇지만, 소

---

82) 대법원 1988. 4. 27. 선고 87누915 판결.

송에서 이를 인정받으려면 변론주의의 원칙상 소멸시효 완성의 이익을 받는 자가 소멸시효의 이익을 받겠다는 뜻을 항변하여야 한다.[83] 다만 대법원은 행정소송에서 시효중단의 사유가 기록상 현출되어 있다면 피고의 시효중단에 관한 명시적인 항변이 없더라도 「행정소송법」 제26조에 따라 직권으로 심리판단할 사항이라고 판시하였다.[84]

2. 시효기간

가. 국가 · 지방자치단체의 금전채권 · 채무

개별 법령에 따른 사회보장급여청구권 중에서도 일신전속적이지 않고 금전 또는 현물에 대한 급부적 성격을 가지는 것은 소멸시효의 대상이 된다고 보아야 한다. 「국가재정법」 및 「지방재정법」에서는 국가나 지방자치단체를 당사자로 하는 금전의 급부를 목적으로 하는 권리 또는 의무는 다른 법률에 규정이 없는 한 5년간 행사하지 않으면 시효로 소멸하는 것으로 규정하고 있다(「국가재정법」 제96조 및 「지방재정법」 제82조). 여기에서 금전채권은 공법상의 금전채권뿐만 아니라 사법상 행위로 인하여 발생한 것도 포함된다.[85]

한편, '다른 법률에 규정이 없는 것'이라는 의미는 다른 법률에서 「국가재정법」 제96조, 「지방재정법」 제82조에서 규정한 5년의 소멸시효기간보다 짧은 기간의 소멸시효를 규정한 경우를 가리키는 것이고, 이보다 긴 10년의 소멸시효를 규정한 「민법」 제766조 제2항과 같은 것은 여기에서 말하는 '다른 법률의 규정'에 해당하지 않는다.[86]

나. 공법인의 금전채권 · 채무

공법인의 공법상 법률관계에서 발생하는 금전채권의 소멸시효기간에 관하여 관련 법률에서 시효기간을 정하고 있는 경우가 많고 이러한 경우에는 그에 따르면 아무런 문제가 되지 않는다. 예를 들어, 「국민건강보험법」 제91조에서는 보험료 등 외에도 보험급여를 받을 권리 역시 소멸시효의 대상이 된다. 「산업재해보상보험법」 제112조에서도 보험급여를 소멸시효 대상으로 규정하고 있다.[87]

---

83) 대법원 1969. 8. 30. 선고 68다1089 판결.
84) 대법원 1987. 1. 20. 선고 86누346 판결.
85) 대법원 1974. 7. 26. 선고 74다703 판결.
86) 대법원 2001. 4. 24. 선고 2000다57856 판결.

그런데, 명문의 규정을 두지 않은 경우에는 「국가재정법」에 따라야 할 것인지, 「민법」을 유추하여야 할 것인지 해석상 문제가 발생한다. 공법상 법률관계의 조속한 안정 등을 위하여 시효기간을 짧게 정할 필요는 있으나, 시효기간을 정하는 것은 입법정책의 문제이므로 명시적인 규정이 없는 이상 함부로 국가재정법 등을 유추할 수는 없다. 따라서 「민법」의 일반조항을 적용하여야 한다.

판례도 구 「의료보험법」 제45조가 정한 국민건강보험공단의 보험자에 대한 부당이득금 징수권의 소멸시효기간은 「민법」 제162조 제1항에 따라 10년이라고 보아야 하고, 구 「의료보험법」 제67조 제1항을 적용하여 2년이라거나 구 「예산회계법」 제96조 제1항을 적용하여 5년이라고 할 수 없다고 판시하였다(금전채권의 경우).[88] 한편, 태백시 소재 탄광에서 업무상 재해를 입고 그 부상후유증으로 사망한 사람의 유족이 석탄산업합리화사업단에게 갖는 석탄산업법 소정의 재해위로금 청구권의 소멸시효기간도 「민법」 제162조 제1항에 따라 10년이라고 판시하였다(금전채무의 경우).[89]

3. 소멸시효의 진행과 중단

사회보장수급권자라도 그 지급요건에 해당하는 것만으로 바로 구체적인 급여청구권이 발생하지 않는다는 것은 앞에서 살펴보았다. 즉, 수급권자의 급여청구에 따라 행정청이 급여결정을 함으로써 비로소 구체적인 급여청구권이 발생하고 이때부터 소멸시효가 진행한다. 구체적인 급여청구권은 그 권리를 행사할 수 있는 때인 급여청구권의 여부와 내용이 구체적으로 확정된 날부터 진행된다. 또한, 매월 정기적으로 발생하는 급여청구권은 다달이 해당 급여청구권이 발생한 때로부터 소멸시효가 각각 진행한다.

시효의 중단·정지 그밖의 사항에 관해서도 원칙적으로 민법의 규정이 준용된다.[90] 「민법」 제168조에는 소멸시효의 중단사유로서 ① 청구, ② 압류 또는 가압류, 가처분, ③ 승인을 규정하고 있다. 한편, 「국가재정법」 제96조 제4항에 의하여 법령의 규정에 따라 국가가 행하는 납입고지도 시효중단의 효력이 있고, 「국세기본법」 등에 따라 조세

---

87) 사회보장급여청구권의 소멸시효에 대한 연구는 많지 않다. 다만, 「산업재해보상보험법」상 보험급여 청구권과 관련해서는 황운희, "산재보험급여의 소멸시효 기산일", 노동법논총 제27집, 한국비교노동법학회, 2013, 379-710면 참조.

88) 대법원 2006. 11. 9. 선고 2004두7467 판결.

89) 대법원 2003. 3. 14. 선고 2002두4426 판결.

90) 「국가재정법」 제96조 제3항, 「지방재정법」 제83조 등 참조.

채권의 공통되는 소멸시효의 중단사유로는 납세고지, 독촉 또는 납부최고, 교부청구, 압류 등이 있다.[91]

한편, 소멸시효의 기간 및 시효중단과 관련하여 개별 사회보장법에 규정을 둔 경우 이에 따르게 된다. 예를 들면, 「산업재해보상보험법」에서는 보험급여의 청구에 대하여 명시적으로 시효중단의 사유로 규정하고 있다. 이와 관련하여, 「산업재해보상보험법」상 보험급여의 청구는 단순히 「민법」상 최고의 의사표시로 해석되지는 않으므로, 보험급여 청구를 하였다가 피고로부터 부지급결정을 받은 때로부터 90일 내에 부지급결정의 취소를 구하는 소를 제기하지 않았다고 하더라도 당초 보험급여청구에 기한 시효중단의 효력은 그대로 유지된다는 판례가 있다.[92]

소멸시효가 중단되면 그때까지 진행되었던 소멸시효기간은 진행하지 않았던 것과 마찬가지가 되고 중단사유가 종료한 때부터 소멸시효가 다시 진행된다(「민법」 제178조). 시효중단의 효력을 갖는 독촉은 최초의 독촉에 한정되는 것이지 그 이후에 이루어진 독촉은 민법상 최고의 효력만 있다.[93]

대법원 2018. 6. 15.선고 2017두49119 판결[「산업재해보상보험법」상 보험금]: 「산업재해보상보험법」이 규정한 보험급여 지급요건에 해당하여 보험급여를 받을 수 있는 사람이라고 하더라도 그 요건에 해당하는 것만으로 바로 구체적인 급여청구권이 발생하는 것이 아니라, 수급권자의 보험급여 청구에 따라 근로복지공단이 보험급여에 관한 결정을 함으로써 비로소 구체적인 급여청구권이 발생한다. 이러한 점에서 「산업재해보상보험법」 제36조 제2항 에 따른 보험급여청구는 행정청인 근로복지공단을 상대로 보험급여 지급결정을 구하는 공법상 의사표시로 볼 수 있어 민법상 최고와는 법적 성격이 다르다. 이와 같은 관련 규정의 문언 및 입법취지, 「산업재해보상보험법」상 보험급여청구의 성격 등을 종합하여 보면, 「산업재해보상보험법」 제113조는 제36조 제2항에 따른 보험급여청구를 민법상의 시효중단사유와는 별도의 고유한 시효중단사유로 규정한 것으로 볼 수 있다. 따라서 「산업재해보상보험법」 제112조 제2항이 "「산업재해보상보험법」에서 정한 소멸시효에 관하여 「산업재해보상보험법」에 규정된 것 외에는 민법에 따른다."라고 규정하고 있다는 이유로, 「산업재해보상보험법」에 따른 보험급여청구에 대하여 최고의 시효중단 효력에 관한 「민법」 제174조까지 적용 내지 준용되는 것으로 해석하여 수급권자의 보험급여를 받을 권리를 제한할 수는 없다.

---

91) 대법원 2019. 4. 25. 선고 2015두39897 판결.
92) 대법원 2018. 6. 15. 선고 2017두49119 판결.
93) 대법원 1999. 7. 13. 선고 97누119 판결. 따라서 최초의 독촉 이후의 독촉은 「민법」 제174조에 의하여 6월내에 재판상의 청구, 파산절차참가, 화해를 위한 소환, 임의출석, 압류 또는 가압류, 가처분을 하지 않으면 시효중단의 효력이 없게 된다.

대법원 2019. 12. 27.선고 2018두46780 판결[「군인연금법」상 월별 유족연금수급권의 소멸시효 기산점과 시효중단][94]: 군인의 사망으로 인한 유족연금수급권은 선순위 유족이 '군인이 사망한 날로부터 5년 내'에 유족연금을 청구하여 국방부장관의 지급결정을 받아 구체적인 유족연금수급권(기본권)이 발생한 경우, 그에 따라 다달이 발생하는 월별 수급권(지분권)이 소멸시효에 걸릴 수 있을 뿐, 구체적인 유족연금수급권은 독립적으로 법 제8조 제1항에서 정한 소멸시효의 적용대상이 되지 아니한다. 이는 선순위 유족에게 유족연금수급권의 상실사유가 발생하여 동순위 또는 차순위 유족에게 구체적인 유족연금수급권이 법 제29조 제2항 규정에 따라 이전되는 경우에도 마찬가지라고 보아야 한다. 〈중략〉 선순위 유족에게 구 「군인연금법」 제29조 제1항 각호에서 정한 사유가 발생하여 구체적 유족연금수급권을 상실함에 따라 동순위 또는 차순위 유족이 법 제29조 제2항 규정에 의하여 곧바로 구체적 유족연금수급권을 취득한 경우 그로부터 발생하는 월별 수급권은 매 연금지급일(매달 25일)부터 5년간 이를 행사하지 아니한 때에는 각 시효가 완성되어 소멸하게 되며, 국방부장관에게 구 「군인연금법」 시행령(2010. 11. 2. 대통령령 제22467호로 개정되기 전의 것) 제56조에 따라 유족연금수급권 이전 청구를 한 경우에는 이미 발생한 월별 수급권에 관하여 권리를 행사한다는 취지를 객관적으로 표명한 것이므로, 그 이전 청구 시부터 거꾸로 계산하여 5년 이내의 월별 수급권은 소멸시효의 진행이 중단되어 지급받을 수 있다.

대법원 1989. 11. 14. 선고 89누2318 판결[업무상 재해로 인한 질병이 계속되고 있는 경우 요양급여청구권의 시효소멸 여부]: 「산업재해보상보험법」상 보험급여를 받을 권리의 소멸시효기간의 기산점은 그 권리를 행사할 수 있는 때로서 요양급여청구권의 경우에는 요양에 필요한 비용이 구체적으로 확정된 날의 다음날, 즉 요양을 받은 날의 다음날부터 매일매일 진행한다고 할 것이므로 업무상 재해로 인한 질병이 계속되고 있는 경우에 있어서는 그 근로자가 요양급여의 신청을 한 때로부터 역산하여 3년이 넘는 부분에 대한 요양급여청구권은 이미 소멸시효가 완성되었더라도 3년 이내의 부분 및 장래 발생할 부분에 대한 요양급여청구권은 위 요양급여신청으로 인하여 시효의 진행이 중단된다.

대법원 1998. 2. 13.선고 97다47675 판결[「산업재해보상보험법」상 지정 의료기관이 가지는 진료비상환청구권의 소멸시효기간과 기산점]: 요양급여기관 지정행위의 실체적 전제가 되는 요양담당계약은 사법상의 계약으로서 그 계약에서 정하는 바에 따라 의료기관의 개설자가 국가 또는 그로부터 업무를 위탁받은 자에 대하여 진료비상환청구권을 취득하며, 이러한 진료비상환청구권(진료비채권)은 보험급여청구권 자체는 아니므로 구 「산업재해보상보험법」(1994. 12. 22. 법률 제4826호로 전문 개정되기 전의 것) 제30조 소정의 단기시효가 적용될 여지는 없지만, 「민법」 제163조 제2호가 의사의 치료비채권의 시효기간을 3년으로 규정하고 있고, 치료에 부수하여 행하여지는 개호, 이송 및 식사에 관한 비용은 치료행위를 위하여 필요불가결하거나 그와 일체를 이루는 비용이므로 시효기간을 정함에 있어서도 치료비채권과 일체로 취급함이 상당하며, 국가에 대한 금전채권이더라도 시효에 관하여 타 법률에 「예산회계법」 제96조 소정의 5년보다도 짧은 시효규정이 있는 것은 예산회계법의 법조를 적용할 것은 아닌 점에 비추어 볼 때, 그 전제가 「민법」 제163조 제2호 소정의 '의사의 치료에 관한 채권'으로서 그 시효기간은 3년이라고 보아야 한다. (중략) 「산업재해보상보험법」상 지정 의료기관이 피재근로자에 대하여 요양 등을 실시하더라도 그로 인한 진료비채무를 국가가 당연히 부담하는 것이 아니라 그에 관한 요양결정 내지는 추인이 이루어진 경우에 한하여 국가가 진료비채무를 부담하기로 하는 내용의 요양담당계약이 체결되어 있는 경우, 요양결정이 있은 후에 요양급여의 진료행위가 행하여졌다면 그 진료비상환청구권의 소멸시효는 원칙적으로 개개의 진료행위가 행하여진 때로부터 진행되나, 진료행위가 먼저 행하여지고 후에 그에 관한 요양결정 내지는 추인이 이루어졌다면 그 진료비상환청구권은 처음부터 요양결정 내지는 추인을 정지조건으로 하여 발생하였다고 할 것이므로, 그에 대한 시효기간은 각각의 요양결정 내지는 추인이 있은 다음날부터 진행한다.

Ⅳ. 사회보장행정에서 사인의 공법행위

1. 사인의 공법행위의 의의

가. 개념

행정법상의 행위는 그 주체에 따라 행정주체의 공법행위와 사인의 공법행위로 나눌 수 있다. 여기에서 사인의 공법행위란 공법관계에서 사인이 행하는 행위로서 공법적 효과를 발생시키는 일체의 행위를 말한다. '사인'의 공법행위라는 점에서 행정주체의 공권력 발동행위인 행정행위와 구별되므로, 행정행위에서 인정되는 특수한 효력인 공정력, 집행력 등이 인정되지 않는다.

나. 유형

사인의 공법행위에는 자기완결적 행위와 행위요건적 행위로 유형을 구분할 수 있다. 자기완결적 행위는 행정상 법률관계의 한쪽 당사자인 사인의 의사표시만으로 법률효과가 발생하는 사인의 공법행위를 말한다. 자기완결적 행위에 속하는 대표적 행위인 신고는 상대방에게 도달함으로써 법률효과가 발생한다는 점에서 행정기관의 허가·특허 등에 대한 신청행위와 구별된다. 「행정절차법」 제40조는 전형적인 자기완결적 행위로서의 신고에 관하여 규정하고 있다.

한편, 행위요건적 행위는 허가에 대한 신청 또는 동의 등과 같이 사인의 공법행위가

---

94) 군인이 사망한 후 유족연금을 지급받아 오던 군인의 배우자(원고의 며느리)가 재혼하고 군인의 아들(원고의 손자)은 18세가 됨으로써 유족연금수급권을 상실하게 되자 그로부터 5년이 지난 후 차순위 유족인 군인의 아버지(원고)와 어머니가 유족연금수급권 이전 청구를 하였으나 소멸시효 완성을 이유로 거부된 사안에서, 구체적 유족연금수급권과 월별 수급권을 구분하지 않은 채 차순위 유족의 유족연금수급권 전부가 시효로 소멸하였다고 판단한 원심을 파기한 사례.

행정주체의 행위요건이 되어 법률효과를 발생시키는 행위를 말한다. 이 경우 사인의 공법행위가 행해지면 행정기관은 원칙적으로 그것을 수리하고 적절하고 신속히 처리할 의무를 진다. 그러나 법률효과의 발생은 사인의 의사표시에서 말미암은 것이 아니라 어디까지나 행정기관의 행위에 의하여 효력이 발생하게 된다.

다. 행위의 유형에 따른 효과의 차이

사인의 공법행위의 유형에 따라 법률효과가 어떻게 달라지게 되는지에 관하여, 건축신고와 건축허가의 신청을 예로 들어 설명하면 다음과 같다. 건축신고는 자기완결적 행위로서 신고만으로 건축할 권리가 생긴다는 법률효과를 발생시킨다. 반면에 건축허가의 신청은 행위요건적 행위로서 그 자체로 건축을 할 권리의 발생이라는 법률효과가 생기는 것이 아니라 건축할 권리를 발생시키는 건축허가라는 행정행위의 요건이 될 뿐이라는 점에서 차이가 있다.

한편, 건축허가의 신청을 한 바 없음에도 불구하고 건축허가가 발급되었다면 그 건축허가는 허가신청의 존재라는 절차적 요건이 결여된 위법한 행정행위이지만 건축허가라는 행정행위 그 자체는 성립한 것이 된다. 이에 비하여 계약직 공무원의 채용계약(공법상 계약)에서 청약이나 승낙이 결여되었다면 그 채용계약은 아예 성립하지 않는다. 이러한 점에서 같은 사인의 공법행위이지만, 행위요건적 행위로서 신청과 공법상 계약에서 청약이나 승낙은 완전히 다르다는 것에 유의할 필요가 있다.

2. 사회보장급여의 신청

가. 신청주의

사회보장행정법관계에서 사인의 공법행위는 주로 사회보장급여에 대한 신청을 중심으로 논의된다. 신청이란 사인이 행정청에 대하여 일정한 조치를 하여 줄 것을 요구하는 의사표시를 말한다. 따라서 사회보장급여에 대한 신청은 행정청을 상대로 사회보장급여의 지급을 요구하는 공법상 의사표시에 해당한다.[95]

「사회보장기본법」 제11조 제1항 본문에서는 "사회보장급여를 받으려는 사람은 관계 법령에서 정하는 바에 따라 국가나 지방자치단체에 신청하여야 한다."라고 규정하고 있

---

95) 대법원 2018. 6. 15. 선고 2017두49119 판결.

으므로, 행정청이 직권으로 사회보장급여를 제공하는 결정을 하는 것이 아니라 수급권자의 신청에 대하여 행정청이 응답하는 구조로 되어 있다. 이렇게 사회보장행정법에서는 사회보장급여에 대한 신청주의를 채택하고 있기 때문에, 수급권자가 급여를 제공받기 위해서는 관련 법령에 따른 신청이 먼저 이루어져야 한다.

사회보장급여의 신청 외에도 예를 들어 장기요양기관의 지정신청 역시 장기요양기관의 지위를 얻기 위한 일종의 사인의 공법행위에 해당한다. 또한, 요양기관의 공단에 대한 요양급여비용청구권은 요양기관의 청구에 따라 공단이 지급결정을 함으로써 구체적인 권리가 발생하는 것이므로,[96] 요양기관이나 장기요양기관이 공단에 대하여 급여비용을 청구하는 것은 공단과의 관계에서 사인의 공법행위로서 신청에 해당한다.

그러나, 「사회보장기본법」이 신청주의를 채택한 이유는 사회보장행정주체가 수급권자의 자격이나 요건충족 여부를 용이하게 파악하기 위한 것일 뿐이다. 따라서, 사회보장급여에 관하여 우리 법제가 직권주의를 취하느냐 신청주의를 취하느냐는 사회보장수급권이 법적 권리인지 여부의 기준이 될 수 없음을 주의하여야 한다. 법적인 권리인지 여부는 법률에서 명시적으로 권리로서 보장되고 있는지 또는 해석상 공권성립의 일반요건을 충족하고 있는지에 따라 결정되는 것이므로, 법률상 이익으로 인정되는 이상 직권주의를 취하였다고 하더라도 권리성에 영향이 없다.

사회보장급여에 대한 신청주의의 문제점은 의사결정능력이 없거나 사회보장급여에 대한 정보가 부족한 사람들이 신청을 하지 못하여 급여를 받지 못하는 경우가 발생한다는 것에 있다.[97] 따라서, 사회보장수급권 실현을 위해서는 사회보장급여신청권이 실질적으로 보장될 필요가 있다. 이에 대하여, 「사회보장기본법」 제11조 제1항 단서에서는 "관계 법령에서 따로 정하는 경우에는 국가나 지방자치단체가 신청을 대신할 수 있다." 라고 규정하고, 제2항에서는 "사회보장급여를 신청하는 사람이 다른 기관에 신청한 경우에는 그 기관은 지체 없이 이를 정당한 권한이 있는 기관에 이송하여야 한다. 이 경우 정당한 권한이 있는 기관에 이송된 날을 사회보장급여의 신청일로 본다."라고 규정하고 있다.

---

96) 대법원 2020. 9. 3. 선고 2015다230730 판결.

97) 그 밖에도 신청주의의 문제점으로 처분시를 급부의 시기로 하는 급부의 경우에는 요보양사고의 발생시와 급부의 시기 사이에 시간적인 틈이 생길 우려가 있다는 점을 지적할 수 있다.

나. 신청권자

수급권자에게는 사회보장급여신청권이 인정된다. '사회보장급여신청권'이란 사회보장행정주체에 대하여 일정한 급여를 신청할 수 있는 권리를 말한다. 사회보장급여를 국가의 시혜 내지 특권으로 여기던 과거와는 달리 오늘날 사회보장수급권이 법적 권리로 인정됨에 따라 이를 실현하기 위한 권리로서 신청권이 인정된다.

한편, 우리 사회보장행정법제는 사회보장급여신청권자의 범위를 확대하고 있다. 예컨대, 사회보장급여법 제2조 제1호에서는 사회보장을 위하여 관계 법령 등에 따라 국가나 지방자치단체가 제공하는 현금, 현물, 서비스 및 그 이용권을 "사회보장급여"로 정의하고, 제5조에서는 지원대상자와 그 친족, 후견인, 청소년상담사·청소년지도사, 사실상 보호자 등을 사회보장급여신청권자라 하여 지원대상자의 주소지 관할 보장기관에 사회보장급여를 신청할 수 있도록 규정하고 있다. 나아가 최근 주소지와 실제 거주지가 달라 실제 신청이 이루어지지 않는 경우를 방지하기 위하여 지원대상자의 주소지와 실제 거주지가 다른 경우에는 실제 거주지 관할 보장기관에도 신청할 수 있고, 중앙행정기관의 장이 필요하다고 결정한 사회보장급여의 경우에는 지원대상자의 주소지 관할이 아닌 보장기관에도 신청할 수 있도록 개정하였다.

다. 관련 판결례

사회보장급여신청권 특히 사회서비스 신청권에 관하여, 대법원에서 본격적으로 다루어진 적은 없지만, 서울행정법원에서 경기도 김포시 소재 시설에서 생활하다가 나온 장애인이 서울특별시 양천구청장에게 주거지원서비스를 요구하면서 사회서비스 변경신청을 했다가 거절당하자 서울행정법원에 거부처분 취소의 소를 제기한 사건에 관한 판결이 주목을 끈다.

위 사건에서 서울행정법원은 구 「사회복지사업법」 제33조의2에서는 '사회복지서비스를 필요로 하는 자'라는 요건 외에 사회복지서비스의 제공을 신청할 수 있는 별도의 요건을 규정하고 있지 않으므로, 원고에게는 위 법률조항에 의하여 사회복지서비스를 제공받을 신청권이 있고 그에 대한 거절을 단순한 관념의 통지가 아니라 항고소송의 대상이 되는 처분에 해당한다고 판시하여, 사법심사의 대상으로 삼았다.

서울행정법원 2011. 1. 28. 선고 2010구합28434 판결(확정): 이 사건 신청은 「사회복지사업법」 제33조의2에 따른 것인데, 위 법률조항은 '사회복지서비스를 필요로 하는 자'라는 요건 외에 사회복지서비스의 제공을 신청할 수 있는 별도의 요건을 규정하고 있지 아니하므로, 원고에게는 위 법률조항에 의하여 사회복지서비스제공신청권이 있다. 나아가 이 사건 회신은 원고의 주거지원 등 사회복지서비스신청에 대하여 서비스 제공이 불가능하다는 답변이므로, 단순한 안내에 불과한 것이 아니라 이 사건 신청에 대한 거부처분으로 봄이 상당하다. 또한, 원고는 사회복지서비스의 필요를 느껴 「사회복지사업법」 제33조의2에 따라 이 사건 신청을 하였고, 이 사건 신청에 대하여 피고가 같은 법 제33조의4에 따른 보호의 결정을 할 경우 원고는 위 법률에 따라 여러 가지 사회복지서비스를 제공받게 되므로 원고에게는 이 사건 회신의 취소를 구할 법률상 이익이 있다.

3. 기관 · 시설의 설치 · 폐지 · 변경 등 신고

신고란 사인이 일정한 공법적 효과 발생을 목적으로 행정주체에 대하여 일정한 사실을 알리는 행위를 말한다. 신고는 허가제보다는 완화된 규제수단에 해당하는 것으로, 국민의 자유 영역을 확대하여 주되 행정청이 행정상 정보를 파악하여 관리할 필요가 있으므로 국민에게 일정한 사항을 하기 전에 행정청에 사전에 이를 알리도록 하는 것이다.[98] 신고는 크게 수리를 요하지 않는 신고와 수리를 요하는 신고로 구분된다.

수리를 요하지 않는 신고에 관하여, 「행정절차법」 제40조 제2항에서는 법령 등에서 행정청에 대하여 일정한 사항을 통지함으로써 의무가 끝나는 신고를 규정하고 있는 경우 그 신고가 ① 신고서의 기재사항에 하자가 없을 것, ② 필요한 구비서류가 첨부되어 있을 것, ③ 기타 법령 등에 규정된 형식상의 요건에 적합할 것을 갖춘 경우에는 신고서가 접수기관에 도달된 때에 신고의 의무가 이행된 것으로 본다고 규정하고 있다. 따라서, 법령에서 정한 제반 서류와 요건을 갖추어 신고를 하기만 하면 의욕한 대로 법률효과가 발생하고, 행정청으로서도 형식적 하자가 없으면 이를 수리하여야 하며, 법령에서 요구하지도 않는 실체적인 사유를 들어 수리를 거부할 수 없다.[99] 따라서, 이때의

---

98) 하명호, 「행정법」, 96면.

99) 판례에 의하면, 이미 다른 사람 명의로 숙박업 신고가 되어 있는 시설 등의 전부 또는 일부에서 새로 숙박업을 하고자 하는 사람이 그 시설 등의 소유권 등 정당한 사용권한을 취득하여 법령에서 정한 요건을 갖추어 신고한 경우 행정청이 단지 해당 시설 등에 관한 기존의 숙박업 신고가 외관상 남아있다는 이유만으로 수리를 거부할 수 없고(대법원 2017. 5. 30. 선고 2017두34087 판결), 가설건축물의 존치기간 연장신고에 대하여 법령에서 요구하고 있지도 않은 '대지사용승낙서' 등의 서류가 제출되지 않았다거나 대지소유권자의 사용승낙이 없다는 등의 사유를 들어 수리를 거부할

수리는 일정한 사항을 행정청에 알렸다는 통지행위를 사실상 확인한다는 의미를 가질 뿐이다. 그리하여, 설령 행정청이 실체적 사유에 기하여 그 신고 수리를 거부하더라도 그러한 거부행위가 신고인의 법률상 지위에 직접적인 법률적 변동을 일으키지 않으므로 항고소송의 대상이 되는 처분이 아니어서 불수리처분, 반려처분 또는 거부처분의 취소소송으로 다툴 수 없다는 것이 통설과 판례이었다. 그러나, 수리를 요하지 않는 신고의 수리에 관하여 처분성을 부인한다면, 당사자는 수리를 거부당하였다고 하더라도 그 상태만으로는 소송을 통하여 행정구제를 받을 수 없게 되어, 당사자의 법적 지위가 매우 불안정하게 된다. 최근 대법원은 이러한 불합리를 제거하기 위하여 불수리를 처분으로 보고 항고소송의 대상이 된다고 판시하였다.[100]

수리를 요하는 신고의 경우에는 수리가 새로운 법적 효과를 발생시키는 직접적인 원인이 되므로, 법적절차로서의 신고 수리이고 처분성이 인정되어 항고소송의 대상이 된다.

그런데, 수리를 요하는 신고인지 여부가 현행법령상 명확하게 규정하지 않은 경우가 매우 많아서 해석상의 혼란이 야기되었고, 판례도 이에 관한 명확한 기준을 제시하지 못하고 있다. 이에 따라 「행정기본법」 제34조에서는 법률에 신고의 수리가 필요하다고 명시되어 있는 경우 그 신고의 효력에 관한 사항을 밝힘으로써, 수리가 필요한 신고의 효력에 대한 혼란을 해소하고 신고제도가 투명하고 예측가능하도록 하고 있다.

「행정기본법」 제34조에 따르면, 법률에 수리가 필요하다고 명시되어 있는 경우의 신고는 행정청이 수리하여야 효력이 발생한다. 여기에서 법적으로 신고할 의무가 없는 신고는 이 조의 적용대상이 아니라는 점을 명확히 하기 위하여, 위 조항의 적용대상은 "법령 등으로 정하는 바에 따라 행정청에 일정한 사항을 통지하여야 하는 신고"로 한정하여 규정되어 있다. 또한, 법령에 신고의 수리에 관한 표현이 들어있더라도 사실상 행정 내부 업무처리절차에 해당하는 경우에는 자기완결적 신고로 보도록 하기 위하여 괄호에 "행정기관의 내부 업무처리절차로서 수리를 규정한 경우는 제외된다."라는 뜻을 명기하고 있다.

개별 사회보장행정법에서는 개별법상 급여를 직접 제공하는 민간기관이나 시설의

수 없다(대법원 2018. 1. 25. 선고 2015두35116 판결). 또한, 「국토계획법」상 개발행위허가 기준에 부합하지 않는다는 점을 이유로 가설건축물 축조신고의 수리를 거부할 수도 없다(대법원 2019. 1. 10. 선고 2017두75606 판결).
100) 대법원 2010. 11. 18. 선고 2008두167 전원합의체 판결(건축신고의 경우).

설치·폐지 및 휴업 또는 신고사항 변경 등에 대하여 신고제를 채택한 경우가 있다. 이러한 신고의 법적 성질에 대해서는 개별법에 따라 각각 판단하여야 할 것이나, 개별 법령에서 행정청이 신고를 접수한 이후 그 요건에 부합여부를 심사하여 요건에 적합하면 수리하도록 규정하고 있다면 '수리를 요하는 신고'로 해석된다. 특히 시설 이용자가 취약계층에 해당하는 경우 해당 시설로부터 사회복지서비스를 제공받던 수급자들의 권익을 보호하기 위하여 개별 법령에서는 이들에 대한 보호조치를 취하였는지 등을 확인하도록 함으로써 신고의 효력이 발생하기 위한 요건이 보다 까다롭다고 할 수 있다. 대표적인 예로 「노인복지법」 제40조에 따른 신고의 수리 및 보호조치 확인 등을 들 수 있다.101)

제5절 사회보장행정에서 부당이득

Ⅰ. 공법상 부당이득

1. 의의

부당이득이란 법률상 원인없이 부당하게 타인의 재산이나 노무에 의하여 얻는 재산적 이익을 말하는데, 이러한 부당이득으로 타인에게 손해를 준 경우 그 이익을 반환할 의무를 부담한다(「민법」 제741조). 부당이득은 불법행위에 기한 손해배상청구권과는 달리 ① 일방이 피해를 입더라도 다른 일방에게 이득이 발생하지 않으면 그 반환을 구할 수 없고, ② 이득자의 고의·과실이나 위법성 등을 요하지 않으며, ③ 이득자의 선의·악의에 따라 반환 범위가 달라진다는 점에서 민법상 손해배상청구권과 그 성격을 달리한다.102)

---

101) 「노인복지법」 제40조 제6항에서는 "시장·군수·구청장은 제1항 또는 제3항에 따라 노인복지시설의 폐지 또는 휴지의 신고를 받은 경우 해당 시설의 장이 제5항에 따른 시설 이용자의 권익을 보호하기 위한 조치를 취하였는지 여부를 확인하는 등 보건복지부령으로 정하는 조치를 하고, 신고 내용이 이 법에 적합하면 신고를 수리하여야 한다."라고 규정하고 있다.

공법상 부당이득은 행정행위 등에 의하여 일정한 급부가 이루어졌으나 무효 또는 취소로 인하여 부당이득반환관계가 성립하는 것이 대부분이다. 그러나, 재화의 이전 방향을 기준으로 보면 ① 개인이 행정주체에 대하여 반환청구권을 가지는 경우(예: 과오납 공과금이나 무효인 공법상 계약에 따라 행정주체에 지급된 재화), ② 행정주체가 개인에 대하여 반환청구권을 가지는 경우(예: 사회보장급여의 부정수급), ③ 행정주체 상호간 관계에서 부당이득이 발생하는 경우로 유형화할 수 있다.

공법상 부당이득반환청구권의 법적 성격에 대해서는 공권설과 사권설이 대립하며, 판례는 기본적으로 사권설의 입장에서 민사소송으로 처리하고 있다. 최근 대법원이 전원합의체 판결로 잘못 납부된 국세환급금의 반환청구권의 성질을 부당이득반환적 성질에 기인하는 사권이 아니라 공법상 의무에서 도출되는 공권으로 보고 공법상 당사자소송으로 제기하여야 한다고 판시하기도 하였으나, 조세 과오납에 의한 반환청구의 경우에는 민사소송으로 본 기존의 판결을 변경하지는 않았다는 점에서 비판을 받고 있다.[103]

공법상 원인에 기한 이상 행정주체가 개인에게 가지는 부당이득반환청구권이건 개인이 행정주체에 대하여 가지는 부당이득반환청구권이건 공법상 원인에 기초한 이상 공권으로서 공법상 당사자소송에 의한다고 봄이 타당하다. 또한, 공법상 부당이득은 민법과는 달리 행정의 법률적합성의 원칙에 근거하고 있으며, 그 전제로서 급부의 합법성과 위법성이 확정되어야 한다. 또한, 행정주체의 개인에 대한 부당이득반환청구에서는 신뢰보호의 원칙이 적용된다. 그 밖에 부당이득에 관한 공법상 개별 규정들을 보면 민법상 부당이득에 관하여 민법 규정을 적용하거나 민사소송으로 처리하는 것은 잘못이라 생각된다.[104]

민법학에서 재화의 귀속이 다른 제도에 의하여 규율될 수 있으면 부당이득반환청구권은 인정되지 않는 것과 마찬가지로 공법상 부당이득에 대해서도 행정행위나 강제집행 등 행정법상 다른 수단이 법정되어 있는 경우에는 민사소송이나 당사자소송을 통하여 부당이득반환청구를 할 수 없다는 것이 학설과 판례이다.[105]

---

102) 선정원, 「의약법 연구」, 박영사, 2019, 269면.

103) 하명호, "공법상 부당이득의 법리", 인권과정의 제490호, 대한변호사협회, 2020, 194면.

104) 하명호, 「행정쟁송법」 제7판, 박영사, 2024, 477면.

105) 하명호, "공법상 부당이득의 법리", 183-184면.

2. 기본원리

부당이득의 법리는 법률상 원인없는 재화의 이전에 대한 교정이고, 공법에서의 법률상 원인은 법률적합성을 의미한다. 따라서, 공법상 부당이득의 결정적 표지는 법률적합성 여부로서 개개의 경우에 급부를 행하게 하는 법률 규정에 대하여 불확정개념이 올바로 해석되었는지 또는 재량권이 올바로 행사되었는지를 검토하여 급부의 합법성과 위법성을 확정하여야 한다.106)

공법상 부당이득에서 급부가 위법한 행정행위를 매개로 이루어진 경우에는 비록 하자가 있더라도 해당 행정행위가 취소되어야 하고 위법한 재화의 이전이 있었다고 하더라도 바로 반환청구권이 발생한다고 할 수는 없다.107) 판례도 같은 입장에서 부당이득반환청구권의 소멸시효 기산점은 부당이득반환청구권이 성립되어 행사할 수 있는 때이므로 과세처분이 무효인 경우에는 과오납이 있었던 때부터, 취소할 수 있는 위법한 과세처분에 의한 것이면 그 과세처분이 취소된 때부터 진행한다고 판시하였다.108)

행정주체의 개인에 대한 부당이득반환청구권은 「공공재정 부정청구 금지 및 부정이익 환수에 관한 법률」(공공재정환수법)에 따라 부정이익과 대통령령으로 정하는 이자를 환수하여야 하고, 이 경우 공공재정지급금 지급결정의 전부 또는 일부를 취소하여야 한다. 또한, 사회보장급여법에서도 부정수급에 대한 환수 규정을 두고 있다.

행정주체의 부당이득반환청구권이 위법한 행정행위에 의한 것으로 그 행정행위의 하자가 중대·명백하지 않는 경우라면 해당 행정행위가 먼저 취소되어야 하는데, 이 경우 부당이득의 반환은 수익적 행정행위의 취소와 밀접한 관련을 맺고 있다. 그런데, 수익적 행정행위는 이익형량에 따라 행정행위의 적법성의 요구보다 상대방의 신뢰보호의 요구가 더 크다면 그 취소가 제한될 수 있다고 해석된다. 나아가 취소가 이루어진 경우에도 이익형량에 따라 그 직권취소의 소급효가 제한될 수도 있다.109)

수익적 행정행위의 직권취소와 그에 따른 부당이득 환수처분은 밀접한 관련이 있지만 엄연히 별개의 처분이다. 환수처분은 직권취소에 기속되어 자의로 환수 여부를 결정하는 것은 허용되지 않지만, 경우에 따라서는 부당이득 환수처분이 발령되지 않을 수도

---

106) 하명호, "공법상 부당이득의 법리", 187면.
107) 정하중, "공법상 부당이득반환청구권의 독자성", 행정판례연구 제15권 제1호, 한국행정판례연구회, 2010, 17면.
108) 대법원 1987. 7. 7. 선고 87다카54 판결.
109) 하명호, "공법상 부당이득의 법리", 190-191면.

있다. 공법상 부당이득반환청구는 위법성을 시정하는 것이 아니라 보유의 정당성이라는 관점에서 신뢰보호의 원칙을 고려해야 하기 때문이다.[110]

반면에 조세 과오납에 대한 부당이득반환청구와 같이 개인이 행정주체에 대하여 부당이득반환청구권을 가지는 경우에는 신뢰보호의 원칙을 주장하거나 민법의 규정을 원용하여 급부의 위법성을 알지 못하였다고 주장하면서 반환의무가 없음을 주장할 수 없다. 그런데, 판례는 과세관청이 법령을 잘못 해석하여 이득을 취하였다고 하더라도 국가가 처음부터 법률상 원인없음을 알고 수익하였다고 볼 수 없으므로 행정행위가 취소된 시점부터 법정 이자를 가산해야 한다는 입장이다.[111] 그러나, 행정은 법률적합성의 원칙 하에 법질서가 허용하는 수단만으로 공법적 과제를 수행해야 하므로 마치 민법에서의 악의의 수익자와 같이 취급하여 엄격하게 반환 범위를 정하는 것이 바람직하다. 따라서, 행정주체가 이득을 얻었을 때로부터(=납부시점) 이자청구권이 발생하되 급부결정이 취소되었을 때부터 비로소 이자청구권을 행사할 수 있다고 보아야 한다.[112]

II. 사회보장행정법상 부당이득

사회보장행정법상 부당이득은 앞서 소개한 공법상 부당이득에 관한 법리가 일반적으로 적용되지만, 그 유형 등에서 사회보장행정 고유의 특성이 나타난다. 특히 사회보장행정에서는 사회보장급여의 부정수급 등에 기초하여 행정주체가 개인에게 가지는 부당이득반환청구권이 주로 문제가 된다.

사회보장행정 영역에서 부당이득의 반환 범위는 통상적인 급부행정 영역에서보다 수익자에게 관대할 것이다.[113] 왜냐하면, 사회보장행정 영역의 이익형량에서 수익자의 생존 또는 인간다운 생활 수준의 보장이라는 사익은 재정적 이익이라는 공익보다 더 크게 고려되는 경우가 많기 때문이다. 가령 공공재정환수법 제8조에 의하면, 부정청구 등이 있는 경우에는 부정이익과 소정의 이자를 환수하도록 규정되어 있다. 반면에 사회보장급여법 제22조에서는 급여의 전부 또는 일부의 반환을 명하여야 하되, 이를 이미 소비하였거나 수급자에게 부득이한 사유가 있는 경우에는 반환을 면제할 수 있도록 규정

---

110) 하명호, "공법상 부당이득의 법리", 193면.
111) 대법원 2000. 4. 11. 선고 99다4238 판결.
112) 하명호, "공법상 부당이득의 법리", 195면.
113) 하명호, "공법상 부당이득의 법리", 192면.

하고 있다. 위 두 법률에서 반환의 범위를 달리 규정한 것은 위와 같은 사고를 입법적으로 반영한 것이라고 생각된다.

한편, 사회보장행정 영역 내에서도 개별법에 따라 환수의 요건과 범위, 법률효과를 달리 규정하고 있다. 환수의 범위에 관하여 「아동복지법」 제61조, 「장애인복지법」 제51조, 「고용보험법」 제62조 등 대부분의 법령에서는 "전부 또는 일부"를 환수한다고 규정하고 있으나, 「산업재해보상보험법」 제84조에서와 같이 "해당하는 금액"을 징수하여야 한다고 규정하고 있는 경우도 있다. 사회보장급여가 환수요건에 해당하는 경우 그 효과에 대해서도 대부분의 법령에서는 "징수·환수한다." 또는 "반환하도록 명하여야 한다."라고 규정하고 있으나, 「고용보험법」 제62조에서는 "반환을 명할 수 있다."라는 형식으로 규정하고 있다.

대법원은 「사회복지사업법」 제42조 제3항 단서 제1호, 제2호의 사유가 있는 경우 '이미 지급한 보조금의 전부 또는 일부'의 반환을 명하여야 한다는 의미로 해석된다고 전제하고, 이 경우의 보조금 환수처분은 "이미 지급받은 보조금 전액을 환수대상으로 하되, 그 환수 범위는 보조사업의 목적과 내용, 보조금을 교부받으면서 부정한 방법을 취하게 된 동기 또는 보조금을 다른 용도로 사용하게 된 동기, 보조금의 전체 액수 중 부정한 방법으로 교부받거나 다른 용도로 사용한 보조금의 비율과 교부받은 보조금을 그 조건과 내용에 따라 사용한 비율 등을 종합하여 개별적으로 결정하여야 하는 재량행위의 성격을 지니고 있다."라고 판시하여, 보조금의 환수 여부는 기속적이지만 환수의 범위는 재량적이라고 해석하고 있다.[114]

또한, 사회보장행정에서는 국가나 지방자치단체 외에 행정주체로부터 해당 사회보장에 관한 사무를 위탁받은 주체가 개입되어 다면적 법률관계에서 부당이득의 문제가 발생하기도 한다. 사회보험급여나 사회서비스 영역에서 제3자에 의하여 급여가 이루어지거나 서비스가 제공되는 경우가 많기 때문이다. 예컨대, 「국민건강보험법」상 요양기관에 의하여 현물급여인 진료·수술 등의 의료서비스가 제공되는데, 요양기관에 의한 의료서비스 제공행위가 법률상 원인이 없거나 없어지게 되거나 급부제공자인 제3자가 부당하게 급여비용을 국가 등 행정주체에게 청구하는 등으로 행정주체와 제3자인 사인 사이에 부당이득에 따른 법률관계가 형성되기도 한다. 또한, 사회복지법인 등 민간기관이 부정하게 보조금을 지급받는 경우 그에 대한 부당이득 환수의 문제도 발생한다.

---

114) 대법원 2024. 6. 13. 선고 2023두54112 판결.

제3장
사회보장행정작용

제1절 개설

행정작용은 행정수요가 다양한 만큼이나 다양한 유형이 존재할 수 있다. 전통적으로 행정작용은 행위형식에 따라 행정입법, 행정행위, 행정계획, 확약, 공법상 계약, 행정지도 및 그 밖의 행정작용 등으로 분류되고 있다. 다양한 행정작용을 이론적으로 분류하는 이유는 행위형식에 따라 법적 요건과 효과가 다르고 그에 대한 쟁송수단을 달리한다는 점에 있다. 그런데, 오늘날 행정작용이 과거보다 훨씬 복잡·다양해져서 그 분류가 더욱 어려워지고 있다.[1]

사회보장행정 영역에서도 행정작용의 유형은 다양한 복지수요에 따라 다양하게 존재한다. 이를 내용적으로 분류하면 지원(급여)과 규제로 크게 분류할 수 있다. 지원(급여)작용에는 급여의 지급, 지원금의 대여, 교육 등 서비스 제공, 계약체결의 우선권 부여, 면세 등이 속하고, 상담이나 지도, 권고 등도 지원의 일환으로 이루어지고 있다. 규제작용의 경우에는 하명(시설의 폐쇄명령, 퇴소명령), 과태료, 과징금, 이행강제금 등의 부과가 있다. 한편, 사회보장행정작용을 대상자를 기준으로, 수급권자에 대한 행정작용과 그밖의 관계자에 대한 행정작용으로 나눌 수도 있다.

사회보장행정 영역에서 행위형식을 선택할 때에는 사회보장급여의 목적 달성을 위하여 어느 것이 가장 유효적절한 수단인지에 관한 고려가 필요하다. 이는 사법적 권리

---

1) 김남진·김연태, 「행정법 I」, 161면.

구제의 관점에서도 중요한 의미를 가질 수 있다. 어떠한 행위형식을 취했을 때 그것이 처분성을 가지고 있다면 쟁송방법으로 행정소송 중 항고소송으로 다투어야 할 것이고, 처분성이 부정된다면 당사자소송이나 민사소송으로 다루어진다.[2] 규제행정이 중심이 되는 전통적인 행정 영역에서 행정권한의 행사는 개인의 권리와 이익을 제한하는 것을 의미하므로, 행정권한의 행사를 최소화하는 것이 법치행정의 중요한 과제였다. 그러나, 사회보장행정에서는 권리의 제한을 예정하는 행위도 없는 것은 아니지만, 개인에 대한 급부의 제공이 행정활동의 중심이므로, 개인의 권리에 대응하는 행정권한의 발동 여부가 중요한 관심사가 된다. 이러한 사회보장행정의 특성으로 인하여 사회보장행정의 행위형식은 전통적인 행정 영역에서와는 다소 다른 차이가 있다.

사회보장 행정행위

Ⅰ. 의의

1. 행정행위의 개념

행정행위는 실정법적 개념이 아니라 강학상의 개념이고, 실정법적으로는 처분이라는 용어가 사용되고 있다. 행정행위에는 다른 행정작용에서는 볼 수 없는 구성요건적 효력·존속력·자력집행력 등의 특별한 효력이 인정된다. 또한, 모든 행정작용에 대하여 항고쟁송을 제기할 수 있는 것은 아니나, 강학상의 행정행위가 행정심판이나 항고소송의 대상이 된다는 것은 명백하다.

행정행위의 개념은 그 넓이에 따라 행정청이 행하는 일체의 행위(최광의), 행정청의 공법행위(광의), 행정청이 구체적 사실에 관한 법집행으로서 행하는 공법행위(협의)라고 정의할 수 있다. 그렇지만, 우리나라에서는 행정행위를 최협의의 개념으로 받아들여 '행

---

2) 김춘환, "사회보장행정에 관한 법적 문제점", 토지공법연구 제11호, 한국토지공법학회, 2001, 259면.

정청이 구체적 사실을 규율하기 위하여 대외적으로 공권력의 발동으로 행하는 일방적 공법행위'라고 정의하는 것이 일반적이다.

2. 처분과의 관계

「행정심판법」 제2조 제1호에서는 처분을 "행정청이 행하는 구체적 사실에 관한 법집행으로서의 공권력의 행사 또는 그 거부와 그 밖에 이에 준하는 행정작용"이라고 정의하고 있다(아울러 「행정기본법」 제2조 제4호, 「행정절차법」 제2조 제2호 참조). 「행정소송법」도 같은 처분개념을 받아들이는 한편 처분과 행정심판의 재결을 합쳐 '처분 등'이라 하고 있다(제2조 제1항 제1호).

위와 같은 행정쟁송법(「행정심판법」·「행정소송법」)상의 처분개념과 강학상의 행정행위개념이 같은 것인지 다른 것인지에 관하여, 학설은 양자를 같은 것으로 보면서 행정행위와 다른 행정작용과의 구별을 철저히 하려고 하는 일원설(실체법적 개념설)과 양자를 다른 것으로 보고 후자의 내포를 확대하려고 노력하는 이원설(쟁송법적 개념설)이 대립한다. 판례는 원칙적으로 실체법적 개념설에 입각하여 행정행위를 항고소송의 주된 대상으로 보면서도 예외적으로 행정행위가 아닌 공권력 행사도 항고소송의 대상이 될 수 있다는 입장에 있다.

연혁적으로 볼 때, 「행정심판법」 및 「행정소송법」상의 처분개념은 광범위한 권리보호를 위하여 도입된 것이다. "그 밖에 이에 준하는 행정작용"이라는 법률용어로는 다소 어울리지 않는 표현을 쓰면서 전형적인 행정행위 또는 처분에 해당하지는 않지만 개인의 법적 지위에 영향을 미치는 권력적 성질을 가지는 행정작용을 항고쟁송의 대상으로 삼아 효과적인 권리구제를 꾀하려고 한 것이다.

이러한 관점에서 보면, "행정청이 행하는 구체적 사실에 관한 법집행으로서의 공권력의 행사 또는 그 거부"라는 전단의 내용은 강학상의 행정행위를 의미하고, "그 밖에 이에 준하는 행정작용"은 법집행으로서 공권력의 행사라는 성질은 가지지만 전형적인 행정행위에는 해당하지 않는 행정작용을 말한다. 즉, "그 밖에 이에 준하는 행정작용"에 권력적 사실행위, 경고와 같은 집합개념으로서의 사실행위 중의 일부를 '처분'에 포함시켜 항고쟁송으로 다룰 수 있게 함으로써 국민의 권리구제 기회의 확대를 도모하고 있는 것이다.

3. 개념요소

가. 행정청

행정행위는 행위의 주체와 관련하여 '행정청'의 행위임을 전제로 한다. 행정청은 행정주체의 의사를 결정하고 표시할 수 있는 권한을 가진 행정기관을 말하고, 내부기관은 여기에 포함되지 않는다. 행정청은 행정관서의 장과 같은 독임제 기관(예: 행정안전부장관·지방자치단체장 등)인 경우가 많지만,3) 합의제 기관(예: 토지수용위원회·소청심사위원회·국가배상심의회·한국저작권위원회 등)인 경우도 있다.

여기에서 말하는 행정청은 조직법상의 개념이 아니므로, 실질적·기능적으로 그 의미를 파악하여야 한다. 특히 사회보장행정에서는 공공단체, 공무수탁사인도 행정청으로서 행정행위를 발하는 경우가 많이 있다.

예컨대, 국민건강보험은 「국민건강보험법」에 따라 보건복지부장관이 관장하는데(제2조), 국민건강보험공단이 그 사업의 보험자로서(제13조), 보건복지부장관의 권한을 위임받아 행정청의 지위에서 가입자 및 피부양자의 자격 관리, 보험료 등의 부과·징수, 보험급여의 관리, 보험급여비용의 지급과 같은 「국민건강보험법」상의 행정행위를 발령한다.

나. 구체적 사실

행정행위는 행정청이 행하는 '구체적 사실에 관한 법집행작용'이다. 이 점에서 행정청에 의한 입법작용과 그 결과로서의 명령(법규명령·행정규칙 등)은 행정행위가 아니다. 명령이 일반적·추상적 규율이라면, 행정행위는 개별적·구체적 규율이다. 여기에서 일반과 개별의 구별은 '규율대상'을 기준으로 한다. 수범자(행정행위의 규율대상)가 불특정 다수인 경우를 '일반적'이라 하고, 특정인 또는 특정할 수 있는 인적 범위인 경우를 '개별적'이라 한다.4) 추상과 구체의 구별은 '적용되는 사안(경우)'을 기준으로 한다. 불특정 다수의 사안에 반복적으로 적용되는 것을 '추상적'이라 하고, 시간적·공간적으로

---

3) 특별법에 의한 예외가 있을 수 있다(대통령 대신 소속장관, 국회의장 대신 국회사무총장, 대법원장 대신 법원행정처장, 헌법재판소장 대신 헌법재판소사무처장).

4) 일반적 또는 개별적 규율이냐는 수적으로 구분되는 것이 아니라, 수범자의 범위를 객관적으로 확정할 수 있느냐에 달려있다. 예컨대, 대규모 집회에 대한 해산명령일지라도 처분을 행할 당시 집회에 참가한 사람의 범위를 확정할 수 있기 때문에 개별적 규율에 해당하는 것이다.

특정한 사안에 적용되는 것을 '구체적'이라 한다. 결국 명령은 불특정 다수인을 장래에 향하여 되풀이하여 규율하는 것이고, 행정행위는 원칙적으로 특정인을 특정의 사안에서 규율하는 것이라 할 수 있다.

명령은 그것을 특정인에 대하여 구체화하는 행정작용을 매개로 현실적인 행정목적을 달성하는 경우가 대부분이다. 예컨대, 행정청이 "음식점영업허가를 받은 자가 두 번 영업정지를 받고 세 번째에 다시 영업정지사유를 범한 경우에는 허가를 철회하여야 한다."라는 규율을 정하여 놓았다면, 그 규율은 명령에 해당한다. 행정청이 위 규율에서 정한 요건에 해당하는 특정인에게 허가를 철회하는 조치를 취하였다면, 이것이 '구체적 사실에 관한 법집행으로서의 공권력의 행사'로서 행정행위가 되고, 그 특정인은 이에 대하여 항고쟁송으로 다툴 수 있게 되는 것이다.

판례에 의하면, 법령·조례가 구체적 집행행위의 개입 없이 그 자체로서 직접 국민에 대하여 구체적 효과를 발생하여 특정한 권리·의무를 형성하게 하는 경우(처분적 명령·조례) 항고소송의 대상이 된다. 명령의 형식을 취하고 있지만 실질적으로는 행정행위의 성질을 가지고 있는 경우 이를 항고쟁송의 대상으로 삼지 않는다면, 법제정자는 이를 피하기 위하여 행정행위를 법규명령 형식으로 제정할 위험이 있기 때문이다. 대법원이 조례의 행정행위성(처분성)을 인정한 대표적인 사례로서 두밀분교폐지조례사건이 있다.5) 그러나, 그 밖에 명령이나 조례를 행정행위로 취급하여 항고소송의 대상으로 삼은 사례는 거의 없다.

한편, 고시는 원래 정부가 특정한 정책의 내용을 공표하는 경우와 같이 단순한 사실행위인 통지행위의 일종에 불과하지만 그 내용에 따라서는 다양한 성질을 가질 수 있다. 그 내용이 일반적·추상적 성격을 가져 행정입법으로 볼 수 있는 것이 있는데, 그중에서도 법규적 성격을 가지는 것도 있고, 행정청 내부에만 효력을 갖는 행정규칙도 있을 수 있다. 또한, 개별적·구체적인 성격을 가지고 있어 행정행위로 볼 수 있는 것도 있는데, 대법원도 어떠한 고시가 일반적·추상적 성격을 가질 때에는 법규명령 또는 행정규칙에 해당할 것이지만, 다른 집행행위의 매개 없이 그 자체로서 직접 국민의 구체적인 권리·의무나 법률관계를 규율하는 성격을 가질 때에는 처분에 해당한다고 판시하였다.

---

5) 대법원 1996. 9. 20. 선고 95누8003 판결. 경기도립학교설치조례에서 도립학교의 명칭과 위치의 [별표 1]란 중 "상색초등학교 두밀분교장"란을 삭제한 것은 위 두밀분교의 취학아동과의 관계에서 영조물인 초등학교를 구체적으로 이용할 이익을 직접적으로 상실하게 하는 것이므로 처분성이 있다는 것이다.

대법원이 고시를 처분으로 본 대표적인 사례로서 약가고시사건이 있다.[6] 이 판결에서 문제가 된 고시의 조항은 특정 제약회사의 특정 약제에 대하여 '상한금액'을 특정 금액으로 인하(A 주식회사의 1번 약제에 대한 상한금액을 병당 23,027원에서 19,315원으로, 8번 약제에 대한 상한금액을 정당 102원에서 69원으로 인하)하는 내용을 담고 있었다. 위 고시는 형식적으로만 보면 일반적·추상적인 내용을 가지고 장래에 불특정 다수인도 적용대상으로 하는 입법행위의 성질을 가지고 있는 것으로 보이지만, 실질적으로는 상한금액이 지정되면 요양기관으로서는 비록 실거래가가 상한금액을 초과하더라도 상한금액을 초과하는 금액에 대해서는 국민건강보험공단으로부터 상환받지 못하게 되어, 결국 요양기관은 상한금액을 초과하는 금액으로 거래를 할 수 없게 되는 권리제한(계약자유의 제한)을 받게 되므로, 위 상한금액 인하행위로 인하여 바로 보험가입자, 요양기관과 공단 사이의 법률관계를 직접 규율하여 일반적·추상적 성격을 갖는 통상적인 고시와 달리 처분에 해당한다는 것이다. 또한, 대법원은 항정신병 치료제의 요양급여 인정기준에 관한 보건복지부 고시가 다른 집행행위의 매개 없이 그 자체로 제약회사, 요양기관, 환자 및 국민건강보험공단 사이의 법률관계를 직접 규율한다는 이유로 처분에 해당한다고 판시하였다.[7]

다. 법적 행위(규율)

행정행위는 법적 효과를 발생·변경·소멸시키는 행위(규율성)이다. 행정행위는 특정 사항에 대하여 법규에 의한 권리의 설정 또는 의무의 부담을 명하거나 그 밖에 법률상 효과를 발생하게 하는 등 국민의 권리·의무에 직접 영향을 미치는 것이어야 한다.

행정행위인지 여부는 외형적으로 볼 때 국민의 직접 권리·의무에 영향을 미치는 것인지 여부에 따라 결정되는 것이고, 그 근거법규가 갖추어져 있는지 여부는 해당 행정행위가 적법한 것인지 위법한 것인지와 관련이 있을 뿐이다. 따라서 어떠한 행정행위의 근거나 법률효과가 행정규칙에 규정되어 있다고 하더라도, 상대방의 권리·의무에 직접 영향을 미친다면 행정행위라 할 수 있는 것이다. 더 나아가 사법상 계약에 근거하거나 행정행위의 근거가 전혀 없다고 할지라도 국민의 권리·의무에 직접 영향을 미친다면 행정행위가 될 수 있다.

---

6) 대법원 2006. 9. 22. 선고 2005두2506 판결.
7) 대법원 2003. 10. 9.자 2003무23 결정.

직접적인 법적 효과를 발생시키지 않는 사실행위, 독자적인 의미는 없고 단지 최종적인 결정을 위한 준비행위 등은 규율성이 부인되어 행정행위라고 할 수 없다. 대법원도 행정권 내부에서의 행위나 알선, 권유, 사실상의 통지 등과 같이 상대방 또는 그 밖의 관계자들의 법률상 지위에 직접적인 법률적 변동을 일으키지 않는 행위 등은 행정행위가 아니라고 하였다.[8] 예컨대, 국민건강보험공단이 행한 '직장가입자 자격상실 및 자격변동 안내' 통보 및 '사업장 직권탈퇴에 따른 가입자 자격상실 안내' 통보는 행정행위가 아니다.

> **대법원 2019. 2. 14. 선고 2016두41729 판결:** 국민건강보험공단이 갑 등에게 '직장가입자 자격상실 및 자격변동 안내' 통보 및 '사업장 직권탈퇴에 따른 가입자 자격상실 안내' 통보를 한 사안에서, 국민건강보험 직장가입자 또는 지역가입자 자격 변동은 법령이 정하는 사유가 생기면 별도 처분 등의 개입 없이 사유가 발생한 날부터 변동의 효력이 당연히 발생하므로, 국민건강보험공단이 갑 등에 대하여 가입자 자격이 변동되었다는 취지의 '직장가입자 자격상실 및 자격변동 안내' 통보를 하였거나, 그로 인하여 사업장이 「국민건강보험법」상의 적용대상사업장에서 제외되었다는 취지의 '사업장 직권탈퇴에 따른 가입자 자격상실 안내' 통보를 하였더라도, 이는 갑 등의 가입자 자격의 변동 여부 및 시기를 확인하는 의미에서 한 사실상 통지행위에 불과할 뿐, 위 각 통보에 의하여 가입자 자격이 변동되는 효력이 발생한다고 볼 수 없고, 또한 위 각 통보로 갑 등에게 지역가입자로서의 건강보험료를 납부하여야 하는 의무가 발생함으로써 갑 등의 권리·의무에 직접적 변동을 초래하는 것도 아니라는 이유로, 위 각 통보의 처분성이 인정되지 않는다고 보아 그 취소를 구하는 갑 등의 소를 모두 각하한 원심판단이 정당하다고 한 사례.

라. 대외적

행정행위는 외부에 대하여 직접 법적 효과를 발생하는 행위이다. 따라서 행정조직 내부에서의 행위는 행정행위로서의 성질을 가지지 않으므로, 상급관청의 지시나 상관의 명령, 행정기관 내에서 법률의 수권 없이 그의 권한 범위 내에서 발하게 되는 행정규칙 등은 행정행위가 아니다.

예컨대, 국가보훈부 산하 보훈심사위원회는 국가보훈부장관이 국가유공자를 결정하거나 등록할 때 국가보훈부장관을 돕기 위하여 필요한 사항을 심의·의결하는 것에 불과하고 스스로 의사를 결정하고 이를 대외적으로 표시할 수 있는 기관이 아니라 할 것이므로, 그 심의·의결은 처분이 될 수 없다.[9]

---

8) 대법원 1996. 3. 22. 선고 96누433 판결 등 다수. 따라서, 질의 회신이나 진정에 대한 답변은 행정행위가 아니다(대법원 1992. 10. 13. 선고 91누2441 판결).
9) 대법원 1989. 1. 24. 선고 88누3314 판결 참조.

마. 공권력의 발동으로 행하는 일방적 공법행위

행정행위는 행정청이 공권력의 발동으로 행하는 일방적 공법행위이어야 한다. 행정행위는 행정주체가 행정객체에 대하여 우월한 지위에서 행하는 '공권력 행사작용'으로서의 성질을 갖는다. 따라서, 행정청이 상대방과의 의사의 합치에 의하여 성립하는 공법상 계약은 공권력 행사에 해당하지 않으므로 행정행위는 아니다.[10]

그런데, 행정청이 자신과 상대방 사이의 법률관계를 일방적인 의사표시로 종료시킨 경우 그것이 공권력의 행사작용으로서 행정행위에 해당하는 것인지 공법상 계약관계의 일방 당사자로서 대등한 지위에서 행하는 해지와 같은 의사표시에 해당하는 것인지 구별하기 쉽지 않다. 구체적인 사건에서 관련 법령의 내용과 취지, 그 행위의 주체·내용·형식·절차, 그 행위와 상대방 등 이해관계인이 입는 불이익과의 실질적 견련성 그리고 법치행정의 원리와 해당 행위에 관련한 행정청 및 이해관계인의 태도 등을 참작하여 개별적으로 결정할 수밖에 없다.[11] 이때 행정청의 행위에 대한 불복방법 선택에 중대한 이해관계를 가지는 상대방의 인식가능성과 예측가능성도 중요하게 고려하여 규범적으로 판단하여야 한다. 가령 행정청이 처분인지 여부가 불분명한 행위에 대하여 「행정절차법」 제26조에 따라 행정심판이나 항고소송을 제기할 수 있다고 불복방법을 안내하였다면, 처분의 상대방은 그 행위가 처분이라고 인식할 수밖에 없었을 것이고, 그에 따라 제기된 항소소송에서 행정청이 처분성이 없다고 본안전항변을 한다면 이는 「행정절차법」 제4조에서 정한 신의성실의 원칙에 어긋난다고 할 것이다. 대법원도 이러한 법리에 입각하여, 피고가 「행정절차법」에 따라 입찰참가자격 제한에 관한 절차를 진행하고 원고에게 불복방법으로 행정심판이나 행정소송의 제기를 안내한 사안에서 위 조치의 처분성을 인정하였다.[12]

행정행위 중에는 상대방의 신청 또는 동의를 요하는 행정행위가 많다(허가·특허·인가, 공무원의 임명 등). 신청 또는 동의를 요하는 행정행위의 경우, 상대방이 신청 또는 동의를 하지 않더라도 그 행정행위가 절차적 요건을 갖추지 못하여 위법한 것으로 평가될지언정 행정행위의 성립 그 자체는 부인될 수 없다. 이러한 점에서 공법상 계약과 구별된다.

---

10) 대법원 2014. 4. 24. 선고 2013두6244 판결.
11) 대법원 2010. 11. 18. 선고 2008두167 전원합의체 판결.
12) 대법원 2018. 10. 25. 선고 2016두33537 판결.

4. 거부처분

가. 개념

거부행위란 행정청이 국민으로부터 공권력의 행사를 신청받았으나, 형식적 요건의 불비를 이유로 그 신청을 각하하거나 이유가 없다는 이유로 신청된 내용의 행위를 하지 않을 뜻을 표시하는 행위를 말한다. 이러한 거부행위로 인하여 현재의 법률관계가 직접적으로 변동되지 않는 것처럼 보이므로, 행정행위에 해당하는지 의문이 생길 수 있다.[13]

행정행위는 누가 주도하여 발동되었는지에 따라 직권에 의한 행정행위(직권형 처분)와 신청에 의한 행정행위(신청형 처분)로 나눌 수 있다. 전자는 행정청이 스스로 행정절차를 개시하여 이루어지는 것으로서, 침익적 행정행위인 경우가 많다. 반면에 후자는 상대방의 신청이 계기가 되어 이루어지는 것이다. 사회보장행정에서는 수익적 행정행위를 발령하는 경우가 많고 이때 신청주의를 채택한 결과 신청형 처분인 경우가 많다. 그런데, 여기에서의 쟁점은 위와 같은 거부행위가 어느 경우에 신청에 의한 행정행위에 대한 거부로서 행정행위성을 가지는지 여부에 관한 것이다.

그런데, 대법원은 거부행위가 항고소송의 대상인 거부처분이 되기 위해서는 국민이 행정청에 대하여 그 신청에 따르는 행정행위를 해줄 것을 요구할 수 있는 법규상 또는 조리상의 권리가 있어야 한다는 입장에 있다.[14] 즉, 거부행위의 행정행위성을 법규상 또는 조리상 신청권의 침해에서 찾고 있는 것이다.[15]

나. 거부행위가 거부처분이 되기 위한 요건

신청인의 신청에 대한 행정청의 거부행위가 행정행위가 되기 위해서는 ① 신청한 행위가 공권력의 행사이어야 하고, ② 신청인의 법률관계에 영향을 미치는 행위이어야 하며, ③ 신청인에게 그러한 신청을 할 권리가 있어야 한다.[16]

대법원은 "거부처분의 처분성을 인정하기 위한 전제요건이 되는 신청권의 존부는

---

13) 신청이 애초부터 없었던 상태나 신청을 하였으나 거부된 상태는 외견상으로는 모두 국민의 권리·의무에 아무런 영향이 없다는 점에서 같은 것으로 보일 수 있다.

14) 대법원 1990. 9. 28. 선고 89누8101 판결.

15) 대법원 1984. 10. 23. 선고 84누227 판결; 김철용·최광률 대표집필, 「주석 행정소송법」, 박영사, 2004, 553면.

16) 대법원 1995. 5. 26. 선고 93누21729 판결; 대법원 1996. 5. 14. 선고 95누13081 판결 등.

구체적 사건에서 신청인이 누구인가를 고려하지 않고 관계 법규의 해석에 의하여 일반 국민에게 그러한 신청권을 인정하고 있는가를 살펴 추상적으로 결정되는 것이다."라고 판시하고,[17] 그 전제 하에서 신청권의 존재여부를 행정행위성 인정여부의 문제로 보고 있다.

어쨌든 거부처분은 '행정행위'의 신청이 있는 경우 그것을 거부하는 행정작용이므로, 사실행위의 거부, 계약의 청약에 대한 거부 등 행정행위에 해당되지 않는 행정작용에 대한 거부는 여기에서 말하는 거부처분에는 해당되지 않는다.

다. 신청권의 의미

앞에서 본 것처럼 판례에 의하면, 행정청이 국민의 신청에 대하여 한 거부행위가 항고소송의 대상이 되는 처분이 되기 위해서는 그 국민에게 그 행위발동을 요구할 법규상 또는 조리상 신청권이 있어야만 한다는 것이다.[18] 여기에서 신청권의 존부는 구체적 사건에서 신청인이 누구인가를 고려하지 않고 관계 법규의 해석에 의하여 일반 국민에게 그러한 신청권을 인정하고 있는지를 살펴 추상적으로 결정된다.[19]

다만 대법원은 신청권을 신청의 인용이라는 만족적 결과를 얻을 권리뿐만 아니라 단순히 신청에 따른 응답을 받을 권리도 포함하는 것으로 해석하고 있다. 이렇게 판례는 신청권을 형식상 단순한 응답요구권을 포함하는 것으로 이해하고,[20] 그것을 소송의 대상(행정행위성 인정의 문제)으로 보고 있는 것이다.

---

17) 대법원 2009. 9. 10. 선고 2007두20638 판결 등 다수.

18) 대법원 1998. 7. 10. 선고 96누14036 판결; 대법원 2003. 9. 26. 선고 2003두5075 판결.

19) 대법원 1996. 6. 11. 선고 95누12460 판결.

20) 신청권은 실질적 신청권과 형식적 신청권으로 구분할 수 있다. 실질적 신청권이란 특정한 급부 또는 행위의 청구를 내용으로 하는 것을 말한다. 그에 대하여 형식적 신청권이란 특정한 행정결정을 요구할 수 있는 것이 아니라 단지 하자없는 적법한 결정을 요구할 수 있다는 의미로 파악된다.

Ⅱ. 재량과 판단의 여지

1. 개설

행정법규는 법률요건과 법률효과를 조건적으로 연결하여 「행정청은 ……하면, ……할 수 있다(또는 하여야 한다)」는 식으로 규정되어 있는 경우가 대부분이다. 구체적으로 타당성이 있는 행정을 실현하기 위해서는 행정청에게 어느 정도 자유의 영역을 부여할 필요가 있다. 그리하여, 행정법규의 법률요건부분을 확정적으로 정하지 않고 불확정적으로 정한 경우도 있고, 법률효과부분도 구속적으로 정하지 않고 선택적으로 정한 경우도 있다. 이렇게 행정청에게 재량권 또는 불확정개념의 적용에 의한 판단의 여지를 줌으로써 행정의 법률기속성을 완화시켜서, 창의적이고 구체적으로 타당한 행정을 도모할 수 있게 된다.

2. 행정법학에서 논의

가. 기속행위와 재량행위

(1) 의의

기속행위란 행정청에게 어떠한 행정행위를 할 수도 하지 않을 수도 있는 자유가 인정되어 있는 것이 아니라, 법률요건이 충족되면 법이 정한 일정한 행위를 반드시 하거나 해서는 안 되는 행정행위를 말한다.

한편, 재량행위란 입법자가 행정청에게 행정목적에 적합한 행위를 스스로 결정·선택할 수 있는 권한을 부여함으로써, 행정청이 복수의 행위 중 어느 것을 선택할 수 있는 자유(재량)가 인정되는 행정행위를 말한다. 행정청은 재량을 부여받아 법의 목적과 구체적 사안을 고려하여 해당 사안에 적합한 합리적인 결정을 내릴 수 있게 된다. 재량에는 어떤 행위를 할 수도 하지 않을 수도 있는 재량(결정재량)과 다수의 행위 중 어느 하나를 선택할 수 있는 재량(선택재량)으로 나누어진다. 하나의 행정행위에 결정재량과 선택재량이 모두 인정되어 있는 경우도 있고 그중 어느 하나만 인정되어 있는 경우도 있다.

(2) 심사방법의 차이

기속행위와 재량행위를 구별하는 가장 큰 실익은 행정소송에서의 심사방법의 차이다. 법원은 행정작용의 위법 여부(합법성)를 판단하는 권한만 가지고 있으므로, 행정작용이 행정목적 내지 공익에 합당한 최선의 결정이었는지(합목적성)를 심사할 수는 없다. 이에 따라 기속행위의 경우 법규에 대한 원칙적인 기속성으로 인하여 법원이 사실인정과 관련 법규의 해석·적용을 통하여 일정한 결론을 도출한 후 그 결론에 비추어 행정청이 한 판단의 적법 여부를 독자적으로 판정하는 방식에 의하게 된다. 그러나, 재량행위의 경우 행정청의 재량에 기한 공익판단의 여지를 감안하여 법원이 독자적인 결론을 도출하지 않고 해당 행위에 재량권의 일탈·남용이 있는지 여부만 심사하게 되고, 이러한 재량권의 일탈·남용 여부에 대한 심사는 사실오인, 비례·평등의 원칙 위배, 해당 행위의 목적 위반이나 동기의 부정 유무 등을 그 판단대상으로 한다.[21]

과거에는 재량행위에 대하여 행정소송을 제기하는 경우 법원은 청구내용에 대한 심사를 하지 않고 소를 각하하였다. 그러나 오늘날에는 재량행위에 대해서도 재량권의 한계를 넘었는지 등을 심사한 후에 그러한 사실이 없을 때 청구를 기각하고 있다(「행정소송법」 제27조 참조). 결국 재량행위도 기속행위와 마찬가지로 사법심사의 대상이 되는 것이고, 심사방법만 다를 뿐이다. 그러므로 재량행위와 기속행위와의 구별의 필요성은 그만큼 적어졌다.

(3) 기속행위와 재량행위의 구별

(가) 구별기준

기속행위와 재량행위의 구별기준에 관한 학설로는 종래 요건재량설, 효과재량설 등이 있었다. 그런데, 오늘날 통설적인 견해는 재량은 행정행위의 '효과'면에서 행위선택의 자유에 관한 것이고, 법률요건의 해석과 적용에 있어서는 재량이 인정될 수 없으며, 그 구별은 일차적으로 행정법규의 문언에서 찾되 그와 함께 그 취지나 목적, 그 행위의 성질 등을 고려하여야 한다고 본다(문언설에 기반한 종합설).

판례의 주류는 "어느 행정행위가 기속행위인지 재량행위인지 나아가 재량행위라 할지라도 기속재량행위인지 또는 자유재량행위에 속하는 것인지 여부는 이를 일률적으로 규정지을 수 없는 것이고, 당해 처분의 근거가 된 규정의 형식이나 체제 또는 문언에

---

21) 대법원 2001. 2. 9. 선고 98두17593 판결; 대법원 2010. 9. 9. 선고 2010다39413 판결.

따라 개별적으로 판단하여야 한다."라고 판시하여 행정법규의 문언에 중점을 두어 판별하고 있다.[22] 다만 "수익적 행정처분으로서 행정청의 재량행위에 속한다."라고 판시하면서 행위의 성질에 중점을 두어 판단한 경우도 있다.[23] 이는 법률의 문언이 기속행위와 재량행위를 판별하는 데 명확하지 않은 경우에는 개개의 사안에서 문제된 관련 법령의 문언과 행위의 성질을 종합적으로 고려한 결과이다.

(나) 재량이 인정되는 경우

법령의 규정상 행정청에 대하여 "……하여야 한다."라고 명백하게 표현하고 있거나 그렇게 해석됨으로써 행정청에게 결정·선택의 자유가 인정되지 않은 경우(행정청이 법률에 기속되는 경우)에는 재량이 인정되지 않을 것이다.

이에 반하여, 법령이 행정청에 대하여 "……할 수 있다."라고 표현하고 있거나 행정청으로 하여금 행위의 결정·선택의 여지를 남겨 놓고 있는 경우에는 재량이 인정된다고 할 것이다. 예컨대, 구 「국민건강보험법」 제57조 제1항에서는 국민건강보험공단이 부당한 이득을 얻은 요양기관에 대하여 그 급여 또는 급여비용에 상당하는 금액의 전부 또는 일부를 징수하도록 규정하여 문언상 일부 징수가 가능하므로, 이에 따른 부당이득 징수는 재량행위라는 것이 판례이다.[24]

그런데 "……할 수 있다."라는 식으로 규정되어 있더라도 재량규정이 아닐 수도 있다. 위와 같은 규정이 재량을 부여한 것이 아니라 행정청에게 그러한 권한이 부여되어 있다는 것을 표현하기 위한 것일 수도 있기 때문이다. 만일 후자라면 위와 같은 규정은 권한행사의 가능성을 명시적으로 표시한 것에 불과하다. 「대기환경보전법」 제34조 제2항은 "환경부장관 또는 시·도지사는 대기오염으로 주민의 건강상·환경상의 피해가 급박하다고 인정하면 환경부령으로 정하는 바에 따라 즉시 그 배출시설에 대하여 조업시간의 제한이나 조업정지, 그 밖에 필요한 조치를 명할 수 있다."라고 규정하고 있는데, 여기에서의 "명할 수 있다."는 권한의 부여를 의미하는 것으로서 재량이 있는지 여부에 관해서는 "명하여야 한다."라고 해석하는 것이 합리적이다.

---

22) 대법원 1995. 12. 12. 선고 94누12302 판결; 대법원 2003. 12. 12. 선고 2001두3388 판결.

23) 대법원 1997. 11. 11 선고 97누11966 판결.

24) 대법원 2020. 6. 4. 선고 2015두39996 판결. 따라서, 요양기관이 실시한 요양급여의 내용과 요양급여비용의 액수, 의료기관 개설·운영과정에서의 개설명의인의 역할과 불법성의 정도, 의료기관 운영성과의 귀속여부와 개설명의인이 얻은 이익의 정도, 그 밖에 조사에 대한 협조 여부 등의 사정을 고려하여 부당이득 징수처분을 하여야 한다는 것이었다. 그런데, 위 판결 이후 국민건강보험법 제57조 제1항은 2023년 5월 19일 개정되어 일부 징수에 관한 문구가 삭제되었다.

문제는 법령의 규정방식이 분명하지 않은 경우, 예컨대 "영업을 하려는 자는 ……
시장·군수 또는 구청장의 허가를 받아야 한다."라는 식으로 행정청의 권한에 관하여
간접적으로 규정하고 있는 경우이다. 이러한 경우에는 법령의 취지·목적과 행정행위의
성질 등을 종합적으로 고려하여 결정하여야 한다. 법령의 해석상 법령의 취지와 목적이
개인의 기본권 보장을 보다 강하게 요청하는 경우에는 기본권 실현에 유리하도록 판단
하고, 공익 실현을 보다 강하게 요청하는 경우에는 공익 실현에 유리하도록 판단하여야
한다.

(4) 재량의 한계

(가) 의의

재량행위는 재량의 한계를 넘어서는 경우에만 위법하게 되므로 별도로 재량의 한계
에 대하여 고찰할 필요가 있다. 「행정기본법」 제21조에서는 "행정청은 재량이 있는 처
분을 할 때에는 관련 이익을 정당하게 형량하여야 하며, 그 재량권의 범위를 넘어서는
아니 된다."라고 규정하고, 「행정소송법」 제27조에서도 "행정청의 재량에 속하는 처분
이라도 재량권의 한계를 넘거나 그 남용이 있는 때에는 법원은 이를 취소할 수 있다."
라고 규정하고 있다.

(나) 재량행위가 위법하게 되는 경우

재량의 한계는 재량의 일탈, 재량의 남용, 재량의 흠결 또는 해태로 구분할 수 있다.
① 재량의 일탈은 재량규범의 범위 밖에 있는 법률효과를 선택하는 경우를 말한다. ②
재량의 남용이란 행정청이 법령상 허용된 범위에서 재량권을 행사하였으나 그 내용이나
정도의 잘못된 재량행사가 이루어진 경우로서 재량의 내재적 한계를 넘어선 경우를 말
한다. ③ 재량의 흠결 또는 해태란 행정청의 재량행위를 기속행위로 오인하여 복수의
행위 간의 형량을 전혀 하지 않은 경우를 말한다.

재량의 한계는 부당한 재량행사와 구분할 필요가 있다. 재량의 한계를 일탈·남용한
행위는 위법하여 사법심사의 대상이 되지만, 부당한 재량행사라면 위법에 이르지 않기
때문에 행정심판의 대상이 될 수 있을지언정 행정소송을 통하여 다툴 수 없다는 점에서
차이가 있다.

(다) 재량권 일탈·남용의 판정 기준

재량의 일탈과 남용은 실무상 구별하지 않고 사용하고 있다. 실무에서 재량권이 일

탈 또는 남용되는지는 보통 아래의 판단기준에 의한다.

① 사실오인: 일정한 사실의 존재 또는 부존재를 전제로 재량권을 행사하였으나 그에 관한 사실인정이 잘못된 경우에 행한 행정행위는 재량권의 일탈·남용에 해당한다. 예를 들면, 법률에서 정한 감경 사유가 존재함에도 불구하고 사실을 오인하며 그 사유를 전혀 고려하지 않은 경우이다.

② 목적위반·동기의 부정: 재량의 행사는 그 재량을 부여한 법의 목적에 부합하여야 하고, 이와 배치되거나 부정한 동기에 기한 재량의 행사는 위법하다.

③ 평등의 원칙의 위반: 행정청이 재량준칙에 의하여 재량의 한계를 스스로 정한 경우 어느 하나의 사안에 대해서만 종래와 다른 취급을 한 경우 평등의 원칙에 위배되어 재량권의 범위를 벗어났다고 판단될 수 있다(행정의 자기구속). 평등의 원칙이란 단지 형식적으로 특정 사안에서 행사된 재량의 내용이 다른 사안에서와 동일할 것을 요구하는 것은 아니고 양자 사이에 실질적으로 합리적인 이유가 없는데도 다르게 취급하는 것을 금지하는 것이다.

④ 비례의 원칙의 위반: 재량이 추상적으로는 인정되지만 구체적인 경우에 부적당·불필요한 처분을 행하거나 가장 부담이 적은 수단을 선택하지 않은 경우, 예컨대, 공무원의 일정한 비행에 대하여 심히 중한 징계를 과한 경우에는 재량권의 한계를 벗어나서 위법하게 된다.

⑤ 절차적 통제: 법령에서 재량권 행사의 방법이나 절차에 관한 규정이 마련되어 있는데도 이를 어긴 경우는 물론이고, 절차규정이 없거나 너무 간략하여 어떠한 절차에 의할 것인지가 행정청의 판단에 맡겨진 경우에도 현저하게 불공정한 절차에 의한 때에는 위법하게 된다. 또한, 행정청이 재량권의 행사에서 가장 중시하여야 할 요소와 가치들을 부당하게 경시한 결과, 본래 고려할 사항을 고려하지 않고 고려하지 않아야 할 사항을 고려하거나 본래 과대하게 평가하지 않아야 할 사항을 과중하게 평가함으로써 행정청의 판단이 영향을 받은 때에는, 행정청의 재량판단은 방법이나 과정에 잘못이 있어 위법하게 된다.

나. 불확정개념과 판단의 여지

(1) 의의

법률요건부분에는 '필요한 경우', '상당한 이유', '공익', '미풍양속', '공공질서' 등과 같이 일의적이지 않고 그 의미가 구체적 상황에 따라 그때그때 판단될 수 있는 개념을 포함하고 있는 경우가 많이 있다. 예컨대, 「출입국관리법」 제4조 제1항 제6호에서는 "대한민국의 이익이나 공공의 안전 또는 경제질서를 해칠 우려"라는 표현을 사용하고 있다. 법령에서 이렇게 불확정개념이 사용된 경우에는 명확성의 원칙과 관련하여 위헌·위법의 문제가 발생할 여지는 있으나, 입법기술적으로 입법자가 모든 경우를 구체적으로 나열하는 것은 불가능하므로 명확성의 원칙에 어긋나지 않는 범위에서 추상적으로 규정하는 것은 불가피하다.

불확정개념도 법적 개념이기에 법원에 의한 전면적인 사법심사의 대상이 된다. 대법원도 법령에서 불확정개념을 사용하고 있다고 하더라도 그에 관한 규범적 가치판단을 행하고 있다. 가령 '음란성',25) '현저히 유리한 조건의 거래',26) 차별행위의 '부당성',27) 방송의 '객관성, 공정성, 균형성'28) 등이 그것이다.

그런데, 행정청의 평가·결정에 대하여 그 정당성 여부를 사법부가 판단하는 것이 불가능하거나 합당하지 않아 행정청의 판단을 존중해 줄 수밖에 없거나 존중하는 것이 이치에 맞는 영역이 있을 수 있고, 그러한 경우 행정청이 독자적으로 판단할 수 있는 범위가 인정되는 영역(판단의 여지)이 생길 수 있다.

(2) 재량과의 구별

행정기관에게 판단의 여지가 인정되는 경우에는 그 한도에서 법원에 의한 심사권이 제한된다는 점에서 재량과 유사하다. 그렇기 때문에 재량행위와 구별되는 독자적인 개념으로서 '판단의 여지'를 인정하지 않고 그냥 재량의 문제로 파악하는 견해도 없는 것은 아니다.

그러나, 재량은 '복수행위 사이의 선택의 자유'가 법령에 의하여 처음부터 인정되는 것이지만, 판단의 여지는 불확정개념의 해석·적용문제로서 법원에 의한 전면적 심사의 대상이 되는 영역에서 예외적으로 인정된다는 점, 판단의 여지는 법률요건에 관한 해석·적용의 문제인 반면 재량은 법률효과의 결정에 관한 문제라는 점, 재량은 입법자에 의하여 부여되지만 판단의 여지는 법원이 행정청의 판단을 존중해 준 결과라는 점 등의 차이가 있으므로, 재량과 판단의 여지는 구별하는 것이 바람직하다(판단의 여지설).

---

25) 대법원 1997. 12. 26. 선고 97누11287 판결.
26) 대법원 2008. 6. 26. 선고 2006두8792 판결.
27) 대법원 2021. 6. 30. 선고 2019두34470 판결.
28) 대법원 2019. 11. 21. 선고 2015두49474 전원합의체 판결.

(3) 판단의 여지가 인정되는 영역

판단의 여지는 행정행위의 근거가 된 행정법규에서 불확정개념이 사용되었고 그 영역이 ① 비대체적 결정(예: 공무원의 근무성적평정, 학생의 성적평가), ② 구속적 가치평가(예: 위원회 결정과 같이 독립성, 중립성 있는 기관의 결정), ③ 미래예측적 결정(예: 환경행정, 경제행정 분야), ④ 형성적·정책적 결정(예: 외교정책, 공무원인력수급계획 등) 등의 영역에 해당한다면 그 불확정개념에 관한 행정청의 판단은 존중받게 된다.

(4) 판단의 여지의 한계

행정청에 의한 불확정개념의 해석·적용은 법원에 의하여 전면적인 사후심사를 받을 수 있고 받아야 하지만, 예외적으로 특별한 결정 상황 또는 특별한 사안과 관련되어 사후심사가 사실상 불가능한 경우에는 불확정개념의 '적용'에 대한 법원의 심사가 제한된다고 보는 것이 바로 판단의 여지이다.

다만 판단의 여지 또는 판단의 우위가 인정되는 때에도 그 판단에 자의가 개입되어 있거나 경험칙에 위배되는 경우에는 판단의 여지의 한계를 넘어 위법하게 된다. 따라서 판단의 여지에 관한 사항이 사법심사의 대상이 된 경우에 법원으로서는 바로 각하할 것이 아니라, 판단과정에서 법의 일반원칙을 위반하지 않았는지 등에 관하여 심사한 후, 그러한 하자가 없을 때 판단의 여지 또는 판단의 우위가 있다는 이유로 기각하여야 한다.

또한, 위와 같이 판단의 여지가 인정되는 영역이라도 판단기관이 적법하게 구성되어 있지 않은 경우, 행정청이 절차규정을 위반하였거나 사실을 오인하였거나 일반적 평가기준을 무시하였거나 자의적으로 판단하였거나 무관한 요소를 고려하는 등의 사유가 있는 경우에는 사법심사의 대상이 된다.

3. 사회보장행정에서 재량과 판단의 여지

가. 사회보장행정에서의 법규의 특성

재량과 판단의 여지는 서로 구별되는 개념이지만, 양자는 밀접하게 관련되고 서로 영향을 미친다. 특히 법률규정이 법률요건에서의 불확정개념과 법률효과에서의 재량수권을 포함하는 경우 불확정개념에 대한 판단의 여지와 재량이 적용됨에 있어서 한쪽이 다른 쪽에 영향을 줄 수 있다.

특히 사회보장행정과 관련한 법령에서는 급여기준, 사유 등 법률요건에 대한 판단의 여지뿐만 아니라 급여지급 여부나 급여지급 방법의 선택 등 법률효과 영역에서 재량을 인정하고 있는 규정들이 상당수 존재한다. 예컨대, 「장애인복지법」 제49조 제1항에서 "국가와 지방자치단체는 장애인의 장애 정도와 경제적 수준을 고려하여 장애로 인한 추가적 비용을 보전하게 하기 위하여 장애수당을 지급할 수 있다."라고 규정하고 있는데, 법률요건에는 '보전'과 같은 추상적인 용어가 포함되고 행정청의 정책적이거나 전문·기술적 판단이 요구되므로 판단의 여지가 있다고 볼 수 있고, 지급 여부에 대해서는 재량사항으로 규정되어 판단의 여지와 재량이 하나의 법규범 내에 함께 포함되어 있다. 따라서, 사회보장행정에서는 다른 행정 영역보다 재량과 판단의 여지 양자의 통일적인 이해가 필요하다.[29]

나. 사회보장 행정행위에서의 재량의 광범위성

사회보장행정 영역에서는 입법의 불명확성, 행정기관의 관료주의, 전문직의 정치적 이데올로기와 수급권자의 의존성 등으로 인하여 재량이 넓게 인정된다.[30] 또한, 사회보장행정이 수행되는 방식이 다양하고 서로 다른 역사적인 연혁을 가지는 제도들이 병존하고 있기 때문에 법규의 정합성이 없고, 사회보장수급권에 대한 권리의식이 미약하거나 무감각하다는 점도 광범위한 재량이 인정되는 요인으로 지적되기도 한다.[31]

특히 사회보장급여는 국가의 재정 상태나 예산 등 경제적 상황이나 사회적·정치적 상황에 따라 변동가능성이 크고, 그러한 변수에 따른 사회보장제도의 운영이 요구되기도 한다. 또한, 급여기준의 설정과정에서 전문가의 과학적·기술적 능력을 요하는 특성상 이러한 영역에서는 재량 또는 판단의 여지가 넓게 인정된다. 한편, 사회보장행정은 사회보장의 방식과 급여를 둘러싼 법률관계가 다변화함에 따라 다양한 성격의 행정행위가 병존하고 다른 급부행정 영역보다 재량의 여지가 크다.

사회보장행정 영역에서의 재량은 사회보장급여 의무의 존부에서부터 그 급여 내용의 형성에 이르기까지 사회보장급여 전반에 상당한 영향을 미치고 있다. '급여 여부'에

---

29) 박정연, "국민기초생활보장법상 급여지급의 절차적 개선에 관한 연구", 고려대학교 석사학위논문, 2012, 39면.

30) J. Handler, Protecting the Social Service Client, Academic Press, Inc., 1979, pp.8-24(이호용, 「사회보장행정법의 구조적 특성」, 209면 재인용).

31) 이헌석, "사회보장행정법상 행정재량의 관한 소고-생활보호급부를 중심으로-", 공법학의 제문제(김영훈교수 화갑기념논문집), 법문사, 1995, 634면.

대한 재량이 인정되는 경우에는 행정청이 그 판단에 따라 신청인에게 급여 의무를 부담하지 않을 수도 있다. 또한, 급여의 내용(범위와 정도)에 관해서도 행정청의 전문성을 살려 구체적으로 정하도록 하기 위하여 법규에서 행정에 위임하는 경우에는 행정청이 급여의 내용을 결정하는 역할을 하기도 한다.

다. 절차적 통제의 중요성

사회보장행정에서 재량의 광범위성이라는 특성은 그간 수급권자가 사회보장에 대한 자신의 권리의식을 약화시키는 요소로 지목되었다. 이러한 점에서 재량에 대한 통제는 국민의 사회보장에 관한 권리의식을 높이는 것과 밀접한 관계가 있다. 사회보장행정에서의 재량에 대한 통제가 제대로 이루어지지 않는다면 사회보장을 받을 권리를 권리가 아닌 국가에 의한 시혜적 차원의 것으로 받아들일 염려가 있다.

그런데, 사회보장수급권의 내용 형성에 대하여 급여주체의 재량이 인정되고 있는 이상 실체법적 차원에서 재량을 통제하는 데에는 일정한 한계가 있다. 헌법재판소가 판시한 것처럼 국가가 인간다운 생활을 보장하기 위한 급여의 수준을 구체적으로 결정함에 있어서는 국민 전체의 소득수준과 생활수준, 국가의 재정규모와 정책, 국민 각 계층의 상충하는 갖가지 이해관계 등 복잡 다양한 요소를 함께 고려하여야 하기 때문이다.[32] 따라서, '급여주체의 내용'에 대한 실체법적 측면뿐만 아니라 '급여과정'에 대한 절차법적 측면에서 재량에 대한 통제 법리가 필요하다.[33]

특히 사회보장행정의 경우 급부작용이면서 그 대상자가 사회적 약자라는 점을 고려하면 다른 행정의 영역보다 더 사전적인 보호로서 절차법적 검토가 중요하다.[34] 절차적 통제는 사회보장행정법상의 절차규정을 통하여 구체화된다.

III. 사회보장 행정행위의 유형

1. 행정행위의 내용적 분류

행정행위는 일반적으로 행위자의 효과의사의 유무나 법률효과의 발생원인에 따라

---

32) 헌재 2004. 10. 28. 선고 2002헌마328 결정.
33) 박정연, "국민기초생활보장법상 급여지급의 절차적 개선에 관한 연구", 65면.
34) 이호용, "사회보장수급권의 절차법적 보장에 관한 소고", 497면.

법률행위적 행정행위와 준법률행위적 행정행위로 구분된다. 법률적 행정행위란 행정청의 '의사표시'를 그 요소로 하고, 그 표시된 내용에 따라 일정한 법적 효과가 발생하는 행정행위를 말한다.

법률행위적 행정행위는 명령적 행정행위와 형성적 행정행위로 구분된다. 먼저, 명령적 행정행위는 개인의 자유를 제한하거나 의무를 부과하는 행위 또는 제한된 자유나 부과된 의무를 해제하는 행위이고, 여기에는 하명, 허가, 면제가 이에 속한다. 반면, 형성적 행정행위는 개인에게 특별한 권리·능력·지위 등을 설정·변경·박탈하는 행위로서 특허, 인가, 대리 등이 이에 해당한다.

준법률행위적 행정행위란 행정활동이 행정청의 외부적 활동이 있지만 행정청의 의사표시가 아니라 법에서 정한 바에 따라 효과가 나타나는 경우를 말한다. 통설은 이와 같이 행정청의 의사표시를 요소로 하는지 여부를 기준으로 법률행위적 행정행위와 준법률행위적 행정행위를 구분하지만 법률행위적 행정행위에 의하여 실현되는 것도 기본적으로 법령으로 정해진 입법자의 의사라는 점에서 통설과 같은 구분은 적절하지 않다고 생각된다.[35]

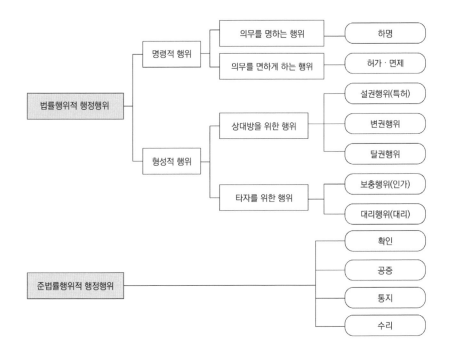

---

35) 하명호, 「행정법」, 129면. 이하에서는 편의상 통설적 기준에 따라 분류하여 소개하기로 한다.

2. 법률행위적 행정행위

가. 명령적 행정행위

(1) 하명

하명이란 행정청이 국민에게 작위·부작위·급부·수인의무를 명하는 행위로서, 사람 또는 물건에 대해서도 가능하다. 하명을 이행하지 않는 경우 행정상 강제집행 또는 행정벌 등의 제재를 받을 수 있으나, 이를 위반하더라도 사법(私法)상으로는 유효하다.

예를 들면, 「사회복지사업법」 제34조의3에 따라 사회복지시설 운영자의 책임보험 또는 책임공제 가입의무는 작위하명에 해당한다. 한편, 속임수로 보험자에게 요양급여비용을 부담하게 한 요양기관에 대한 업무정지처분(「국민건강보험법」 제98조 제1항 제1호)은 부작위하명(금지하명), 그에 갈음하는 과징금부과처분(같은 법 제99조 제1항)은 급부하명에 각각 해당한다.

(2) 허가

허가란 질서유지나 위험예방을 위하여 일정한 행위를 법에 따라 잠정적으로 금지한 후 법에서 정한 요건을 충족한 경우에만 허용하여 원래의 자유를 회복시켜 주는 행정행위를 말한다. 허가는 통상 상대방의 신청을 전제로 하고, 법령상 근거가 있어야 하며, 사실행위 또는 법률행위는 물론 사람 또는 물건에 대해서도 가능하다. 허가는 원칙적으로 기속행위의 성질을 가진다.

여기에서 말하는 허가는 강학상의 용어로서, 실정법상으로는 인가·특허·면허·승인·지정·인정·시험·검사·검정·확인·증명 등의 용어가 혼용되고, 실정법에서 허가라고 규정되어 있는 것이 뒤에서 보는 강학상의 특허나 인가에 해당하는 것도 있다. 따라서 강학상 허가·특허·인가의 구별은 실정법상의 표현에 구애받지 말고 규정하고 있는 내용과 목적 등을 고려하여 판단하여야 한다. 사회보장행정에서 허가의 예로는 사회복지법인의 설립허가(「사회복지사업법」 제16조)를 들 수 있다.

허가사항은 원래 개인의 기본권적 영역에 해당하기 때문에 허가가 내려지면 잠재적으로 금지되었던 기본권이 회복되므로, 허가로 인한 이익은 '법률상 이익'으로 평가된다. 다만 기존의 허가업자가 해당 시장에서의 독점적 지위까지 인정받은 것은 아니므로, 새로운 사업자의 시장진입을 저지할 수 있는 권리까지 인정되는 것은 아니다.

허가가 내려지면 특정 법령에 의한 금지가 해제될 뿐 타법에 의한 금지까지 해제되는 것은 아니다. 그런데, 행정기능이 확대되고 세분화되면서 하나의 행위나 사업을 할 때 여러 법령에서 인허가를 받아야 하는 경우가 많아지고 있다. 이에 따른 신청인의 불편을 해소하기 위하여 하나의 인허가를 받는 과정에서 다른 법령상의 인허가요건을 충족하는지 여부도 함께 심사하여 만약 주된 허가를 받으면 다른 법령상의 인허가도 함께 받은 것으로 보는 제도를 '인허가의제제도'라 한다. 인허가가 의제되면 행정기관의 권한에 변경이 생기는 만큼 법률에 명시적으로 근거가 있어야 한다. 「행정기본법」에서는 인허가의제의 기준, 효과 및 사후관리 등에 대하여 규정하고 있다(제24조부터 제26조까지).

(3) 면제

면제란 부작위의무의 해제에 해당하는 허가사항 이외의 작위·수인·급부 의무를 특정한 경우에 해제하는 행정행위를 말한다. 여기에 해당하는 예로는 국민건강보험공단의 가입자에 대한 보험료 면제처분(「국민건강보험법」 제74조)을 들 수 있다.

나. 형성적 행정행위

(1) 특허

특허란 특정인에게 새로운 권리나 능력 또는 포괄적 법률관계를 설정하는 행위를 말한다. 특허는 통상 공익적 고려를 요하는 재량행위로서 행정 상대방의 신청을 전제로 한다. 새로운 신청인에게 행정청이 특허를 하는 경우 기존 특허업자는 허가에서와는 달리 이를 다툴 법률상 이익이 인정된다.

노인복지법령에서는 시·도지사가 지역별 분포와 요양보호사의 수요 등을 고려하여 요양보호사의 양성을 위한 요양보호사교육기관을 지정·운영하도록 규정하고 있다(「노인복지법」 제39조의3 제1항, 같은 법 시행규칙 제29조의10 제3항). 따라서, 그 지정처분은 요양보호사교육기관의 지역적 독점 또는 과점적 운영권을 설정하는 것이므로, 특허적 성질을 가진 처분이라고 볼 수 있다.

(2) 인가

인가란 제3자의 법률행위를 보충하여 그 법률상 효과를 완성시키는 행정행위를 말한다. 사인간 법률행위임에도 공익적 관점에서 그 효력발생에 행정청의 동의를 얻도록 할 필요가 있는 경우 법령의 근거 하에 인정되고, 공법상 또는 사법상 법률행위를 대상으로 한다. 인가는 기본이 되는 법률행위의 효력발생요건으로서, 인가를 받지 않으면 그 기본행위의 법적 효력이 발생하지 않는다. 여기에 해당하는 예로 「사회복지사업법」상 사회복지법인에 대한 정관변경인가(제17조 제2항), 기본재산처분허가(제23조 제3항) 등을 들 수 있다.

(3) 대리

대리란 제3자가 해야 할 일을 행정청이 대신 함으로써 제3자가 행한 것과 같은 법적 효과가 귀속되게 하는 것을 말한다. 사회보장급여법 제5조 제2항에 따라 보장기관의 업무담당자는 지원대상자의 동의를 얻어 관할 지역에 거주하는 지원대상자에 대한 사회보장급여의 제공을 신청할 수 있는데, 이를 대리의 예로 볼 수 있을 것이다.

3. 준법률행위적 행정행위

① 확인이란 특정 사실 또는 법률관계 존부 또는 적부에 대해 의문이나 다툼이 있는 경우 행정청이 공적으로 이를 판단하고 확정하는 행위를 말한다. 확인은 원칙적으로 기속행위이고, 처분성이 인정되고, 확인 후에는 임의로 행정청이 이를 변경할 수 없다(불가변력). 확인은 위와 같은 성격으로 인하여 '준사법적 행정행위'라고 부르기도 하는데, 사회보장행정 영역에서 행정심판에 해당하는 심사청구 등의 결정이 이에 해당한다.

② 공증이란 특정 사실 또는 법률관계의 존재 여부를 공적으로 증명하는 행위를 말한다. 각종 공부에의 등재 및 변경행위가 단순히 행정편의적 기재나 사실증명의 자료로 삼기 위한 것에 불과한 것이 아니라 개인의 권리나 법적 지위를 확정하는 경우에는 공증으로서 처분성이 인정된다. 판례는 지목변경신청의 거부[36] 및 건축물대장 용도변경신청의 거부[37]에 대하여 처분성을 인정하였다.

③ 통지란 행정청이 특정인 또는 불특정 다수에게 특정한 사항을 알리는 행위로서 개별 법률에 따라 법적 효과가 발생하는 것을 말한다. 아무런 법적 효과가 발생하지 않는 단순한 사실의 통지와 구별된다. 그 예로 「고용보험 및 산업재해보상보험의 보험료 징수 등에 관한 법률」 제27조 제2항에 규정된 독촉을 들 수 있다.

④ 수리란 행정청이 다른 사람의 그 행정청에 대한 행위를 유효한 것으로 수령하는

---

36) 대법원 2004. 4. 22. 선고 2003두9015 전원합의체 판결.
37) 대법원 2009. 1. 30. 선고 2007두7277 판결.

행위를 말한다. 단순한 사실행위에 해당하는 문서의 도달이나 접수와는 구별된다. 이에 해당하는 예로「사회복지사업법」제34조에 따라 사회복지시설의 설치·운영신고에 대한 시장·군수·구청장의 수리를 들 수 있다.

Ⅳ. 사회보장행정에서 부관

1. 의의

행정행위에서 부관은 행정행위의 효과를 제한하기 위하여 주된 의사표시에 부가된 종된 의사표시라고 정의된다. 위와 같은 개념과는 달리 행정행위의 효과를 제한 또는 요건을 보충하기 위하여 주된 행위에 부가된 종된 규율이라고 정의하는 견해도 유력하다.[38] 이러한 견해의 차이는 법률행위적 행정행위에만 허용되는 것인지, 그리고 부관의 기능이 주된 행위의 제한에 한하는지 그렇지 않으면 보충까지 가능한지에 관하여 관점을 달리하는 데에서 기인한다. 다만 부관이 주된 행정행위에 의존하는 것으로 행정행위의 존재에 종속적이라는 것에는 이론이 없다(부관의 부종성).

행정행위의 부관은 행정청으로 하여금 구체적 사정에 적합한 행정을 할 수 있도록 유연성을 부여해준다(유연성·상황적합성의 부여). 위에서 본 유력설의 견해처럼 행정청이 허가요건을 완전히 구비하지 않은 경우에도 허가를 거부하지 않고 충족되지 않은 요건을 갖출 것을 조건(요건충족적 부관)으로 허가를 발급해줄 수 있다면 상대방에게도 유익하고 행정행위의 유연성이 더욱 부여될 수 있다. 그러나,「행정기본법」제17조 제2항은 기속행위의 요건충족적 부관은 법률에 근거가 있는 경우에만 붙일 수 있다는 입장에 있다. 그 밖에도 부관의 기능을 행정에 대한 신속성(절차적 경제의 도모), 공익 및 제3자 보호 등에서도 찾을 수 있으나, 그 남용에 대해서도 주의를 기울일 필요가 있다.

2. 부관의 유형

「행정기본법」제17조 제1항에서는 부관의 종류에 대하여 종래의 학설·판례에 따라 확립된 "조건, 기한, 부담, 철회권의 유보"를 명시하되, 부관의 다양한 형태를 고려하여 "등"을 추가하여 예시라는 점을 명확히 하였다.

---

38) 김남진·김연태,「행정법Ⅰ」, 286면 참조.

부관의 종류로는 조건, 기한, 부담, 철회권의 유보, 법률효과의 일부배제, 행정행위의 사후변경의 유보·부담 유보 등이 있다. ① 조건은 행정행위 효과의 발생 또는 소멸을 장래 불확실한 사실에 의존시키는 부관이고, ② 기한은 행정행위 효과의 발생 또는 소멸을 시간적으로 정한 부관이다. ③ 부담은 행정행위의 주된 내용에 부가하여 그 행정행위의 상대방에게 작위, 부작위, 급부 등의 의무를 부과하는 부관으로서, 주로 허가·특허 등과 같은 수익적 행정행위에 부가된다. ④ 철회권의 유보는 행정청이 일정한 경우에 행정행위를 철회하여 그 효력을 소멸시킬 수 있음을 정한 부관이고, ⑤ 법률효과의 일부 배제는 법률이 행정행위에 부여하는 효과의 일부를 배제하는 내용의 부관이며, ⑥ 행정행위의 사후변경의 유보 또는 부담 유보란 행정청이 행정행위를 발령하면서 사후에 부관을 부가할 수 있거나 이미 부가된 부관의 내용을 변경할 수 있는 권한을 유보하는 내용의 부관이다.

3. 부관의 가능성과 한계

가. 부관의 가능성

개별 법령에 부관의 근거가 있는 경우에는 행정행위의 종류나 성질을 불문하고 해당 규정에 의거하여 부관을 붙일 수 있는 것은 당연하다. 그리고, 재량행위의 경우에는 재량권의 행사 여부에 관한 결정권이 행정청에 있으므로, 행정청이 행정행위와 함께 그 내용을 제한하거나 보충하는 부관을 붙이는 것은 법적인 근거가 없어도 가능한 것으로 해석하여 왔고, 「행정기본법」 제17조 제1항에서도 그에 입각하여 규정하고 있다. 따라서, 부관의 가능성과 관련하여 문제가 되는 상황은 법령에 근거규정이 없는 경우에 준법률행위적 행정행위와 기속행위에 부관을 붙일 수 있느냐에 있다.

전통적인 견해에 따르면 부관은 행정청의 주된 '의사표시'의 효과를 제한하기 위하여 붙이는 것이므로, 의사표시를 요소로 하지 않는 확인·공증·통지·수리 등의 준법률행위적 행정행위에는 부관을 붙일 수 없다. 또한, 재량행위와는 달리 기속행위의 경우에는 상대방이 행정청에 대하여 특정한 행위를 요구할 수 있는 공권을 행사할 수 있으므로 여기에 부관을 붙이면 상대방의 권리를 침해할 수 있고, 기속행위는 법규의 기속성으로 인한 기계적 집행이므로 행정청이 부관을 붙여 법규가 정한 효과를 임의로 제한할 수 없다는 것이다. 그러나, 부관의 가능성은 부관의 다양한 기능 내지 현상을 고려하여 행정행위의 성질에 따라 결정되어야 한다는 견해도 유력하다. 「행정기본법」 제17조에서는 통설과 판례에 입각하여,[39] 처분에 재량이 있는 경우(재량행위)에는 부관을 붙일 수 있고(제1항), 처분에 재량이 없는 경우(기속행위)에는 법률에 근거가 있는 경우에 부관을 붙일 수 있도록 하였다(제2항).

나. 부관의 한계(자유성)

「행정기본법」 제17조 제4항에서는 학설과 판례를 반영하여, ① 해당 처분의 목적에 위배되지 않을 것, ② 해당 처분과 실질적인 관련이 있을 것(부당결부금지의 원칙), ③ 해당 처분의 목적을 달성하기 위하여 필요한 최소한의 범위일 것(비례의 원칙) 등 부관을 적법하게 붙일 수 있는 요건을 규정하고 있다. 그 밖에도 행정행위의 성질에 비추어 부관을 붙이는 것이 허용되지 않는 경우가 있다. 예를 들면, 귀화허가는 신분을 설정하는 행정행위이므로 법적 안정성의 원칙에 비추어 조건을 붙일 수 없다.

한편, 부관도 행정행위의 한 구성부분이므로 행정행위로서의 적법요건을 구비하여야 한다.[40] 따라서 부관도 법령에 적합하여야 하고, 그 내용이 법령에 위반될 수 없으며, 사실상 그리고 법적으로 가능한 것이어야 한다. 또한, 부관의 내용은 명확하여야 하고, 비례의 원칙·평등의 원칙 등 행정법의 일반원칙에 따른 한계를 준수하여야 한다. 예컨대, 부담부 행정행위의 경우 부담을 붙임으로써 기대되는 공익이 부담으로 인하여 상대방이 침해받는 이익보다 커야 한다.

다. 부관의 사후부가

부관은 본질상 행정행위의 발령과 동시에 부가되어야 하는데, 사후에 부관을 붙이거나 받는 것이 가능한지 문제된다. 「행정기본법」은 제정 전 판례와 학설로 인정되어 오던 사후부관을 명시적으로 규정하여, 법률에 근거가 있거나 당사자의 동의가 있는 경우 또는 사정이 변경되어 부관을 새로 붙이거나 종전의 부관을 변경하지 않으면 해당 처분의 목적을 달성할 수 없다고 인정되는 경우에 사후부관을 허용하고 있다(제17조 제3항).

---

39) 가령 대법원 2002. 9. 24. 선고 2000두5661 판결에서는 사회복지법인의 정관변경허가의 법적 성질을 재량행위라고 보고 법률의 근거가 없더라도 부관을 붙일 수 있다는 취지로 판시하였다.
40) 대법원 1997. 3. 14. 선고 96누16698 판결; 대법원 2002. 1. 25. 선고 2001두3600 판결.

4. 부관의 하자와 행정쟁송

부관에 하자가 있는 경우 그 부관의 효력은 행정행위의 하자에 관한 일반이론에 따라 그 하자가 중대하고 명백한 것인 때에는 무효이고, 그렇지 않은 경우에는 취소할 수 있는 것이 된다. 무효인 부관이 붙은 행정행위라면 그 부관이 본체인 행정행위의 중요 요소를 이루는 경우에만 주된 행정행위를 무효로 만든다고 보는 것이 타당하다.

부관이 위법한 경우 행정행위의 상대방은 부관 부분만 독립한 쟁송의 대상으로 삼을 수 있는지 여부가 문제된다(부관의 독립쟁송가능성). 이에 대해서는 부담에 한하여 독립쟁송이 가능하다는 견해, 모든 부관에 대하여 독립쟁송가능성을 인정하는 견해, 본체인 행정행위와 분리가능성이 있는 경우만 독립쟁송이 가능하다는 견해가 대립한다. 판례는 일관하여 부담만 독립하여 행정쟁송의 대상이 될 수 있고 그 밖의 부관은 독립하여 행정쟁송의 대상이 될 수 없다고 본다.[41] 의무이행소송이 인정되지 않는 우리나라에서 부관의 독립쟁송가능성의 문제는 그 부관이 행정소송의 대상이 되는 처분성을 가지고 있는지의 문제일 뿐이다. 따라서, 부관 중 처분성이 인정되는 부담만 독립쟁송이 가능하고 나머지는 독립쟁송이 가능하지 않다고 보아야 한다.

5. 사회보장급여에서 조건부 급여의 문제

사회보장 행정행위에 대해서도 행정법 일반이론에 따라 부관의 가능성과 한계, 부관의 하자에 대한 쟁송가능성 등의 법리가 그대로 적용된다. 사회보장 행정행위에서 문제되는 것은 사회보장급여에 '조건'을 부가하는 조건부 급여이다. 이에 해당하는 것으로「국민기초생활보장법」상 조건부 생계급여를 들 수 있는데, 이는 18세 이상 65세 이하의 근로능력이 있는 수급자에 대하여 생계곤란을 이유로 일단 조건부 수급자로 결정하되, 이들이 자활지원계획에 따라 자활사업에 참가할 것을 조건으로 지급하는 급여를 말한다. 여기에서 조건이라는 용어를 사용하고 있지만, 수익적인 기초생활급여처분을 하면서 자활지원계획에 따른 자활사업 참여의무를 부과하고 있으므로, 이론적으로는 조건이 아니라 부담이라고 보아야 할 것이다.[42]

「국민기초생활보장법」상 생계급여는 수급자에게 의복, 음식물 및 연료비와 그 밖에

---

41) 대법원 1992. 1. 21. 선고 91누1264 판결.
42) 실무상 또는 실정법상 부관의 한 종류인 조건을 모든 종류의 부관을 뜻하는 상위개념으로 사용하기도 하고 용어를 혼동하여 사용하는 경우도 있다.

일상생활에 기본적으로 필요한 금품을 지급하여 그 생계를 유지하게 하는 것을 말한다 (제8조 제1항). 생계급여제도는 단지 수급자의 기초적인 생활을 보장하는 것에 그치지 않고 궁극적으로 수급자가 자기 힘으로 살아갈 수 있도록 돕는 것(자활조성)을 목적으로 하기 때문에, 생계급여를 지급하여 근로능력이 있는 수급자에게 일정한 근로조건을 부과함으로써 자활을 촉진하는 것이다. 위와 같은 사정을 감안하여 「국민기초생활보장법」 제9조 제5항에서는 근로능력이 있는 수급자에게 자활사업에 참가할 것을 조건으로 생계급여를 실시할 수 있도록 규정하고 있다. 과거에는 근로능력이 있는 자는 생활이 어렵다고 하더라도 원칙적으로 생계급여를 받을 수 없었으나, 자활조성의 목적 하에 1999년 9월 제정된 「국민기초생활보장법」에서 조건부 생계급여제도가 도입되었다. 「국민기초생활보장법 시행령」 제7조에서는 근로능력이 있는 수급자의 범위 및 근로능력 평가에 관한 사항을, 제8조에서는 조건부수급자의 범위를 정하고 있으며, 시행령의 위임에 따라 같은 법 시행규칙과 고시 및 행정규칙을 통하여 제도의 내용을 구체화하고 있다.

법령에 따라 원칙적으로 근로능력이 있는 수급자 전부가 조건부 수급자가 되지만 시행령 제8조 제2항에 따라 일정한 대상자는 자활사업 참가 조건을 유예받을 수 있고, 조건유예를 받은 사람은 유예기간 동안 조건부 수급자로 보지 않게 된다(제3항).

조건부 수급자에게 부과되는 조건은 '자활지원계획에 따른 자활사업 참여'이고, 이 조건을 이행하지 않는 경우 같은 법 제30조에 따라 생계급여의 전부 또는 일부가 지급되지 않을 수 있다고 규정하여, 조건을 이행하지 않는 경우에 급여중지 여부를 행정기관의 재량에 맡기고 있다.

이러한 조건부 생계급여제도에 관하여, 먼저 수급자로 하여금 자활사업 참여를 강제하는 것에 대하여, 강제근로금지 원칙에 위배되지 않는지, 강제근로에 해당하지 않는다고 하더라도 직업선택의 자유 또는 근로의 권리를 침해하는 것은 아닌지, 인간다운 생활을 할 권리를 침해하는 것은 아닌지에 대한 위헌문제가 지속적으로 제기되어 왔다.[43] 그러나, 헌법재판소는 조건부 생계급여 유예대상자 범위에 관한 위헌확인 결정에서 조

---

43) 문준혁, "「국민기초생활 보장법」상 조건부 수급 제도와 근로능력평가에 대한 비판적 검토", 사회보장법연구 제8권 제2호, 사회보장법학회 2019, 132면. 이 외에도 조건부 생계급여를 다룬 연구로는 윤찬영, "국민기초생활보장법 제정의 의의와 잠재적 쟁점에 관한 연구", 비판사회정책 제7권, 비판과 대안을 위한 사회복지학회, 2000; 전광석, "최저생활보장의 규범적 기초-헌법 및 관련 법제의 형성과 과제를 중심으로", 저스티스 제156호, 한국법학원, 2016; 박영아 · 전가영 · 서채완 · 권영실, "국민기초생활보장법상 조건부수급제도에 대한 법적 고찰", 사회복지법연구, 용인문화사, 2019; 정은희 · 김태완 · 임완섭 · 최준영 · 김교성 · 김윤민, 「조건부 수급제도 개선방안 연구」, 한국보건사회연구원, 2018 등 다수.

건부 생계급여 자체의 합헌성을 전제로 유예대상자의 범위에 관한 「국민기초생활보장법 시행령」 규정에 대하여 합헌결정을 한 바 있다.[44]

헌재 2017. 11. 30. 선고 2016헌마448 결정: 「국민기초생활보장법 시행령」 제8조 제2항 제1호는 '「고등교육법」 제2조 각 호(제5호는 제외한다)에 따른 학교에 재학 중인 사람'은 조건 부과 유예대상자로 규정하면서도 '대학원에 재학 중인 사람'은 그 대상자로 규정하지 않음으로써, 이들이 모두 '학교에 재학 중인 사람'이라는 점에서 본질적으로 동일함에도 이들을 차별하고 있다. '대학' 중에는 졸업 후 직업인이 되기 위한 지식이나 기술을 연마하기 위한 곳도 있는데, '대학원'은 대학 졸업생이 고도의 전문지식을 습득하거나 전문적 직업훈련을 받기 위한 과정이다. '대학원에 재학 중인 사람'도 자활사업 참가조건의 이행이 사실상 불가능할 수 있으나, 수급자가 자활에 나아갈 수 있도록 돕는 생계급여제도의 취지에 생계급여에 관한 재원의 한계를 고려할 때 조건 부과 유예대상자를 제한할 수밖에 없는 점, '대학원에 재학 중인 사람'은 이미 자활에 나아가기 위한 지식이나 기술을 익힌 자라는 점에서 근로조건의 부과를 유예할 필요성이 낮은 점 등을 종합하여 보면, 입법자가 조건 부과 유예의 대상자를 규정함에 있어 '대학원에 재학 중인 사람'을 「고등교육법」 제2조 각 호(제5호는 제외한다)에 따른 학교에 재학 중인 사람'과 달리 취급하는 데에는 합리적인 이유가 있다.

또한, 이 사건 시행령조항은 조건 부과 유예대상자로 '대학원에 재학 중인 사람'과 '부모에게 버림받아 부모를 알 수 없는 사람'을 규정하고 있지 않다. 그런데 「국민기초생활보장법」은 조건 부과 유예대상자에 해당하지 않는다고 하더라도, 수급자의 개인적 사정을 고려하여 근로조건의 제시를 유예할 수 있는 제도를 별도로 두고 있으므로, '대학원에 재학 중인 사람' 또는 '부모에게 버림받아 부모를 알 수 없는 사람'이 조건 제시 유예사유에 해당하면 자활사업 참여 없이 생계급여를 받을 수 있다. 여기에, 「고등교육법」과 「법학전문대학원 설치·운영에 관한 법률」이 장학금제도를 규정하고 있는 점, 생계급여제도 이외에도 의료급여와 같은 각종 급여제도 등을 통하여서도 인간의 존엄에 상응하는 생활에 필요한 '최소한의 물질적인 생활'을 유지하는 데 도움을 받을 수 있는 점 등을 종합하여 보면, 이 사건 시행령조항은 청구인의 인간다운 생활을 할 권리도 침해하지 않는다.

다음으로, 이러한 조건부 생계급여에 대해서는 생계급여결정이라는 행정행위에 대하여 자활사업 참가라는 의무를 부가한 것이 부관의 한계를 넘어선 것은 아닌지 문제될 수 있다. 특히 수급자의 사정에 맞지 않는 과도한 의무의 부과가 부당결부금지의 원칙이나 비례의 원칙에 위반되는지 등의 문제가 제기될 수 있다. 실제로 생계급여 수급자

---

44) 헌재 2017. 11. 30. 선고 2016헌마448 결정. 이에 반하여 독일 연방헌법재판소는 자활조건 불이행을 이유로 한 급여삭감에 대하여 위헌이라고 판단하였다. 이를 분석한 문헌으로 박성은, "자활조건 불이행 시 생계급여 삭감의 위헌성 - 독일 연방헌법재판소 판결(BVerfG, Urteil des Ersten Senats vom 5. November 2019 - 1 BvL 7/16)에 대한 소개를 중심으로", 사회보장법연구 제11권 제1호, 서울대 사회보장법연구회, 2022 참조.

였던 자가 국민연금공단의 근로능력평가에 따라 근로능력인정 판정을 받게 되어 조건부 수급자로 분류되면서 노동에 종사하던 중 건강악화로 근무 중 사망한 사건을 계기로 더욱 뜨거운 논쟁이 되었다. 이에 관하여 근로능력판정에서의 과실을 인정하고 국민연금공단의 배상책임을 인정한 하급심 판결례가 있다.

수원지방법원 2019. 12. 20. 선고 2017가단531037 판결[45]

〈사실관계〉 기초생활급여는 소득과 재산 등의 선정기준을 충족한 65세 이상의 노인, 중증장애인 등 국가에서 노동할 수 없다고 판정하는 사람들에 해당하지 않을 경우 자활사업 등에 참여하여 근로할 것을 조건으로 수급권이 보장된다. 버스운전기사로 일했던 소외 병은 흉복부대동맥을 인공혈관으로 교체하는 수술을 2005년과 2008년 두 차례에 걸쳐 받은 후 건강이 악화되고 생계유지가 어려워져 기초생활수급자가 되었다. 그러나 2013년 기초생활수급요건 중 근로능력평가를 수행하는 국민연금공단으로부터 근로 능력이 있다는 판정을 받았다. 일하지 않으면 수급권이 박탈될 처지가 되자 건강 악화 우려에도 불구하고 취업성공패키지에 참여해 약 한 달간 교육을 받은 뒤 2014년 2월 아파트 지하주차장 청소부로 취업했다. 병은 이후 일을 하다가 두 차례나 쓰러져 응급실에 실려 갔고, 과거 수술받은 이식혈관이 감염됐다는 진단을 받고 치료 중 같은 해 8월 숨졌다. 이에 병의 유족은 국민연금공단이 병이 근로 능력이 없는데도 '근로능력 있음' 판정을 내렸고, 수원시는 공단의 평가 결과만 가지고 판단을 하는 위법행위를 저질렀다고 주장하며 소송을 제기하였다.

〈판결요지〉

① **피고 국민연금공단의 손해배상책임:** 피고 공단이 병에 대한 의학적 평가를 1단계로 보아 근로능력 있음으로 평가한 것은 위법하고, 과실도 있다. (중략) 병은 피고 공단의 근로능력평가 결과에 기하여 피고 수원시로부터 근로능력 있음의 이 사건 판정을 받게 되었고, 그에 따라 근로능력이 없음에도 취업을 하여 일을 하다가 전에 수술을 받은 이식혈관 부위가 감염되어 사망에 이르렀는 바, 환자의 면역 상태는 감염병의 진행, 치료경과에 큰 영향을 주는 중요한 요인이고, 환자가 과로를 하는 것은 그 면역 상태에 부정적인 영향을 줄 수밖에 없으므로, 피고 공단의 근로능력평가 결과와 이 사건 사고 사이에는 상당인과관계가 있다.

② **피고 수원시의 손해배상책임:** 1) 피고 공단의 망인에 대한 근로능력평가 결과가 위법한 이상, 피고 시가 이에 기하여 병에 대하여 근로능력 있음의 이 사건 판정을 한 것 역시 위법하다. (중략) 다만, 질병, 부상 또는 그 후유증으로 치료나 요양이 필요한 사람에 대한 근로능력판정은 사실상 피고 공단의 근로능력평가 결과에 전적으로 의존하여 이루어지는 것으로서 피고 공단의 근로능력평가 결과가 외관상 명백히 잘못되었다고 볼 만한 특별한 사정이 없는 한 피고 시에 과실이 있다고 보기 어렵다. (중략) 2) 그런데, 피고 공단은 피고 시로부터 근로능력평가라는 공무를 위탁받은 사인으로서 그 공무를 수행함에 있어 위에서 본 바와 같이 이 사건 사고 발생과 사이에 상당인과관계가 인정되는 과실 있는 위법행위를 저질렀으므로, 피고 시는 이 사건 사고에 대하여 국가배상법 제2조 제1항 본문에 따른 손해배상책임을 진다.

---

45) 이에 대하여 피고가 항소하였으나, 수원지방법원 2020. 10. 29. 선고 2020나51686 판결로 항소가 기각되었고, 위 판결은 2020. 11. 14. 확정되었다.

V. 사회보장 행정행위의 성립과 그 효력

1. 사회보장 행정행위의 성립요건 및 효력발생요건

가. 성립요건

사회보장 행정행위도 일반적인 행정행위와 같이 적법하게 성립하기 위해서는 주체·절차·형식·내용에 관한 요건들이 충족되어야 한다.

사회보장 행정행위 특히 수익적 행정행위라고 하더라도 적법한 권한의 범위 내에 있는 행정청만 행정행위를 발령할 수 있고, 개별 사회보장법령에 규정된 급여 등에 관한 절차적 요건과 행정절차법에 규정된 처분기준의 설정·공표 및 청문이나 의견제출과 같은 의견청취 등의 절차적 요건을 지켜야 한다. 또한, 행정청이 처분을 하는 때에는 원칙적으로 문서로 하여야 하고, 당사자에게 그 근거와 이유를 제시하여야 하며, 그 내용이 헌법과 법률에 적합하고 타당하여야 하며 사실상·법률상 실현가능하고 객관적으로 명확하여야 한다.

나. 효력발생요건

행정행위가 위와 같이 주체·절차·형식·내용에 관한 요건을 갖추면 적법하게 성립하게 되고, 그런 다음 외부에 표시되면 효력이 발생하게 된다. 여기에서 '표시'라 함은 행정행위를 대외적으로 알리는 것을 말하고, 그 효력발생 여부는 행정청이 행정의사를 공식적인 방법으로 외부에 표시하였는지를 기준으로 판단하여야 한다. 상대방이 있는 행정행위는 외부에 표시되어 상대방이 알 수 있는 상태에 도달함으로써 효력이 발생한다.[46] 상대방에게 고지되지 않은 경우에는 상대방이 다른 경로를 통하여 처분의 내용을 알게 되었다고 하더라도 효력이 발생하지 않는다.[47]

송달방법 및 장소, 수령인 등에 대해서는 처분의 근거법률에 특별규정이 있는 경우에는 그에 따라야 할 것이다. 「행정심판법」 제57조는 서류의 송달에 관하여 「민사소송법」을 준용하도록 되어 있고, 「국세기본법」 제8조 내지 제12조에도 송달에 관한 특별규정을 두고 있다.

---

46) 대법원 1996. 12. 20. 선고 96누9799 판결; 대법원 2019. 7. 11. 선고 2017두38874 판결.
47) 대법원 2019. 8. 9. 선고 2019두38656 판결; 대법원 2020. 2. 27. 선고 2016두60898 판결 등 참조.

근거법률에 특별한 규정이 없으면 「행정절차법」 제14조, 제15조의 송달에 관한 규정이 적용되고, 「행정절차법」에 규정되지 않은 부분은 「민법」의 일반원칙에 의하게 된다. 통상의 송달은 우편, 교부 또는 정보통신망을 이용하여 이루어지지만, 송달받을 자의 주소를 알 수 없거나 불가능한 경우 등에는 관보·공보·게시판·일간신문 중 하나 이상에 공고하고 인터넷에도 공고하여야 한다.

문서에 의할 필요가 없는 행위는 구술에 의한 통지도 무방하나, 일정한 서면에 의한 행위는 그 서면이 상대방에게 도달하여야 효력이 발생한다(「행정절차법」 제15조 제1항 참조). 도달은 사회관념상 피통지자가 통지의 내용을 알 수 있는 객관적 상태에 놓여졌다고 인정되는 상태를 말하므로, 그가 이를 현실적으로 수령하였다거나 그 통지의 내용을 알았을 것까지 요구하지는 않는다. 본인에게 전달되는 것이 원칙적인 모습일 것이나 우편함 투입, 동거하는 친족·가족·고용인 등에 대한 교부 등 본인의 세력 범위 내 또는 생활지배권 범위 내에 들어간 경우도 포함한다. 우편물이 내용증명우편이나 등기우편과 같은 등기취급의 방법으로 발송된 경우에는 도중에 유실되었거나 반송되었다는 등의 특별한 사정에 대한 반증이 없다면 그 무렵 수취인에게 배달되었다고 추정할 수 있다.[48] 이와는 달리 보통우편의 방법으로 발송되었다는 사실만으로는 그 우편물이 상당한 기간 내에 도달하였다고 추정할 수 없다.[49]

정보통신망을 이용하여 전자문서로 송달하는 경우에는 송달받을 자가 동의한 경우에만 허용되는데, 이때에는 그가 지정한 컴퓨터 등에 입력된 때에 도달된 것으로 본다(제2항). 특정인의 주소 등을 확인할 수 없거나 송달이 불가능하여 공고에 의한 송달을 하는 경우에는 공고가 있은 날부터 14일이 경과하여야 송달의 효력이 발생한다(제3항).

불특정 다수인에 대한 처분으로 관보·신문에의 고시 또는 게시판의 공고의 방법으로 외부에 그 의사를 표시함으로써 효력이 발생하는 경우에는 그 처분의 효력이 불특정 다수인에게 일률적으로 적용되는 것이므로, 처분에 이해관계를 갖는 자가 고시 또는 공고가 있었다는 사실을 현실적으로 알았는지 여부에 관계없이 고시가 효력을 발생하는 날에 처분이 있음을 알았다고 보아야 한다.[50] 이때 근거법규에 정함이 있는 경우에는 그에 따라, 근거법규가 효력발생일을 정하지 않았으면 공고 후 5일이 경과한 날 처분이 있음을 알았다고 본다(「행정업무의 운영 및 혁신에 관한 규정」 제6조 제3항).

---

48) 대법원 1992. 3. 27. 선고 91누3819 판결; 대법원 2017. 3. 9. 선고 2016두60577 판결.
49) 대법원 2009. 12. 10. 선고 2007두20140 판결.
50) 대법원 2001. 7. 27. 선고 99두9490 판결.

2. 사회보장 행정행위의 효력과 구속력

가. 개관

적법하게 성립하고 유효요건을 갖춘 행정행위는 행정행위로서의 효력이 발생하고, 유효한 행정행위는 그 상대방 또는 내용에 따라 다른 구속력을 가지게 된다. 행정행위의 효력에는 내용적 구속력, 공정력, 구성요건적 효력, 존속력, 강제력 등이 있다.

나. 내용적 구속력

행정행위가 그 내용에 따라 관계행정청 및 관계인에 대하여 일정한 법률적 효과를 발생하는 힘을 '내용적 구속력'이라고 한다. 사회보장수급권은 관계 법령에서 정한 실체법적 요건을 충족시키는 객관적 사정이 발생하면 추상적인 급부청구권이 발생하고, 관계 법령에서 정한 절차·방법·기준에 따라 관할 행정청에 지급신청을 하여 관할 행정청이 지급결정을 하면 그때 비로소 구체적인 수급권으로 전환되는 경우가 많다.

(1) 수급자격 및 급여수준 등과 관련된 행정행위의 내용적 구속력

사회보장행정에서 급여신청에 대한 행정청의 결정은 '수급자격의 확인 또는 형성'과 '구체적 급여의 선택과정'의 두 부분으로 나눌 수 있다. 수급자격 및 급여수준에 대한 결정의 법적 성격은 이 두 부분을 구체적으로 검토함으로써 파악될 수 있다. 행정결정이 수급자격을 가졌는지를 확인하는 방식으로 이루어지는 경우라면 이때의 결정은 기속행위가 될 것이고, 수급자격을 행정결정에 의하여 형성하여야 한다면 그때의 결정은 재량행위가 될 가능성이 높다. 또한, 급여의 정도와 이행방법도 법률이 행정청의 조사를 통한 확인을 요구하면서 기속적으로 정할 수도 있고, 아예 행정청으로 하여금 개개의 수급권자의 사정과 이행할 수 있는 급여를 고려하여 형성하게 할 수도 있다.[51]

---

51) 하명호, "사회보장행정에서 권리의 체계와 그 구제", 181-182면. 이하 유형의 분류는 위의 글, 183-185면 참조.

(가) 수급자격과 급여수준을 모두 법령이 직접 정해놓는 경우

사회보장수급에 관한 법률요건이 충족되면 행정청이 개입할 여지없이 수급자격과 구체적인 급여의 내용이 정해지는 경우이다. 수급권자가 행정청에게 법률요건이 충족되었음을 이유로 급여를 신청하면 행정청이 그 급여를 이행할 것인지 여부를 결정하는 것처럼 보이지만, 이때의 결정은 상대방의 법률상 지위에 직접적인 법률적 변동을 일으키지 않기 때문에 처분이라 볼 수 없을 것이다. 「국민건강보험법」상의 요양급여(제41조)는 수급자격과 급여수준을 모두 법령이 직접 정해놓는 방식에 해당한다고 볼 수 있을 것이다. 또한, 대법원은 「광주민주화운동 관련자 보상 등에 관한 법률」에 의한 보상금 등의 지급신청에 대한 결정은 취소소송의 대상이 되는 처분에 해당하지 않고, 관련자 및 유족들이 갖는 보상 등에 대한 권리는 공법상의 권리로서 그에 관한 소송은 당사자소송에 의하여야 한다고 판시한 바 있다.

대법원 1992. 12. 24. 선고 92누3335 판결: 「광주민주화운동 관련자 보상 등에 관한 법률」 제15조 본문의 규정에서 말하는 광주민주화운동관련자보상심의위원회의 결정을 거치는 것은 보상금 지급에 관한 소송을 제기하기 위한 전치요건에 불과하다고 할 것이므로 위 보상심의위원회의 결정은 취소소송의 대상이 되는 행정처분이라고 할 수 없다.

(나) 수급자격은 법령이 정해놓았으나 급여수준은 행정결정에 의하도록 하는 경우

현행법에서 이러한 유형을 찾아보기는 어렵다.

(다) 수급자격을 행정결정에 의하도록 하고, 급여수준은 법령이 직접 정해놓는 경우

각종 사회보험법에서는 급여주체가 연금과 같은 급여를 지급하기 위해서는 수급권자인지를 먼저 확인하도록 규정하는 경우가 많다. 예컨대, 공무원연금을 지급하기 위해서는 공무원연금공단이 공무원 또는 공무원이었던 자의 신분에 관한 사항 등을 확인하여야 한다. 마찬가지로 근로복지공단도 해당 신청자가 업무상 재해를 입은 근로자에 해당하는지 등을 확인하여야 한다. 이러한 확인절차가 마무리된 다음 그 수급액이 기계적으로 산정된다면 이 유형에 속할 것이다.

(라) 수급자격과 급여수준을 모두 행정결정에 의하도록 규정한 경우

이 경우는 행정청이 수급자격 여부와 급여수준에 대하여 모두 결정을 한 후에야 비로소 급여를 구체적으로 이행할 수 있는 구조이다. 이때 행정청의 결정은 기속적일 수도 있고 재량적일 수도 있다.

행정청의 결정이 기속적으로 이루어지는 유형에서는 신청을 하기 전에도 이미 급여청구권이 추상적으로 발생하고 있지만, 행정청이 수급권자인지 여부와 구체적인 수급액을 확인하여야 비로소 구체적으로 급여를 이행하게 되는 유형이다. 이러한 유형은 주로 사회보험이나 사회보상의 영역에서 발견되는데, 구체적인 수급액이 일의적으로 미리 산정되지 않아 행정청의 확인이 필요한 경우이다. 이 경우 신청자가 급여주체에게 바로 소정의 급여이행을 구하는 당사자소송을 제기하지 못하고, 급여신청에 대한 행정청의 거부처분을 대상으로 항고소송을 제기하여야 한다. 판례도 법률에 따라 수급권이 추상적으로 발생한다고 하더라도 행정청이 구체적으로 그 요건 부합 여부를 심사하여 결정하는 절차를 거쳐야 비로소 급여를 수령할 수 있게 된다면 이는 준법률행위적 행정행위로서 '확인'에 해당한다. 이 역시 처분성이 인정되므로 항고소송으로 다툴 수 있다고 본다.

대법원 1996. 12. 6. 선고 96누6417 판결: 구 「공무원연금법」(1995. 12. 29. 법률 제5117호로 개정되기 전의 것) 제26조 제1항, 제80조 제1항, 「공무원연금법시행령」 제19조의2의 각 규정을 종합하면, 같은 법 소정의 급여는 급여를 받을 권리를 가진 자가 당해 공무원이 소속하였던 기관장의 확인을 얻어 신청하는 바에 따라 공무원연금관리공단이 그 지급결정을 함으로써 그 구체적인 권리가 발생하는 것이므로, 공무원연금관리공단의 급여에 관한 결정은 국민의 권리에 직접 영향을 미치는 것이어서 행정처분에 해당하고, 공무원연금관리공단의 급여결정에 불복하는 자는 공무원연금급여재심위원회의 심사결정을 거쳐 공무원연금관리공단의 급여결정을 대상으로 행정소송을 제기하여야 한다.

대법원 2019. 12. 27. 2018두46780 판결: 선순위 유족이 유족연금수급권을 상실함에 따라 동순위 또는 차순위 유족이 그 상실 시점에서 그 유족연금수급권을 법률상 이전받는다 하더라도 동순위 또는 차순위 유족은 구 「군인연금법 시행령」 제56조(2010. 11. 2. 대통령령 제22647호로 개정되기 전의 것, 이하 '시행령'이라 한다)에서 정한 바에 따라 국방부장관에게 '유족연금수급권 이전 청구서'를 제출하여 심사 · 판단받는 절차를 거쳐야 비로소 유족연금을 수령할 수 있게 된다. 이에 관한 국방부장관의 결정은 선순위 유족의 수급권 상실로 청구인에게 유족연금수급권 이전이라는 법률효과가 발생하였는지 여부를 '확인'하는 행정행위에 해당하고, 이는 월별 유족연금액 지급이라는 후속 집행행위의 기초가 되므로, '행정청이 행하는 구체적 사실에 관한 법집행으로서의 공권력의 행사 또는 그 거부(「행정소송법」 제2조 제1항 제1호)'로서 항고소송의 대상인 처분에 해당한다고 보아야 한다. 그러므로 만약 국방부장관이 거부결정을 하는 경우 그 거부결정을 대상으로 항고소송을 제기하는 방식으로 불복하여야 하고, 청구인이 정당한 유족연금수급권자라는 국방부장관의 심사·확인 결정 없이 곧바로 국가를 상대로 한 당사자소송으로 그 권리의 확인이나 유족연금의 지급을 소구할 수는 없다.

행정청의 결정이 재량적으로 이루어지는 유형은 신청자가 법률요건이 충족되었음을 이유로 급여를 신청하면 행정청이 수급권과 급여를 형성하는 결정을 하여야 비로소 구체적인 급여를 이행할 수 있는 경우로서, 이때 행정청의 결정은 수급권을 형성하는 형성적 행위에 해당한다.

한편, 급여의 제공을 위한 절차로서 법령에 따라 이루어지는 위원회의 심의·의결이 급부이행을 돕기 위한 청약이나 승낙의 의사표시 정도로 평가된다면, 수급자격과 급여수준을 모두 법령이 직접 정해놓는 경우에 해당하게 되고 위원회 심의·의결은 처분이라고 볼 수 없다. 이 경우에는 위 (가)항의 유형으로 취급되므로, 항고소송이 아니라 공법상 당사자소송으로 다투어야 한다.

(2) 사회보장급여제공에 관여하는 제3자에 대한 각종 행정행위의 내용적 구속력

사회보장행정에서 행정청이 사회보장수급권자에게 급여결정을 하는 경우 외에도 사회보장행정청이 사회보장급여제공에 관여하는 제3자에게 행정행위를 발령하는 경우도 종종 있다. 사회보장행정청이 지정·등록 등을 통하여 지위를 부여하는 수익적 행정행위를 하는 경우도 있고, 위법하게 제공된 급여비용을 환수한다거나 의무불이행 및 법규위반에 대한 각종 제재적 행정행위를 하는 경우도 있다.

다. 공정력

행정행위는 그 밖의 행정작용이나 사법상의 법률행위에서 인정되지 않는 공정력이라는 특별한 효력을 가진다. 공정력은 '비록 행정행위가 하자가 있더라도 그 하자가 중대하고 명백하여 무효가 아니라면, 상대방 또는 이해관계인이 권한 있는 기관에 의하여 취소되기까지는 유효한 것으로 통용되는 힘'이라고 할 수 있다. 예컨대, A가 B에게 100만 원을 주었는데, A는 위 돈을 대여한 것이라고 주장하는 반면 B는 증여받은 것이라고 하면서 이를 부인한다고 가정하자. 이때 A가 B에게 민사소송을 제기하여 승소하고 그 판결이 확정될 때까지는 대여계약에 따른 법률효과를 현실적으로 관철시킬 수 없게 된다. 반면에 A공단이 B에게 100만 원의 보험료 징수처분을 하였다면, 위 처분의 효력은 바로 발생하게 되고, 민사소송에서와는 반대로 B가 위 처분에 관한 항고소송을 제기하여 그 효력을 제거하여야 한다. 「행정기본법」 제15조에서도 처분의 효력 중 '공정력'에 관한 사항을 규정하였는데, 처분은 권한이 있는 기관이 취소 또는 철회하거나 기간의 경과 등으로 소멸되기 전까지는 '유효한 것으로 통용'되도록 하되, 무효인 처분은 처음부터 효력이 발생하지 않는다는 점을 명시하고 있다.

공정력은 하자가 있는 행정행위에도 일단은 인정되지만, 하자가 중대하고 명백하여 무효인 행정행위에는 인정되지 않는다. 무효인 행정행위에 대해서는 행정심판, 행정소송 등을 통하여 언제든지 그 행정행위의 무효확인을 구할 수 있기 때문이다. 또한, 취소쟁송제도가 '공정력'의 주된 근거를 이루므로, 취소쟁송의 대상이 되지 않는 명령(법규명령·행정규칙·자치법규 등), 행정계약(공법상 계약·사법상 계약), 단순한 사실행위, 사법행위 등에는 공정력이 인정되지 않는다.

라. 구성요건적 효력

행정행위의 구성요건적 효력이란 '비록 행정행위가 하자가 있더라도 그 하자가 중대하고 명백하여 무효가 아니라면, 모든 국가적 기관은 행정행위의 존재 또는 효력을 존중하고, 스스로의 판단의 기초 또는 구성요건으로 삼아야 하는 구속력'을 말한다. 구성요건적 효력의 근거는 권한과 직무 또는 관할을 달리하는 국가기관들이 서로 권한을 존중하여야 하고 그 권한을 침해해서는 안 된다는 것에 있다. 이렇게 구성요건적 효력은 국가기관 상호 간의 권한존중에서 기인하는 것인 반면, 공정력은 법적 안정성에서 기인하는 것이다.

마. 존속력

행정행위가 일단 행해지면 그에 터잡아 수많은 법률관계가 형성되므로, 되도록이면 그 행정행위를 존속시키는 것이 여러모로 바람직할 것이다. 이러한 요청을 제도화한 것이 행정행위의 존속력이라고 부르는데, 존속력에는 불가쟁력과 불가변력이 있다.

불가쟁력이란 행정행위에 대한 쟁송의 제기기간이 경과하거나 쟁송수단을 다 거친 경우에는 상대방 또는 이해관계인은 더 이상 행정행위의 효력을 다툴 수 없게 되는 효력을 말한다. 불가쟁력이 발생한 행정행위에 대한 행정심판 및 취소소송의 제기는 부적법하다. 그러나 무효인 행정행위는 쟁송제기기간의 제한을 받지 않으므로, 불가쟁력이 발생하지 않는다. 그런데, 행정쟁송의 제소기간이 도과되었거나 쟁송절차를 모두 거친 경우라고 하더라도 행정행위의 기초가 된 사실관계 또는 법률관계가 변경되어 당초 근거가 되었던 사실관계와 법률관계가 사회적 관념이나 법질서와 충돌하는 때에는 당초의 행정행위를 재고하여 당사자의 권리를 보호할 필요가 있다. 법원에서 확정된 판결에 대해서도 「민사소송법」과 「형사소송법」에 따라 일정한 요건 하에 재심이 허용되는데, 행정행위에 대해서도 재심사의 기회를 보장하지 않을 이유가 없으므로, 「행정기본법」의 제정과 함께 정의와 형평의 관점에서 처분의 재심사제도가 도입되었다. 이러한 재심사제도는 불가쟁력을 깨는 예외적인 것이다(「행정기본법」 제37조).

불가쟁력은 행정행위의 상대방이나 이해관계인에 대한 구속력이고, 처분청이나 그 밖의 국가기관을 구속하지는 않는다. 따라서, 처분청은 불가쟁력이 발생한 후에도 행정행위를 취소·변경할 수 있다. 행정행위에 불가쟁력이 발생하였다고 하더라도 판결에서의 기판력과는 달리, 처분의 기초가 된 사실관계나 법률적 판단이 확정되고 당사자들이나 법원이 이에 기속되어 모순되는 주장이나 판단을 할 수 없게 되는 것은 아니다.[52]

한편, 행정행위는 하자가 있거나 어떠한 사유가 있을 경우 취소 또는 변경되거나 철회되기도 한다. 그러나 행정행위의 하자 또는 새로운 사정의 발생에도 불구하고 직권에 의한 취소·철회가 제약받는 경우가 있는데, 이때의 효력을 불가변력이라고 한다. 불가변력은 모든 행정행위에 공통된 효력이 아니라 예외적으로 특별한 경우에만 인정된다. 특히 행정심판의 재결 등과 같이 일정한 쟁송절차를 거쳐 행해지는 확인판단적·준사법적 행정행위에 대하여 불가변력이 인정된다.

바. 강제력

강제력은 집행력과 제재력을 합친 개념이다. 집행력은 행정행위에 의하여 부과된 행정상 의무를 상대방이 이행하지 않는 경우 행정청이 스스로의 강제력을 발동하여 그 의무를 실현시키는 힘을 말한다. 모든 행정행위가 집행력을 가지는 것이 아니라 상대방에게 어떤 의무를 부과하는 하명행위만 집행력을 가질 수 있으므로, 허가·면제·특허·인

---

52) 대법원 2019. 10. 17. 선고 2018두104 판결.

가 등과 같이 의무의 부과와 무관한 행정행위는 집행력이 없다. 오늘날 집행력은 해당 행정행위에 내재하는 당연한 속성이라고 보지 않으므로, 하명과는 별도의 법률적 근거가 필요하다.

한편, 제재력은 행정행위에 의하여 부과된 의무를 위반하는 경우 행정벌(행정형벌ㆍ질서벌)이 과해지는 경우의 효력을 말한다. 이러한 행정행위의 제재력도 법률상 근거를 필요로 한다는 점에서 행정행위 자체에 내재되어 있는 효력이라고 볼 수 없다.

VI. 사회보장 행정행위의 하자

1. 하자의 의의

가. 의의

행정행위가 적법하게 성립하고 효력을 발생하기 위해서는 여러 가지 요건이 갖춰져야 하는데, 그러한 요건을 충족하지 못하면 그 행정행위에는 하자가 있다고 표현하고 대부분의 경우에 위법한 것이 된다. 통상 '행정행위의 하자'라고 함은 위법사유를 뜻하는 좁은 의미의 하자를 말하고, 위법한 행정행위는 '무효'인 행위와 '취소'할 수 있는 행위로 나누어진다.

행정행위가 위법한지 여부의 판단시점에 관하여 처분시설과 판결시설이 대립하고 있는데, 행정행위가 외부에 표시된 시점이라는 것이 통설이다(처분시설). 대법원도 행정소송에서 처분의 위법 여부는 처분이 있을 때의 법령과 사실상태를 기준으로 판단하여야 하고, 처분 후 법령의 개폐나 사실상태의 변동에 의하여 영향을 받지는 않는다는 입장에 있다.[53] 한편, 장애등급결정과 같이 행정청이 확정된 법률관계를 확인하는 처분을 하는 경우에는 해당 법률관계 확정 시의 법령과 사실상태를 기준으로 판단한다.

대법원 2014. 10. 15. 선고 2012두15135 판결: 국민연금법상 장애연금은 국민연금 가입 중에 생긴 질병이나 부상으로 완치된 후에도 신체상 또는 정신상의 장애가 있는 자에 대하여 그 장애가 계속되는 동안 장애 정도에 따라 지급되는 것으로서, 치료종결 후에도 신체 등에 장애가 있을 때 지급사유가 발생하고 그때 가입자는 장애연금 지급청구권을 취득한다. 따라서 장애연금 지급을 위

---

53) 대법원 2002. 7. 9. 선고 2001두10684 판결.

한 장애등급 결정은 장애연금 지급청구권을 취득할 당시, 즉 치료종결 후 신체 등에 장애가 있게 된 당시의 법령에 따르는 것이 원칙이다. 나아가 이러한 법리는 기존의 장애등급이 변경되어 장애연금액을 변경하여 지급하는 경우에도 마찬가지이므로, 장애등급 변경결정 역시 변경사유 발생 당시, 즉 장애등급을 다시 평가하는 기준일인 '질병이나 부상이 완치되는 날'의 법령에 따르는 것이 원칙이다.

대법원 2007. 2. 22. 선고 2004두12957 판결: 산업재해보상보험법상 장해급여는 근로자가 업무상의 사유로 부상을 당하거나 질병에 걸려 치료를 종결한 후 신체 등에 장해가 있는 경우 그 지급사유가 발생하고, 그때 근로자는 장해급여 지급청구권을 취득하므로, 장해급여 지급을 위한 장해등급 결정 역시 장해급여 지급청구권을 취득할 당시, 즉 그 지급 사유 발생 당시의 법령에 따르는 것이 원칙이다.

이와는 달리 행정기관이 재량을 잘못 행사하였으나 한계를 벗어나지 않은 경우에는 '부당'이라고 부른다. 하자를 넓은 의미로 말할 때에는 '부당한 행위'도 '하자있는 행위'에 포함된다.

명백한 오기·오산 및 이에 준하는 행정행위의 표면상의 오류는 하자로 보지 않는다. 「행정절차법」제25조는 "행정청은 처분에 오기·오산 또한 그 밖에 이에 준하는 명백한 잘못이 있을 때에는 직권으로 또는 신청에 따라 지체 없이 정정하고 이를 당사자에게 통지하여야 한다."라고 규정하고 있다.

나. 행정행위의 무효와 취소

무효인 행정행위와 취소할 수 있는 행정행위는 구별되어야 한다. 무효인 행정행위는 행정행위로서의 외형은 갖추고 있으나 행정행위로서의 효력이 없다. 반면에 취소할 수 있는 행정행위는 행정행위에 하자가 있음에도 불구하고 권한 있는 기관이 취소함으로써 비로소 행정행위로서의 효력을 상실하게 된다.

양자는 효력상의 차이 외에도 무효사유가 있는 경우에는 무효확인소송, 취소사유가 있는 경우에는 취소소송을 통해 권리를 구제받을 수 있는데, 무효확인소송은 제소기간의 제한이 없는 반면 취소소송은 제소기간을 준수하여야 한다는 점에서 차이가 있다. 그 밖에도 공정력과 구성요건적 효력 인정 여부, 하자의 치유와 하자있는 행정행위의 전환 가능 여부, 하자의 승계 여부, 사정판결 가능 여부 등에서 차이가 있다.

무효사유와 취소사유의 구별기준에 관한 통설과 판례의 입장인 중대·명백설은 하자의 내용이 중대하고 외관상 명백할 때에는 해당 행정행위가 무효이지만 두 요건을 모두 충족하는 경우가 아니라면 취소할 수 있는 행정행위에 불과하다는 견해이다. 따라서 무효요건으로 중대성과 명백성을 함께 요구한다. 이때 중대성이란 그 행정행위가 중요한 법률요건을 위반하고 위반의 정도가 심하다는 것을 의미하며, 명백성이란 하자의 존재가 객관적으로 외관상 명백한 것을 의미한다. 판례는 하자가 중대하고 명백한 것인지 여부를 판별함에 있어서는 그 법규의 목적, 의미, 기능 등을 목적론적으로 고찰함과 동시에 구체적 사안 자체의 특수성에 관하여도 합리적으로 고찰함을 요한다.[54]

중대·명백설에 대한 비판적 견해로서 가장 유력한 견해는 명백성 보충요건설이다. 이 견해는 행정행위가 무효로 되기 위해서는 하자의 중대성은 항상 요구되지만 명백성은 행정의 법적 안정성이나 제3자의 신뢰보호 요청이 있는 경우에만 요구된다는 견해이다. 국민의 권리구제의 요청과 법적 안정성을 모두 고려한다는 점에서 중대·명백설이 의미를 가지지만, 하자가 중대하나 명백하지 않은 경우가 많다는 점을 고려한다면 국민의 권리구제에 미흡할 수 있다. 이러한 점에서 권리보호의 요청에도 부합하고 불합리한 결과를 피하고자 하는 명백성 보충요건설이 타당해 보이나, 이 견해 역시 그 기준이 모호하다는 단점에 있다. 궁극적으로는 입법적 해결이 필요하다.

대법원 1995. 7. 11. 선고 94누4615 전원합의체 판결: [다수의견] 하자있는 행정처분이 당연무효가 되기 위하여는 그 하자가 법규의 중요한 부분을 위반한 중대한 것으로서 객관적으로 명백한 것이어야 하며 하자가 중대하고 명백한 것인지 여부를 판별함에 있어서는 그 법규의 목적, 의미, 기능 등을 목적론적으로 고찰함과 동시에 구체적 사안 자체의 특수성에 관하여도 합리적으로 고찰함을 요한다.

[반대의견] 행정행위의 무효사유를 판단하는 기준으로서의 명백성은 행정처분의 법적 안정성 확보를 통하여 행정의 원활한 수행을 도모하는 한편 그 행정처분을 유효한 것으로 믿은 제3자나 공공의 신뢰를 보호하여야 할 필요가 있는 경우에 보충적으로 요구되는 것으로서, 그와 같은 필요가 없거나 하자가 워낙 중대하여 그와 같은 필요에 비하여 처분 상대방의 권익을 구제하고 위법한 결과를 시정할 필요가 훨씬 더 큰 경우라면 그 하자가 명백하지 않더라도 그와 같이 중대한 하자를 가진 행정처분은 당연무효라고 보아야 한다.

---

54) 대법원 1995. 7. 11. 선고 94누4615 전원합의체 판결.

다. 구체적 위법사유

행정행위의 위법사유는 주체·절차·형식·내용에 관한 하자로 구분할 수 있다. ① 주체에 관한 하자로는 권한 없는 자의 행정행위, 적법하게 조직되지 않은 합의제 행정기관의 행위, 행정기관의 의사에 흠결이 있는 경우 등을 들 수 있다. ② 절차에 관한 하자는 상대방의 동의나 신청, 다른 기관의 협력, 공고 또는 통지, 이해관계인의 입회 또는 협의, 청문 등을 거쳐야 함에도 이를 결한 경우이다. 실체적 하자가 존재하지 않다고 하더라도 이러한 절차적 하자만으로 그 행정행위가 무효 또는 취소될 수 있는지 견해가 대립하나, 판례의 대체적 경향은 절차적 하자가 절차적 정당성을 해할 정도에 이르면 독자적인 위법사유가 된다고 보고 있다. 한편, ③ 서면에 의하지 않은 행정행위 또는 서명날인이 요구됨에도 이를 결한 행위 등은 형식에 관한 하자로 분류된다. ④ 행정행위의 내용이 실현불가능한 경우나 그 내용이 불명확한 경우 또는 공서양속에 반하는 행위 등은 내용에 관한 하자에 해당한다.

2. 하자있는 행정행위의 치유와 전환

위법한 행정행위는 그 효력이 부인되거나 취소되어야 하는 것이지만, 일정한 상황 하에서 하자의 존재에도 불구하고 그 효력을 유지시키고자 하는 법리가 바로 '하자의 치유'와 '하자있는 행정행위의 전환'이다.

가. 하자있는 행정행위의 치유

하자있는 행정행위의 치유는 행정행위가 발령 당시 적법요건을 완전히 구비하지 못하여 위법한 것이지만 사후에 흠결이 보완되거나 그 흠이 취소사유가 되지 않을 정도로 경미해진 경우에, 그 성립 당시의 하자에도 불구하고 하자 없는 적법한 행위로 그 효력을 유지시키고, 행위의 효과를 다툴 수 없도록 하는 것을 말한다. 대법원은 "하자의 치유는 행정행위의 성질이나 법치주의의 관점에서 볼 때, 원칙적으로는 허용될 수 없으나 행정행위의 무용한 반복을 피하고 당사자의 법적 안정성을 보호하기 위하여 국민의 권리와 이익을 침해하지 아니하는 범위 내에서 구체적인 사정에 따라 예외적으로 허용될 수 있다."라는 입장에 있다.[55]

---

55) 대법원 2002. 7. 9. 선고 2001두10684 판결 등 참조.

하자의 치유를 인정하면 가산금을 지급하여야 하는 등 당사자에게 불이익하게 되는 경우에는 그 치유를 인정할 수 없고,[56) 무효인 행정행위에까지 치유를 인정할 수는 없다.[57) 한편, 하자의 치유가 절차적 하자의 경우에 인정된다는 것은 이견이 없고, 내용상의 하자에 대해서는 그 치유를 부인하는 것이 판례이다.[58)

하자가 치유되면 처음부터 적법한 행정행위와 같은 효력이 인정된다. 하자의 치유는 취소할 수 있는 행정행위에 대하여 국민의 권익을 침해하지 않는 범위에서 인정된다. 시간적으로는 언제까지 하자의 치유가 인정될 것인지에 대하여 쟁송제기 이후에도 치유 가능하다는 견해가 있으나, 통설과 판례는 행정 상대방의 예측가능성 보장과 불복 결정 및 불복 신청에 대한 편의 등을 고려하여 쟁송제기 전까지만 가능하다고 본다.[59)

나. 하자있는 행정행위의 전환

통설과 판례는 무효인 행정행위라도 적법한 다른 행정행위로서 요건이 충족되는 경우 새로운 행정행위로서의 효력을 인정한다. 이를 하자있는 행정행위의 전환이라 한다. 행정법상 일반적인 근거는 없으나 행정의 불필요한 반복을 피하고 국민의 법생활의 안정과 신뢰보호 등을 목적으로 한다. 하자의 치유와 달리 무효인 행정행위에 대해서만 인정된다. 한편, 하자있는 행정행위를 새로운 행정행위로 전환하는 행위 자체도 처분성이 인정되므로 별도로 행정소송으로 다툴 수 있다.

3. 하자의 승계

둘 이상의 행정행위가 연속적으로 행해지고 선행행위에 불가쟁력이 발생한 경우 선행행위의 하자를 이유로 그 자체로는 하자가 없는 후행행위를 다툴 수 있는지가 문제된다. 만일 후행행위의 효력을 다투는 쟁송절차에서 선행행위의 하자를 다툴 수 있다고 한다면, 행정행위의 불가쟁력이나 제소기간을 둔 취지가 몰각되어 행정법관계의 안정성을 해치게 된다. 반대로 다툴 수 없다고 한다면, 이에 해당하는 당사자의 권리구제의 기회가 박탈될 염려가 있다. 따라서, 행정법관계의 안정성과 권리구제 기회의 제공이라는

---

56) 대법원 2001. 6. 26. 선고 99두11592 판결; 대법원 2010. 8. 26. 선고 2010두2579 판결 등 참조.
57) 대법원 1984. 2. 28. 선고 81누275 전원합의체 판결; 대법원 1989. 12. 12. 선고 88누8869 판결 참조.
58) 대법원 1991. 5. 28. 선고 90누1359 판결.
59) 대법원 1983. 7. 26. 선고 82누420 판결.

양 가치를 어느 선에서 조화시킬 것인지가 문제이다.

판례의 주류적 입장은 '불가쟁력이 발생한 행정행위의 하자가 후행행위에 어떠한 전제하에 승계되는지'를 '행정행위의 하자의 승계'의 문제로 본다(하자승계론). 선행행위의 하자를 이유로 후행행위를 다툴 수 있으면 하자가 승계되고, 다툴 수 없으면 하자가 승계되지 않는다는 것이다. 이에 대하여 '선행행위의 후행행위에 대한 구속력'이라는 관점에서 다루는 시각도 있다.

위와 같은 문제를 논의하기 위해서는 선행행위와 후행행위가 모두 항고소송의 대상이 되는 행정행위이어야 한다는 점 외에도, ① 선행행위에 하자가 있으나 후행행위에는 하자가 존재하지 않을 것, ② 선행행위의 하자가 무효가 아닌 취소사유일 것, ③ 선행행위에 불가쟁력이 발생할 것 등이 기본적인 전제가 된다. 선행행위에 하자가 없으면 이 문제에 관한 논의를 원천적으로 할 수 없고, 선행행위의 하자가 무효사유에 이를 정도라면 이에 터 잡은 후행행위도 무효가 될 것이며, 선행행위에 불가쟁력이 발생하지 않았다면 선행행위에 대하여 항고쟁송으로 다투면 그만이고 굳이 후행행위와의 관계를 논의할 필요가 없기 때문이다.

대법원은 종래의 통설적 견해인 하자승계론의 입장에서 하자의 승계 여부를 선행 행정행위와 후행 행정행위가 1개의 효과를 완성하는 동일 목적이냐 아니면 별개의 목적이냐에 따라 하자승계 여부를 판별하고 있다. 동일 목적의 대표적인 예로서 조세체납처분에서 독촉, 압류, 매각, 충당 사이의 각 행위와 행정대집행절차에 있어서 대집행의 계고, 대집행영장의 통지, 대집행의 실행, 비용징수행위 사이를 들고 있고, 별개의 목적의 대표적인 예로서 과세처분과 체납처분과의 사이, 건물철거명령과 대집행과의 사이, 개별공시지가와 과세처분의 사이의 관계를 들고 있다.

다만 하자승계론을 적용한 결과 선행행위 당시에 후행행위로 인하여 불이익이 발생할 것이라는 예측가능성이 없고 후행행위 단계에서 선행행위의 위법성을 주장하지 못한다면 상대방에게 수인한도를 넘는 가혹한 결과를 가져오는 경우에는 하자의 승계를 인정하고 있다(수인한도론).

대법원 1994. 1. 25. 선고 93누8542 판결(개별공시지가결정과 과세처분)

〈사실관계〉

행정청은 원고에게 매도한 토지의 개별공시지가를 기초로 양도소득세 및 방위세를 부과처분하였다. 이에 대하여 원고는 위 부과처분의 기준이 된 개별공시지가결정은 위법한 것이므로 위 부과

처분도 위법하다고 주장하였다. 따라서 이 사건의 쟁점은 개별공시지가의 위법성을 후행 과세처분을 다투는 조세소송에서 주장할 수 있는가이다.

〈판시사항〉

대법원은 이전의 태도와는 사뭇 다른 내용과 표현을 쓴 판시를 하였다. 기존의 하자승계론에 따라 "개별공시지가의 결정은 이를 기초로 한 과세처분 등과는 별개의 독립된 처분으로서 서로 독립하여 별개의 법률효과를 목적으로 하는 것"이라고 하면서도, "개별공시지가는 이를 토지소유자나 이해관계인에게 개별적으로 고지하도록 되어 있는 것이 아니어서 토지소유자 등이 개별공시지가의 결정내용을 알고 있었다고 전제하기도 곤란할 뿐만 아니라 결정된 개별공시지가가 자신에게 유리하게 작용될 것인지 또는 불이익하게 작용될 것인지 여부를 쉽사리 예견할 수 있는 것도 아니며, 더욱이 장차 어떠한 과세처분 등 구체적인 불이익이 현실적으로 나타나게 되었을 경우에 비로소 권리구제의 길을 찾는 것이 우리 국민의 권리의식임을 감안하여 볼 때 토지소유자 등으로 하여금 결정된 개별공시지가를 기초로 하여 장차 과세처분 등이 이루어질 것에 대비하여 항상 토지의 가격을 주시하고 개별공시지가의 결정이 잘못된 경우 정해진 시정절차를 통하여 이를 시정하도록 요구하는 것은 부당하게 높은 주의의무를 지우는 것이라고 아니할 수 없고, 위법한 개별공시지가의 결정에 대하여 그 정해진 시정절차를 통하여 시정하도록 요구하지 아니하였다는 이유로 위법한 개별공시지가를 기초로 한 과세처분 등 후행행정처분에서 개별공시지가결정의 위법을 주장할 수 없도록 하는 것은 수인한도를 넘는 불이익을 강요하는 것으로서 국민의 재산권과 재판받을 권리를 보장한 헌법의 이념에도 부합하는 것이 아니라고 할 것이므로 개별공시지가의 결정에 위법이 있는 경우에는 그 자체를 행정소송의 대상이 되는 행정처분으로 보아 그 위법 여부를 다툴 수 있음은 물론 이를 기초로 한 과세처분 등 행정처분의 취소를 구하는 행정소송에서도 선행처분인 개별공시지가결정의 위법을 독립된 위법사유로 주장할 수 있다고 해석함이 타당하다"고 판시하였던 것이다.

VII. 사회보장 행정행위의 취소 · 철회 및 실효

1. 직권취소

가. 의의

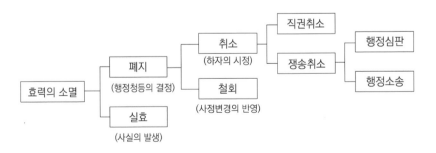

행정행위의 취소라 함은 일단 유효하게 성립한 행정행위가 위법하다거나 부당하다는 것을 이유로 행정청이 직권으로 그 효력을 소멸시키는 것을 말한다. 넓은 의미의 행정행위의 취소에는 위와 같은 직권취소 이외에 쟁송에 의한 취소까지 포함하는데, 일반적으로 '취소'라고 하면 직권취소만 가리킨다.

행정행위의 취소는 '일단 유효하게 성립한 행정행위'의 효력을 소멸시킨다는 점에서 효력이 발생하지 않았다는 것을 공식적으로 확인하는 무효선언과 구별된다. 그리고 성립 당시에 하자가 있었다는 것을 이유로 효력을 소멸시킨다는 점에서 하자없이 성립하였으나 효력을 존속시킬 수 없는 새로운 사유가 발생하였다는 것을 이유로 하는 '철회' 및 취소와 철회를 합친 의미의 '폐지'와도 구별된다.

취소의 경우 처분청은 법치주의, 행정의 법률적합성의 원칙에 비추어 별도의 명시적인 규정이 없어도 위법한 행정작용을 스스로 시정할 수 있는 직권취소의 권한이 있다는 것에 학설이 대체로 일치하고, 판례도 같은 견해이지만,[60] 「행정기본법」 제18조에서는 위법·부당한 행정행위의 직권취소를 일반적으로 규정하고 있다.

처분청은 자신이 행한 행정행위의 취소권자에 해당하고, 「행정기본법」 제18조 제1항의 '행정청'은 처분청으로 이해된다. '위법'한 경우뿐만 아니라 '부당'한 행정행위도 직권취소의 대상인데, 쟁송취소 중 행정소송을 통한 취소는 행정행위가 위법한 경우에만 인정되는 것과 비교된다. 취소소송이 진행 중인 경우라도 행정청은 위법한 처분을 직권취소하고 다시 적법한 처분을 할 수 있다.[61] 수익적 행정행위를 직권취소하는 경우 이는 침익적 성격의 처분이므로 사전통지 등 침익적 처분에 대한 「행정절차법」 규정을 준수하여야 한다.

나. 사회보장행정에서 취소의 제한

(1) 사회보장행정에서 직권취소와 신뢰보호의 원칙

사회보장행정에서 신뢰보호의 원칙은 사회보장급여라는 수익적 행정행위의 취소에서 특히 문제가 된다. 사회보장급여를 둘러싼 법률관계에서 급여결정 후 수급자격요건이 결여된 것을 뒤늦게 발견하여 결정을 취소 또는 철회하거나 급여액이 과다하다는 이유로 감액처분하거나 환수조치하는 하는 경우나 사회보장급여가 부정수급이라는 이유로

---

60) 대법원 1995. 9. 15. 선고 95누6311 판결 등 다수.
61) 대법원 2006. 2. 10. 선고 2003두5686 판결.

환수하는 경우, 사회보험에서 연금지급요건 및 지급금액에 대한 법령이 개정되면서 수급자가 불이익을 보게 되는 경우 등이 있을 수 있다. 이러한 경우에도 신뢰보호의 원칙의 일반적 적용요건 및 그 한계론에 따라 신뢰보호의 원칙이 적용되어 그 신뢰가 보호받을 수 있는지 여부가 결정된다.

(2) 이익형량의 기준

「행정기본법」 제18조 제2항에서는 당사자에게 권리나 이익을 부여하는 처분을 취소하려는 경우에는 취소로 인하여 당사자가 입게 될 불이익을 취소로 달성되는 공익과 비교·형량하여야 한다고 규정하고 있다.

사회보장행정에서도 행정행위의 하자가 수익자의 책임에 기인할 때, 특히 수익자의 사기·강박·증뢰 등 거짓이나 그 밖의 부정한 방법으로 수익적 행정행위가 발해졌거나[62] 수익자가 행정행위의 위법성을 알고 있었거나 중대한 과실로 알지 못한 경우에는 신뢰보호의 원칙을 관철시키기 어려울 것이다. 수익자가 제시한 잘못되거나 불완전한 자료에 의하여 행정행위가 행해진 경우와 같이 행정행위의 위법성을 수익자의 객관적인 책임으로 귀속시킬 수 있는 경우에도 취소에 관한 공익이 우선하는 경우가 많다.

그러나, 사회보장행정 영역에서는 사회보장급여가 가지는 생존배려적 의미를 특별히 더 고려하여야 할 경우도 있다. 상대방에게 귀책사유가 있는 경우 신뢰의 보호가치성이 부정되어 신뢰보호의 원칙이 적용될 수 없는 경우가 있을 수 있으나, 해당 사회보장급여가 공공부조와 같이 최소한의 인간다운 생활을 위하여 긴요한 경우라면 보호가치성의 요건을 완화하여 적용할 필요가 있다. 또한, 최소한의 인간다운 생활을 위한 사회보장급여라면 신뢰의 보호가치와 공익 사이의 비교형량과정에서 행정의 법률적합성이라는 공익보다 가급적 신뢰의 보호가치를 더 우위에 둘 필요가 있다. 특히 수익자가 하자있는 행정행위를 객관적으로 신뢰하였을 뿐 아니라 수령한 급여를 사용하였을 경우에는 신뢰보호의 원칙을 적극적으로 적용하여야 하고, 하자있는 행정행위의 취소를 통하여 초래되는 경제적인 효과도 고려되어야 한다.

---

62) 대법원 1996. 10. 25. 선고 95누14190 판결 등 참조.

대법원 2017. 6. 29. 선고 2014두39012 판결: 사회보장급부를 내용으로 하는 행정 영역에서 수익적 행정처분의 취소를 통하여 달성하려는 공익이란 본질적으로 사업주가 납부하는 보험료와 국고부담 등을 통하여 형성되는 재정상 이익인 반면, 수익자는 수익적 행정처분의 취소에 의하여 신뢰보호 및 법률생활의 안정 등과 같은 사익의 침해를 입게 될 것이므로, 수익적 행정처분에 존재하는 하자에 관하여 수익자에게 고의 또는 중과실의 귀책사유가 없는 한, 그 공익상 필요가 수익자가 입게 될 불이익보다 중요하거나 크다고 함부로 단정할 수는 없다. 이러한 위 각 규정의 내용과 취지, 사회보장행정 영역에서의 수익적 행정처분 취소의 특수성 등을 종합하여 보면, 「산업재해보상보험법」 제84조 제1항 제3호에 따라 보험급여를 받은 당사자로부터 잘못 지급된 보험급여액에 해당하는 금액을 징수하는 처분을 함에 있어서는 그 보험급여의 수급에 관하여 당사자에게 고의 또는 중과실의 귀책사유가 있는지, 보험급여의 액수·보험급여지급일과 징수처분일 사이의 시간적 간격·보험급여 소비 여부 등에 비추어 이를 다시 원상회복하는 것이 당사자에게 가혹한지, 잘못 지급된 보험급여액에 해당하는 금액을 징수하는 처분을 통하여 달성하고자 하는 공익상 필요의 구체적 내용과 그 처분으로 말미암아 당사자가 입게 될 불이익의 내용 및 정도와 같은 여러 사정을 두루 살펴, 잘못 지급된 보험급여액에 해당하는 금액을 징수하는 처분을 하여야 할 공익상 필요와 그로 인하여 당사자가 입게 될 기득권과 신뢰의 보호 및 법률생활 안정의 침해 등의 불이익을 비교·교량한 후, 그 공익상 필요가 당사자가 입게 될 불이익을 정당화할 만큼 강한 경우에 한하여 보험급여를 받은 당사자로부터 잘못 지급된 보험급여액에 해당하는 금액을 징수하는 처분을 하여야 한다.

(3) 직권취소에서 소급효의 인정 여부

직권취소의 효과가 소급하는지의 여부는 일률적으로 판단할 수 없다. 직권취소는 하자있는 행정행위를 제거하는 것이므로 원칙적으로 그 효과가 소급하여야 할 것이나, 취소에 의하여 기성의 법률관계나 이에 대한 당사자의 신뢰를 침해하는 결과가 될 수 있기 때문에 당사자의 신뢰를 보호할 가치가 있다는 등 정당한 사유가 있는 경우에는 구체적인 이익형량에 따라 장래를 향하여 취소할 수 있다(「행정기본법」 제18조 제1항). 대체로 침익적 행정행위의 취소효과는 소급적이지만, 수익적 행정행위의 취소효과는 소급되지 않는 경우도 많이 있다. 따라서, 연금의 지급결정과 같은 수익적 행정행위를 취소하는 처분이 적법하더라도 그 처분에 기초하여 잘못 지급된 급여액에 해당하는 금액을 환수하는 처분이 반드시 적법한 것은 아니다.[63]

대표적인 수익적 행정작용인 사회보장행정 영역에서 특히 문제가 된다. 「산업재해보상보험법」에 따라 보험급여를 받은 당사자로부터 잘못 지급된 보험급여액에 해당하는 금액을 징수하는 처분을 할 때에는 보험급여의 수급에 관하여 당사자에게 고의 또는 중

---

[63] 아래에서 보는 것처럼 취소처분의 소급효 여부도 별도로 비교형량하여 판단되어야 하기 때문이다 (대법원 2017. 3. 30. 선고 2015두43971 판결 참조).

과실의 귀책사유가 있는지, 잘못 지급된 보험급여액을 쉽게 원상회복할 수 있는지, 잘못 지급된 보험급여액에 해당하는 금액을 징수하는 처분을 통하여 달성하고자 하는 공익상 필요의 구체적 내용과 처분으로 말미암아 당사자가 입게 될 불이익의 내용 및 정도와 같은 여러 사정을 두루 살펴야 한다. 그런 다음 잘못 지급된 보험급여액을 징수하는 처분을 하여야 할 공익상 필요와 그로 말미암아 당사자가 입게 될 기득권과 신뢰의 보호 및 법률생활 안정의 침해 등의 불이익을 비교·형량한 후, 공익상 필요가 당사자가 입게 될 불이익을 정당화할 만큼 강한 경우에만 보험급여를 받은 당사자로부터 잘못 지급된 보험급여액에 해당하는 금액을 징수하는 처분을 하여야 한다.[64]

대법원 판결 중에는 "근로복지공단이 출장 중 교통사고로 사망한 갑의 아내 을에게 요양급여 등을 지급하였다가 갑의 음주운전 사실을 확인한 후 요양급여 등 지급결정을 취소하고 이미 지급된 보험급여를 부당이득금으로 징수하는 처분을 한 사안에서, 위 사고는 망인의 음주운전이 주된 원인으로서 망인의 업무와 사고 발생 사이에는 상당인과관계가 있다고 볼 수 없어 망인의 사망은 업무상 재해에 해당하지 않으므로 요양급여 등 지급결정은 하자있는 위법한 처분인 점 등을 고려하면, 요양급여 등 지급결정은 취소해야 할 공익상의 필요가 중대하여 을 등 유족이 입을 불이익을 정당화할 만큼 강하지만, 위 사고는 망인이 사업주의 지시에 따라 출장을 다녀오다가 발생하였고, 사고 발생에 망인의 음주 외에 업무로 인한 과로, 과로로 인한 피로 등이 경합하여 발생한 점 등을 고려하면, 이미 지급한 보험급여를 부당이득금으로 징수하는 처분은 공익상의 필요가 을 등이 입게 된 기득권과 신뢰보호 및 법률생활 안정의 침해 등 불이익을 정당화할 만큼 강한 경우에 해당하지 않는다."라고 판시한 사례가 있다.[65]

대법원 2014. 7. 24. 선고 2013두27159 판결: 산업재해보상보험법 제84조 제1항 제3호의 내용과 취지, 사회보장행정 영역에서의 수익적 행정처분 취소의 특수성 등을 종합해 보면, 산재보상법 제84조 제1항 제3호에 따라 보험급여를 받은 당사자로부터 잘못 지급된 보험급여액에 해당하는 금액을 징수하는 처분을 할 때에는 보험급여의 수급에 관하여 당사자에게 고의 또는 중과실의 귀책사유가 있는지, 잘못 지급된 보험급여액을 쉽게 원상회복할 수 있는지, 잘못 지급된 보험급여액에 해당하는 금액을 징수하는 처분을 통하여 달성하고자 하는 공익상 필요의 구체적 내용과 처분

---

64) 대법원 2014. 4. 10. 선고 2011두31697 판결. 같은 취지로 「특수임무수행자 보상에 관한 법률」에 따른 보상금에 관한 대법원 2014. 10. 27. 선고 2012두17186 판결.
65) 대법원 2014. 7. 24. 선고 2013두27159 판결.

으로 당사자가 입게 될 불이익의 내용 및 정도와 같은 여러 사정을 두루 살펴, 잘못 지급된 보험 급여액에 해당하는 금액을 징수하는 처분을 해야 할 공익상 필요와 그로 말미암아 당사자가 입게 될 기득권과 신뢰의 보호 및 법률생활 안정의 침해 등의 불이익을 비교·교량한 후, 공익상 필요 가 당사자가 입게 될 불이익을 정당화할 만큼 강한 경우에 한하여 보험급여를 받은 당사자로부터 잘못 지급된 보험급여액에 해당하는 금액을 징수하는 처분을 하여야 한다. 나아가 산재보상법상 각종 보험급여 등의 지급결정을 변경 또는 취소하는 처분과 처분에 터 잡아 잘못 지급된 보험급 여액에 해당하는 금액을 징수하는 처분이 적법한지를 판단하는 경우 비교·교량할 각 사정이 동 일하다고는 할 수 없으므로, 지급결정을 변경 또는 취소하는 처분이 적법하다고 하여 그에 터 잡 은 징수처분도 반드시 적법하다고 판단해야 하는 것은 아니다.

다. 사회보장행정에서 직권취소와 부당이득 환수의 문제

(1) 의의

개별 사회보장행정법에서는 부당이득 환수처분의 근거규정을 별도로 두고 있다. 주 로 사회보장급여나 급여비용을 부당하게 지급받은 경우 또는 특정 사회보장사업 등과 관련하여 지원되는 보조금에 대하여 법령상 위반사유가 발생한 경우 행정청이 이를 환 수할 수 있는 권한을 부여하고 있다.

이와 같은 사회보장행정법에서의 부당이득 환수규정은 대량적이고 반복적인 부당이 득의 발생과 급여의 보전을 효율적으로 관리하기 위하여 법원으로부터 집행권원을 부여 받지 않더라도 행정상 강제집행을 행사할 수 있도록 하기 위한 것이다.[66] 따라서, 부당 이득반환에 관한 사회보장행정법령상 개별적인 명시적인 규정이 없다고 하더라도 사회 보장급여에 관한 개별규정을 법적 근거로 하여 반환청구권을 행사할 수 있다고 보아야 한다.[67]

공법상 부당이득이 생긴 경우, 선행처분이 존재하는 상황에서 지급한 금전을 부당이 득금으로 반환청구하기 위해서는 처분의 구속력과 공정력이 제거되어야 하므로, 선행처 분이 취소되거나 무효이어야 한다. 또한, 행정주체가 새롭게 처분 방식을 취하지 않는 이상 이를 반환할 의무는 없다고 보아야 한다.[68] 이는 행정주체가 아닌 제3자가 처분의

---

66) 이은선, "사회보장법상 급여처분의 변경 및 부당이득의 반환", 사회보장법학 제2권 제2호, 사회보 장법학회, 2013, 133면.

67) 하명호, "공법상 부당이득의 법리", 189면.

68) 다만, 하급심 판례 중에는 건강보험심사평가원의 요양급여비용청구에 대한 심사처분이 적법하게 취소되지 않은 상태에서 국민건강보험공단이 부당하게 청구된 비용에 대하여 부당이득징수권한을

형식으로 급여를 제공한 경우가 아니라 사법상 계약방식으로 급여를 제공한 경우에도 마찬가지이다. 애초의 급여제공이 특히 현물방식의 급여제공에서 공법상 또는 사법상 계약에 따라 이루어진 것이라고 하더라도 원인무효가 아닌 한 취소권을 행사하여야 비로소 부당이득반환을 청구할 수 있다.

부당이득 환수를 위한 직권취소의 효과가 소급적인지 여부는 앞에서 본 것처럼 일률적으로 판단할 수 없고, 소급효를 인정함으로써 기성의 법률관계나 당사자의 신뢰를 침해하는 결과가 발생할 수 있기 때문에 구체적인 이익형량에 따라 결정되어야 한다.

(2) 근거

부당이득 환수에 관한 일반법 또는 일반규정으로, 「공공재정 부정청구 금지 및 부정이익 환수 등에 관한 법률」(공공재정환수법)을 들 수 있다. 위 법 제5조는 '다른 법률과의 관계'에 관하여, 부정이익 환수, 지급중단, 제재부가금에 관하여 다른 법률에 그에 해당하는 규정이 있는 경우에는 그 법률에서 정하는 바에 따르도록 함으로써, 공공재정환수법보다 특별법인 개별법이 우선 적용되도록 규정하되, 다른 법률에서 부정이익 환수, 지급중단, 제재부가금에 관한 별도의 규정을 두고 있지 않은 경우 공공재정환수법이 보충적으로 적용되도록 규정하고 있다. 「보조금 관리에 관한 법률」(이하 보조금법)에서는 보조금 수령자에 대한 보조금 환수규정을 두고 있으며(제33조) 그 밖에 제재부가금 및 가산금의 부과·징수에 관한 규정을 두고 있다(제33조의2).

사회보장행정 영역에서의 개별 규정으로, 「사회보장기본법」 제30조 제1항 제3호 및 제4호, 사회보장급여법 제19조 내지 제22조에서도 사회보장급여의 부정·과오 지급액의 환수에 관한 관리체계 구축운영이나 환수에 관한 근거규정을 두고 있다. 특히 사회보장급여법 제22조에서는 수급자가 제20조에 따른 신고(수급자의 변동신고)를 고의로 회피하거나 속임수 등 부정한 방법으로 사회보장급여를 받거나 타인으로 하여금 받게 한 경우 보장기관의 장이 그 사회보장급여의 전부 또는 일부를 환수할 수 있다(제1항). 또한, 수급권이 없는 자에게 급여가 제공된 경우, 수급권의 변경 또는 중지로 인하여 과잉지급되는 경우 이를 제공받은 사람에게 즉시 반환을 명하도록 하되, 예외적으로 이를 이미 소비했거나 그 밖에 수급자에게 부득이한 사유가 있는 때에는 그 반환을 면제할 수 있도록 규정하고 있다(제2항).

행사하는 것과 관련하여 처분이 취소되지 않았다고 하더라도 독자적인 환수처분을 내릴 수 있다고 판시한 바 있다(서울행정법원 2004. 8. 5. 선고 2004구합1094판결).

그 밖에도 「국민건강보험법」 제57조, 「산업재해보상보험법」 제84조, 「국민기초생활보장법」 제46조, 「장애인복지법」 제51조, 「사회서비스 이용 및 이용권 관리에 관한 법률」 제21조 등 개별 법률에서는 부정한 이익에 대한 환수규정을 두고 있는데, 개별법마다 그 반환의 요건 및 범위 등은 각각 다르다.

(3) 법적 성질

사회보장행정법관계에서 발생하는 부당이득의 환수에 대해서는 민법상 부당이득반환청구권의 성질을 가진다는 견해, 징벌적 성격의 손해배상청구권으로 보는 견해, 공법상 부당이득반환청구권의 성질을 가진다는 견해가 대립한다. 생각건대, 근거 법률 및 법률관계의 주체 등을 고려할 때 민법상 부당이득반환으로 보기는 어렵고, 이득자의 고의·과실을 요하지 않는다는 점에서 손해배상제도로 보기도 어렵다. 따라서, 공법상 부당이득반환의 성격으로 보는 것이 타당하다.

다만 공법상 부당이득반환으로서의 성격을 가지는 경우 외에 의무불이행에 대한 제재로서의 성격을 아울러 가지는 경우도 있음을 유의하여야 한다. 구체적으로 보면, 급여나 급여비용 또는 보조금 등의 부정하게 교부받아 부정이익을 취한 경우 그 이익에 '해당'하는 보조금의 환수는 공공재정 손실의 회복에 해당하는 공법상 부당이득반환의 성격을 가지므로, 이와 같이 부정이익에 해당하는 환수로서 교부(급여)결정의 직권취소나 철회 및 이를 기초로 한 환수조치는 그 범위 내에서 '부당이득반환'적 관점에서 검토될 것이 요청된다. 반면에 부정이익을 '초과'하는 보조금의 환수나 그 밖의 금전적 불이익은 '부정청구에 대한 제재적 성격'이라고 볼 수 있다.[69]

(4) 유형

(가) 사회보장급여의 환수

사회보장급여에 관한 부당이득은 그 발생원인(신청자의 귀책사유 여부)에 따라 부정수급형과 과오지급형으로 구분할 수 있다. 부정수급형은 수급권자 내지 수급권자가 아닌 자가 수급자격이 있음을 가장하여 지원신청하여 행정청이 급여를 지급하는 것으로 이에 따라 부당이득이 발생한 경우이고, 급여신청자의 귀책사유를 전제로 한다.[70] 과오

---

69) 임성훈, "보조금 부정청구에 대한 부정이익 환수 및 제재에 관한 연구", 행정법연구 제58호, 행정법이론실무학회, 2019, 109면.

70) 대법원 2003. 9. 23. 선고 2002두7494 판결에서는, "구 고용보험법 제48조 제1항 소정의 '허위 기

지급형은 행정청이 급여를 제공함에 있어서 단순히 계산상 또는 행정상의 착오로 급여 또는 급여비용이 권리자가 아닌 자에게 잘못 지급되거나 정당한 수급권자라도 급여 또는 는 급여비용이 과다하게 지급된 경우를 말한다.

수급자 또는 급여비용 청구권자의 귀책사유	유	부정수급	
	무	과오지급	무권리자에 대한 오지급
			권리자에 대한 과지급

사회보장급여의 부정수급에 대해서는 대개 수급자에게 반환명령을 내리지만, 「국민기초생활보장법」상 부양의무자에게 징수하는 경우와 같이 수급요건을 고려하여 수급자가 아닌 제3자에게 반환명령을 하는 경우도 존재한다.

한편, 사회보장급여는 국민의 최저생활을 보장하여 인간다운 생활을 할 권리를 향유할 수 있도록 하는 것을 목적으로 하기 때문에 경우에 따라 급여 환수를 제한적으로 해석하여야 할 때도 있다.

(나) 급여비용의 징수

급여비용의 징수는 의료기관이나 약국 등 「국민건강보험법」상 요양기관이나 「노인장기요양보험법」상 장기요양기관 등이 수급자(이용자)에 대하여 급여를 제공하지 않았음에도 국민건강보험공단에 급여비용을 청구하거나 과다하게 청구한 경우, 장애인 활동지원기관 등 바우처 서비스 제공기관이 서비스를 제공하지 않았음에도 전용단말기와 바우처카드를 활용한 결제를 통하여 사회보장정보원으로 서비스 비용을 청구하거나 과다하게 청구하는 경우이다.

반대로 급여비용의 부당징수는 기관이 독자적으로 허위 서류 등을 작성하여 급여비용을 과다 또는 허위로 청구하는 경우도 있지만, 수급자와의 공모 하에 급여비용을 청구하는 경우도 있다.

타 부정한 방법'이라고 함은 일반적으로 수급자격 없는 사람이 수급자격을 가장하거나 취업사실 또는 소득의 발생사실 등을 감추는 일체의 부정행위를 말하는 것"이라고 판시하였다.

(다) 보조금의 환수

사회보장법상 보조금의 환수에 대해서도 일반적으로 공공재정환수법 및 보조금법, 개별 법률에 따라 반환이 이루어진다. 보조금은 주로 사회복지 관련 사업을 하는 기관에 대하여 사업 운영과 관련하여 지급결정이 이루어지는 경우가 많다. 보조금법 및 공공재정환수법과 별도로 보조금 지급에 관한 개별법에서는 부정청구에 대하여 보조금 전부 또는 일부의 반환, 보조금 지급제한, 보조사업 참여제한, 제재부가금에 관한 규정을 두고 있다.

헌재 2016. 4. 28. 선고 2015헌바247 결정: 구 「영유아보육법」은 거짓이나 부정한 방법으로 보조금을 받은 경우 어린이집의 운영정지나 폐쇄(제45조 제1항 제1호), 과징금 부과(제45조의2 제1항), 원장 자격정지(제46조 제4호)와 같은 행정적 제재를 가하고, 나아가 3년 이하의 징역 또는 1천만 원 이하의 벌금도 부과할 수 있도록 하고 있다(제54조 제2항). 그런데 이와 같은 행정제재나 형벌 부과만으로는 국가와 지방자치단체의 재정건전성 회복이라는 입법목적은 달성하기 어려울 수 있으므로 이미 지급된 보조금을 반환하도록 할 필요성이 있다. 한편, 거짓이나 부정한 방법으로 받아 간 보조금만 반환하도록 한다면 경제적 이익을 박탈하는 효과는 거의 없어 향후 이러한 부정행위를 예방하는 효과가 부족할 수 있다. 이에 따라 반환명령조항은 이미 지급된 보조금 전부에 대해 반환을 명할 수 있도록 하고 있다. 다만, 반환명령조항은 필요적이 아니라 임의적 규정으로 되어 있고, 반환을 명하는 경우에도 구체적 사안에 따라 전부가 아닌 일부만 반환하도록 명령할 수 있도록 하여 어린이집 설치·운영자의 피해를 최소화하고 있다(헌법재판소는 위 규정이 거짓이나 부정한 방법으로 받아 간 보조금 뿐만 아니라 정당하게 받은 보조금을 포함한 보조금 전부도 반환할 수 있는 것으로 해석하면서 이 규정에 대해 합헌 결정을 한 것이다).

(5) 환수의 범위

부당이득에 대한 환수처분은 급여결정이나 부정수급 등에 대한 취소처분 등과는 구분되는 별개의 처분으로서 그 자체로 항고소송의 대상이 된다. 구체적인 반환 범위와 관련하여 개별 사회보장행정법에서는 환수의 요건과 범위, 법률효과를 달리 규정하고 있다. 예컨대, 「아동복지법」 제61조, 「장애인복지법」 제51조, 「고용보험법」 제62조 등 대부분 법령에서는 전부 또는 일부를 환수한다고 규정하고 있으나, 「산업재해보상보험법」 제84조에서와 같이 "해당하는 금액"을 징수하여야 한다고 규정하는 경우도 있다. 사회보장급여가 환수요건에 해당하는 경우 그 효과에 대하여 대부분의 법령에서는 "징수한다." 또는 "환수한다."라고 규정하고 있으나, 「고용보험법」 제62조에서는 "반환을 명할 수 있다."라는 형식으로 규정하고 있다.

대법원은 「사회복지사업법」 제42조 제3항 단서 제1호, 제2호의 사유가 있는 경우 '이미 지급한 보조금의 전부 또는 일부'의 반환을 명하여야 한다는 의미로 해석된다고 전제하고, 이 경우의 보조금 환수처분은 "이미 지급받은 보조금 전액을 환수대상으로 하되, 그 환수 범위는 보조사업의 목적과 내용, 보조금을 교부받으면서 부정한 방법을 취하게 된 동기 또는 보조금을 다른 용도로 사용하게 된 동기, 보조금의 전체 액수 중 부정한 방법으로 교부받거나 다른 용도로 사용한 보조금의 비율과 교부받은 보조금을 그 조건과 내용에 따라 사용한 비율 등을 종합하여 개별적으로 결정하여야 하는 재량행위의 성격을 지니고 있다."라고 판시하여, 보조금 환수여부는 기속적이지만 환수의 범위는 재량적이라고 해석하고 있다.[71]

이와 같이 사회보장행정의 개별 법령에서도 반환 범위에 관한 규정이 일률적이지 않는 것은 공법상 부당이득반환이 신뢰보호의 원칙의 적용을 받는다는 이유 외에도, 사회국가의 원리에 의하여 이익형량에서 수익자의 생존 또는 인간다운 생활수준의 보장이라는 사익을 재정적 이익이라는 공익보다 더 크게 고려하여야 하기 때문이다.[72]

종래 대법원은 산업재해보상금수급권과 같은 사회보장수급권에 대한 별도의 고려나 수익자의 귀책 여부를 묻지 않고 부당이득 징수처분이 적법하다고 판단하여,[73] 많은 비판이 제기되었다. 그러나 앞에서 본 것처럼 최근에는 "사회보장행정 영역 내에서 수익적 행정처분에 존재하는 하자에 관하여 수익자의 고의 또는 중과실의 귀책사유가 없는 한 공익상 필요가 수익자가 입게 될 불이익보다 중요하거나 크다고 함부로 단정해서는 아니 되고, 나아가 잘못 지급된 보험급여액에 해당하는 금액을 징수하는 처분과 관련해서도 이를 통하여 달성하고자 하는 공익상 필요가 당사자가 입게 될 불이익을 정당화할 만큼 강한 경우에 한하여 징수처분을 하여야 한다."라는 법리를 관철하는 등 전향적인 입장을 취하고 있다.

---

71) 대법원 2024. 6. 13. 선고 2023두54112 판결.
72) 이상덕, "산재보험 영역에서 과오급 보험급여 환수의 법적 문제-수익적 행정행위의 직권취소 제한의 법리와 관련하여", 사법논집 제57집, 법원도서관, 2013, 140면.
73) 대법원 2004. 12. 10. 선고 2004두10807 판결.

2. 행정행위의 철회

가. 의의

행정행위의 철회는 하자없이 성립한 행정행위에 대하여 그 효력을 존속시킬 수 없는 새로운 사정이 발생하였음을 이유로 장래에 향하여 그의 효력을 소멸시키는 행정행위를 말한다. 취소는 행정행위 발령 당시의 하자를 원인으로 처분의 효력을 소멸시키는 것이고, 철회는 적법한 처분 후에 발생한 사정변경 등을 사유로 처분의 효력을 소멸시키는 것이므로, 양자는 명확하게 구별된다. 그럼에도 불구하고 대부분의 행정법령에서 취소와 철회를 혼용하면서 철회 대신에 취소라는 용어가 주로 사용되고 있다.

처분청이 철회권을 가지는 것은 당연하다. 감독청은 법률에 근거가 있는 경우에 한하여 철회권을 가진다. 감독권은 피감독청의 잘못을 시정하기 위하여 발해지는 것이 원칙이고 철회는 그 자체가 새로운 행정행위로서의 성질을 가지므로, 감독청이 철회하는 것은 처분청의 권한을 침해하게 되기 때문이다. 이에 따라「행정기본법」제19조 제1항에서는 적법한 처분과 관련된 행정청의 철회권에 대하여 규정하고 있다.

행정행위의 철회는 그 자체로 독립된 행정행위에 해당하므로,「행정절차법」규정이 적용된다. 행정행위를 철회하면 원칙적으로 장래를 향하여 효력이 발생한다.

나. 철회사유

행정행위의 철회사유는 행정행위가 적법·유효하게 성립한 이후에 생긴 새로운 사정이고, 이 점에서 행정행위의 성립 당시의 하자를 이유로 하는 취소와 구별된다.「행정기본법」제19조 제1항에서는 철회사유로, ① 법률에서 정한 철회 사유에 해당하게 된 경우, ② 법령 등의 변경이나 사정변경으로 처분을 더 이상 존속시킬 필요가 없게 된 경우, ③ 중대한 공익을 위하여 필요한 경우 등을 들고 있다.

다. 사회보장행정에서 철회의 제한

사회보장행정에서 수익적 행정행위의 철회는 상대방의 신뢰와 법적 안정성을 해할 우려가 있으므로 철회사유가 발생한 경우에도 수익적 행정행위를 자유롭게 철회할 수 있는 것은 아니고, 철회로 인하여 당사자가 입게 될 불이익을 철회로 달성되는 공익과 비교·형량하여야 한다(「행정기본법」제19조 제2항). 따라서 수익적 행정행위의 철회에는 다음과 같은 제약이 있다.

① 철회를 요하는 공익상의 필요, 상대방의 신뢰 내지 기득권 보호, 법적 안정성의 유지 등 이익들을 비교형량하여 철회 여부를 결정하여야 한다. 특히 신뢰보호의 원칙이 직권취소의 경우보다 더욱 존중될 필요가 있다.

② 수익적 행정행위의 철회는 가장 무거운 제재로서의 성질을 가지므로, 개선명령 등과 같은 가벼운 방법에 의하여 목적을 달성할 수 있다면 먼저 이에 의하여야 하고, 처음부터 철회권을 행사해서는 안 된다.

③ 적법한 철회의 경우에도 신뢰보호 및 법적 안정성 측면에서 일정한 기간 내에서만 가능하다. 실권의 법리에 의한 철회권 제한의 경우이다.

④ 행정심판의 재결 등과 같이 일정한 쟁송절차를 거쳐 행해지는 확인판단적·준사법적 행정행위는 불가변력이 인정되므로 철회할 수 없다.

3. 행정행위의 실효

적법한 행정행위가 발령된 후 상대방이 사망하거나 그 대상이 되는 물건이 멸실하는 등 행정청의 의사와 관계없이 일정한 사실이 발생하는 경우가 있다. 이 경우 행정행위의 효력은 소멸하는데, 이를 행정행위의 실효라 한다. 행정행위가 실효되면 그 행정행위는 그때부터 효력이 소멸하며, 행정청의 별도의 의사표시를 요구하지 않는다.

Ⅷ. 사회보장행정에서 자동적 처분

1. 디지털전환시대의 도래와 자동적 처분

인공지능과 빅데이터 기술 및 클라우드 컴퓨터 기술, 사물인터넷 기술 등을 활용한 디지털전환이 고도화되면,[74] 컴퓨터와 같은 자동장치를 이용하여 프로그램에 따라 자동적으로 이루어지는 자동적 행정작용이 빈번하게 활용될 것으로 전망된다. 이러한 자동

---

74) 디지털전환(Digital Transformation)은 디지털변환(Digitization)이나 디지털화(Digitalization)와 개념적으로 구별된다. 디지털변환은 아날로그 정보를 디지털화하는 것이고, 디지털화는 업무프로세스 전체를 디지털화하는 것을 말한다. 디지털전환은 디지털 방식으로 사고(Digital First)하는 조직으로 전환하여 새로운 가치를 창출하는 것으로 이해되고, 기술의 도입뿐만 아니라 조직문화, 고객경험, 비즈니스 프로세스의 변화를 도모하는 것으로서, 단순한 디지털변환을 넘어서서 전략적 변화와 혁신을 추구하는 전자정부의 성숙한 단계라고 평가되고 있다.

화 시스템에 의한 행정작용의 법적 성질이 문제가 되겠지만, 결국은 행정과정의 최종단계에서 행정행위로 이루어지는 경우가 대부분일 것이다. 그리하여, 「행정기본법」 제20조에서는 제4차 산업혁명에 대응하고 행정의 디지털화를 촉진하기 위하여 행정청이 완전히 자동화된 시스템이나 인공지능 기술을 적용한 시스템으로 처분을 할 수 있는 토대를 마련하고 있다.

현재 완전히 자동화된 행정시스템의 예로는, 식품의약품안전처가 2023년부터 안전성에 문제가 없는 수입식품에 대하여 자동으로 검사하고 수입신고의 수리 여부를 심사하는 '전자심사24(SAFE-i24)' 시스템을 들 수 있다. 이 조항은 향후 교통신호 위반단속, 시험 채점, 세금 결정 등을 완전히 자동화된 시스템으로 행한 경우에도 적용될 것으로 예상된다.

2. 「행정기본법」 제20조의 적용 범위

「행정기본법」 제20조에서는 행정청의 재량이 없는 처분의 경우 행정청으로 하여금 개별 법률에 근거하여 처분의 전 과정을 완전히 자동화된 시스템이나 인공지능 기술을 적용한 시스템으로 처분을 할 수 있도록 하고 있다. 그러나 '처분과정의 일부 자동화'는 법령상 근거가 없이도 가능하기 때문에 이 조항의 적용대상이 아니다.

한편, 이 조항이 바로 자동적 처분의 집행근거가 되는 것은 아니고, 처분의 특성이 충분히 검토된 후 개별 법률에 근거를 두고 도입할 수 있게 하였다. 또한, 행정청(인간)의 재량적 판단(의사결정)이 필요한 처분의 경우에는 다양한 요소를 고려한 이익형량이 가능할지에 대해서는 의문이 있기 때문에, 처분의 전 과정이 자동화된 처분을 허용하지 않고 있다.

3. 행정법적 쟁점

가. 행정절차와 관련된 쟁점

자동적 처분도 법이 정한 행정절차를 따라야 한다. 「행정절차법」상 처분기준의 설정·공표제도는 인공지능을 활용한 행정작용과 같은 자동적 처분에 대한 효과적인 통제수단이 될 수 있을 것으로 생각된다.[75] 앞에서 본 것처럼 「행정기본법」 제20조는 자동적

---

75) 임성훈, "인공지능행정이 행정절차·행정소송에 미치는 영향에 대한 시론적 고찰", 행정법연구 제62호, 행정법이론실무학회, 2020. 8, 157면.

처분 중 기속행위만 대상으로 하고 있기 때문에 주로 재량준칙에 해당하는 처분기준에 관한 알고리즘에 대하여 당장 적용되지는 않겠지만, 향후 기술의 발전에 따라 재량 영역에까지 자동화기술이 확장될 경우에는 유력한 통제수단이 될 것이다. 다만 생성형 인공지능의 경우에는 알고리즘을 공개한다고 하더라도 통제수단으로서 한계가 있을 것으로 보인다. 이유제시와 관련해서는 행정작용의 상대방뿐만 아니라 인공지능을 운용하는 행정청마저도 결정의 이유를 정확하게 알기 어렵기 때문에 그 결정이 가능한 한 구체적으로 생성되어 제시될 필요가 있으므로, 이유제시의 정도에 관한 고양된 사법심사가 행해져야 할 것이다.[76]

그 밖에도 행정청의 서명·날인이 생략되거나 문자가 아닌 특별한 부호 등이 사용될 수 있고, 청문 등 의견청취절차에 관하여 특수성이 반영될 필요가 있는 등 일반적인 행정행위의 형식과 절차와 다른 특수성이 있으므로, 이에 관한 입법론적 논의가 필요하다.

나. 행정구제에서의 쟁점

자동적 처분에서의 하자도 일반적인 행정행위의 하자와 다르게 취급되지 않을 것이므로, 이에 대한 권리구제도 통상의 행정쟁송에 의하여 이루어진다. 「행정기본법」 제정 이전에도 이미 대법원은 서면으로 부과처분이 이루어지지 않는 통행료부과처분이라도, 「유료도로법」 제10조에 따른 통행료 공고 및 톨게이트에서 한국도로공사 소속 통행료 수납직원이 운전자에게 통행료를 요구하는 행위를 통행료 부과처분이라고 볼 수 있다는 것을 전제로 체납통행료를 소정의 기한까지 납부할 것을 통지하는 내용의 처분에 대하여 본안판단을 한 예도 있다.[77]

먼저 자동적 행정작용의 결과를 행정청이 업무수행을 위하여 자동장치를 사용한 것으로 보아 행정청에 귀속시킬 수 있는지 문제가 된다. 행정청이 프로그램의 설계와 관리에 관여하지 않았는데 데이터에 기반한 결과가 통지된 경우 행정청의 최종적인 판단이 없었는데도 그 결과를 행정청에 귀속시킬 수 있는지 의문이 들기 때문이다. 그러나, 행정청이 알고리즘의 착오나 하자를 감수하고 자동장치를 사용한 것이므로 그 결과도 귀속시킬 수 있다고 본다.[78]

---

76) 임성훈, "인공지능행정이 행정절차·행정소송에 미치는 영향에 대한 시론적 고찰", 160면.

77) 대법원 2005. 6. 24. 선고 2003두6641 판결.

78) 조성규, "인공지능에 기반한 자동화된 행정결정의 행정법적 쟁점", 동북아법연구 제16권 제4호, 전북대학교 동북아법연구소, 2023, 177면.

다음으로, 인공지능 알고리즘 그 자체에 대한 항고소송의 제기는 그 일반·추상성 때문에 쉽지 않을 것으로 보이므로,79) 이에 관한 입법적 대응이 필요하다.

한편, 「행정기본법」 제20조에 의하면, 자동적 행정작용은 기속행위에만 허용되므로, 판례에 따라 판단대치방식의 사법심사가 이루어지게 될 것이다. 이에 대하여, 개별 사안에서 알고리즘의 결과로서의 자동적 행정작용에 대한 적법성 통제의 최후의 보루라고 보는 시각이 있는 반면,80) 이러한 결과는 인간과 다른 알고리즘의 결과를 허용하는 자동적 행정작용가능성의 근본취지를 허무는 것이라고 의문을 제기하는 견해가 있다.81)

국가배상과 관련해서는 인공지능의 공무원성, 귀책사유의 인정문제 등을 극복하기 위하여 자기책임설에 입각한 국가배상책임의 법리를 재구성할 필요가 있다. 한편, 「국가배상법」 제2조를 적용하는데 위와 같은 난점을 극복하기 위하여, 인공지능을 기계적 장치로 사용하여 행정작용을 하는 것에 착안하여 국가배상법 제5조의 영조물책임을 중심으로 논의하고자 하는 견해도 있지만,82) 행정작용의 주체나 내용상의 문제를 도구나 수단의 문제로 전환하여 논의하는 것은 논점에서 어긋나는 것은 아닌가 생각된다.83)

4. 사회보장행정에서의 자동적 처분

사회보장행정에서도 인공지능과 빅데이터 등을 활용한 디지털전환시대가 도래하면, 사회보장급여를 제공하는 데 의사결정의 효율성과 고도의 개인화된 서비스가 가능하게 되고 기존의 기술로 해결하기 어려웠던 여러 문제를 해결할 수 있게 되는 등 공사 영역을 막론하고 막강한 효용성을 가질 것으로 예상된다.

특히 다음과 같은 점에서 많은 영향을 미칠 것으로 기대된다. 첫째, 빅데이터와 인공지능 기술을 활용하면 복지혜택을 받지 못하고 있는 취약계층을 선제적으로 찾아내 지원함으로써 복지사각지대를 해소할 수 있다.84) 둘째, 빅데이터를 통한 부정수급 사례

---

79) 임성훈, "인공지능행정이 행정절차·행정소송에 미치는 영향에 대한 시론적 고찰", 159면.

80) 임성훈, "인공지능행정이 행정절차·행정소송에 미치는 영향에 대한 시론적 고찰", 160면.

81) 조성규, "인공지능에 기반한 자동화된 행정결정의 행정법적 쟁점", 181면.

82) 최승필, "공행정에서 AI의 활용과 행정법적 쟁점-행정작용을 중심으로-", 공법연구 제49집 제2호, 한국공법학회, 2020. 12, 231면.

83) 조성규, "인공지능에 기반한 자동화된 행정결정의 행정법적 쟁점", 183면.

84) 실제로 보건복지부는 2019년 4월 '사회보장 정보전달체계 개편 기본방향'에 '복지사각지대 발굴 시스템 2.0'을 포함시키는 등 빅데이터를 통한 복지사각지대 발굴사업 고도화 계획을 발표한 바 있다.

의 축적 및 패턴 분석을 통해 사회보장급여의 부정수급 예방에 기여할 수 있다.[85] 셋째, 빅데이터 분석기술을 통하여 맞춤형 사회서비스가 가능해진다.[86] 넷째, 장애인·노인 등에 대한 돌봄 로봇, 재활 로봇 등에 인공지능 기술을 탑재하여 사회서비스에서의 인력 부족의 문제를 해결할 수 있고, 보다 효율적으로 돌봄 및 재활치료 등을 수행할 수 있을 것으로 기대된다.

제3절 사회보장 행정입법

Ⅰ. 사회보장행정에서 행정입법의 의의와 분류

1. 의의

행정입법은 행정권이 일반적·추상적인 규율을 제정하는 작용 또는 그렇게 제정된 규범으로서의 명령이다. 따라서, 행정권(행정청)의 개별적·구체적 규율로서의 성질을 갖는 행정행위(처분)와 구별된다. 여기에서 '일반적'이란 불특정·다수의 사람에게 적용된다는 것, '추상적'이란 불특정·다수의 사안(경우)에 적용된다는 것, '규율'이란 법적 효과를 발생·변경·소멸시킨다는 것을 의미한다.

헌법 제40조에서 "입법권은 국회에 속한다."라고 규정되어 있으므로, 입법권은 원칙적으로 국민의 대표기관인 의회에 속한다(국회입법의 원칙). 그러나, 현대사회에서 행정기능의 확대 및 전문화·기술화 등의 현상과 요청으로 행정입법이 증가하고 있다.

---

85) 2015년 이후 보건복지부는 복지급여 부정수급 근절을 위하여 정확한 수급자 선정에 필요한 공적 자료를 사회복지통합관리망과 통합 연계하여 정보 공동활용체계를 구축하였으며, 행복e음 부정수급 유형을 분석하고 개발하기 위한 전담인력도 확충한 바 있다.

86) 최근 우리나라도 맞춤형 사회서비스 내지 복지 정책이 강조되고 있으며, 2019년 사회보장 전달체계 개편 기본방향에서도 복지대상자의 유형과 패턴을 분석하고 예측함으로써, 대상자의 욕구와 제공가능한 서비스·자원을 매칭하여 제공하는 맞춤형 계획을 발표하였다.

2. 행정입법의 분류

행정입법은 법규성 유무에 따라 법규명령과 행정규칙으로 구분할 수 있다. 법규명령은 대외적으로 국민의 권리·의무에 변동을 가하거나 그 범위를 확정할 수 있고(대외적 구속력), 재판규범으로 작동하여 법원을 구속한다(재판규범성). 그러나, 행정규칙은 법규성(대외적 구속력, 재판규범성)을 가지고 있지 않을 뿐만 아니라 법률에 근거가 없어도 집행권의 고유권한으로 발령될 수 있다.

법규명령이란 행정권이 정립하는 일반적·추상적인 규율로서 법규로서의 효력을 갖는 것을 말한다. 이때 법규는 행정기관에 대한 효력발생은 물론 대외적으로 국민에 대한 효력도 인정된다. 법규명령은 ① 수권의 범위와 효력에 따라 헌법대위명령, 법률대위명령, 법률종속명령(위임명령과 집행명령)으로 나눌 수 있고, ② 권한의 소재나 법형식에 따라 대통령령, 총리령, 부령, 대법원규칙, 헌법재판소규칙, 중앙선거관리위원회규칙 등으로 분류할 수 있다.[87]

행정규칙이란 상급행정기관 또는 상급자가 하급행정기관 또는 하급자에 대해 법률의 수권 없이 그의 권한 범위 내에서 발하는 일반·추상적 규율을 말한다. 행정규칙은 ① 내용에 따라 조직규칙, 규범해석규칙, 재량준칙으로 나눌 수 있고, ② 형식에 따라 훈령, 예규 등으로 구분할 수 있다.[88]

3. 사회보장행정의 특수성

헌법상 사회적 기본권은 법률에 의하여 구체화될 것이 필요하고 그렇게 구체화된 권리로서의 사회보장수급권도 법률 규정만으로는 수급대상자 및 급여의 내용이 구체적

---

87) 하명호, 「행정법」, 244면.
88) 「행정업무의 운영 및 혁신에 관한 규정」 제4조 제2호 참조.

으로 정해지지 않고 행정입법의 형태로 규율되는 경우가 매우 많다. 더구나 시행령, 시행규칙, 고시, 지침 등의 단계적 위임구조를 거치면서 사회보장 영역에서 법률적으로 규율하고자 하는 대상의 의미는 축소되고, 의회유보의 원칙이 무색하리만큼 국회가 아닌 행정부가 이에 대한 근본적인 결단과 해석을 담당하고 있다.[89]

따라서, 사회보장행정 영역에서는 행정입법이 상당히 중요하게 다루어진다. 사회보장행정입법으로 수급대상자(수급자격), 급여 내용 및 급여제공 절차에 대한 세부적인 사항이 정해지고 있기 때문이다.

II. 사회보장행정에서 법규명령의 한계와 통제

1. 위임명령의 범위와 한계

위임명령은 상위 법령으로부터 구체적으로 범위를 정하여 위임받은 사항에 대해서만 정할 수 있다. 이에 관해서는 수권법률의 측면과 위임명령의 측면에서 다음과 같은 점을 고려하여야 한다. 이 문제는 조례가 「지방자치법」 제28조 제1항 단서에 따라 주민의 권리제한 또는 의무부과에 관한 사항을 법률로부터 위임받은 후 다시 지방자치단체장이 정하는 규칙이나 고시 등에 재위임하는 경우에도 마찬가지로 발생한다.[90]

가. 위임입법(수권법률)의 측면에서의 고찰

(1) 본질사항(국회전속사항)의 위임금지의 원칙

(가) 의의

이 문제는 '무엇을 입법자가 스스로 정하여야 하고, 무엇을 행정부에 위임할 수 있는지'에 관한 것이다. 특히 사회보장행정에서는 행정입법이 광범위하게 이루어지고 있으므로, 법률유보의 원칙은 의회의 입법권을 지키는 마지막 보루이자 행정입법의 한계로서 작동한다. 현대사회에서 국가에 의한 급부의 의존도가 높아지고 있는 현실에 비추

---

89) 윤수정, "사회보장법 영역에서의 법률유보와 위임입법의 한계-헌법재판소 결정 2019. 2. 28. 2017
    헌바245 결정에 대한 비판적 검토를 중심으로-", 공법학연구 제20권 제2호, 한국비교공법학회,
    2019, 184면.
90) 대법원 2015. 1. 15. 선고 2013두14238 판결.

어 공정성 및 적정성을 갖춘 급부의 분배를 위하여 사회보장행정에서는 다른 행정 영역과 마찬가지로 의회유보의 원칙을 포함한 법률유보의 원칙이 강조되어야 한다.

다만 모든 행정작용이나 급부행정 영역에서 의회에 의한 형식적 법률의 근거를 요구한다면 급격한 생활여건의 변화 및 현실에 대응하지 못할 우려가 있고, 행정의 신속성과 효율성이 저하되고 적시 지원이 어려워지는 경우가 발생할 수 있다. 이러한 점들을 고려할 때 사회보장행정에서 법률유보의 범위와 관련해서는 중요한 사항에 대하여 형식적 법률의 근거를 요구하는 '중요사항유보설'이 타당하다. 문제는 무엇을 어느 범위에서 법률로 정하여야 하는지를 밝히는 것이다(본질사항의 위임금지의 원칙). 이에 대한 중요한 기준으로 '규율대상의 기본권적 중요성'과 의회절차의 공개성 및 이익조정기능에 비추어 '입법절차에서 규율되어야 할 고도의 필요성'을 제시할 수 있겠다.[91] 대법원도 "규율대상이 국민의 기본권 및 기본적 의무와 관련한 중요성을 가질수록 그리고 그에 관한 공개적 토론의 필요성 또는 상충하는 이익 사이의 조정 필요성이 클수록, 그것이 국회의 법률에 의해 직접 규율될 필요성은 더 증대된다."라고 판시하였다.[92]

(나) 사회보장행정에서의 구체적 의미

사회보장행정에서의 중요사항은 어떤 내용으로 구체화될 수 있는가? 사회보장행정의 의의를 고려할 때, 어떤 사람들이 어떠한 사회적 위험을 어떤 종류의 내용 및 수준의 급여로 보호할 것인지와 이에 관한 재정 및 조직 등이 법률로 규율되어야 할 사항이다.[93] 헌법상 기본권으로서 보장되는 최소한의 물질적인 생활에 필요한 급여와 같은 영역이나 수급내용의 축소 내지 부정수급에 대한 환수와 같은 권리의 변경 내지 소멸에 해당하는 사항은 '중요사항'으로서 법률로 규정하여야 할 사항에 해당한다. 이러한 사항에 대해서는 법률유보의 원칙이 위임의 한계로서 적용되어 위임 자체가 허용되지 않거나 이를 최소화되어야 할 것이다.

또한, 사회보장행정 영역에서 형식적 법률에 의하여 규정되어야 할 사항은 수급자격

---

91) 한수웅, "본질성이론과 입법위임의 명확성원칙", 헌법논총 제14집, 헌법재판소, 2003, 605면; 윤수정, "사회보장법 영역에서의 법률유보와 위임입법의 한계-헌법재판소 결정 2019. 2. 28. 2017헌바245 결정에 대한 비판적 검토를 중심으로-", 195면.

92) 대법원 2015. 8. 20. 선고 2012두23808 전원합의체 판결; 대법원 2020. 9. 3. 선고 2016두32992 전원합의체 판결.

93) 윤수정, "사회보장법 영역에서의 법률유보와 위임입법의 한계-헌법재판소 결정 2019. 2. 28. 2017헌바245 결정에 대한 비판적 검토를 중심으로-", 194면.

과 급여의 내용을 결정하는 구조와 절차라고 생각된다. 법률에서 구체적인 급여수준을 직접 규정하지는 않더라도 그러한 급여가 어떤 기준으로 배분되고 어떤 수준으로 정해져야 하는지는 법률에 의하여 규정되어야 한다. 그러한 급여결정의 구조 및 절차까지 행정입법에 위임될 경우 의회는 사회보장행정의 입법 영역에서 행정통제기능을 잃게 될 것이고, 형식적 의결기관으로 전락하여 입법권을 제대로 행사하지 못하게 됨으로써 권력분립의 원칙에 위배될 위험이 있다. 그리고, 국가에 의한 급여의 기반이 오로지 행정 영역에 맡겨짐으로써 사회권적 기본권뿐만 아니라 자유권적 기본권의 영역에서도 실현의 전제가 되는 경제적 여건의 불완전성으로 인하여 기본권이 침해될 우려도 있다.

구체적으로 '구조와 기준'을 어떻게 설정할 것인지는 급여결정의 절차를 어떻게 규정할 것인지와 관련이 있다. 급여의 내용과 기준을 모두 법률로 규정하는 것은 현실적으로 불가능하기 때문에, 법률이 통제할 수 있는 것은 그러한 구체적인 내용을 어떻게 정할 것인지에 대한 '절차'의 준수 여부이기 때문이다.

한편, 사회보장수급권을 제한하는 경우에 법률유보의 원칙에 대한 요청은 개별 사회보장행정 영역에 따라 그 정도가 다를 수 있다.

첫째, 수급자의 자기기여를 전제로 하는 급여에 대한 권리를 제한하는 법률은 엄격한 심사기준이 적용되어야 한다. 급여의 근거가 되는 재원이 피보험자의 보험료 지급으로 형성되어 자기기여가 전제되는 사회보험급여에서는 수급자의 권리성이 더욱 구체화되어야 하고 관련 사항이 법률로 규정되어야 할 필요성이 크기 때문이다.

둘째, 자기기여가 전제되지 않은 영역은 구체적인 권리성이 상대적으로 약하여 급여의 구체적인 내용을 정하는 데에 국가의 재량이 넓게 인정된다. 이러한 성격으로 인하여 자기기여가 전제되지 않은 영역에서는 법률유보의 원칙에 대한 적용밀도가 비교적 낮게 되고, 위임입법의 여지 또한 넓게 될 것이다.

셋째, 자기기여가 전제되지 않아 넓은 입법재량이 인정되는 사회보장행정 영역이라 하더라도 급여의 축소·제한 및 급여의 환수나 「국민기초생활보장법」상 기초생활급여에 관한 사항은 법률유보의 원칙에 대한 적용밀도가 높다고 보아야 한다. 전자의 경우에는 권리의 제한으로서 의미가 있고, 후자의 기초생활급여는 인간다운 생활을 할 권리의 본질적인 사항으로서 인간다운 생활에 필요한 최소한의 물질적인 급여를 보장하기 위한 제도이기 때문이다.

(다) 영역별 고찰

사회보장행정은 사회의 다양한 위험으로부터 국민을 보호하기 위하여 개별 영역별로 별도의 법체계가 발전하였기 때문에 각 영역별로 적용되는 원리가 다르거나 그 적용 강도에도 조금씩 차이가 있다.[94]

사회보험법 체계 중에서 대표적인 법률인 국민건강보험은 모든 국민이 가입하는 강제보험이다(「국민건강보험법」 제5조). 국민건강보험은 질병 등을 치료하기 위하여 현금급여로 지급되는 다른 사회보장급여와 달리 서비스 형태로 요양급여가 지급된다. 이렇게 서비스 형태로 지급되는 경우에는 제공되는 급여의 종류와 내용을 법제화하는 것에 한계가 있다. 또한, 요양기관의 경우 환자의 개별적인 상태를 구체적으로 판단하여 진료를 하기 때문에 그 유형을 일반화하기도 어렵다. 이러한 특성에 따라 법률차원에서 모든 급여의 종류와 내용을 규율하기는 어렵고, 하위 법령인 시행령, 시행규칙을 비롯한 고시에서 구체적 내용이 규율될 여지가 높아진다.[95]

공공부조의 경우에는 개인이 수령하는 급여에 대하여 아무런 기여가 없기 때문에 국가가 국민의 최저생활을 보장하기 위하여 제도를 마련하여 운영할 때 행정입법의 가능성이 높아질 수도 있다. 특히 이 경우 국가의 시혜성 급부로 여겨질 가능성이 높아지게 된다.[96] 그러나, 생활이 어려운 국민에 대한 최저생활보장을 해주는 것은 그들에게 생존권에 있어 중요한 의미를 가진다. 따라서, 법률이나 법률의 위임규정에서 그 보장의 내용을 확인하거나 예측할 수 있어야 한다.[97] 한편, 세금을 납부한 국민과 수급권자인 빈곤층 간에 서로 이해관계가 대립할 가능성이 높다는 점에서 의회에서 토론과 타협의 과정을 거치는 것이 필요하다. 특히 최저생활의 보장의 정도는 수시로 변화한다거나 정책적으로 전문적인 영역이라고 하는 것은 어려우므로, 법률에 그 내용을 예측할 수 있도록 하는 것이 필요할 것이다.[98]

소득보장과 의료보장을 위한 사회보험과 공공부조는 헌법 제34조에서 규정하는 사회보장의 권리를 구체화하는 핵심적인 법체계인 반면, 사회서비스는 생존을 위하여 반드시 필요한 소득이나 의료보장이 아니기 때문에 '의회유보'의 원칙을 적용할 수 있는지

---

94) 박정연, "복지서비스의 민간공급에 관한 공법적 규율-노인요양서비스를 중심으로-", 58면.

95) 전광석, 「사회보장법과 헌법재판」, 5-6면.

96) 김진곤, "사회보장법 영역에서 포괄위임입법금지원칙의 적용과 그 한계", 51면.

97) 전광석, 「사회보장법과 헌법재판」, 317면.

98) 정관영·박보영, "사회보장수급권에 대한 헌법 제37조 제2항의 위헌심사기준: 공공부조를 중심으로", 194-195면.

에 관하여 논란이 있을 수 있다. 그렇지만, 사회서비스 역시 국민의 삶에서 중요한 영향을 미치고 있다는 점, 특히 다양한 사회변화에 따라 더욱 중요한 역할을 할 것이라는 점에서 사회보험이나 공공부조와 본질적으로 다르다고 볼 수 없을 것이다.[99] 특히 경제적 약자를 대상으로 하는 사회서비스인 경우에는 수급대상자와 수급 조건에 대해서는 적어도 법률에서 명확하고 구체적인 위임규정을 두어야 할 것이다.[100]

> **헌재 1997. 12. 24. 선고 95헌마390 결정:** 일단 입법을 통하여 주관적 권리로 구체화한 경우라도 분만급여와 같이 국가로부터 일정 급부를 요구하는 이 구체적 권리는 국가의 재정능력이나 다른 공공복리의 목적으로 다시 법률로써 축소·제한될 수 있다. 사회적 기본권이 추구하는 사회적 평등은 정치적인 성격이 강한 법 영역이고, 이에 대한 결정은 제1차적으로는 입법적인 정책판단에 유보될 수밖에 없기 때문이다. 요컨대 사회적 기본권의 실현은 결국 국가의 자원에 대한 처분성을 전제로 하는 것인데 본질적으로 자원은 한정된 것이고 따라서 한정된 자원의 분배는 민주적 정당성을 가진 입법자의 과제인 것이다. 다만, 이 경우에도 그와 같은 권리를 축소함에 있어서 반드시 법률 그 자체에 의하여야 하는 것은 아니고, 위에서 본 바와 같이 행정입법에 위임할 수는 있다.

(2) 입법위임의 명확성의 원칙(포괄위임금지의 원칙)

헌법 제75조는 법률에서 "구체적으로 범위를 정하여 위임받은 사항"에 관하여 대통령령을 발할 수 있다고 규정하고 있는데, 그 취지는 다른 형식의 위임명령에도 적용되어야 한다. 여기에서 '구체적으로'란 위임의 질적(내용적) 한계를 의미하는 것으로서 위임의 목적 및 규율사항(내용)과 연관되는 것이고, '범위를 정하여'란 위임의 양적 한계라 할 수 있다. 결국 수권규정에서 행정입법에 위임하는 규율대상·범위·기준 등을 명확히 하여야 하고 일반적·포괄적 위임은 허용되지 않는다(포괄위임금지의 원칙).

대법원[101]이나 헌법재판소[102]는 입법위임의 명확성의 원칙과 관련하여 일관되게, "법률에서 구체적으로 범위를 정하여 위임받은 사항이라 함은 법률에 이미 대통령령으로 규정될 내용 및 범위의 기본사항이 구체적으로 규정되어 있어서 누구라도 당해 법률로부터 대통령령에 규정될 내용의 대강을 예측할 수 있어야 함을 의미한다."라고 판시하여 예측가능성의 이론에서 출발하고 있다. 여기에서의 예측가능성은 "당해 특정조항

---

99) 이신용, 「사회보장법과 의회」, 155-156면.
100) 김주희, "사회보장행정에서 법률유보의 원칙-주거복지를 중심으로-", 84면.
101) 대법원 2000. 10. 19. 선고 98두6265 판결; 대법원 2008. 11. 27. 선고 2006두19570 판결.
102) 헌재 2002. 6. 27. 선고 2000헌가10 결정.

하나만을 가지고 판단할 것이 아니고 관련 법조항 전체를 유기적·체계적으로 종합 판단하여야 하고, 각 대상법률의 성질에 따라 구체적·개별적으로 검토하여야 할 것"이라고 판시하고 있다(일반적 법률해석을 통한 예측가능성).

한편, 대법원103)과 헌법재판소104)는 "위임의 구체성·명확성의 요구 정도는 규제대상의 종류와 성격에 따라서 달라진다. …… 기본권 침해 영역에서는 급부행정 영역에서보다는 구체성의 요구가 강화되고, 다양한 사실관계를 규율하거나 사실관계가 수시로 변화될 것이 예상될 때에는 위임의 명확성요건이 완화되어야 한다."라고 판시하여, 행정부에 입법권을 위임하는 수권법률의 명확성을 판단할 때 규율의 효과 및 규율대상의 특성에 따라 심사기준이 달라져야 한다는 입장이다. 다양한 형태의 사실관계를 규율하거나 규율대상인 사실관계가 상황에 따라 자주 변화하리라고 예상된다면 규율대상인 사실관계의 특성을 고려하여 명확성에 대하여 엄격한 요구를 할 수 없고, 위임에 의하여 제정된 행정입법이 국민의 기본권을 침해하는 성격이 강할수록 보다 명확한 수권이 요구된다는 것이다(규율의 효과와 규율대상의 특성에 따른 명확성판단).

사회보장행정은 대체로 급부행정에 해당하고 재정한계 등에 따라 위임의 구체성과 명확성의 요구 정도는 침해행정에 비하여 상대적으로 낮을 수 있다. 대법원과 헌법재판소도 수익적 급부행정의 영역에서는 침익적 행정보다 위임의 여지를 넓게 인정하고, 나아가 구체적인 경제적·사회적 여건의 변화에 긴밀하게 대응하여야 하는 사회보장행정 영역의 특수성을 인정하고 있다.

헌재 2003. 7. 24. 선고 2002헌바51 결정: 산업재해보상보험법 제5조 단서는 예외적으로 산업재해보상보험법이 강제적용되지 않는 사업을 대통령령으로 정하도록 위임하는 것으로서 그 규율의 범위가 쉽게 한정될 뿐 아니라, 행정부가 대통령령으로 적용제외사업을 규정함에 있어 '위험률·규모 및 사업장소 등'을 참작하도록 함으로써 그 위임에 따라 대통령령에 규정될 내용과 범위에 관한 기본적 사항이 구체적으로 규정하고 있어서 산업재해보상보험의 보험료 부담을 감당하기 어렵거나 그 부담으로 인하여 사업 수행에 악영향을 받을 수 있는 영세사업 또는 재해발생률이 낮아서 산업재해보상보험을 강제로 시행하지 않아도 근로자 보호에 지장이 없는 사업 등이 대통령령에 적용제외사업으로 규정되리라는 것을 충분히 예측할 수 있으므로, 이 사건 법률조항은 위임입법의 명확성을 갖추고 있다.

---

103) 대법원 2007. 10. 26. 선고 2007두9884 판결; 대법원 2004. 7. 22. 선고 2003두7606 판결; 대법원 2000. 10. 19. 선고 98두6265 판결.
104) 헌재 1991. 2. 11. 선고 90헌가27 결정; 헌재 1997. 12. 24. 선고 95헌마390 결정; 헌재 2002. 8. 29. 선고 2000헌바50 결정.

그러나, 사회보장행정에서도 침익적 처분에 해당하는 경우에는 보다 구체적이고 명확한 위임이 필요하다. 헌법재판소도 요양기관 지정취소[105]나 「군인연금법」상 지급정지,[106] 「고 용보험법」상 부정수급기관에 대한 지원정지[107] 등 이미 발생한 권리를 제한하는 규정에 대해서는 포괄위임금지의 원칙을 적용함에 있어서 완화된 기준이 아닌 엄격한 기준에 따라 판단하였다.

> **헌재 2003. 9. 25. 선고 2001헌가22 결정:** 퇴역연금 지급정지제도에서 구체적인 지급정지대상기관을 국방부령으로 선별, 결정함에 있어서는 누구든지 예측가능한 일정한 기준이 있어야 함에도 불구하고 심판대상조항은 물론 그 밖의 어느 규정도 이에 관한 아무런 기준을 제시하지 아니함으로 말미암아 천태만상의 정부투자의 전범위에 걸쳐 비록 아무리 투자의 비율 또는 규모가 작더라도 투자가 이루어지기만 하면 국방부령이 정하는 바에 따라 지급정지대상기관이 될 수 있게 위임의 범위가 너무 넓어져버렸고, 결과적으로 연금지급정지의 대상이 되는 정부투자·재투자기관의 확정을 실질적으로 행정부에 일임한 것이 되었다. 따라서 심판대상조항은 퇴역연금 지급정지의 대상이 되는 정부투자기관·재투자기관에 관하여 구체적으로 범위를 정하지 아니하고 포괄적으로 국방부령으로 정하도록 위임하여 헌법상 입법위임의 한계를 일탈한 것으로서 헌법 제75조 및 제95조에 위반된다.

나. 위임명령의 측면에서의 고찰

위임명령도 법률적합성의 원칙(법률유보의 원칙, 법률우위의 원칙)이 당연히 적용된다. 따라서, 위임명령은 법령에 근거하여야 하고 수권의 범위 내에서 발해져야 하며, 법률의 위임 없이 법률이 규정한 개인의 권리·의무에 관한 내용을 변경·보충하거나 법률에 규정하지 않은 새로운 내용을 정할 수 없고, 상위 법령에 직접 또는 간접으로 저촉되어서는 안 된다. 한편, 위임명령의 내용은 명확하여야 하고, 신뢰보호의 원칙이나 평등의 원칙과 같은 헌법상의 원칙에 위반해서는 안 된다.

---

105) 헌재 1998. 5. 28. 선고 96헌가1 결정.
106) 헌재 2003. 9. 25. 선고 2001헌가22 결정.
107) 헌재 2013. 8. 29. 선고 2011헌바390 결정.

2. 집행명령의 범위와 한계

집행명령은 상위 법령을 집행하기 위하여 필요한 세부적·구체적 사항만 정하는 것이다. 따라서, 위임명령과 달리 법률의 위임은 필요없지만, 상위 법령의 범위 내에서 그 시행에 필요한 구체적인 절차·형식 등(예: 허가신청서의 서식 등)을 규정할 수 있을 뿐, 새로운 입법사항(예: 허가를 받기 위한 시설의 기준)을 정할 수는 없다.

3. 법규명령의 사법적 통제

가. 법원에 의한 규범통제

우리 헌법 제107조 제2항은 "명령·규칙[108]이 헌법이나 법률에 위반되는 여부가 재판의 전제가 된 경우에는 대법원은 이를 최종적으로 심사할 권한을 가진다."라고 규정함으로써 구체적 규범통제제도를 취하고, 「행정소송법」은 항고소송의 대상을 '처분 등'에 한정하여 인정하고 있다(제19조, 제38조). 따라서, 법규명령의 위헌·위법성은 구체적인 사건에서 재판의 전제가 되는 경우에만 그 사건의 심판을 위한 선결문제로서 다루어질 수 있다. 이때 대법원이 법규명령을 헌법 또는 법률에 위반되었다고 선언하는 경우에는 「법원조직법」 제7조 제1항 제1호·제2호에 따라 전원합의체에서 심리하여야 한다. 다만 앞에서 언급한 것처럼 예외적으로 법규명령이 '처분'의 성질을 가지는 경우에는 그 처분적 명령에 대한 항고소송이 가능하다.

구체적 규범통제를 통하여 위헌·위법으로 판정된 명령의 효력에 대하여 ① 해당 사건 외에는 폐지되기 전까지 유효하다는 견해, ② 개별적 사건에서 적용만 거부하여야 하나 현재 대법원이 법규명령의 무효를 일반적으로 선언하고 있다는 견해, ③ 일반적으로 무효가 된다는 견해 등이 대립하고 있다.

법원의 본래의 임무는 구체적 사건의 심판이지 명령·규칙의 효력 자체를 심사하는 것은 아니므로, ①설이 타당하다. 대법원 판결은 해당 사건에서 위헌으로 판단되기 때문에 해당 사건에 그 명령·규칙을 적용하지 않는 '적용 배제'에 그치는 것이므로, 위헌·위법으로 판정된 명령도 일반적으로는 여전히 효력을 가지게 된다. 다만 다른 사건에서 하급심이 대법원의 판결에 따르는 것은 대법원의 위헌심사에 일반적 효력이 인정되기

---

108) 대법원규칙, 중앙선거관리위원회규칙 등과 같이 명칭은 규칙이나 법규명령으로 취급되는 것을 말한다.

때문이 아니라 판례로서 사실상의 구속력 때문이라고 이해할 수 있다(개별적 효력설). 이 점에서 법률의 효력을 상실시키는 헌법재판소의 위헌결정의 효력(「헌법재판소법」 제47조 제2항)과 다르다는 점에 유의할 필요가 있다.

나. 헌법재판소에 의한 통제

헌법 제107조 제2항에 따라 구체적인 사건에서 법규명령의 위헌·위법 여부가 재판의 전제가 되는 경우에 대법원에게 최종적인 심사권이 있다는 것은 명확하나, 재판의 전제성이 없는 경우에 법규명령이 헌법소원의 대상인지 여부에 관하여 대법원과 헌법재판소 간에 견해가 대립한다.

헌법재판소는 여기에서 말하는 대법원의 최종심사권이란 구체적인 소송사건에서 명령·규칙의 위헌여부가 재판의 전제가 되었을 경우를 말하므로, 명령·규칙 그 자체에 의하여 직접 기본권이 침해되었다는 것을 이유로 헌법소원심판을 청구할 수 있다고 해석하고 있다.[109] 반면에 대법원은 입법론이라면 몰라도 현행법의 해석론으로서는 헌법재판소의 명령·규칙 위헌심사권을 인정할 수 없다는 입장에 있다.[110]

다. 사회보장행정에서 행정입법부작위의 문제

행정입법부작위란 국회가 특정한 사항에 대하여 법규명령으로 규율할 것을 행정부에 위임하였음에도 불구하고 행정부가 정당한 이유 없이 이를 이행하지 않는 것을 말한다. 국회가 특정한 사항에 대하여 행정부에 위임하였음에도 불구하고 행정부가 정당한 이유 없이 이를 이행하지 않는다면 권력분립의 원칙과 법치국가의 원칙에 위배되기 때문에[111] 행정입법부작위는 위헌·위법이다. 행정입법의 제정·개정의 지체가 위헌·위법이 되기 위해서는 행정청에게 법령을 제정·개정할 법적 의무(작위의무)가 있고 ② 상당한 기간이 경과하였음에도 ③ 법규명령을 제정·개정하지 않아야 한다.

행정입법부작위에는 행정청이 법률에서 명령으로 정하도록 위임받은 사항을 전혀 입법하지 않은 경우(진정 행정입법부작위)는 물론 그 법률이 위임한 사항을 불충분하게 규정함으로써 법률이 위임한 행정입법의무를 제대로 이행하지 않은 경우(부진정 행정입

---

109) 헌재 1990. 10. 15. 선고 89헌마178 결정을 비롯한 다수의 결정.
110) 법원행정처 헌법재판연구반, "명령·규칙의 위헌심사권에 관한 연구보고서", 저스티스 제23권 제2호, 한국법학원, 1990. 12, 166-192면 참조.
111) 헌재 2004. 2. 26. 선고 2001헌마718 결정.

법부작위)도 포함된다.

그런데, 행정입법부작위는 처분도 아니고 항고소송의 대상이 부작위의 개념에도 포섭되지 않으므로 이를 항고소송으로 다툴 수는 없다.[112] 다만, 행정청의 구체적인 처분을 소송물로 삼으면서 그 처분이 위법하게 된 이유가 행정입법부작위에서 기인한 것이라고 다툴 경우 법원은 부수적으로 행정입법부작위를 심사할 수 있을 것이다.[113]

한편, 행정입법부작위로 인하여 손해가 발생한 경우「국가배상법」에 따라 배상을 청구할 수 있다. 대법원이 진정 행정입법부작위에 대하여 국가배상책임을 인정한 것으로서, "구 군법무관임용법 제5조 제3항과 군법무관임용 등에 관한 법률 제6조가 군법무관의 보수의 구체적 내용을 시행령에 위임했음에도 불구하고 행정부가 정당한 이유 없이 시행령을 제정하지 않은 것이 불법행위에 해당하므로 합리적이고 객관적인 손해를 배상하여야 한다."라고 판시한 사례가 있다.[114] 부진정 행정입법부작위에 대하여 국가배상책임을 인정한 것으로는, 장애인 편의시설을 설치하여야 하는 대상을 대통령령으로 정하도록 위임하고 있는「장애인 · 노인 · 임산부 등의 편의증진 보장에 관한 법률」제7조에 따라 장애인 편의시설 설치의무 대상시설의 범위를 정할 때에는 장애인이 비장애인과 동등하게 시설과 설비를 이용할 수 있도록 함으로써 인간으로서의 존엄과 가치 및 평등권을 보장받을 수 있도록 장애인의 접근권을 단계적으로 확대하여 실현하는 방향으로 행정입법권이 행사되어야 한다는 내재적 한계가 있는데도 불구하고 같은 법 시행령 제11조에 편의시설 설치의무 대상시설의 범위가 지나치게 좁게 설정되어 있어 사회 · 경제적 발전 정도 및 장애인 편의시설 설치에 관한 사회적 공감대를 따라가지 못하고 있다면, 행정청으로서는 장애인을 위한 편의시설 설치가 강제되는 대상시설을 확대하여 장애인의 접근권을 실질적으로 개선하는 형태로 해당 행정입법을 개정할 구체적인 의무가 발생한다고 할 것이고, 행정청이 정당한 이유 없이 그 개선입법의무를 이행하지 않았다면 그 행정입법 부작위는 위법하다고 판시한 사례가 있다.[115]

또한, 헌법재판소는 행정입법부작위에 대한 헌법소원을 긍정하는 입장에서 대통령령을 제정하지 않은 행정입법부작위에 대하여 위헌확인을 한 바 있다.[116] 다만 법률 또는

---

112) 대법원 1992. 5. 8. 선고 91누11261 판결.
113) 하명호, 「행정법」, 261면.
114) 대법원 2007. 11. 29. 선고 2006다3561 판결.
115) 대법원 2024. 12. 19. 선고 2022다289051 전원합의체 판결.
116) 헌재 2004. 2. 26. 선고 2001헌마718 결정.

상위 법령의 위임에 따라 하위 법령에서 수급요건이나 급여비용 청구요건을 규정하기는 하였지만 불충분하여 그 기준에서 제외됨으로써 급여 등 요건에 탈락하는 자들이 발생하는 경우는 이른바 부진정입법부작위가 되어, 전혀 제정·개정을 하지 않은 진정입법부작위의 경우와 달리 위헌확인을 구할 수 없다. 이러한 경우 대법원은 시행령상에 규정된 사항을 예시적인 것으로 보아 요건 충족 여부를 검토하거나(업무상 재해사건의 경우) 입법의 미비로서 법률이 시행령 조항에 명시된 외의 것에 대해서는 그 적용을 배제하려는 취지가 아니라고 보아 시행령 조항 중 가까운 것을 유추하기도 한다(장애인등록 신청 사건의 경우). 가령 「산업재해보상보험법」 제37조 제3항은 업무상 재해 인정기준에 관하여 대통령령인 시행령에 정하도록 위임하고, 같은 법 시행령에서는 업무상 재해 인정기준을 정하고 있는데, 대법원은 통근재해에 관한 사건에서, "시행령 제29조는 각 호의 요건 모두에 해당하는 출퇴근 중에 발생한 사고가 법 제37조 제1항 제1호 (다)목이 규정하고 있는 '사업주가 제공한 교통수단이나 그에 준하는 교통수단을 이용하는 등 사업주의 지배관리하에서 출퇴근 중 발생한 사고'에 해당하는 경우임을 예시적으로 규정한 것이라고 보이고, 그 밖에 출퇴근 중에 업무와 관련하여 발생한 사고를 모두 업무상 재해 대상에서 배제하는 규정으로 볼 수는 없다."라고 판시하였다.[117]

---

117) 대법원 2012. 11. 29. 선고 2011두28165 판결. 「산업재해보상보험법」 제37조 제1항은 "근로자가 다음 각 호의 어느 하나에 해당하는 사유로 부상·질병 또는 장해가 발생하거나 사망하면 업무상의 재해로 본다. 다만 업무와 재해 사이에 상당인과관계가 없는 경우에는 그러하지 아니하다."라고 규정하면서, 제1호 (다)목에서 "사업주가 제공한 교통수단이나 그에 준하는 교통수단을 이용하는 등 사업주의 지배관리 하에서 출퇴근 중 발생한 사고"를 들고 있고, 또한 같은 호 (바)목에서 "그 밖에 업무와 관련하여 발생한 사고"를 들고 있다. 「산업재해보상보험법 시행령」 제29조는 "근로자가 출퇴근하던 중에 발생한 사고가 다음 각 호의 요건 모두에 해당하면 법 제37조 제1항 제1호 (다)목에 따른 업무상 사고로 본다. 1. 사업주가 출퇴근용으로 제공한 교통수단이나 사업주가 제공한 것으로 볼 수 있는 교통수단을 이용하던 중에 사고가 발생하였을 것. 2. 출퇴근용으로 이용한 교통수단의 관리 또는 이용권이 근로자 측의 전속적 권한에 속하지 아니하였을 것"이라고 규정하고 있다.

대법원 2019. 10. 31. 선고 2016두50907 판결

〈사실관계〉 원고는 운동 틱과 음성 틱 증상이 모두 나타나는 뚜렛증후군으로 초등학교 6학년 이후로 평범한 대인관계나 사회생활을 유지하지 못한 채 주위와 완전히 단절된 상태로 생활하여 왔고, 10년 넘게 치료를 받고 약을 복용하면서 점차 약의 복용량을 늘렸음에도 증상이 조금도 나아지지 않고 있으며, 앉아서 일을 할 수도 다른 사람과 정상적인 대화를 나눌 수도 없을 뿐만 아니라 폐쇄된 공간에서는 그 증상이 더욱 심해져 자가용을 타고 장시간 이동조차 할 수 없는 등 오랫동안 일상생활이나 사회생활에서 상당한 제약을 받아왔다. 그런데, 피고는 원고가「장애인복지법」제2조에 정해진 장애인에 해당함에도 장애인복지법의 위임을 받은 행정입법인「장애인복지법 시행령」제2조 제1항 [별표 1]의 장애인의 종류 및 기준에 위와 같은 장애에 관한 규정이 없음으로써 장애진단서를 발급받을 수 없어 장애인등록신청서에 이를 첨부하지 못하였다는 이유로 원고의「장애인복지법」제32조에 기초한 장애인등록신청을 반려하였다.

〈판결내용〉 어느 특정한 장애가「장애인복지법 시행령」제2조 제1항 [별표 1]에 명시적으로 규정되어 있지 않다고 하더라도, 그 장애를 가진 사람이「장애인복지법」제2조에서 정한 장애인에 해당함이 분명할 뿐 아니라, 모법과 위 시행령 조항의 내용과 체계에 비추어 볼 때 위 시행령 조항이 그 장애를「장애인복지법」적용대상에서 배제하려는 전제에 서 있다고 새길 수 없고 단순한 행정입법의 미비가 있을 뿐이라고 보이는 경우에는, 행정청은 그 장애가 시행령에 규정되어 있지 않다는 이유만으로 장애인등록신청을 거부할 수 없다. 이 경우 행정청으로서는 위 시행령 조항 중 해당 장애와 가장 유사한 장애의 유형에 관한 규정을 찾아 유추 적용함으로써 위 시행령 조항을 최대한 모법의 취지와 평등원칙에 부합하도록 운용하여야 한다. 원고가 뚜렛증후군이라는 내부기관의 장애 또는 정신 질환으로 발생하는 장애로 오랫동안 일상생활이나 사회생활에서 상당한 제약을 받는 사람에 해당함이 분명하므로「장애인복지법」제2조 제2항에 따라 장애인복지법을 적용받는 장애인에 해당하는 점, 위 시행령 조항이 갑이 가진 장애를 장애인복지법의 적용대상에서 배제하려는 취지라고 볼 수도 없는 점을 종합하면, 행정청은 갑의 장애가 위 시행령 조항에 규정되어 있지 않다는 이유만을 들어 갑의 장애인등록신청을 거부할 수는 없으므로 관할 군수의 위 처분은 위법하고, 관할 군수로서는 위 시행령 조항 중 갑이 가진 장애와 가장 유사한 종류의 장애 유형에 관한 규정을 유추하여 원고의 장애등급을 판정하여 장애등급을 부여하는 등의 조치를 취하여야 한다.

Ⅲ. 사회보장행정에서 행정규칙의 효력

행정규칙은 법규성이 없어서 국민의 권리·의무에 변동을 가하거나 그 범위를 확정할 수는 없는 것이고, 법원을 구속하지도 않는다.[118] 따라서, 처분이 행정규칙에 위배된

---

118) 대법원 2007. 11. 29. 선고 2006두8495 판결에서는 "'서울특별시 철거민 등에 대한 국민주택 특별공급규칙'은 주택공급에 관한 규칙 제19조 제1항 제3호 (다)목에서 규정하고 있는 '도시계획사업으로 철거되는 주택의 소유자'에 해당하는지 여부를 판단하기 위한 서울특별시 내부의 사무처리준칙에 해당하는 것으로서 위 규정의 해석·적용과 관련하여 대외적으로 국민이나 법원을 기속하는 효력이 있는 것으로 볼 수 없다."라고 판시하였다.

다고 하더라도 그 자체로 위법하게 되는 것이 아니고, 반대로 행정규칙에서 정한 요건에 부합한다고 하더라도 곧바로 그 처분이 적법한 것이라고 할 수도 없다.[119)]

그런데, 행정기관의 행위를 통제·지도하는 행위통제규칙(행위지도규칙)은 행정조직 밖의 일반국민에게도 지대한 효과를 미치는 것이 현실이다. 예컨대, 행정청에게 인정되어 있는 처분권·감독권(영업허가의 정지·철회 등의 권한)의 행사기준을 정한 행정규칙(재량준칙)이 제정되면, 그 규칙의 수범자(규율대상)인 하급행정기관은 물론 규칙제정권자 스스로도 정해진 규칙에 의하여 권한을 행사하게 될 것이다. 그에 따라 관계 법규를 어긴 자는 재량준칙이 정한 기준에 따라 영업허가의 정지 또는 철회 등의 처분을 받게 될 것이므로, 그 효과가 행정 영역 밖의 국민에게도 미치게 된다.[120)] 이 경우에는 평등의 원칙이나 신뢰보호의 원칙에 의하여 행정기관이 규칙에 따라야 할 자기구속을 당하게 되어 대외적 구속력을 가지게 되기 때문이다(행정의 자기구속).[121)] 다만 대외적으로 공표된 재량준칙이 존재한다고 하더라도 그 재량준칙(지침)에서 정한대로 되풀이 시행되어 행정관행이 이루어졌다거나 그 지침의 공표만으로 신청인이 보호가치 있는 신뢰를 가지게 되었다고 보기 어려운 사안에서는 자기구속의 법리를 적용할 수 없다.[122)]

IV. 법규명령과 행정규칙에서 형식과 실질의 불일치

1. 법규명령 형식의 행정규칙

행정규칙으로 정해질 내용은 통상 고시, 훈령, 예규 등의 형식을 취하지만 행정기관 내부의 일반적 기준에 불과한 처분기준을 시행령 또는 시행규칙 등 법규명령의 형식으로 정한 경우가 있다(형식의 과잉). 주로 제재적 처분기준을 대통령령 또는 부령형식으로 정한 경우에 문제가 되고, 해당 행정입법의 실질을 중시하여 법규명령으로 보는 견

---

119) 행정행위의 적법 여부는 행정규칙에서 정한 요건에 합치하는지 여부가 아니라 일반 국민에 대하여 구속력을 가지는 법률 등 법규성이 있는 관계 법령의 규정을 기준으로 판단하여야 한다(대법원 2018. 6. 15. 선고 2015두40248 판결).

120) 행정청은 해당 위반사항에 대하여 처분기준에 따라 행정처분을 함이 보통이라 할 것이므로, 행정청이 이러한 처분기준을 따르지 않고 특정한 개인에 대하여만 위 처분기준을 과도하게 초과하는 처분을 한 경우에는 재량권의 한계를 일탈하였다고 볼 만한 여지가 충분하다(대법원 1993. 6. 29. 선고 93누5635 판결).

121) 가령 헌재 1990. 9. 3. 선고 90헌마13 결정.

122) 대법원 2009. 12. 24. 선고 2009두7967 판결.

해와 해당 규범의 실질적 내용을 중시하여 행정규칙에 해당한다고 보는 견해가 대립한다. 대법원은 법률의 위임에 따라 대통령령으로 정한 제재적 처분기준에 대하여 법규명령으로 보는 반면, 부령 형식의 제재적 처분기준에 대해서는 법규성을 부인한 예가 다수 확인된다.[123] 이에 대해서는 대통령령 형식의 제재적 처분기준과는 달리 부령 형식의 제재적 처분기준에 대해서만 법규성을 부인하고 있어 일관성이 없다는 비판을 받는다.

제재적 처분기준과 달리 처분하였는데 그 처분기준이 행정규칙으로 평가된 경우에는 기준을 위반했음을 이유로 처분의 효력을 부인할 수는 없다. 다만, 처분기준이 객관적으로 합리적이지 않거나 타당하지 않다고 볼만한 특별한 사정이 없는 이상 행정청의 의사는 가능한 한 존중되어야 한다.[124] 처분기준이 법규명령으로 해석된 경우에는 이 기준을 벗어난 처분은 법원은 원칙적으로 그 처분기준에 구속되며, 처분기준이 위헌·위법이 아닌 이상 그 처분기준에 따라 재량의 일탈·남용없이 처분을 하였는지 심사하여야 한다.

한편, 「산업재해보상보험법」상 업무상 재해 인정기준은 제재적 처분기준이 아니지만, 판례는 그 법규성 여부에 관하여 유사한 판단을 하고 있다. 「산업재해보상보험법」 제37조 제3항은 업무상 재해 인정기준에 관하여 대통령령인 시행령에 정하도록 위임하고, 같은 법 시행령에서는 업무상 재해 인정기준을 정하고 있다. 대법원은 앞에서 본 통근재해에 관한 사건에서 업무상 재해 인정기준에 관한 시행령상의 관련 규정을 법규명령으로 보되, 그 내용은 예시적인 것으로 해석하였다.[125]

---

123) 대법원 2007. 9. 20. 선고 2007두6946 판결; 대법원 2010. 4. 8. 선고 2009두22997 판결 등.
124) 대법원 1998. 2. 13. 선고 97누13061 판결; 대법원 2004. 11. 25. 선고 2004두9531 판결; 대법원 2005. 7. 22. 선고 2005두999 판결 등 참조.
125) 대법원 2012. 11. 29. 선고 2011두28165 판결. 한편, 같은 법 시행령 [별표 3] '업무상 질병에 대한 구체적인 인정 기준'의 위임에 따른 「뇌혈관 질병 또는 심장 질병 및 근골격계 질병의 업무상 질병 인정 여부 결정에 필요한 사항」(2022. 4. 28. 고용노동부고시 제2022-40호)은 대외적으로 국민과 법원을 구속하는 효력이 있는 규범이라고 볼 수 없고, 근로복지공단에 대한 내부적인 업무처리지침이나 법령의 해석·적용 기준을 정해주는 행정규칙이라고 한다(대법원 2023. 4. 13. 선고 2022두47391 판결).

2. 행정규칙 형식의 법규명령

이 문제는 주로 대통령령 또는 부령 형식으로 정하여야 할 사항을 고시로 정한 경우에 발생한다. 원래 고시는 통지행위의 일종에 불과한 것인데, 그 내용에 따라 법규적 성격을 가지는 것도 있고, 행정청 내부에만 효력을 갖는 행정규칙도 있을 것이며, 개별적·구체적인 성격을 가지고 있어 행정행위(처분)인 것도 있을 수 있다. 그런데, 고시가 상위 법령으로부터 입법사항을 위임받아 일반적·추상적인 내용을 정하고 있다면, 그 고시에 법규적 효력을 인정할 수 있는지 문제가 된다. 이러한 문제는 고시뿐만 아니라 훈령, 지침 등 다른 행정규칙에서도 발생할 수 있다.

헌법재판소는 헌법에 규정된 행정입법의 형식을 예시적인 것으로 보고 법률은 법률에 종속하는 하위규범으로서의 법규명령의 창설도 가능하다는 전제 하에, 입법자가 규율의 형식도 선택할 수도 있다는 것을 인정하고 있다. 다만, 형식의 선택에 있어서 규율의 밀도와 규율 영역의 특성이 개별적으로 고찰되어야 하는데, 입법자에게 상세한 규율이 불가능한 것으로 보이는 영역이나 극히 전문적인 식견에 좌우되는 영역에서 행정규칙에 대한 위임입법이 제한적으로 인정될 수 있다는 입장에 있다. 즉, 법령보충적 행정규칙에의 위임에 대하여 그 합헌성을 제한적으로 인정하고 있는 것이다.

위와 같이 헌법적 정당성이 인정된 고시·훈령·예규 등 행정규칙의 효력에 대하여, 대법원은 상위 법령의 위임한계를 벗어나지 않는다면 상위 법령과 결합하여 대외적인 구속력을 갖는 법규명령으로서 기능한다고 판시하여, 위와 같은 경우에 대외적 효력이 있을 수 있음을 천명하여 왔다.[126] 고시·훈령·예규 등이 상위 법령과 결합하여 대외적 구속력을 갖는 것은 행정규칙 자체의 고유한 효력에 기인하는 것이 아니라, 법령의 수권에 의하여 행정기관이 법령의 구체적 내용을 보충할 권한을 부여받아 그 내용을 보충하는 기능을 보유하기 때문이라는 것이다.

---

126) 대법원 2014. 1. 14. 선고 2020두38171 판결(국민건강보험법령의 위임을 받은 보건복지부 고시 '요양급여의 적용기준 및 방법에 관한 세부사항' I. '일반사항' 중 '요양기관의 시설·인력 및 장비 등의 공동이용 시 요양급여비용 청구에 관한 사항' 부분) 등 다수.

따라서, 행정각부의 장이 정하는 고시가 법령으로부터 입법사항을 위임받지 못했거나,[127] 법령에 근거를 둔 것이라고 하더라도 그 규정 내용이 법령의 위임 범위를 벗어난 경우에는 법규명령으로서의 대외적 구속력을 인정할 여지가 없다고 하겠다.[128] 나아가 고시의 내용이 위임 범위를 벗어난 경우뿐 아니라 상위 법령의 위임규정에서 특정한 권한행사의 '절차'나 '방식'에 위배되는 경우도 마찬가지이므로, 상위 법령에서 세부사항 등을 시행규칙으로 정하도록 위임하였음에도 이를 고시로 정하였다면 그 역시 대외적 구속력을 가지는 법규명령으로서 효력이 인정될 수 없다.

한편, 행정규칙은 법규명령과 같은 엄격한 제정 및 개정절차를 요하지 않으므로, 재산권 등과 같은 기본권을 제한하는 작용을 하는 법률이 입법위임을 할 때에는 '대통령령', '총리령', '부령' 등 법규명령에 위임하는 것이 바람직하다. 그러므로, 고시와 같은 형식으로 입법위임을 할 때에는 적어도 「행정규제기본법」 제4조 제2항 단서에서 정한 대로 법령이 전문적·기술적 사항이나 경미한 사항으로서 업무의 성질상 위임이 불가피한 사항에 한정되고, 그러한 사항이라 하더라도 포괄위임금지의 원칙상 법률의 위임은 반드시 구체적·개별적으로 한정된 사항에 대하여 행해져야 한다.[129]

---

127) 대법원 2023. 2. 2. 선고 2020두43722 판결.
128) 대법원 2016. 8. 17. 선고 2015두51132 판결.
129) 헌재 2004. 10. 28. 선고 99헌바91 결정의 다수의견은 같은 취지로 법률이 국민의 권리·의무와 관련된 사항을 고시와 같은 행정규칙에 위임하는 경우 그 위헌성 판단방법을 제시하고 있다.

을 참작한 일정소득 이하의 자라고 하는 지급대상자의 선정기준과 그 지급대상자에 대한 구체적인 지급수준(지급액) 등의 결정을 보건사회부장관에게 위임하고 있으므로, 보건사회부장관이 노령수당의 지급대상자에 관하여 정할 수 있는 것은 65세 이상의 노령자 중에서 그 선정기준이 될 소득수준 등을 참작한 일정소득 이하의 자인 지급대상자의 범위와 그 지급대상자에 대하여 매년 예산확보상황 등을 고려한 구체적인 지급수준과 지급시기, 지급방법 등일 뿐이지, 나아가 지급대상자의 최저연령을 법령상의 규정보다 높게 정하는 등 노령수당의 지급대상자의 범위를 법령의 규정보다 축소·조정하여 정할 수는 없다고 할 것임에도, 보건사회부장관이 정한 1994년도 노인복지사업지침은 노령수당의 지급대상자를 '70세 이상'의 생활보호대상자로 규정함으로써 당초 법령이 예정한 노령수당의 지급대상자를 부당하게 축소·조정하였고, 따라서 위 지침 가운데 노령수당의 지급대상자를 '70세 이상'으로 규정한 부분은 법령의 위임한계를 벗어난 것이어서 그 효력이 없다.

V. 사회보장행정에 관한 자치입법

1. 사회보장에 관한 자치법규로서 복지사무조례

가. 조례의 의의

조례라 함은 지방자치단체가 지방의회의 의결을 거쳐 제정하는 법규를 말한다. 지방의회의 의결을 거쳐 제정된다는 점에서, 같은 자치법규이지만 지방자치단체장이 제정하는 규칙과 다르다. 헌법 제117조 제1항에서는 "지방자치단체는 주민의 복리에 관한 사무를 처리하고 재산을 관리하며, 법령의 범위 안에서 자치에 관한 규정을 제정할 수 있다."라고 규정하고,「지방자치법」제28조 제1항 본문에서도 "지방자치단체는 법령의 범위에서 그 사무에 관하여 조례를 제정할 수 있다."라고 규정하고 있다.

여기에서 '그 사무'는「지방자치법」제13조 제1항 소정의 그 관할에 속하는 자치사무와 법령에 의하여 지방자치단체에 속하는 단체위임사무이고(지방자치단체의 사무),130) 기관위임사무는 조례의 규율대상이 아니다. 지방자치단체의 사무에 관해서는 법령의 개별적인 위임 없이 비교적 폭넓게 조례를 제정할 수 있고, 국가의 행정기관이 제정하는 행정입법과는 그 성질이 다르며, 지방자치단체의 자주입법이다.

---

130) 대법원 2021. 9. 16. 선고 2020추5138 판결에서는 "시·도교육청의 직속기관을 포함한 지방교육행정기관의 행정기구의 설치는 기본적으로 법령의 범위 안에서 조례로써 결정할 사항이다."라고 판시하였다.

지방자치단체의 사무가 아닌 기관위임사무는 조례의 규율대상이 아니나, 기관위임사무라 하더라도 개별법에서 업무의 공정한 처리 등을 위하여 조례로 정하도록 하였으면 조례의 제정이 가능하다.[131] 이렇게 상위 법령의 위임에 따라 제정된 조례를 위임조례라고 한다. 이 경우 법령에서 조례로 정하도록 위임한 사항은 그 법령의 하위 법령에서 그 위임의 내용과 범위를 제한하거나 직접 규정할 수 없다(제28조 제2항).

전통적으로 복지사무는 지방자치의 본질적 영역이고, 지방자치단체의 고유한 사무영역으로 이해되어왔다. 그러한 점에서 사회보장행정법제의 구체화에 있어서는 조례의 중요성이 나타난다. 복지수요가 지역에 있는 복지사무의 특성상 복지사무법제는 조례와 긴밀한 관련성을 갖는다.[132] 예를 들어, 아동·청소년·노인 등 특정 계층의 복지를 위한 자치조례가 이에 해당한다. 이와 같은 주민복지에 관한 사무는 지방자치단체의 사무로서 각 지방자치단체가 조례로 정할 수 있으며, 이러한 조례는 법규적 성격을 가진다.

나. 사회보장에 관한 자치입법의 의의 및 가능성

헌법상 사회적 기본권 내지 사회보장조항을 현실적으로 구현하기 위해서는 법령에 의한 구체화가 필요하다. 이는 사회보장을 구체화하는 입법의 형식에 관한 것이기도 하지만, 사회보장행정에 관한 국가와 지방자치단체 사이의 입법기능 배분의 문제이기도 하다.[133]

현대사회의 사회보장행정에서는 국가와 지방자치단체의 권한 및 책임의 중첩성이 존재한다. 따라서, 사회보장의 구체적 법제화에 관하여 지방자치법제에 대해서도 고려하여야 하고, 이 경우 사회보장행정법과 조례와의 규범적 관련성이 문제가 될 수 있다.[134]

사회보장행정사무 중 자치사무에 해당하는 사무에 대해서는 조례로 제정할 수 있다. 해당 사무가 조례로 제정할 수 있는지에 대해서는 사회보장사무의 유형에 따라 판단되어야 한다. 그런데, 사회보험은 전국 단위의 국가사업으로 중앙정부가 관장하고, 공공부조와 사회서비스는 「사회보장기본법」 제25조에 따라 국가와 지방자치단체의 책임으로

---

131) 대법원 2000. 5. 30. 선고 99추85 판결.
132) 조성규, "복지사무와 지방자치단체의 역할", 지방자치법연구 제13권 제3호, 한국지방자치법학회, 2013, 5-6면.
133) 조성규, "사회보장법제에 있어 조례의 역할과 한계", 지방자치법연구 제13권 제4호, 한국지방자치법학회, 2013, 134면.
134) 조성규, "사회보장법제에 있어 조례의 역할과 한계", 132면.

시행하도록 규정하고 있다. 따라서, 조례의 규율대상이 되는 복지사무는 사회보험 영역을 제외한 공공부조와 사회서비스 영역이 될 것이다. 따라서, 개별 법령을 통하여 국가사무로 되지 않는다면, 공공부조와 사회서비스는 지방자치단체의 사무로서 조례로 정할 수 있고, 국가사무인 경우에도 현행 법제상 조례로 정할 것을 구체적으로 위임받은 경우라면 위임조례는 가능하다.

2. 조례제정권의 범위와 한계

이와 같이 조례 제정이 가능한 사무라도 조례제정권의 한계로서 법률우위 및 법률유보의 원칙에 위배되어서는 안 된다.

가. 법령우위의 원칙

(1) 의의

법령우위의 원칙이란 자치입법인 조례도 국법체계의 일부이므로 상부구조에 속해 있는 기존의 국가법령에 모순·저촉되어서는 안 된다는 원칙이다. 이는 법치주의의 이념 아래에서 국법질서의 통일성을 유지한다는 차원에서도 필요불가결한 것이다. 이에 따라 헌법 제117조 제1항과 「지방자치법」 제28조 제1항 본문에서는 지방자치단체는 "법령의 범위에서" 조례를 제정하여야 한다고 규정하고 있는 것이다.

「지방자치법」 제28조 제1항 본문 소정의 법령이라 함은 헌법, 법률 및 그에 근거한 법규명령을 말하고, 법령의 개별적인 특정조항은 물론 법령의 여러 조항을 종합적으로 고려한 경우도 포함된다. 판례에 따르면, 위임고시와 같은 법령보충적 행정규칙도 여기에 포함된다. 한편, "법령의 범위"라는 의미는 '법령에 위반되지 않는 범위'라는 의미로 풀이된다.[135] 조례가 법령에 위반되는지 여부는 법령과 조례의 각각의 규정 취지, 규정의 목적과 내용 및 효과 등을 비교하여 양자 사이에 모순·저촉이 있는지 여부에 따라서 개별적·구체적으로 결정하여야 한다.[136]

---

135) 대법원 2000. 11. 24. 선고 2000추29 판결.
136) 대법원 2009. 10. 15. 선고 2008추32 판결; 대법원 2004. 4. 23. 선고 2002추16 판결 참조.

(2) 초과조례·추가조례의 문제

법령우위의 원칙과 관련하여, 국가의 법령이 이미 제정되어 있는 사항에 관하여 중복하여 규정된 조례는 그 자체로 위법한 것인지 문제가 된다. 이러한 문제는 주로 추가조례와 초과조례에서 발생한다. 추가조례는 국가의 법령과 동일한 목적으로 규제하는 것으로서 그 규제대상만 추가하여 적용 범위를 확대하는 것을 말하고, 초과조례는 법령과 조례가 동일한 사항을 동일한 목적으로 규율하고 있는 경우에 조례가 법령이 정한 기준을 초과하여 보다 강화되거나 보다 약화된 기준을 정하는 조례를 말한다.

그러나, 조례와 법령이 별도의 목적에 기하여 규율하는 것을 의도한 것으로 서로 목적과 효과를 저해하지 않는 경우, 양자가 동일한 목적에서 출발하였더라도 국가의 법령이 전국에 걸쳐 일률적으로 동일한 내용을 규율하려는 취지가 아니라 지방자치단체가 그 지방의 실정에 맞게 별도로 규율하는 것을 용인하는 경우에는 조례가 국가의 법령에 위반되는 것은 아니다. 대법원도 공공부조에 관한 지방자치단체의 조례와 관련하여, 비록 국가법령으로 정한 사항이라도 그 국가법령의 목적과 효과에 위배되지 않고 별도로 공공부조급여에 관한 사항을 담은 조례에 대해 헌법에 위반되지 않는다고 판시한 바 있다.

대법원 1997. 4. 25. 선고, 96추244 판결

〈사실관계〉

지방의회에서 자활보호대상자 중 65세 이상의 노쇠자·18세 미만의 아동·임산부·폐질 또는 심신장애로 인하여 근로능력이 없는 자를 보호대상자로 결정하여 그들에게 생활보호법 소정의 생계비 수준에 준하여 당해 지방자치단체 예산의 범위 내에서 생계비를 지원하도록 하는 내용의 저소득주민생계보호지원조례안을 의결하였다. 그런데, 지방자치단체장은 자활보호대상자에 대한 생계비지원은 법적 근거가 없기 때문에, 이 조례안이 지방자치단체의 사인에 대한 기부·보조 또는 공금의 지출을 금지한 지방재정법 관련 규정을 위반한 것이라고 주장하면서 조례안재의결무효확인소송을 제기하였다.

〈판결요지〉

[1] 지방의회가 2년 이상 당해 지방자치단체의 관내에 거주하는 자로서 법률상 부양의무자가 있으나 부양의무를 이행할 수 없는 자로 인정되어 사실상 생활에 어려움이 있는 자활보호대상자 중 65세 이상의 노쇠자·18세 미만의 아동·임산부·폐질 또는 심신장애로 인하여 근로능력이 없는 자를 보호대상자로 결정하여 그들에게 생활보호법 소정의 생계비 수준에 준하여 당해 지방자치단체 예산의 범위 내에서 생계비를 지원하도록 하는 내용의 저소득주민생계보호지원조례안을 의결한 경우, 당해 조례안의 규정에 의하여 결정된 보호대상자에 대한 생계비의 보조는 지방자치법 제9조 제2항 제2호 (다)목 소정의 '생활곤궁자의 보호 및 지원'에 해당하여 지방자치단체의 사무에

속하는 것임이 분명하고, 따라서 이는 지방자치단체가 개인 또는 공공기관이 아닌 단체에 기부·
보조 또는 기타 공금의 지출을 할 수 있는 경우를 규정한 지방재정법 제14조 제1항 제1호 소정
의 '법률의 규정이 있는 경우'에 해당한다.

[2] 지방자치단체는 법령에 위반되지 아니하는 범위 내에서 그 사무에 관하여 조례를 제정할 수
있는 것이고, 조례가 규율하는 특정사항에 관하여 그것을 규율하는 국가의 법령이 이미 존재하는
경우에도 조례가 법령과 별도의 목적에 기하여 규율함을 의도하는 것으로서 그 적용에 의하여 법
령의 규정이 의도하는 목적과 효과를 전혀 저해하는 바가 없는 때, 또는 양자가 동일한 목적에서
출발한 것이라고 할지라도 국가의 법령이 반드시 그 규정에 의하여 전국에 걸쳐 일률적으로 동일
한 내용을 규율하려는 취지가 아니고 각 지방자치단체가 그 지방의 실정에 맞게 별도로 규율하는
것을 용인하는 취지라고 해석되는 때에는 그 조례가 국가의 법령에 위반되는 것은 아니다.

[3] 위 [1]항의 조례안의 내용은 생활 유지의 능력이 없거나 생활이 어려운 자에게 보호를 행하
여 이들의 최저생활을 보장하고 자활을 조성함으로써 구민의 사회복지의 향상에 기여함을 목적으
로 하는 것으로서 생활보호법과 그 목적 및 취지를 같이 하는 것이나, 보호대상자 선정의 기준
및 방법, 보호의 내용을 생활보호법의 그것과는 다르게 규정함과 동시에 생활보호법 소정의 자활
보호대상자 중에서 사실상 생계유지가 어려운 자에게 생활보호법과는 별도로 생계비를 지원하는
것을 그 내용으로 하는 것이라는 점에서 생활보호법과는 다른 점이 있고, 당해 조례안에 의하여
생활보호법 소정의 자활보호대상자 중 일부에 대하여 생계비를 지원한다고 하여 생활보호법이 의
도하는 목적과 효과를 저해할 우려는 없다고 보여지며, 비록 생활보호법이 자활보호대상자에게는
생계비를 지원하지 아니하도록 규정하고 있다고 할지라도 그 규정에 의한 자활보호대상자에게는
전국에 걸쳐 일률적으로 동일한 내용의 보호만을 실시하여야 한다는 취지로는 보이지 아니하고,
각 지방자치단체가 그 지방의 실정에 맞게 별도의 생활보호를 실시하는 것을 용인하는 취지라고
보아야 할 것이라는 이유로, 당해 조례안의 내용이 생활보호법의 규정과 모순·저촉되는 것이라고
할 수 없다고 본 사례.

[4] 지방자치단체가 그 재정권에 의하여 확보한 재화는 구성원인 주민의 희생으로 이룩된 것이므
로 이를 가장 효율적으로 사용함으로써 건전한 재정의 운영을 하여야 하는 것이나, 주민의 복리
에 관한 사무를 처리하는 권한과 의무를 가지는 지방자치단체의 기관인 지방의회가 미리 지방자
치단체장의 의견을 들은 후 당해 지방자치단체의 재정능력 범위 내에서 생활보호법과는 별도로
생활곤궁자를 보호하는 내용의 조례를 제정·시행하는 것은 지방자치제도의 본질에 부합하는 것
으로서 이로 인하여 당해 지방자치단체 재정의 건전한 운영에 지장을 초래하는 것이 아닌 한 이
를 탓할 수는 없는바, 생활보호법에 모순·저촉되지 않는 별도의 생활보호제도를 두는 것을 내용
으로 한 조례안이 생계비 지급대상이 되는 자활보호대상자의 구체적인 선정 기준(보호대상자의
범위 및 선정 기준)은 규칙으로 정하도록 하고, 보호대상자에게 지급되는 생계비의 액수 또한 당
해 지방자치단체 예산의 범위 내에서만 정하도록 규정함으로써 자치단체장에게 생활보호에 소요
되는 예산의 규모를 결정할 수 있는 권한을 부여하고 있다면 당해 조례안의 시행으로 인하여 당
해 지방자치단체 재정의 건전한 운영에 지장을 초래할 것으로 보이지도 아니하므로, 그 조례에
의하여 결정된 보호대상자에 대한 생계보조에 소요되는 재원의 전액을 당해 자치단체의 출연에
의하도록 하였다는 점만을 들어 당해 조례안이 보호대상자에 대한 보호업무의 비용을 국가와 지
방자치단체가 분담하도록 규정하고 있는 생활보호법 제36조에 위배된다고 볼 수 없다.

(3) 광역자치단체조례 우위의 원칙

「지방자치법」 제30조는 "시·군 및 자치구의 조례나 규칙은 시·도의 조례나 규칙에 위반해서는 아니 된다."라고 규정하고 있다. 광역과 기초지방자치단체는 상하관계가 아니라서 조례 사이의 우열을 정할 수는 없으나, 위 조항은 행정의 전체적인 통일성을 확보하고 기초자치단체가 광역자치단체의 관할구역 안에 있다는 점을 고려한 것이다.

나. 법률유보의 원칙

조례가 주민의 권리제한 또는 의무부과에 관한 사항, 벌칙을 정하는 경우가 아니라면, 법률유보의 원칙이 적용되지 않는다. 헌법 제117조 제1항과 「지방자치법」 제28조 제1항 본문 소정의 "법령의 범위에서"라고 함은 법령에 위반되지 않는 범위 내에서라고 해석되는 것에 불과하고, 지방자치단체의 조례제정권은 헌법의 규정에 의하여 포괄적으로 위임받은 지방자치단체의 자주입법권이라 할 것이므로, 지방자치단체는 법령에 구체적인 위임근거가 없더라도 조례를 제정할 수 있는 것이다.[137]

그러나, 「지방자치법」 제28조 제1항 단서에 의하면, 주민의 권리제한 또는 의무부과에 관한 사항 및 벌칙을 정하는 경우에는 별도로 법률상 위임근거가 필요하다.[138] 조례는 원칙적으로 법령에 위반되지만 않으면 법률의 위임이 없어도 제정될 수 있는데, 주민의 권리를 제한하거나 주민에게 의무를 부과하는 조례 등은 기존의 법령에 위반되어서는 안 될 뿐만 아니라 헌법 제37조 제2항과의 관계에서 법률의 위임이 있는 경우에만 제정할 수 있게 한 것이다. 이때 포괄위임금지의 원칙 적용 여부에 관하여, 조례의 제정권자인 지방의회는 선거를 통하여 그 지역적인 민주적 정당성을 지니고 있는 주민의 대표기관이고, 헌법이 지방자치단체에 대하여 포괄적인 자치권을 보장하고 있으며, 지방자치제도를 공허하게 만드는 조례제정권에 대한 지나친 제약은 바람직하지 않으므로, 조례제정에 법률의 위임을 요구한다고 하더라도 그 위임은 포괄적인 것으로 족하다는 것이 학설과 판례의 일치된 입장이다.[139]

---

137) 대법원 1992. 6. 23. 선고 92추17 판결(청주시행정정보공개조례).
138) 이 경우 법률의 위임 없이 제정된 조례는 효력이 없다(대법원 2018. 11. 29. 선고 2016두35229 판결).
139) 대법원 1991. 8. 27. 선고 90누6613 판결; 헌재 1995. 4. 20. 선고 92헌마264, 279 결정.

사회보장 행정계획

Ⅰ. 행정계획의 의의와 효력

1. 개념과 종류

행정계획이란 '상호 관련된 정합적 수단을 통하여 일정한 목표를 실현하는 것을 내용으로 하는 행정의 행위형식'을 말한다. 행정계획을 구속력에 따라 분류하면, 직접 국민에 대해서든 행정조직 내부에서든 일정한 구속력을 가지는 일체의 행정계획을 명령적 계획이라고도 하고, 구속적 계획이라고도 한다. 국민에게 구속력을 갖는 계획으로 도시·군관리계획 등을 들 수 있고, 행정조직 내부에서만 구속력이 있는 계획으로 예산(재정계획)이 있다. 구속력이 없는 계획으로는 유도적(영향적) 계획과 정보제공(자료제공)적 계획이 있다. 유도적 계획이란 직접적으로 구속력 또는 권리·의무를 발생시키지는 않으나, 보조금·장려금의 지급, 아파트 입주권의 부여와 같은 조성적 수단으로 계획의 수범자를 일정한 방향으로 유도하는 계획을 말한다. 한편, 정보제공적 계획은 구체적인 목표나 구속력 없이 장래의 경제·사회발전의 추세 내지 전망 등을 담은 각종의 경제계획·개발계획 등을 말하고, '백서'라는 이름으로 공표되기도 한다.

2. 법적 성질

행정계획의 성질에 관하여 입법행위설, 행정행위설, 독자성설 등이 논해지고 있다. 그러나, 행정계획 중에는 법규명령적인 것도 있고 행정행위적인 것도 있을 수 있어서, 모든 행정계획을 획일적으로 처분(행정행위)으로 단정할 수 없으므로, 행정계획의 성질을 획일적으로 논할 수는 없고, 개별적으로 검토하여야 한다. 대법원은 도시·군계획[140]

---

140) 「국토의 계획 및 이용에 관한 법률」 제2조 제2호에서는, 도시·군계획을 특별시·광역시·특별자치시·특별자치도·시 또는 군(광역시의 관할구역에 있는 군 제외)의 관할 구역에 대하여 수립하는 공간구조와 발전방향에 대한 계획이라고 정의하고, 도시·군기본계획과 도시·군관리계획으로 구분하고 있다.

중에서 도시·군기본계획[141]에 대해서는 구속력을 부인하고 있지만 도시·군관리계획[142]에 대해서는 처분성을 인정하여 행정소송의 대상이 된다고 하는 확립된 견해를 가지고 있다.[143]

3. 행정계획의 적법요건과 효력

행정계획이 적법하기 위해서는 주체·절차·내용에 하자가 없어야 한다. 특히 행정계획은 일단 수립·시행된 이후에는 사후적 통제가 어렵기 때문에 사전적인 통제가 매우 중요하다. 행정계획을 법률, 법규명령, 조례 등의 형식으로 정하는 경우에는 대외적으로 공포되어야 하고, 그 밖의 형식으로 하는 경우에는 개별법이 정한 형식에 따라 고시하여야 한다.[144]

4. 행정계획의 하자

행정계획이 주체·절차·형식·내용상 하자가 있으면 위법한 행정계획이 된다. 특히 행정계획에서 절차적 통제는 매우 중요하다. 대법원은 공고 및 공람에 절차상 하자가 있는 행정계획에 대하여 형량의 하자와 같은 내용적 흠이 없고 변경될 가능성이 없다고 하더라도 위법하다는 입장에 있다.[145]

한편, 행정계획에 대한 내용적 하자와 관련해서는 계획재량이 문제된다. 계획재량이

---

141) 「국토의 계획 및 이용에 관한 법률」 제2조 제3호에서는, 도시·군기본계획을 특별시·광역시·특별자치시·특별자치도·시 또는 군의 관할 구역에 대하여 기본적인 공간구조와 장기발전방향을 제시하는 종합계획으로서 도시·군관리계획 수립의 지침이 되는 계획이라고 정의한다.

142) 「국토의 계획 및 이용에 관한 법률」 제2조 제4호에서는, 도시·군관리계획을 특별시·광역시·특별자치시·특별자치도·시 또는 군의 개발·정비 및 보전을 위하여 수립하는 토지 이용, 교통, 환경, 경관, 안전, 산업, 정보통신, 보건, 복지, 안보, 문화 등에 관한 계획이라고 정의하고, ① 용도지역·용도지구의 지정 또는 변경에 관한 계획, ② 개발제한구역, 도시자연공원구역, 시가화조정구역, 수산자원보호구역의 지정 또는 변경에 관한 계획, ③ 기반시설의 설치·정비 또는 개량에 관한 계획, ④ 도시개발사업이나 정비사업에 관한 계획, ⑤ 지구단위계획구역의 지정 또는 변경에 관한 계획과 지구단위계획, ⑥ 입지규제최소구역의 지정 또는 변경에 관한 계획과 입지규제최소구역계획을 열거하고 있다.

143) 대법원 1997. 3. 14. 선고 96누16698 판결 등 참조.

144) 대법원 1985. 12. 10. 선고 85누186 판결.

145) 대법원 2000. 3. 23. 선고 98두2768 판결.

란 계획법규에 근거하여 구체적인 계획을 수립할 때 계획행정청이 가지는 재량을 말한다. 행정행위에서의 재량(재량행위)이 조건프로그램으로 규정되어 있는 것과 달리, 행정계획에서의 계획재량은 목적프로그램으로 규정되어 있는 경우가 많다.146) 이러한 구조적 차이로 인해 행정재량과 계획재량에는 사법심사 등에서 차이가 발생한다. 계획재량의 사법적 통제와 관련하여 형성된 이론이 바로 형량명령이다. 형량명령은 계획과 관련된 공익과 사익 상호간, 공익 상호간 및 사익 상호간에 정당한 형량이 행하여져야 한다는 원칙으로 1960년 독일 연방건설법전(BBauG; Bundesbaugesetz)에서 최초로 등장하였다.147) 우리나라도 2022년 1월 11일 개정되어 신설된 「행정절차법」 제40조의4에서 국민의 권리 · 의무에 직접 영향을 미치는 계획을 수립하거나 변경 · 폐지할 때로 한정하기는 하였지만, 행정청에게 관련된 여러 이익을 정당하게 형량하여야 할 의무를 부과하고 있다.

형량의 하자에는 ① 형량을 전혀 행하지 않은 경우의 형량의 해태, ② 형량의 대상에 마땅히 포함시켜야 할 사항을 빠뜨리고 형량을 행한 경우의 형량의 흠결 또는 결함, ③ 여러 이익 사이의 형량을 행하기는 하였으나 그것이 객관성 · 비례성을 결한 경우의 오형량 · 잘못된 형량 등이 있다. 계획기관이 이러한 이익 간 형량을 제대로 하지 못한 경우 이는 하자있는 행정계획으로서 사법심사의 대상이 된다. 대법원은 "행정주체가 행정계획을 입안 · 결정함에 있어서 이익형량을 전혀 행하지 아니하거나 이익형량의 고려 대상에 마땅히 포함시켜야 할 사항을 누락한 경우 또는 이익형량을 하였으나 정당성과 객관성이 결여된 경우에는 위법하다."라고 판시하여,148) 계획재량에 대한 사법적 통제와 행정재량에 대한 사법적 통제를 명확히 구분하고 있다.

5. 행정계획과 권리보호

처분성이 인정되는 위법한 행정계획으로 자신의 법률상 이익을 침해받은 자는 그것을 대상으로 행정심판이나 항고소송 등의 행정쟁송을 제기할 수 있다. 그러나, 행정쟁송에서의 소의 이익이나 계획재량에 따른 폭넓은 형성의 자유로 인해 행정쟁송을 통한 권리구제가 실효적이지 않은 경우가 많다.

---

146) 하명호, 「행정법」, 285면.
147) 송동수, "독일에 있어 토지에 관한 공익과 사익의 조정-형량명령을 중심으로", 토지공법연구 제16
   집 제1호, 한국토지공법학회, 2002, 60면.
148) 대법원 2006. 9. 8. 선고 2003두5426 판결.

한편, 행정계획의 수립 등에 관여하는 공무원의 직무상 불법행위가 있는 경우 국가배상을 청구할 수 있고 적법한 행정계획으로 인한 재산적 손실을 입은 경우 법률의 규정이 있으면 손실보상을 청구할 수 있다.

행정계획은 일반적으로 기본권 침해의 직접성이 없어 헌법소원을 청구하더라도 각하될 가능성이 높다. 그러나, 헌법재판소는 "비구속적 행정계획안이나 행정지침이라도 국민의 기본권에 직접적으로 영향을 끼치고, 앞으로 법령의 뒷받침에 의하여 그대로 실시될 것이 틀림없을 것으로 예상될 수 있을 때에는, 공권력행위로서 예외적으로 헌법소원의 대상이 될 수 있다."라고 판시하여,[149] 행정계획에 대해서도 헌법소원을 통한 권리구제의 가능성을 밝힌 바 있다.

6. 계획보장청구권

계획보장청구권이란 행정계획의 폐지·변경 등의 경우에 행정계획에 대한 신뢰를 보호하기 위하여 인정되는 청구권을 말한다. 그 내용은 ① 계획의 변경·폐지에 대항하여 계획의 존속을 청구할 수 있는 권리인 계획존속청구권, ② 계획행정청이 행정계획에 위반되는 행위를 한 경우 계획의 준수를 요구할 수 있는 계획준수청구권, ③ 계획의 개폐를 저지할 수 없는 경우에 경과규정 및 적합원조를 구할 수 있는 경과규정 및 적합원조청구권, ④ 기존 계획의 변경을 청구할 수 있는 계획변경청구권 등이다.

이러한 계획보장청구권이 인정될 수 있는지와 관련하여 행정계획의 가변적 속성으로 인해 일반적인 계획존속이나 준수 또는 변경에 관한 청구권은 인정되지 않는다고 본다. 다만 계획변경청구권과 관련하여 그 거부가 실질적으로 해당 처분 자체를 거부하는 결과가 되는 경우에는 예외적으로 그 신청인에게 계획변경을 구할 조리상의 신청권이 인정되는 경우가 있을 수 있다.[150]

---

149) 헌재 2000. 6. 1. 선고 99헌마538 등 결정.
150) 대법원 2003. 9. 23. 선고 2001두10936 판결.

Ⅱ. 사회보장행정에서 행정계획

1. 사회보장 행정계획의 종류와 내용

「사회보장기본법」에서는 사회보장 행정계획에 관한 일반법적 규정을 두고 있다. 보건복지부장관으로 하여금 중앙행정기관의 장과 협의하여 사회보장 기본계획을 5년마다 수립할 것을 규정하고 있는데, 사회보장 기본계획의 수립 및 중요 사항에 대한 변경은 사회보장위원회와 국무회의의 심의를 거쳐야 한다(제16조). 사회보장 기본계획은 다른 법령에 따라 수립되는 사회보장에 관한 계획에 우선하고 그 계획의 기본이 된다(제17조). 또한, 보건복지부장관 및 관계 중앙행정기관의 장은 기본계획에 따라 사회보장과 관련된 소관 주요 시책의 시행계획을 매년 수립·시행하여야 하고(제18조), 지방자치단체의 장은 관계 법령에 따라 사회보장에 관한 지역계획을 수립·시행하여야 한다(제19조). 사회보장위원회는 사회보장 기본계획 및 사회보장 관련 주요 계획을 심의·조정하며 사회보장 기본계획 및 사회보장 관련 주요 계획의 심의·조정결과를 관계 중앙행정기관의 장과 지방자치단체의 장에게 통지하여야 한다(제20조).

사회보장급여 및 관리에 관한 행정계획에 대해서는 사회보장급여법에서 정하고 있다. 각 시·도는 4년마다 지역사회보장계획을 수립하고 매년 연차별 시행계획을 수립하여 「사회보장기본법」 제16조에 따라 보건복지부장관이 수립하는 사회보장 기본계획과 연계되도록 하여야 한다. 또한, 각 시장·군수·구청장은 지역사회보장계획을 시·도지사에게 제출하고 각 시·도지사는 제출받은 각 시·군·구의 지역사회보장계획을 지원하는 내용 등을 포함한 지역사회보장계획을 수립하도록 하고, 보건복지부장관에게 제출하여야 한다(제35조). 지역사회보장계획 수립에 대하여 종적 통일성을 기하고 충돌을 피하려는 제도적 장치라고 볼 수 있다.[151]

지역사회보장계획은 "계획수립을 위한 기획(예산확보 및 활용계획 수립 등 포함) → 지역사회보장 조사 실시(지역 주민의 복지 욕구와 활용 가능한 복지자원 파악) → 지역사회보장계획안 마련(계획수립 TF팀을 구성하여 목표와 추진전략, 중점추진사업 선정, 세부사업과 중기 및 연차별계획 수립) → 의견수렴(공고 등) → 심의(시·도의 경우 사회보장위원회, 시·군·구의 경우 지역사회보장협의체) 및 확정 → 지방의회 보고 → 시·도에 제출(시·군·구 계획의 경우)/보건복지부에 제출(시·도 계획의 경우) → 계획안의 수정(권고 또는

---

151) 박정연, "지역복지 행정조직의 문제와 법제 개선", 190면.

조정 사항이 있는 경우)" 등의 절차를 거쳐 최종적으로 확정된다. 이러한 절차에서 시·도 계획과 시·군·구 계획은 기본적으로 동일한 일정을 따르고 있다.152)

그 밖에도 개별 사회보장 영역별로 행정계획 수립 및 실시에 관한 사항을 정하고 있다. 예를 들어, 「보건의료기본법」에서는 보건복지부장관은 관계 중앙행정기관의 장과의 협의와 보건의료정책심의위원회의 심의를 거쳐 보건의료발전계획을 5년마다 수립하도록 하고 있으며(제15조), 이를 기초로 보건복지부장관 및 관계 중앙행정기관의 장은 보건의료와 관련된 주요 시책의 추진방안을 매년 수립·시행하고(제16조), 지방자치단체의 장은 확정된 보건의료발전계획이 확정되면 지방자치단체의 실정을 감안하여 지역보건의료계획을 수립·시행하도록 규정하고 있다(제17조). 또한, 「국민기초생활보장법」에서는 소관 중앙행정기관의 장으로 하여금 3년마다 소관별로 기초생활보장 기본계획을, 보건복지부장관에게는 기초생활보장 종합계획을 수립할 것을 규정하고 있으며(제20조의2), 「장애인복지법」에서는 보건복지부장관으로 하여금 5년마다 장애인정책종합계획을 수립·시행하도록 하고 있다(제10조의2).

2. 사회보장 행정계획에 대한 권리구제

사회보장 행정계획에는 해당 사회보장에 관한 수요와 목적, 사회보장 방식에 따라 요구되는 인적·물적 자원의 내용 및 재정적 한계, 해당 계획에 따라 일정한 급여가 이루어지는 경우 수급권자가 가지는 정당한 기대이익, 지역개발이나 인력 양성 등을 포함하는 계획인 경우 그것을 수립할 때의 공익이나 사익 등을 골고루 고려하여 형량에 포함시켜야 한다.

사회보장 행정계획에 관한 헌법소원사건은 아니지만 헌법재판소는 2002년 최저생계비고시에 관한 위헌확인사건에서 "'인간다운 생활'이란 그 자체가 추상적이고 상대적인 개념으로서 그 나라의 문화의 발달, 역사적·사회적·경제적 여건에 따라 어느 정도는 달라질 수 있는 것이고, '최소한도의 조치' 역시 국민의 사회의식의 변화, 사회·경제적 상황의 변화에 따라 가변적인 것이므로, 국가가 인간다운 생활을 보장하기 위한 생계급여의 수준을 구체적으로 결정함에 있어서는 국민 전체의 소득수준과 생활수준, 국가의

---

152) 강혜규, "제4기 지역사회보장계획 수립 어떻게 할 것인가?-실천중심에서의 접근", 한국지역사회복지학회 추계학술대회 자료집, 2017, 111-117면; 박정연, "지역복지 행정조직의 문제와 법제 개선", 190면 참조.

재정규모와 정책, 국민 각 계층의 상충하는 갖가지 이해관계 등 복잡 다양한 요소를 함께 고려하여야" 한다고 판시하였다.153) 이러한 요소에 대한 고려는 사회보장 행정계획에 대한 형량명령에도 적용될 수 있을 것이다.

다만, 사회보장 행정계획의 처분성이 인정되지 않으면, 수급자격 및 급여수준에 대하여 항고소송 등의 방법으로 사법적 구제를 받기가 현실적으로 쉽지 않다. 그렇기 때문에 사회보장 행정계획의 수립과정에서 절차의 참여, 관계 행정기관 간의 협의, 국무회의나 개별법상 위원회의 심의를 거치게 하는 등 절차적 통제가 매우 중요하고, 사회보장 행정계획의 적절성에 대한 주기적 평가가 이루어져야 한다.

3. 사회보장 행정계획의 개선과제

가. 사회보장 행정계획 사이의 분절성 해소

사회보장은 출산, 양육, 실업, 노령, 장애, 질병, 빈곤 및 사망 등의 사회적 위험으로부터 모든 국민을 보호하고 국민 삶의 질을 향상시키는 데 필요한 소득·서비스를 보장하는 것이고, 복지, 보건의료, 교육, 고용, 주거, 문화, 환경 등 다양한 분야에서의 인간다운 생활을 보장하는 것을 목적으로 하기 때문에, 사회보장행정사무는 광범위하고 관계된 중앙행정기관도 다양하다. 그런데, 각 중앙행정기관별로 독자적인 행정계획이 수립·시행된다면 필연적으로 사회보장계획의 분절성과 사회보장급여의 중복성 및 비효율성이 발생하게 된다. 따라서, 부처별 분절적이거나 중첩적인 행정계획 수립으로 사회보장 행정에서의 비효율성과 모순이 발생하지 않도록 하는 것이 중요하다. 이를 위하여 개별법률에서는 특정 행정계획을 수립할 때 관계 중앙행정기관의 장과 협의하거나 의견을 듣도록 규정을 두는 경우가 많다. 또한, 명시적 규정을 두어 각 보장사무별 기본계획 또는 종합계획을 세워 관련 법령에 따라 소관 행정기관에서 수립하는 개별계획이 기본계획 또는 종합계획에 부합하도록 하는 규정하기도 한다.

예를 들면, 「사회보장기본법」에 따른 사회보장 기본계획은 보건복지부장관이 중앙행정기관의 장과 협의를 거쳐야 하고, 그 기본계획에 따라 보건복지부장관은 물론 관계 중앙행정기관의 장이 소관 주요 시책을 수립·시행하여야 한다. 또한, 「보건의료기본법」에서는 보건의료정책과 관련되는 사회보장정책이 연계되도록 할 것을 규정하고 있다(제

---

153) 헌재 2004. 10. 28. 선고 2002헌마328 결정.

7조). 그리고, 보건의료 발전계획을 수립할 때 보건복지부장관이 관계 중앙행정기관의 장과 협의를 거치고(제15조), 보건의료발전계획을 기초로 보건복지부장관 및 관계 중앙 행정기관의 장이 보건의료와 관련된 주요 시책의 추진방안을 매년 수립·시행할 것을 규정하고 있다(제16조).

나. 지역사회보장계획의 지역성 확보

사회보장행정은 중앙 행정기관 단위에서 그치는 것이 아니라 사무의 배분 및 행정 권한의 위임·위탁 등을 통하여 광역지방자치단체 및 기초지방자치단체로 이어지는 일 련의 종적 체계를 가진다. 따라서, 사회보장 행정계획은 사회보장사무의 성격에 따라 중 앙행정기관의 행정계획이 중심이 되고 광역·기초지방자치단체에서 이를 구체화하거나, 각 지역의 특수성을 반영할 수 있도록 지방자치단체의 행정계획을 중심으로 하되 중앙 행정기관은 기본방향을 제시하는 등의 방식으로 전체 행정계획의 체계성을 확보할 필요 가 있다.

복지사무의 자치사무성 및 지역 중심의 통합적인 복지를 지향하는 최근의 지역복지 정책을 고려할 때, 특히 지역사회보장계획에서는 각 시·군·구의 지역사회보장계획이 중심이 되어야 한다. 나아가 지역사회보장계획은 지역의 사회보장 욕구에 대한 정확한 진단을 바탕으로 지역 주민을 포함한 지역의 다양한 주체들이 참여하여 수립되어야 한 다.[154] 시·도는 보충성의 원칙에 따라 시·군·구 지역사회보장계획을 보충하고 지원하 며 중앙과 기초지방자치단체의 사회보장계획을 매개하여 체계성을 완성하는 역할에 머 물러야 한다. 그러나, 지금까지는 시·군·구의 지역사회보장계획이 지역성을 제대로 살 리지 못하고 추상적이고 일반적인 계획만 열거하는 상태에서 시·도가 주도적으로 지역 사회보장계획을 수립함으로써 사무의 범위가 모호해지고 행정계획이 하향식으로 수립· 시행되는 관행이 이어져 왔는데, 이는 시급히 개선하여야 할 과제이다.

---

154) 이정은, "광역자치단체의 지역사회보장계획 수립 현황 분석: 지역성을 중심으로", 보건복지포럼 제244호, 한국보건사회연구원, 2017, 72면.

그 밖의 사회보장행정작용

Ⅰ. 사회보장행정상 확약

확약이란 행정청이 장래를 향하여 행정행위의 발령 또는 불발령에 관하여 약속하는 의사표시를 말한다. 이는 공법상 일방적인 자기구속의 의사표시이다. 실무상으로 내인가 또는 내허가, 공무원임명의 내정 등이 확약에 속한다. 확언은 사실행위, 행정계획의 실시·존속보장, 입법행위 등에 대한 약속도 포함하는 넓은 개념이고, 확약은 행정행위에 대한 확언이라 할 수 있다.

2022. 1. 11. 개정된 「행정절차법」 제40조의2에서는, 행정청이 당사자의 신청에 따라 장래에 어떤 처분을 하거나 하지 아니할 것을 내용으로 하는 의사표시를 확약이라고 정의하고, 문서로써 확약을 하도록 명문화하였다. 다만 그 적용대상을 "법령 등에서 당사자가 신청할 수 있는 처분을 규정하고 있는 경우"로 한정하고 있다. 확약은 대외적 효력이 없고 행정청만 구속하므로 행정행위가 아니라는 것이 판례이다.[155]

일단 확약이 행해지면, 확약을 행한 행정청은 확약을 이행할 자기구속을 받고, 상대방은 확약이 이행될 것에 대한 기대권을 가지게 되므로, 행정청에게 이행을 청구할 수 있다. 따라서 행정청이 확약을 이행하지 않을 경우 쟁송으로 다툴 수 있고, 손해배상 등을 청구할 수 있게 된다. 행정청이 확약에 따른 처분을 하지 않는 경우 특히 신뢰보호의 원칙과 관련하여 그 처분은 위법하게 될 수 있다.

그러나, ① 확약에서 정한 기간 내에 상대방의 신청이 없었거나, 「행정절차법」 제40조의2 제4항에서 정한 것처럼 ② 확약을 한 후에 확약의 내용을 이행할 수 없을 정도로 법령 등이나 사정이 변경된 경우와 ③ 확약이 위법한 경우 등에는 확약의 효력이 발생하지 않거나 행정청이 확약에 기속되지 않는다.[156] 이러한 구속력 발생의 예외사유가 있어서 확약을 이행할 수 없는 경우에는 행정청은 지체 없이 확약의 상대방에게 그 사실을 통지하여야 한다(같은 조 제5항).

---

155) 대법원 1995. 1. 20. 선고 94누6529 판결 등.
156) 대법원 1996. 8. 20. 선고 95누10877 판결.

사회보장행정 영역에 속하는 다양한 처분은 급부행정의 성격을 가지며 사회보장급여는 신청주의를 채택하고 있기 때문에 확약에 관한 일반이론이 여기에도 적용된다. 또한, 요양기관이나 사회서비스 제공기관 등 제3자와 행정주체 간의 행정법관계에서 일정한 처분을 하거나 하지 않을 것을 약속하는 확약이 이루어질 수도 있다.

Ⅱ. 사회보장행정상 사실행위

1. 개설

행정상 사실행위란 행정기관의 행위 중 직접적으로는 사실상의 효과만 발생하는 일체의 행위형식을 말한다. 대집행이나 강제징수와 같이 행정행위 등 법적 행위를 집행하기 위하여 행해지는 경우도 있고, 행정지도나 행정조사와 같이 독자적으로 행해지기도 한다. 행정상 사실행위는 공법 또는 사법의 규율을 받는지에 따라 공법상 사실행위와 사법상 사실행위로 구분된다. 또한, 공권력 행사로서의 성질을 갖는 권력적 사실행위와 공권력 행사로서의 성질을 갖지 않는 비권력적 사실행위로 구분된다. 권력적 사실행위는 법적인 근거가 필요하며 처분성이 인정되어 행정심판이나 항고소송의 대상이 된다. 반면에 비권력적 사실행위는 법적 근거가 필요하지 않거나 그 정도가 완화되며, 처분성이 인정되지 않아 행정심판이나 항고소송으로 다툴 수 없다.

2. 행정지도

행정지도란 행정기관이 일정한 공적 목적을 달성하기 위하여 상대방의 일정한 행위를 기대하면서 행하는 비권력적 사실행위를 말한다. 「행정절차법」에서는 행정지도에 대해 행정기관이 그 소관 사무의 범위에서 일정한 행정목적을 실현하기 위하여 특정인에게 일정한 행위를 하거나 하지 않도록 지도, 권고, 조언 등을 하는 행정작용이라고 정의하고(제2조 제3호), 행정지도의 원칙과 행정지도의 방식을 규정하고 있다(제48조 및 제49조).

「사회복지사업법」 제51조 제1항에 따르면, 보건복지부장관, 시·도지사 또는 시장·군수·구청장은 사회복지사업을 운영하는 자의 소관 업무에 관하여 지도·감독할 수 있다. 그에 근거한 사회복지시설 지도점검은 행정지도에 해당하고, 이는 비권력적 사실행위임에도 사실상 강제력을 가질 수도 있다. 그러나, 행정지도는 처분성을 가지지 않는다고 인식되고 있으므로, 위법 또는 부당한 처분의 취소 등을 구하는 행정심판이나 항고소송은 행정지도에 대한 유효한 구제방법이 되기 어렵다. 행정지도 중 사실상 강제력을 가지고 국민의 권익을 침해하는 것은 '그 밖에 이에 준하는 행정작용'에 해당하는 것으로 보아 처분성을 인정할 수 있다는 견해도 유력하지만,157) 대법원은 행정지도의 처분성을 부인한다.158)

3. 비공식적 행정작용으로서 정보제공

비공식적 행정작용이란 요건·효과·절차 등이 법에 정해져 있는 공식적 행정작용이외의 행정작용을 총칭하는 개념이다. 오늘날 행위형식의 다양화 및 다변화에 따라 약속·설득·유인·장려·광고·품질보증·호소·경고·권고·조언·조정·협상 등의 수단이 자주 사용되고 있다.159) 비공식적 행정작용은 행정의 탄력성과 효율성을 높이고 법적 분쟁을 회피하여 법적 불확실성을 제거하는 등의 이점이 있지만, 자칫 법치행정이 후퇴되고 상대방의 권리보호에 효과적이지 않다는 점 등이 단점으로 지적된다. 법률이 행정 목적을 달성하기 위한 수단을 확정하지 않은 경우라면 행정청의 수단 선택의 재량에 따라 비공식적 행정작용이 활용될 수 있다.

사회보장행정에서는 비공식적 행정작용 중 특히 정보제공이 의미가 있다. 행정기관의 정보제공은 행정의 직접 상대방이나 이해관계인 등을 상대로 해당 행정행위의 내용이나 그 행정행위의 결과 당사자에게 어떤 영향을 미치는지 등에 대한 구체적 정보를 제공하는 경우와 잠재적 행정행위의 상대방이나 일반 국민에 대하여 일정한 행위를 유도하거나 조정의 의도를 가지고 행정행위와 관련된 일반적 사항에 대한 정보를 제공하는 것으로 구분할 수 있다. 전자의 경우에는 처분의 상대방에 대한 통지의 문제로서 일반적인 행정절차에 속하지만, 후자의 경우에는 이른바 비공식적 행정작용으로서 사실행위에 해당한다. 상담이나 조언, 정보제공은 행정상 사실행위 중 외부적 행위이자 정신적 사실행위에 해당하고, 그 요건이나 효과, 절차 등이 법에 정해져 있는 공식적인 행정작용이 아니라는 점에서 비공식적 행정작용에 해당한다.160)

---

157) 하명호, 「행정법」, 301면.
158) 대법원 1993. 10. 26. 선고 93누6331 판결.
159) 하명호, 「행정법」, 302면.
160) 박정연, "국민기초생활보장법상 급여지급의 절차적 개선에 관한 연구", 109-111면.

사회의 발전에 따라 다양한 법적 상황이 발생하고 행정의 역할이 확대되면서 행정과 개인의 정보 격차는 점차 커지고 있다. 이러한 정보의 비대칭성을 극복하기 위해서는 상담, 조언 등과 같은 수단이 유용하다. 사회보장행정법관계에서는 일반 급부행정법관계에 비하여 급부 대상자의 정보접근 가능성이 낮기 때문에 정보에 대한 접근 가능성을 확보하는 것이 더욱 중요하므로, 정보제공과 같은 사실행위적 절차의 중요성이 강조되고 있다.[161) 즉, 사회보장행정 영역에서 상담 및 정보제공은 사회보장수급권자의 경우 자신의 수급권이 부당하게 박탈되지 않도록 수급요건과 자격, 내용 등 필요한 사항에 대한 정보를 취득할 수 있는 수단이 된다. 또한, 의사결정능력이 부족한 사람에게는 상담 및 정보제공이 자기결정권 보장으로서의 기본권 실현과 연결된다.

한편, 사회보장수급권자의 경우 단순한 정보제공을 넘어 자신의 상황이 수급요건에 해당하는지 혹은 사회보장 관련 법령에 따라 어떤 법적인 도움을 얻어 필요한 급여를 청구할 수 있는지에 관한 조언을 구하고 상담을 요구할 법적 권리가 있는지에 대하여 논의가 필요하다. 이러한 상담, 조언 및 정보제공 등에 대하여 개인적 공권이 인정된다면 그 불이행에 대하여 부작위위법확인을 구하거나 국가배상 등을 청구할 수 있게 된다.

그러나, 「사회보장기본법」에서는 적극적인 상담 및 정보제공 청구권에 관한 명시적인 규정을 두고 있지는 않다. 그렇지만, 사회보장법령상 권리·의무에 관하여 설명하도록 노력하여야 할 의무를 규정하고 있고(제34조), 사회보장 관계 법령에 따라 사회보장에 관한 상담에 응할 의무 및 사회보장에 관한 사항 통지의무를 규정하고 있다(제35조 및 제36조). 또한, 사회보장급여법 제16조에서는 수급권자등에 대하여 사회보장급여의 명칭, 수급권자의 선정기준, 보장내용 및 신청방법 등에 관한 사항을 상담하고 안내하도록 규정하고 있으며, 수급권자 등이 필요로 하는 사회보장급여의 이용이 다른 보장기관의 권한에 속한다고 판단되는 경우 신청인 또는 수급권자 등에게 위와 같은 사항과 해당 보장기관을 안내하고, 필요한 경우 해당 보장기관 또는 관계 기관·법인·단체·시설에 사회보장급여 또는 복지혜택·서비스의 제공을 의뢰하도록 규정하고 있다.

---

161) 이호용, "사회보장행정의 절차법적 모델의 탐구를 위한 기초 연구-독일 사회법전으로부터 시사점을 얻어-", 한양법학 제29권, 한양법학회, 2010, 591-592면.

Ⅲ. 사회보장행정에서의 계약

1. 사회보장행정에서 공법상 계약과 그 사무의 민간위탁

가. 공법상 계약의 의의

(1) 개념

공법상 계약이란 행정주체 상호 간 또는 행정주체와 사인 간에 공법적 효과의 발생을 내용으로 하는 계약을 말한다. 여기에서의 '행정주체'에는 공권력 주체로서의 국가·공공단체 이외에 공무수탁사인(공권력을 위임받은 사인)도 포함된다.

공법상 계약은 행정을 개별적·구체적 사정에 따라 탄력적으로 처리할 수 있게 하고, 법의 흠결을 메워 주며, 명확하지 않은 사실·법률관계에서 나타나는 문제를 유연하게 해결할 수 있게 한다. 오늘날 공법상 계약을 통한 행정목적 수행의 필요성 및 그의 유용성에 대한 인식이 점점 높아지고 있으므로, 「행정기본법」 제27조에서는 이에 관한 핵심적인 사항을 규정하고 있다.

그런데, 문헌에 따라서는 공법상 계약과 함께 '행정계약'이라는 용어가 쓰이기도 하고, 견해에 따라서는 행정계약을 사법상 계약과 대립하는 개념으로 이해하기도 한다(공법상 계약=행정계약). 그러나 우리나라에서는 행정계약을 행정주체가 당사자가 되어 체결하는 공법상 계약과 사법상 계약을 포괄하는 것으로 파악하는 견해가 다수이고(광의의 행정계약=공법상 계약+사법상 계약), 행정기본법도 이러한 입장에 입각하여 입법이 되었다.[162]

(2) 공법상 계약의 가능성과 자유성

공법상 계약의 가능성을 부정하는 견해는 찾아볼 수 없다. 다만 이러한 공법상 계약이 원칙적으로 '법률우위의 원칙'에 위반될 수 없다는 점은 다른 행정작용과 마찬가지이다. 「행정기본법」 제27조 제1항 전문에서도 이와 같은 입장에서 "행정청은 법령 등을 위반하지 않는 범위에서 행정목적을 달성하기 위하여 필요한 경우에 공법상 계약을 체결할 수 있다."라고 규정하고 있다.

---

[162] 「행정기본법」 제정과정에서 '행정계약'이라는 용어를 사용할 것이 제안되기도 하였는데, 이는 행정에 의한 사법상 계약을 포함하는 것이어서 국가계약법령의 적용 영역과 겹치는 문제가 발생한다는 이유로 채택되지 않았다.

이와 관련하여, '행정행위에 갈음하는 공법상 계약'을 법률의 수권 없이 체결할 수 있는지가 문제되는데, 재량행위의 경우에는 그에 갈음하는 공법상 계약이 허용된다고 본다.[163] 법률이 행정행위에 의하여야 한다고 명시하고 있지 않다면, 행정청은 법률의 집행수단을 선택할 수 있다고 생각되고, 행정행위를 발령하는 것보다 계약을 체결하는 것이 쌍방에게 만족할 만한 결과를 가져올 때에는 상대방의 의사가 존중되는 공법상 계약으로 행정을 실현하는 것이 바람직하기 때문이다.

나. 민간위탁

사회보장행정에서는 민간위탁이 빈번히 활용되고 있다. 「정부조직법」 제6조 제3항 및 「행정권한의 위임 및 위탁에 관한 규정」 제11조에 따라 행정기관은 소관 사무 중 조사·검사·검정·관리 사무 등 국민의 권리·의무와 직접 관계되지 아니하는 사무를 민간위탁할 수 있다. 이때 행정기관은 민간수탁기관이 선정되면 민간수탁기관과 위탁에 관한 계약을 체결하여야 하며, 계약 내용에 민간위탁의 목적, 위탁 수수료 또는 비용, 위탁기간, 민간수탁기관의 의무, 계약 위반 시의 책임과 그 밖에 필요한 사항을 포함하여야 한다(제13조).

또한, 「지방자치법」에 근거하여 지방자치단체는 행정사무를 민간위탁할 수 있다. 지방자치단체의 장은 조례나 규칙으로 정하는 바에 따라 그 권한에 속하는 사무 중 조사·검사·검정·관리업무 등 주민의 권리·의무와 직접 관련되지 아니하는 사무를 법인·단체 또는 그 기관이나 개인에게 위탁할 수 있다(제117조 제3항). 이에 따라 지방자치단체들은 민간위탁에 관한 조례나 규칙을 제정·시행하고 있는데, 그 예로서 「서울특별시 행정사무의 민간위탁에 관한 조례」 제11조에서는 수탁기관과 위탁협약을 체결하도록 하고 있다. 민간위탁사무 중 시설·사무를 위탁하는 것을 내용으로 하는 위탁이나 사무만을 위탁하기로 하는 계약이나 협약은 공법상 계약의 성질을 갖는다.[164] 여기에서 계약이나 협약은 용어의 차이일 뿐 법적 성격이 다르다고 할 수 없다.

그 밖에 민간위탁에 관한 규정을 두고 있는 개별 법률도 적지 않다. 특히 시설의 설

---

163) 김남진·김연태, 「행정법Ⅰ」, 424면. 한편, 「행정기본법」 제정과정에서도 '처분 갈음 공법상 계약'의 도입 여부에 관하여 검토하였으나, 일단 공법상 계약의 활용 근거를 도입하는 정도로 만족하고 실무에서의 활용이 늘어나고 관련 판례가 축적되면 추후에 이에 관하여 보완하기로 하였다.

164) 홍정선, 「민간위탁의 법리와 행정실무」, 박영사, 2015, 125면. 반면에 구내식당 운영 등 단순용역형 민간위탁을 위한 계약은 일반적으로 사법상 계약으로 본다.

치·운영이나 사업 운영에 대하여 민간위탁의 법적 근거를 둔 경우가 많다. 특히 사회복지시설을 민간이 운영하는 경우 이는 서비스 공급에 관한 위탁이 이루어진 것으로 볼 수 있다.[165]

위탁관계에 따라 국가나 지방자치단체는 지도·감독책임을 진다. 한편, 국가와 지방자치단체는 위탁사무과 공적사무라는 점에 비추어 민간수탁자에게 위탁사무처리에 필요한 사무처리기준을 제시할 필요가 있다.[166]

2. 사회서비스 이용계약

오늘날 사회서비스 영역에서 나타나는 주요 특징 중의 하나는 행정주체로부터 일정한 법적 지위를 취득한 민간주체가 노인·장애인 등에 대한 대부분의 사회서비스를 직접 제공하고 있다는 점이다. 이때 민간 서비스 제공자와 이용자 간의 서비스 이용계약이 이루어지고 행정주체가 개별 이용자에게 서비스를 공급하도록 비영리법인 등 민간에 위탁하는 경우가 많다.[167] 이에 따라 사회서비스 이용관계는 행정주체가 이용자에게 직접 서비스를 제공하는 2면적 법률관계에서 행정주체와 서비스 제공자 및 이용자라는 3면적 법률관계로 변모하고 있다. 사회서비스 영역에서 이와 같은 공급주체의 다원화와 민간의 역할 증대는 정부의 재정부담 완화, 사적 자율성 활용과 효율성 추구 등에 그 배경이 있지만, 사회서비스를 제공자 중심에서 개인의 자율성과 선택권을 강화할 의도에서 이용자 중심으로 이동시켰다는 의미도 크다.

사회서비스 이용계약은 계약당사자가 행정주체는 아니라는 점에서 위에서 살펴본 공법상 계약과는 본질적인 차이가 있지만, 공적 사무인 사회서비스를 행정주체가 아닌 제3자가 직접 제공한다는 점에서, 사회보장행정 영역에서 특별한 논의가 필요하다. 특히 사회서비스 이용계약은 일반적인 사법상의 계약에 비하여, 계약의 공공성과 윤리성

---

165) 예를 들어, 국가나 지방자치단체는 노인의료복지시설이나 재가노인복지시설을 설치하고 그 운영을 위탁할 수 있는데(「노인복지법」 제35조, 제39조 및 「사회복지사업법」 제34조 제5항), 이러한 시설의 운영 위탁은 행정재산의 관리 외에도 복지프로그램 개발 및 개별 서비스 이용자에 대한 복지서비스 공급 위탁의 의미를 가진다. 또한, 보건복지부장관, 시도지사, 지방자치단체장 등은 노인의 복지를 위하여 필요하다고 인정하는 때에는 국가나 지방자치단체가 아닌 민간이 설치운영하고 있는 노인의료복지시설 또는 재가노인복지시설에 입소를 위탁할 수 있으며(「노인복지법」 제28조 제1항) 이들 시설은 입소 위탁을 정당한 이유없이 거부할 수 없다(「노인복지법」 제41조).

166) 홍정선, 「민간위탁의 법리와 행정실무」, 150면.

167) 박정연, 「복지서비스 민간공급에 관한 공법적 규율」, 91면.

이 요구되고, 계속적 계약이라는 특징을 가지고 있다는 점에도 유의할 필요가 있다.

서비스계약 방식은 민간 서비스 제공자와 이용자 사이에 사적인 서비스 제공 계약을 통하여 서비스를 제공하도록 하는 방식으로 다음과 같은 유형이 있을 수 있다. 먼저, 국가가 정책적으로 적극적으로 서비스 시장을 형성하여 이용자가 서비스 제공자 간 계약을 하도록 하는 경우가 있다. 서비스 계약을 통해 제공되는 사회 서비스 중 보험의 원리가 적용되는 요양서비스로 2008년 7월 시행된 「노인장기요양보험법」상 노인장기요양서비스가 있고, 「장애인활동 지원에 관한 법률」에 따라 제공되는 바우처에 의한 장애인활동지원서비스가 있다.168) 이들 모두는 이용자의 선택권과 서비스 제공자 간의 경쟁을 강조하면서 국가가 정책적으로 서비스 시장을 적극적으로 형성한 경우에 해당한다. 한편, 「노인복지법」에서는 전액 자기부담으로 노인의료복지시설에 입소하여 서비스를 받거나 재가노인복지시설에서 재가서비스를 받을 수 있도록 규정하고 있는데, 이 경우에도 당사자 사이의 계약에 의한다(「노인복지법 시행규칙」 제19조 제5항 및 제27조 제2항). 이 경우는 앞서 국가가 적극적으로 서비스 시장을 형성한 예와 구분이 된다.

사회서비스 영역에서의 시장화는 서비스 이용자의 자기결정권을 보장하는 계기가 되었지만, 한편으로는 서비스이용계약 체결과정, 계약 내용 및 그 이행을 둘러싸고 공적 규제가 불충분한 모습이 자주 확인된다.169) 아울러 사회서비스행정에 대한 공적 역할의 축소 및 각종 부정수급의 문제나 서비스 질 관리 등의 문제도 함께 거론된다.170)

따라서, 서비스 이용계약 방식으로 사회서비스가 제공되는 제도적 변화에 적합하게 국가나 지방자치단체와 같은 행정주체의 역할을 재정립할 필요가 있다. 사회서비스 수

---

168) 바우처에 의한 사회서비스는 2011년 8월 제정된 「사회서비스 이용 및 이용권 관리에 관한 법률」에서 기본적인 사항을 정하고 있다. 이 법에서는 사회서비스를 「사회복지사업법」 제2조 제4호에 따른 사회복지서비스, 「보건의료기본법」 제3조 제2호에 따른 보건의료서비스, 그 밖에 이에 준하는 서비스로서 대통령령으로 정하는 서비스로, 사회서비스이용권을 그 명칭 또는 형태와 상관없이 사회서비스 이용자가 사회서비스 제공자에게 제시하여 일정한 사회서비스를 제공받을 수 있도록 그 사회서비스의 수량 또는 그에 상응하는 금액이 기재(전자적 또는 자기적 방법에 의한 기록 포함)된 증표로 정의하고(제2조 제1호·제2호), 사회서비스 이용권의 사용, 제공자 등록, 사회서비스 이용권 기반 조성 등에 관한 사항을 정하고 있다. 사회서비스 바우처제도의 행정법적 문제에 대해서는 박정연, "사회서비스 바우처제도의 법문제", 263-287면; 박정연, "사회서비스 바우처 부정사용에 대한 법적 규제", 법학논총 제34권 제3호, 한양법학회, 2017, 111-132면; 장욱, "사회서비스바우처에 대한 행정법상 고찰", 101-129면 등 참조.

169) 이호용, "사회보장의 시장화와 자기결정", 한양법학 제35권, 한양법학회, 2011, 22면.

170) 노기현, "사회복지행정에 있어 계약화 현상에 관한 공법적 검토 - 한·일 간의 비교법적 검토를 중심으로 -", 공법학연구 제24권 제4호, 한국비교공법학회, 2023, 208면.

급자격 및 급여 내용에 관한 결정은 여전히 국가 등 행정주체가 수행하여야 한다. 국가는 민간공급자의 자격과 책임 및 사회서비스 재정방식에 대하여 법률로 정하고 서비스의 민간공급을 위한 환경을 조성하며 민간 서비스 제공자에 의한 사회서비스 공급이 공익에 적합하도록 필요한 규제와 지원을 하여야 하고, 지방자치단체도 지역 단위에서 실시되는 각종 사회서비스에 대하여 조례를 통하여 적극적으로 대응하여야 한다. 나아가 이용자의 선택과 서비스 제공자 간의 경쟁을 보장함으로써 이용자의 권익보호와 서비스 질 관리를 위한 공적 제도를 실시하여야 하고, 이용자의 법적 지위를 보장하기 위하여 이용자의 정보 접근성을 향상시키기 위한 제도를 확대하여야 한다. 또한, 사회서비스 수급권자로서 이용자가 서비스를 실질적으로 제공받을 수 있도록 하기 위해서는 서비스 제공자에 대한 감독 및 적절한 통제 수단이 필요하다. 특히 서비스 제공자의 편의와 일방적 의사에 의하여 사회서비스 제공이 부당하게 거부당하거나 단절되지 않도록 국가가 일정한 개입을 하여야 한다. 또한, 신뢰관계를 전제로 하고 이용자의 개별화된 욕구에 부응하여야 하는 대인적 서비스의 특성상 이용자가 계약내용의 변경 및 계약관계의 해소 등을 통하여 서비스 내용과 서비스 제공자를 용이하게 변경할 수 있도록 하여야 한다.

제4장
사회보장 행정절차 · 행정조사 · 정보공개

사회보장 행정절차

Ⅰ. 사회보장 행정절차의 의의와 규율체계

1. 의의

가. 행정절차의 일반적인 의의

행정절차는 넓게는 행정의사의 결정과 집행에 관련된 일체의 과정으로서 행정의 준비절차인 행정조사, 그것으로부터 확보된 정보자료에 입각한 행정결정 및 그 결정의 실효성을 확보하기 위한 수단인 행정강제나 행정벌 등을 모두 포함하는 개념이다. 한편, 좁은 의미로는 행정입법, 행정계획, 처분, 행정지도 등 각종 행정작용의 사전절차를, 가장 좁은 의미로는 행정작용 중 처분의 사전절차를 의미한다.[1]

행정절차는 사전에 자기방어의 기회를 주고 국민이 행정에 참여하는 수단이 된다는 점에서 인간의 존엄과 가치를 존중하며 민주주의를 실현하는 역할을 한다. 또한, 행정의 투명성과 예측가능성을 부여함으로써 법치주의를 보장하고 사전에 의견을 수렴하여 행정의 효율성을 높이는 기능을 수행한다. 그 밖에 행정에 대한 사전통제 기능을 수행한다는 점에서 의의를 찾을 수 있다.

---

1) 하명호, 「행정법」, 307면.

나. 사회보장행정에서 적법절차의 원리

사회보장행정에서도 적법절차의 원리는 중요한 헌법원리가 된다. 국가권력에 의한 인권침해는 형사사건에서 가장 빈번히 발생하기 때문에 적법절차의 원리는 형사절차에서 특별히 존중되어야 하지만, 행정작용에 의하여 국민의 자유와 권리가 제한되는 경우뿐만 아니라 모든 행정 영역에서도 적법절차의 원리가 적용되어야 하고,2) 이는 사회보장행정에서도 마찬가지로 적용되어야 한다.

사회보장행정작용은 수익적 성격뿐만이 아니라 침익적 성격도 내포하는 경우가 많고, 이에 따라 급부행정뿐만 아니라 경찰행정법의 원리도 적용되어야 할 경우가 많다. 또한, 이미 보장된 사회보장수급권을 제한 또는 변경하거나 나아가 수급자격의 인정과 관련된 경우에는 재산권적 성격을 가질 수도 있으므로, 특히 이러한 경우에는 적법절차의 원리가 강조될 필요가 있다.

사회보장 행정절차에서 가장 큰 문제는 ① 잠재적인 사회보장수급권자들이 사회보장급여에 대한 충분한 정보를 제공받지 못하고, ② 정보의 부족과 신청절차·관할의 복잡성 등으로 사회보장수급권을 실제로 행사하지 못하고 있으며, ③ 수급자의 권리침해를 미연에 방지하고 사회보장행정작용의 최적화를 이끌어내도록 하는 통로가 충분히 마련되어 있지 않다는 점에 있다. 그렇기 때문에 사회보장행정 영역에서는 실체법상의 권리실현에 필요한 적절한 절차의 마련이 다른 행정 영역에서보다 더욱 필요하다.

2. 사회보장 행정절차에 관한 법령체계

가. 「행정절차법」

「행정절차법」은 행정절차에 대한 일반법으로서, 총 8개 장 70개 조로 구성되어 있다. 「행정절차법」은 행정입법 및 행정계획, 행정지도 등에 대한 절차에 관한 사항도 규정하고 있지만, 제2장 처분에 관한 규정이 전체 규정의 거의 절반을 차지하고 있어서 실질적으로는 '처분'에 관한 절차법이라고 할 수 있고, 실체적 규정은 거의 배제되어 있다는 특징이 있다.

---

2) 박규하, "미국헌법상의 적법절차조항과 행정행위에 대한 절차적 통제", 공법학의 제문제(김영훈교수 화갑기념논문집) 법문사, 1995, 170-171면 참조.

나. 특별행정절차법

「행정절차법」 이외에도 행정절차를 규율하고 있는 개별 행정법령이 다수 있는데, 「행정규제기본법」과 「민원처리 관리에 관한 법률」이 대표적인 것이다.

「행정규제기본법」은 특별행정절차에 관한 법으로 불필요한 행정규제를 완화하고 비효율적인 행정규제의 신설을 억제하는 것을 주된 목적으로 한다. 행정규제법정주의를 비롯한 행정규제의 원칙과 규제의 방법 및 절차 등에 대하여 규정하고 있다. 이 법에서는 행정규제에 대하여 "국가나 지방자치단체가 특정한 행정 목적을 실현하기 위하여 국민의 권리를 제한하거나 의무를 부과하는 것으로서 법령등이나 조례·규칙에 규정되는 사항"이라고 정의하고 있다(제2조 제1항 제1호).

한편, 민원처리 절차에 관한 기본적인 사항에 대해서는 「민원처리에 관한 법률」에서 정하고 있다. 이 법은 총칙 및 인원의 처리, 민원제도의 개선 등에 관한 총 46개조와 부칙으로 구성되어 있다.

다. 사회보장 행정절차 관련 법령

사회보장행정 영역에서는 「행정절차법」과 별도로 개별적인 절차에 관한 규정들을 두고 있는 경우가 많다. 이러한 개별 법률은 「행정절차법」과의 관계에서 특별법적 지위를 가지므로, 원칙적으로 「행정절차법」에 우선하여 적용된다. 개별 법률에서 행정절차에 관한 명문규정을 두고 있지 않은 경우에는 일반법으로서 「행정절차법」이 적용된다.

그 밖에도 각 지방자치단체에서 사회보장급여에 관한 별도의 조례를 제정하는 경우 해당 조례는 사회보장 행정절차에 관한 법원으로 기능하게 된다. 다만 해당 사회보장사업이 전국적으로 일률적으로 규율되어야 하는 국책사업에 해당하는 경우 별도의 조례 없이 사실상 중앙행정기관이 발령한 지침 등에 따라 절차가 이루어지기도 한다.[3]

---

3) 기초생활보장사업도 국책사업에 해당하기 때문에 기초생활급여의 지급절차에 관한 별도의 지방자치단체의 조례는 없다.

Ⅱ. 사회보장행정에서 처분절차

「행정절차법」 제2장에서는 '처분절차'에 관하여 '신청에 의한 처분'에 관한 것과 '당사자에게 의무를 과하거나 권익을 제한하는 처분'에 관한 것으로 나누어 규정하고 있다. 아래에서는 이에 따라 처분의 공통된 사항과 신청에 의한 처분절차, 침익적 처분절차로 나누어서 살펴보기로 한다.

1. 공통사항

가. 처분기준의 설정·공표

(1) 「행정절차법」에서의 논의

「행정절차법」 제20조에서는 처분절차로서 처분기준의 설정·공표제도를 두고 있다. 행정청은 필요한 처분기준을 그 처분의 성질에 비추어 되도록 구체적으로 정하여 공표하여야 하고 처분기준을 공표하는 것이 그 처분의 성질상 현저히 곤란하거나 공공의 안전 또는 복리를 현저히 해치는 것으로 인정될 만한 사유가 있는 경우에는 이를 공표하지 않을 수 있다. 「행정절차법」이 처분을 할 때 이유제시, 의견제출 및 청문, 문서의 열람 외에도 처분기준의 설정·공표제도를 둔 것은 행정의 투명성과 예측가능성을 확보하고 처분에 대한 불복을 용이하게 하여 행정의 공정·타당성과 법적 안정성을 확보하려는 데 있다.[4]

처분기준은 행정규칙 외에도 법규명령의 형식으로도 설정·공표할 수 있는데, 특히 제재적 처분기준과 같은 재량준칙과 관련하여 처분기준의 구체적인 법적 성격이 문제될 수 있다.[5] 제재적 처분기준을 시행령이나 시행규칙과 같은 법규명령의 형식으로 규정하고 있는 경우, 판례는 그 규정형식이 대통령령인지 부령인지에 따라 대통령령의 형식인 경우에는 법규성을 인정하나 부령의 형식인 경우에는 법규성을 부정하는 독특한 논리를 전개하고 있다.

처분기준을 설정하지 않거나 설정했다고 하더라도 구체적으로 정하지 않고 추상적으로 정했거나 설정된 처분기준을 공표하지 않고 처분하였을 경우 독립적인 취소사유인

---

4) 하명호, 「행정법」, 323면.
5) 임재홍, "행정절차법상 처분기준의 설정 및 공표", 행정법연구 제4호, 행정법이론실무학회, 1999, 71면.

지 여부가 문제된다. 우리나라의 학자들은 대체로 절차적 하자를 독립적 취소사유로 보고 있다는 점 및 정당한 절차의 운영이라는 측면을 고려하면 적극적으로 해석할 필요가 있다.[6] 그러나, 대법원은 행정청이 처분기준 설정·공표의무를 위반하여 미리 공표하지 않은 기준을 적용하여 처분을 하였다고 하더라도, 그것만으로는 해당 처분의 취소사유에 이르는 하자라고 볼 수 없다는 입장에 있다.[7] 다만 해당 처분에 적용한 기준이 상위 법령의 규정이나 신뢰보호의 원칙 등과 같은 법의 일반원칙을 위반하였거나 객관적으로 합리성이 없다고 볼 수 있는 구체적인 사정이 있다면 해당 처분은 그것을 이유로 위법하다고 평가할 수 있다고 한다.

한편, 당사자 등은 공표된 처분기준이 명확하지 않은 경우 해당 행정청에 그 해석 또는 설명을 요청할 수 있다. 이 경우 해당 행정청은 특별한 사정이 없으면 그 요청에 따라야 한다(「행정절차법」 제20조 제4항). 이러한 처분기준의 해석·설명 요청권은 처분기준 설정·공표제도의 실효성을 확보하기 위한 것이다.

(2) 사회보장행정에서의 중요성

앞에서 본 것처럼 처분기준의 설정·공표는 특히 재량행위의 절차적 통제를 위하여 중요한 의미를 가진다. 행정청에게 광범위한 재량권이 부여되어 있는 행정작용에서 일관성을 유지하고 행정객체에 대한 자의적 차별을 방지할 필요가 있으므로, 미리 그 권한행사의 기준을 정하여 두는 사례가 많이 있었다. 그러나, 「행정절차법」 제20조가 처분기준의 설정·공표제도를 규정하기 이전까지는 행정청에게 처분기준의 설정·공표의무를 부과하는 형태로 처분과정을 통제하겠다는 관념이 우리나라 학설과 판례에서 일반화되어 있었던 것은 아니다.

그런데, 「행정절차법」이 행정청으로 하여금 국민의 권리·의무에 직접적인 영향을 미치는 처분의 기준을 미리 정하여 공표할 의무를 부과함으로써, 행정단계에서는 행정의 투명성 및 예측가능성을 확보하는 동시에 재량결정에서 자의를 배제하고 합리성을 보장할 수 있게 되었다. 한편, 사법심사단계에서는 재량결정이 그 기준에 어긋나는 경우 위법성을 심사할 수 있고, 재량결정이 공표된 기준에 따라 내려진 경우에는 그 기준 자체의 합리성을 검토할 수 있게 됨으로써 재량결정에 대한 실체적 통제의 근거점이 마련된다는 의미가 있다.[8]

---

6) 하명호, 「행정법」, 326면.

7) 대법원 2020. 12. 24. 선고 2018두45633 판결.

8) 최송화, "행정재량의 절차적 통제", 서울대학교 법학 제39권 제2호, 서울대학교 법학연구소, 1999, 81면.

사회보장행정에서는 다른 행정 영역보다 행정작용을 함에 있어서 행정권에 재량이 광범위하게 부여되어 있는 경우가 많아서 처분기준의 설정·공표는 사회보장행정에서 중요한 재량통제의 수단이 된다.

나. 이유제시

「행정절차법」제23조 제1항은 "행정청이 처분을 할 때에는 당사자에게 그 근거와 이유를 제시하여야 한다."라고 규정하여, 이유제시를 의무화하였다. 여기에서 제시되어야 하는 "근거와 이유"란 해당 처분의 기초가 된 사실관계와 그에 해당하는 법령을 말한다. 이유제시의 기능으로는 행정기관이 이유제시를 통하여 신중하게 행정작용을 하게 됨으로써 행정작용의 공정성을 보장하는 기능(행정의 자기통제기능), 해당 처분의 당사자로 하여금 제시된 이유를 검토하여 해당 처분의 위법성 여부를 판단하고 이를 근거로 처분에 대한 행정쟁송의 제기 여부를 결정하는 데 도움을 받게 되는 기능(권리구제기능), 해당 행위의 내용을 명확하게 하여 이해관계인으로 하여금 처분의 근거가 된 법률상·사실상의 중요한 관점들을 평가할 수 있게 함으로써 처분을 정당한 것으로 받아들여 그들을 승복시키는 기능(당사자만족기능), 해당 행정결정을 명확하게 하는 기능(명확성확보기능) 등이 있다.

이유제시는 당사자에게 의무를 과하거나 권익을 제한하는지 여부를 불문하고 모든 처분에 요구되는 사전절차로서, 원칙적으로 처분 당시에 함께 제시되어야 한다. 그러나, 이유제시라도 신청 내용을 그대로 모두 인정하는 처분인 경우, 단순·반복적인 처분 또는 경미한 처분으로 당사자가 그 이유를 명백히 알 수 있는 처분인 경우, 긴급히 처분을 할 필요가 있는 경우에는 이유제시가 면제되나, 처분 후 당사자가 요청하는 경우에는 그 근거와 이유를 제시하여야 한다.

이유제시의 정도와 관련하여, 「행정절차법」에서는 아무런 규정을 두고 있지 않아 어느 정도 이유가 제시되어야 적법하다고 볼 수 있는지 문제가 될 수 있다. 어떠한 사실관계에 기초하여 어떠한 법령을 적용하여 그 처분이 이루어졌는지를 처분서면의 기재 그 자체로 알 수 있을 정도로는 기재되어야 할 것이고, 특히 재량행위에서는 그 재량의 관점이 되었던 중요한 요소들이 제시되어야 하며, 그 처분에 관한 쟁송에서 법원이나 행정심판기관이 처분의 사실적·법적 근거를 검토하여 그 적법타당성을 확인할 수 있는 정도는 되어야 한다.[9] 다만 대법원은 이 문제에 관하여 상대방이 해당 처분을 받았을 때 그에 대하여 적절히 대처할 수 있었는지 라는 관점에서, 근거법령만 기재되었더라도 해당 규정에 해당하는 사실관계까지도 당연히 알 수 있는 경우, 처분서면 등에 기재된 처분사유가 다소 추상적이거나 함축적인 용어로 되어 있다 할지라도 상대방이 자신의 경험이나 지식 또는 처분의 전체 과정을 통하여 그 의미를 명확히 인식할 수 있어 불복 여부를 결정하고 불복대상을 확정하는 데 어려움이 없는 경우 등 상대방의 불복신청에 지장을 줄 염려가 없다고 볼 만한 사정이 있을 때에는 위법하지 않다고 판단하고 있다. 나아가, 해당 처분이 이루어진 과정에서 이미 구체적인 처분사유와 그 근거가 제시되고 상대방이 이를 알았거나 알 수 있는 경우에 근거법령이나 사실관계가 부실하게 기재되어 있더라도 위법하지 않다고 한다.

다. 처분의 방식

행정청이 처분을 할 때는 다른 법령의 특별한 규정이 있는 경우를 제외하고는 문서로 하여야 한다. 다만 당사자의 동의가 있거나 당사자가 전자문서로 처분을 신청한 경우에 한하여 전자문서로 할 수 있다. 그러나, 공공의 안전 또는 복리를 위하여 긴급히 처분을 할 필요가 있거나 사안이 경미한 경우에는 말, 전화, 휴대전화를 이용한 문자 전송, 팩스 또는 전자우편 등 문서가 아닌 방법으로 처분을 할 수 있으며, 이 경우 당사자가 요청하면 지체 없이 처분에 관한 문서를 주어야 한다(「행정절차법」 제24조).

행정청은 처분에 오기, 오산 또는 그 밖에 이에 준하는 명백한 잘못이 있을 때에는 직권으로 또는 신청에 따라 지체 없이 정정하고 그 사실을 당사자에게 통지하여야 한다(「행정절차법」 제25조). 행정청이 처분을 할 때에는 당사자에게 그 처분에 관하여 행정심판 및 행정소송을 제기할 수 있는지 여부, 그 밖에 불복을 할 수 있는지 여부, 청구절차 및 청구기간, 그 밖에 필요한 사항을 알려야 한다(「행정절차법」 제26조).

---

9) 하명호, 「행정법」, 334면.

2. 신청에 의한 처분절차

가. 「행정절차법」에서의 규율내용

행정청의 처분을 구하는 신청은 문서로 하여야 한다. 다만 다른 법령 등에 특별한 규정이 있는 경우와 행정청이 미리 다른 방법을 정하여 공시한 경우에는 그렇지 않다. 이때 신청인이 행정청에 대하여 어떠한 처분을 구하는 문서상의 의사표시가 이러한 신청행위에 해당하는지 여부는 그 문서의 내용과 작성 및 제출의 경위와 시점, 취지 등 여러 사정을 종합하여 판단하여야 한다.[10] 행정청은 신청을 받았을 때에는 다른 법령 등에 특별한 규정이 있는 경우를 제외하고는 그 접수를 보류 또는 거부하거나 부당하게 돌려보내서는 안 되며, 신청을 접수한 경우에는 원칙적으로 신청인에게 접수증을 주어야 한다. 또한, 신청의 구비서류 등의 미비 등 흠이 있는 경우에는 보완에 필요한 상당한 기간을 정하여 지체 없이 신청인에게 보완을 요구하여야 한다. 행정청은 신청인이 위 기간 내에 보완을 하지 않은 때에는 그 이유를 명시하여 접수된 신청을 되돌려 보낼 수 있다. 행정청은 신청인의 편의를 위하여 다른 행정청의 신청을 접수하게 할 수 있다(「행정절차법」 제17조). 한편, 행정청은 다수의 행정청이 관여하는 처분을 구하는 신청을 접수한 경우에는 관계 행정청과의 신속한 협조를 통하여 그 처분이 지연되지 않도록 하여야 한다(제18조).

나. 사회보장행정에서 신청주의와 보완

「사회보장기본법」에서는 사회보장급여를 받으려는 사람은 관계 법령에서 정하는 바에 따라 국가나 지방자치단체에 신청하도록 규정하여(제11조 제1항 본문), 신청주의를 원칙으로 하고 있다. 그러나, 특히 신체적·정신적·경제적 결함을 포함하는 사회적 약자를 대상으로 하는 급부작용에서 엄격한 신청주의를 고집한다면 요보장자의 실질적인 수급권 보장을 저해할 수 있다. 따라서, 신청주의에 따르되 일정한 경우 급여주체도 직권으로 국가의 생존배려의무를 실현할 수 있어야 한다. 「사회보장기본법」에서도 관계 법령에서 따로 정하는 경우에는 국가나 지방자치단체가 신청을 대신할 수 있도록 규정하여(제11조 제1항 단서), 실질적으로 급여가 필요한 요보장자가 급여대상에서 제외되지 않도록 하고 있다.

---

10) 대법원 2008. 10. 23. 선고 2007두6212, 6229 판결.

한편, 사회보장급여신청이 적법하게 이루어지기 위해서는 신청인에게 신청권이 있어야 한다. 그런데, 사회보장급여법은 신청권자를 지원대상자뿐만 아니라 그 친족, 후견인, 청소년상담사·청소년지도사, 지원대상자를 사실상 보호하고 있는 자 등이라고 규정하여, 신청권자의 범위를 확대하고 있다. 또한, 지원대상자를 두텁게 보호하기 위하여 지원대상자의 주소지와 실제 거주지가 다른 경우에는 실제 거주지 관할 보장기관에도 신청할 수 있고, 중앙행정기관의 장이 지원대상자의 이용 편의, 사회보장급여의 제공 유형 등을 고려하여 필요하다고 결정한 사회보장급여의 경우에는 지원대상자의 주소지 관할이 아닌 보장기관에도 신청할 수 있다(제5조 제1항). 한편, 사회보장급여법에서는 지원대상자의 누락을 방지하기 위하여 보장기관의 업무담당자가 관할 지역에 거주하는 지원대상자에 대한 사회보장급여의 제공을 직권으로 신청할 수 있다고 규정하고 있어, 직권주의를 가미하고 있다. 다만, 직권에 의한 신청이라도 지원대상자의 동의를 받아야 하며, 동의를 받은 경우에는 지원대상자가 신청한 것으로 간주한다(제5조 제2항).

다. 사회보장급여신청에 따른 행정절차

보장기관의 장은 사회보장급여신청이 있는 때에는 다른 법령 등에 특별한 규정이 있는 경우를 제외하고는 그 접수를 보류하거나 부당하게 되돌려 보내서는 안 된다(「행정절차법」 제17조 제4항). 사회보장급여를 신청하는 사람이 다른 기관에 신청한 경우에는 그 기관은 지체 없이 정당한 권한이 있는 기관에 이송하여야 한다. 이 경우 정당한 권한이 있는 기관에 이송된 날을 사회보장급여의 신청일로 본다(「사회보장기본법」 제11조 제2항).

급여신청 시에는 법령상 요구되는 구비서류 등의 요건을 갖추어야 한다. 그러나, 행정청은 구비서류 미비 등의 흠이 있는 경우에도 접수를 거부하여서는 안 되며 보완에 필요한 상당한 기간을 정하여 지체 없이 신청인에게 보완을 요구하여야 한다(「행정절차법」 제17조 제5항).

적법한 신청이 있는 경우 행정청은 상당한 기간 내에 신청에 대한 응답을 하여야 하는데, 행정청은 신청인의 편의를 위하여 처분의 처리기간을 종류별로 미리 정하여 공표하여야 한다(「행정절차법」 제19조). 그런데, 대법원은 처분이나 민원의 처리기간을 정하는 것은 신청에 따른 사무를 가급적 빨리 처리하도록 하기 위한 것이어서, 처분이나 민원의 처리기간에 관한 규정은 훈시규정에 불과할 뿐 강행규정이라고 볼 수 없으므로, 행정청이 처리기간이 지나 처분을 하였더라도 처분을 취소할 수 있는 절차적 하자로 볼 수 없다는 입장에 있다.[11]

　　사회보장급여신청이 있는 경우 보장기관의 장은 지원대상자의 사회보장요구와 관련된 사항, 지원대상자의 건강상태, 가구 구성 등 생활 실태에 관한 사항 및 그 밖에 지원대상자에게 필요하다고 인정되는 사회보장급여에 관한 사항 등을 조사하여야 하고(사회보장급여법 제6조), 수급자격을 확인하기 위하여 지원대상자와 그 부양의무자에 대하여 수급자격을 확인하기 위하여 인적사항 및 가족관계 확인에 관한 사항, 소득·재산·근로능력 및 취업상태에 관한 사항, 사회보장급여 수급이력에 관한 사항의 자료 또는 정보를 제공받아 조사할 수 있으며, 필요한 자료 제출을 요구할 수 있다(제7조). 조사를 실시한 경우에는 보장기관의 장은 사회보장급여의 제공 여부 및 제공 유형을 결정하되, 제공하고자 하는 사회보장급여가 지원대상자가 현재 제공받고 있는 사회보장급여와 보장내용이 중복되지 않도록 하여야 한다(제9조).

라. 사회보장급여신청에 대한 조사의무

　　행정청이 사회보장급여신청에 대하여 응답을 할 때에는 수급자격에 관한 행정조사 등 일정한 법적 절차를 거쳐야 한다. 사회보장급여는 법령에서 규정한 바에 따라 일정한 요건을 충족한 자에 대해서만 지급되는 것으로서 행정청이 소득이나 재산 등 요건사항에 대한 조사과정을 거쳐 수급권을 형성하는 결정을 하게 된다. 앞에서 본 것처럼 사회보장급여법 제6조에서는 보장기관이 사회보장급여신청을 받으면, 지원대상자의 보장요구와 관련된 사항, 지원대상자의 건강상태, 가구 구성 등 생활실태에 관한 사항 및 그 밖에 지원대상자에게 필요하다고 인정되는 사회보장급여에 관한 사항에 대하여 보장기관의 장이 조사하도록 기속규정을 둠으로써 직접적으로 행정청에 의무를 부과하고 있다. 따라서, 이러한 조사의무를 위반한 경우 급여 여부 결정의 실체적 하자 여부를 떠나 절차적 하자가 있는 것으로 위법하다는 판단을 받게 된다.

　　사회보장급여신청에 따른 행정청의 조사의무와 관련하여, 상반된 두 가지 입장에 근거한 하급심 판결례가 있다. 먼저 청주지방법원에서는 "신청인의 사회복지서비스 제공 또는 변경신청이 법이 허용한 한계를 벗어나 현실적으로 불가능한 요구를 하고 있는 경우"에 해당하여 "법에서 허용할 수 없는 부적합한 신청"으로 거부처분을 하면 족하고,

---

11) 대법원 2019. 12. 13. 선고 2018두41907 판결; 대법원 2023. 6. 15. 선고 2022두66576 판결.

거기서 더 나아가 그 신청이 받아들여질 수 있는 것임을 전제로 그 밖의 다른 사항까지 조사할 의무는 없다고 판시한 사례가 있다.[12] 반면에 서울행정법원에서는 "이 사건 신청에 대하여 적어도 피고의 직근 상급지방자치단체인 서울특별시에서 관할하는 지역 내에서 원고의 신청 취지에 부합하는 사회복지서비스를 제공하는 기관이나 단체가 있는지 여부를 충분히 성의껏 조사한 후 이 사건 회신을 하였어야 함에도 불구하고 충분히 조사하지 않아 절차적 위법성이 인정된다."라고 판시한 사례[13]도 있다.[14]

서울행정법원 2011. 1. 28. 선고 2010구합28434 판결

〈사실관계〉

원고는 지체장애 1급 장애인으로 김포시에 있는 중증장애인 요양시설에서 21살부터 약 19년간 살아온 자인데, 2009. 12. 16. 위 요양시설에서 나와 지역사회에서의 자립생활을 원한다는 취지로 피고 양천구청장에게 주거지원(임대주택), 생활비(정착금, 생계비)지원, 활동보조지원, 의료·재활지원, 취업지원, 복지서비스에 관한 정보제공을 신청하는 사회복지서비스 변경신청을 하였다.

피고는 2010년 5월 26일 사회복지서비스 변경신청에 대한 거부 취지의 회신을 하였다. 원고는 「대한민국 헌법」, 「사회복지사업법」, 「장애인복지법」, 「장애인차별금지 및 권리구제 등에 관한 법률」 및 장애인권리협약 등 관련 규정을 종합적으로 보면, 피고에게는 장애인의 자립생활을 지원하여야 할 법적 의무가 있다고 주장하였다. 이러한 지원에는 자립생활에 필수적인 주거지원도 포함되며, 피고가 국가 및 피고 외의 지방자치단체와 연계하여 사회복지서비스를 제공할 의무가 있음에도 불구하고 피고는 위와 같이 위법한 회신을 했다고 주장하였다.

〈본안 판단(「사회복지사업법」 제33조의3 제1항 제1호 소정의 복지요구조사의 범위)〉

- 「사회복지사업법」 제33조의3 제1항 제1호는 "시장·군수·구청장은 보호신청이 있는 경우 복지 담당공무원에게 신청인의 복지요구와 관련된 사항이나 그 밖에 신청인에게 필요하다고 인정되는 사회복지서비스 및 보건의료서비스에 관한 사항을 조사하게 한다."라고 규정하고 있는데, 복지요구조사는 보호신청을 받은 시장·군수·구청장이 관할하는 행정구역 내에서 제공될 수 있는 복지서비스뿐 아니라 적어도 그 직근 상급단체가 관할하는 행정구역 내에서 제공될 수 있는 복지서비스까지 조사하여야 하는 것으로 해석함이 상당하고, 그 이유는 다음과 같다(다만, 신청인이 주소

---

12) 청주지방법원 2010. 9. 30. 선고 2010구합691 판결.
13) 서울행정법원 2011. 1. 28. 선고 2010구합28434 판결.
14) 이 두 판례에 대한 평가로는 윤찬영, "사회복지서비스 신청권 판례의 의의와 과제", 월간 복지동향 제149호, 참여연대사회복지위원회, 2011, 27면; 전숙경, "시설수용, 그 침묵의 카르텔을 깰 서비스 신청권에 대하여", 월간 복지동향 제136호, 참여연대사회복지위원회, 2010, 51-55면; 임성택, "사회복지서비스 신청 소송경과와 과제", 복지서비스 신청권 실질화를 위한 대토론회 자료집, 2011, 13면. 한편, 사회복지서비스 신청권과 지방자치단체의 역할에 대하여 분석한 논문으로는 양승미, "사회복지서비스 신청권과 지방자치단체의 과제-사회복지서비스 신청권 판례를 중심으로-", 지방자치법연구 제30호, 한국지방자치법학회, 2011, 313-334면.

지로부터 멀리 떨어진 곳에서 제공되는 사회복지서비스라도 제공받기를 원한다는 의사를 특별히 표시한 경우에는 전국단위의 조사의무가 있는 것으로 봄이 상당하다).

- 「사회복지사업법」 제5조에 의하여 사회복지업무에 종사하는 사람은 그 업무를 행함에 있어 최대로 봉사할 의무가 있다.

- 「사회복지사업법」 제33조의2 제1항은 사회복지서비스 신청의 상대방을 시장·군수·구청장으로 한정하고 있으므로, 신청인이 원하는 사회복지서비스제공시설의 운영자가 국가·특별시·광역시·도이어서 시장·군수·구청장에게 서비스제공 여부에 관한 최종적인 결정권이 없는 경우에도 사회복지서비스의 신청은 신청인의 주소지 관할 시장·군수·구청장에게 하도록 되어 있고, 같은 법 제33조의5 제1항 제2호, 제3호에 의하면 시장·군수·구청장이 보호의 실시를 결정한 경우에도 반드시 시장·군수·구청장이 사회복지서비스를 제공하여야 하는 것이 아닐 뿐 아니라, 사회복지서비스를 제공할 기관 또는 단체가 복수인 경우에는 시장·군수·구청장으로 하여금 그들 상호 간의 연계방법을 강구하도록 하고 있는데, 위 조문들을 체계적으로 해석하면 사회복지사업법상 시장·군수·구청장은 사회복지서비스를 필요로 하는 사람들이 그 서비스의 제공자가 누구이든지 간에 자신이 사는 곳을 관할하는 가까운 시청, 군청, 구청을 방문하여 한 번 사회복지서비스제공신청을 하면 별도의 추가적인 절차를 거치지 않고도 서비스제공을 받을 수 있도록 하기 위한 창구[원스톱 서비스(one stop service)]의 지위를 가진다.

- 앞서 살펴본 바와 같은 「사회복지사업법」상 시장·군수·구청장의 지위에 더하여 같은 법 제6조의2 제1항에는 사회복지업무의 효율적 처리를 위하여 전자화를 위한 시책을 강구하도록 하고 규정되어 있는 점, 같은 법 제7조 제1항에 의하여 특별시·광역시·도에 설치되는 사회복지위원회에 의하여 시·군·구의 지역사회복지계획이 심의 또는 건의되도록 되어 있는 점, 사회복지기본법 제28조에 의하면 국가와 지방자치단체는 관계기관 간 조정의 원활화 및 국민의 손쉬운 사회보장서비스 이용을 위한 사회보장 전달체계를 마련하여야 할 의무를 지는 점을 종합하여 보면, "국가 및 지방자치단체는 국가 및 지방자치단체의 사회복지사업과 민간부분의 사회복지 증진활동이 원활하게 연계될 수 있도록 노력하여야 한다."라는 사회복지사업법 제4조 제5항의 물론해석상, 사회복지서비스 제공신청을 받은 시장·군수·구청장은 국가 또는 다른 지방자치단체와 사회복지사업의 원활한 연계를 위하여 노력하여야 할 의무를 진다.

- 사회복지서비스를 필요로 하는 사람들은 사회적 약자이고 특히 원고와 같은 중증장애인의 경우에는 활동능력이 매우 제한되므로 사회복지서비스의 신청 및 제공 절차에 있어 행정편의적인 장애물을 제거하고 이른바 원스톱 서비스가 제공되도록 할 필요성이 크다.

- 다만, 시장·군수·구청장이 국가, 각급 지방자치단체, 민간부분과 연계하여 원활한 사회복지서비스를 제공하기 위하여는 관련 업무를 효율적으로 처리하기 위한 전국적 전산정보처리체계 등의 기반시설이 되어 있어야 하는데, 법률의 규정에도 불구하고 그와 같은 기반시설이 완비되어 있지 않은 현실 및 신청자의 입장에서도 통상적으로 거주지에서 원거리에 있는 사회복지서비스를 원하지는 않을 것임을 고려하면, 시장·군수·구청장에게 원칙적으로 국가나 전국의 모든 지방자치단체와 민간기관을 대상으로 제공 가능한 사회복지서비스를 조사할 의무를 부과하는 것은 무리이나, 시장·군수·구청장의 직근 상급지방자치단체의 경우에는 행정조직체계상 밀접한 관련이 있고 정보의 접근 또한 용이하며 신청자 입장에서도 이용이 비교적 편리하므로, 시·군·구청장에게 직근 상급지방자치단체의 관할 구역 내에서 제공가능한 사회복지서비스를 조사할 의무를 부과하는 것은 「사회복지사업법」 제5조에 규정된 최대봉사의 원칙에 비추어 과도한 부담이 되지는 않을 것으로 판단된다(다만, 신청인이 원거리 사회복지서비스라도 원한다는 의사를 특별히 표시한 경우에

는 시·군·구청장으로서는 전국의 사회복지서비스제공 현황을 모두 파악하고 있는 보건복지부에 문의하여 복지요구조사를 할 수 있으므로 그와 같은 경우에는 복지요구조사의무의 범위가 직근 상급지방자치단체 너머로 확장된다).

3. 침익적 처분절차

가. 처분의 사전통지

(1) 「행정절차법」에서의 논의

행정청은 당사자에게 의무를 부과하거나 권익을 제한하는 처분을 하는 경우에는 미리 제목, 일시 및 장소, 주요 내용, 발표자에 관한 사항, 발표신청 방법 및 신청기한, 정보통신망을 통한 의견제출 등을 당사자 등에게 통지하여야 한다.[15] 그러나, ① 공공의 안전 또는 복리를 위하여 긴급히 처분을 할 필요가 있는 경우, ② 법령 등에서 요구된 자격이 없거나 없어지게 되면 반드시 일정한 처분을 하여야 하는 경우에 그 자격이 없거나 없어지게 된 사실이 법원의 재판 등에 의하여 객관적으로 증명된 경우, ③ 해당 처분의 성질상 의견청취가 현저히 곤란하거나 명백히 불필요하다고 인정될 만한 상당한 이유가 있는 경우에는 의견청취를 생략할 수 있다(「행정절차법」 제21조 제4항). 이 경우 행정청은 처분을 할 때 당사자등에게 통지를 하지 않은 사유를 알려야 한다. 다만 신속한 처분이 필요한 경우에는 처분 후 그 사유를 알릴 수 있다(「행정절차법」 제21조 제6항).

(2) 급여신청의 거부처분에 대한 사전통지 여부

사회보장급여신청에 대한 거부처분에 대하여 사전통지와 뒤에서 보는 의견청취가 필요한지 문제가 된다. 사전통지와 의견청취는 당사자에게 의무를 과하거나 권익을 제한하는 처분에 요구되는데, 이때 거부처분도 불이익처분에 포함된다고 해석하여 의견청취절차의 대상이 되는지가 논란이 되기 때문이다. 적극설은 신청에 대한 긍정적 처분이 이루어질 것을 기대했던 상대방의 입장으로서는 거부처분도 불이익처분과 다르지 않다는 점을 이유로 한다. 소극설은 신청에 따른 권익이 아직 당사자에게 부과된 적이 없었

---

15) 요양급여비용 환수처분에 대하여 「행정절차법」 제21조 제1항에 따른 사전통지를 하지 않았고, 같은 법 제22조 제3항에 따른 의견제출의 기회를 제공하지 않았다는 이유로 위법하다고 판단한 하급심 판결례가 있다[서울행정법원 2017. 3. 9. 선고 2016구합51924 판결(항소)].

으므로, 그 신청에 대한 거부는 당사자의 권익을 제한하는 처분이 아니라는 점을 이유로 한다. 대법원은 거부처분이 사전통지나 의견청취의 대상이 아니라는 입장에 있다.[16]

한편, 법제처는 「공무원연금법」, 「고용보험법」, 「국민연금법」 및 「산업재해보상보험법」 등 사회보장법령상 연금 및 보험급여의 지급을 요구하는 신청에 대하여 행정청이 거부처분을 하는 경우에 「행정절차법」상의 사전통지 및 의견청취 등의 절차를 거쳐야 하는지에 대하여, 위에서 본 대법원 판례를 거론하면서, "「공무원연금법」, 「산업재해보상보험법」, 「국민연금법」 및 「고용보험법」 등에 의한 급여를 받을 권리는 법령에 의하여 직접 발생하는 것이 아니라 급여를 받으려고 하는 자가 관련 행정청에게 청구하는 바에 의하여 관련 행정청이 급여지급을 결정함으로써 비로소 구체적으로 발생하는 권리라고 할 것이고, 연금급여를 거부하는 것이라 하더라도 직접 급여를 받을 당사자의 권익을 제한하는 것이 아니어서 연금급여의 신청에 대한 거부처분이 당사자의 권익을 제한하는 처분에 해당한다고 할 수 없다. 따라서, 「공무원연금법」, 「산업재해보상보험법」, 「국민연금법」 및 「고용보험법」 등 사회보장법령상 연금 및 보험급여의 신청에 대하여 행정청이 거부를 하는 경우에도 「행정절차법」상의 사전통지 및 의견청취 등의 절차를 거칠 필요가 없다."라고 해석한 바 있다.[17]

나. 청문 등 의견청취제도

(1) 사회보장행정 영역에서의 의의

의견청취절차란 행정과정에 국민이 참여할 수 있는 기회를 제공하여 국민의 권익에 대한 위법·부당한 침해를 사전에 방지하는 절차이다. 「행정절차법」에서는 의견청취절차를 청문절차, 공청회절차 및 의견제출절차 등 세 가지 유형으로 구분하여 규정하고 있는데, 행정청이 당사자에게 의무를 부과하거나 권익을 제한하는 처분을 할 때 청문 또는 공청회를 하는 경우 외에는 당사자 등에게 의견제출의 기회를 주어야 한다(제22조 제3항). 앞에서 본 것처럼 의견청취는 당사자에게 의무를 과하거나 권익을 제한하는 처분에 요구되고, 판례는 거부처분이 의견청취의 대상이 아니라는 입장에 있다.

사회보장급여에 관한 불이익처분에서의 의견청취절차는 매우 중요한 의미가 있다.

---

16) 대법원 2003. 11. 28. 선고 2003두674 판결.

17) 2007. 7. 22, 법제처 법령해석례 06-0355. 위 판례와 해석례에 비추어 공공부조에서 급여신청에 대하여 사전통지의 대상을 인정하는 것은 실무적으로 더욱 어려울 것으로 보인다.

사회보장급여의 정지, 급여결정의 취소 등 불이익처분에서는 사후적 구제에 의한 권익의 회복이 쉽지 않다.[18] 따라서, 처분을 발령할 때 상대방인 수급권자로 하여금 자신의 의견을 제출하고 유리한 사실을 주장할 수 있도록 사회보장행정에 적합한 청문절차를 모색하고, 급여결정의 취소와 같은 전형적인 불이익처분이 아니더라도 수급권에 실질적으로 영향을 주는 행정결정에 대하여 의견을 제출할 수 있도록 하는 절차적 개선이 이루어져야 한다.

따라서, 「행정절차법」은 개별 행정 영역의 특수성을 고려하지 않은 행정절차에 관한 일반법이므로, 사회보장행정의 특수성을 고려한 절차규정의 해석과 적용이 필요하다. 즉, 사회보장행정에 적용될 「행정절차법」상의 절차제도 중 적용요건과 관련하여 개별 사회보장행정 영역의 특성과 수범자의 특성을 고려한다면 어떤 요건을 완화하여 해석하거나 엄격하게 해석하고 적용하여야 할 것인지 고려해 보아야 할 것이다.[19]

(2) 청문

"청문"이란 행정청이 어떠한 처분을 하기 전에 당사자등의 의견을 직접 듣고 증거를 조사하는 절차를 말한다(「행정절차법」 제2조 제5호). 청문은 가장 대표적인 의견청취절차로서 이해관계인의 의견진술, 자료 제출 및 증거제시 등을 위한 변론기회를 보장함으로써 행정의 적정성을 보장하는 수단이 된다.

「행정절차법」 제22조 제1항에서는 ① 다른 법령등에서 청문을 하도록 규정하고 있는 경우, ② 행정청이 필요하다고 인정하는 경우, ③ 인허가 등의 취소, 신분·자격의 박탈 및 법인이나 조합 등의 설립허가의 취소 처분을 하는 경우 청문을 거치도록 규정하고 있다.

그러나, ① 공공의 안전 또는 복리를 위하여 긴급히 처분을 할 필요가 있는 경우, ② 법령 등에서 요구된 자격이 없거나 없어지게 되면 반드시 일정한 처분을 하여야 하는 경우에 그 자격이 없거나 없어지게 된 사실이 법원의 재판 등에 의하여 객관적으로 증명된 경우, ③ 해당 처분의 성질상 의견청취가 현저히 곤란하거나 명백히 불필요하다고 인정될 만한 상당한 이유가 있는 경우, ④ 당사자가 의견진술의 기회를 포기한다는 뜻을 명백히 표시한 경우에는 의견청취를 생략할 수 있다(「행정절차법」 제22조 제4항).

행정청은 청문을 하려면 청문이 시작되는 날부터 10일 전까지 처분의 제목, 당사자

---

18) 이호용, "사회보장수급권의 절차법적 보장에 관한 소고", 한양법학 제27권, 한양법학회, 2009, 508면.
19) 박정연, "국민기초생활보장법상 급여지급의 절차적 개선에 관한 연구", 83면.

의 성명 또는 명칭과 주소, 처분하려는 원인이 되는 사실과 처분의 내용 및 법적 근거 및 이에 대하여 의견을 제출할 수 있다는 뜻과 의견을 제출하지 않는 경우의 처리방법 등을 당사자등에게 통지하여야 한다(「행정절차법」 제21조 제1항·제2항).

「행정절차법」에서는 그 밖에도 청문 주재자(제28조), 청문 주재자의 제척·기피·회피(제29조), 청문의 공개(제30조), 청문의 진행(제31조), 청문의 병합·분리(제32조), 증거조사(제33조), 청문조서(제34조), 청문 주재자의 의견서(제34조의2), 청문의 종결(제35조), 청문결과의 반영(제35조의2), 청문의 재개(제36조), 문서의 열람 및 비밀유지(제37조) 등을 상세히 규정하고 있다.

(3) 공청회

"공청회"란 행정청이 공개적인 토론을 통하여 어떠한 행정작용에 대하여 당사자등, 전문지식과 경험을 가진 사람, 그 밖의 일반인으로부터 의견을 널리 수렴하는 절차를 말한다(「행정절차법」 제2조 제6호). 행정청은 공청회를 개최하려는 경우에는 원칙적으로 공청회 개최 14일 전까지 제목, 일시 및 장소, 주요 내용, 발표자에 관한 사항, 발표신청 방법 및 신청기한, 정보통신망을 통한 의견제출 등을 당사자등에게 통지하고 관보, 공보, 인터넷 홈페이지 또는 일간신문 등에 공고하는 등의 방법으로 널리 알려야 한다(「행정절차법」제38조). 한편, 공청회는 법령에 규정이 있는 경우와 해당 처분의 영향이 광범위하여 널리 의견을 수렴할 필요가 있다고 행정청이 인정하는 경우 및 "국민생활에 큰 영향을 미치는 처분으로서 ① 국민 다수의 생명·안전·건강에 큰 영향을 미치는 처분과 ② 소음 및 악취 등 국민의 일상생활과 관계되는 환경에 큰 영향을 미치는 처분에 대하여 30명 이상의 당사자등이 공청회 개최를 요구하는 경우"에도 공청회를 개최할 수 있다(「행정절차법」 제22조 제2항 제3호, 시행령 제13조의3).

「행정절차법」에 따르면, 온라인공청회는 이러한 공청회와 병행하여 이루어지는 것이 원칙인데, 국민의 생명·신체·재산의 보호 등 국민의 안전 또는 권익보호 등의 이유로 공청회를 개최하기 어려운 경우 등 일정한 경우에는 단독으로 온라인공청회를 개최할 수 있도록 규정하고 있다(제38조의2). 그 밖에도 「행정절차법」에서는 공청회 개최의 알림(제38조), 공청회의 주재자 및 발표자의 선정(제38조의3), 공청회의 진행(제39조), 공청회 및 온라인공청회 결과의 반영(제39조의2), 공청회의 재개최(제39조의3) 등을 규정하고 있다.

(4) 의견제출

"의견제출"이란 행정청이 어떠한 행정작용을 하기 전에 당사자등이 의견을 제시하는 절차로서 청문이나 공청회에 해당하지 아니하는 절차를 의미한다(「행정절차법」 제2조 제7호). 당사자등은 처분 전에 그 처분의 관할 행정청에 서면이나 말로 또는 정보통신망을 이용하여 의견제출을 할 수 있으며, 주장을 입증하기 위한 증거자료 등을 첨부할 수 있다(「행정절차법」 제27조 제1항ㆍ제2항). 행정청은 처분을 할 때에 당사자등이 제출한 의견이 상당한 이유가 있다고 인정하는 경우에는 이를 반영하여야 한다. 만약 행정청이 당사자등이 제출한 의견을 반영하지 아니하고 처분을 한 경우 당사자등이 처분이 있음을 안 날부터 90일 이내에 그 이유의 설명을 요청하면 원칙적으로 서면으로 그 이유를 알려야 한다(「행정절차법」 제27조의2).

(5) 의견표명 기회 확대의 필요성

사회보장에 대한 수요가 정확하게 포착되고 필요충분한 급부가 이루어지기 위해서는 수급권자에 의한 피드백이 원활히 이루어질 수 있어야 한다. 이는 수급권자의 권리침해를 사전에 예방한다는 점과 제도의 민주적ㆍ효율적 운영을 도모한다는 점에서도 의미가 있다.

그런데, 앞에서 본 것처럼 「행정절차법」으로는 "당사자에게 의무를 과하거나 권익을 제한하는 처분"을 하는 경우에만 의견청취절차를 거치도록 하고 있으므로, 수익적 행정작용이 주를 이루는 사회보장행정에서는 의견표명이 이루어지기 어려운 구조로 되어 있다.

따라서, 사회보장수급자의 권익보호를 위하여 사전적인 의견표명뿐만 아니라 사후적 혹은 상시적으로 불만을 접수할 수 있는 간이하고 신속한 고충처리의 통로가 필요하다 하겠다.[20] 그 밖에도 소극적인 불만접수를 넘어 사회복지업무 수행평가 및 지역사회보장협의체 운영에 주민이 참여할 수 있는 방안도 마련되어야 한다. 이에 따라 「사회보장기본법」 제40조에서는 "국가와 지방자치단체는 국민생활에 중대한 영향을 미치는 사회보장 계획 및 정책을 수립하려는 경우 공청회 및 정보통신망 등을 통하여 국민과 관계 전문가의 의견을 충분히 수렴하여야 한다."라고 규정하고 있다.

---

20) 이러한 맥락에서 보건복지부는 보건복지콜센터를 운영하면서, 수화상담, 실시간 인터넷채팅상담제도 등을 마련해두고 있다.

4. 개별법상 위원회의 심의·의결

사회보장급여에 있어서는 수급자격 등에 대하여 개별법상 위원회의 심의·의결이 요구되는 경우가 많다. 예를 들면, 「국가유공자 등 예우 및 지원에 관한 법률」의 「공상군경과 보훈보상대상자 지원에 관한 법률」의 재해부상군경에 관한 등록절차는 법령이 정한 특별한 경우를 제외하고는 보훈심사위원회의 심의·의결을 거쳐 해당 상이가 교육훈련 또는 직무수행 중의 상이(공상)에 해당하는지를 결정하는 절차를 먼저 거친 후 신체검사를 통해 그 공상이 법령에서 정한 상이등급에 해당하는지를 판정하는 절차를 거치게 된다.[21]

Ⅲ. 절차적 하자의 독자적 취소사유성 여부

1. 「행정절차법」에서의 논의

행정행위가 실체적 하자는 존재하지 않으나 절차규정을 위반한 하자가 있는 경우, 이러한 절차적 하자만으로 그 행정행위가 무효 또는 취소될 수 있는지 문제가 된다. 법규상 일정한 절차가 규정되어 있음에도 그 절차를 지키지 않은 경우 그 절차를 다시 거친다 하더라도 결정의 내용이 달라지지 않을 수 있는데, 이렇게 절차를 준수하였더라도 동일한 결론에 도달할 수밖에 없는 경우 절차위반으로 처분을 취소하는 것은 행정의 능률을 해치고 법원의 부담만 가중시키는 결과를 초래할 수 있다.[22] 위와 같은 특수성에 기인하여 절차상 하자가 내용상의 하자와 마찬가지로 그 자체로 독립적인 취소사유가 되는지의 문제(절차상 하자의 독립적 취소사유성의 문제)가 발생하는데, 「행정절차법」에서는 이에 대하여 아무런 규정을 두고 있지 않다.

행정행위의 절차규정을 행정결정의 실체적 적정성을 확보하기 위한 수단에 불과한

---

21) 위 두 절차는 그 순서에 따라 개별적으로 진행된다. 따라서 상이 정도가 국가유공자법령과 보훈보상자법령이 정한 상이등급에 해당되는지는 공상인정절차에서 공상에 해당한다고 인정된 다음 상이등급 판정 단계에서 따져야 하고, 공상인정절차에서 고려할 것이 아니다(대법원 2018. 6. 15. 선고 2018두35292 판결).

22) 「행정소송법」 제30조 제3항에 의하면, 처분이 절차의 위법을 이유로 판결로써 취소되는 경우에도 그 처분을 행한 행정청은 판결의 취지에 따라 다시 재처분을 할 수 있는데, 만일 재처분의 내용이 당초의 처분과 같은 경우를 상상해보라.

것으로 보고 행정의 능률이나 소송경제를 강조한다면 이 문제에 대하여 소극적인 입장에 서게 될 것이고, 법률적합성의 원칙이나 절차적 정의를 강조한다면 적극적인 입장에 서게 될 것이다. 종래의 판례는 기속행위나 재량행위를 구별하지 않고 절차상 하자를 독자적인 취소사유로 보는 적극설의 입장을 취하고 있었다. 그런데, 최근에는 '절차적 정당성'이라는 용어를 사용하면서, 행정청이 처분절차에서 관계 법령의 절차규정을 위반하여 절차적 정당성이 상실된 경우에는 그 처분이 위법하여 취소되어야 하지만, 그렇지 않은 경우에는 해당 처분을 취소할 것은 아니라고 판시하고 있다.[23] 그리고, 절차적 정당성을 상실하였는지 여부에 관한 기준으로 "상대방이나 관계인의 의견진술권이나 방어권 행사에 실질적으로 지장이 초래되었는지 여부"를 예시하고 있다. 따라서 절차적 하자가 있더라도 절차적 정의나 방어권이 실질적으로 침해되지 않는 경우에는 반드시 취소사유로 보지 않고, 그럼으로써 소송경제와 무용한 절차의 반복을 방지하겠다는 것으로 읽힌다.[24]

2. 사회보장행정에서 절차적 통제의 중요성

사회보장행정에서는 영역별로 다르겠지만, 특히 사회서비스 영역에서는 사회보장행정청이 광범위한 재량을 가지고 있으므로, 이에 대한 사법심사에서는 행정청이 내린 사회서비스 지급 여부에 대한 결론에 도달할 때까지 관계 법령에 따라 실질적이고 충실한 심사를 하였는지 여부에 관한 절차적 통제가 매우 중요하다.

---

23) 대법원 2021. 2. 4. 선고 2015추528 판결에서는 이러한 법리를 분명히 판시하고 있다.
24) 절차적 정의와 소송경제의 조화가 문제가 되는 것은 절차적 하자의 독자적 취소사유성의 문제뿐만 아니라, 처분사유의 추가·변경의 허용기준, 절차적 하자의 치유, 처분에 대한 위법성의 판단시점, 기속력의 범위 등에 관한 논의에서도 나타난다. 그런데, 그동안의 판례는 소송경제보다는 절차적 정의를 중시하는 것으로 평가되어 왔다.

서울행정법원 2011. 1. 28 선고 2010구합28434 판결: 사회보장에 관한 급부행정의 결과에 관하여는 위와 같이 완화된 사법심사를 하는 것이 바람직하다 할지라도, ① 인간다운 생활을 할 권리는 모든 국민에게 보장된 헌법상 권리로서 특히 우리 사회가 민주주의와 자본주의 등 헌법적 차원에서 합의된 기본적인 원리에 따라 작동되는 과정에서 필연적으로 발생할 수밖에 없는 사회적 약자와 소수자의 보호에 초점이 맞추어져 있는 기본권이고, 사법부는 통치구조의 조직원리상 민주적 정당성 및 이해당사자들 간의 다수결에 의한 의사결정방법과는 일정한 거리를 두도록 설계되어 있는 이상 사법부의 중요한 기능 역시 사회적 약자와 소수자의 보호에 있는 점, ② 국가는 헌법 제34조 제2항에 따라 사회보장·사회복지의 증진에 노력할 의무를 지고, 「사회복지사업법」 제4조 제1항, 같은 법 제5조에 의하면 국가나 지방자치단체는 사회복지증진에 대한 책임을 질 뿐 아니라, 사회복지업무에 종사하는 사람은 최대한 봉사하여야 할 의무가 있고, 「장애인복지법」 제34조 제1항에 의하면 보건복지부장관 등은 장애인에 대한 검진 및 재활상담을 하고, 필요하다고 인정될 경우 일정한 조치를 하여야 하는 것으로 규정되어 있는 점, ③ 「사회복지사업법」 제33조의3에는 시장·군수·구청장에게 보호신청이 있는 경우 소속 공무원으로 하여금 복지요구에 관한 조사를 하도록 할 절차적 의무가 있음이 명문으로 규정되어 있는 점, ④ 행정청이 사회보장급부행정에 관하여 광범위한 재량을 가지고 사법부가 그에 대한 실체적인 사법심사를 완화하는 이상, 사회보장급부행정에 대한 사법심사에 있어서는 행정청이 내린 사회복지서비스 지급 여부에 대한 결론이 무엇이든 간에 행정청이 그와 같은 결론에 도달할 때까지 관계 법령에 따라 실질적이고 충실한 심사를 하였는지 여부에 관한 절차적 통제가 상대적으로 중요성을 가지는 점 등을 모두 종합하면, 사회보장행정의 절차에 관하여는 엄격한 사법심사가 필요하다.

제2절 사회보장 행정조사

Ⅰ. 의의 및 내용

행정조사란 행정기관이 행정작용을 위하여 필요한 자료나 정보를 수집하기 위하여 행하는 일체의 행정작용을 말한다. 「행정조사기본법」에서는 "행정기관이 정책을 결정하거나 직무를 수행하는 데 필요한 정보나 자료를 수집하기 위하여 현장조사·문서열람·시료채취 등을 하거나 조사대상자에게 보고요구·자료제출요구 및 출석·진술요구를 행하는 활동"이라고 정의하고 있다(제2조 제1호).

행정조사는 행정에 필요한 자료의 수집을 위하여 행해지는 준비적·보조적 수단으로서, 성질 또는 수단에 따라 권력적 조사와 비권력적 조사로 구분된다. 전자는 권력적 사실행위가 되고 후자는 비권력적 사실행위에 해당한다.

2007년 5월 17일에 제정된 「행정조사기본법」에서는 행정조사에 관한 기본원칙, 방법 및 절차를 규정하고 있다. 그 밖에도 「경찰관직무집행법」 및 개별법에서 행정조사의 성격을 지니는 행정수단에 관하여 규정하고 있다.

행정기관은 조사대상자의 자발적인 협조를 얻어 실시하는 경우가 아닌 한 법령 등에서 행정조사를 규정하고 있는 경우에 한하여 행정조사를 실시할 수 있다(「행정조사기본법」 제5조). 행정조사를 실시하기 위해서는 먼저 개별조사계획을 수립하여야 하고(제16조), 출석요구서, 보고요구서·자료제출요구서 및 현장출입조사를 조사개시 7일 전까지 조사대상자에게 원칙적으로 서면으로 통지하여야 한다(제17조). 「행정조사기본법」에서는 조사의 연기신청(제18조). 제3자에 대한 보충조사(제19조), 자발적인 협조에 따라 실시하는 행정조사(제20조), 의견제출(제21조) 등 실시절차 및 조사대상자의 절차적 권리 등에 관한 사항에 대해서도 규정하고 있다. 한편, 행정기관의 장은 법령 등에서 규정하고 있는 조사사항을 조사대상자로 하여금 스스로 신고하도록 하는 제도를 운영할 수 있다(제25조).

Ⅱ. 사회보장행정에서의 행정조사

1. 사회보장급여에 관한 행정조사

사회보장급여에 관한 일반법인 사회보장급여법에서는 다양한 행정조사를 규정하고 있다. 먼저, 사회보장급여신청을 받게 되면 지원대상자의 사회보장 요구나 생활 실태 등에 대한 사회보장요구 조사(제6조)가 이루어지고, 사회보장급여의 수급자격을 확인하기 위하여 지원대상자와 그 부양의무자에게 자료 또는 정보를 제공받거나 방문하는 등의 방법으로 수급자격 조사(제7조)가 이루어질 수 있다. 보장기관의 업무담당자는 사회보장급여신청을 받거나 대리신청하는 경우에 신청인 또는 지원대상자에게 수급자격 조사의 목적, 조사정보의 범위 및 이용방법 등을 고지하여야 한다(제5조 제5항).

한편, 사회보장급여법에서는 지원대상자 발굴조사(제12조의2)를 정기적으로 실시하도록 하는 한편, 사회보장급여의 적정성 확인조사(제19조) 및 사회보장급여 부정수급 실태조사(제19조의2)에 관한 근거규정을 두고 있다. 특히 사회보장급여 적정성 확인조사에서는 국세청 및 국토교통부, 금융기관 등으로부터 입수된 소득재산자료를 근거로 각종 수급자격을 검토한다. 이에 관하여, 헌법재판소는 「국민기초생활보장법」상의 급여신청자에게 금융거래정보의 제출을 요구할 수 있도록 한 것이 급여신청자의 개인정보자기결정권을 침해하지 않는다고 판시한 바 있다.

> **헌재 2005. 11. 24. 선고 2005헌마112 결정:** 「국민기초생활보장법」 시행규칙 제35조 제1항 제5호는 급여신청자의 수급자격 및 급여액 결정을 객관적이고 공정하게 판정하려는 데 그 목적이 있는 것으로 그 정당성이 인정되고, 이를 위해서 금융거래정보를 파악하는 것은 적절한 수단이며 금융기관과의 금융거래정보로 제한된 범위에서 수집되고 조사를 통해 얻은 정보와 자료를 목적 외의 다른 용도로 사용하거나 다른 기관에 제공하는 것이 금지될 뿐만 아니라 이를 어긴 경우 형벌을 부과하고 있으므로 정보주체의 자기결정권을 제한하는 데 따른 피해를 최소화하고 있고 위 시행규칙조항으로 인한 정보주체의 불이익보다 추구하는 공익이 더 크므로 개인정보자기결정권을 침해하지 아니한다.

사회보장급여법상 행정조사는 행정조사에 관한 특별법으로서의 성격을 가지는데, 수급자격 조사 및 사회보장급여 적정성 조사의 내용·절차·방법 등에 관한 사항은 이 법에 규정된 것 외에는 「행정조사기본법」에 따르도록 명시하고 있다(제7조 제7항). 다른 개별 사회보장행정법에서도 조사의 내용·절차·방법 등에 대하여 별도로 정하지 않은 사항은 「행정조사기본법」이 적용될 것이다. 한편, 사회보장급여에서 소득 축소나 탈루자료 송부 등과 관련하여 국세청장의 세무조사가 이루어질 수 있다(「국민건강보험법」 제95조 참조).

2. 현지조사와 법적 문제

현지조사에 관한 일반화된 법적 정의는 없지만, 사회보장행정에서 주로 법규의 준수여부나 급여제공 및 급여비용 청구의 적법·타당성 여부, 부정수급 등을 확인하기 위하여 현장조사 및 서면조사 등의 방식으로 이루어지는 행정조사를 현지조사라 한다.

요양기관이나 장기요양기관에 대한 현지조사는 「국민건강보험법」, 「의료급여법」, 「노인장기요양보험법」 등 개별 법률 및 「행정조사기본법」에 그 근거를 두고 있다. 요양기관 현지조사의 유형으로는 ① 정기조사, ② 제도 운영상 개선이 필요한 분야 또는 사회적으로 문제가 제기된 분야에 대하여 비정기적으로 실시하는 기획조사,[25] ③ 거짓·부당청구 개연성이 높은 요양기관 중 증거 인멸·폐업 등의 우려가 있는 요양기관 또는 사회적으로 문제가 제기되어 긴급하게 조사가 필요한 요양기관 등에 대하여 실시하는 긴급조사, ④ 처분의 사후 이행여부를 점검하기 위한 이행실태조사 등이 있다.[26]

한편, 사회복지법인·시설에 대해서는 법인·시설 운영, 종사자 관리, 회계관리, 후원금 관리 등에 대한 현지조사가 실시되며 「사회복지사업법」, 「보조금관리에 관한 법률」, 「지방자치단체 보조금 관리에 관한 법률」, 「행정조사기본법」 및 그 밖에 사회복지관련 개별법에 근거를 두고 있다.

요양기관 현지조사와 관련해서는 현지조사권한을 둘러싼 조사의 적법성 여부가 문제된다. 「국민건강보험법」 제97조 제1항, 「의료급여법」 제32조 등에 의하면, 보건복지부장관은 사회보장급여를 담당하는 요양기관 및 의료급여를 담당하는 의료급여기관, 장기요양급여를 담당하는 장기요양기관이 급여를 적정하게 제공하고 급여비용을 적정하게 청구하는지 등을 확인하기 위하여, 보험급여에 관한 보고 또는 서류제출을 명하거나 소속 공무원으로 하여금 관계인에게 질문하게 하거나 관계서류를 검사하게 할 수 있다는 취지로 규정하고 있다. 따라서, 근거법규상 이러한 현지조사권한은 보건복지부장관에게 귀속하고 국민건강보험공단이나 건강보험심사평가원은 독자적 조사권한이 없으므로, 보건복지부 공무원의 참여 없이 국민건강보험공단이나 건강보험심사평가원 직원들만으로 시행된 현지조사는 위법하다.[27]

---

25) 참고로 건강보험과 장기요양보험과 관련된 기획조사는 현지조사 수용성을 높이고 기관들의 자율적 시정을 유도하기 위하여 기획조사 사전예고제를 시행하고 있다.

26) 「요양기관 현지조사 지침」, 보건복지부, 2023. 12, 10-12면.

27) 대법원 2010. 7. 15. 선고 2010도627 판결; 대법원 2013. 3. 28. 선고 2011도2111 판결. 물론 위와 같은 현지조사가 보건복지부장관이 주체가 되고 심사평가원과 공단 소속 직원들이 그 조사업무를 지원하는 방식으로 이루어진 경우에는 위법하다고 할 수 없을 것이다. 한편, 건강보험 재정누수 등을 야기하는 사무장병원에 대한 규제 및 단속(조사)의 실효성을 확보하기 위하여 공단 임직원에게 특별사법경찰권을 부여하여야 한다는 견해가 있고, 이에 대하여 조사의 전문성, 객관성 담보 및 기본권 침해의 관점에서 우려하는 견해도 있다.

Ⅲ. 행정조사의 한계 및 권리구제

1. 한계

행정조사는 조사목적을 달성하는데 필요한 최소한의 범위 안에서 실시하여야 하며, 다른 목적 등을 위하여 조사권을 남용하여서는 아니 된다(「행정조사기본법」 제4조 제1항). 또한, 조사목적에 적합하도록 조사대상자를 선정하여 행정조사를 실시하여야 한다(제4조 제2항). 행정기관은 유사하거나 동일한 사안에 대해서는 공동조사 등을 실시함으로써 행정조사가 중복되지 않도록 하여야 한다(제4조 제3항). 행정조사는 법령 등의 위반에 대한 처벌보다는 법령 등을 준수하도록 유도하는 데 중점을 두어야 한다(제4조 제4항). 또한, 행정조사를 실시하면서 조사대상자를 선정할 때 합리적인 이유 없이 차별하여서는 안 된다.

한편, 절차법적 한계로서 행정조사에도 적법절차의 원칙이 준수되어야 한다. 이와 관련하여 압수·수색을 수반하는 행정조사에서 영장주의가 적용되는지 문제된다. 법률적 차원에서 개개의 법률에 영장주의를 채택하는 입법적 배려는 당연히 존중되어야 하나, 헌법 제12조 제3항은 수사기관의 피의자에 대한 강제처분절차에 적용되는 것으로 해석하여야 할 것이므로, 위와 같은 경우에 법관의 영장을 요건으로 하지 않는다고 하더라도 위헌이라고 볼 수는 없을 것이다.[28]

위법한 행정조사가 실체법적·절차법적 한계를 준수하지 못하여 위법한 경우 그에 따라 수집된 정보에 기초하여 이루어진 행정행위도 위법하게 되는지 논란이 될 수 있다. 판례는 위법한 행정조사에 기초한 처분은 위법하다는 입장에 있다. 가령 음주운전 여부에 대한 조사과정에서 운전자 본인의 동의를 받지 않고 법원의 영장도 없이 한 혈액 채취 조사 결과를 근거로 한 운전면허 정지·취소처분이 위법하다고 판시하였다.[29] 그러나, 행정조사의 절차상 하자가 경미한 경우에는 위법사유가 되지 않는다고 본 판례도 있다.[30]

---

28) 하명호, 「행정법」, 364면.
29) 대법원 2016. 12. 27. 선고 2014두46850 판결.
30) 대법원 2009. 1. 30. 선고 2006두9498 판결.

2. 권리구제

위법한 행정조사로 인해 손해를 입은 경우 항고쟁송 또는 「국가배상법」에 따라 권리구제를 받을 수 있으며, 적법한 행정조사로 재산상 손실을 입은 경우라면 법률이 정하는 바에 따라 정당한 보상을 받을 수 있다. 다만, 앞에서 강조한 것처럼 사회보장행정에서는 사전적 권리구제가 중요한 만큼 사회보장 행정조사에 대한 절차적 통제가 강화되어야 한다.

제3절

사회보장행정에서 개인정보보호 및 정보공개

Ⅰ. 개인정보보호

1. 의의 및 규율체계

개인정보는 개인의 공적·사적 생활이나 경제활동에서 없어서는 안 될 중요한 정보이기는 하지만, 인간이 사회생활을 함에 있어서 개인정보의 유통이 불가피한 면이 있다. 나아가 정보통신기술의 발전으로 개인정보가 생성·유통되고, 사회생활의 모든 영역에 걸쳐 개인정보의 수집과 이용이 보편화함에 따라 개인정보의 유출과 오남용 및 불법거래 등으로 인한 침해 문제가 심각해지고 있다. 광범위하게 수집된 개인정보는 전자정부의 발달로 점점 더 전산화되고 가공되어 공공기관 간 공유와 연계가 이루어지고 있다.

한편, 국가는 사인에 의한 부당한 정보 침해로부터 개인의 권익이 침해되지 않도록 하여야 할 의무를 부담한다. 이러한 이유로 「개인정보 보호법」이 제정되어 있다. 「개인정보 보호법」은 2011년 3월 29일 제정되어 공공기관뿐만 아니라 비영리단체 등의 개인정보처리자에게도 적용되어 공공과 민간 영역을 아울러 개인정보의 보호에 관한 기본법 및 일반법의 역할을 한다. 또한, 「행정조사기본법」 제4조 제6항에서는 "행정기관은 행정조사를 통하여 알게 된 정보를 다른 법률에 따라 내부에서 이용하거나 다른 기관에 제공하는 경우를 제외하고는 원래의 조사목적 이외의 용도로 이용하거나 타인에게 제공하여서는 아니 된다."라고 규정하고 있다. 그 밖에 「정보통신망 이용촉진 및 정보보호 등에 관한 법률」, 신용정보에 관해서는 「신용정보의 이용 및 보호에 관한 법률」이 있으며, 「위치정보의 보호 및 이용 등에 관한 법률」, 「교육기본법」, 「생명윤리 및 안전에 관한 법률」, 「보건의료기본법」 등도 개인정보 보호와 관련된 법제이다.

개인정보 보호제도의 헌법적 근거는 헌법상 기본권인 정보의 자기결정권이다. 정보의 자기결정권이라 함은 자신에 관한 정보의 공개와 유통을 스스로 결정하고 통제할 수 있는 헌법상 기본권을 말한다. 헌법재판소도 정보의 자기결정권을 "자신에 관한 정보가 언제 누구에게 어느 범위까지 알려지고 또 이용되도록 할 것인지를 그 정보주체가 스스로 결정할 수 있는 권리, 즉 정보주체가 개인정보의 공개와 이용에 관하여 스스로 결정할 권리"라고 정의하고 있다.[31]

2. 「개인정보 보호법」상의 개인정보 보호

「개인정보 보호법」상 개인정보란 살아 있는 개인에 관한 정보로서, ① 성명, 주민등록번호 및 영상 등을 통하여 개인을 알아볼 수 있는 정보, ② 해당 정보만으로는 특정 개인을 알아볼 수 없더라도 다른 정보와 쉽게 결합하여 알아볼 수 있는 정보, ③ ① 또는 ②의 정보를 가명처리함으로써 원래의 상태로 복원하기 위한 추가 정보의 사용·결합 없이는 특정 개인을 알아볼 수 없는 정보(가명정보)를 말한다(제2조 제1호). 또한, 개인정보처리자란 업무를 목적으로 개인정보파일을 운용하기 위하여 스스로 또는 다른 사람을 통하여 개인정보를 처리하는 공공기관, 법인, 단체 및 개인 등을 말한다(제2조 제5호).

「개인정보 보호법」에서는 개인정보 보호의 기본원칙을 선언하고(제3조), 정보주체의 권리를 명확히 규정함으로써 정부주체가 개인정보에 대한 자기통제권을 실현할 수 있도록 하고 있다(제4조). 2023년 3월 14일 개정된 「개인정보 보호법」 제4조에서는 개인정보에 대한 정보주체의 전송요구권이 새롭게 규정됨으로써 이른바 마이데이터 서비스의 근거가 되었고, 인공지능 기술을 적용한 시스템을 포함하는 자동화된 시스템으로 개인정보를 처리하여 이루어지는 결정이 자신의 권리 또는 의무에 중대한 영향을 미치는 경우에는 해당 결정을 거부하거나 해당 결정에 대한 설명 등을 요구할 수 있도록 규정하였다.

---

31) 헌재 2005. 5. 26. 선고 99헌마513, 2004헌마190 결정.

「개인정보 보호법」은 개인정보의 수집, 이용, 제공, 파기에 이르는 각 단계별로 개인정보처리자가 준수하여야 할 처리기준을 구체적으로 규정하고 있다. 개인정보 수집·이용 및 제3자 제공에 있어서는 정보주체의 동의를 전제로 하며, 수집·이용 목적 달성 등으로 불필요하게 된 때에는 지체없이 개인정보를 파기하여야 한다.

Ⅱ. 정보공개

1. 의의

정보공개제도란 국민에게 국가가 보유하는 정보에 접근하여 그것을 이용할 수 있는 권리를 보장하고 국가에게 정보공개의무를 지우는 제도이다. 정보공개에 대해서는 「공공기관의 정보공개에 관한 법률」(정보공개법)이 일반법으로 적용된다. 헌법재판소는 정보공개청구권을 알권리의 핵심이라고 하면서, 정보의 자유(정보수령방해배제청구권)도 알권리의 한 내용으로 인정하는 입장을 취하고 있다.[32] 또한, 대법원도 알권리라는 표현을 사용하였을 뿐 아니라, 알권리를 '국가정보로 접근할 수 있는 권리'(정보공개청구권)를 중심으로 파악하고, 아울러 그것에는 일반적 정보공개청구권이 포함됨을 명시적으로 밝히고 있다.[33]

한편, 헌법재판소는 정보공개법이 제정·시행되기 이전에도 알권리를 구체화하는 별도의 법률이 없는 상황에서 헌법해석론만으로 개별적 정보공개청구권은 물론 일반적 정보공개청구권까지도 헌법 규정에서 바로 도출되는 구체적인 권리라고 보았다.[34] 이에 대하여 대법원은 개별적 정보공개청구권에 관해서는 "알권리와 그에 기하여 인정되는

---

32) 헌법재판소는 "정보에의 접근·수집·처리의 자유, 즉 알권리는 표현의 자유와 표리일체의 관계에 있으며 자유권적 성질과 청구권적 성질을 공유하는 것이다. 자유권적 성질은 일반적으로 정보에 접근하고 수집·처리함에 있어서 국가권력의 방해를 받지 아니한다는 것을 말하며, 청구권적 성질은 의사형성이나 여론형성에 필요한 정보를 적극적으로 수집하고 수집을 방해하는 방해제거를 청구할 수 있다는 것을 의미하는바 이는 정보수집권 또는 정보공개청구권으로 나타난다."라고 판시하였다(헌재 1991. 5. 13. 선고 90헌마133 결정).

33) 대법원 1999. 9. 21. 선고 98두3426 판결에서는 알권리에 자신의 권익보호와 직접 관련이 있는 정보의 공개를 청구할 수 있는 개별적 정보공개청구권이 포함된다는 것을, 대법원 1999. 9. 21. 선고 97누5114 판결에서는 일반 국민 누구나 국가에 대하여 보유·관리하고 있는 정보의 공개를 청구할 수 있는 일반적인 정보공개청구권이 포함된다는 것을 판시하였다.

34) 헌재 1991. 5. 13. 선고 90헌마133 결정.

정보공개청구권은 헌법조항에 의하여 직접 보장되는 것"으로 판단한 원심을 그대로 받아들임으로써, 헌법으로부터 직접 도출될 수 있는 권리임을 인정하였다.[35] 반면에 일반적 정보공개청구권은 사무관리규정 제33조 제2항과 행정정보공개운영지침을 통해 구체화되어 있음을 추가적으로 언급하고 있는 것으로 보아 이를 부인하는 입장인 듯하다.[36]

개별적 정보공개청구권은 일반적 인격권 중 자기인격의 발현영역을 자주적으로 결정하고 수행하며 그 인격발현에 필요한 정보를 조사하고 수집할 권리의 보호영역에 넣을 수 있으므로, 기본권의 직접적 효력에 의하여 관련 법률의 제정이 없더라도 국가기관을 구속한다고 할 수 있을 것이다. 반면에 일반적 정보공개청구권은 개인의 자유로운 인격발현에 필요하거나 유용한 정보를 넘어서는 공공기관의 일반적 정보의 공개를 모든 국민이 청구할 수 있는 권리라 할 것이므로, 헌법 제1조의 국민주권주의나 헌법 제10조에 근거한 일반적 인격권 또는 헌법 제21조 제1항의 표현의 자유로부터 직접 나오는 것은 아니고, 이 영역에 관해서는 위 헌법 규정을 구체화하는 입법자가 광범한 형성의 자유를 가지게 되는 것이다.

따라서, 정보공개법이 가지는 의의는 바로 이와 같이 헌법에 의하여 보장되고 국가권력에 대하여 직접적 효력을 가지는 개별적 정보공개청구권에 해당하지 않는 일반적 정보공개청구권을 입법자가 새롭게 형성하였다는 점에 있다.[37]

2. 정보공개청구

모든 국민은 정보의 공개를 청구할 권리를 가진다.[38] 외국인도 국내에 일정한 주소를 두고 거주하거나 학술·연구를 위하여 일시적으로 체류하는 사람이거나 국내에 사무소를 두고 있는 법인 또는 단체는 정보공개를 청구할 수 있다(정보공개법 제5조, 같은 법 시행령 제3조).

정보공개법 제2조 제3호에 의하면, 정보공개 의무기관은 공공기관이고, 이를 도식화하면, 「공공기관 = ① 국가기관 + ② 지방자치단체 + ③ 「공공기관의 운영에 관한 법률」

---

35) 대법원 1999. 9. 21. 선고 98두3426 판결 참조.
36) 대법원 1999. 9. 21. 선고 97누5114 판결 참조. 그러나, 대법원 2009. 12. 10. 선고 2009두12785 판결에서는 "헌법 제21조에 의하여 직접 보장되는 권리"라고 판시하여 입장이 불분명하다.
37) 경건, "정보공개청구권의 헌법적 근거와 그 제한", 행정판례연구 제5권, 박영사, 2000, 175-176면.
38) 지방자치단체는 정보공개청구권자인 '국민'에 해당하지 않는다는 하급심 판결이 있다(서울행정법원 2005. 10. 12. 선고 2005구합10484 판결).

제2조에 따른 공공기관 + ④ 「지방공기업법」에 따른 지방공사 및 지방공단 + ⑤ 그 밖에 대통령령으로 정하는 기관」이 된다. 여기에서 국가기관은 ㈀ 국회, 법원, 헌법재판소, 중앙선거관리위원회, ㈁ 중앙행정기관(대통령 소속 기관과 국무총리 소속 기관 포함) 및 그 소속 기관, ㈂ 「행정기관 소속 위원회의 설치·운영에 관한 법률」에 따른 위원회 등이다. 한편 대통령령으로 정하는 기관으로는(시행령 제2조), (1) 각급 학교,[39] (2) 「지방자치단체 출자·출연 기관의 운영에 관한 법률」 제2조 제1항에 따른 출자기관 및 출연기관, (3) 특별법에 따라 설립된 특수법인, (4) 「사회복지사업법」 제42조 제1항에 따라 국가나 지방자치단체로부터 보조금을 받는 사회복지법인과 사회복지사업을 하는 비영리법인, (5) (4)항 외에 「보조금 관리에 관한 법률」 제9조 또는 「지방재정법」 제17조 제1항 각 호 외의 부분 단서에 따라 국가나 지방자치단체로부터 연간 5천만원 이상의 보조금을 받는 기관 또는 단체(정보공개대상 정보는 해당 연도에 보조를 받은 사업으로 한정) 등이 열거되어 있다.

정보공개청구의 대상이 되는 정보란 "공공기관이 직무상 작성 또는 취득하여 관리하고 있는 문서(전자문서 포함) 및 전자매체를 비롯한 모든 형태의 매체 등에 기록된 사항"을 말한다(정보공개법 제2조 제1호). 공개란 "공공기관이 이 법에 따라 정보를 열람하게 하거나 그 사본·복제물을 제공하는 것 또는 「전자정부법」 제2조 제10호에 따른 정보통신망을 통하여 정보를 제공하는 것 등"을 말한다(같은 조 제2호). 공개청구의 대상이 되는 정보가 이미 공지의 사실이거나 인터넷 검색이나 도서관 열람 등을 통해 쉽게 알 수 있다는 사정만으로 소의 이익이 없다거나 비공개결정이 정당화되지 않는다.[40] 그러나, 공개청구가 권리남용에 해당하는 경우에는 공개청구권 행사가 허용되지 않는다.[41]

정보공개청구를 받은 공공기관은 자신이 보유·관리하는 정보를 공개할 의무를 부담한다(제3조). 다만 예외적으로 정보공개법 제9조 제1항 각호의 사유가 있는 경우에는 정보공개를 거절할 수 있다. 정보공개법 제9조 제1항에서 정한 비공개사유는 ① 다른 법령에 비밀·비공개로 규정된 사항(제1호), ② 국익관련 정보(제2호), ③ 생명·신체·재산의 보호 및 공익관련 정보(제3호), ④ 재판·범죄수사 등 관련 정보(제4호), ⑤ 일반행정 업무수행 정보(제5호), ⑥ 개인정보(제6호), ⑦ 법인관련 정보(제7호), ⑧ 특정인의 이익·

---

39) 「유아교육법」, 「초·중등교육법」, 「고등교육법」에 따른 각급 학교 또는 그 밖의 다른 법률에 따라 설치된 학교.

40) 대법원 2008. 11. 27. 선고 2005두15694 판결.

41) 대법원 2014. 12. 24. 선고 2014두9349 판결.

불이익 관련 정보(제8호) 등이다. 공공기관이 정보공개를 거부하기 위해서는 공개청구의 대상이 된 정보의 내용을 구체적으로 확인·검토하여 어느 부분이 위 비공개사유에 해당하는지를 주장·증명하여야 하며 개괄적인 사유를 들어 공개를 거부할 수는 없다.[42]

3. 공개여부 결정 및 권리구제

공공기관은 정보공개의 청구를 받으면 그 청구를 받은 날부터 10일 이내에 공개 여부를 결정하여야 한다. 공공기관은 부득이한 사유로 이 기간 이내에 공개 여부를 결정할 수 없을 때에는 10일의 범위에서 공개 여부 결정기간을 연장할 수 있다. 이 경우 공공기관은 연장된 사실과 연장 사유를 청구인에게 지체 없이 문서로 통지하여야 한다. 공공기관은 공개 청구된 공개 대상 정보의 전부 또는 일부가 제3자와 관련이 있다고 인정할 때에는 그 사실을 제3자에게 지체 없이 통지하여야 하며, 필요한 경우에는 그의 의견을 들을 수 있다(제11조).

한편, 공개청구한 정보가 제9조 제1항 각 호의 비공개대상 정보에 해당하는 부분과 공개 가능한 부분이 혼합되어 있는 경우로서 공개 청구의 취지에 어긋나지 아니하는 범위에서 두 부분을 분리할 수 있는 경우에는 비공개사유에 해당하는 부분을 제외하고 공개하여야 한다(제14조). 여기에서의 분리가능성은 물리적 분리가능성을 의미하는 것이 아니라 그 정보의 공개방법 및 절차에 비추어 비공개대상 정보에 해당하는 부분을 제외 내지 삭제하고 그 나머지 정보만을 공개하는 것이 가능한 것으로서 비공개대상 정보를 제외한 나머지 부분의 정보만으로도 공개의 가치가 있는 경우를 의미한다고 할 것이다.[43]

Ⅲ. 사회보장행정에서 개인정보보호와 정보공개

1. 사회보장행정에서 고양된 개인정보보호의 필요성

사회보장행정에서도 개인정보보호제도는 다른 행정 영역에서와 마찬가지로 적용된다. 그런데, 사회보장행정정보는 사회보장급여의 수급자격 및 급여수준과 관련하여 소

---

42) 대법원 2007. 2. 8. 선고 2006두4899 판결.
43) 하명호, 「행정법」, 384면.

득, 자산, 의료, 장애, 금융, 교육 관련 개인정보 등 다수의 민감정보를 포함하고 있는 경우가 많기 때문에, 사회보장정보에 관한 공개 여부를 결정할 때에는 다른 영역에서보다 신중할 필요가 있다. 특히 사회보장에 관한 개인정보를 국가가 대량으로 시스템 내에 보유하고 있고 기관 간 공유와 통합이 대거 이루어지고 있는 상황에서 기초수급 보장 여부, 장애등급 등 각종 사회보장 관련 개인정보가 시스템 내에서 유출되는 경우 심각한 개인정보 침해가 발생할 수 있다.[44]

이에 따라 「사회보장기본법」에서도 사회보장업무에 종사하거나 종사하였던 자는 사회보장업무 수행과 관련하여 알게 된 개인·법인 또는 단체의 정보를 보호하도록 규정하고 있으며, 원칙적으로 국가와 지방자치단체, 공공기관, 법인·단체, 개인이 조사하거나 제공받은 개인·법인 또는 단체의 정보의 보유, 이용, 제공을 금지하고 있다(제38조). 또한, 사회보장급여법에서도 제30조에서부터 제34조까지 사회보장정보의 보호에 관한 사항을 규정하고 있으며, 비밀유지의무를 명시하고 있다(제49조). 이에 따라 보건복지부는 사회보장정보시스템 개인정보의 보호 및 처리지침을 별도로 마련해두고 있다.

헌재 2018. 8. 30. 선고 2014헌마368 결정(건강보험 요양급여내역 제공 요청 및 제공 행위 등 위헌확인): 이 사건 정보제공행위에 의하여 제공된 청구인 김○환의 약 2년 동안의 총 44회 요양급여내역 및 청구인 박○만의 약 3년 동안의 총 38회 요양급여내역은 건강에 관한 정보로서 '개인정보 보호법' 제23조 제1항이 규정한 민감정보에 해당한다. '개인정보 보호법'상 공공기관에 해당하는 국민건강보험공단은 이 사건 정보제공조항, '개인정보 보호법' 제23조 제1항 제2호, '경찰관 직무집행법 시행령' 제8조 등에 따라 범죄의 수사를 위하여 불가피한 경우 정보주체 또는 제3자의 이익을 부당하게 침해할 우려가 있을 때를 제외하고 민감정보를 서울용산경찰서장에게 제공할 수 있다.

서울용산경찰서장은 청구인들을 검거하기 위해서 국민건강보험공단에게 청구인들의 요양급여내역을 요청한 것인데, 서울용산경찰서장은 그와 같은 요청을 할 당시 전기통신사업자로부터 위치추적자료를 제공받는 등으로 청구인들의 위치를 확인하였거나 확인할 수 있는 상태였다. 따라서 서울용산경찰서장이 청구인들을 검거하기 위하여 청구인들의 약 2년 또는 3년이라는 장기간의 요양급여내역을 제공받는 것이 불가피하였다고 보기 어렵다.

한편, 급여일자와 요양기관명은 피의자의 현재 위치를 곧바로 파악할 수 있는 정보는 아니므로, 이 사건 정보제공행위로 얻을 수 있는 수사상의 이익은 없었거나 미약한 정도였다. 반면 서울

---

44) 실제로 지난 2017년에는 사회보장정보원에서의 성남시민 등 191만 명의 개인정보가 수년간 비식별처리 없이 일부 공무원에게 그대로 노출되어 문제가 된 사례가 있다(한겨레신문, 2017. 10. 9.자 기사, "사회보장정보원, 191만 명 개인 민감정보 4년간 노출"). 또한, 건강보험공단은 끊임없는 개인정보 무단유출 및 방치 등이 문제가 되고 있고, 2023년 11월에서는 환자의 이름과 주민등록번호 등이 노출된 자료를 전국 건강검진기관에 배포했다가 긴급회수한 사례도 있다.

용산경찰서장에게 제공된 요양기관명에는 전문의의 병원도 포함되어 있어 청구인들의 질병의 종류를 예측할 수 있는 점, 2년 내지 3년 동안의 요양급여정보는 청구인들의 건강 상태에 대한 총체적인 정보를 구성할 수 있는 점 등에 비추어 볼 때, 이 사건 정보제공행위로 인한 청구인들의 개인정보자기결정권에 대한 침해는 매우 중대하다.

그렇다면, 이 사건 정보제공행위는 이 사건 정보제공조항 등이 정한 요건을 충족한 것으로 볼 수 없고, 침해의 최소성 및 법익의 균형성에 위배되어 청구인들의 개인정보자기결정권을 침해하였다.

2. 사회보장행정정보의 통합·연계

사회보장행정정보는 보건복지부, 고용노동부, 교육부, 여성가족부, 행정안전부, 국가보훈처, 인사혁신처 등 각 중앙행정기관이 주관하는 사회보장 관련 대상사업에 따라, 해당 부처 또는 국민건강보험공단, 국민연금공단, 한국사회보장정보원, 근로복지공단, 한국고용정보원, 공무원연금공단 등에서 개별 법령에 따라 관리되고 있다.

최근 사회보장제도에서는 지원대상자 발굴은 물론 급여의 적정성 여부 확인, 부정수급 방지를 통한 재정건전성 확보 등을 목적으로 사회보장행정정보시스템을 구축하고 각 시스템에서 구축된 사회보장제도별 행정정보를 상호 연계하거나 정보를 공유할 수 있도록 하고 있다. 한편, 2021년 개정된 「사회보장기본법」에 따라 사회보장위원회는 사회보장 정책의 심의·조정 및 연구를 위하여 관계 기관의 장에게 모집단의 대표성을 확보할 수 있는 범위에서 행정데이터를 요청할 수 있고 이를 기반으로 사회보장 통합 행정데이터를 구축할 수 있게 되었다(제42조).

각 시스템에서 보유하고 있는 사회보장행정정보의 범위는 개별 법령에 명시되어 있다. 대표적인 시스템으로는 한국사회보장정보원에서 운영하고 있는 사회보장정보시스템(행복이음)이 있다. 사회보장정보시스템은 각종 사회복지 급여 및 서비스 지원대상자의 자격과 이력에 관한 정보를 통합 관리하고, 지방자치단체의 복지업무 처리를 지원하기 위하여 기존 시·군·구별 새올행정시스템의 31개 업무 지원시스템 중 복지 분야를 분리하여 개인별 가구별 DB로 중앙에 통합 구축한 정보시스템이다. 각 부처 및 정보 보유기관에서 제공하고 있는 복지사업정보와 지원대상자의 자격 정보, 수급 이력 정보를 통합·관리되기 때문에 각 기관의 복지업무 담당자는 관리 정보를 기반으로 민원 대응, 업무처리, 복지사업설계 등 효율적 복지행정업무를 수행하고, 복지대상자에게 맞춤형 서비스를 제공하게 된다. 사회보장정보원에서는 그 밖에도 지역보건의정보시스템, 사회서비스전자바우처, 보육통합정보시스템, 사회서비스정보시스템, 취약노인지원시스템, 노인맞춤돌봄시스템, 정신건강사례관리시스템 등의 정보시스템을 운영하고 있다.

3. 사회보장행정에서 정보제공의 중요성

사회보장행정 영역에서는 국민편익의 증진과 사회보장업무의 효율성 향상을 위하여 적절한 정보의 제공이 필요한 경우가 많다. 특히 사회서비스 영역에서 그 이용의 민간화가 강조되면서 이용관계가 계약방식으로 전환됨에 따라 이용자는 자신에게 적정한 사회서비스 사업자를 찾아야 할 부담을 지게 되어, 이와 관련된 정보의 제공 등 절차적 권리가 더욱 중요하게 되었다. 이에 따라 「사회보장기본법」과 같이 정보의 공개를 별도로 규정한 개별 법률들도 있다. 「사회보장기본법」에서는 "국가와 지방자치단체는 사회보장제도에 관하여 국민이 필요한 정보를 관계 법령에서 정하는 바에 따라 공개하고, 이를 홍보하여야 한다."라고 정보공개의무(제33조)를 규정하고 있음은 물론 설명의무(제34조), 상담의무(제35조), 통지의무(제36조) 등도 규정하고 있다.

4. 사회보장행정에서의 상담 및 의사결정 지원 등

상담이나 정보제공은 그 자체로 사회서비스의 한 유형에 해당하기도 하지만,[45] 사회보장급여를 중심으로 하는 사회보장행정법에서는 사회보장급여 등의 신청에 따른 처분을 함에 있어서 사회보장수급권의 실질적 보장을 위한 비공식적 행정작용으로서의 성격을 가지기도 한다. 예를 들어, 사회보장급여법 제4조 제1항에서는 "사회보장급여가 필요한 사람은 누구든지 자신의 의사에 따라 사회보장급여를 신청할 수 있으며, 보장기관은 이에 필요한 안내와 상담 등의 지원을 충분히 제공하여야 한다."라고 규정하고, 제16조에서는 수급권자등에 대한 상담·안내, 의뢰 등에 대하여 규정하고 있다. 사회보장기본법 제34조 및 제35조에서도 사회보장에 관한 설명과 상담의무를 규정하고 있다.

한편, 의사결정 지원이란 정신장애인·발달장애인이나 또는 치매노인 등 의사결정에 어려움이 있는 사람들이 스스로 자신의 욕구에 따라 선택하고 결정할 수 있도록 조력해 주는 다양한 활동을 의미한다.[46] 의사결정 지원은 그간 주로 민사법 영역에서 후견제도

---

45) 사회보장기본법 제3조 제4호 참조.
46) 박정연, "행정 영역에서의 의사결정 지원 -발달장애인 의사결정 지원을 중심으로-", 법학논총 제35권 제1호, 국민대학교 법학연구소, 2020, 136면.

와 관련해 논의가 되었다. 그러나, 공법적 영역에서도 수익적 행정행위에 대한 신청이나 신고와 같은 사인의 공법행위에 의사결정이 요구되는 경우가 있고, 특히 장애인이나 노인 등이 사회보장급여의 신청 및 실제 급여 종류의 선택에 관한 의사결정에 어려움을 겪는 경우 의사결정 지원이 의미가 있다. 의사결정 지원은 자기결정에 대한 존중에서 비롯되는 것으로 헌법 제10조의 자기결정권 및 장애인권리협약 제12조로부터 근거를 찾을 수 있다.

실제로 사회보장행정법제에서는 의사결정 지원에 관한 입법이 다수 확인된다. 「발달장애인 권리보장 및 지원에 관한 법률」 제8조 제1항에서는 "발달장애인은 자신의 주거지의 결정, 의료행위에 대한 동의나 거부, 타인과의 교류, 복지서비스의 이용 여부와 서비스 종류의 선택 등을 스스로 결정한다."라고 규정하고, 제2항에서는 의사결정능력 판단에 있어서 '충분한 정보와 의사결정에 필요한 도움을 제공'할 것을 전제하고 있다. 「장애인차별금지 및 권리구제 등에 관한 법률」 제7조에서는 장애인의 자기결정권을 규정함과 아울러 "장애인은 장애인이 아닌 사람과 동등한 선택권을 보장받기 위하여 필요한 서비스와 정보를 제공 받을 권리를 가진다."라고 명시하고 있으며, 「장애인복지법」 제22조에서도 장애인의 정보 접근과 의사표시를 지원하기 위한 국가와 지방자치단체의 노력의무를 규정하고 있다. 또한, 「정신건강증진 및 정신질환자 복지서비스 지원에 관한 법률」 제2조 제8항에서는 "정신질환자는 자신에게 법률적·사실적 영향을 미치는 사안에 대하여 스스로 이해하여 자신의 자유로운 의사를 표현할 수 있도록 필요한 도움을 받을 권리를 가진다."라고 규정하고 있다.[47]

---

47) 정신건강복지법상 절차보조서비스는 비자의 입원에 대한 적법절차의 보장이자 의사결정 지원으로서의 성격도 가진다고 볼 수 있다. 이에 대해서는 박정연, "정신장애인의 지역사회 복귀를 위한 의사결정 지원-공법적 분석을 중심으로-", 법학논총 제53호, 숭실대학교 법학연구소, 2022, 1-38면 참조.

제5장

사회보장행정에서 실효성 확보수단

제1절 개설

행정작용은 국민에게 일정한 의무를 부과하거나 일정한 행위를 금지하는 것을 내용으로 하는 경우가 많으므로, 그 목적을 달성하기 위해서는 실효성을 확보할 수 있는 수단이 마련될 필요가 있다. 이러한 점은 사법관계에서 자력구제가 금지되는 것과 다르다.

행정상 실효성 확보수단은 크게 행정상 강제와 행정벌로 나눌 수 있다. 행정상 강제는 행정법상 의무이행을 강제하기 위한 수단이고, 행정벌은 행정법상 의무위반에 대한 제재수단이다. 양자는 강제와 제재라는 법적조치의 논리구조·태양에서는 다르지만, 행정법상의 의무이행을 강제적으로 확보한다는 면에서는 공통된다.

행정상 강제는 행정목적을 실현하기 위하여 사람의 신체 또는 재산에 실력을 가하여 행정상 필요한 상태를 실현하는 행정작용이라고 할 수 있다. 이는 다시 행정상 강제집행과 즉시강제로 나누어진다.

행정상 강제집행이란 행정법상 의무의 불이행에 대하여 행정권의 주체가 장래에 향하여 그 의무를 이행시키거나 이행이 있었던 것과 같은 상태를 실현하는 작용을 말한다. 여기에는 비금전적 의무에 대한 수단으로서 대집행·이행강제금·직접강제와 금전적 의무에 대한 수단으로서 강제징수가 있다.

한편, 행정상 즉시강제란 행정법상의 의무이행을 강제하기 위한 것이 아니라, 목전의 긴박한 장해를 제거하기 위한 경우이거나 성질상 의무를 명해서는 그 목적을 달성하기 어려운 경우에 직접 사람의 신체 또는 재산에 실력을 가함으로써 행정상 필요한 상태를 실현하는 작용을 말한다.

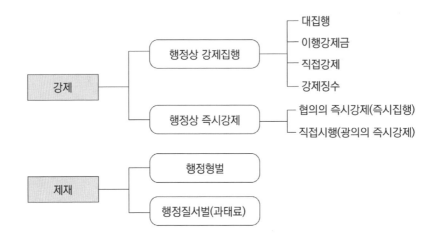

「행정기본법」은 제30조에서 행정상 강제에 관한 일반규정을 둠으로써 개별 법령에 따라 도입된 행정상 강제의 개념 및 유형을 체계화하고, 법률유보의 원칙 및 최소침해의 원칙 등 행정상 강제에 적용되는 기본원칙을 선언하고 있으며, 「행정기본법」이 정한 사항 외의 필요한 사항은 따로 법률로 정하도록 하여 행정상 강제의 일반법인 행정집행법의 제정 근거를 마련하고 있다.1) 그런데, 최근에는 전통적인 실효성 확보수단만으로는 변화한 현실에 대응하기에 불충분하고 효과적이지 못하다는 이유에서 새로운 실효성 확보수단이 등장하고 있다.

사회보장행정에 관한 개별 법률들에서도 각 영역의 특성을 반영한 실효성 확보수단을 두고 있다. 납부된 보험료(연금보험료)를 재원으로 급여를 지급하는 방식의 급여전달체계를 가지고 있는 사회보험법 영역에서는 보험료징수의무와 관련된 규정, 부정하게 지급된 급여의 환수와 관련된 규정을 두고 있고, 인적사항의 공개에 관한 규정을 두고 있는 경우도 있다. 한편, 국가의 일반예산을 재원으로 사회정책적 차원에서의 급여지급을 주된 목적으로 하는 공공부조법 영역이나 국가적 차원에서의 보상을 주목적으로 하는 사회보상법 영역에서는 급여지급 후 부정수급자에 대한 반환명령 내지 부당이득징수에 관한 규정이 주된 실효성 확보수단으로 기능하고 있다. 반면에 신체적·정신적으로 특수한 상황에 처한 집단의 보호를 목적으로 하는 사회서비스법 영역에서는 다른 영역과 달리 관련 의무위반자들에 대한 취업제한규정을 두고 있는 것이 특징이다. 한편, 사회보장행정에서는 영역을 불문하고 행정벌에 관한 벌칙과 과태료에 관한 규정을 두고 있다.

---

1) 하명호, 「행정법」, 395면.

행정상 실효성 확보수단의 유형

Ⅰ. 행정상 강제집행

1. 의의

행정상 강제집행이란 '행정법상의 의무불이행이 있는 경우에 행정주체가 의무자의 신체 또는 재산에 실력을 가하여 그 의무를 이행시키거나 이행이 있었던 것과 같은 상태를 실현하는 행정작용'을 말하고,[2] 여기에서의 의무는 원칙적으로 행정행위에 의하여 부과된 의무이다. 세부적인 수단으로는 대집행, 이행강제금, 직접강제 및 강제징수 등이 있다.

2. 대집행

대집행은 대체적 작위의무에 대한 강제수단이다. 「행정기본법」 제30조 제1항 제1호에서는 "의무자가 행정상 의무(법령등에서 직접 부과하거나 행정청이 법령등에 따라 부과한 의무를 말한다)로서 타인이 대신하여 행할 수 있는 의무를 이행하지 아니하는 경우 법률로 정하는 다른 수단으로는 그 이행을 확보하기 곤란하고 그 불이행을 방치하면 공익을 크게 해칠 것으로 인정될 때에 행정청이 의무자가 하여야 할 행위를 스스로 하거나 제3자에게 하게 하고 그 비용을 의무자로부터 징수하는 것"을 행정대집행으로 정의하고 있다. 대집행에 관한 일반법인 「행정대집행법」도 같은 내용으로 규정하고 있다(「행정대집행법」 제2조).

대집행은 일반적으로 ① 사전절차로서 상당한 기간 내에 이행이 이루어지지 않을 경우 대집행이 이루어진다는 뜻을 문서로 고지하는 '계고'(「행정대집행법」 제3조 제1항), ② 계고를 받고도 의무를 이행하지 않는 경우 대집행의 시기, 대집행책임자의 성명 및 대집행비용의 개산에 의한 견적액 등을 통지하는 '대집행영장에 의한 통지'(「행정대집행

---

2) 하명호, 「행정법」, 399면.

법」 제3조 제2항), ③ 해당 행정청 또는 제3자로 하여금 의무가 이행된 것과 같은 상태를 실현하도록 하는 '대집행의 실행'(「행정대집행법」 제4조), ④ 대집행과정에서 소요된 비용을 징수하는 '비용의 납부 및 징수'의 4단계로 진행된다. 다만 「행정대집행법」 제3조 제3항은 "비상시 또는 위험이 절박한 경우에 있어서 해당 행위의 급속한 실시를 요하여 전 2항에 규정한 수속을 취할 여유가 없을 때에는 그 수속을 거치지 아니하고 대집행을 할 수 있다."라고 규정하고 있으므로, 긴급한 경우에는 계고 및 대집행영장에 의한 통지를 생략할 수 있다.

대집행에 대해서는 행정심판을 제기할 수 있고(「행정대집행법」 제7조), 대집행의 각 단계 역시 독립적으로 취소소송의 대상이 될 수 있다.

3. 이행강제금의 부과

이행강제금은 작위 또는 부작위의무에 대한 강제수단으로서,[3] 「행정기본법」 제30조 제1항 제2호에서는 "의무자가 행정상 의무를 이행하지 아니하는 경우 행정청이 적절한 이행기간을 부여하고, 그 기한까지 행정상 의무를 이행하지 아니하면 금전급부의무를 부과하는 것"을 이행강제금의 부과라고 정의하고 있다. 이행강제금의 부과에 관한 일반법은 없고 「건축법」 제80조와 같은 개별 법률에 근거하여 이루어지고 있다.

행정청은 이행강제금을 부과하기 전에 미리 의무자에게 적절한 이행기간을 정하여 그 기한까지 행정상 의무를 이행하지 않으면 이행강제금을 부과한다는 뜻을 문서로 계고하여야 하고(「행정기본법」 제31조 제3항), 의무자가 위 계고에서 정한 기한까지 행정상 의무를 이행하지 않으면 이행강제금의 부과 금액·사유·시기를 문서로 의무자에게 통지하여야 한다(「행정기본법」 제31조 제4항). 이행강제금은 의무이행을 강제하기 위한 수단이므로, 의무자가 의무를 이행하면 새로운 이행강제금의 부과는 할 수 없으나, 이미 부과한 이행강제금은 징수할 수 있다(「행정기본법」 제31조 제5항).

이행강제금에 대한 불복은 개별 법률이 규정한 바에 따르되, 개별법에서 정한 바 없는 경우에는 일반적인 방법에 따라 행정심판, 행정소송을 통해 다툴 수 있다.

---

3) 판례는 이행강제금을 행정법상의 부작위의무 또는 비대체적 작위의무를 이행하지 않은 경우에 '일정한 기한까지 의무를 이행하지 않을 때에는 일정한 금전적 부담을 과할 뜻'을 미리 '계고'함으로써 의무자에게 심리적 압박을 주어 장래를 향하여 의무의 이행을 확보하려는 간접적인 행정상 강제집행수단이라고 판시하고 있으나(대법원 2015. 6. 24. 선고 2011두2170 판결), 대체적 작위의무를 불이행한 경우에도 이행강제금의 부과는 가능하다.

4. 직접강제

직접강제는 일체의 의무불이행에 대하여 적용될 수 있는 수단으로서, 「행정기본법」 제30조 제1항 제3호에서는 "의무자가 행정상 의무를 이행하지 아니하는 경우 행정청이 의무자의 신체나 재산에 실력을 행사하여 그 행정상 의무의 이행이 있었던 것과 같은 상태를 실현하는 것"이라고 정의하고 있다. 아래에서 살펴볼 즉시강제와 유사한 측면이 있으나 의무불이행을 전제로 한다는 점에서 차이가 있다. 직접강제 역시 이를 규율하는 일반법은 없고 「식품위생법」 제79조의 폐쇄조치 등과 같이 개별 법률에 근거하여 이루어진다.

직접강제는 행정대집행이나 이행강제금 부과의 방법으로는 행정상 의무이행을 확보할 수 없거나 실현이 불가능할 때 실시하여야 하고, 현장에 파견되는 집행책임자는 그 지위를 표시하는 증표를 보여주어야 하며, 계고 및 통지 등에 관해서는 이행강제금에 관한 절차를 준용한다(「행정기본법」 제32조).

5. 행정상 강제징수

행정상 강제징수는 행정법상 금전급부의무의 불이행이 있는 경우 적용되는 수단으로서, 「행정기본법」 제30조 제1항 제4호에서는 "의무자가 행정상 의무 중 금전급부의무를 이행하지 않는 경우 행정청이 의무자의 재산에 실력을 행사하여 그 행정상 의무가 실현된 것과 같은 상태를 실현하는 것"이라고 정의하고 있다. 국세와 관련하여 「국세징수법」이 규율하고 있는데, 강제징수에 대한 규정을 두고 있는 개별 법률들이 「국세징수법」상의 강제징수에 관한 규정을 준용함으로써 「국세징수법」은 사실상 강제징수에 관한 일반법의 지위를 갖는다.

「국세징수법」에 의한 강제징수절차는 독촉 및 체납처분으로 나뉘고, 체납처분은 재산의 압류, 압류재산의 매각, 충당으로 구성된다. 즉, 강제징수절차는 ① 상당한 기한을 정하여 조세채무에 대한 이행을 촉구하는 '독촉', ② 독촉을 받고도 기한 내 의무를 이행하지 않는 경우 이루어지는 '재산의 압류', ③ 체납자의 압류재산을 환가하는 '압류재산의 매각', ④ 위 과정을 통해 수령한 금전을 체납세금 등에 배분하는 '청산'의 4단계로 구성된다.

독촉·체납처분 등의 강제징수조치가 위법 또는 부당하다고 인정되는 경우 의무자는 행정쟁송절차에 의하여 그 취소 또는 변경을 청구할 수 있다. 다만 「국세기본법」은 행정쟁송절차 등 행정심판에 관하여 「행정심판법」의 적용을 배제하고, 이의신청, 심사청구 또는 심판청구를 거치지 않으면 행정소송을 제기할 수 없다(「국세기본법」 제55조 이하 참조).

Ⅱ. 행정상 즉시강제

1. 의의

행정상 즉시강제는 '급박한 행정상의 장해를 제거하기 위하거나 성질상 의무를 명해서는 목적을 달성할 수 없는 경우에 직접 개인의 신체 또는 재산에 실력을 가함으로써 행정상 필요한 상태를 실현하는 행정작용'이다. 「행정기본법」 제30조는 "현재의 급박한 행정상의 장해를 제거하기 위한 경우로서 행정청이 미리 행정상 의무 이행을 명할 시간적 여유가 없는 때 또는 그 성질상 행정상 의무의 이행을 명하는 것만으로는 행정목적 달성이 곤란한 때에 해당하는 경우 행정청이 곧바로 국민의 신체 또는 재산에 실력을 행사하여 행정목적을 달성하는 것"이라고 정의하고 있다. 즉시강제는 의무불이행을 전제하지 않고 이루어진다는 점에서 다른 강제집행수단과 구별된다.

2. 한계

행정상 즉시강제는 기본권 침해의 소지가 큰 권력작용으로서 보충적으로 이루어질 필요가 있을 뿐 아니라 그 집행에 있어서도 비례의 원칙이 준수되어야 한다. 「행정기본법」도 즉시강제는 다른 수단으로는 행정목적을 달성할 수 없는 경우에만 허용되며, 이 경우에도 최소한으로 실시하여야 하여야 한다고 규정하고 있다(제33조).

3. 구제

행정상 즉시강제가 위법 또는 부당한 경우 행정심판이나 행정소송으로 다툴 수 있다. 「경찰관직무집행법」상 흉기의 조사나 장비의 사용과 같이 단기간에 그 집행이 종료되는 경우 위법상태의 종료로 소의 이익이 소멸되나, 이 경우에도 반복의 위험성 또는 불분명한 법률문제에 대한 해명의 필요성이 인정되는 경우에는 소의 이익이 인정될 수 있다. 어느 경우든 즉시강제가 직무상 불법행위를 구성하는 경우 국가배상 등을 청구할 수 있다.

Ⅲ. 행정벌

1. 의의

행정벌은 행정법상 의무위반행위에 대한 제재를 의미한다. 행정벌은 직접적으로는 과거의 의무위반에 대하여 제재를 가함으로써 행정법규의 실효성을 확보하는 것을 목적으로 하는데, 간접적으로 의무자에게 심리적 압박을 가하여 행정법상 의무이행을 확보하는 기능도 가진다.[4] 행정벌에는 행정형벌과 행정질서벌이 있다.

2. 행정형벌

행정형벌은 형법이 정하고 있는 형[5]을 과하는 것을 의미한다. 「형법」 제8조가 "본법 총칙은 타법령에 정한 죄에 적용한다. 단, 그 법령에 특별한 규정이 있을 때에는 예외로 한다."라고 규정하고 있으므로, 근거 법령에 별도의 규정이 없는 때에는 형법총칙의 적용을 받는다. 행정법상 의무위반행위에 대한 제재라는 특징을 고려하여 개별법에서는 범의, 위법성의 인식, 책임능력, 법인의 책임, 타인의 행위에 대한 책임 등에 관하여 형법총칙의 적용을 배제하거나 변형하여 적용하는 규정들을 두고 있다.

3. 행정질서벌(과태료)

행정법상 의무위반에 대하여 과태료를 부과하는 것을 행정질서벌이라 한다. 종래에는 행정질서벌에 관한 통칙적인 규정이나 일반법이 없었다. 그런데, 법률이나 지방자치단체의 조례상의 의무를 위반하여 과태료를 부과하는 행위를 규율하는 것을 내용으로 하는 「질서위반행위규제법」이 2007년 12월 21일 제정되어 2008년 6월 22일부터 시행되고 있는데, 위 법률을 행정질서벌에 대한 통칙적 규정이라고 볼 수 있다.

행정형벌은 행정법상의 의무를 위반함으로써 직접적으로 행정목적을 침해하는 경우에 과해지지만, 행정질서벌은 통상 신고·등록·서류비치 등의 의무를 태만히 하는 것과 같이 간접적으로 행정목적의 달성에 장해를 미칠 위험성이 있는 행위에 과해진다. 어떤

---

4) 하명호, 「행정법」, 439면.

5) 사형, 징역, 금고, 자격상실, 자격정지, 벌금, 과료, 몰수(「형법」 제41조).

행정법규 위반행위에 대하여 행정형벌을 부과할 것인지 행정질서벌을 부과할 것인지는 입법재량에 속하는데, 과거에 행정형벌을 부과하였던 것을 행정질서벌로 대체하는 작업이 이루어지고 있다.[6]

Ⅳ. 새로운 실효성 확보수단

1. 도입배경

전통적인 실효성 확보수단만으로는 오늘의 행정현실에 충분히 대응할 수 없는 점, 우리나라의 행정집행 관련 실정법이 미비한 점 등을 이유로, 대집행이나 직접강제 등과 같은 기존의 강제집행수단이나 행정벌과 같은 제재수단 이외의 새로운 실효성 확보수단이 등장하고 있다. 이러한 새로운 실효성 확보수단은 행정벌과 같이 과거의 비행에 대한 제재인 동시에 행정상 의무의 간접적인 강제이행수단인 경우가 많다.[7] 새로운 실효성 확보수단은 크게 금전적 수단과 비금전적 수단으로 구분될 수 있다.

2. 금전적 수단

행정법규 위반자에게 금전급부의무를 부과하는 금전적 제재수단으로는 가산금 내지 가산세, 과징금 및 범칙금 등이 있다.

가. 가산금·가산세

가산금이란 행정법상 급부의무의 불이행에 대하여 과해지는 금전상의 제재를 말한다. 예컨대, 「보조금 관리에 관한 법률」 제33조의2 제4항에서는 제재부가금을 납부하여야 할 자가 납부기한 내에 납부하지 않은 경우 그 납부기한의 다음 날부터 납부일의 전날까지의 기간에 대하여 체납된 금액의 100분의 5를 초과하지 않는 범위에서 가산금을 징수할 수 있다고 규정하고 있다.

한편, 가산세는 조세법상 의무위반에 대한 제재로 가해지는 조세의 일종으로서, 「국

---

6) 하명호, 「행정법」, 445면.
7) 하명호, 「행정법」, 448면.

세기본법」제2조 제4호에서는 가산세를 "이 법 및 세법에서 규정하는 의무의 성실한 이행을 확보하기 위하여 세법에 따라 산출한 세액에 가산하여 징수하는 금액"이라고 정의하고, 제47조 이하에서 가산세의 부과와 감면에 관하여 규정하고 있다. 「국세기본법」에 규정된 가산세의 예로는 무신고가산세(제47조의2), 과소신고·초과환급신고가산세(제47조의3), 납부지연가산세(제47조의4) 등이 있다.

나. 과징금

과징금은 우리나라와 일본을 제외하면 그 유래를 찾아볼 수 없는 독특한 제도로서, 실정법상의 용어 자체도 통일되어 있지 않으므로 그 개념을 둘러싸고 다양한 견해가 존재한다. 통상 '행정청이 일정한 행정법상 의무위반에 대한 제재로써 부과하는 금전적 부담', '행정법상의 의무를 위반한 자에게 경제적 이익이 발생한 경우 그 이익을 박탈하며 경제적 불이익을 과하게 위한 제도', '행정법상 의무위반에 대하여 행정청이 그 의무자에게 부과·징수하는 금전적 제재' 등으로 설명된다.

우리나라의 과징금제도는 1980년 12월 31일 법률 제3320호로 제정되어 1981년 4월 1일부터 시행된 「독점규제 및 공정거래에 관한 법률」에서 최초로 도입되었는데, 이때의 과징금은 '경제법상의 의무를 위반한 자가 해당 의무위반행위로 인하여 경제적인 이익을 얻을 것이 예정되어 있는 경우에 해당 의무위반행위로 인한 불법적인 이익을 박탈하기 위하여 그 이익액에 따라 과해지는 일종의 행정제재금'(본래 의미의 과징금)이었다. 그러다가 1981년 12월 31일 법률 제3513호로 개정된 구 「자동차운수사업법」에서 변형된 형태로 도입되면서, '인·허가사업에 관한 법률에 의한 의무위반을 이유로 단속상 그 인·허가사업 등을 정지하여야 할 경우에 이를 정지시키지 않고 사업을 계속하기로 하되, 사업을 계속함으로써 얻은 이익을 박탈하는 행정제재금'(변형된 형태의 과징금)으로 확대되어 일반적인 과징금의 형태로 자리를 잡게 되었다.

과징금을 어떻게 정의하든지, 과징금의 유형이 어떻든지 간에 과징금은 기본적으로 부당이득 환수적 성격을 가지면서 행정제재로서의 성격도 아울러 가지고 있다는 점이 중요하다.

다. 범칙금

범칙금이란 「도로교통법」을 위반한 범칙자가 통고처분에 의하여 국고에 납부하여야할 금전을 말한다. 이 범칙금제도는 일정한 금액의 범칙금의 납부를 통고하고, 그 통고를 받은 자가 기간 내에 이를 납부한 경우에는 해당 범칙행위에 대해서 공소가 제기되지 않으며, 납부하지 않는 때에는 형사처벌절차가 진행되는 「도로교통법」상의 특유한 제도이다(제162조 이하).

3. 비금전적 수단

대표적인 비금전적 수단에는 공급거부와 제재적 공표행위, 수익적 행정행위의 정지·철회가 있고, 그 외 차량 등의 사용금지, 국외여행의 제한, 취업의 제한 등이 이에 속한다.

가. 공급거부

공급거부는 행정법상의 의무를 위반하거나 불이행한 사람에 대하여 일정한 행정상의 서비스나 재화의 공급을 거부하는 행정조치를 말한다. 전기, 수도, 가스 등 행정에 의하여 제공되는 각종의 서비스·재화는 국민생활에 불가결하므로, 그에 대한 공급거부는 강력한 실효성 확보수단으로 기능한다.[8] 행정상의 서비스나 재화는 국민의 일상생활에 불가결하므로, 행정법상의 의무위반자에게 그 공급을 거부하는 것이 어느 범위까지 허용되는지가 문제되고, 실제로 건축법규에 정해진 주차장시설을 구비하지 않은 건물에 대한 단수조치가 문제된 경우가 종종 있었다. 그러나, 의무위반 또는 불이행과 공급거부 사이에 실질적인 관련이 있는 경우에만 허용되고(부당결부금지의 원칙), 이때에도 비례의 원칙이 적용된다. 그리하여, 오늘날 단수 또는 단전 등과 관련된 공급거부에 관한 법률 규정들은 모두 삭제되었다.

나. 법위반사실의 공표

법위반사실의 공표라 함은 행정법상 의무위반 또는 의무불이행이 있는 경우에 그의 성명·위반사실 등을 일반에게 공개하여 명예 또는 신용의 침해를 위협함으로써 행정법

---

8) 하명호, 「행정법」, 453면.

상의 의무이행을 간접적으로 강제하는 수단을 말한다. 「행정절차법」 제40조의3 제1항에서는 "행정청은 법령에 따른 의무를 위반한 자의 성명·법인명, 위반사실, 의무 위반을 이유로 한 처분사실 등을 법률로 정하는 바에 따라 일반에게 공표할 수 있다."라고 규정하고 있다. 이에 해당하는 것으로는 불성실기부금수령단체 등의 명단공개(「국세기본법」 제85조의5), 식품위생법 위반 영업자의 영업정보 공표(「식품위생법」 제73조) 및 위반 건축물표지의 설치(「건축법」 제79조 제4항) 등이 있다.

공표는 일정한 사실을 국민에게 알리는 사실행위에 지나지 않고, 그 자체로서는 아무런 법적 효과를 발생하지 않는다. 그러나, 오늘날 정보화사회·신용사회에서는 의무위반자의 명단공개는 그들의 명예뿐만 아니라 신용을 추락시키고 그로 인하여 유형·무형의 불이익을 줌으로써 상당히 실효성 있는 의무이행확보수단이 된다.

위와 같은 법위반사실의 공표는 타인의 명예 등을 훼손하지 않도록 신중하게 사실을 조사하여 객관적이고 타당한 증거와 근거를 바탕으로 이루어져야 한다. 그리하여, 「행정절차법」 제40조의3에서는 행정청에게 위반사실등의 공표를 하기 전에 사실과 다른 공표로 인하여 당사자의 명예·신용 등이 훼손되지 않도록 객관적이고 타당한 증거와 근거가 있는지를 엄격히 확인할 의무를 부과하고 있다(제2항). 아울러 ① 공공의 안전 또는 복리를 위하여 긴급히 공표를 할 필요가 있는 경우, ② 해당 공표의 성질상 의견청취가 현저히 곤란하거나 명백히 불필요하다고 인정될 만한 타당한 이유가 있는 경우, ③ 당사자가 의견진술의 기회를 포기한다는 뜻을 명백히 밝힌 경우 등을 제외하고 사전통지 및 의견제출 기회의 제공 등 사전적인 절차적 보호장치를 마련하고(제3항), 의견제출은 서면이나 말 또는 정보통신망을 이용하여 할 수 있다는 취지(제4항), 의견제출의 방법과 제출된 의견의 반영 등에 관한 사항(제5항) 등을 규정하고 있다.

한편, 위법한 공표로 인하여 명예를 훼손당하거나 경제적 손해를 받은 자에 대한 권리구제수단으로는 첫째, 위법한 공표로 인하여 손해를 받은 자는 배상을 청구할 수 있다. 둘째, '공표'에 의하여 훼손된 명예의 회복을 구하는 방법으로서는 동일한 매스컴을 통한 정정공고를 생각할 수 있다(「민법」 제764조 참조). 이와 관련하여, 「행정절차법」은 당사자가 원하지 않는 경우를 제외하고 행정청으로 하여금 공표된 내용이 사실과 다른 것으로 밝혀지거나 공표에 포함된 처분이 취소된 경우에는 그 내용을 정정하여, 정정한 내용을 지체 없이 해당 공표와 같은 방법으로 공표된 기간 이상 공표할 의무를 부과하고 있다(「행정절차법」 제40조의3 제8항). 셋째, 공표에 대한 취소소송이 가능한지에 관해서는 다툼이 있다. 특정인에게 법위반사실을 공표함으로써 불이익을 가한다는 행정결정이 전제가 되어 있지 않은 사실행위로서의 공표행위가 항고소송의 대상인 '처분'에 해당하는지가 특히 문제된다. 위법한 공표행위에 대하여 다른 적절한 구제수단이 없는 경우에는 공표행위도 공권력의 행사에 준하는 작용으로 보아 그 처분성을 인정할 수도 있다는 견해도 있고, 공표행위를 비권력적 사실행위로 보아 처분성을 가지지 않는다는 견해도 있다. 공표로 인하여 개인의 명예, 신용 또는 프라이버시권이 제한되어 권력적 사실행위의 성격을 가진다고 할 것이고, 통상 공표행위를 하게 되면 그 상태가 상당기간 지속되므로, 처분성이 인정된다고 생각한다. 이와 관련하여, 병역법상 병역의무 기피자의 인적사항 공개절차에서 병무청장의 공개결정은 항고소송의 대상이 되는 처분에 해당한다는 판례가 있다.[9] 마지막으로, 위법한 공표를 행한 공무원에 대해서는 「형법」상의 명예훼손죄(제307조), 피의사실공표죄(제126조) 또는 공무상비밀누설죄(제127조) 등이 문제될 수 있다.

행정청은 법령에 따른 의무를 위반한 자의 성명·법인명, 위반사실, 의무위반을 이유로 한 처분사실 등을 관보, 공보 또는 인터넷 홈페이지 등을 통하여 공표한다(「행정절차법」 제40조의3 제6항).

법위반사실의 공표는 정보통신기술의 발전으로 인하여 위반사실 등을 공표하면 당사자의 명예를 훼손하거나 신용에 불이익을 미치는 효과가 빠르게 파급될 수 있기 때문에, 공표 전에 당사자가 의무를 이행하는 등 위반사실의 회복을 위한 조치를 행하다면 공표를 면제해 줄 필요가 있다. 그리하여, 「행정절차법」은 법위반사실의 공표를 하기 전에 당사자가 공표와 관련된 의무의 이행, 원상회복, 손해배상 등의 조치를 마친 경우에는 위반사실의 공표를 하지 않을 수 있는 규정을 두고 있다(같은 조 제7항).

다. 수익적 행정행위의 정지·철회

수익적 행정행위를 정지하거나 철회를 통해 그 효력을 소멸시키는 것은 상대방의 입장에서는 가장 강력한 제재적 효력을 갖는다는 점에서 수익적 행정행위의 정지·철회가 새로운 실효성 확보수단으로서 대두되고 있다.[10]

---

9) 대법원 2019. 6. 27. 선고 2018두49130 판결. 이때 병무청장이 하는 병역의무 기피자의 인적사항 등 공개조치는 특정인을 병역의무 기피자로 판단하여 그에게 불이익을 가한다는 공개결정을 전제로 한 사실행위로서 집행행위에 불과하여 병무청장의 공개결정과 별도의 처분이라고 볼 수 없다.
10) 사회보장 행정행위의 취소, 철회 및 실효에 관해서는 제3장 Ⅶ. 참조.

라. 관허사업의 제한

「국세징수법」 제112조에 의하면, 세무서장은 납세자가 허가·인가·면허 및 등록 등을 받은 사업과 관련된 소득세, 법인세 및 부가가치세를 체납한 경우 해당 사업의 주무관청에 그 납세자에 대하여 허가 등의 갱신과 그 허가 등의 근거 법률에 따른 신규 허가등을 하지 않을 것을 요구할 수 있고(제1항), 허가등을 받아 사업을 경영하는 자가 해당 사업과 관련된 소득세, 법인세 및 부가가치세를 3회 이상 체납하고 그 체납된 금액의 합계액이 500만 원 이상인 경우 해당 주무관청에 사업의 정지 또는 허가 등의 취소를 요구할 수 있는데(제2항), 해당 주무관청은 위와 같은 세무서장의 요구가 있는 경우 정당한 사유가 없으면 요구에 따라야 하고, 그 조치 결과를 즉시 세무서장에게 알려야 한다(제4항).

이러한 일반적인 관허사업의 제한 외에도 특정 법령상의 의무에 위반한 경우에 해당 법령에 의한 기존의 인허가를 철회 또는 정지하도록 하거나(「약사법」 제76조), 건축법 또는 같은 법에 의하여 발하는 명령이나 처분에 위반하여 건축물의 건축 또는 대수선을 하였을 때에는 해당 건축물을 사용하여 행할 다른 법령에 의한 영업 기타 행위를 허가할 수 없도록 함으로써(「건축법」 제79조 제2항) 위법건축물을 이용한 관허사업을 제한하고 있다.

마. 국외여행의 제한

예컨대, 국세의 고액체납자 등에 대한 국외여행의 제한조치가 행해지는 경우가 있는데, 그 법적 근거는 「출입국관리법」 제4조 제1항에서 찾아볼 수 있다.

바. 취업의 제한

「병역법」 제76조는 ① 병역판정검사, 재병역판정검사 또는 확인신체검사를 기피하고 있는 사람, ② 징집·소집을 기피하고 있는 사람, ③ 군복무 및 사회복무요원 또는 대체복무요원 복무를 이탈하고 있는 사람의 취업을 제한하고 있다.

사회보장행정에서 영역별 고찰

Ⅰ. 사회보험법 영역

1. 보험료의 강제징수

사회보험의 경우 납부된 보험료(연금보험료 포함)를 재원으로 급부가 이루어지므로, 제도유지의 근간이라 할 수 있는 보험료 납부의무에 대한 이행확보가 무엇보다 중요하다. 이에 따라 개별법에서는 보험료 징수에 관한 규정을 두거나 별도의 법률을 두고 있다. 보험료 납부의무는 행정법상 금전급부의무에 해당하므로, 그 이행확보를 위한 수단들은 행정상 강제징수에 해당한다.

가. 「국민건강보험법」의 규정내용

「국민건강보험법」은 제81조에서 보험료 등의 독촉 및 체납처분에 관한 규정을 두고 있다. 공단은 보험료 등을 내야 하는 자가 보험료 등을 내지 않으면 기한을 정하여 독촉할 수 있고(제1항), 이때 10일 이상 15일 이내의 납부기한을 정하여 독촉장을 발부하여야 한다(제2항). 공단은 독촉을 받은 자가 그 납부기한까지 보험료등을 내지 않으면 보건복지부장관의 승인을 받아 국세 체납처분의 예에 따라 이를 징수할 수 있다(제3항).

나. 「국민연금법」의 규정내용

「국민연금법」은 제95조에서 연금보험료 등의 독촉 및 체납처분에 관한 규정을 두고 있다. 건강보험공단은 사업장가입자와 지역가입자가 연금보험료와 그에 따른 징수금을 기한까지 내지 않거나 제2차 납부의무자가 연금보험료, 연체료, 체납처분비를 기한까지 내지 않으면 대통령령으로 정하는 바에 따라 기한을 정하여 독촉하여야 하고(제1항), 이때 10일 이상의 납부기한을 정하여 독촉장을 발부하여야 한다(제2항). 위와 같이 독촉을 받은 자가 그 기한까지 연금보험료와 그에 따른 징수금을 내지 않으면 보건복지부장관의 승인을 받아 국세 체납처분의 예에 따라 징수할 수 있다(제4항).

다. 「산업재해보상보험법」 및 「고용보험법」의 규정내용

「고용보험 및 산업재해보상보험의 보험료징수 등에 관한 법률」이라는 별도의 법률에서 「산업재해보상보험법」과 「고용보험법」상의 보험료징수에 관한 자세한 규정들을 두고 있는데, 위 법 제27조에서는 징수금의 통지 및 독촉에 관하여 규정하는 한편, 제28조에서는 "건강보험공단은 제27조 제2항 및 제3항의 독촉을 받은 자가 그 기한까지 보험료나 이 법에 따른 그 밖의 징수금을 내지 아니한 경우에는 고용노동부장관의 승인을 받아 국세 체납처분의 예에 따라 이를 징수할 수 있다."라고 규정함으로써 국세징수법의 준용을 예정하고 있다.

2. 보험급여의 제한

「국민건강보험법」이나 「고용보험법」에서는 보험료를 체납한 경우 보험급여를 제한하는 규정을 두고 있다. 그러나, 모든 사회보험 영역의 법률이 보험료 체납시 보험급여를 제한하는 것은 아니다. 「산업재해보상보험법」의 경우 기본적으로 공단은 사업주가 보험료 납부의무를 이행하지 않은 경우라도 해당 사업장에서 산업재해를 입은 근로자에게 보험급여를 제공하고 그 급여에 해당하는 금액의 전부 또는 일부를 사업주로부터 징수한다(「고용보험 및 산업재해보상보험의 보험료징수 등에 관한 법률」 제26조).[11] 「국민연금법」은 가입기간 계산 시 연금보험료를 내지 않은 기간을 가입기간에 산입하지 않는 방식으로 보험료 체납에 대한 제재를 가하고 있고(제17조 제2항 및 제3항 참조), 임의가입자의 경우 제12조 제3항 제5호에 따라 6개월 이상 계속하여 연금보험료를 체납하면 아예 자격을 상실하게 하는 방법을 택하고 있다.[12] 이 경우에도 천재지변이나 그 밖에 부득이한 사유로 기간 내에 연금보험료를 낼 수 없었음을 증명하면 그렇지 않다.

---

11) 다만 「산업재해보상보험법」 제124조는 중·소기업 사업주등에 대한 특례를 규정하면서 제6항에서 업무상의 재해가 보험료의 체납 기간에 발생하면 그 재해에 대한 보험급여의 전부 또는 일부를 지급하지 아니할 수 있다고 규정하고 있다.

12) 2016년 5월 29일 법률 제14214호로 개정되기 전 「국민연금법」 제85조 제1항은 연금보험료를 낸 사실이 없는 경우, 연금보험료를 낸 기간이 그 연금보험료를 낸 기간과 연금보험료를 내지 않은 기간을 합산한 기간의 3분의 2보다 짧은 경우 장애연금, 유족연금을 지급하지 않는다는 규정을 두고 있었으나, 법률의 개정으로 삭제되었다.

가. 「국민건강보험법」의 규정내용

「국민건강보험법」은 제53조 제3항에서 가입자가 보험료를 체납한 경우 보험급여를 제한하는 규정을 두고 있다. 국민건강보험공단은 가입자가 1개월 이상 제69조 제4항 제2호에 따른 보수 외 소득월액보험료 또는 제69조 제5항에 따른 세대단위의 보험료를 체납한 경우 그 체납한 보험료를 완납할 때까지 그 가입자 및 피부양자에 대하여 보험급여를 실시하지 않을 수 있다. 다만 월별 보험료의 총체납횟수[13]가 6회 미만이거나 가입자 및 피부양자의 소득·재산 등이 대통령령으로 정하는 기준 미만인 경우에는 그렇지 않다. 사용자가 보수월액보험료를 체납한 경우에는 그 체납에 대하여 직장가입자 본인에게 귀책사유가 있는 경우에만 위 규정을 적용한다. 헌법재판소는 직장가입자의 소득월액보험료 체납을 이유로 보험급여를 제한하는 것과 관련하여 인간다운 생활을 할 권리나 재산권을 침해하지 않는다고 판시하였다.[14]

> **헌재 2020. 4. 23. 선고 2017헌바244 결정:** 가입자들에 대한 안정적인 보험급여제공을 보장하기 위해서는 보험료 체납에 따른 보험재정의 악화를 방지할 필요가 있다. 보험료 체납에 대하여 보험급여 제한과 같은 제재를 가하지 않는다면, 가입자가 충분한 자력이 있음에도 보험료를 고의로 납부하지 않은 채 보험급여만을 받고자 하는 도덕적 해이가 만연하여 건강보험제도 자체의 존립이 위태로워질 수 있다. 가입자 간 보험료 부담의 형평성을 제고하고자 하는 소득월액보험료의 도입취지를 고려하면, 소득월액보험료를 체납한 가입자에 대하여 보수월액보험료를 납부하였다는 이유로 보험급여를 제한하지 아니할 경우, 형평에 부합하지 않는 결과가 초래될 수 있다. 따라서 소득월액보험료 체납자에 대한 보험급여를 제한하는 것은 그 취지를 충분히 납득할 수 있다. 심판대상조항은 체납 기간이 1개월 미만이거나, 월별 보험료의 총체납횟수가 6회 미만인 경우에는 보험급여를 제한할 수 없도록 하고 있다. 또한 분할납부 승인을 받고 그 승인된 보험료를 1회 이상 납부한 경우에는 국민건강보험공단이 보험급여를 지급할 수 있다. 심판대상조항에 따라 보험급여를 하지 아니하는 기간에 받은 보험급여의 경우에도, 일정한 기한 이내에 체납된 보험료를 완납한 경우 보험급여로 인정하는 등, 「국민건강보험법」은 심판대상조항으로 인하여 가입자가 과도한 불이익을 입지 않도록 배려하고 있다. 따라서 심판대상조항은 청구인의 인간다운 생활을 할 권리나 재산권을 침해하지 아니한다.

---

13) 이미 납부된 체납보험료는 총체납횟수에서 제외하고, 보험료의 체납기간은 고려하지 않는다.

14) 보험급여의 제한, 연체료 부과 및 강제징수와 같은 보험료 체납에 대한 제재들이 사회적 배제를 심화시킨다는 견해로는 김나경, "빈곤의 사회학적 이해와 법적 수용: 국민건강보험법상 보험료 체납에 대한 법적 제재의 정당성", 법과 사회 제42호, 박영사, 2012, 148-155면 참조.

헌재 2023. 9. 26. 선고 2019헌마1165 결정: 외국인은 그의 재산이 국내에만 있는 것이 아닐 수 있어, 체납보험료에 대한 징수절차로는 실효성을 거두기가 어렵고, 외국인은 진료를 마치고 본국으로 출국함으로써 보험료 납부의무를 쉽게 회피할 수 있다. 따라서 외국인 지역가입자에 대한 보험급여 제한을 내국인등과 달리 실시하는 것 자체는 합리적인 이유가 있는 차별이나, 「국민건강보험법」 제109조 제10항(보험급여제한 조항)은 다음과 같은 점에서 합리적인 수준을 현저히 벗어난다. 보험급여제한 조항은 외국인의 경우 보험료의 1회 체납만으로도 별도의 공단 처분 없이 곧바로 그 다음 달부터 보험급여를 제한하도록 규정하고 있으므로, 보험료가 체납되었다는 통지도 실시되지 않는다. 그러나 절차적으로 보험료 체납을 통지하는 것은 당사자로 하여금 착오를 시정할 수 있도록 하거나 잘못된 보험료 부과 또는 보험급여제한처분에 불복할 기회를 부여하는 것이기 때문에, 이를 통지하지 않는 것은 정당화될 수 없는 차별이다. 보험급여제한 조항은 내국인과는 달리 과거 보험료를 납부해 온 횟수나 개별적인 경제적 사정의 고려 없이 단 1회의 보험료 체납만으로도 일률적으로 보험급여를 제한하고, 체납한 보험료를 사후에 완납하더라도 예외 없이 소급하여 보험급여를 인정하지 않는데, 이는 평균보험료를 납부할 능력이 없는 외국인에게는 불측의 질병 또는 사고·상해가 발생할 경우 건강에 대한 치명적 위험성에 더하여 가족 전체의 생계가 흔들리게 되는 결과를 낳게 할 수 있다. 외국인도 국민건강보험에 당연가입하도록 하고, 국내에 체류하는 한 탈퇴를 불허하는 것은, 단지 내국인과의 형평성 제고뿐 아니라, 이들에게 사회연대원리가 적용되는 공보험의 혜택을 제공한다는 정책적 효과도 가지게 되는 것임을 고려하면, 보험료 체납에도 불구하고 보험급여를 실시할 수 있는 예외를 전혀 인정하지 않는 것은 합리적인 이유 없이 외국인을 내국인 등과 달리 취급한 것이다. 따라서 보험급여제한 조항은 청구인들의 평등권을 침해한다(다만, 위헌성을 제거하고 합헌적으로 조정하는 데에는 여러 가지 선택가능성이 있는 점 등을 고려하여 헌법불합치결정을 선고하였다).

보험급여의 실시는 보험료의 납입을 조건으로 하는 것은 아니므로, 공단이 자신의 재량으로 보험급여의 제한을 결정하고 통지하여야 비로소 보험급여가 실시되지 않는다. 즉, 체납기간 중에도 일단 보험급여는 지급된다.[15] 체납기간 중 보험급여를 받은 사실이 있음을 공단이 통지한 날부터 2개월이 경과한 날이 속한 달의 보험료 납부기한 이내에 체납된 보험료를 완납한 경우(분할납부 승인을 받아 그 승인된 보험료를 1회 이상 낸 경우) 보험급여를 인정하고, 그렇지 않을 경우 비로소 건강보험으로 진료받은 진료비(공단부담)가 환수된다. 따라서 보험료 체납을 이유로 한 「국민건강보험법」상의 보험급여의 제한은 적법하게 성립한 보험급여를 철회하는 것으로서 체납된 보험료를 납부하면 그 효력이 소멸하므로, 해제조건부 철회의 성격을 갖는다고 할 수 있다.

---

15) 다만 국민건강보험공단은 2014년 7월 1일부터 건강보험료 6회 이상 체납자 등 명단공개자, 연소득 2천만 원 또는 재산 1억 원 초과자의 경우에는 병·의원 및 약국 이용 시 진료비 전액(공단부담금＋본인부담금)을 본인이 직접 부담하게 하는 사전급여제한제도를 시행 중이다. 요양기관이 위 대상자에 대한 요양급여를 제공하더라도 공단으로부터 진료비를 지급받을 수 없으므로, 사전급여제한 대상자 여부를 미리 확인하여야 한다. 위 제도 도입 당시 법적 근거가 없다는 등의 이유로 의료계의 반발이 있었다.

나. 「고용보험법」의 규정내용

고용노동부장관은 피보험자 및 피보험자였던 사람, 그 밖에 취업할 의사를 가진 사람에 대한 실업의 예방, 취업의 촉진, 고용기회의 확대, 직업능력개발·향상의 기회 제공 및 지원, 그 밖에 고용안정과 사업주에 대한 인력 확보를 지원하기 위하여 고용안정·직업능력개발 사업을 실시한다(「고용보험법」 제19조). 그런데, 「고용보험법」 제35조 제5항은 보험료를 체납한 자에게는 고용노동부령으로 정하는 바에 따라 고용안정·직업능력개발 사업의 지원을 제한할 수 있다고 규정하고 있고, 같은 법 시행규칙 제80조는 고용안정·직업능력개발사업의 지원을 받으려는 자가 지원금이나 직업능력개발 훈련비용을 신청할 때까지 고용산재보험료를 체납하면 지원금이나 직업능력개발 훈련비용을 지급하지 않는다고 규정하고 있다.

「고용보험법」은 제69조의2 이하에서 자영업자인 피보험자에 대한 실업급여 적용 특례를 규정하고 있는데, 자영업자인 피보험자가 보험료를 체납한 경우에는 실업급여를 지급하지 않을 수 있다(「고용보험법」 제69조의8).

3. 부당이득의 환수

거짓이나 그 밖의 부정한 방법으로 급여를 받거나 그 밖의 사유로 급여가 잘못 지급된 경우 또는 급여비용이 잘못 지급된 경우 등에는 이에 해당하는 이익을 반환하게 할 필요가 있다. 이에 관해서는 수익적 행정행위의 취소·철회에 따른 조치로서 취소 또는 철회의 제한, 이익형량의 문제 등에 관한 해당 부분에서 이미 살펴보았다. 부당이득의 환수가 이루어지는 유형은 ① 사회보장급여의 부정수급 환수,[16] ② 급여비용의 부정이익 환수, ③ 보조금의 환수로 구분될 수 있다.

사회보장행정법관계에서 발생하는 부당이득의 환수의 법적 성질에 관하여 견해가 대립하지만, 앞에서 본 것처럼 부정이익에 해당하는 부분에 대한 환수는 공법상 부당이득반환의 성격을 가진다고 봄이 상당하고, 부정이익을 초과하는 범위의 환수는 제재적 성격을 가진다고 할 것이다. 다만, 부정이익의 범위에서 이루어지는 부당이득반환의 경우에도 그 조치가 상대방에게 미칠 경제적·실질적 영향력이 크다는 점에서 간접적인

---

16) 그 발생원인에 따라 수급권자 내지 수급권자가 아닌 자가 수급자격이 있음을 가장하여 지원신청하여 행정청이 급여를 지급한 '부정수급형'과 행정청이 급여를 제공함에 있어 착오로 급여가 권리자가 아닌 자에게 지급되거나 정당한 수급권자에게 과다 지급된 '과오지급형'으로 구분된다.

제재수단으로도 기능한다고 볼 수 있다.

한편, 건강보험증이나 신분증명서를 다른 사람에게 양도·대여하여 보험급여를 받게 하여서는 안 된다는 내용을 규정하고 있는 「국민건강보험법」 제12조 제6항[17] 또는 수급권 변경에 관한 신고의무를 규정하고 있는 「국민연금법」 제121조의 경우와 같이 수급권자에게 일정한 의무를 부과하고 그 의무를 위반하였을 때 제공된 보험급여를 부당이득으로 환수하는 경우가 있다. 그런데, 부당이득의 환수가 반드시 명확한 의무위반을 전제로 하는 것은 아니다. 즉, 급여의 지급 여부가 법률에서 정한 요건을 충족하는지에 따라 정해지고 행정청의 확인에 의하여 구체적으로 확정되는 경우 수급권자의 신청행위가 개입되어 있다고 하더라도 수급권자에게 신청행위 이상의 행정법상 의무가 있다고 보기는 어렵다. 따라서, 엄격한 의미에서 이러한 경우에 부당이득의 환수를 어떠한 의무의 이행을 강제하기 위한 수단이나 의무위반에 대한 제재로 볼 수 있을지 의문이 들 수 있다. 그러나, 행정의 실효성 확보라는 것의 의미를 행정의 목적 달성까지 포함하는 측면에서 접근한다면, 거짓이나 그 밖의 부정한 방법으로 인하여 제공된 보험급여를 회수하는 것이 적정한 급부의 지급이라는 행정목적의 달성에 기여하므로, 이 역시 넓게 보면 실효성 확보수단으로 포섭된다고 볼 수 있어, 여기에서 함께 다루기로 한다.

가. 「국민건강보험법」의 규정내용

공단은 속임수나 그 밖의 부당한 방법으로 보험급여를 받은 사람·요양기관 및 보조기기 판매업자나 보험급여비용을 받은 요양기관에 대하여 그 보험급여나 보험급여비용에 상당하는 금액을 징수하고(제57조 제1항), 이 경우에도 앞서 본 보험료징수와 동일한 절차가 적용되므로(제81조), 허위·부당청구로 인한 급여 내지 급여비용의 환수 역시 국세체납처분의 예에 따른다. 요양기관의 국민건강보험공단에 대한 요양급여비용청구권은 요양기관의 청구에 따라 공단이 지급결정을 함으로써 구체적인 권리가 발생하는 것이지, 공단의 결정과 무관하게 국민건강보험법령에 의하여 곧바로 발생한다고 볼 수 없다. 따라서, 요양기관의 요양급여비용 수령의 법률상 원인에 해당하는 요양급여비용 지급결정이 취소되지 않았다면, 요양급여비용 지급결정이 당연무효라는 등의 특별한 사정이 없다면 그 결정에 따라 지급된 요양급여비용이 법률상 원인 없는 이득이라고 할 수 없고,

---

17) 이 경우 공단은 건강보험증이나 신분증명서를 양도, 대여한 사람에게 보험급여를 받은 사람과 연대하여 그 보험급여에 상당하는 징수금을 내게 할 수 있다(「국민건강보험법」 제57조).

공단의 요양기관에 대한 요양급여비용 상당 부당이득반환청구권도 성립하지 않는다.[18]

2023년 5월 19일 개정 전 「국민건강보험법」 제57조 제1항은 "공단은 속임수나 그 밖의 부당한 방법으로 보험급여를 받은 사람·준요양기관 및 보조기기 판매업자나 보험급여비용을 받은 요양기관에 대하여 그 보험급여나 보험급여비용에 상당하는 금액의 전부 또는 '일부'를 징수한다."라고 규정하고 있었고, 대법원은 법률의 문언상 일부 징수가 가능함을 명시하고 있는 점, 부당이득징수의 침익적 성격 등을 이유로 구 「국민건강보험법」 제57조 제1항상 부당이득의 징수는 재량행위에 해당한다고 보았다.[19] 그런데, 위 판결 이후 위 법률조항이 개정되어 현재는 '일부' 부분이 삭제되었다.

나. 「국민연금법」의 규정내용

「국민연금법」 제57조 제1항 본문은 거짓이나 그 밖의 부정한 방법으로 급여를 받은 경우, 제121조의 신고의무자가 같은 조에 따른 신고 사항을 공단에 신고하지 않거나 늦게 신고하여 급여를 잘못 지급 받은 경우, 가입자 또는 가입자였던 자가 제15조에 따라 사망한 것으로 추정되어 유족연금 등의 급여가 지급된 후 해당 가입자 또는 가입자였던 자의 생존이 확인된 경우, 그 밖의 사유로 급여자가 잘못된 경우에는 대통령령으로 정하는 바에 따라 그 금액을 환수하여야 한다고 규정함으로써 이미 지급된 급여의 환수에 관한 내용을 규정하고 있다. 다만 환수금이 대통령령이 정하는 금액(3,000원) 미만인 경우에는 환수하지 않는다(제57조 제1항 단서).

한편, 국가는 일정한 요건을 충족하는 사업장가입자 및 지역가입자에게 연금보험료 중 일부를 지원할 수 있는데(제100조의3, 제100조의4), 이와 같이 연금보험료를 지원받은 사람이 거짓이나 그 밖의 부정한 방법으로 지원금을 받은 경우, 지원금이 잘못 지급된 경우에는 그가 받은 지원금의 전부 또는 일부를 환수할 수 있다(제100조의5).

---

18) 대법원 2023. 10. 12. 선고 2022다276697 판결.
19) 대법원 2023. 8. 18. 선고 2021두48861 판결.

다. 「고용보험법」의 규정내용

「고용보험법」은 구직급여에 관한 제62조 제1항에서 "직업안정기관의 장은 거짓이나 그 밖의 부정한 방법으로 구직급여를 지급받은 사람에게 고용노동부령이 정하는 바에 따라 지급받은 구직급여의 전부 또는 일부의 반환을 명할 수 있다."라고 규정하고, 제2항에서는 "직업안정기관의 장은 제1항에 따라 반환을 명하는 경우 고용노동부령으로 정하는 바에 따라 거짓이나 그 밖의 부정한 방법으로 지급받은 구직급여액의 2배 이하의 금액을 추가로 징수할 수 있다."라고 규정함으로써, 부당하게 지급된 급여의 반환에 대한 규정을 두고 있다. 위 규정은 취업촉진수당(제69조), 자영업자인 피보험자에 대한 취업촉진수당(제69조의9), 육아휴직 급여 및 육아기 근로시간 단축급여(제74조), 출산전후휴가 급여(제77조) 등 다른 급여에서 위 규정을 준용하고 있다.

대법원 2020. 5. 14. 선고 2020두3134 판결

〈사실관계〉

원고는 A회사에서 근무하다 해고되어 피고(서울지방고용노동청 서울동부지청장)로부터 구직급여 수급자격을 인정받아 5차례에 걸쳐 실업인정과 구직급여를 받았는데, 이 중 2차 구직급여 1,909,940원을 지급받은 것과 관련하여 피고는 원고가 제2차 실업인정 대상기간 중에 B회사에 취업하여 그 대가로 400,000원을 지급받았음을 이유로 고용보험법 제62조 제1항에 따라 제2차 구직급여 1,909,940원 전액에 대한 반환명령을 하였다.

〈판결이유〉

대법원은 처분을 할 것인지 여부와 처분의 정도에 관하여 재량이 인정되는 금전 부과처분이 재량권을 일탈·남용한 것인 경우 법원으로서는 재량권의 일탈·남용 여부만 판단할 수 있을 뿐이지 재량권의 범위 내에서 어느 정도가 적정한 것인지에 관하여는 판단할 수 없으므로 전부를 취소하여야 하고, 법원이 적정하다고 인정되는 부분을 초과한 부분만 취소할 수는 없고, 고용보험법이 '거짓이나 그 밖의 부정한 방법으로 지급받은 구직급여액'의 1배를 초과하는 금액에 대해서도 반환명령과 추가징수를 통해 환수할 수 있도록 규정한 취지 등을 고려할 때, 피고가 원고에게 지급한 제2차 구직급여 중 이 사건 취업으로 얻은 실제 소득인 400,000원 부분의 반환만 명하는 것이 적정하므로 이 사건 반환명령 중 위 금액을 초과하는 부분은 재량권을 일탈·남용한 것이어서 위법하다고 판단한 원심을 위법하다고 보았다.

라. 「산업재해보상보험법」의 규정내용

「산업재해보상보험법」은 제84조에서 부당이득의 징수 규정을 두고 있다. 즉, 근로복지공단은 보험급여를 받은 사람이 거짓이나 그 밖의 부정한 방법으로 보험급여를 받은 경우, 수급권자 또는 수급권이 있었던 사람이 법이 정한 신고의무를 이행하지 않아 부당하게 보험급여를 지급받은 경우, 그 밖에 잘못 지급된 보험급여가 있는 경우에는 그 급여액에 해당하는 금액(제1호의 경우에는 그 급여액의 2배에 해당하는 금액)을 징수하여야 한다(제84조 제1항 전단). 이 경우 근로복지공단이 국민건강보험공단등에 청구하여 받은 금액은 징수할 금액에서 제외되는데(제84조 제1항 후단), 위 규정에 따라 근로복지공단이 징수할 금액에서 공제할 대상에 '실제로 수령한 건강보험 요양급여 등에 해당하는 금액에 해당하는 금액'이 아닌 장차 국민건강보험공단 등에 청구하여 받을 수 있는 금액은 포함되지 않는다.[20]

또한, 산재보험 의료기관이나 제46조 제1항에 따른 약국이 거짓이나 그 밖의 부정한 방법으로 진료비나 약제비를 지급받은 경우, 법률이 정한 요양급여의 산정 기준, 조치비용 산정 기준을 위반하여 부당하게 진료비나 약제비를 지급받은 경우, 그 밖에 진료비나 약제비를 잘못 지급받은 경우에도 그 진료비나 약제비에 해당하는 금액을 징수하여야 한다(제84조 제3항). 이와 관련하여 의료인으로서 자격과 면허를 보유한 사람이 의료법에 따라 의료기관을 개설하여 업무상 재해를 입은 근로자에게 산업재해보상보험법에서 정한 요양을 실시하였다면, 설령 이미 다른 의료기관을 개설·운영하고 있는 의료인이 위 의료기관을 실질적으로 개설·운영하였거나, 의료인이 다른 의료인의 명의로 위 의료기관을 개설·운영한 것이어서 의료법을 위반한 경우라 할지라도, 그 사정만을 가지고 위 의료기관이 산업재해보상보험법에 의한 요양을 담당할 수 있는 '의료법 제3조에 따른 의료기관'에 해당하지 않다거나, 위 의료기관이 진료비를 수령하는 행위가 '거짓이나 그 밖의 부정한 방법으로 진료비를 지급받은 경우'에 해당한다고 볼 수 없다.[21]

4. 법위반사실의 공표

재원 확보 및 적정한 보험금의 지급이 중요한 사회보험법 영역에서는 보험료의 징수와 보험급여의 반환이라는 수단만으로는 제도의 목적달성에 부족한 경우가 있다. 이

---

20) 대법원 2017. 8. 29. 선고 2017두44718 판결.
21) 대법원 2019. 5. 30. 선고 2017두70359 판결.

에 따라 새로운 실효성 확보수단의 하나인 법위반사실의 공표를 법률에 규정하고 있다. 공표의 대상은 각 법률이 정하고 있으나, 공표 여부에 대한 심의 및 공개는 국민건강보험공단에서 일괄하여 담당하고 있고, 국민건강보험공단은 매해 4대 보험료 고액·상습 체납자 명단을 공개하고 있다. 이러한 공표행위가 상대방의 인격권이나 사생활의 비밀과 자유를 침해하여 위헌의 소지가 있다는 주장도 존재하나,[22] 아직까지 우리 헌법재판소가 이에 대하여 위헌여부를 판단한 사례는 없다.[23]

가. 「국민건강보험법」의 규정내용

건강보험공단은 「국민건강보험법」에 따른 납부기한의 다음날부터 1년이 경과한 보험료, 연체금과 체납처분비의 총액이 1천만원 이상인 체납자가 납부능력이 있음에도 불구하고 체납한 경우 그 인적사항·체납액 등을 공개할 수 있다. 다만 체납된 보험료, 연체금과 체납처분비와 관련하여 같은 법에 따른 이의신청, 심판청구가 제기되거나 행정소송이 계류 중인 경우 또는 그 밖에 체납된 금액의 일부 납부 등 대통령령으로 정하는 사유가 있는 경우에는 대상이 되지 않는다(제83조 제1항). 인적사항 등에 대한 공개여부는 건강보험공단 내의 보험료정보공개심의위원회에서 심의하는데(제2항), 공단은 위 위원회의 심의를 거친 인적사항 등의 공개대상자에게 공개대상자임을 서면으로 통지하여 소명의 기회를 부여하여야 하며, 통지일로부터 6개월이 경과한 후 체납액의 납부이행 등을 감안하여 공개대상자를 선정한다(제3항). 인적사항등의 공개는 관보에 게재하거나 건강보험공단 인터넷 홈페이지에 게시하는 방법에 따른다(제4항).

「국민건강보험법」은 제57조의2에서 부당이득 징수금 체납자에 대한 인적사항공개에 관한 규정도 두고 있는데, 이에 따르면 공단은 속임수나 그 밖의 부당한 방법으로 보험급여비용을 받음으로 인하여 징수금을 납부할 의무가 있는 요양기관 또는 요양기관을 개설한 자가 납부기간의 다음 날부터 1년이 경과한 징수금을 1억 원 이상 체납한 경우 원인된 위반행위, 체납자의 인적사항 등을 공개할 수 있다(제1항). 이때 공개여부의 심의가 부당이득징수급체납정보공개심의위원회에서 이루어진다는 점을 제외하고는 보험료 체납자에 대한 인적사항 공개절차와 동일하다.

---

22) 석종현·손동수, 「일반행정법(상)」, 삼영사, 2015, 548면.

23) 유럽인권재판소는 헝가리 세무당국이 납세 의무를 이행하지 않은 청구인의 개인정보를 세무당국 누리집의 고액 체납자 명단에 공개한 사안에서 위와 같은 공개제도가 사생활을 존중받을 권리를 규정하고 있는 유럽인권협약 제8조에 위반된다고 판단하였다(장효훈, "고액 체납자의 개인정보 공개로 인한 사생활을 존중받을 권리 침해", 세계헌법재판 조사연구보고서 2023년 제4호, 헌법재판연구원, 2023. 6. 27).

또한, 「국민건강보험법」은 제100조에서도 보건복지부장관은 관련 서류의 위조·변조로 요양급여비용을 거짓으로 청구하여 업무정지나 과징금 등 행정처분을 받은 요양기관이 거짓으로 청구한 금액이 1천 500만원 이상인 경우이거나 요양급여비용 총액 중 거짓으로 청구한 금액의 비율이 100분의 20 이상인 경우에 해당하면 그 위반 행위, 처분 내용, 해당 요양기관의 명칭·주소 및 대표자 성명, 그 밖에 다른 요양기관과의 구별에 필요한 사항으로서 대통령령으로 정하는 사항을 공표할 수 있다(제1항). 이때 공개여부의 심의는 건강보험공표심의위원회에서 행한다.

나. 「국민연금법」의 규정내용

「국민연금법」 제97조의2는 고액·상습 체납자의 인적사항 공개에 관한 규정을 두고 있다. 건강보험공단은 이 법에 따른 납부기한의 다음 날부터 1년이 지난 연금보험료, 연체금 및 체납처분비의 총액이 2천만원 이상인 체납자(사업장가입자에 한함)가 납부능력이 있음에도 불구하고 체납한 경우 체납자의 인적사항 및 체납액 등을 공개할 수 있고, 다만, 체납된 연금보험료등과 관련하여 행정심판 또는 행정소송이 계류 중인 경우나 그 밖에 체납된 금액의 일부 납부 등 대통령령으로 정하는 사유가 있는 경우에는 그렇지 않다(제1항). 그 밖의 절차 등은 「국민건강보험법」과 같다.

다. 「고용보험 및 산업재해보상보험의 보험료징수 등에 관한 법률」의 규정내용

「고용보험 및 산업재해보상보험법의 보험료징수 등에 관한 법률」은 제28조의6에서 관련 규정을 두고 있다. 건강보험공단은 이 법에 따른 납부기한의 다음 날부터 1년이 지난 보험료와 이 법에 따른 그 밖의 징수금과 체납처분비의 총액이 5천만원 이상인 체납자가 납부능력이 있음에도 불구하고 체납한 경우에는 그 인적사항 및 체납액 등을 공개할 수 있다. 다만, 체납된 보험료, 이 법에 따른 그 밖의 징수금과 체납처분비와 관련하여 행정심판 또는 행정소송이 계류 중인 경우, 그 밖에 체납된 금액의 일부납부 등 대통령령으로 정하는 사유가 있을 때에는 그렇지 않다(제28조의6 제1항). 그 밖의 절차 등은 「국민건강보험법」과 같다.

5. 그 밖의 실효성 확보수단

가. 가산금

「국민건강보험법」 제78조의2에서는 "사업장의 사용자가 직장가입자가 될 수 없는 자를 거짓으로 보험자에게 직장가입자로 신고한 경우 공단은 사용자가 직장가입자로 신고한 사람이 직장가입자로 처리된 기간 동안 그 가입자가 법률에 따라 부담하여야 할 보험료의 총액에서 같은 기간 동안 공단이 해당 가입자에 대하여 법률에 따라 산정하여 부과한 보험료의 총액을 뺀 금액의 100분의 10에 상당한 가산금을 그 사용자에게 부과, 징수한다."라고 규정하고 있고, 「고용보험 및 산업재해보상보험법의 보험료징수 등에 관한 법률」 제24조에서는 "공단은 사업주가 제19조제1항에서 정하고 있는 기한까지 확정보험료를 신고하지 아니하거나 신고한 확정보험료가 사실과 달라 제19조 제4항에 따라 보험료를 징수하는 경우에는 그 징수하여야 할 보험료의 100분의 10에 상당하는 가산금을 부과하여 징수한다."라고 규정하고 있다. 이 역시 각 법률이 정하고 있는 의무위반에 대한 재제로서 기능한다.

나. 그 밖의 수단

「국민건강보험법」, 「국민연금법」, 「산업재해보상보험법」, 「고용보험법 및 고용보험 및 산업재해보상보험의 보험료징수 등에 관한 법률」은 모두 행정벌에 관한 규정인 벌칙과 과태료규정을 두고 있다. 주로 중요한 위반행위, 즉 보험료나 보험급여 등에 관한 사항에 관해서는 벌금을 부과하는 벌칙규정에서 규율하고 있고, 자료제공요청에 불응하거나 보고의무 위반 등 비교적 경미한 위반행위에 대해서는 과태료를 부과하고 있다. 한편, 위 법률들 모두 벌금형과 관련하여 법인의 대표자나 법인 또는 개인의 대리인, 사용인, 그 밖의 종업원이 그 법인 또는 개인의 업무에 관한 일정한 위반행위를 하는 경우 그 행위자를 벌하는 외에도 그 법인 또는 개인에게도 해당조문의 벌금형을 부과하는 양벌규정을 두고 있다(「국민건강보험법」 제118조, 「국민연금법」 제130조, 「산업재해보상보험법」 제128조, 「고용보험법」 제117조, 「고용보험 및 산업재해보상보험의 보험료징수 등에 관한 법률」 제49조의7). 다만 법인 또는 개인이 그 위반행위를 방지하기 위하여 해당 업무에 관하여 상당한 주의와 감독을 게을리하지 않은 경우에는 그렇지 않다.

Ⅱ. 공공부조법 영역 및 사회보상법 영역

1. 「국민기초생활보장법」의 규정내용

앞서 본 바와 같이 공공부조는 사회보장 목적에서 지급되는 급여이므로, 국가의 일반예산을 재원으로 운영된다. 따라서 사회보험법 영역과 달리 재원확보와 관련된 실효성확보수단이 일반적으로 필요하지는 않다. 그러나, 부양능력이 있는 부양의무자가 있는 경우까지 수급자에 대한 급여지급이 이루어져서는 안 되므로, 그와 같은 경우를 규율하는 조항이 필요하다. 이에 따라 「국민기초생활보장법」 제46조는 수급자에게 부양능력을 가진 부양의무자가 있음에 확인된 경우에는 보장비용을 지급한 보장기관은 생활보장위원회의 심의·의결을 거쳐 그 비용의 전부 또는 일부를 그 부양의무자로부터 부양의무의 범위에서 징수할 수 있고(제1항), 부양의무자가 이에 응하지 않는 경우 국세 또는 지방세 체납처분의 예에 따라 징수한다(제3항)고 규정하고 있다.

또한, 같은 조에서 속임수나 그 밖의 부정한 방법으로 급여를 받거나 타인으로 하여금 급여를 받게 한 경우에는 보장비용은 지급한 보장기관은 그 비용의 전부 또는 일부를 그 급여를 받은 사람 또는 급여를 받게 한 자로부터 징수할 수 있다고(제46조 제2항) 규정함으로써, 지급된 급여 회수와 관련된 규정도 두고 있다. 이 경우에도 국세 또는 지방세 체납처분의 예에 따라 징수한다(제46조 제3항).

이에 덧붙여 각종 의무위반행위에 대한 벌칙과 과태료규정 및 양벌규정을 두고 있음은 물론이다.

2. 「국가유공자 등 예우 및 지원에 관한 법률」의 규정내용

사회보상법 영역에 속하는 「국가유공자 등 예우 및 지원에 관한 법률」은 국가를 위하여 희생하거나 공헌한 국가유공자, 그 유족 또는 가족을 합당하게 예우하고 지원함으로써 이들의 생활안정과 복지향상을 도모하는 것을 목적으로 한다. 사회보상은 공공부조와 마찬가지로 국가의 일반예산을 재원으로 하고 있으므로, 이 역시 재원확보를 위한 실효성 확보수단을 상정하기 어렵다. 다만 이미 지급된 급여를 환수할 필요성은 사회보험의 영역과 동일하게 발생할 수 있으므로, 위 법은 제75조에서 보훈급여금 등의 환수에 관한 규정을 두고 있다. 즉, 국가보훈부장관은 이 법에 따라 보상받은 사람이 거짓이나 그 밖의 부정한 방법으로 보상을 받은 경우(제1호), 보상을 받은 후 그 보상을 받게 된 사유가 소급하여 소멸한 경우(제2호), 잘못 지급된 경우(제3호) 그가 받은 보훈급여금 · 학습보조비, 직업재활훈련비 · 직업능력개발훈련비, 능력개발 장려금 · 지원비, 의료지원비, 보조금, 요양지원에 대한 보조금을 환수하되, 제1호에 해당하는 경우 납부 의무자의 귀책사유가 있는 때에는 그가 받은 보훈급여금 등에 대통령령으로 정하는 이자를 붙여 환수하여야 한다.

각종 의무위반행위에 대한 벌칙과 과태료규정 및 양벌규정을 두고 있는 것은 다른 법률과 같다.

Ⅲ. 사회서비스법 영역

1. 개요

신체적 · 정신적으로 특수한 상황에 처한 집단의 보호를 목적으로 하는 사회서비스법 영역은 급여지급과 같은 여러 지원도 중요하지만 해당 집단에 대한 보호가 중요한 목적이 된다. 이러한 특성 때문에 다른 법률들과는 다른 실효성 확보수단을 두고 있는데 바로 취업제한이다. 취업제한명령은 아래에서 보는 것처럼 법원이 주체가 되어 관련 범죄로 인한 판결을 선고하는 경우에 함께 선고된다는 점에서, 엄밀한 의미에서 행정주체에 의한 목적달성 수단을 의미하는 '행정상 실효성 확보수단'에는 포함되지 않는다. 다만 취업의 자유와 같은 개인의 기본권을 강력하게 제한함으로써 사회서비스법령에서 추구하고자 하는 목적 달성에 효과적으로 기여하는 제도로서, 사회서비스법 영역에서만 관련 규정을 두고 있다는 점에서 여기에서 간략히 소개하기로 한다. 한편, 사회서비스법 영역의 개별 법률에서도 다른 영역과 마찬가지로 각종 의무위반행위에 대한 벌칙과 과태료 규정 및 양벌규정을 두고 있다.

2. 개별 법률상의 취업제한명령

가. 「장애인복지법」의 규정내용

「장애인복지법」 제59조의3 제1항은 "법원은 장애인학대관련범죄나 성범죄로 형 또는 치료감호를 선고하는 경우에는 판결(약식명령을 포함한다)로 그 형 또는 치료감호의 전부 또는 일부의 집행을 종료하거나 집행이 유예·면제된 날(벌금형을 선고받은 경우에는 그 형이 확정된 날을 말한다)부터 일정기간 장애인관련기관을 운영하거나 장애인관련기관에 취업 또는 사실상 노무를 제공할 수 없도록 하는 명령을 장애인학대관련범죄나 성범죄 사건의 판결과 동시에 선고(약식명령의 경우에는 고지를 말한다)하여야 한다. 다만, 재범의 위험성이 현저히 낮은 경우, 그 밖에 취업을 제한하여서는 아니 되는 특별한 사정이 있다고 판단하는 경우에는 그러하지 아니한다."라고 규정함으로써, 장애인학대관련범죄를 저지른 사람에 대한 취업제한명령에 관하여 규정하고 있다. 취업제한기간은 10년을 초과하지 못한다(제59조의3 제2항). 2018년 12월 11일 개정 전 규정에서는 취업제한기간을 일률적으로 10년으로 규정하고 있었으나, 헌법재판소가 이에 대하여 위헌결정을 내림에 따라 위와 같이 개정되었다.[24]

나. 「아동복지법」의 규정내용

「아동복지법」 제29조의3 제1항은 "법원은 아동학대관련범죄로 형 또는 치료감호를 선고하는 경우에는 판결(약식명령을 포함한다)로 그 형 또는 치료감호의 전부 또는 일부의 집행을 종료하거나 집행이 유예·면제된 날(벌금형을 선고받은 경우에는 그 형이 확정된 날을 말한다)부터 일정기간 동안 아동관련기관을 운영하거나 아동관련기관에 취업 또는 사실상 노무를 제공할 수 없도록 하는 명령을 아동학대관련범죄 사건의 판결과 동시에 선고(약식명령의 경우에는 고지를 말한다)하여야 한다. 다만, 재범의 위험성이 현저히 낮은 경우나 그 밖에 취업을 제한하여서는 아니 되는 특별한 사정이 있다고 판단하는 경우에는 그러하지 아니하다."라고 규정하고 있다. 이 경우에도 취업제한기간은 10년을 초과하지 못한다(제29조의3 제2항).

다. 「노인복지법」의 규정내용

「노인복지법」은 제39조의17 제1항에서 "법원은 노인학대관련범죄로 형 또는 치료감호를 선고하는 경우에는 판결(약식명령을 포함한다)로 그 형 또는 치료감호의 전부 또는 일부의 집행을 종료하거나 집행이 유예·면제된 날(벌금형을 선고받은 경우에는 그 형이

---

24) 헌재 2016. 7. 28. 선고 2015헌마95 결정. 아동복지법과 관련해서는 헌재 2018. 6. 28. 선고 2017헌마130 결정.

확정된 날을 말한다)부터 일정기간 동안 노인관련기관을 운영하거나 노인관련기관에 취업 또는 사실상 노무를 제공할 수 없도록 하는 명령을 판결과 동시에 선고(약식명령의 경우에는 고지를 말한다)하여야 한다. 다만 재범의 위험성이 현저히 낮은 경우, 그 밖에 취업을 제한하여서는 아니 되는 특별한 사정이 있다고 판단하는 경우에는 그러하지 아니하다."라고 규정하고 있다. 취업제한기간은 10년을 초과하지 못한다(제39조의17 제2항).

제4절 행정상 인신구속과 그 통제수단

I. 행정상 인신구속의 의의

1. 개념

인신구속은 공권력에 의해서도 이루어질 수 있고 사인에 의해서도 이루어질 수 있다. 공권력에 의한 인신구속은 흔히 생각할 수 있는 형사절차에서의 체포·구속 외에도 감염병 예방을 위해서로 입원조치라든가 정신질환자에 대한 강제입원 등 사회보장행정의 목적을 달성하기 위해서도 행정기관에 의하여 이루어지는데, 그러한 인신구속이 생각보다 많은 분야에서 많은 수의 인원에 대하여 이루어지고 있다. 이러한 인신구속을 형사절차에서의 인신구속과 구별하여 '행정상 인신구속'이라고 부를 수 있을 것이고,[25] 이러한 행정상 인신구속은 행정작용이라는 점에서 형사절차에서의 인신구속이 사법작용인 것과 구별된다.

---

25) 행정상 인신구속이라는 용어는 사용된 예가 거의 없고 학계에서 합의된 용어도 아니다. 다만, 공권력에 의한 인신구속을 형사절차에서의 인신구속과 그렇지 않은 행정작용에 의한 인신구속으로 나눈다면 전자에 대비되는 개념으로 후자에 관하여 행정상 인신구속으로 부를 수 있다. 이러한 용어를 사용한 문헌으로는 박균성, "행정상 인신구속에 대한 법적 통제", 공법학의 제문제(김영훈 교수 화갑기념 논문집), 법문사, 1995; 하명호, 「신체의 자유와 인신보호절차」, 고려대학교 출판부, 2013 등이 있다.

2. 법적 성질

행정상 인신구속은 각각의 요건과 형태를 따져서 그 법적 성질을 규명하여야 할 것이지만, 구속을 결정하는 절차와 그 결정을 집행하는 절차로 나눌 수 있다. 전자는 치료시설에 입원할 것과 같은 의무부과를 명하는 결정이나 명령으로 행정행위의 성질을 가지는 것이 대부분일 것이고, 후자는 행정상 즉시강제나 직접강제에 해당할 것이다. 행정상 인신구속을 집행하는 절차가 상대방인 국민에게 사전에 의무(예: 입원명령)를 명함이 없이 행해지는 경우에는 행정상 즉시강제가 되고, 사전에 국민에게 의무를 명하고 상대방인 국민이 이 의무를 이행하지 않는 경우에 행해지는 경우에는 직접강제에 해당하게 될 것이다.26)

3. 현행 법률에서 규정하고 있는 행정상 인신구속

행정상 인신구속은 그것을 규정하고 있는 개개의 법률에 따라 그 요건이나 절차가 다르다. 사회보장행정에서 이루어지는 인신구속으로 대표적인 것이라고 생각되는 몇 가지를 소개하면, 「감염병의 예방 및 관리에 관한 법률」에 의한 입원조치, 「마약류 관리에 관한 법률」에 의한 치료보호, 「정신건강증진 및 정신질환자 복지서비스 지원에 관한 법률」에 의한 강제입원 등을 들 수 있다.27)

Ⅱ. 위법한 행정상 인신구속에 대한 기존의 통제제도의 문제점

1. 기존의 통제제도

행정상 인신구속을 당한 자도 당연히 위법한 인신구속에 대한 행정구제를 신청할 권리가 있다. 또한, 경우에 따라서는 위와 같은 행정구제 외에도 자신의 권리를 침탈한 자에 대하여 민·형사상의 책임도 물을 수 있다.

그러나 위와 같은 기존의 구제제도는 위법한 인신구속으로부터 행정상 인신구속을

---

26) 하명호, 「신체의 자유와 인신보호절차」, 24면 참조.
27) 자세한 내용은 하명호, 「신체의 자유와 인신보호절차」, 27면 참조.

당한 자를 구제하는데 실효성이 없는 경우가 많다. 행정상 인신구속을 당한 자가 기존의 민·형사소송이나 행정소송을 통하여 위법한 인신구속을 다툴 수 있다고는 하지만, 피구속자가 이러한 구제제도를 이용하여 구제를 받는 것에는 현실적으로 어려움이 많고, 신속한 구제가 보장되지 못한다는 문제점이 있다. 그러므로, 행정상 인신구속을 정한 각각의 법률에는 독특한 사전적·사후적 구제수단을 마련하고 있는 경우가 많다.

2. 개별법에 규정된 통제제도

행정상 인신구속을 규정한 개별법에는 인신구속의 남용을 막기 위하여 개별적인 상황에 맞는 통제제도를 규정한 경우가 있다.

「정신건강증진 및 정신질환자 복지서비스 지원에 관한 법률」에서는 특별하고 상세한 통제수단들을 마련하여 놓고 있다. 가장 두드러지는 특징은, 정신의료기관에 입원 중인 자 또는 그 보호의무자가 퇴원을 청구한 경우 시·도지사는 지방정신건강심사위원회에 회부하고 그 심사와 그에 따른 조치내용, 즉 퇴원 또는 가퇴원 및 처우개선을 청구서 접수일로부터 30일 이내에 청구자에게 서면으로 통지하여야 하며, 이러한 통지를 받은 자는 심사결과에 불복하거나 기간 내에 심사를 받지 못한 때에는 보건복지부장관에게 재심사를 요청할 수 있다는 것이다. 위와 같은 불복심사제도는 일반적인 행정구제와는 별도의 구제절차로서 정신건강증진 및 정신질환자 복지서비스 지원에 관한 법률의 독특한 제도라 할 것이다. 그 밖에 보건복지부장관, 시·도지사 또는 시장·군수·구청장의 정신보건시설의 설치·운영자에 대한 지도·감독권, 보고징수·검사권 이외에도, 보건복지부장관 또는 시·도지사는 정신보건심의위원회의 위원으로 하여금 정신보건시설에 출입하여 입원 또는 입소한 정신질환자들을 직접 면담하여 입원 또는 입소의 적절성 여부, 퇴원 또는 퇴소의 필요성 또는 처우에 관하여 심사하게 할 수 있다는 규정도 마련되어 있다.

3. 기존 구제제도의 부적합성과 특별한 구제제도의 필요성

위법한 행정상 인신구속은 그 피해가 막대하고 회복이 곤란함에도 불구하고 그에 대한 기존의 구제제도는 즉각적이고 효율적인 구제수단이 되지 못한다는 한계를 가지고 있다.

행정쟁송을 통한 권리구제는, ① 위법이 무효가 아닌 단순위법에 불과한 경우에는 불복제기기간의 제한을 받는다는 문제가 있고, ② 위법한 인신구속에 대한 권리구제는 신속하게 행해져야 하는데 행정쟁송을 통해서는 그 구조상 신속한 권리구제를 기대할 수 없으며, ③ 원고적격을 갖는 인신을 구속당하고 있는 자, 특히 정신질환자에 대한 강제입원의 경우 강제입원된 정신질환자가 소송을 제기하기에는 상당한 현실적인 어려움이 있다는 등의 한계가 있다.

한편, 「행정소송법」 제23조 제2항 본문의 집행정지는 행정소송을 제기하여 승소한 경우에도 이미 처분이 집행되는 등의 사정에 의하여 회복할 수 없는 손해를 입게 되어 권리구제가 되지 못하는 것을 막기 위한 제도로서 본안소송이 법원에 제기되어 계속중임을 요건으로 한다. 따라서, 앞에서 언급한 것과 같은 행정쟁송이 즉각적이고 효율적인 구제수단이 되지 못하는 이유는 집행정지에 관해서도 그대로 적용된다.

다음으로, 「출입국관리법」상 이의신청제도나 「정신건강증진 및 정신질환자 복지서비스 지원에 관한 법률」상의 불복심사청구제도는 위법·부당한 인신구속에 대한 신속한 구제수단이 될 수는 있다. 그러나, 이의신청이나 불복심사청구는 그 결정기관이 어디까지나 행정관청이고 사법기관이 아니라는 문제점을 가지고 있다.

따라서, 행정상 인신구속에 대하여 사법기관에 의하여 이루어지고 즉각적이고 효율적인 특별한 구제제도를 마련하는 것이 필요하다. 그러한 특별구제제도는 인신구속의 결정이 법원이 아닌 행정기관에 의하여 이루어진 경우에는 사후에 그 구속적부의 심사를 법원에 청구할 수 있는 제도이어야 한다.28)

Ⅲ. 헌법 제12조 제6항의 구속적부심사제도와 인신보호법의 제정

1. 행정상 인신구속에 대한 헌법 제12조 제6항의 적용여부

헌법 제12조 제6항은 적어도 국가기관, 지방자치단체 등 모든 공권력 행사기관이 '체포' 또는 '구속'의 방법으로 '신체의 자유'를 제한하는 사안에 대하여 적용되고, "누구든지 …… 권리를 가진다."라는 위 규정의 형식에 비추어 볼 때, 행정상 인신구속을

---

28) 하명호, 「신체의 자유와 인신보호절차」, 133면.

당한 자를 형사절차 내에서 구속을 당한 자와 달리 구속적부심사에 대한 권리주체에서 배제할 수는 없으므로, 그에 대한 구제수단으로 구속적부심사제도를 두지 않는다면 헌법 제12조 제6항에 위반된다 할 것이다. 따라서, 행정기관에 의하여 인신구속이 된 자 등의 청구에 의하여 개시된 절차에서 법원이 해당 인신구속의 적부에 대하여 제대로 심사하는 기회를 최소한 1번 이상 보장되어야 한다.

그런데, 「인신보호법」이 제정됨으로써, 행정상 인신구속의 영역에서 구속적부심사제도를 입법화하지 않았기 때문에 계속되고 있었던 입법부작위로 인한 헌법위반상태가 어느 정도 해소되었다.

2. 「인신보호법」의 제정

가. 제정이유

「인신보호법」은 2007년 12월 21일 법률 제8742호로 제정되었고 2008년 6월 22일부터 시행되고 있다. 그 제정목적은 위법한 처분 또는 사인에 의한 시설에의 수용으로 인하여 부당하게 인신의 자유를 제한당하고 있는 개인에 대한 구제절차를 마련함으로써 헌법이 보장하고 있는 국민의 기본권을 보호하려는 것에 있다.

나. 주요내용

(1) 피수용자의 범위(제2조 제1항)

이 법에 의한 구제대상이 되는 피수용자를 자유로운 의사에 반하여 국가, 지방자치단체, 공법인 또는 개인, 민간단체 등이 운영하는 의료시설·복지시설·수용시설·보호시설에 수용·보호 또는 감금되어 있는 자로 한다.

다만, 형사절차에 의한 체포·구속된 자, 수형자 및 「출입국관리법」에 따라 보호된 자는 제외되고 있다. 형사절차에 의한 피수용자의 경우에는 형사소송절차에 의한 구속적부심사제도가 보장되어 있기 때문에 적용 범위에 포함하지 않은 것은 타당하다. 그러나, 「출입국관리법」에 따라 보호된 자를 제외하는 것은 누구든지 법원에 구속적부심사를 청구할 수 있는 권리를 보장하는 헌법 제12조 제6항에 위반된다고 생각하나, 헌법재판소는 출입국관리사무의 긴급성과 특수성 등을 고려하여 합헌이라고 결정하였다.[29]

---

29) 헌재 2014. 8. 28. 선고 2012헌마686 결정.

(2) 구제청구자(제3조)

피수용자에 대한 구제청구는 피수용자 본인, 그 법정대리인·후견인·배우자·직계혈족·형제자매·동거인·고용주 또는 수용시설의 종사자가 법원에 청구할 수 있다.

(3) 심판기관(제4조 등)

해당 피수용자 또는 수용시설의 주소, 거소 또는 현재지를 관할하는 지방법원 또는 지원으로 한다. 법원은 직권 또는 구제청구자의 신청에 따라 청구사건의 심리에 적당하다고 판단되는 다른 법원에 사건을 이송할 수 있다.

(4) 구제청구사건의 심리 등(제8조 등)

법원은 구제청구에 대하여 이를 각하하는 경우를 제외하고 지체 없이 수용의 적법 여부 및 수용을 계속할 필요성 등에 대한 심리를 개시하여야 하고, 필요하다고 인정하는 때에는 정신과의사·심리학자·사회복지학자, 그 밖의 관련 전문가 등에게 피수용자의 정신·심리상태에 대한 진단소견 및 피수용자의 수용 상태에 대한 의견을 조회할 수 있도록 하고 있다.

법원은 심리를 위해서 구제청구를 각하한 경우를 제외하고 심문기일을 지정하여 구제청구자와 수용자를 소환하여야 하고, 필요하다고 인정한 때에는 피수용자 등 관계인을 제1항의 심문기일에 출석하게 할 수 있다. 이때 심리는 공개된 법정에서 행하되, 피수용자의 보호를 위하여 필요하다고 인정되는 때에는 결정으로 이를 공개하지 않을 수 있다.

(5) 결정(제6조, 제13조)

법원은 ① 구제청구자가 아닌 자가 구제청구를 한 때, ② 청구서면의 필요적 기재사항에 관한 제5조의 요건을 충족하지 못한 때, ③ 다른 법률의 구제절차에 따른 구제를 받을 수 있음이 명백한 때, ④ 이 법 또는 다른 법률에 따른 구제청구가 기각된 후 다시 구제청구를 한 때에는 결정으로 구제청구를 각하할 수 있다. 이 경우 법원은 각하하기 전에 상당한 기간을 정하여 그 흠을 보정하도록 명할 수 있다.

법원은 구제청구사건을 심리한 결과 그 청구가 이유가 있다고 인정되는 때에는 결정으로 피수용자의 수용을 즉시 해제할 것을 명하여야 한다. 구제청구가 이유 없다고 인정하는 때에는 이를 기각하여야 하되, 이 경우 피수용자를 보호하고 있는 자가 있는 때에는 피수용자의 신병을 수용자에게 인도할 것을 명하여야 한다.

(6) 수용의 임시해제 및 신병보호(제9조 및 제11조)

법원은 피수용자에 대한 신체의 위해 등을 예방하기 위하여 직권 또는 구제청구자의 청구에 따라 피수용자의 수용을 임시로 해제할 것을 결정하거나, 피수용자를 현재의 수용시설에서 적당하다고 인정되는 동종 또는 유사한 수용시설로 이송할 것을 수용자에게 명할 수 있도록 하고 있다.

(7) 재수용의 금지(제16조)

「인신보호법」에 따라 수용이 해제된 자는 구제청구의 전제가 된 사유와 같은 사유로 다시 수용할 수 없다.

제6장

사회보장행정에서의 권리구제

개관

Ⅰ. 행정구제제도의 의의

1. 행정구제의 의의

행정구제라 함은 행정권의 행사에 의하여 침해된 국민의 권익을 구제해 주는 것을 말한다. 행정권은 우월한 공권력주체로서 강한 공권력을 행사하므로, 행정권의 행사에 의하여 국민의 권익이 침해되는 경우가 적지 않은데, 그에 대한 구제제도가 확립되어 있지 않다면 기본권의 보장과 법치행정의 원칙은 실효성을 잃게 된다. 따라서, 행정구제 제도는 국민의 기본권 보장과 법치행정의 원칙을 담보하는 수단이다.

그런데, 국가의 중심적 역할이 침익적 행정에서 수익적 행정으로 전환됨에 따라 행정실체법뿐만 아니라 권리구제도 과거 자유주의적 법치주의시대와는 다른 모습을 가져야 한다. 특히 사회보장행정 영역에서 복지환경의 변화에 따라 종래 시혜적·반사적 이익이라고 보았던 사회보장수급권을 권리로 인식함에 따라 이에 대한 권리보호와 구제를 위한 다양한 제도적 장치가 필요하다.

2. 행정구제제도의 체계

위법한 행정권의 행사에 의하여 침해된 권익에 대한 구제제도로는 이의신청, 행정쟁송, 헌법소원, 국가배상청구, 공법상 결과제거청구, 국민고충처리 등이 있고, 적법한 공권력 행사로 인한 손실의 전보제도로는 행정상 손실보상이 있다.

행정구제의 방법은 원상회복적인 것과 금전적인 것으로 구별될 수 있는데, 전자에 해당하는 것으로는 행정쟁송, 헌법소원, 공법상 결과제거청구가 있고, 후자에 해당하는 것으로는 행정상 손해배상과 행정상 손실보상이 있다.[1]

또한, 공권력 행사의 위법·부당을 시정하는 구제제도로는 행정쟁송, 헌법소원 등이 있고, 공권력 행사의 결과에 대한 구제제도로 위법한 상태의 제거를 목적으로 하는 공법상 결과제거청구와 손해 또는 손실의 전보를 목적으로 하는 행정상 손해배상 및 손실보상이 있다.

3. 논의의 범위

국민의 권익 침해를 미리 방지하는 것이 국민의 권익보장을 위하여 바람직하고, 이에 처분이 내려지기 전에 이해관계인의 의견진술을 듣도록 하는 등의 행정절차도 사전구제수단으로 포섭될 수 있다. 그러나, 통상 구제는 권익의 침해를 전제로 하는 것이므로, 행정구제제도는 일반적으로 사후구제제도만을 지칭한다.[2] 이러한 사후적 구제수단 중 위법한 행정권의 행사에 의하여 침해된 권익에 대한 원상회복적 구제제도로서 행정구제의 기본이 되는 것이 행정쟁송, 즉 행정심판과 행정소송인 것이다.

「사회보장기본법」 제39조는 "위법 또는 부당한 처분을 받거나 필요한 처분을 받지 못함으로써 권리 또는 이익을 침해받은 국민은 「행정심판법」에 따른 행정심판을 청구하거나 「행정소송법」에 따른 행정소송을 제기하여 그 처분의 취소 또는 변경 등을 청구할 수 있다."라고 규정함으로써 사회보장행정상의 권리침해도 일반행정법상의 권리침해와 동일한 구제절차로 구제될 수 있음을 명시하고 있다. 사회보장 행정사건의 대부분은 일차적으로 개별법에서 정하고 있는 구제절차인 이의신청, 심판청구 등을 청구하고, 이 절차에서 구제되지 못하는 사건이 소송 등의 형태로 법원으로 가게 된다.

---

1) 박균성, 「행정법론(상)」 제22판, 박영사, 2023, 828면.
2) 박균성, 「행정법론(상)」, 828면.

이하에서는 행정 내부 절차를 통한 권리구제(행정심판 및 개별법상의 행정불복절차), 법원을 통한 권리구제(행정소송), 그 밖의 사회보장관계에서 문제될 수 있는 행정구제제도로 나누어 살펴보기로 한다.

II. 사회보장행정법에서 권리구제의 기본원칙

1. 사회보장행정법관계의 특수성

사회보장행정법관계는 관련 법령이 여러 분야에 산재해 있을 뿐 아니라 그 내용이 매우 복잡하고 광범위하며 법령의 개정도 잦기 때문에, 일반 국민인 수급권자가 자신의 청구권을 둘러싼 법률관계를 파악하는 것은 쉽지 않다. 또한, 사회보장급여 수급권자는 일반적인 행정법관계의 당사자와는 달리 특별한 사회적·경제적 보호가 필요한 경우가 많으므로, 사회보장행정법관계의 내용은 수급권자의 생존문제와 연결된다. 그리고, 사회보장행정법관계는 통상 장기적인 법률관계를 내용으로 하므로, 행정청의 위법한 행위 또는 이를 계기로 행해진 결정은 개인의 경제생활에 오랜 기간 영향을 미친다.[3]

2. 권리구제의 기본원칙

위와 같은 특수성을 고려할 때, 사회보장행정에서의 권리구제는 다음과 같은 기본원칙을 갖출 것이 요구된다.

첫째, 사회적 위험에 처해 있는 사회보장수급권자의 경우 현실적으로 사회보장행정 법률에 관하여 충분한 지식을 갖지 못하는 경우가 일반적이므로, 전문가만 알 수 있는 복잡한 절차로 인하여 권리구제의 기회를 놓치거나 포기하게 하여서는 안 된다. 따라서, 권리구제를 위한 절차는 간소하고 쉬워야 한다.[4]

둘째, 사회보장수급권자는 경제적으로 곤궁하거나 사회적 위험에 처한 경우가 많고, 법률관계도 통상 장기적인 법률관계를 내용으로 한다. 그러므로, 권리구제에 관한 분쟁

---

3) 박우경, 「사회보장사건의 법원을 통한 구제절차 현황과 개선방안」, 사법정책연구원, 2022, 23면; 조만형, "우리나라 사회보장법상 행정불복절차에 관한 연구", 공법연구 제35집 제2호, 한국공법학회, 2006, 452면.
4) 조병규·오명은·장혜선·서장원·오군성, "사회보장수급권과 권리구제", 사회복지법연구, 경인문화사, 2019, 473면.

이 있다면 이를 조속히 해결함으로써 가급적 빨리 경제적 안정을 찾을 수 있도록 하여야 한다. 이를 위하여 신속한 분쟁종결의 원칙이 요구된다.[5]

셋째, 사회보장행정법은 그 내용이 복잡하여 복합적인 법 영역을 포괄하고 있다. 게다가 사회보장행정에 관한 법률들은 잦은 개정으로 법률관계의 파악에 어려움이 따를 수도 있다. 그러므로, 장기적인 법률관계를 내용으로 하는 사회보장행정법의 특성상 법률 분쟁에서의 그릇된 판단은 개인생활의 장기적인 경제적 손실이라는 막중한 결과를 초래한다. 따라서, 분쟁담당자의 전문성을 제고하여 복지 수요자에 대한 타당한 권리구제가 이루어지도록 하여야 한다.[6]

넷째, 사회보장수급권자는 생존의 위험에 처한 상황에서 그 구제를 구하는 것이므로, 수급권자가 부담하여야 할 권리구제비용이 구제받고자 하는 급부보다 크게 되면 권리의 구제를 포기할 수밖에 없다. 그러므로, 사회보장을 위한 권리구제는 그 비용이 최소화될 것이 요구된다.[7]

제2절 행정적 권리구제

I. 개설

행정 내부 절차를 통한 권리구제(행정적 권리구제)는 당사자가 행정기관에 이의신청, 심사청구 그리고 재심사청구 등을 함으로써 권리를 구제받는 것을 의미한다.[8] 각 영역별 법률관계에 관하여 규율하는 개별 사회보장법령에서 정하고 있는 구제절차와 「행정

---

5) 조병규·오명은·장혜선·서장원·오군성, "사회보장수급권과 권리구제", 473면.

6) 한승훈, "우리나라 사회보험행정상 심급적 행정심판을 위한 법제적 고찰", 사회보장연구 제20권 제3호, 사회보장학회, 2004, 202면.

7) 조병규·오명은·장혜선·서장원·오군성, "사회보장수급권과 권리구제", 473면.

8) 정영진·김상찬, "사회보장관련법상 권리구제제도에 관한 연구", 법과 정책 제21권 제3호, 제주대학교 법과정책연구소, 2015, 348면.

심판법」상의 행정심판이 여기에 포함된다. 특별법에 해당하는 개별 사회보장법령에서 정하고 있는 규정들이 우선 적용되겠지만, 법률의 규정 방식과 내용에 따라 「행정심판법」이 준용되기도 하고, 개별법에 따른 구제절차를 거친 후 또는 그와 무관하게 행정심판을 제기할 수도 있다.

행정적 권리구제의 장점은 행정소송에 비하여 저렴한 비용으로 단기간에 분쟁을 해결할 수 있다는 것이다. 또한, 해당 행정 영역에서 보다 전문성을 가진 주체로부터 판단을 받을 수 있고, 여러 사정을 고려하여 행정청 스스로 처분을 시정할 가능성도 있다. 이러한 장점들은 앞서 본 사회보장행정에서 고려되어야 할 권리구제의 원칙에 상당 부분 부합한다. 따라서, 다른 행정의 영역보다 사회보장행정에서 행정적 권리구제가 중요한 역할을 수행할 수 있을 것으로 보인다.

이하에서는 일반법에 해당하는 「행정기본법」상의 이의신청 및 재심사, 「행정심판법」상의 행정심판제도에 관하여 개괄적으로 살펴보고, 사회보장관련 개별법상의 권리구제절차를 살펴본 후 개별법상의 권리구제절차에서 개선될 점은 없는지 살펴본다.

II. 이의신청 및 재심사제도

1. 「행정기본법」의 제정과 규율내용

2021년 3월 23일 법률 제17979호로 제정된 「행정기본법」은 처분에 대한 일반적인 구제수단으로 이의신청(제36조)과 재심사(제37조)에 관한 규정을 신설하였다. 위 규정들은 2023년 3월 24일부터 시행되고 있다. 이의신청은 처분에 관한 일반적인 불복수단에 해당하고, 재심사는 행정심판, 행정소송 및 그 밖의 쟁송을 통하여 다툴 수 없게 된 경우(법원의 확정판결이 있는 경우 제외)에 일정한 사유를 들어 해당 처분을 한 행정청에 처분의 취소 등을 신청하는 제도이다.

2. 이의신청

가. 의의

당사자가 처분에 이의가 있는 경우 처분청에 이의를 신청하는 제도는 행정심판이나 행정소송 전에 간편하게 불복할 수 있는 기회를 제공하려는 것에 제도적 취지가 있다.[9] 그런데, 개별 법령에서는 이의신청제도가 이의신청, 불복, 재심 등 다양한 용어와 형태로 규정되어 있고, 이의신청기간 중에 행정심판이나 행정소송의 제소기간 진행이 정지되는지 여부도 명확하지 않아 공무원과 국민들의 혼란을 야기하고 있었다. 이러한 문제의식에 따라 행정기본법은 처분의 이의신청에 관한 공통적인 방법과 절차를 규정하여 이의신청제도가 실효성 있게 운영되도록 하고, 개별 법령에 이의신청에 관한 내용이 규정되어 있지 않은 경우에도 불복할 수 있는 기회를 제공하여 국민의 권리구제를 강화하기 위하여, 제36조에서 이의신청에 대한 규정을 두었다.

「행정기본법」 제36조 제1항에서는 행정청의 처분(「행정심판법」 제3조에 따른 행정심판의 대상이 되는 처분)에 이의가 있는 당사자는 처분을 받은 날부터 30일 이내에 해당 행정청에 이의신청을 할 수 있다고 규정하고 있으므로, 처분청과 결정기관이 같지 않은 경우에는 여기에서 말하는 이의신청에 포함되지 않는다.

이의신청과 행정심판의 구별에 관하여, 심판기관을 기준으로 처분청에 대하여 재심사를 구하는 것을 이의신청이라고 하고 상급행정기관에 대하여 불복하는 것을 행정심판이라고 구분하는 것이 전통적인 견해이다. 이에 대하여 심판기관과 상관없이 준사법절차가 보장되어 있는지 여부에 따라 구분하는 견해도 있다. 그러나, 행정심판과 이의신청은 ① 이의신청을 「행정심판법」에 따라 행정심판에 해당하거나 행정심판을 대체하는 것인지의 관점(「행정심판법」 제3조 제1항, 제51조의 해석에 따른 개념범주), ② 헌법 제107조 제3항에 따라 준사법절차를 충족하여야 하는 것인지의 관점(헌법 제107조 제3항의 해석에 따른 개념범주), ③ 행정소송의 전치절차와 제소기간의 특례가 적용되는 것인지의 관점(「행정소송법」상 행정심판의 전치와 제소기간의 기산점의 해석에 따른 개념범주)에 따라 그 개념의 폭이 달라질 수 있다. 그런데, 여기에서 말하는 이의신청과 행정심판의 관계는 ①의 개념범주에서 문제가 된 것이고, 행정기본법 제36조는 이의신청과 행정심판을 심판기관을 기준으로 구별하는 전통적인 견해에 입각하여 입법이 된 것이라고 평가된다.

---

9) 2020. 3. 현재 개별 법령에 근거를 두고 있는 이의신청제도는 307개에 이른다고 한다(백옥선, "행정기본법(안)의 이의신청 조항에 대한 검토 및 향후 법적 과제", 법제연구 제59호, 한국법제연구원, 2020, 75면). 이 수치는 특별행정심판을 규정한 법률에서 정한 특별행정심판절차 이전에 거칠 수 있도록 한 이의신청은 제외한 것이라고 하고, 307개 중에는 대통령령에 근거를 둔 것이 57개, 총리령과 부령에 근거를 둔 것이 25개가 포함되어 있다고 한다.

나. 이의신청의 대상과 당사자

이의신청의 대상이 되는 처분은 「행정심판법」 제3조에 따른 '일반행정심판의 대상이 되는 처분'이다. 따라서, 특별행정심판으로 취급되거나 「행정심판법」의 적용이 배제되는 처분은 이의신청의 대상에서 제외하고 있다.[10]

이의신청은 행정쟁송 전에 처분을 한 행정청에 대하여 불복하는 것으로서, 「행정기본법」은 처분을 한 행정청이 아닌 상급 행정기관 또는 제3의 기관(재결청)에 불복하는 행정심판 또는 특별행정심판과 구별하기 위하여 처분의 '당사자'만 이의신청을 할 수 있도록 하고 '이해관계인'을 제외하고 있다. 이해관계인인 제3자는 행정심판이나 행정소송을 통하여 권리구제를 받을 수 있는데, 이를 허용할 경우 「행정기본법」상의 이의신청 제도가 남발될 우려가 있는 점 등을 우려한 결과이다.

다. 이의신청절차와 처리기간

이의가 있는 당사자는 처분을 받은 날부터 30일 이내에 처분청에 이의신청을 하여야 한다(「행정기본법」 제36조 제1항). 이때 ① 신청인의 성명·생년월일·주소(신청인이 법인이나 단체인 경우에는 그 명칭, 주사무소의 소재지와 그 대표자의 성명)와 연락처, ② 이의신청 대상이 되는 처분의 내용과 처분을 받은 날, ③ 이의신청 이유 등을 적은 문서를 해당 행정청에 제출하여야 한다(시행령 제11조 제1항).

이의신청을 받은 행정청은 그 신청을 받은 날부터 14일 이내에 그 이의신청에 대한 결과를 신청인에게 통지하여야 하되, 부득이한 사유로 14일 이내에 통지할 수 없는 경우에는 그 기간을 만료일 다음 날부터 기산하여 10일의 범위에서 한 차례 연장할 수 있으며, 연장 사유를 신청인에게 통지하여야 한다(「행정기본법」 제36조 제2항).

라. 이의신청과 행정쟁송과의 관계

이의신청은 행정심판이나 항고소송의 필요적 전치절차가 아니므로, 이의신청과 관계 없이 행정쟁송을 제기할 수 있다(「행정기본법」 제36조 제3항).

그런데, 이의신청절차가 진행 중에 행정심판의 청구기간이나 행정소송 제소기간이 도과하여 국민의 권리구제가 제한되는 문제가 생길 수 있으므로, 이의신청절차 중에 행

---

10) 「행정심판법」 적용이 배제되는 처분의 예로는 「공익신고자 보호법」 제21조의 보호조치결정, 「난민법」 제21조의 난민불인정결정, 「도로교통법」 제165조의 통고처분 등을 들 수 있다.

정심판·행정소송의 제소기간을 정지시킬 필요가 있다. 이에 따라 「행정기본법」 제36조에서는 이를 명확하게 하기 위하여 이의신청에 대한 결과를 통지받은 후 행정심판 또는 행정소송을 제기하려는 자는 통지받은 날 또는 결과를 통지받지 못한 경우 통지기간 만료일 다음 날로부터 90일 이내에 행정심판 또는 행정소송을 제기할 수 있다고 규정하고 있다(제4항).

대법원은 행정심판을 거친 경우 재결서의 정본을 송달받은 날로부터 90일, 재결이 있은 날로부터 1년 이내에 소를 제기하여야 한다고 규정한 「행정소송법」 제20조의 해석과 관련하여, 여기에서 말하는 행정심판을 행정심판법상 행정심판과 특별행정심판이라고 한정하고, 「민원처리에 관한 법률」 제35조 제1항에서 정한 거부처분에 대한 이의신청과 같이 이에 해당하지 않는 절차를 거친 경우에는 행정심판을 거친 경우의 제소기간의 특례가 적용된다고 할 수 없다고 판시하였다.[11] 만일 대법원과 같은 해석을 한다면, 법적 지식이 부족한 일반 국민의 입장에서는 입법자가 법령 등에 규정한 이의신청 절차의 기회를 활용했음에도 불구하고, 법원이 불필요한 이의신청을 거쳤다고 하면서 행정소송의 기회를 주지 않겠다는 것이 되므로 불의타가 된다는 비판이 있었다. 이 조항은 행정소송의 제소기간을 이의신청에 대한 결과를 통지받은 후부터 기산하도록 규정하여 이 문제에 관한 입법적인 해결을 한 것으로써, 이의신청제도를 행정기본법에 도입하는 핵심적인 사항이고, 바람직한 입법이라고 평가된다.

마. 개별 법령과의 관계 및 적용배제

「행정기본법」의 이의신청에 관한 조항과 개별법상의 이의신청조항과의 관계는 일반법과 특별법의 관계다. 따라서, 개별법에 이의신청이나 이와 유사한 제도가 있으면 그 규정이 우선 적용되고, 개별법에서 규정되지 않은 내용은 「행정기본법」의 규정이 보충적으로 적용된다(제36조 제5항). 따라서, 개별법에서 이의신청 제기 후 행정심판이나 행정소송을 제기하는 경우 제소기간에 대하여 아무런 규정을 두고 있지 않은 경우에는 「행정기본법」 제36조가 적용된다.

한편, 「행정기본법」의 이의신청에 관한 조항은 ① 공무원 인사 관계 법령에 따른 징계 등 처분에 관한 사항, ② 「국가인권위원회법」 제30조에 따른 진정에 대한 국가인권위원회의 결정, ③ 「노동위원회법」 제2조의2에 따라 노동위원회의 의결을 거쳐 행하는

---

11) 대법원 2012. 11. 15. 선고 2010두8676 판결.

사항, ④ 형사, 행형 및 보안처분 관계 법령에 따라 행하는 사항, ⑤ 외국인의 출입국·난민인정·귀화·국적회복에 관한 사항, ⑥ 과태료 부과 및 징수에 관한 사항 등에 대해서는 그 적용이 배제된다(제36조 제7항).

3. 처분의 재심사

가. 의의

행정쟁송의 제소기간이 도과되었거나 쟁송절차를 모두 거친 경우라고 하더라도 추후에 처분의 기초가 된 사실관계 또는 법률관계가 변경되어 당초 처분의 근거가 된 사실관계와 법률관계가 사회적 관념이나 법질서와 충돌하는 때에는 당초 처분을 재고할 수 있도록 하여 당사자의 권리를 보호할 필요가 있다.

법원에서 확정된 판결에 대해서도 「민사소송법」과 「형사소송법」에 따라 일정한 요건 하에 재심이 허용되는데, 행정행위에 대해서도 재심사의 기회를 보장하지 않을 이유가 없으므로, 「행정기본법」 제37조에 정의와 형평의 관점에서 불가쟁력을 깨는 예외적 제도로서 처분의 재심사제도가 도입되었다.

나. 재심사사유와 대상

제재처분 및 행정상 강제를 제외한 처분에 불가쟁력이 발생하여 다툴 수 없게 된 경우라도 ① 처분의 근거가 된 사실관계 또는 법률관계가 추후에 당사자에게 유리하게 바뀐 경우, ② 당사자에게 유리한 결정을 가져다주었을 새로운 증거가 있는 경우, ③ 「민사소송법」 제451조에 따른 재심사유에 준하는 사유가 발생한 경우 등 대통령령으로 정하는 경우에 해당하면 당사자는 해당 처분을 한 행정청에 대하여 처분을 취소·철회하거나 변경할 것을 신청할 수 있다. 위 재심사사유 중 "「민사소송법」 제451조에 따른 재심사유에 준하는 사유가 발생한 경우 등 대통령령으로 정하는 경우"에 대하여, 시행령 제12조에서는 ① 처분 업무를 직접 또는 간접적으로 처리한 공무원이 그 처분에 관한 직무상 죄를 범한 경우, ② 처분의 근거가 된 문서나 그 밖의 자료가 위조되거나 변조된 것인 경우, ③ 제3자의 거짓 진술이 처분의 근거가 된 경우, ④ 처분에 영향을 미칠 중요한 사항에 관하여 판단이 누락된 경우 등이라고 규정하고 있다.

재심사의 대상에서 '제재처분'12)과 '행정상 강제'를 제외하고 있는데, 처분의 재심사는 우리나라 행정법제에서 처음으로 도입되는 제도이므로, 입법의 신중을 기하기 위하여 우선 수익적 행정행위를 중심으로 운영해보고 추후 확대 여부를 결정하기로 한 결과이다. 또한, 불가쟁력이 발생한 경우 중 '법원의 확정판결'이 있는 경우가 제외되어 있는데, 이는 행정소송으로 확정된 판결의 기판력을 재심을 거치지 않고 무력화시키는 결과로 이어질 우려를 반영한 것이다.

다. 신청인적격과 신청절차

재심사의 신청권자는 당사자로 한정된다. 「행정기본법」의 입법예고안에서는 국민의 권리구제 강화라는 재심사의 취지를 고려하여 신청권자에 '이해관계인'을 포함시켰으나, 관계기관 의견수렴과정에서 신청권자의 범위가 지나치게 확대되어 행정청에 부담이 커진다는 의견을 반영하여 '당사자'로 한정하게 되었다.

처분의 재심사를 신청하려는 자는 ① 신청인의 성명·생년월일·주소(신청인이 법인이나 단체인 경우에는 그 명칭, 주사무소의 소재지와 그 대표자의 성명)와 연락처, ② 재심사 대상이 되는 처분의 내용과 처분이 있은 날, ③ 재심사 신청 사유 등을 적은 문서에 처분의 재심사 신청 사유를 증명하는 서류를 첨부하여 해당 처분을 한 행정청에 제출하여야 한다(시행령 제13조 제1항). 이러한 신청을 받은 행정청은 그 신청 내용에 보완이 필요하면 보완하여야 할 내용을 명시하고 20일 이내에서 적절한 기간을 정하여 보완을 요청할 수 있다(같은 조 제2항).

한편, 「행정기본법」은 재심사의 요건이 다소 넓어 행정의 부담이 된다는 우려를 고려하여 당사자가 중대한 과실 없이 해당 처분의 절차, 행정심판, 행정소송 및 그 밖의 불복절차에서 재심사 사유를 주장하지 못한 경우에만 신청할 수 있도록 제한하고 있다(제37조 제2항). 이는 재심사의 남용을 막기 위한 장치로서 해당 처분의 절차와 행정쟁송에서 재심사의 사유를 주장하였거나 주장하지 못하였더라도 당사자에게 중대한 과실이 있는 경우에는 재심사 신청을 허용하지 않으려는 것이다.

재심사의 신청기간은 재심사 사유를 안 날부터 60일 이내이고, 처분이 있는 날부터 5년이 지나면 신청할 수 없도록 제한하였다(제37조 제3항). 이와 같이 재심사의 신청기간과 제척기간도 신청의 제한 사유와 아울러 재심사의 남용을 막기 위한 장치로서의 의미를 가진다.

---

12) 여기에서의 제재처분이란 "법령등에 따른 의무를 위반하거나 이행하지 아니하였음을 이유로 당사자에게 의무를 부과하거나 권익을 제한하는 처분"을 말한다(행정기본법 제2조 제5호).

라. 재심사의 결과통지와 불복

행정청은 특별한 사정이 없으면 신청을 받은 날부터 90일(합의제행정기관은 180일) 이내에 처분의 재심사 결과를 신청인에게 통지하여야 하되, 부득이한 사유로 그 기간 내에 통지할 수 없는 경우에는 한 차례 연장할 수 있다(제37조 제4항).

처분의 재심사 결과도 처분으로서의 성격을 가진다. 그런데, 「행정기본법」은 처분을 유지하는 결과에 대해서는 행정심판, 행정소송 및 그 밖의 쟁송수단을 통하여 불복할 수 없도록 규정하여 불필요한 쟁송의 반복을 방지하고 재심사로 인한 행정청의 부담을 완화하고 있다(제37조 제5항). 쟁송기간이 지나 불가쟁력이 발생한 처분에 대하여 재심사와 쟁송을 통한 불복을 반복할 수 있게 된다면, 행정청의 부담이 증가하고 사법시스템을 무력화할 수 있다는 우려가 반영된 것이다. 그러나, 이는 법치국가의 원칙과 국민의 재판청구권 및 개괄주의를 채택한 행정소송제도의 취지 등에 반하는 것으로 헌법에 위반되고, 이 조항으로 인하여 재심사의 제도적 실효성이 반감되며, 재심사의 사유·요건 등을 감안하면 쟁송이 과도하게 반복될 우려는 크지 않다는 점 등을 이유로 이 조항을 삭제하여야 한다는 견해가 있는데,[13] 경청할 만한 의견이라고 생각되고, 이에 관한 향후의 논의가 주목된다.

마. 직권취소 및 철회와의 관계

당사자가 재심사를 신청하였는데 기각되면 해당 사안은 직권취소나 철회도 못하는 것 아니냐고 오해할 염려가 있으므로, 「행정기본법」은 행정청이 재심사와 관계없이 직권취소나 철회를 할 수 있도록 명확히 규정하고 있다(제37조 제6항).

한편, 처분의 상대방 등이 당초에 있었던 처분에 하자가 있다고 하거나 사후에 사정변경 또는 공익상 필요가 발생하였다는 이유로 행정청에 대하여 당초 처분에 대한 취소·철회·변경을 신청하였는데, 처분청이 아무런 응답을 하지 않거나 그 신청을 거부한 경우 처분의 상대방 등이 부작위위법확인소송이나 거부처분 취소소송 등을 제기할 수 있는지에 관하여, 대법원은 불가쟁력과 제소기간제도의 취지 등을 이유로 원칙적으로 이를 인정하지 않고 있지만, 장래 일정한 기간 내에 관계 법령이 규정하는 시설 등을 갖추어 일정한 처분을 구하는 신청을 할 수 있는 법률상 지위에 있는 자가 한 도시계획

---

13) 이러한 위헌의견은 행정기본법 입법예고안이 변경되어 이 조문이 삽입된 이후 홍준형 교수 등이 중심이 되어 제기한 것이다.

의 변경신청에 대한 행정청의 거부가 결과적으로 해당 처분 자체를 거부하는 셈이 되는 경우,[14] 제3자의 이익을 침해한다는 특별한 사정이 있는 경우[15] 등에는 예외적으로 그 신청인에게 조리상의 신청권을 인정하고 있다.

그런데, 자칫하면 처분의 재심사제도가 도입됨으로써 위와 같은 처분의 변경신청에 따른 권리구제가 더이상 인정되지 않는 방향으로 해석될 수 있다. 그러나, 「행정기본법」 제정과정에서도 위와 같은 우려에 대하여 논의가 되었고, 법령이나 판례에 따라 인정되는 권리구제수단에 더하여 추가되는 제도라는 점을 전제로 처분의 재심사제도가 도입되었던 것이다. 이러한 입법과정과 입법취지를 감안하면 「행정기본법」이 시행되어 정착되더라도 재심사제도와 기존에 판례에서 인정되어오던 조리상의 신청권에 기한 처분의 취소·철회·변경에 관한 구제는 전혀 별개라고 인식하여야 할 것이다.

바. 적용배제

처분의 재심사는 ① 공무원 인사 관계 법령에 따른 징계 등 처분에 관한 사항, ②「노동위원회법」 제2조의2에 따라 노동위원회의 의결을 거쳐 행하는 사항, ③ 형사, 행형 및 보안처분 관계 법령에 따라 행하는 사항, ④ 외국인의 출입국·난민인정·귀화·국적 회복에 관한 사항, ⑤ 과태료 부과 및 징수에 관한 사항, ⑥ 개별 법률에서 그 적용을 배제하고 있는 경우 등에 대해서는 그 적용이 배제된다(제37조 제8항).

III. 사회보장행정에서 행정심판

1. 행정심판제도

가. 행정심판의 개념

행정작용으로 인하여 권리·이익의 침해가 발생한 경우 행정소송 전 단계에서 이루어지는 행정기관에 의한 권리구제 수단 중에서 '행정사건에 관한 사후적 권리구제수단'으로서 '행정기관에 의한 구제'에 해당하는 '쟁송적 성격'의 요건을 갖춘 것을 '실질적 의미의 행정심판'이라 할 수 있다. 실질적 의미의 행정심판은 행정심판, 이의신청, 재결

---

14) 대법원 2003. 9. 23. 선고 2001두10936 판결.
15) 대법원 2017. 3. 15. 선고 2014두41190 판결.

신청, 심사청구, 심판청구 등을 포괄하는 넓은 의미의 행정심판으로서 여러 가지 이름으로 불릴 수 있다.[16)]

반면에 형식적 또는 제도적 의미의 행정심판은 「행정심판법」의 적용을 받는 행정심판을 의미하는데, "위법 또는 부당한 처분이나 부작위로 침해된 국민의 권리 또는 이익을 구제"하기 위한 행정기관에 의한 절차를 의미한다(「행정심판법」 제1조).

이하에서는 개별법에서 규정하고 있는 이의신청, 심사청구 등과 구분하기 위하여 형식적 의미의 행정심판을 '행정심판'으로 지칭하고, 개별법이 규정하고 있는 실질적 의미의 행정심판은 '개별법상의 행정불복절차'라고 지칭하기로 한다.

나. 행정심판의 범위

「행정심판법」은 행정청의 처분 또는 부작위에 대하여 "다른 법률에 특별한 규정이 있는 경우"를 제외하고는 이 법에 따라 행정심판을 청구할 수 있다고 규정하면서(제3조 제1항), "심판청구에 대한 재결이 있으면 그 재결 및 같은 처분 또는 부작위에 대하여 다시 행정심판을 청구할 수 없다."라고 규정하고 있다(제51조). 즉, 행정심판에 해당하거나 행정심판을 대체하는 것으로 인정받게 되면 「행정심판법」상 행정심판을 중복해서 청구할 수 없고, 그렇지 않으면 그 절차를 거치고도 행정심판의 제기가 가능하다는 것이다.[17)]

그런데, 사회보장행정에 관한 개별법에서는 이의신청, 재결신청, 심사청구 등 다양한 용어를 사용하여 행정 영역에서의 구제절차에 관하여 규정하면서도 「행정심판법」상의 행정심판과의 관계를 명확히 규정하고 있지 않은 경우가 많아서 이를 「행정심판법」상의 행정심판을 대체할 수 있는 자격을 가진 것으로 볼 수 있는지 아니면 그와 별개인 내부의 불복절차에 불과한 것인지 문제가 된다.

이 문제를 해결하는 가장 중요한 준거점은 법률의 규정이라 할 것인데, ① 이의신청 여부와 관계없이 행정심판을 제기할 수 있다고 명시한 경우, ② 이의신청 외에 행정심판을 제기할 수 없다고 규정한 경우, ③ 이의신청에 대한 결정 후 행정소송을 제기하여야 한다고 명시한 경우, ④ 아무런 규정도 두지 않은 경우 등 그 입법형식이 다양하다. 앞의 입법형식 중 ①의 경우는 행정심판을 제기할 수 있고, ②, ③의 경우는 행정심판을

---

16) 하명호, 「행정쟁송법」, 267면.
17) 하명호, 「행정쟁송법」, 269면.

제기할 수 없다는 것이 명백하다. 결국 아무런 규정을 두지 않은 ④의 경우가 문제된다.[18] 이에 대하여 대법원은 개별법에 의한 이의신청과 「행정심판법」에 따른 행정심판청구 중 어느 하나만을 거쳐 행정소송을 제기할 수 있을 뿐 아니라, 이의신청을 하여그 결과 통지를 받은 후 다시 행정심판을 거쳐 행정소송을 제기할 수도 있다고 본다.[19] 앞에서 살펴 본 것처럼 「행정기본법」 제36조 제3항에서도 처분청에 대한 이의신청은행정심판이나 항고소송의 필요적 전치절차가 아니라는 의미에서 이의신청의 제기와 관계없이 행정심판이나 항고소송을 제기할 수 있다고 규정하고 있다.

다. 행정심판의 기능

행정심판은 행정의 적법성 확보를 행정권 스스로 자율적으로 보장하는 기능(자율적행정통제기능)을 가진다. 한편, 행정심판은 행정소송에 비하여 전문적·기술적인 문제를처리하는 데 적합한 구조를 가지고 있는 경우가 많고, 대량의 처분에 관한 다툼의 신속한 처리가 가능하다. 이 경우 행정심판은 법원의 능력을 보충하고, 법원 및 당사자의 시간·노력을 절약하며 그 부담을 덜어주는 기능(사법기능의 보완기능)을 수행한다. 또한, 행정심판은 행정소송에 비하여 신속·간편한 처리가 가능하므로 행정능률의 향상에 기여할 수 있다(행정능률의 보장기능).[20]

위와 같은 행정소송에 대비되는 행정심판의 기능 내지 특징은 앞서 본 사회보장행정에서 권리구제의 기본원칙에 상당히 부합한다. 즉, 행정소송에 비하여 빠른 절차 진행으로 신속한 분쟁종결이 가능하고, 처분청에 속하는 기관들이 심판기관으로 관여함으로써 구체적인 사실관계를 보다 잘 파악하는 것은 물론 전문성도 확보할 수 있다. 위법한처분은 물론 부당한 처분에 대해서도 다툴 수 있어 처분의 적법여부와 별개로 사안의구체적 타당성을 추구할 수 있다. 또한, 행정소송의 제기에는 상당한 비용이 소요되는반면 행정심판의 제기에는 그와 같은 부담이 없어 수급권자에 대한 경제적 진입장벽도낮다. 따라서, 행정심판을 통한 권리구제가 행정소송에 비하여 사회보장행정 영역에서는상당히 유의미하다고 할 수 있다. 행정심판이 이상적으로 운영될 수만 있다면 권리구제의 측면에서 소송제도보다 신속성·용이성·경제성·효율성을 달성할 수 있는 훨씬 유용하고 현실적인 권리구제제도라 할 수 있다.[21]

---

18) 하명호, 「행정쟁송법」, 269면.
19) 대법원 2010. 1. 28. 선고 2008두19987 판결.
20) 하명호, 「행정쟁송법」, 273면.

라. 「행정심판법」상의 행정심판의 종류

행정심판법은 제5조에서 행정심판의 종류를 취소심판, 무효등확인심판, 의무이행심판으로 규정하고 있다. 구체적인 내용은 다음과 같다.

(1) 취소심판(제1호)

"행정청의 위법 또는 부당한 처분을 취소하거나 변경하는 행정심판"을 말한다. 대부분의 행정심판이 이 유형에 속하고 「행정심판법」도 취소심판을 중심으로 규정하고 있다. 법률관계의 안정을 위하여 청구기한의 제한이 있는 것이 특징이다. 위원회는 취소심판의 청구가 이유가 있다고 인정하면 처분을 취소 또는 다른 처분으로 변경하거나 처분을 다른 처분으로 변경할 것을 피청구인에게 명한다(「행정심판법」 제43조 제3항). 한편, 심판청구가 이유가 있는 경우에도 이를 인용하는 것이 공공복리에 크게 위배된다고 인정하면 심판청구를 기각하는 사정재결을 할 수 있다(「행정심판법」 제44조).

(2) 무효등확인심판(제2호)

무효등확인심판은 "행정청의 처분의 효력 유무 또는 존재 여부를 확인하는 행정심판"을 의미한다. 구체적으로 무효확인심판, 유효확인심판, 부존재확인심판, 존재확인심판 등이 속한다. 청구기간의 제한이 없고, 사정재결에 관한 규정이 적용되지 않는다. 위원회는 무효등확인심판의 청구가 이유가 있다고 인정하면 처분의 효력 유무 또는 처분의 존재 여부를 확인한다(「행정심판법」 제43조 제4항).

(3) 의무이행심판(제3호)

(가) 의의

"당사자의 신청에 대한 행정청의 위법 또는 부당한 거부처분이나 부작위에 대하여 일정한 처분을 하도록 하는 행정심판"을 말한다. 의무이행심판은 위법 또는 부당한 처

---

21) 처분청이 이의신청 심사기관이 되어 이의신청을 인용할 경우 스스로 잘못을 인정하는 결과가 되어 이의신청 인용률이 낮을 수밖에 없고, 재심사 등을 담당하는 기관들 역시 독립성의 측면에서 한계가 있다는 지적도 있다(박우경, 「사회보장사건의 법원을 통한 구제절차 현황과 개선방안」, 51면). 국민권익위원회가 제공하는 중앙행정심판 연도별 사건처리 현황에 의하면, 2014년~2018년경에는 인용률이 15~17% 정도였으나, 2019년 10%, 2020년 8.6%, 2021년 10.3%, 2022년 8.6%, 2023년 7.2%로 인용률이 다소 하락하는 모습을 보이고 있다. 〈simpan.go.kr/nsph/sph240.do〉 참조(2024. 1. 4. 최종확인).

분의 취소를 통해 그 효력을 상실시키는 취소심판과 달리 적극적 행위를 재결할 수 있다는 점에서 큰 차이가 있다. 거부처분에 대한 의무이행심판에는 청구기간의 제한이 있지만 부작위에 대한 의무이행심판에는 그러한 제한이 없다. 의무이행심판에는 성질상 집행정지에 관한 규정이 적용되지 않는다.[22] 위원회는 의무이행심판의 청구가 이유가 있다고 인정하면 지체 없이 신청에 따른 처분을 하거나 처분을 할 것을 피청구인에게 명하고(「행정심판법」 제43조 제5항), 이때 행정청은 지체 없이 재결의 취지에 따라 원 신청에 대한 처분을 할 의무가 있다.

(나) 사회보장 행정사건에서의 의미

급부행정이 문제되는 사회보장 행정사건의 경우 단순히 처분을 취소하는 것만으로는 실질적인 권리구제가 이루어지지 못한다. 즉, 급여신청의 거부처분에 대하여 취소소송을 제기하여 해당 처분이 취소된다고 하더라도 실제로 급여가 지급되는 것이 아니라 신청상태로 되돌아갈 뿐이므로, 추가적으로 행정청의 적극적인 행위가 필요하며 행정청이 다른 사유를 들어 거부처분을 하는 것도 가능하다. 이 경우 신청인으로서는 다시 쟁송절차를 거쳐야 한다. 이렇게 절차가 반복되는 동안 급부를 지급받지 못하는 수급권자는 생존권을 위협받게 된다.

반면에 의무이행심판 내지 소송에 의하면 하나의 소송절차에서 분쟁을 종국적으로 해결하는 것이 가능하다. 위와 같은 이유로 오랜 시간 학계와 법원 내외부에서 「행정소송법」을 개정하여 의무이행소송을 도입하여야 한다는 요구가 있어왔고 개정을 위한 시도가 있었음에도 불구하고 「행정소송법」에 의무이행소송이 도입되지 않고 있다.

이러한 상황에서 심판단계에서 의무이행심판이 허용되는 것은 분쟁의 신속하고도 종국적인 해결을 가능하게 한다는 점에서 사회보장 행정사건에서 상당한 의미를 갖는다. 그럼에도 불구하고 현재 의무이행심판이 이루어지는 것은 대부분 정보공개에 관한 사안에 대한 처분명령재결이고 다른 영역에서의 활용률은 저조하다. 거부처분 취소재결로도 의무이행심판과 거의 같은 효과를 가져올 수 있다는 점, 실제 행정심판을 행하는 행정심판위원회의 경우 처분청도 아니고 처분청의 상급기관도 아니라서 처분청의 처분권을 존중한다는 차원에서 심리적 한계가 존재한다는 점 등이 그 원인으로 지적된다.[23] 그러나, 적어도 사회보장행정 영역에서는 처분청의 처분권에 대한 존중보다는 국민의

---

22) 하명호, 「행정쟁송법」, 274면.
23) 박균성, "의무이행심판의 발전방안", 법제 제574호, 법제처, 2005, 40-41면.

권리구제 필요성이 강조되는 것이 오히려 공익에 부합하는 것이므로, 의무이행심판이 적극적으로 활용될 필요가 있다.

2. 사회보장행정심판에서의 임시구제

가. 집행정지

(1) 의의

심판청구는 처분의 효력이나 그 집행 또는 절차의 속행에 영향을 주지 않는다(「행정심판법」 제30조 제1항). 이를 집행부정지의 원칙이라 한다. 집행정지의 원칙을 택할지 아니면 집행부정지의 원칙을 취할 것인지는 행정의 신속성·실효성을 중시할 것인지, 국민의 권리구제를 중요시할 것인지라고 하는 입법정책의 문제일 뿐이다.[24]

(2) 요건

행정심판위원회는 처분, 처분의 집행 또는 절차의 속행 때문에 중대한 손해가 생기는 것을 예방할 필요성이 긴급하다고 인정할 때에는 직권으로 또는 당사자의 신청에 의하여 처분의 효력, 처분의 집행 또는 절차의 속행 또는 전부 또는 일부의 정지를 결정할 수 있다. 다만, 처분의 효력정지는 처분의 집행 또는 절차의 속행을 정지함으로써 그 목적을 달성할 수 있는 때에는 허용되지 않고, 집행정지로 인하여 공공복리에 중대한 영향을 미칠 우려가 있는 경우에도 집행정지는 허용되지 않는다(「행정심판법」 제30조 제2항, 3항).

행정소송에서 집행정지의 요건이 '회복하기 곤란한 손해'라고 규정되어 있는 것과 달리, 행정심판에서는 '중대한 손해'로 완화되어 있어 재산적 손해나 사회적 신용의 훼손을 이유로 한 집행정지를 인정할 여지를 남겨두고 있다.[25] 그 밖에 구체적인 집행정지결정의 요건 및 효과 등은 「행정소송법」상의 집행정지의 요건 및 효과와 동일하다.

나. 임시처분

(1) 의의

행정심판에서는 집행정지 이외에도 행정청의 처분이나 부작위 때문에 발생할 수 있

---

24) 하명호, 「행정쟁송법」, 279면.

25) 하명호, 「행정쟁송법」, 279면. 2010년 1월 25일 법률 제9968호로 전면개정되기 전에는 '회복하기 어려운 손해'로 규정되어 있었으나, 위 개정과정에서 '중대한 손해'로 개정되었다.

는 당사자의 불이익이나 급박한 위험을 막기 위하여 당사자에게 임시지위를 부여할 수 있는 임시처분제도가 마련되어 있다(「행정심판법」 제31조). 이는 의무이행심판에 의한 권리구제의 실효성을 확보하기 위한 제도이다. 임시처분은 집행정지로 그 목적을 달성할 수 있는 경우에는 허용되지 않는다(같은 조 제3항).

(2) 요건

임시처분은 ① 처분 또는 부작위가 위법·부당하다고 상당히 의심될 것, ② 그 처분 또는 부작위 때문에 당사자에게 중대한 불이익이나 급박한 위험이 발생할 우려가 있을 것, ③ 중대한 불이익이나 급박한 위험을 막기 위하여 임시지위를 정할 필요가 있는 경우일 것, ④ 임시처분으로 인하여 공공복리에 중대한 영향을 미칠 우려가 없을 것을 요건으로 하여 직권 또는 당사자의 신청에 의하여 결정이 이루어진다. 임시처분의 대상은 처분 또는 부작위인데, 처분 중 침해적 처분의 경우 특별한 사정이 없는 한 집행정지로 그 목적을 달성할 수 있으므로, 임시처분의 대상은 거부처분과 부작위가 될 것이다.

한편, 명문의 규정은 없지만 행정쟁송에서의 가구제는 본안 청구의 범위 내에서만 인정되는 것으로 보아야 하므로, 의무이행심판청구의 계속을 요건으로 한다.

다. 사회보장사건에서의 활용

행정심판에서의 집행정지는 행정소송에서의 집행정지보다 완화된 요건(중대한 손해)을 두고 있고, 의무이행심판에 적용될 수 있는 임시처분이라는 가구제제도를 마련하고 있다는 점에서 신청인인 수급권자가 행정심판이 진행되는 동안 안정된 법적 지위를 확보할 수 있다는 장점이 있다.[26] 그러나, 실제 행정심판에서의 가구제를 담당하는 기관도 결국은 행정 내부의 기관이므로, 가구제를 통한 처분의 효력정지 또는 당사자의 임시지위 확보를 선호하지 않을 우려가 높다는 점이 한계로 지적되기도 한다.

---

[26] 국민권익위원회 중앙심판위원회에서 발행한 「행정심판의 이론과 실무」, 2022, 493면에서도 "국민연금 등의 사회보험에 따른 급여나 「국민기초생활보장법」에 따른 생계급여의 지급 등은 금전적인 것으로서 원래는 가구제의 필요성이 적은 분야이기는 하나, 그 급여가 본안재결이 있을 때까지의 신청인의 생활에 필요불가결한 경우는 중대한 불이익이나 급박한 위험의 방지를 위해 임시지위를 정할 필요가 있는 경우에 해당한다."라고 보고 있다.

3. 사회보장행정심판과 국선대리인

가. 대리인의 범위

청구인은 대리인을 선임하여 심판청구를 제기할 수 있는데, 법정대리인 외에, ① 청구인의 배우자, 청구인 또는 배우자의 사촌 이내의 혈족, ② 청구인이 법인이거나 청구인 능력이 있는 법인이 아닌 사단 또는 재단인 경우 그 소속 임직원, ③ 변호사, ④ 다른 법률에 따라 심판청구를 대리할 수 있는 자, ⑤ 그 밖에 위원회의 허가를 받은 자가 대리인이 될 수 있다(「행정심판법」 제18조). 행정사건은 원칙적으로 판사 3명으로 구성된 합의부에서 재판을 하여야 하는 합의사건이므로 변호사 아닌 사람의 소송대리가 허용되지 않는데, 행정심판에서 위와 같이 대리인의 범위를 넓게 규정하고 있는 것은 신청인의 권리보장에 도움이 될 수 있다.

나. 국선대리인 제도

행정심판도 행정소송만큼 법리적 검토 및 다툼이 필요하고, 더욱이 사회보장사건의 경우 당사자의 권리보호 필요성이 높은 반면 법령이 복잡하고 전문적이어서 법률가의 도움이 요구된다. 이에 따라 「행정심판법」은 국선대리인 제도를 시행하고 있다(제18조의2).[27]

청구인이 경제적 능력의 부족으로 대리인을 선임할 수 없는 경우에는 행정심판위원회에 국선대리인을 선임하여 줄 것을 신청할 수 있고, 행정심판위원회는 국선대리인 선정여부에 대한 결정을 하고 지체없이 청구인에게 그 결과를 통지하여야 하는데, 심판청구가 명백히 부적법하거나 이유 없는 경우 또는 권리의 남용이라고 인정되는 경우에는 국선대리인을 선정하지 않을 수 있다. 권리남용이란 형식상 권리행사로 보이지만 실제로는 사회적으로 허용되지 않아 정당한 권리행사로 인정받을 수 없는 것을 말한다. 예를 들면, 동일한 정보공개를 다수의 행정청에 반복적으로 요구하고 거부처분에 대해 반복적으로 행정심판을 청구하는 경우가 이에 해당할 것이다.[28]

국선대리인 지원요건은 국회규칙, 대법원규칙, 헌법재판소규칙, 중앙선거관리위원회규칙 또는 대통령령으로 정하는데, 「행정심판법 시행령」 제16조의2 제1항은 「국민기초

---

27) 2021년 기준 중앙행정심판위원회 소속 국선대리인은 100명으로 정보공개, 의료분쟁, 노동, 산재 등 다양한 분야의 전문가로 구성되고 각 지역별로 안배되어 선정되었다.

28) 국민권익위원회 중앙행정심판위원회, 「행정심판의 이론과 실무」, 297면.

생활보장법」 제2조 제2호에 따른 수급자, 「한부모가족지원법」 제5조 및 제5조의2에 따른 지원대상자, 「기초연금법」 제2조 제3호에 따른 기초연금 수급자, 「장애인연금법」 제2조 제4호에 따른 수급자, 「북한이탈주민의 보호 및 정착지원에 관한 법률」 제2조 제2호에 따른 보호대상자, 그 밖에 위원장이 경제적 능력으로 인하여 대리인을 선임할 수 없다고 인정하는 사람을 규정하고 있고, 다른 규칙도 유사한 요건들을 규정하고 있다. 이에 의하면, 사회보장행정의 수급권자의 경우 국선대리인 지원요건을 충족하였다고 판단될 가능성이 높다고 보인다.

4. 사회보장행정심판사건과 조정제도

가. 조정제도의 도입

조정은 법원이나 심판기관이 판결이나 재결 대신에 독자적으로 분쟁해결을 위한 타협방안을 마련하여 당사자의 수락을 권고하는 분쟁해결방식을 말한다. 오늘날 행정의 역할이 증대되고 공공갈등이 격화되는 상황에서 공익성에 반하지 않는다면 당사자 사이에 양보를 토대로 한 조정제도가 판결이나 재결보다 유익할 수 있다. 행정심판에서는 행정소송과 달리 권력분립의 문제가 발생할 여지가 없고, 처분의 위법은 물론 부당에 대해서도 심판할 수 있으므로, 조정이 허용될 여지가 많다.[29] 그리하여, 2017년 10월 31일 법률 제15025호로 개정되어 2018년 5월 1일 시행되는 「행정심판법」은 제43조의2로 조정제도를 도입하였다. 한편, 행정소송에서는 조정이 허용되지 않는다는 견해가 일반적이어서 조정제도 자체는 도입되어 있지는 않으나, 2023년 8월 31일 제정·시행된 「행정소송규칙」에서 조정권고제도에 관한 규정을 두고 있다. 이는 재판장의 소송지휘권의 일환으로 조정을 '권고'할 뿐 법적 구속력은 부여되지 않는다.

일반적으로 조정대상사건은 행정법규 위반에 대한 제재처분의 변경, 징계처분의 감경, 행정상 강제집행의 연기, 거부처분 또는 부작위에 대하여 원래 신청된 내용보다 축소된 처분으로의 변경 등이다.[30]

---

29) 하명호, 「행정쟁송법」, 290면.

30) 성중탁, "행정심판에서의 조정제도 현황과 활성화 방안", 인권과정의 제506호, 대한변호사협회, 2022. 6, 80면.

나. 조정의 절차 및 효력

「행정심판법」에서 조정의 주체는 행정심판위원회이고, 원활한 운영을 위하여 위원장이 지정한 행정심판위원이 조정을 주재할 수 있다. 위원회는 당사자의 권리 및 권한의 범위에서 당사자의 동의를 받아 심판청구의 신속하고 공정한 해결을 위하여 조정을 할 수 있고, 다만 그 조정이 공공복리에 적합하지 않거나 해당 처분의 성질에 반하는 경우에는 그렇지 않다(제43조의2 제1항). 위원회는 조정을 함에 있어 심판청구된 사건의 법적·사실적 상태와 당사자 및 이해관계자의 이익 등 모든 사정을 참작하고, 조정의 이유와 취지를 설명하여야 하고, 당사자가 합의한 사항을 조정서에 기재한 후 당사자가 서명 또는 날인하고 위원회가 이를 확인함으로써 조정이 성립한다(제43조의2 제2항, 제3항).

현재 행정심판 단계에서 조정은 위원회가 당사자의 동의를 받기는 하나 직권으로 개시함이 원칙이고(제43조의2 제1항, 시행령 제30조의2 제1항), 당사자에게 조정신청권이 인정되지는 않는다.

조정에 대해서는 재결의 효력에 관한 규정들이 준용됨에 따라 재결과 같은 효력과 이행확보수단 등이 인정된다. 조정에 재결의 효력이 인정되더라도 행정소송의 길이 봉쇄된 것은 아니지만, 조정이 지연되어 취소소송을 제기할 수 있는 제소기간이 도과할 우려가 있다는 점에서 제소기간에 관한 특별한 규정이 필요하다는 지적이 있다.[31]

다. 사회보장 행정사건에서 조정제도의 활용

(1) 의의

위와 같은 조정제도는 신속하고 종국적인 사건 해결을 가능하게 할 뿐 아니라 처분의 성질에 반하는 경우가 아닌 이상 다양한 형태의 합의사항을 허용함으로써 당사자의 이익은 물론 여러 상황을 반영한 해결방법을 모색할 수 있다는 장점을 갖고 있다. 앞에서 본 것처럼 행정소송의 경우에는 법률상 조정이나 화해권고와 같은 제도가 허용되어 있지 않아 문제의 해결방법이 단편적일 뿐 아니라 여러 번의 소송을 거치더라도 원고가 원하는 처분이 이루어지지 않을 수 있다는 문제가 있다. 따라서, 「행정심판법」상의 조정제도는 신속하게 생존에 관한 문제를 직접적으로 해결할 필요가 있는 사회보장행정사건에 매우 적합한 제도라 할 수 있다.

---

31) 정남철, "행정심판의 확대 및 기능 강화를 위한 개선방안", 행정법학 제14권 제1호, 한국행정법학회, 2018. 3, 109면.

중앙행정심판위원회에서의 조정건수와 조정 합의율은 지속적으로 증가하고 있다고 알려져 있다. 다만 당초 제도 도입취지와 달리 기대보다 조정건수가 많지 않은데 그에 대한 원인으로는 조정신청권의 불인정, 행정심판단계에서의 홍보부족, 조정과 일반사건의 병행처리로 인한 직원업무의 과중 등이 지적된다.[32]

(2) 실제 조정사례

중앙행정심판위원회는 2021년 11월 행정착오로 2순위 유족에게 지급한 보훈급여금을 그 상속인에게 반환하라는 보훈처의 처분에 대하여 중앙심판위원회가 '조정제도'를 통해 양 당사자의 분쟁을 해결한 바 있다. 국가유공자가 사망한 경우에는 일정한 요건 하에 유족 중 배우자, 자녀, 부모 등의 순으로 선순위자 1명에게 보훈급여금을 지급하는데,[33] 보훈처가 전산오류로 인한 행정착오로 국가유공자의 2순위 유족인 갑에게 보훈급여금을 지급하였고 갑이 사망한 이후 이러한 잘못을 확인하였다. 이에 따라 보훈처는 갑의 상속인에게 "잘못 지급된 보훈급여금을 납부하라."라고 통지하였고, 상속인은 보훈처의 과오급금 반납처분이 위법·부당하다고 주장하면서 중앙행정심판위원회에 행정심판을 청구하였다. 보훈처는 국가유공자법의 입법목적에 비춰 잘못 지급된 보훈급여금 환수는 공익상 필요에 의한 것이라는 입장이었다. 그러나, 상속인은 실제 수급자인 갑이 사망한 후 오랜 시간이 지난 시점에서 상속인이라는 이유만으로 전혀 알지 못했던 거액의 과오급금을 반납하라는 것은 부당하다고 주장하면서, 보훈처가 갑에게 보훈급여금을 잘못 지급한 것은 행정착오에 기인한 것으로 보훈처의 책임이라는 입장이었다. 이에 대하여 중앙행정심판위원회는 양쪽의 주장이 모두 합당한 면이 있다고 판단하고 당사자 간 양보와 합의로 분쟁을 해결할 수 있는 조정제도를 활용하였고, 중앙행정심판위원회의 조정권고를 받아들인 상속인과 보훈처는 소속 보훈심사위원회에서 이 사건을 심의하기로 합의하였다. 보훈심사위원회는 상속인의 예외적인 상황을 감안하여 보훈급여금 환수의 공익상 필요에도 불구하고 보훈급여금을 환수하지 않고 면제하기로 하였고, 보훈처도 청구인에게 통지한 과오납급 반환처분을 취소하기로 하였다.[34]

---

32) 성중탁, "행정심판에서의 조정제도 현황과 활성화 방안", 76면.

33) 「국가유공자 등 예우 및 지원에 관한 법률」 제2장은 보훈급여금에 관하여 규정하고 있는데, 보훈급여금을 보상금, 수당 및 사망일시금으로 구분하고(제11조), 각 보훈급여금마다 그 지급을 받을 유족의 경우 순서를 정하고 있다.

34) 성중탁, "행정심판에서의 조정제도 현황과 활성화 방안", 77-78면.

IV. 개별법상의 구제절차

1. 개설

「사회보장기본법」제39조는 "위법 또는 부당한 처분을 받거나 필요한 처분을 받지 못함으로써 권리 또는 이익을 침해받은 국민은 「행정심판법」에 따른 행정심판을 청구하거나 「행정소송법」에 따른 행정소송을 제기하여 그 처분의 취소 또는 변경 등을 청구할 수 있다."라고 규정하여 일반적인 권리구제에 관한 규정을 두고 있다. 그런데, 「행정심판법」이 정하고 있는 행정심판과 별개로 개별 법령에서 별도로 정한 사항에 대해서는 개별 법령이 우선하여 적용되므로, 사회보장행정법과 관련된 개별 법령에서의 불복절차를 살펴볼 필요가 있다.

이하에서는 사회보장행정의 분류체계에 따라 ① 사회보험 영역에 속하는 「국민건강보험법」, 「국민연금법」, 「공무원연금법」, 「산업재해보상보험법」, 「고용보험법」, ② 공공부조 영역에 속하는 「국민기초생활보장법」, ③ 사회보상 영역에 속하는 「국가유공자 등 예우 및 지원에 관한 법률」, ④ 사회서비스 영역에 속하는 「장애인복지법」을 각각 선정하여 그 불복절차에 관하여 살펴보기로 한다.

2. 사회보험 영역에서의 불복절차

가. 「국민건강보험법」에서의 불복절차

「국민건강보험법」상의 법률관계는 보험자인 국민건강보험공단, 가입자, 요양기관 사이의 3면적 법률관계로 나타난다. 통상적으로 공단의 처분에 대하여 가입자나 요양기관이 다투는 방식으로 불복청구가 제기된다.

(1) 이의신청

가입자 및 피부양자의 자격, 보험료등, 보험급여, 보험급여비용에 관한 공단의 처분에 이의가 있는 자는 공단에, 요양급여비용 및 요양급여의 적정성 평가 등에 관한 심사평가원의 처분에 이의가 있는 공단, 요양기관 또는 그 밖의 자는 심사평가원에 각 이의신청을 할 수 있다(제87조 제1항, 제2항). 위 이의신청은 처분이 있음을 안 날부터 90일 이내에 문서(전자문서 포함)로 하여야 하고, 처분이 있은 날부터 180일을 지나면 제기하지 못하지만, 정당한 사유로 그 기간에 이의신청을 할 수 없었음을 소명한 경우에는 그렇지 않다(제87조 제3항). 한편, 요양기관이 제48조에 따른 심사평가원의 요양급여 대상 여부의 확인에 대하여 이의신청을 하려면 같은 조 제2항에 따른 통보를 받은 날부터 30일 이내에 하여야 한다(제87조 제4항).

공단과 심사평가원은 이의신청을 받은 날부터 60일 이내에 결정을 하여야 하고, 부득이한 사정이 있는 경우에는 30일의 범위에서 그 기간을 연장할 수 있으나, 이에 따라 결정기간을 연장하려면 결정기간이 끝나기 7일 전까지 이의신청을 한 자에게 그 사실을 알려야 한다(시행령 제58조). 공단과 심사평가원은 이의신청에 대한 결정을 하였을 때에는 지체 없이 신청인에게 결정서의 정본을 보내고, 이해관계인에게는 그 사본을 보내야 한다(시행령 제57조). 이의신청사건은 공단 및 심사평가원에 설치된 이의신청위원회에서 처리한다(시행령 제53조).

(2) 심판청구

이의신청에 대한 결정에 불복하려는 자는 보건복지부 산하 건강보험분쟁조정위원회에 심판청구를 할 수 있다(제88조 제1항). 심판청구의 제기기간 및 제기방법은 이의신청의 규정을 준용하므로, 정당한 사유가 없는 한 이의신청에 대한 결정이 있음을 안 날부터 90일 이내에 문서로 하여야 하며 결정이 있은 날부터 180일이 지나면 제기하지 못한다(제2항).

분쟁조정위원회는 심판청구서가 제출된 날부터 60일 이내에 결정을 하여야 하고, 부득이한 사정이 있는 경우에는 30일의 범위에서 그 기간을 연장할 수 있으나, 결정기간을 연장하려면 결정기간이 끝나기 7일 전까지 청구인에게 그 사실을 알려야 한다(시행령 제61조). 분쟁조정위원회의 위원장은 심판청구에 대하여 결정을 하였을 때에는 결정의 주문, 심판청구의 취지, 결정 이유 등의 사항을 적은 결정서에 서명 또는 기명날인하여 지체 없이 청구인에게는 결정서의 정본을 보내고, 처분을 한 자 및 이해관계인에게는 그 사본을 보내야 한다(시행령 제60조).

(3) 행정소송

공단 또는 심사평가원의 처분에 이의가 있는 자와 제87조에 따른 이의신청 또는 제88조에 따른 심판청구에 대한 결정에 불복하는 자는 「행정소송법」에 따라 행정소송을 제기할 수 있다(제90조). 즉, 공단 또는 심사평가원의 처분에 이의가 있는 자는 「국민건강보험법」에 따른 이의신청이나 심판청구의 절차를 거치지 않고도 바로 행정소송을 제기할 수 있다.

(4) 불복의 경로

위와 같은 불복절차를 도식화하여 정리하면, 「공단/심사평가원의 처분(90일 또는 180일) → 공단/심사평가원에 대한 이의신청(60일 + 30일) → 결정(90일 또는 180일) → 분쟁조정위원회에 대한 심판청구(60일 + 30일) → 재결 → 행정소송」이다.

한편, 공단과 심사평가원의 처분에 이의가 있는 자가 이의신청이나 심판청구를 하지 않고 바로 행정소송을 제기할 수 있는지에 관하여 해석상 여지가 있다는 견해가 있으나,[35] "이의신청 '또는' 심판청구에 대한 결정에 불복하는 자"의 경우 행정소송을 제기할 수 있다고 규정하고 있으므로, 이의신청을 거친 후 바로 행정소송을 제기하는 것이 가능하다고 해석된다.

나. 「국민연금법」에서의 불복절차

(1) 심사청구

가입자의 자격, 기준소득월액, 연금보험료, 그밖의 이 법에 따른 징수금과 급여에 관한 국민연금공단 또는 건강보험공단의 처분에 이의가 있는 자는 그 처분을 한 공단 또는 건강보험공단에 심사청구를 할 수 있다(제108조 제1항). 위 심사청구는 그 처분이 있음을 안 날부터 90일 이내에 문서(전자문서 포함)로 하여야 하고, 처분이 있은 날부터 180일을 경과하면 이를 제기하지 못하지만, 정당한 사유로 그 기간에 심사청구를 할 수 없었음을 증명하면 그 기간이 지난 후에도 심사 청구를 할 수 있다(제108조 제2항).

공단은 심사청구를 받은 날부터 60일 이내에 결정을 하여야 하지만, 부득이한 사정이 있는 경우에는 위원장이 직권으로 30일을 연장할 수 있으며, 결정기간을 연장하면 결정기간이 끝나기 7일 전까지 청구인에게 이를 알려야 한다(시행령 제100조).

공단은 심사청구에 대한 판단에 따라 각하결정, 기각결정, 취소 또는 변경결정을 하고, 결정을 하면 지체 없이 청구인에게 결정서의 정본을 보내야 한다(시행령 제99조).

위 심사청구 사항을 심사하기 위하여 공단에 국민연금심사위원회는 두고, 건강보험공단에 징수심사위원회는 둔다(제109조 제1항).

(2) 재심사청구

심사청구에 대한 결정에 불복하는 자는 그 결정통지를 받은 날부터 90일 이내에 재

---

35) 조만형, "우리나라 사회보장법상 행정불복절차에 관한 연구", 457면.

심사청구서를 보건복지부 산하 국민연금재심사위원회에 제출하여 재심사를 청구할 수 있다(제110조 제1항).

재심사위원회의 재심사와 재결에 관한 절차에 관해서는 「행정심판법」을 준용하므로(제112조 제1항), 재심사위원회의 위원회가 심판청구를 받은 날부터 60일 이내에 하여야 한다. 다만 부득이한 사정이 있는 경우에는 위원장이 직권으로 30일을 연장할 수 있으며, 재결기간을 연장할 경우에는 재결기간이 끝나기 7일 전까지 당사자에게 알려야 한다(행정심판법 제45조). 또한, 재결은 서면으로 하여야 하고(행정심판법 제46조), 재결이 있는 때에는 지체 없이 당사자에게 재결서의 정본을 송달하여야 한다(행정심판법 제48조 제1항).

한편, 재심사청구 사항에 대한 재심사위원회의 재심사는 「행정소송법」 제18조를 적용할 때 「행정심판법」에 따른 행정심판으로 본다(제112조 제2항).

(3) 불복의 경로

위 불복절차를 정리하면, 「공단/건강보험공단의 처분(90일 또는 180일) → 공단/심사평가원에 대한 심사청구(60일 + 30일) → 결정(90일 또는 180일) → 국민연금재심사위원회에 대한 재심사청구(60일 + 30일) → 재결」이다.

다. 「공무원연금법」에서의 불복절차

급여에 관한 결정, 기여금의 징수, 그 밖에 이 법에 따른 급여에 관하여 이의가 있는 사람은 이유서를 첨부한 심사청구서를 공무원연금공단 제출하는 방식으로 공무원재해보상연금위원회에 심사를 청구할 수 있다(제87조 제1항). 위 심사청구는 급여에 관한 결정 등이 있었던 날부터 180일, 그 사실을 안 날부터 90일 이내에 하여야 하나, 정당한 사유가 있어 그 기간에 심사청구를 할 수 없었던 것을 증명한 경우는 예외로 한다(제87조 제2항). 공무원연금공단은 심사청구서를 받은 경우 10일 이내에 답변서와 그 밖에 필요한 자료를 첨부하여 공무원재해보상연금위원회에 보내야 한다(시행령 제92조 제2항). 공무원재해보상연금위원회에서 이루어지는 심사의 결정은 문서로 하여야 하고, 결정서에 주문과 이유를 적어 그 등본을 청구인, 연금취급기관장 및 그 밖의 관계인에게 송달하여야 하는데(「공무원 재해보상법 시행령」 제65조), 결정에 관한 기한은 별도로 규정하고 있지 않다.

급여에 관한 결정, 기여금의 징수, 그 밖에 이 법에 따른 급여에 관해서는 「행정심판법」에 따른 행정심판을 청구할 수 없는데(「공무원연금법」 제87조 제3항), 공무원재해보상연금위원회에 의한 심사청구 제도의 입법취지와 심사청구기간, 「행정심판법」에 따른 일반행정심판의 적용 배제, 「공무원재해보상법」 제52조 제6항의 위임에 따라 「공무원재해보상법 시행령」 제62조 내지 제76조에서 정한 공무원재해보상연금위원회의 조직, 운영, 심사절차에 관한 사항 등을 종합하면, 「공무원연금법」상 공무원재해보상연금위원회에 의한 심사청구제도는 사안의 전문성과 특수성을 살리기 위하여 특히 필요하여 「행정심판법」에 의한 일반행정심판을 갈음하는 특별한 행정불복절차(제4조 제1항)로서 특별행정심판에 해당한다고 볼 수 있다.[36]

라. 「산업재해보상보험법」에서의 불복절차

(1) 심사청구

보험급여에 관한 결정, 진료비에 관한 결정과 같은 근로복지공단의 결정 등(보험급여결정등)에 불복하는 자는 공단에 심사청구를 할 수 있다(제103조 제1항). 위 심사청구는 그 보험급여 등을 한 공단의 소속기관을 거쳐 공단에 제기하여야 하는데, 보험급여 결정등이 있음을 안 날로부터 90일 이내에 하여야 한다(제103조 제2항, 제3항). 보험급여 결정등에 대해서는 「행정심판법」에 따른 행정심판을 제기할 수 없다고 규정함으로써(제103조 제5항), 공단에 청구하는 심사청구는 특별행정심판에 해당함을 명시하고 있다.

공단은 심사청구를 위하여 관계 전문가 등으로 구성되는 산업재해보상보험심사위원회를 두고, 심사청구서를 받은 날부터 60일 이내에 심사위원회의 심의를 거쳐 심사청구에 대한 결정을 하여야 하나, 부득이한 사유로 그 기간 이내에 결정을 할 수 없으면 한 차례만 20일을 넘지 않는 범위에서 그 기간을 연장할 수 있고(제105조 제1항), 결정기간을 연장할 때에는 최초의 결정기간이 끝나기 7일 전까지 심사청구인 및 보험급여 결정등을 한 공단의 소속기관에 알려야 한다(제105조 제3항).

(2) 재심사청구

심사청구에 대한 결정에 불복하는 자는 고용노동부 산하 산업재해보상보험재심사위원회에 재심사청구를 할 수 있다(제106조 제1항 본문). 재심사청구는 그 보험급여 결정등을 한 공단의 소속기관을 거쳐 재심사위원회에 제기하여야 하는데(제106조 제2항), 심

---

36) 대법원 2019. 8. 9. 선고 2019두38656 판결 참조.

사청구에 대한 결정이 있음을 안 날부터 90일 이내에 제기하여야 한다(제106조 제3항). 다만 판정위원회 심의를 거친 보험급여에 관한 결정에 불복하는 자는 심사청구를 하지 않고 재심사청구를 할 수 있는데(제106조 제1항 단서), 이 경우에는 보험급여에 관한 결정이 있음을 안 날부터 90일 이내에 제기하여야 한다(제106조 제3항 단서).

재심사청구의 심리와 재결에 관해서는 심사청구에 관한 규정이 준용되어(제109조 제1항 전문) 재심사 청구서를 받은 날부터 60일 이내에 재심사위원회의 심의를 거쳐 재심사청구에 대한 결정을 하여야 하고, 부득이한 사유로 결정을 할 수 없을 때에는 1회에 한하여 20일을 넘지 않는 범위에서 이를 연장할 수 있으며, 결정기간을 연장할 때에는 최초의 결정기간이 끝나기 7일 전까지 재심사청구인 및 보험급여 결정 등을 한 공단의 소속기관에 알려야 한다.

재심사청구에 대한 재결은 「행정소송법」 제18조를 적용할 때 행정심판에 대한 재결로 보고(제111조 제2항), 심사청구 및 재심사청구에 관하여 이 법에서 정하고 있지 않은 사항에 대해서는 「행정심판법」에 따른다(제111조 제3항).

(3) 불복의 경로

위 불복절차를 정리하면, 「공단의 처분(90일 또는 180일) → 공단에 대한 심사청구(60일 + 20일) → 결정(90일) → 산업재해보상보험재심사위원회에 대한 재심사청구(60일 + 20일) → 재결」이다.

마. 「고용보험법」에서의 불복절차

(1) 심사청구

피보험자격의 취득·상실에 대한 확인, 실업급여 및 육아휴직 급여와 출산전후휴가 급여등에 관한 처분(원처분등)에 이의가 있는 자는 고용보험심사관에게 심사를 청구할 수 있다(제87조 제1항). 심사청구는 확인 또는 처분이 있음을 안 날부터 90일 이내에 제기하여야 한다(제87조 제2항). 이때 피보험자격의 취득·상실 확인에 대한 심사청구는 근로복지공단을, 실업급여 및 육아휴직 급여와 출산전후휴가 급여등에 대한 처분에 관한 심사청구는 직업안정기관의 장을 거쳐야 하고, 직업안정기관 또는 근로복지공단은 심사청구서를 받은 날부터 5일 이내에 의견서를 첨부하여 심사청구서를 심사관에게 보내야 한다(제90조). 고용보험심사관은 심사청구를 받으면 30일 이내에 심사청구에 대한 결정을 하여야 하고 부득이한 경우 1회에 한하여 10일을 넘지 않는 범위 내에서 그 기간을 연장할 수 있다(제89조 제2항). 심사를 청구하더라도 원처분 등의 집행을 정지시키지는 않으나, 고용보험심사관은 원처분 등의 집행에 의하여 발생하는 중대한 위해를 피하기 위하여 긴급한 필요가 있다고 인정하면 직권으로 그 집행을 정지할 수 있고, 이때에는 그 이유를 적은 문서로 그 사실을 직업안정기관의 장 또는 근로복지공단에 알려야 하며 직업안정기관의 장 또는 근로복지공단은 위와 같은 통지를 받으면 지체 없이 그 집행을 정지하여야 한다(제93조).

(2) 재심사청구

고용보험심사관의 결정에 이의가 있는 자는 고용보험심사위원회에 재심사를 청구할 수 있다(제87조 제1항). 재심사청구는 심사청구에 대한 결정이 있음을 안 날부터 90일 이내에 각각 제기하여야 하고(제87조 제2항), 원처분등을 행한 직업안정기관의 장 또는 근로복지공단을 상대방으로 한다(제100조). 고용보험심사위원회는 재심사청구를 받으면 50일 이내에 재결을 하여야 하고, 심사청구와 마찬가지로 부득이한 경우 1회에 한하여 10일을 넘지 않는 범위 내에서 그 기간을 연장할 수 있다(제99조 제7항). 집행정지에 관한 규정은 재심사의 경우에도 그대로 준용된다. 재심사의 청구에 대한 재결은「행정소송법」제18조를 적용할 경우 행정심판에 대한 재결로 본다(제104조 제1항).

(3) 불복의 경로

위 불복절차를 정리하면,「피보험자격의 취득·상실에 대한 확인, 실업급여 및 육아휴직 급여와 출산전후휴가 급여등에 관한 처분(90일) → 고용보험심사관에 대한 심사청구 → 결정(30일 + 10일) → 고용보험심사위원회에 대한 재심사 청구(90일) → 재결(50일 + 10일)」이다.

3. 공공부조 영역에서의 불복절차

아래에서는 공공부조 영역에서의 대표적인 법률인「국민기초생활보장법」에서의 불복절차를 살펴본다.

가. 시·도지사에 대한 이의신청

수급자나 급여 또는 급여 변경을 신청한 사람은 시장·군수·구청장(제7조 제1항 제4호의 교육급여인 경우 시·도교육감)의 처분에 대하여 이의가 있는 경우에는 그 결정의 통지를 받은 날부터 90일 이내에 해당 보장기관을 거쳐 시·도지사(특별자치시장·특별자치도지사 및 시·도교육감의 처분에 이의가 있는 경우 해당 특별자치시장·특별자치도지사 및 시·도교육감)에게 서면 또는 구두로 이의를 신청할 수 있다. 이 경우 구두로 이의신청을 접수한 보장기관의 공무원은 이의신청서를 작성할 수 있도록 협조하여야 한다(제38조 제1항).

이의신청을 받은 시·도지사가 제38조 제2항에 따라 시장·군수·구청장으로부터 이의신청서를 받았을 때(특별자치시장·특별자치도지사 및 시·도교육감의 경우 직접 이의신청을 받았을 때)에는 30일 이내에 필요한 심사를 하고 이의신청을 각하 또는 기각하거나 해당 처분을 변경 또는 취소하거나 그 밖에 필요한 급여를 명하여야 한다(제39조 제1항). 시·도지사는 제1항에 따른 처분 등을 하였을 때에는 지체 없이 신청인과 해당 시장·군수·구청장에게 각각 서면으로 통지하여야 한다(제39조 제2항).

나. 보건복지부장관 등에 대한 이의신청

시·도지사의 처분 등에 대하여 이의가 있는 사람은 그 처분 등의 통지를 받은 날부터 90일 이내에 시·도지사를 거쳐 보건복지부장관(제7조 제1항 제2호 또는 제4호의 주거급여 또는 교육급여인 경우에는 소관 중앙행정기관의 장을 말하며, 보건복지부장관에게 한 이의신청은 소관 중앙행정기관의 장에게 한 것으로 본다)에게 서면 또는 구두로 이의를 신청할 수 있다(제40조 제1항).

보건복지부장관 또는 소관 중앙행정기관의 장은 이의신청서를 받았을 때에는 30일 이내에 필요한 심사를 하고 이의신청을 각하 또는 기각하거나 해당 처분의 변경 또는 취소의 결정을 하여야 하고, 결정을 하였을 때에는 지체 없이 시·도지사 및 신청인에게 각각 서면으로 결정 내용을 통지하여야 한다. 이 경우 소관 중앙행정기관의 장이 결정 내용을 통지하는 때에는 그 사실을 보건복지부장관에게 알려야 한다(제41조).

한편, 보건복지부장관 등에 대한 이의신청의 경우에는 관련 규정의 내용상 독립성과 공정성을 갖춘 판단기관을 별도로 갖추도록 하거나 신청인과 피신청인 간의 대심적 심리구조를 갖추도록 정한 규정이 없고, 신청인과 피신청인이 주장에 대한 공격과 방어를 할 수 있는 절차규정도 마련되어 있지 않는 등 「행정심판법」에서 정하고 있는 판단기관의 독립성·공정성, 대심적 심리구조 및 당사자의 절차적 권리보장 관련 규정 같은 사법절차의 본질적인 요소가 결여되어 있어 「행정심판법」 제3조 제1항의 "다른 법률에 특별한 규정이 있는 경우"에 해당한다고 보기 어렵다.37)

다. 불복의 경로

위 불복절차를 정리하면, 「시장·군수·구청장의 처분(90일) → 시·도지사에 대한 이의신청(30일) → 결정(90일) → 보건복지부장관에 대한 이의신청(30일) → 재결」이다.

4. 사회보상 영역에서의 불복절차

아래에서는 사회보상 영역의 대표적인 법률인 「국가유공자 등 예우 및 지원에 관한 법률」에서의 불복절차를 살펴본다.

가. 이의신청

「국가유공자 등 예우 및 지원에 관한 법률」 제74조의5 제1항 제1호, 제3호부터 제5호까지, 제11호부터 제13호까지 및 제15호의 사항38)과 관련된 국가보훈부장관의 처분에 이의가 있는 자는 해당 처분이 법령 적용의 착오에 기초하였다고 판단되는 경우, 국가보훈부장관이 해당 처분을 할 때에 중요한 증거자료를 검토하지 않았다고 판단되는 경우, 해당 처분이 있은 후 그와 관련된 새로운 증거자료가 발견된 경우 국가보훈부장관에게 이의신청을 할 수 있다(제74조의18 제1항). 위 이의신청은 국가보훈부장관의 처

---

37) 법제처 법령해석, "보건복지부-「국민기초생활 보장법」 제40조의 이의신청과 「행정심판법」에 따른 행정심판의 관계", 2011. 6. 23. 〈https://www.moleg.go.kr/lawinfo/nwLwAnInfo.mo?mid=a1010 6020000&cs_seq=100391&rowIdx=3704〉 참조(2024. 7. 21. 최종확인).

38) 「국가보훈 기본법」 제3조 제2호에 따른 국가보훈대상자 중 보훈심사위원회의 심의·의결을 거치도록 규정된 사람의 등록 요건의 인정 여부에 관한 사항(제1호), 제6조의5 제1항에 따른 상이의 추가인정 여부에 관한 사항(제3호), 「국가유공자 등 예우 및 지원에 관한 법률」 제9조에 따른 권리소멸의 확인에 관한 사항(제4호), 동법 제13조 제2항 제2호에 따른 국가유공자를 주로 부양하거나 양육한 사람의 확인에 관한 사항(제5호), 동법 제76조에 따른 보훈급여금 등의 반환의무 면제에 관한 사항(제11호), 동법 제78조 제1항에 따른 보상정지 기간 및 보상의 정도에 관한 사항(제12호), 동법 제79조 제1항 제5호에 해당하는 사람에 대한 법 적용 대상 제외 여부 및 같은 조 제3항에 따른 법 적용 대상자로의 결정 여부에 관한 사항(제13호).

분을 받은 날부터 30일 이내에 주장하는 사실을 증명할 수 있는 서류를 첨부하여 관할청장 또는 지청장에게 제출하는 방식으로 하여야 한다(같은 조 제2항). 국가보훈부장관은 이의신청에 대하여 보훈심사위원회의 심의·의결을 거쳐 결정하고 그 결과를 이의신청을 한 자에게 통보하여야 한다(같은 조 제3항).

나. 행정심판

위 규정에 따라 이의신청을 한 자는 그 이의신청과 관계없이 행정심판법에 따른 행정심판을 청구할 수 있다. 이 경우 이의신청을 하여 그 결과를 통보받은 자는 통보받은 날부터 90일 이내에 행정심판법에 따른 행정심판을 청구할 수 있다(제74조의18 제4항).

다. 불복의 경로

위 불복절차를 정리하면, 「국가보훈부장관의 처분(30일) → 국가보훈부장관에 대한 이의신청 → 결정(90일) → 행정심판법상 행정심판」이다. 앞서 본 다른 법률들이 대부분 2단계의 불복절차를 규정하고 있는 반면에 「국가유공자 등 예우 및 지원에 관한 법률」은 처분에 대한 이의신청 후 바로 「행정심판법」상의 행정심판을 제기할 수 있도록 규정하고, 다른 법률들이 최초 처분에 대한 불복기간을 90일 또는 180일 정도로 설정하고 있음에도 위 법률은 처분에 대한 이의신청기간을 30일로 정하고 있으며, 이의신청에 대한 결정의 기한을 규정하고 있지 않은 것이 특징이다.

5. 사회서비스 영역에서의 불복절차

아래에서는 사회서비스 영역의 법률로서 「장애인복지법」을 선정하여 그 법률에서의 불복절차를 살펴본다.[39]

가. 이의신청

「장애인복지법」에 의하면, 장애인이나 법정대리인등은 「장애인복지법」에 따른 복지조치에 이의가 있으면 해당 장애인복지실시기관에 이의신청을 할 수 있다(제84조 제1

---

39) 「사회복지사업법」이나 「아동복지법」의 경우에는 권리구제에 관한 규정이 별도로 존재하지 않는다.

항). 위 이의신청은 복지조치가 있음을 안 날부터 90일 이내에 문서로 하여야 하나, 정당한 사유로 인하여 그 기간 이내에 이의신청을 할 수 없었음을 증명한 때에는 그 사유가 소멸한 날부터 60일 이내에 이의신청을 할 수 있다(제2항). 장애인복지실시기관은 위 이의신청을 받은 때 30일 이내에 심사·결정하여 신청인에게 통보하여야 한다(제3항).

나. 행정심판

장애인복지실시기관의 심사·결정에 이의가 있는 자는 「행정심판법」에 따라 행정심판을 제기할 수 있다(제84조 제4항).

다. 불복의 경로

위 불복절차를 정리하면, 「장애인복지실시기관의 처분(90일) → 장애인복지실시기관에 대한 이의신청(30일) → 결정 → 행정심판법에 따른 행정심판」이다. 장애인복지법 역시 「국가유공자 등 예우 및 지원에 관한 법률」과 마찬가지로 1단계의 불복절차만 규정하고 이의신청에 대한 결정에 불복이 있는 경우 「행정심판법」에 따른 행정심판을 제기할 수 있도록 규정하고 있는 것이 특징이다.

6. 문제점과 개선방향

사회보장행정에서의 행정적 권리구제절차는 영역별로 구제기관이 다르고 이에 따른 행정구제절차도 상이하게 규정되어 있어 있으므로, 사회보장수급권자가 권리구제수단을 취하는 데 혼란을 야기하고 있고,[40] 그 개선이 요구된다.

---

40) 정영진·김상찬, "사회보장관련법상 권리구제제도에 관한 연구", 354면 이하.

가. 용어의 통일

사회보장행정에서의 행정적 권리구제절차는 '이의신청', '심판청구', '심사청구', '재심사청구' 등 각기 다른 용어를 사용하고 있다. 특히 「국민기초생활보장법」의 경우 시장·군수·구청장의 처분에 대한 불복도 '이의신청'이라는 용어를 사용하고, 위 이의신청에 대한 시·도지사의 처분에 대한 불복도 '이의신청'이라는 동일한 용어를 사용하고 있다. 이러한 혼란을 피하기 위하여 용어를 통일하여야 한다는 지적이 지속되어 왔으나, 특별행정심판위원회들이 대다수이고 이를 전체적으로 관할하는 체계가 마련되어 있지 않아 문제의 해결이 쉽지 않은 것으로 보인다.[41]

나. 행정적 권리구제절차의 통일

사회보장행정 영역에서의 행정적 권리구제절차는 앞에서 본 것처럼 개별 법마다 달리 규정하고 있어 통일성과 효율성이 떨어지는 등 행정 내부의 불복제도가 가지는 이론적인 장점을 살리지 못하고 있다.[42] 개별법에서는 대체로 2단계의 불복절차를 두고 있다. 그런데, 「공무원연금법」, 「국가유공자법」, 「장애인복지법」에서는 1단계 불복절차만 규정하고 그 다음단계로 행정심판을 제기할 수 있다고 규정하고 있다. 이렇게 개별법마다 행정 내부의 불복절차를 다르게 하는 것은 이용자에게 혼란을 줄 뿐만 아니라 권리구제상의 형평성도 문제가 될 수 있다.

또한, 개별법마다 불복신청기간을 규정하는 방식도 달라 ① 처분이 있음을 안 날과 처분이 있은 날을 각 기산점으로 삼아 먼저 도래하는 날을 종기로 정하는 방식이 있는가 하면(「국민건강보험법」, 「공무원연금법」), ② 결정의 통지를 받은 날부터 청구기간의 계산하는 방식도 있으며(「국민기초생활보장법」, 「국가유공자법」), ③ 처분이 있음을 안 날을 기준으로 규정하는 방식도 있고(「고용보험법」, 「장애인복지법」), ④ 이를 혼용하여 규정하는 방식(「국민연금법」, 「산업재해보상보험법」)[43]도 있다. 게다가 불복신청기간도 30일(「국가유공자법」)부터 180일까지 각기 다르다.

이와 같은 절차상의 통일성 결여로 인하여 국민은 물론 사업을 담당하는 일선 공무

---

41) 박우경, "사회보장사건의 법원을 통한 구제절차 현황과 개선방안", 48면.
42) 조만형, 「우리나라 사회보장법상 행정불복절차에 관한 연구」, 454-455면.
43) 위 두 법률은 1단계 불복절차인 심사청구의 경우 그 처분이 있음을 안 날부터 90일 이내 또는 처분이 있은 날부터 180일 내에 제기하도록 규정하고 있으나, 2단계 불복절차인 재심사청구의 경우에는 결정통지를 받은 날부터 90일 이내에 제기하도록 규정하고 있다.

원, 불복절차에 관여하는 담당자도 어려움을 겪을 수밖에 없다. 특히 청구기간의 경우 청구기간의 도과로 인한 불이익이 크다. 각 사회보장행정 영역이 다른 영역과 구분되는 특성과 차이점을 가지고 있으므로 개별법에서 이를 달리 규정할 필요가 있기는 하나, 구제절차는 그러한 필요가 낮다는 점에서 절차의 통일적 규율이 필요하다.

다. 동일 분야 사건에 대한 종합적 접근

사건을 어느 기관에서 담당하고 이를 다시 어떻게 분류하느냐는 전문화를 위하여 매우 중요하다. 그런데, 같은 산업재해사건의 경우에도 산업재해 관련 각종 심사는 특별행정심판위원회인 산업재해보상보험재심사위원회에서 담당하지만, 산업재해보험료의 부과나 징수 등 사건은 중앙행정심판위원회에서 담당한다.[44] 이처럼 같은 산업재해보상보험법 영역의 사안도 복수의 기관에서 영역을 다시 세분하여 처리하고 있다. 한편, 중앙행정심판위원회 사건들을 처리하고 있는 국민권익위원회 행정심판국은 행정심판총괄과를 제외하고 6개 영역의 과(교육심판, 재정경제심판, 국토해양심판, 사회복지심판, 환경문화심판, 운전심판)로 구성되는데, 과의 구별이 형식적이지는 않지만, 한정된 인원과 일정하게 들어오지 않는 사건 수로 인하여 경우에 따라서는 담당이 아닌 과에서 사건을 맡아 처리하기도 한다. 이렇듯 한 분야의 사건을 기관별로 쪼개어 담당하고 한 기관에서 맡는 각 분야 사건들마저도 전담 처리되지 못하는 상황은, 해당 영역의 사건들이 종합적으로 파악되고 관련 통계가 구별되어 산출되기 어려운 구조적 문제를 확인해준다.

사건 분야의 전문화는 청구인의 권익을 증진할 수 있다. 그러므로, 연관되는 사건들을 최대한 한 기관으로 모으고, 부득이 담당 기관이 나뉠 때에는 정보의 공유가 필요하다.[45]

---

44) 박우경, 「사회보장사건의 법원을 통한 구제절차 현황과 개선방안」, 48면.
45) 박우경, 「사회보장사건의 법원을 통한 구제절차 현황과 개선방안」, 49면.

사법적 권리구제

Ⅰ. 사회보장행정에서 행정소송의 의의와 유형

1. 행정소송의 개념

행정소송은 「법원이 행정사건에 대하여 정식의 소송절차에 따라 행하는 재판」을 말한다. 법원이 행하는 사법작용으로서의 '재판'은 구체적인 법률상 분쟁이 발생한 경우 한쪽 당사자의 쟁송 제기를 기다려 공정·중립적인 국가기관인 법원이 소송절차에 따라 법을 해석·적용하여 그 분쟁을 해결하는 소극적인 작용을 의미하는 것으로 법률의 내용에 따라 정해진 구체적인 목표를 달성하기 위한 적극적인 행정작용과는 다르다. 또한, '행정사건'이라 함은 공법상 법률관계에 관한 분쟁을 의미하고, 이러한 점에서 행정소송은 사법상 법률관계에 관한 소송인 민사소송과 구별되며, 행정법규의 해석·적용에 관한 소송이라는 점에서 헌법의 해석·적용에 관한 소송인 헌법소송과도 구별된다. 한편, '정식의 소송절차'라 함은 소 제기에 의하여 개시되고 공개적인 구술변론이 행해지며 대립하는 양 당사자로 하여금 주장·증명하도록 하고 엄격한 증명을 요하며 소에 대한 응답으로서 판결이 이루어지는 것을 말한다. 이러한 점에서 행정소송은 약식절차인 행정심판 등과 구분된다.[46]

위와 같은 행정소송의 개념을 사회보장 행정사건에 적용해보면, 사회보장 행정소송이란 '공법상 사회보장급여에 관한 법률관계에서 나타나는 분쟁에 대한 정식의 재판'이라 할 수 있다.

2. 행정소송의 분류

가. 성질에 의한 분류

행정소송은 그 성질에 따라 형성소송, 이행소송, 확인소송으로 나눌 수 있다.

---

46) 하명호, 「행정쟁송법」, 5면.

형성소송은 법률관계의 변동을 일으키는 일정한 법률요건을 주장하여 그 변동을 선언하는 판결을 구하는 소송이다. 따라서, 형성판결은 형성요건의 존재를 확정함과 아울러 새로운 행정법상의 법률관계를 발생시키거나 기존의 행정법상의 법률관계를 변경·소멸시키는 판결로서 창설적 효력을 갖는다. 항고소송 중 취소소송은 대표적인 형성소송이다.

이행소송은 피고에 대한 특정한 이행청구권의 존재를 주장하여 그것의 확정과 이에 기한 이행을 명하는 판결을 구하는 소송이다. 원고가 주장하는 이행청구권의 강제적 실현에 이바지하는 소로서 이행청구권의 확정과 피고에 대한 이행명령의 두 가지를 목적으로 한다. 우리나라에서의 인정 여부는 별론으로 하고, 의무이행소송, 예방적 금지소송, 당사자소송으로서의 금전급부소송 등이 이에 속한다.

확인소송은 특정한 권리 또는 법률관계의 존재 또는 부존재를 주장하여 이를 확인하는 판결을 구하는 소송이다. 원칙적으로 권리 또는 법률관계만 확인의 소의 대상이 된다. 항고소송 중 무효등 확인소송·부작위위법확인소송이나 당사자소송 중 공법상 법률관계의 존부의 확인을 구하는 소송은 확인소송에 해당한다.

나. 내용에 의한 분류

「행정소송법」 제3조는 행정소송을 항고소송, 당사자소송, 민중소송, 기관소송으로 구분하고 있다. 그중 항고소송과 당사자소송은 일반적으로 주관소송에 해당하고, 민중소송과 기관소송은 일반적으로 객관소송에 해당한다.

항고소송은 "행정청의 처분등이나 부작위에 대하여 제기하는 소송"으로서(제3조 제1호), 취소소송과 무효등 확인소송, 부작위위법확인소송이 여기에 속한다(제4조).

당사자소송은 "행정청의 처분등을 원인으로 하는 법률관계에 관한 소송 그 밖에 공법상의 법률관계에 관한 소송으로서 그 법률관계의 한쪽 당사자를 피고로 하는 소송"이다(제3조 제2호). 통설은 당사자소송을 실질적 당사자소송과 형식적 당사자소송으로 나누어 설명하고 있다. 형식적 당사자소송은 실질적으로는 행정청의 처분·재결 등의 효력 그 자체를 다투는 것이 되어 항고소송의 실질을 가지지만 처분청을 피고로 하는 것이 아니라 그 법률관계의 한쪽 당사자를 피고로 하는 특수한 소송유형으로서, 개별법에 특별한 규정이 있는 경우에만 허용된다.[47] 실질적 당사자소송은 행정청의 처분 등의 효

---

47) 「공익사업을 위한 토지 등의 취득 및 보상에 관한 법률」 제85조 제2항의 보상금증감청구소송은

력 그 자체에 관한 다툼이 아니라 '행정청의 처분 등을 원인으로 하는 법률관계에 관한 소송 그 밖에 공법상의 법률관계에 관한 소송'을 말한다.[48) 특별한 수식이 없으면 당사자소송은 실질적 당사자소송을 의미한다.[49)

그 밖에 "국가 또는 공공단체의 기관이 법률에 위반되는 행위를 한 때에 직접 자기의 법률상 이익과 관계없이 그 시정을 구하기 위하여 제기하는" 민중소송(제3조 제3호)과 "국가 또는 공공단체의 기관상호간에 있어서의 권한의 존부 또는 그 행사에 관한 다툼이 있을 때에 이에 대하여 제기하는" 기관소송(제3조 제4호)이 있다.

다. 항고소송과 당사자소송, 민사소송의 구분

(1) 항고소송과 당사자소송의 구분

(가) 일반적인 구별기준

일반적으로 행정처분의 발동을 둘러싼 법률관계에 관한 소송인 취소소송, 무효등 확인소송, 부작위위법확인소송 등이 항고소송이고, 그 밖의 공법관계에 속하는 소송이 공법상의 당사자소송이고, 사법관계에 속하는 소송이 민사소송에 해당한다고 할 수 있다. 즉, 처분성 인정 여부가 항고소송과 당사자소송·민사소송을 구별하는 징표라 할 수 있고, 특히 취소소송은 처분 자체를 대상으로 하는 점에서 처분에 의하여 발생·변경·소멸된 법률관계를 대상으로 하는 당사자소송 또는 민사소송과 구분된다. 그러나, 실제 사례에서 처분성을 인정할지 여부부터 문제가 되는 사례가 적지 않은 까닭에 항고소송과 특히 당사자소송을 구별하는 것은 간단하지 않다.

(나) 판례의 태도

판례는 「산업재해상보험법」, 「공무원연금법」 등 각종 사회보장 관련 법률에 의한 급여청구권을 공권으로 보아 그에 관한 소송을 행정소송으로 처리하고 있으나, 구체적으로 행정소송 중 항고소송에 해당하는지, 공법상 당사자소송에 해당하는지의 구별은 여전히 문제로 남는다. 예를 들면, 원고가 연금지급과 관련한 액수를 다툴 경우 급여결

실질적으로는 재결청의 재결을 다투는 것이지만 형식적으로는 재결로 형성된 법률관계를 다투기 위하여 법률관계의 한쪽 당사자인 사업시행자를 피고로 하는 소송이다.

48) 공법상 신분이나 지위의 확인에 관한 소송, 공법상 사무관리나 계약에 관한 소송 및 공법상 금전지급청구에 관한 소송 등이 이에 해당한다.

49) 하명호, 「행정쟁송법」, 467면.

정의 취소를 구하는 항고소송을 제기하여야 하는지 아니면 주장하는 부족금액을 바로 당사자소송으로 청구할 수 있는지 문제이다.

대법원은 청구권 발생에 행정청의 인용결정이 필요한지 여부를 기준으로 항고소송과 당사자소송을 구별하고 있다. 즉, 법령의 요건에 해당하는 것만으로 바로 구체적인 청구권이 발생하는 것이 아니라 행정청의 인용결정에 의하여 비로소 구체적 청구권이 발생하는 경우에는 신청에 대한 행정청의 거부결정을 대상으로 항고소송을 제기하여야 하고, 행정청의 1차적 판단이 필요 없이 법령에 의하여 곧바로 구체적 청구권이 발생하는 경우에는 행정청을 상대로 항고소송을 제기함 없이 바로 그 법률관계의 한쪽 당사자를 상대로 급여의 이행을 청구하는 당사자소송을 제기하여야 한다는 것이다.[50]

그에 따르면, 「공무원연금법」에 의한 연금청구,[51] 「산업재해보상보험법」에 의한 급여청구,[52] 「국가유공자 등 예우 및 지원에 관한 법률」에 의한 연금청구[53]의 경우 법에서 정한 요건에 해당한다 하더라도 행정청의 결정에 따라 구체적 청구권이 발생한다고 보아 신청에 대한 거부처분을 대상으로 항고소송을 제기하여야 한다.[54] 반면에 피재근로자가 석탄합리화사업단에 대하여 가지는 재해위로금의 지급에 관한 소송,[55] 공무원의 연가보상비청구소송,[56] 평균임금결정에 관한 근로복지공단의 사무착오로 장해연금선급금을 과소지급받은 당사자가 근로복지공단을 상대로 바로 그 차액의 지급을 구하는 소송[57]은 당사자소송이다.

한편, 대법원은 행정청이 수급자격을 인정하면서도 급여수준에 관하여 다툼이 있는 경우로서 「광주민주화운동 관련자 보상 등에 관한 법률」에 의한 보상금 등의 지급에 관

---

50) 임영호, "공법상 소송유형과 소송형식-항고소송과 당자사소송을 중심으로", 행정법연구 제25호, 행정법이론실무학회, 2010. 12, 48면 참조.
51) 대법원 1996. 12. 6. 선고 96누6417 판결.
52) 대법원 2009 2. 1. 선고 2005두12091 판결 등.
53) 대법원 1991. 2. 12. 선고 90다10827 판결.
54) 한편 퇴직연금 내지 퇴역연금과 관련하여 최초의 급여결정이 이루어진 후 법령의 개정으로 그 금액이 증감이 된 경우에는 최초 급여결정 시 이미 법령상의 요건사실에 해당하는 사실이 확인되었고, 그 이후 법률의 개정으로 연금액의 변동이 됨에 따라 행정청으로서는 기계적으로 수액을 산정하므로, 그에 관한 소송은 당사자소송으로 제기하여야 한다고 본다(「공무원연금법」상 퇴직연금과 관련하여 대법원 2004. 12. 24. 선고 2003두15195 판결, 「군인연금법」상 퇴역연금과 관련하여 대법원 2003. 9. 5. 선고 2002두3522 판결).
55) 대법원 1999. 1. 26. 선고 98두12598 판결.
56) 대법원 1999. 7. 23. 선고 97누10857 판결.
57) 대법원 2003. 3. 28. 선고 2002두11028 판결.

한 소송의 경우 당사자소송을 제기하여야 한다고 판단한 바 있고,[58] 유사한 성격을 가진 것으로 볼 수 있는 「민주화운동 관련자 명예회복 및 보상 등에 관한 법률」에 의한 보상금의 지급을 구하는 소송[59]이나 「특수임무수행자 보상에 관한 법률」에 의한 보상금의 지급을 구하는 소송[60]은 항고소송에 해당한다고 보았다.

(다) 급여수준만 다투는 경우

수급자격에 관해서는 다툼이 없고 급여수준만 다투고자 하는 경우에도 항고소송으로 다투는 것에 대해서는 다음과 같은 문제가 있다.[61]

첫째, 수급자격이 있는지에 대해서는 당사자 사이에 아무런 다툼이 없음에도 처분에 대한 적법성을 판단함에 있어 그 부분도 소송의 대상이 된다는 문제가 있다.

둘째, 분쟁의 일회적 해결이 어렵다. 즉, 법원으로서는 급여수준과 관련된 결정의 개별요건에 관하여 하나라도 위법이 있을 경우 나머지 점에 대하여 살필 필요 없이 위법하다고 선언할 수 있고, 이렇게 되면 급여수준에 대한 실질적인 판단이 이루어지기까지 몇 차례의 소송이 필요할 수도 있게 된다. 또한, 처분이 취소될 뿐이므로 소송이 계속적으로 반복될 염려가 있다.

셋째, 원고가 승소를 하더라도 단순히 처분이 취소됨에 따라 실질적인 권리구제가 되지 않고 오히려 기존에 인정받았던 부분까지 취소되는 불합리한 결과가 발생한다. 예를 들면, 신청인이 1,000만 원의 보상금을 신청하였으나 행정청이 수급권자임을 인정하면서도 보상금을 300만 원만 인정한 경우, 법원이 500만 원이 보상금으로 적정하다고 판단하였다고 가정하면 300만 원의 보상금 지급처분의 전부를 취소하여야 한다. 이렇게 되면 원고는 승소를 하고도 구제를 받지 못할 뿐만 아니라 오히려 기존에 인정되었던 부분까지 취소되는 논리적인 모순이 생긴다. 또한, 원고는 실질적으로는 일부 승소가 되었음에도 형식적으로는 전부 승소하여 상소를 제기할 수도 없다.

넷째, 시의적절하고 신속한 구제가 어렵다. 뒤에서 살펴보겠지만 대법원은 「민사소송법」상의 보전처분은 민사판결절차에 의하여 보호받을 수 있는 권리에 관한 것이므로, 항고소송에서 「민사소송법」상의 가처분으로써 행정청의 어떠한 행정행위의 금지를 구하

---

58) 대법원 1992. 12. 24. 선고 92누3335 판결.
59) 대법원 2008. 4. 17. 선고 200516815 전원합의체 판결.
60) 대법원 2008. 12. 11. 선고 2008두6554 판결.
61) 이하의 내용은 하명호, "사회보장행정에서 권리의 체계와 그 구제", 182면 이하의 내용을 정리한 것이다.

는 것은 허용될 수 없다고 한다.[62] 또한, 거부처분에 대한 집행정지결정은 신청의 이익이 흠결되어 부적법하다는 것이 대법원 판례의 입장이다.[63] 사회보장행정에서는 어느 행정 영역보다 현재의 구체적인 수요를 충족시키는 것이 중요하므로 급여의 이행이 신속하게 이루어질 필요가 있고 이에 가처분제도의 적극적 활용이 요구된다. 그런데, 판례와 같은 항고소송설을 취하면 임시지위를 정하는 가처분제도 등을 활용할 가능성이 전혀 없게 된다는 문제가 발생한다.

위와 같은 문제점들은 사회보장행정에서의 급여신청에 대한 결정이 수급자격과 급여수준이라는 두 가지 부분으로 구성되어 있다는 점에서 나오는 문제이다. 행정청의 의사가 설령 하나의 처분서면에 한꺼번에 표시되어 있더라도, 이는 수급자격의 확인 또는 형성과 구체적인 급여의 선택이 결합된 것으로 보아야 하고, 따라서 두 부분을 달리 취급할 필요가 있다.

참고로 「공익사업을 위한 토지 등의 취득 및 보상에 관한 법률」 제85조 제2항에서는 토지수용에서 보상금의 증감에만 다툼이 있는 경우에는 해당 소송을 제기하는 자가 토지소유자 또는 관계인일 때에는 사업시행자를, 사업시행자일 때에는 토지소유자 또는 관계인을 각각 피고로 삼아 차액의 지급을 구하는 이행소송을 제기하도록 하는 보상금증감소송을 제도화하여, 보상청구권자인지 여부에 관한 결정과 손실보상금의 수액에 관한 결정을 분리하여 권리구제절차의 효율성을 도모하고 있다. 이러한 입법례를 참조하여, 급여수준에 대한 다툼만 있고 수급자격에 대한 다툼은 없는 경우에도 보상금증감소송과 같이 당사자소송으로 취급하여 바로 이행소송을 제기할 수 있도록 하는 입법적 배려가 요구된다.

(2) 민사소송과 당사자소송의 구분

일반적으로 당사자소송은 공법상의 법률관계를 대상으로 한다는 점에서 사법관계를 대상으로 하는 민사소송과 구분된다고 설명되고 있다. 그러나, 무엇을 기준으로 공법관계와 사법관계를 구분할 것인지에 관해서는 ① 소송물을 기준으로 그것이 공법상의 권리이면 당사자소송이고, 사법상의 권리이면 민사소송이라는 견해(공무원의 지위확인소송 등은 당사자소송, 소유권확인이나 부당이득반환청구사건은 그 전제가 되는 법률관계가 공법관계인지 여부를 묻지 않고 민사소송이라는 견해)와 ② 소송물의 전제가 되는 법률관계를

---

62) 대법원 1996. 7. 6.자 92마54 결정; 대법원 2009. 11. 2.자 2009마596 결정.
63) 대법원 1995. 6. 21.자 95두26 결정.

기준으로 양자를 구분하는 견해(동일한 부당이득반환청구소송이라도 과세처분 등의 무효를 원인으로 할 때는 당사자소송, 사법상 계약의 무효를 원인으로 할 때는 민사소송이라는 견해)가 대립되고 있다. 대부분의 행정법 학자들은 후자의 입장을 지지하고 있으나,[64] 판례는 전자의 견해에 서 있다.[65]

(3) 「행정소송규칙」상의 당사자소송

앞서 본 바와 같이 「행정소송법」 제3조 제2호가 당사자소송을 '행정청의 처분 등을 원인으로 하는 법률관계에 관한 소송 그 밖에 공법상의 법률관계에 관한 소송으로서 그 법률관계의 한쪽 당사자를 피고로 하는 소송'으로 정의하고 있음에도 구체적으로 '공법상의 법률관계'가 무엇을 의미하는지를 파악하는 것은 어려운 일이다. 민사소송과의 구별에 있어 판례가 소송물을 기준으로 그것이 공법상의 권리이면 당사자소송이고, 사법상의 권리이면 민사소송이라는 입장을 취하고 있기는 하나 '공법상 권리' 역시 불명확한 개념이다. 이러한 불명확성은 민사소송으로 판단되었던 것이 나중에 당사자소송이라고 밝혀진 경우에 특히 문제가 되는데, 대법원에서 파기이송되어 다시 행정법원에서 1심부터 진행되어 시간과 비용이 허비되는 경우도 생기게 되기 때문이다.

이에 따라 2023년 제정된 「행정소송규칙」에서는 제19조에서 당사자소송의 대상이 되는 사례를 예시하여, 당사자소송과 민사소송의 구분으로 발생할 수 있는 문제를 최소화하고자 하였다. 이 규정은 당사자소송의 개념을 정의하는 것이 아니라 당사자소송에 해당하는 소송으로 어떤 것이 있는지 예시적으로 규정한 것으로, 여기에 규정되어 있지 않더라도 당사자소송에 포함될 수 있음은 물론이다.[66]

> **1. 손실보상금에 관한 소송**
> 가. 「공익사업을 위한 토지 등의 취득 및 보상에 관한 법률」 제78조 제1항 및 제6항에 따른 이주정착금, 주거이전비 등에 관한 소송
> 나. 「공익사업을 위한 토지 등의 취득 및 보상에 관한 법률」 제85조 제2항에 따른 보상금의 증감에 관한 소송
> 다. 「하천편입토지 보상 등에 관한 특별조치법」 제2조에 따른 보상금에 관한 소송

---

64) 하명호, 「행정쟁송법」, 470면.
65) 대법원 1995. 4. 28. 선고 94다55019 판결.
66) 이승훈, "행정재판의 편리성 제고를 위한 행정소송규칙의 제정", 서울행정법원 개원 25주년 기념 공동학술대회 자료집, 2023, 10-11면.

2. 그 존부 또는 범위가 구체적으로 확정된 공법상 법률관계 그 자체에 관한 소송

가. 납세의무 존부의 확인

나. 부가가치세법 제59조에 따른 환급청구

다. 석탄산업법 제39조의3 제1항 및 같은 법 시행령 제41조 제4항 제5호에 따른 재해위로금 지급청구

라. 「5·18민주화운동 관련자 보상 등에 관한 법률」 제5조, 제6조 및 제7조에 따른 관련자 또는 유족의 보상금 등 지급청구

마. 공무원의 보수·퇴직금·연금 등 지급청구

바. 공법상 신분·지위의 확인

3. 처분에 이르는 절차적 요건의 존부나 효력 유무에 관한 소송

가. 「도시 및 주거환경정비법」 제35조 제5항에 따른 인가 이전 조합설립변경에 대한 총회결의의 효력 등을 다투는 소송

나. 「도시 및 주거환경정비법」 제50조 제1항에 따른 인가 이전 사업시행계획에 대한 총회결의의 효력 등을 다투는 소송

다. 「도시 및 주거환경정비법」 제74조 제1항에 따른 인가 이전 관리처분계획에 대한 총회결의의 효력 등을 다투는 소송

4. 공법상 계약에 따른 권리·의무의 확인 또는 이행청구 소송

라. 의무이행소송의 허용 여부

(1) 의의

「행정소송법」에 규정된 취소소송, 무효등 확인소송, 부작위위법확인소송 외에 항고소송이 허용될 수 있을지, 허용될 필요가 있는지에 관한 논의가 있다. 주로 도입 여부가 논의되는 법정의 항고소송의 유형으로 의무이행소송과 예방적 금지소송이 있는데, 사회보장행정 영역에서 특히 문제되는 것은 의무이행소송이다.

(2) 의무이행소송의 허용 여부

의무이행소송은 "사인이 어떠한 행정행위를 신청하였는데 행정청이 이를 거부하거나 아무런 응답을 하지 않는 경우에 행정청에게 그 거부된 또는 방치된 행정행위를 행하여 줄 것을 구하는 내용의 행정소송"을 말한다.

의무이행소송의 허용 여부에 대해서는 권력분립의 관점 또는 입법자의 의사를 근거로 허용될 수 없다고 보는 소극설과 「행정소송법」 제4조에 규정된 항고소송의 종류를

예시적인 것으로 보고 현행법 아래에서도 의무이행소송이 허용될 수 있다는 적극설이 있다. 판례는 "행정청에 대하여 행정상의 처분의 이행을 구하는 청구는 특별한 규정이 없는 한 행정소송의 대상이 될 수 없다."라고 판시함으로써 의무이행소송을 허용하지 않는다는 입장에 있고, 나아가 행정청에 적극적 처분을 할 의무가 있음의 확인을 구하는 작위의무확인소송도 부적법하다고 보고 있다.[67] 그러나, 입법론적인 관점에서 의무이행소송을 도입하여야 한다는 점에는 이론이 없다.

(3) 사회보장행정에서 도입의 필요성

의무이행소송이 도입되어 있지 않은 현행 「행정소송법」에서는 사인의 신청에 대하여 행정청이 거부처분을 하는 경우에는 거부처분에 대한 취소소송 또는 무효등 확인소송을 통하여, 행정청이 응답을 하지 않는 경우에는 부작위위법확인소송을 통하여 권리구제가 이루어진다. 그러나, 거부처분이 취소되거나 부작위가 위법하다는 판결이 선고되었다고 하더라도 처분청이 판결의 취지에 따른 처분을 하지 않는다면 위 소송들은 그 의미를 상실한다. 따라서, 「행정소송법」은 판결의 실효성을 확보하고 원고가 실질적으로 권리구제를 받을 수 있도록 보장하기 위하여 제30조 제2항에서 기속력의 효과로서 행정청의 재처분 의무를 명시하고, 그 의무이행을 담보하기 위하여 제34조 제1항에서 간접강제에 관한 규정을 두고 있다. 그러나, 기속력의 객관적·시간적 범위 및 그에 따른 재처분 의무의 내용과 관련하여 원고가 위 소송들에서 승소하더라도 실제로는 당초 신청한 처분을 발급받지 못할 수도 있다. 이러한 구조는 사회보장행정에서 특히 문제가 된다.

예를 들면, 지방자치단체에서 기초생활수급신청을 거부하는 경우 신청인은 행정법원에 그 거부처분의 취소를 구하는 소를 제기할 수 있으나, 신청인이 그 소송에서 승소하더라도 거부처분의 취소만으로는 신청이 받아들여지는 효과가 발생하는 것은 아니라서 행정청이 다른 이유를 들어 재차 거부처분을 하는 경우 원고는 다시 소를 제기할 수밖에 없다. 또한, 지방자치단체가 기초생활수급신청에 대하여 아무런 처분을 하지 않아 원고가 부작위위법확인소송을 제기하고 승소하였다 하더라도 지방자치단체는 거부처분을 할 수 있고,[68] 이 경우 다시 앞서 본 거부처분 취소소송에서의 문제로 돌아간다. 이처럼 소송이 반복되는 동안 급여를 지급받지 못한 신청인은 심각한 경제적 타격을 입을 수밖에 없다.

---

67) 대법원 1989. 1. 24. 선고 88누3314 판결(애국지사의 사망일시금 유족생계부조수당 지급의무의 확인 청구).
68) 박우경, 「사회보장사건의 법원을 통한 구제절차 현황과 개선방안」, 177면.

그런데, 의무이행소송이 도입되면, 법원은 거부처분을 취소하거나 부작위의 위법성을 확인하는 것에 그치지 않고 판결을 통하여 바로 행정청의 적극적인 행위를 강제할 수 있다. 즉, 의무이행소송은 수익적 행정행위의 발급에 관한 거부처분 취소소송이나 부작위위법확인소송보다 강력한 권리구제수단이 될 뿐 아니라 분쟁의 신속하고 일회적인 해결이 가능하다.69) 이와 같은 이유에서 사회보장행정 영역에서 의무이행소송의 도입은 매우 필요하다.

3. 개별법상 사회보장 행정소송의 유형

가. 사회보험 관련 소송

사회보험은 사회적 위험이 발생하기 전에 본인 또는 제3자가 보험료를 납부하여 법적 원인관계를 성립시키고 해당 사회적 위험이 발생한 경우 급여를 지급하는 사회보장 수단이고, 사회보험 관련 소송은 이러한 사회보험의 법률관계를 심리의 대상으로 하는 재판절차이다. 사회보험의 법률관계는 보험료 납부라는 의무관계와 급여지급이라는 권리관계로 나누어 볼 수 있다. 이에 따라 사회보험소송은 보험료 납부처분이나 급여지급 거부처분의 취소를 구하는 형태가 일반적이다. 사회보험 관련 소송은 발생하는 사회적 위험에 대응하는 보험별로 권리의무관계가 규율되므로, 산업재해, 연금, 건강보험, 고용보험 관련 소송으로 분류할 수 있다.70)

(1) 산업재해보상보험 관련 소송

(가) 구체적인 소송의 형태

산업재해보상보험 관련 소송이란 업무상 사유에 따른 근로자의 부상·질병·장해 또는 사망에 대한 보상관계를 심리하는 재판절차를 말한다. 개별법상 보험급여의 종류는 약간의 차이를 보이고 있으나, 요양급여, 장해급여, 유족급여 등의 지급 여부와 범위를 둘러싼 분쟁이 대부분을 차지한다. 근로복지공단을 상대로 한 요양불승인처분 취소소송, 유족급여 및 장의비 부지급처분 취소소송, 장해등급결정처분 취소소송 등이 대표적인 예이다.71)

---

69) 하명호, 「행정쟁송법」, 76면.

70) 장승혁, "사회보장소송의 특수성과 사회보장법원의 필요성", 사회보장법학 제8권 제1호. 사회보장법학회, 2019, 18-19면.

71) 장승혁, "사회보장소송의 특수성과 사회보장법원의 필요성", 19면.

(나) 소송상 주요 쟁점

산업재해보상보험에 관한 소송에서 주로 다루어지는 쟁점은 '업무상의 재해'인지, 특히 업무와 재해 사이의 상당인과관계 인정 여부이다.

대법원은 「산업재해보상보험법」상 업무상 재해라고 함은 근로자가 업무수행 중 그 업무에 기인하여 발생한 재해를 말하는 것이므로, 업무와 재해 사이에 상당인과관계가 있어야 하고, 이 경우 근로자의 업무와 재해 간의 상당인과관계에 관해서는 이를 주장하는 측에서 증명하여야 하며,[72] 상당인과관계가 반드시 직접증거에 의하여 의학적·자연과학적으로 명백히 증명되어야 하는 것은 아니지만, 해당 근로자의 건강과 신체조건을 기준으로 하여 취업 당시의 건강상태, 기존 질병의 유무, 종사한 업무의 성질 및 근무환경 등 간접사실에 의하여 업무와 재해 사이의 상당인과관계가 추단될 정도로 증명되어야 한다는 입장에 있었다.[73]

그런데, 「산업재해보상보험법」이 2007년 12월 14일 법률 제8694호로 개정되면서, "근로자가 다음 각 호의 어느 하나에 해당하는 사유로 부상·질병 또는 장해가 발생하거나 사망하면 업무상의 재해로 본다. 다만, 업무와 재해 사이에 상당인과관계가 없는 경우에는 그러하지 아니하다."라는 내용의 제37조 제1항이 신설되었다. 위 규정의 의미와 관련하여 업무와 재해 사이에 상당인과관계에 관한 증명책임을 피고에게 전환시키는 것이라고 볼 수 있는지에 관하여 논의가 있었다.

이에 대하여, 대법원은 위 신설조항을 '업무상의 재해'를 인정하기 위한 업무와 재해 사이의 상당인과관계에 관한 증명책임을 근로복지공단에 분배하거나 전환하는 규정으로 볼 수 없고, 2007년 개정 이후에도 업무와 재해 사이의 상당인과관계의 증명책임은 업무상의 재해를 주장하는 근로자 측에게 있다는 입장이다.[74] 그 근거로 ① 「산업재해보상보험법」상 업무상 재해의 개념, 보험급여의 지급요건 및 이 사건 조항 전체의 내용과 구조를 종합적으로 살펴보면, 이 사건 조항에서 말하는 업무상 재해로 인정되기 위해서는 업무와 재해 사이에 상당인과관계가 인정되어야 하고, 보험급여의 지급요건으로 이를 주장하는 측에서 증명하여 한다고 보아야 하며, 이 사건 조항 중 단서 부분이 증명책임을 전환하는 규정으로 해석되지 않는 점, ② 이 사건 조항의 입법 경위와 입법취지 등에 비

---

72) 대법원 1989. 7. 25. 선고 88누10947 판결; 대법원 2000. 5. 12. 선고 99두11424 판결; 대법원 2007. 4. 12. 선고 2006두4912 판결 등 참조.

73) 대법원 1989. 7. 25. 선고 88누10947 판결 등 참조.

74) 대법원 2021. 9. 9. 선고 2017두45933 전원합의체 판결.

추어 이 사건 조항은 업무상 재해의 인정요건으로 업무와 재해 사이의 상당인과관계가 필요하다는 원칙을 분명히 하려고 함에 취지가 있었던 점, ③ 이 사건 조항에 따른 업무상 재해의 인정요건에 관해서만 공단이 상당인과관계의 부존재를 증명하여야 한다고 해석하는 것은 산업재해보상보험제도의 전반적인 체계와 조화되지 않는 점 등을 들고 있다.

(2) 연금 관련 소송

연금 관련 소송이란 연금급여, 연금보험료 등 공적 연금보험에 관한 지급, 보험료 납입 등의 법률관계를 심리하는 재판절차를 말한다. 특수직역 종사자를 위한 직역연금제도와 그 밖의 모든 일반국민을 대상으로 하는 국민연금이 분리·운영되고 있다. 개별 연금법상 연금급여의 지급거부처분 취소소송이 대부분을 차지한다. 국민연금공단을 상대로 한 장애연금지급거부처분 취소소송, 국민연금보험료부과처분 취소소송, 연금분할 취소소송 등이 대표적이다.[75]

(3) 고용보험 관련 소송

고용보험 관련 소송이란 고용보험 수급자격, 실업급여, 육아휴직 급여, 출산전후휴가 급여등의 지급관계 등을 심리하는 재판을 말한다. 고용보험 관련 소송은 피보험자격의 취득·상실의 확인에 관한 소송, 실업급여, 육아휴직 등의 급여의 지급에 관한 소송 및 위 급여에 대한 반환명령 등의 취소소송으로 나누어 볼 수 있다.[76]

나. 공공부조 관련 소송

국가와 지방자치단체의 책임 하에 생활 유지 능력이 없거나 생활이 어려운 국민의 최저생활을 보장하고 자립을 지원하는 공공부조 영역에서 각종 급여의 지급거부결정, 변경·중지 및 취소 등에 관한 법적 분쟁을 다루는 재판절차를 공공부조 관련 소송이라 할 수 있다.[77] 「국민기초생활보장법」상 급여중지결정 취소소송, 조건부수급자결정 취소소송 등이 대표적인 예이다.

---

75) 장승혁, "사회보장소송의 특수성과 사회보장법원의 필요성", 20면.
76) 장승혁, "사회보장소송의 특수성과 사회보장법원의 필요성", 21면.
77) 장승혁, "사회보장소송의 특수성과 사회보장법원의 필요성", 23면,

다. 사회보상 관련 소송

사회보상은 특별히 공동체 전체에 책임이 귀속되는 생명·신체의 피해에 대하여 국가에게 보상의 책임이 있는 다양한 구성요건을 보상의 대상으로 하고 있기 때문에 정확한 범주를 설정하기 어렵다.[78] 「국가유공자 등 예우 및 지원에 관한 법률」, 「민주화운동 관련자 명예회복 및 보상 등에 관한 법률」(민주화보상법), 「5·18 민주화운동 관련자 보상 등에 관한 법률」(5·18보상법) 등 각종 보상 법률은 전쟁희생, 민주화운동과 관련한 특별한 희생에 대한 국가의 보상책임을 전제로 하므로 사회보상법체계에 속하며, 그 법률에서 규정한 보상관계를 다투는 사건이 사회보상 관련 소송이라 할 수 있다. 구체적인 사건의 예로는 국가유공자등록거부처분 취소소송, 국가유공자비해당결정 취소소송 등이 대표적이고, 위와 같은 보상법률에 기한 보상금의 지급을 구하는 사건도 여기에 포함된다.[79] 그런데, 판례에 의하면, 「국가유공자 등 예우 및 지원에 관한 법률」에 의한 각종 급여청구소송, 민주화보상법에 따른 보상금 등의 지급을 구하는 소송은 그 거부처분을 다투는 취소소송이어야 하는 반면,[80] 5·18보상법에 기한 보상금청구는 공법상 당사자소송에 의한다.[81]

라. 사회서비스 관련 소송

사회서비스 관련 법률에 의하면, 신체적·정신적으로 특수한 상황으로 인하여 스스로 경제적, 사회적 활동이나 일상생활을 하는데 필요한 능력이 제한되어 있는 집단인 아동, 노인, 장애인 등에게 각종 현금급여와 서비스를 제공하는 형태로 보호가 이루어진다. 따라서, 사회서비스 관련 소송은 사회서비스 관련 법령에 규정된 장애인등록, 각종 현금급여와 서비스 제공 등 복지조치 및 기초연금, 장애인연금의 지급거부결정, 지급정지 등을 둘러싼 법정분쟁을 심리하는 재판절차를 말한다. 장애인등록거부처분 취소소송, 기초연금부적합결정처분 취소소송 등이 실무상 자주 문제된다.[82]

---

78) 전광석·박지순·김복기, 「사회보장법」, 185면.

79) 장승혁, "사회보장소송의 특수성과 사회보장법원의 필요성", 22-23면.

80) 대법원 1991. 2. 12. 선고 90다10827 판결(국가유공자법 관련); 대법원 2008. 4. 17. 2005두16185 전원합의체 판결(민주화보상법 관련).

81) 대법원 1992. 12. 24. 선고 92누3335 판결.

82) 장승혁, "사회보장소송의 특수성과 사회보장법원의 필요성", 23면.

Ⅱ. 사회보장 행정사건에서 소의 제기

1. 제소기간

가. 개설

공법상 법률관계는 공익과 관련된 것이므로 장기간 불안정한 상태에 두게 되면 불특정 다수의 국민이 피해를 입을 우려가 있다. 따라서, 행정법관계를 조속히 안정시키기 위하여 처분의 하자를 다툴 수 있는 기간을 제한할 필요가 있다. 제소기간은 이러한 취지에서 규정된 것으로서 제소기간이 도과하게 되면 처분 등의 효력을 더 이상 다툴 수 없게 된다. 제소기간의 준수 여부는 당사자가 구체적으로 주장하지 않아도 법원이 직권으로 조사하여야 하는 소송요건이므로,83) 기간이 도과된 이후에 제기한 소송은 부적법하여 각하를 면치 못한다.

제소기간의 준수 여부는 원칙적으로 취소소송에 적용되고, 처음부터 효력이 없는 무효인 행정행위에까지 제소기간을 두는 것은 법치행정의 원칙상 허용되지 않으므로, 무효등 확인소송에는 제소기간의 제한이 없다(「행정소송법」 제38조 제1항). 부작위위법확인의 소의 경우에는 제소기간에 관한 규정이 준용되기는 하나, 부작위 상태가 계속되는 한 언제라도 소 제기가 가능하고 부작위 상태가 해소되면 소의 이익이 없게 되므로, 사실상 제소기간의 제한이 무의미하다. 당사자소송의 경우에는 법령에 특별히 제소기간에 관한 규정을 두고 있지 않는 한 제소기간의 제한을 받지 않고, 법령에서 제소기간에 관하여 정하고 있는 때 그 기간은 불변기간이다(「행정소송법」 제41조).

나. 취소소송의 제소기간(「행정소송법」 제20조)

(1) 「행정소송법」의 규정내용

취소소송의 경우 행정심판을 청구하지 않은 때에는 처분 등이 있음을 안 날로부터 90일, 처분 등이 있은 날부터 1년 내에 제기하여야 하고, 행정심판을 청구한 때에는 재결서의 정본을 송달받은 날로부터 90일, 재결이 있는 날부터 1년 이내에 소를 제기하여야 한다.

---

83) 대법원 2020. 2. 13. 선고 2019두55279 판결.

(2) 행정심판을 청구하지 않은 경우

행정심판을 청구하지 않은 경우에는 처분 등이 있음을 안 날로부터 90일, 처분 등이 있은 날로부터 1년 중 먼저 도래하는 날이 경과하면 제소기간이 도과한 것으로 본다.

"처분 등이 있은 날"이란 처분의 효력이 발생한 날을 말한다. 「행정절차법」제15조 제1항에서는 "송달은 다른 법령등에 특별한 규정이 있는 경우를 제외하고는 송달을 받을 자에게 도달됨으로써 효력이 발생한다."라고 규정하여 도달주의를 채택하고 있다. 그런데, 사회보장 행정사건에서 구제절차가 문제되는 것은 대부분 상대방이 있는 처분이므로 상대방에게 고지되어야 효력이 있다. 상대방에게 고지되지 않은 경우 상대방이 다른 경로로 처분의 내용을 알게 되었다고 하더라도 그 효력이 발생한다고 볼 수 없다.[84] 따라서, 인터넷 홈페이지에 장해등급에 관한 결정 내용을 게시한 경우 원고가 그 홈페이지에 접속하여 결정 내용을 확인하여 알게 되었다 하더라도 「행정절차법」이 정한 송달이 이루어졌다고 볼 수 없으므로, 심사청구기간이나 취소소송의 제소기간이 진행한다고 볼 수 없다.[85]

한편, 일반처분과 같이 불특정 다수인에 대한 처분의 경우에는 통상 관보·신문에의 고시 또는 게시판의 공고의 방법 등으로 외부에 그 의사를 표시함으로써 효력이 발생한다. 이 경우 효력발생일은 근거법규에 의하여 정해지게 되고 근거법규에서 효력발생일을 정하지 않았다면 대통령인 「행정업무의 운영 및 혁신에 관한 규정」제6조 제3항에 따라 공고 후 5일이 경과한 날 효력이 발생하게 된다.

처분 등이 있은 날부터 1년이 경과하면 취소소송을 제기하지 못하나, 정당한 사유가 있는 때에는 그렇지 않다. 정당한 사유란 불확정개념으로서 그 존부는 사안에 따라 개별적·구체적으로 판단하여야 할 것이나, 불변기간에 관한 「민사소송법」제173조의 "당사자가 그 책임을 질 수 없는 사유"나 「행정심판법」제27조 제2항 소정의 "천재지변, 전쟁, 사변 그 밖에 불가항력적인 사유"보다 넓은 개념으로, 제소기간 경과의 원인 등

---

84) 대법원 2018. 10. 25. 선고 2015두38856 판결; 대법원 2004. 4. 9. 선고 2003두13908 판결.

85) 대법원 2019. 8. 9. 선고 2019두38656 판결. 위 사안은 원고가 공무원연금공단의 장해등급결정의 내용을 처분서가 아닌 인터넷 홈페이지를 통해 인지하고 적법한 심판청구기관(공무원연금급여 재심위원회)이 아닌 중앙심판위원회에 심사청구를 하였다가 다시 공무원연금급여 재심위원회에 심사청구를 한 사안으로, 제1심과 항소심은 원고의 공무원연금급여 재심위원회에 대한 심사청구가 처분이 있음을 안 날부터 90일의 심사청구기간이 도과한 후 제기된 것이어서 부적법하다고 판단하였으나, 대법원은 이 사건 처분이 상대방인 원고에게 고지되어 효력이 발생하였다고 볼 수 없으므로 제소기간이 진행한다고 볼 수 없다는 이유로 원심판결을 파기하고 사건을 제1심 법원에 환송하였다.

여러 사정을 종합하여 지연된 제소를 허용하는 것이 사회통념상 상당하다고 할 수 있는 가에 의하여 판단하여야 한다.[86] 정당한 사유가 인정될 수 있는 예로는 처분이 공시송달된 경우를 들 수 있다.[87]

한편, "처분 등이 있음을 안 날"이라 함은 통지·고지 등의 방법을 통해 당사자가 해당 처분이 있음을 현실적·구체적으로 안 날을 의미한다. 사회통념상 처분이 있음을 당사자가 알 수 있는 상태에 놓여진 때에는 그 처분이 있음을 알았다고 사실상 추정한다. 그리고, 일반처분과 같이 불특정 다수인에 대한 처분의 경우에는 「행정업무의 운영 및 혁신에 관한 규정」 제6조 제3항에 따라 공고 후 5일이 경과한 날 효력이 발생하고, 그 때 처분이 있음을 알았다고 간주되므로, 주의를 요한다.

(3) 행정심판을 청구한 경우

행정심판을 거친 경우에는 재결서의 정본을 송달받은 날로부터 90일, 재결이 있는 날로부터 1년 이내에 소를 제기하여야 한다. 위 규정에서 말하는 행정심판에는 필요적 행정심판은 물론 임의적 행정심판도 포함된다.

판례는 "취소소송의 제소기간을 제한함으로써 처분 등을 둘러싼 법률관계의 안정과 신속한 확정을 도모하려는 입법취지에 비추어 볼 때, 여기서 말하는 위 규정의 '행정심판'은 「행정심판법」에 따른 일반행정심판과 이에 대한 특례로서 다른 법률에서 사안의 전문성과 특수성을 살리기 위하여 특히 필요하여 일반행정심판을 갈음하는 특별한 행정 불복절차를 정한 경우의 특별행정심판을 뜻한다."라고 보아 공공감사법상의 재심의 신청 및 이 사건 감사규정상의 이의신청은 자체감사를 실시한 중앙행정기관 등의 장으로 하여금 감사결과나 그에 따른 요구사항의 적법·타당 여부를 스스로 다시 심사하도록 한 절차로서 행정심판을 거친 경우의 제소기간의 특례가 적용될 수 없다고 보았다.[88] 위와 같은 판례의 태도는 행정심판이라는 용어를 적용 국면에 따라 달리 해석하여야 할 필요성을 간과하였다는 측면에서 문제가 있음은 별론으로 하더라도 당사자의 입장에서 개별 법률이 정하고 있는 이의신청이나 각종 청구가 특별행정심판에 해당하는지 여부를 알기 어렵다는 측면에서 타당하지 못하다. 특히 앞서 개별 사회보장행정법에서의 구제 절차에서 살펴 본 바와 같이 각 법률에서 사용하는 용어가 통일되어 있지 않고, 어떠한

---

86) 대법원 1991. 6. 28. 선고 90누6521 판결.
87) 「법원실무제요(행정)」 제2권, 사법연수원, 2023, 18면.
88) 대법원 2014. 4. 24. 선고 2013두10809 판결.

경우 심판청구라는 용어를 사용하기도 하며 행정심판과의 관계에 대하여 명확하게 규정하고 있지 않은 경우가 많다.

이러한 상황에서 일반 국민의 입장에서 법률이 정하는 바에 따라 이의신청을 제기하였음에도 해당 이의신청이 특별행정심판에 해당하지 않는다는 이유로 당초 처분일로부터 제소기간을 기산한다면 사실상 행정소송의 기회를 박탈하는 것과 같은 결과를 야기하여 부당하다. 그리하여, 2021년 3월 23일 제정된 「행정기본법」 제36조에서 이의신청에 대한 결과를 통지받은 후 행정심판 또는 행정소송을 제기하려는 자는 그 결과를 통지받은 날(통지기간 내에 결과를 통지받지 못한 경우에는 같은 항에 따른 통지기간이 만료되는 날의 다음 날)부터 90일 이내에 행정심판 또는 행정소송을 제기할 수 있고(제4항), 다른 법률에서 이의신청과 이에 준하는 절차에 대하여 정하고 있는 경우에도 그 법률에서 규정하지 않은 사항에 관해서는 이 조에서 정하는 바에 따른다고(제5항) 규정함으로써 이를 입법적으로 해결하였다.[89]

한편, 「행정소송법」 제20조 제1항 단서에 따라 재결서의 정본을 송달받은 날부터 90일의 제소기간의 적용을 받기 위해서는 행정심판의 청구 자체가 적법하여야 한다. 따라서, 처분이 있음을 안 날부터 90일을 넘겨 이루어진 부적법한 행정심판청구에 대한 재결이 있은 후 재결서를 송달받은 날부터 90일 이내에 원래의 처분에 대하여 취소소송을 제기하였다고 하더라도 취소소송의 제소기간을 준수하였다고 볼 수 없다.[90]

2. 소 제기 방식

「행정소송법」은 제소의 방식에 대하여 특별히 정하고 있지 않으므로, 「민사소송법」에 따라 원칙적으로 소장을 작성하여 접수담당 법원 사무관 등에게 제출하여야 하고(「행정소송법」 제8조 제2항, 「민사소송법」 제248조 제1항), 행정심판과 같이 「민사소송 등에서

---

89) 다만, 위 규정에도 불구하고 개별법에서 달리 정하고 있는 경우에는 그에 따라야 하므로 여전히 다양한 명칭의 개별법상의 행정불복절차와 행정심판과의 관계는 문제될 수 있음은 앞에서 보았다.

90) 대법원 2011. 11. 24. 선고 2011두18786 판결. 국민건강보험공단이 2009년 9월 2일 「국민건강보험법」 제85조의2 제1항에 따라 원고에게 과징금을 부과하는 처분을 하여 2009년 9월 7일 원고의 동료가 이를 수령하였는데, 원고가 그때부터 90일을 넘겨 국무총리행정심판위원회에 행정심판을 청구하여 청구기간 경과를 이유로 각하재결을 받았고, 그 후 재결서를 송달받은 때부터 90일 이내에 원처분에 대하여 취소소송을 제기한 사안에서, 행정심판은 원고가 처분이 있음을 안 날부터 90일을 넘겨 청구한 것으로서 부적법하고, 행정심판의 재결이 있은 후에 비로소 제기된 과징금 부과처분에 대한 취소소송 또한 제소기간이 경과한 후에 제기된 것으로서 부적법하다는 이유로 이를 각하한 원심판결을 정당하다고 한 사례.

의 전자문서 이용 등에 관한 법률」에 따라 전산정보처리시스템을 이용할 경우 전자문서로 소장을 제출할 수도 있다(제5조 제1항).

청구취지는 원고의 청구가 인용될 경우 판결의 주문에 해당하는 것이므로, 당사자, 일시, 내용 등을 포함하여 기재하여야 하고, 다만, 취소소송의 경우 "취소하라."가 아닌 "취소한다."의 형식으로 기재하여야 한다. 소송비용에 관한 청구와 당사자소송에서 문제되는 가집행선고에 관한 부분은 법원이 직권으로 판단하는 것이므로 청구취지에 기재하지 않아도 무방하다.

〈사회보장 행정사건에서 청구취지의 예시〉

[노인장기요양보험법 관련] 피고가 2024. 2. 27. 원고에 대하여 한 123,456,789원의 장기요양급여비용 환수처분을 취소한다.
[산업재해보상보험법 관련] 피고가 2024. 12. 18. 원고에게 한 장해등급결정을 취소한다.
[국민연금법 관련] 피고가 2024. 1. 23. 원고에 대하여 한 분할연금지급에 따른 연금액변경처분을 취소한다.
[국가유공자법 관련] 피고가 2024. 10. 15. 원고에 대하여 한 국가유공자비해당결정은 무효임을 확인한다.
[부작위위법확인소송] 피고가 원고의 2024. 8. 20.자 신청에 대하여 한 부작위가 위법임을 확인한다.

소장에는 청구취지 외에도 당사자와 청구원인이 기재되어야 하는데, 행정소송의 피고적격은 처분을 행한 '행정청'에게 인정되어(「행정소송법」 제13조 제1항) 법적 효과가 귀속되는 '행정주체'와 다르고, 청구원인도 문제 되는 법률관계와 관련된 여러 사실 중 법률적으로 의미 있는 내용을 중심으로 작성될 필요가 있어 법률적 지식이 없는 일반인이 소장을 직접 작성하는 것은 매우 어려운 일이 될 것이다. 또한, 처분이라는 개념조차 생소한 국민들로서는 항고소송에서 처분을 특정하는 것도 쉽지 않다.

이에 따라 궁극적으로 사회보장 행정사건에서의 소장은 그 형식성을 완화하여 소를 제기하는 당사자의 부담을 경감시켜줄 필요가 있다. 이에 따라 사회보장 행정사건을 위한 상세한 문답식 소장을 별도로 제공하여 원고가 질문에 간단한 답을 하는 방식으로 소장을 작성하게 하는 방안을 생각해볼 수 있다.[91] 행정심판의 경우 2023년 2월 17일부터 청구인이 자신이 받은 위법·부당한 행정처분에 관한 정보를 입력하면 시스템이 유사 사례를 참고하여 청구취지, 사건 개요, 청구인 주장 등을 자동으로 완성해주는 "Easy행정심판"이라는 서비스를 제공하고 있다.

---

91) 박우경, 「사회보장사건의 법원을 통한 구제절차 현황과 개선방안」, 192면.

III. 사회보장 행정소송에서 소송대리 및 소송비용

1. 소송대리

행정소송의 소송대리에도 「민사소송법」의 규정이 일반적으로 적용되므로, 원칙적으로 판사 3명으로 구성된 합의부에서 재판이 이루어지는 행정사건의 경우 변호사 아닌 사람의 소송대리는 허용되지 않는다.

한편, 「민사소송법」 제88조 제1항은 단독판사가 심리·재판하는 사건 가운데 그 소송목적의 값이 일정한 금액 이하인 사건에서, 당사자와 밀접한 생활관계를 맺고 있고 일정한 범위안의 친족관계에 있는 사람 또는 당사자와 고용계약 등으로 그 사건에 관한 통상사무를 처리·보조하여 오는 등 일정한 관계에 있는 사람이 법원의 허가를 받은 때에는 소송대리를 할 수 있도록 규정하고 있다. 이와 같이 민사소송법이 규정하고 있는 비변호사대리가 허용되는 재판에 행정소송이 포함되는지 문제될 수 있는데, 「민사소송법」 제88조에서 비변호사대리가 허용되는 사건의 범위를 규정한 취지, 「민사소송법」 제88조 제1항은 비변호사대리가 허용되는 사건에 해당하는지 여부를 소송목적의 값을 기준으로 정하고 있으나 행정사건에서 단독사건의 심판 범위는 소송목적의 값을 기준으로 하고 있지 않고 행정법원 합의부가 단독판사가 심판할 것으로 결정한 경우에 정해지게 되어 있는 점(「법원조직법」 제7조 제3항 단서) 등을 근거로 비변호사대리가 허용되는 사건에 행정소송이 포함되지 않는다는 것이 대체적인 해석이고, 이를 허용하지 않는 것이 실무이다.[92]

결국 사회보장사건에 관한 행정소송을 제기하는 경우 청구인은 변호사를 선임하거나 본인 소송으로 수행하여야 한다. 그런데, 경제적으로 곤궁한 상황에 처한 원고가 변호사를 선임하는 것은 쉽지 않은 일이다. 이러한 장벽 때문에 수급인들이 그 권리침해에도 불구하고 소송을 통한 권리구제에 소극적일 수밖에 없다. 물론 변호사비용에 대한 소송구조를 통하여 변호사선임의 기회를 가질 수는 있으나, 여전히 현실적인 문제들이 상존하고 있다.

---

[92] 「법원실무제요(행정)」 제1권, 사법연수원, 2023, 261면.

2. 소송비용

가. 일반적인 소송비용의 산정

소장 제출 시에는 소송목적의 값(소가)에 따른 소정의 인지를 첨부하여 하는데, 소가는 원고가 청구취지로써 구하는 범위 내에서 원고의 입장에서 보아 전부 승소할 경우에 직접 받게 될 경제적 이익을 객관적으로 평가하여 금액으로 정함을 원칙으로 한다(「민사소송 등 인지규칙」 제6조).

「민사소송 등 인지규칙」 제17조[93]는 「행정소송법」상 어떤 종류의 행정소송에 해당하는지를 기준으로 하지 않고, 그 실질이 원고의 경제적 이익과 직결되고 이를 객관적으로 손쉽게 평가할 수 있는 소송유형인가를 기준으로 ① 그 실질이 원고의 경제적 이익과 직결되고 이를 객관적으로 손쉽게 평가할 수 있는 소송(제1호 내지 제3호의 소송)에서는 그 평가액을 기초로 소가를 산정하고, ② 그 밖의 소송(제4호)은 비재산권을 목적으로 하는 소송으로 본다.[94] 한편, 재산권상의 소로서 그 소가를 산출할 수 없는 것과 비재산권을 목적으로 하는 소가는 5천만 원으로 한다(제18조의2).

「민사소송 등 인지법」 제2조는 소장에 붙여야 하는 인지액을 산정하는 방법에 관하여 규정하고 있는데, 그에 따른 인지액의 계산방법은 다음 표와 같고, 전자소송으로 소장을 제출하는 경우 종이소송에 비하여 10% 할인된 인지액을 납부하면 된다(제16조 제1항).

---

93) 「민사소송 등 인지규칙」 제17조(행정소송) 행정소송의 소가는 다음 각호에 규정된 가액 또는 기준에 의한다.
  1. 조세 기타 공법상의 금전·유가증권 또는 물건의 납부를 명한 처분의 무효확인 또는 취소를 구하는 소송에 있어서는, 그 청구가 인용됨으로써 원고가 납부의무를 면하게 되거나 환급받게 될 금전, 유가증권 또는 물건의 가액의 3분의 1. 다만, 그 금전·유가증권 또는 물건의 가액이 30억 원을 초과하는 경우에는 이를 30억 원으로 본다.
  2. 체납처분취소의 소에 있어서는 체납처분의 근거가 된 세액을 한도로 한 목적물건의 가액의 3분의 1. 다만, 그 세액 또는 목적물건의 가액이 30억 원을 초과하는 경우에는 이를 30억 원으로 본다.
  3. 금전지급청구의 소에 있어서는 청구금액
  4. 제1호 내지 제3호에 규정된 것 이외의 소송은 비재산권을 목적으로 하는 소송으로 본다.
94) 「법원실무제요(행정)」 제2권, 68면.

소가 청구 금액	인지액 계산법
1,000만 원 미만	소송목적의 값 × 10,000분의 50
1,000만 원 이상 ~ 1억 원 미만	소송목적의 값 × 10,000분의 45 + 5,000원
1억 원 이상 ~ 10억 원 미만	소송목적의 값 × 10,000분의 40 + 55,000원
10억 원 이상	소송목적의 값 × 10,000분의 35 + 555,000원

한편, 소장 제출 시 인지 외에도 송달료를 예납하여야 하는데, 송달료는 지방법원과 고등법원의 경우는 각 10회분, 상고의 경우 8회분을 기준으로 하여 당사자의 수를 곱한 액을 예납하여야 한다(송달료규칙의 시행에 따른 업무처리요령 재일 87-4 [별표 1]).[95]

나. 구체적인 예

장애인등록거부처분 취소소송을 제기하는 경우를 예로 들어 본다. 위 소송은 비재산 권을 목적으로 하는 소송에 해당하여 소가는 5천만 원이므로, 소장에 첨부할 인지액은 종이소송의 경우 230,000원[= 225,000원(= 50,000,000원 × 0.45%) + 5,000원]이고, 당 사자 1인당 송달료 명목으로 52,000원(= 1회 송달료 5,200원 × 10회)을 예납하여야 한 다. 한편, 당사자소송에 의하여 직접 급여의 지급을 청구하는 경우에는 청구금액을 기준 으로 소가를 산정하게 되므로, 청구금액이 1억 원인 경우 455,000원[= 400,000원(= 100,000,000원 × 0.40%) + 55,000원]의 인지대가 발생하고, 여기에 송달료를 더하여 예납하여야 한다. 즉, 사회보장 행정사건과 관련하여 소송을 제기하는 경우 항고소송의 경우 약 28만 원 이상의 비용이 소요된다.

다. 문제점

(1) 자력 부족 문제

소송의 제기와 관련된 비용은 경제적으로 곤궁한 상태에 있는 사회보장 행정사건의 당사자에게는 상당한 부담이 되어 행정소송을 통한 권리구제를 포기하게 하는 원인이 될 수 있다. 「민사소송법」은 이러한 경우를 대비하여 소송구조제도를 두고 있는데(제

---

95) 2021년 9월 1일부터 1회 송달료는 5,200원이다.

128조), 이는 「행정소송법」 제8조 제2항에 따라 행정소송에도 준용된다. 위 규정은 소송비용을 지출할 자금능력이 부족한 사람의 신청에 따라 또는 직권으로 소송구조를 할 수 있되 패소할 것이 분명한 경우에는 그러하지 않다고 규정하면서 구조의 사유를 신청인이 소명하여야 한다고 규정하고 있으며, 소송구조의 범위는 재판비용의 납입유예, 변호사 및 집행관의 보수[96]와 체당금의 지급유예, 소송비용의 담보면제, 대법원규칙이 정하는 그 밖의 비용의 유예나 면제이다(「민사소송법」 제129조).

따라서, 소송비용을 지출할 자금능력이 부족한 사회보장 행정사건의 당사자는 위 요건을 소명하여 소송구조를 신청하여 도움을 얻을 수 있다.[97] 실무상으로도 「국민기초생활보장법」에 따른 수급자 및 차상위계층, 「한부모가족지원법」에 따른 지원대상자, 「기초연금법」에 따른 기초연금 수급자, 「장애인연금법」에 따른 수급자, 「북한이탈주민의 보호 및 정착지원에 관한 법률」에 따른 보호대상자의 경우 소송비용을 지출할 자금능력이 부족하다고 판단하고 있다.[98]

한편, 이와 별도로 소 제기 전에 소 제기 여부를 판단을 위한 법률상담비용에 대한 구조가 구체적 권리형태로 입법될 필요가 있다는 주장도 있는데,[99] 사안의 복잡성이나 전문성, 수급권자의 경제적 상황 등을 고려할 때 경청할 만한 견해라고 생각된다.

---

96) 변호사비용에 대한 소송구조가 이루어지는 경우 형사사건의 국선변호인처럼 법원에서 직접 변호사를 선임해주는 것이 아니라 신청인이 직접 변호사를 선임하여야 한다. 서울행정법원의 경우 신청인에게 소송구조결정을 송달하면서 소송구조 지정변호사를 기재한 안내문을 함께 보내고 있으나, 신청인이 반드시 그 지정변호사를 선임하여야 하는 것도 아니고 지정변호사 역시 상담 결과에 따라 선임계약에 응하지 않을 수 있다.

97) 다만 소송구조에 관해서는 통일된 기준이 존재하는 것은 아니라 재판부마다 소송구조허용률이 다르고, 예산 상황에 따라 법원 내부에서 소송구조를 권유하거나 신중한 검토를 요구하기도 한다는 문제점이 지적되기도 한다.

98) 한편, 경제적으로 어렵거나 법을 몰라서 법의 보호를 충분히 받지 못하는 자에게 법률구조를 함으로써 기본적 인권을 옹호하고 나아가 법률복지를 증진하기 위하여 「법률구조법」이 제정되어 있고, 국가보훈대상자, 「국민기초생활보장법」에 따른 수급자, 장애인이나 그 밖에 생활이 어렵고 법을 몰라 스스로 법적 수단을 마련하지 못하는 국민 등을 법률구조 대상자로 정하고 있다(「법률구조법 시행규칙」 제7조).

99) 차성안, "장애등급제 폐지와 장애인 권리구제를 위한 법원의 역할", 법학논집 제23권 제1호, 이화여자대학교 법학연구소, 2018, 46-49면 참조.

(2) 패소당사자의 소송비용 부담의 문제

소송비용을 누가 부담할 것인지에 대해서는 「행정소송법」 제8조 제2항에 따라 「민사소송법」이 준용된다. 이에 원칙적으로 패소자가 소송비용을 부담하고, 일정한 경우 승소한 당사자에게 부담시킬 수 있다. 그런데, 행정소송에서는 사정판결, 행정청이 처분 등을 취소 또는 변경함으로 인하여 청구가 각하 또는 기각된 경우에는 소송비용은 피고가 부담한다(「행정소송법」 제32조). 부작위위법확인소송 계속 중 행정청이 당사자의 신청에 대하여 상당한 기간이 지난 후 처분 등을 함에 따라 소를 각하하는 경우에도 소송비용의 전부 또는 일부를 피고가 부담할 수 있다(「행정소송규칙」 제17조).

위와 같이 「민사소송법」과 「행정소송법」에서 예외를 두고 있기는 하나 원칙적으로 소송비용은 패소당사자가 부담하는 것이 원칙이다. 그러나, 설령 소송에서 패소하였다 하더라도 사회·경제적 약자인 사회보장 행정사건의 당사자에게 소송비용을 부담하게 하는 것이 공익의 차원에서 적절한지는 고민해볼 필요가 있다. 앞서 본 것처럼 당사자가 소송구조를 통해 자신의 소송비용에 대해서는 지원을 받을 수 있으나, 상대방 변호사 비용의 경우 지원대상에 포함되지 않아 그 부담이 상당하다. 일반적인 취소소송의 소가인 소가가 5,000만 원인 경우 「변호사보수의 소송비용 산입에 관한 규칙」에 의하면,[100] 소송비용에 산입되는 변호사보수는 심급당 440만 원으로 대법원까지 소송이 계속되는 경우 1,320만 원의 변호사보수를 패소당사자가 부담하여야 한다.

이에 대하여, 사회적 약자를 보호함으로써 사회 전체가 건강하고 안전해질 수 있는 점, 사회보장 행정소송을 제기한다는 것은 국가가 사회적 보장을 제대로 하지 못하였을 가능성이 있음을 의미하는 점, 대등한 당사자를 전제로 하는 민사소송과 달리 행정사건의 경우 원·피고 사이에 불평등한 관계가 구조적으로 전제되어 있는 점 등을 이유로 사회보장 행정사건에서 소송비용을 감면할 필요가 있다는 주장이 있다.[101]

생각건대, 「민사소송법」 제99조가 사정에 따라 승소한 당사자로 하여금 "상대방의 권리를 늘리거나 지키는 데 필요한 행위로 말미암은 소송비용"의 전부나 일부를 부담하게 할 수 있다고 규정하고 있고, 「변호사보수의 소송비용 산입에 관한 규칙」 제6조도

---

100) 2,000만 원 초과 5,000만 원 이하의 경우: 200만 원 + (소송목적의 값 - 2,000만 원) × 8/100

101) 박우경, 「사회보장사건의 법원을 통한 구제절차 현황과 개선방안」, 201-202면. 위 견해는 각급 법원의 부당소송현황을 보면 일반적인 사회보장사건의 당사자가 소권을 남용하고 있다고 보기는 어렵고, 주로 민사사건 당사자 중 소수가 소권을 남용하고 있다는 점에서 소송비용이 감면되더라도 소권이 남용될 우려는 없다는 취지로 주장한다.

법원에게 패소자가 부담할 소송비용을 산정하는 단계에서 이를 감액할 수 있는 재량을 부여하고 있다. 즉, 현행법상 패소자의 소송비용을 감면할 수 있는 법적 근거가 없다고 볼 수는 없지만, 사회보장 행정사건, 장애인차별구제청구 등과 같은 공익소송에 해당하는지 여부에 대한 판단이 필수적으로 이루어지지 않으므로, 실제 적용되는 사례가 많지 않을 것으로 보인다. 따라서, 일정한 범주의 소송에서 이를 필수적으로 검토할 수 있도록 하는 근거규정을 마련하거나 공익소송에 관한 별도의 규정을 「민사소송법」에 규정하는 방법을 고려할 필요가 있다.[102] 참고로 서울고등검찰청의 경우 「소송비용에 관한 지침」에 소관 행정청의 장으로 하여금 소송비용을 회수하게 하여야 하는 주임검사가 국가 승소확정 사건에서도 상대방에게 경제적 자력이 없는 경우 소송비용 회수를 포기할 수 있는 규정을 두고 있고,[103] 법률구조법도 일정한 경우 국가가 소송비용과 변호사보수를 부담할 수 있다는 규정을 두고 있다(제7조 제2항).

Ⅳ. 사회보장 행정소송에서 임시구제

1. 서론

취소소송의 제기는 처분등의 효력이나 그 집행 또는 절차의 속행에 영향을 주지 않는다(제23조 제1항). 항고소송이 제기된 경우 처분의 효력을 정지시킬 것인지 여부는 행정의 신속성·실효성을 우선시할 것인지 국민의 권리보호를 우선시할 것인지에 따른 입법정책의 문제인데, 우리 「행정소송법」은 위와 같이 집행부정지의 원칙을 채택하고 있다.

따라서, 당사자가 행정소송에서 승소하더라도 그 사이에 분쟁의 대상이 되고 있는 법률관계의 내용이 실현된다거나 처분의 공정력과 집행력으로 인하여 판결을 받기도 전에 집행이 종료되면, 당사자는 많은 시일과 비용을 들였을 뿐 실질적인 권리구제가 이루어지지 않을 수 있다. 사회보장수급과 관련된 사건에서의 당사자는 본질적으로 경제적으로 곤궁한 상태에 있다. 이러한 상황에서 소송이 계속되는 기간 동안 급여가 지급되지 않을 경우 당사자는 생계에 직접적으로 타격을 입게 되고, 최종적으로 소송에서 승소하여 소급하여 급여가 지급되는 방식으로 권리구제가 이루어진다고 하더라도 이미 실기한 경우가 대부분이다. 더욱이 일반적으로 소송에 소요되는 시간이 상당하다는 점

---

102) 박우경, 「사회보장사건의 법원을 통한 구제절차 현황과 개선방안」, 203-204면.
103) 박우경, 「사회보장사건의 법원을 통한 구제절차 현황과 개선방안」, 203면.

을 고려하면 소송이 판결에 이르기 전이라도 잠정적인 조치로서 임시적인 구제제도가 필요하다.

「행정소송법」은 항고소송이 제기된 경우 처분의 효력을 정지시킬 수 있는 집행정지제도를 특별히 규정하고 있는데, 위 제도가 실질적으로 사회보장 행정소송에서 의미가 있는지 여부는 다시 살펴본다.

2. 「행정소송법」상 집행정지제도

가. 의의

취소소송이 제기된 경우에 처분등이나 그 집행 또는 절차의 속행으로 인하여 생길 회복하기 어려운 손해를 예방하기 위하여 긴급한 필요가 있다고 인정할 때에는 본안이 계속되고 있는 법원은 당사자의 신청 또는 직권에 의하여 처분등의 효력이나 그 집행 또는 절차의 속행의 전부 또는 일부의 정지하는 집행정지결정을 할 수 있다(제23조 제2항). 집행정지는 적극적으로 임시의 지위를 정하는 것이 아니라 소극적으로 본안소송이 종결될 때까지 잠정적으로 처분 등의 효력이나 그 집행 또는 절차의 속행을 정지시키는 것이므로 「민사집행법」상의 가처분 중 소극적인 가처분의 성질을 갖는다.[104]

나. 적용대상

집행정지신청은 적극적 처분에 대한 취소소송과 무효등 확인소송의 경우에만 허용되고(「행정소송법」 제23조 제2항, 제38조 제1항), 적극적 처분을 전제로 하지 않는 부작위위법확인소송이나 당사자소송에서는 허용되지 않는다(제38조 제2항, 제44조 제1항).

한편, 거부처분의 경우 그 효력을 정지하더라도 그 처분이 없었던 것과 같은 상태를 만드는 것에 지나지 않고 그 이상으로 행정청에 대하여 어떠한 처분을 명하는 등 적극적인 상태를 만들어 내는 것은 아니다. 따라서, 판례는 거부처분에 대한 집행정지결정은 신청의 이익이 흠결되어 부적법하다고 보고 있다.[105] 그러나, 거부처분이 없는 상태를 유지하는 것만으로도 법적인 이익이 있다면 거부처분의 집행정지를 부적법하다고 보는 것은 옳지 않고 이에 하급심에서는 응시원서접수거부처분에 대한 집행정지를 허용한 예가 있다.[106]

---

104) 대법원 1985. 7. 30.자 85프4 결정.
105) 대법원 1963. 6. 29.자 62두9 결정; 대법원 1992. 2. 13.자 91두47 결정; 대법원 1991. 5. 2.자 91두15 결정.
106) 서울행정법원 2003. 10. 30.자 2003아1994 결정.

다. 요건

(1) 형식적 요건

집행정지신청은 회복이 불가능한 손해의 예방을 위한 것이므로 이미 집행이 완료되어 회복이 불가능한 경우에는 신청의 이익이 없다. 또한 집행정지 결정을 하기 위해서는 법원에 적법한 본안소송이 계속 중이어야 한다(제23조 제2항).

(2) 실체적 요건

집행정지를 위해서는 '회복하기 어려운 손해를 위하여 긴급한 필요가 있을 것'이라는 적극적 요건이 요구된다. 여기에서 '회복하기 어려운 손해'라고 함은 특별한 사정이 없는 한 금전으로 보상할 수 없는 손해로서 이는 금전보상이 불능인 경우뿐만 아니라 금전보상으로는 사회관념상 처분을 받은 당사자가 참고 견딜 수 없거나 참고 견디기가 현저히 곤란한 경우의 유형, 무형의 손해로서 해당 행정처분과 상당인과관계가 있는 손해를 말한다.107) 이에 관한 소명책임은 신청인에게 있다.108)

이에 더하여 '본안청구가 이유 없는 것이 명백하지 않을 것', '공공복리에 중대한 영향을 미칠 우려가 없을 것'이라는 소극적 요건이 요구된다. 집행정지제도의 취지에 비추어 본안청구의 승소가능성이 명백히 없다는 것은 신청인의 주장 자체에 의하더라도 처분이 위법하다고 볼 수 없거나 행정청의 소명에 의하여 피보전권리가 없음이 밝혀진 경우에만 가능하다. 본안소송의 승소가능성이나 공공복리에 중대한 영향을 미칠 우려가 있다는 사정은 신청인이 아닌 피신청인이 소명책임을 진다.109)

라. 효력 및 불복절차

집행정지결정이 고지되면 효력정지통보 등과 같은 별도의 후속조치 없이도 결정의 내용에 따라 처분의 효력 등이 정지되어 집행정지결정의 종기까지 잠정적으로 처분이 없었던 상태가 되고,110) 집행정지결정은 그 사건에 관하여 당사자인 행정청과 그 밖에 관계행정청을 기속한다(제23조 제6항, 제30조 제1항). 위 효력은 장래효를 가질 뿐이다.

---

107) 대법원 2011. 4. 21.자 2010무111 전원합의체 결정.
108) 대법원 1999. 12. 10.자 99무42 결정.
109) 공공복리에 미칠 중대한 영향과 관련하여 대법원 2004. 5. 12.자 2003무41 결정.
110) 대법원 1961. 11. 23. 선고 4294행상3 판결.

집행정지의 결정 또는 기각결정에 대하여는 즉시항고할 수 있는데 즉시항고에는 결정의 집행을 정지하는 효력이 없다(제23조 제5항).

한편, 보조금 교부결정의 일부를 취소한 행정청의 처분에 대하여 법원이 본안소송 판결선고 시까지 처분의 효력을 정지하는 결정을 한 이후 본안소송의 판결선고에 의하여 효력정지결정의 효력이 소멸하고 보조금 교부 취소처분의 효력이 되살아난 경우, 대법원은 행정청으로서는 보조금법에 따라 취소처분에 의하여 취소된 부분의 보조사업에 대하여 효력정지기간 동안 교부된 보조금의 반환을 명하여야 한다고 판시하였다.[111]

3. 행정소송에서 가처분의 허용 여부

「행정소송법」은 "이 법에 특별한 규정이 없는 사항에 대하여는 …… 민사집행법의 규정을 준용한다."라고 규정하고 있을 뿐이고 「민사집행법」의 가처분 규정의 준용을 배제하는지를 명확히 규정하고 있지는 않다. 이에 따라 항고소송에 「민사집행법」상의 가처분에 관한 규정을 준용해도 되는지에 관하여 견해가 나뉘지만, 판례는 항고소송에는 민사집행법의 가처분에 관한 규정을 준용할 수 없다고 본다.[112] 반면에 당사자소송에는 취소소송에서의 집행정지에 관한 규정(제23조 제2항)이 준용되지 않고(제44조 제1항), 「행정소송법」 제8조 제2항에 따라 「민사집행법」상 가처분에 관한 규정이 준용된다고 본다.[113]

그러나, 「행정소송법」의 집행정지규정이 「민사집행법」상의 가처분에 대한 특별규정이라 하더라도 명시적으로 가처분 규정의 준용을 배제하고 있지 않은 이상 항고소송에서 가처분의 준용만 배제하는 것은 근거가 부족하다. 특히 침익적 행정행위 영역의 경우 집행정지로 임시의 권리구제가 확보되어 있는 점을 고려할 때 수익적 행정행위 영역에서 가처분을 허용함으로써 공백 없는 가구제제도를 구축할 필요가 있다.

4. 사회보장 행정사건에서의 문제

앞에서 본 것처럼 거부처분에 대한 집행정지는 원칙적으로 인정되지 않고, 금전보상이 가능한 경우 회복하기 어려운 손해가 있다고 보기 어렵다. 더구나 당사자소송이 아

---

111) 대법원 2017. 7. 11. 선고 2013두25498 판결.
112) 대법원 1967. 5. 29.자 67마311 결정; 대법원 2011. 4. 18.자 2010마1576 결정.
113) 대법원 2015. 8. 21.자 2015무26 결정; 대법원 2019. 9. 9. 선고 2016다262550 판결.

닌 항고소송에서는 「민사집행법」상의 가처분에 관한 규정도 준용되지 않는다. 따라서, 각종 사회보장급여의 지급거부를 다투는 당사자는 소송이 종결되기 전에 잠정적으로 자신의 권리를 보전할 수단이 사실상 없다.

앞에서 본 것처럼 판례가 현행법상으로는 가처분이 준용된다고 해석할 수 없다는 입장에 있기 때문에, 현실적으로 항고소송에서 가처분이 허용될 수 없다고 하더라도, 입법론적으로 사회보장 행정사건의 당사자가 건강과 생존을 위협당하는 소송기간 동안 가구제를 인정할 필요가 있으므로, 의무이행소송의 도입을 전제로 하는 가처분제도가 적극적으로 도입될 필요가 있다.114) 이와 관련하여, 「장애인차별금지 및 권리구제 등에 관한 법률」 제48조 제1항에서는 법원으로 하여금 본안 판결 선고 전까지 차별행위의 중지 등 그 밖의 적절한 임시조치를 명할 수 있도록 규정하고 있다.

V. 사회보장 행정소송에서의 심리

1. 처분권주의 및 변론주의

민사소송에 관한 규정이 대부분 행정소송에 준용됨에 따라 행정소송의 심리는 민사소송과 크게 다르지 않다. 다만 공법상의 법률관계를 그 대상으로 하고 있다는 점에서 법원이 직권으로 관여할 수 있는 범위가 민사소송보다는 넓다고 할 것이다.

심리의 진행과 관련하여 가장 주된 원칙은 처분권주의와 변론주의이다. 처분권주의란 소송절차의 개시, 심판의 대상과 범위 및 소송절차의 종료 등에 대하여 당사자가 처분권을 가지고 이들에 관하여 자유롭게 결정할 수 있는 원칙을 말하고(「민사소송법」 제203조), 변론주의란 재판의 기초가 되는 자료인 사실과 증거(소송자료)의 수집·제출을 당사자의 권능과 책임으로 하는 것을 말한다. 소송자료의 수집·제출이 법원의 책임으로 되어 있는 '직권탐지주의'와 대립되는 개념이다.

---

114) 행정소송법이 개정되지 못하더라도 필요성이 훨씬 절실한 사회보장 관련 소송절차만이라도 별도의 입법을 통하여 의무이행소송, 일반적 이행소송, 적극적 가처분 등을 도입할 필요가 있다는 의견으로 박우경, 「사회보장사건의 법원을 통한 구제절차 현황과 개선방안」, 178-180면; 차성안, "독일의 사회법 분쟁과 해결과 사회법원의 역할", 사회보장법학 제8권 제1호, 사회보장법학회, 2019, 90면.

2. 직권주의

행정소송에도 처분권주의와 변론주의가 적용되므로, 변론 및 준비, 증거조사 등의 측면에서 대부분 민사소송과 유사하다. 다만 행정소송은 공법상의 법률관계를 대상으로 할 뿐만 아니라 공적인 국민의 권리구제와 아울러 행정목적의 달성과 행정법규의 정당한 적용을 목적으로 한다는 공익성의 요청에 따라 법원이 직권으로 관여할 수 있는 여지를 민사소송보다 넓힌 직권심리주의에 관한 규정을 「행정소송법」 제26조에 두고 있다.[115]

「행정소송법」 제26조에서는 "법원은 필요하다고 인정할 때에는 직권으로 증거조사를 할 수 있고, 당사자가 주장하지 아니한 사실에 대하여도 판단할 수 있다."라고 규정하고 있다. 그 의미에 관하여 대법원은 "「행정소송법」 제26조가 법원은 필요하다고 인정할 때에는 직권으로 증거조사를 할 수 있고, 당사자가 주장하지 아니한 사실에 대하여도 판단할 수 있다고 규정하고 있지만, 이는 행정소송의 특수성에 연유하는 당사자주의, 변론주의에 대한 일부 예외 규정일 뿐 법원이 아무런 제한 없이 당사자가 주장하지 아니한 사실을 판단할 수 있는 것은 아니고, 일건 기록에 현출되어 있는 사항에 관하여서만 직권으로 증거조사를 하고 이를 기초로 하여 판단할 수 있을 따름이고, 그것도 법원이 필요하다고 인정할 때에 한하여 청구의 범위 내에서 증거조사를 하고 판단할 수 있을 뿐"이라고 판시함으로써,[116] 변론주의 보충 내지 변론주의에 대한 일부 예외 규정으로 보고 있는 것으로 보인다.

그러나, 변론주의가 기본적으로 대등한 당사자를 전제로 하고 있는 반면 사회보장행정사건의 경우에는 가지고 있는 정보, 법률적 지식 내지 전문성, 자료수집능력 등의 측면에서 당사자와 행정청이 대등한 관계에 있다고 보기는 어렵다. 따라서, 사회보장행정사건의 심리에는 위와 같은 특성을 고려하여 적절한 범위에서 직권주의를 적용할 필요가 있다.[117]

---

115) 「법원실무제요(행정)」 제2권, 282면.

116) 대법원 1988. 4. 27. 선고 87누1182 판결; 대법원 1994. 10. 11. 선고 94누4820 판결.

117) 정보 비대칭의 문제는 일반 행정사건의 경우도 크게 다르지 않다. 이에 2006년 대법원 행정소송법 전면개정안은 "법원은 사건의 심리를 위하여 필요하다고 인정하는 경우에는 결정으로 당사자 또는 관계행정청이 보관중인 관련 문서, 장부 기타 자료의 제출을 요구할 수 있다."라는 내용의 자료제출요구조항(제28조)을 삽입한 바 있으나, 개정에 이르지 못하였다.

VI. 사회보장 행정소송의 종료

1. 일반적인 종료사유

소송의 종료사유는 다양하다. 소장, 항소장, 상고장에 대하여 각하명령(필요적 기재사항과 인지 첨부에 흠결 등이 있어 보정을 명했음에도 불구하고 보정이 이루어지지 않는 경우)이 있거나, 당사자의 소 또는 상소 취하(당사자의 불출석으로 인한 취하간주 포함)가 있는 경우 소송이 종료된다.

또한, 당사자의 사망에 의한 경우에도 일정한 경우 소송이 종료된다. 원고가 사망한 경우 소송절차는 중단되고 상속인 등이 소송절차를 수계하여야 한다(「행정소송법」 제8조 제2항, 「민사소송법」 제233조 제1항). 그러나, 성질상 승계가 허용되지 않는 소송이나 성질상 승계가 허용되는 소송의 경우에도 원고 사망 후 소송을 승계할 자가 없는 경우에는 소송이 종료된다(소송종료선언). 판례는 상이등급 2급 98호로 판정받은 국가유공자가 재분류신체검사를 신청하였으나 상이등급이 종전과 변동이 없다는 처분을 받고, 재분류신체검사 등급판정처분의 취소를 구하는 소를 제기하였다가 상고심 계속 중 사망한 사안에서 「국가유공자 등 예우 및 지원에 관한 법률」에 의하여 국가유공자와 유족으로 등록되어 보상금을 받고 교육 등 각종 보호를 받을 수 있는 권리는 상속의 대상이 될 수 없다고 보아 원고의 사망과 동시에 소송이 종료되었다고 보았다.[118]

그러나, 행정청이 폐지되는 경우처럼 피고가 없게 된 경우에는 「행정소송법」 제13조 제2항에 따라 그 처분등에 관한 사무가 귀속되는 국가 또는 공공단체를 피고로 보게 되므로, 소송이 종료되지 않는다.

한편, 행정소송에서 청구의 포기·인낙이 허용될 수 있는지에 관하여 견해가 나뉜다. 청구의 포기란 원고가 자기의 소송상의 청구가 이유 없다는 것을 자인하는 법원에 대한 일방적 의사표시를 말하고, 청구의 인낙은 피고가 원고의 소송상의 청구가 이유 있음을 자인하는 법원에 대한 일방적 의사표시를 말한다. 취소소송에서는 공무원의 부정과 편법을 조장할 우려가 있어 인정되기 어려우나, 당사자소송의 경우 원칙적으로 허용된다.

---

118) 대법원 2010. 9. 30. 선고 2010두12262 판결. 반면에 「산업재해보상보험법」의 규정에 의한 보험급여수급권의 경우 산업재해보상보험법이 정한 순위에 따라 우선순위에 있는 유족이 이를 승계한다고 보아 위 유족에 의한 소송수계를 인정하고 있다(대법원 2006. 3. 9. 선고 2005두13841 판결 등).

2. 소송상 화해

소송상 화해란 소송계속 중 당사자 쌍방이 소송물인 권리관계의 주장을 서로 양보하여 소송을 종료시키기로 하는 변론기일에서의 합의를 말한다. 민사소송에서의 화해조서는 확정판결과 같은 효력을 가진다(「민사소송법」 제220조). 한편, 법원 등이 직권으로 당사자의 이익, 그 밖의 사정을 고려하여 사건의 공평한 해결을 위해 화해권고결정을 할 수도 있는데(「민사소송법」 제225조), 위 결정에 대하여 당사자가 송달일로부터 2주 이내에 이의신청을 하지 않으면, 화해권고결정이 확정되고 확정된 화해권고결정은 재판상 화해와 같은 효력을 가진다(「민사소송법」 제231조).

실무상 민사소송과 유사한 당사자소송의 경우 화해나 화해권고결정이 허용된다고 보고 있고, 손실보상이나 보상금증감에 관한 소송 등에서 실제 이를 통해 소송이 종료되기도 한다.

항고소송의 경우에는 청구의 포기·인낙에서 본 것과 같은 이유로 「행정소송법」 제8조 제2항에도 불구하고 허용되지 않는다고 보는 것이 일반적이다. 다만 실무에서는 항고소송의 경우에도 '조정권고'라는 명칭으로 사실상의 화해 내지 조정이 이루어지고 있었는데, 2023년 8월 31일 제정·시행된 「행정소송규칙」은 실무에서 이루어지고 있던 조정권고제도에 관한 근거규정을 아래와 같이 마련하였다.

3. 조정권고제도

가. 도입의 배경

화해나 조정이 허용되지 않는 항고소송의 경우에도 비교적 법리가 확립되어 있고 전형적인 유형의 사건에서는 사실상 당사자의 양보를 통해 소송을 종결시킬 필요가 있다. 이러한 유형의 사건으로 영업정지처분 취소사건에서 영업정지기간의 조정, 장해등급결정처분 취소사건에서 등급재조정, 추가상병불승인처분 취소사건에서 상병승인 등이 있다. 그리하여, 재판부가 행정청인 피고에게 해당 처분의 취소 내지 변경을 권고하고, 원고에게는 처분의 취소 또는 변경이 이루어지면 소를 취하할 것을 권고하는 방식의 '사실상의 조정권고'라는 제도가 실무상 이루어지고 있었다.

그러나, 위 제도는 당사자 사이의 분쟁을 신속하게 해결할 수 있다는 장점에도 불구하고 법률적 근거가 없어 재판부별로 활용 여부에 차이가 있었고, 당사자의 의사결정에서도 설득력이 약하다는 문제점이 지적되어 왔다.

나. 의의

2023년 8월 31일 제정·시행된 「행정소송규칙」 제15조 제1항은 "재판장은 신속하고 공정한 분쟁 해결과 국민의 권익 구제를 위하여 필요하다고 인정하는 경우에는 소송 계속 중인 사건에 대하여 직권으로 소의 취하, 처분등의 취소 또는 변경, 그 밖에 다툼을 적정하게 해결하기 위해 필요한 사항을 서면으로 권고할 수 있다."라고 규정함으로써 조정권고제도의 근거를 마련하였다.

위와 같은 규정의 도입에도 불구하고 여전히 조정권고는 기존에 실무상 인정되었던 '사실상의 조정권고'와 동일하게 법원의 행위 그 자체로 처분의 효력이 제거·변경된다거나 새로운 효력이 창설되는 것이 아니고, '처분의 직권취소나 직권변경 및 그 이후 원고의 소 취하'라는 양 당사자의 행위가 결합하여 사건이 종결되고, 조정권고를 따르지 않더라도 당사자에게 어떠한 불이익한 효과가 발생하지 않는다. 즉, 「행정소송규칙」상의 조정권고는 재판장의 소송지휘권의 행사 일환으로 재판작용에 해당하는 「민사소송법」상의 화해권고결정과는 다르다. 이와 같이 형성적 효력이나 합의내용 미이행의 경우 강제할 수단이 없다는 점을 비판적으로 보는 견해도 있으나,[119] 공법상 권리관계를 대상으로 하는 행정소송의 특성과 공무원의 부정과 편법을 방지할 필요성의 측면에서 기인하는 한계라 할 것이다.

사회보장 행정소송의 경우 그 특성상 신속한 권리구제가 중요하므로 조정권고제도의 도입은 의미가 있다고 할 수 있다. 여전히 앞에서 본 한계가 있지만 적극적인 활용으로 조정권고를 통하여 원만하고 빠른 소송 종료를 도출해낼 수 있는 영역을 찾아내기를 기대한다.

다. 절차 등

조정권고와 관련하여 특별히 요구되는 절차나 요건은 존재하지 않는다. 「행정소송규칙」 제15조 제3항이 권고를 위하여 필요한 경우에는 당사자, 이해관계인, 그 밖의 참고인을 심문할 수 있다고 규정하고 있고, 제2항에서 권고를 할 때에는 권고의 이유나 필요성 등을 기재할 수 있다고 규정하고 있으나 어디까지나 임의적이다.

기존의 실무례에 의하면, 재판부 또는 당사자(일방 또는 쌍방)가 조정의사를 밝히면 적절한 조정안을 마련한 후 당사자에 조정안을 송부하고 당사자는 해당 조정안에 대한

---

119) 박우경, 「사회보장사건의 법원을 통한 구제절차 현황과 개선방안」, 183-184면 참조.

동의 여부를 서면의 방식으로 재판부에 제출하는데, 쌍방이 조정안에 동의하는 경우 조정안에서 정하고 있는 내용을 이행하고 최종적으로 원고가 소를 취하는 식으로 진행되었으므로, 위 규정의 신설 이후에도 유사한 방식으로 절차가 진행될 것으로 보인다.

라. 조정권고문안

법원은 법치행정 원칙의 존중, 법률적합성의 확보, 국민의 권익 구제 등 여러 요소를 종합적으로 고려하여 조정권고 여부를 결정하고 조정권고안을 마련하게 될 것이다.[120] 조정권고 문안을 예시하면 다음과 같다.[121]

[예시 1]

1. 피고는 2024. 1. 23. 원고에 대하여 한 추가상병신청불승인결정을 취소한다.
2. 원고는 피고가 제1항의 처분을 취소하는 즉시 이 사건 소를 취하하고, 피고는 이에 동의한다.
3. 소송비용은 각자 부담한다.

[예시 2]

1. 피고는 2024. 2. 27. 원고에 대하여 한 장해등급결정처분을 직권으로 취소한다.
2. 원고의 장해등급은 조정 제8급임을 확인한다.
3. 원고는 피고가 제1항 처분을 취소하는 즉시 이 사건 소를 취하하고, 피고는 이에 동의한다.
4. 소송비용은 각자 부담한다.

[예시 3]

1. 피고는 2024. 12. 18. 원고에 대하여 한 요양급여비용환수처분의 금액을 34,144,730원으로 감액하는 내용으로 처분을 변경한다.
2. 원고는 피고가 제1항과 같이 처분을 변경하는 즉시 이 사건 소를 취하하고, 피고는 이에 동의한다.
3. 소송비용은 각자 부담한다.

---

120) 「행정소송규칙 해설」, 법원행정처, 2023, 96면.
121) 원고가 주장하는 추가상병에 대하여 피고가 불승인한 것과 관련하여 원고 주장의 상병을 업무상 질병으로 인정하는 취지로 조정권고한 경우, 피고는 기존의 불승인처분을 취소하고 추가상병을 승인하는 처분을 한 사안이다.

제5절 │ 사회보장 행정사건에서의 국가배상

Ⅰ. 총설

1. 의의

가. 개념

행정상 손해배상이란 국가 등 행정주체의 활동으로 인하여 타인이 손해를 입은 경우 행정주체가 그 손해를 전보해주는 제도를 말한다. 「국가배상법」이 일반법이라 일명 '국가배상'이라고 한다. 국가배상과 손실보상은 행정작용에 의하여 타인이 입은 손해를 전보하는 제도라는 점에서 공통되지만, 국가배상은 개인주의적인 사상을 기반으로 하는 위법한 행정작용에 대한 구제수단인 반면, 손실보상은 단체주의적 사상을 기반으로 하는 적법한 행정작용에 대한 구제수단이라는 점에서 양자는 차이가 있다.

나. 기능

손해배상의 일차적인 목적은 피해자의 손해전보에 있다. 다만 그 배상책임을 가해자인 공무원에게 부담시키는 경우 자력에 따라 피해구제가 충분히 이루어지지 못할 수 있으므로, 국가배상제도는 공무원의 직무상 불법행위로 인한 손해배상책임을 국가에게 부담시킨다(피해자구제기능). 그런데, 가해자인 공무원이 피해자가 입은 손해를 배상할 경우 해당 공무원 생활 파탄이라는 부작용이 나타날 수 있다. 이에 국가배상제도는 공무원에게 집중되는 배상책임을 분산하는 기능도 한다(손해분산기능). 한편, 국가배상제도는 공무원에 대한 제재기능 및 위법행위억제기능도 가지고 있다.

2. 「국가배상법」의 법적 성격 및 적용 범위

가. 「국가배상법」의 법적 성격

「국가배상법」의 법적 성격에 관해서는 공법설과 사법설의 다툼이 있는데, 이는 국가배상책임이 공법상의 배상책임인지 아니면 사법상의 배상책임인지의 문제와 관련이 있다. 판례는 "공무원의 직무상 불법행위로 손해를 받은 국민이 국가 또는 공공단체에 배상을 청구하는 경우 국가 또는 공공단체에 대하여 그의 불법행위를 이유로 손해배상을 구함은 「국가배상법」이 정한 바에 따른다 하여도 이 역시 민사상의 손해배상 책임을 특별법인 「국가배상법」이 정한 데 불과하다."라고 판시하여[122] 사법설의 입장에 서 있고, 실무도 일관하여 국가배상사건을 민사소송으로 본다.

생각건대, 「국가배상법」은 공법적 원인에 기한 손해에 대하여 국가 등의 배상책임을 규정한 법이므로, 공법으로 보는 것이 타당하고, 국가배상에 관한 소송은 공법상 당사자소송의 대상이 되어야 할 것이다. 2023년 「행정소송규칙」의 제정 과정에서도 국가배상소송을 당사자소송에 포함시켜 규정하는 것에 대한 검토가 이루어진 바 있다. 그러나, 국가배상사건의 숫자가 적지 않아(제1심 기준 2020년 875건, 2021년 674건, 2022년 555건, 소액사건 제외) 이를 행정법원에서 처리할 경우 적어도 4개 이상의 재판부 증설이 필요한데 사법자원의 재배치가 쉽지 않은 점, 행정법원은 서울에 설치되어 있고 행정부는 강릉지원을 제외하고 모두 본원 지방법원에만 설치되어 있어 오히려 국민의 사법접근성이 떨어지는 점 등의 문제가 있어 차후 연구과제로 남겨 두었다.[123]

나. 「국가배상법」의 적용 범위

「국가배상법」은 국가배상에 관한 일반법으로서 다른 법률의 규정이 있는 경우에는 특별법이 우선 적용된다(제8조).[124]

Ⅱ. 공무원의 직무상 불법행위로 인한 손해배상

1. 배상책임의 요건

국가배상책임이 성립하기 위해서는 ① 공무원 또는 공무를 위탁받은 사인(이하 통틀어 '공무원'이라 한다)이 ② 직무를 집행하면서 ③ 고의 또는 과실로 법령을 위반하여 ④ 타인에게 손해를 입혀야 한다(제2조 제1항 본문). 각 요건을 구체적으로 살펴본다.

---

122) 대법원 1972. 10. 10. 선고 69다701 판결; 대법원 1971. 4. 6. 선고 70다2955 판결.
123) 이승훈, "행정재판의 편리성 제고를 위한 행정소송규칙의 제정", 15면.
124) 국가배상에 관한 특별법으로는 「자동차손해배상보장법」, 「산업재해보상보험법」, 「공무원연금법」, 「우편법」 등이 있다.

가. 공무원

국가배상책임이 성립하기 위해서는 공무원이 손해를 가하여야 한다. 이때 공무원은 넓은 의미의 공무원을 의미하는 것으로서 「국가공무원법」이나 「지방공무원법」에 의하여 공무원의 신분을 가진 자 외에도, 공무를 위탁받아 실질적으로 공무에 종사하는 일체의 자를 말하고, 공무수탁사인을 포함하는 기능상의 공무원을 포괄한다.125)

나. 직무를 집행하면서

직무집행행위의 범위와 관련하여 직무를 권력작용에만 국한시키는 협의설, 권력작용 이외에 비권력적 공행정작용(관리작용)도 포함된다는 광의설, 사경제작용까지도 포함한 모든 행정작용을 직무로 보는 최광의설 등이 존재한다. 「국가배상법」이 원래 국가의 공법적 작용의 배상책임을 인정하기 위하여 특별히 제정된 법인 점, 국가가 사법적으로 활동하는 경우 사인과 달리 취급할 필요가 없다는 점 등을 고려하면 광의설이 타당하다. 판례 역시 "「국가배상법」이 정한 손해배상청구의 요건인 '공무원의 직무'에는 국가나 지방자치단체의 권력적 작용뿐만 아니라 비권력적 작용도 포함되지만 단순한 사경제의 주체로서 하는 작용을 포함되지 않는다."라고 판시하여126) 광의설의 입장에 있다.

직무집행행위에는 국가의 입법·사법·행정의 모든 작용이 포함되고, 특히 행정작용에는 법률행위적 행정행위, 준법률행위적 행정행위와 같은 법적 행위뿐만 아니라 사실행위, 부작위(거부행위 포함) 등도 포함된다. 다만 국회의원의 입법행위나 법관의 재판행위의 경우 국가배상책임이 인정되기는 쉽지 않다.

한편, 직무집행행위인지 여부는 해당 행위가 현실적으로 정당한 권한 내의 것인지 또는 행위자인 공무원이 주관적으로 직무집행의 의사를 갖고 있는지 여부와 관계없이 행위의 외관을 객관적으로 보아 직무행위의 외관을 갖추고 있는지 여부에 따라 판단해야 한다는 것이 통설과 판례이다.127)

---

125) 대법원 2001. 1. 5. 선고 98다39060 판결. 수원지방법원 2019. 12. 20. 선고 2017가단531037 판결은 근로능력이 없다는 이유로 「국민기초생활보장법」상 소정의 급여를 수급해오던 A가 국민연금공단으로부터 근로능력 있음의 판정을 받음으로 인하여 실제로는 근로능력이 없음에도 취업을 하여 일을 하다 사망에 이르게 된 사안에 관한 것으로서, 국민연금공단이 수원시로부터 근로능력평가라는 공무를 위탁받은 사인에 해당하므로, 수원시는 그 공무를 수행함에 있어 발생한 위법행위에 대하여 「국가배상법」 제2조 제1항 본문에 따른 손해배상책임을 진다고 판단하였다.

126) 대법원 2004. 4. 9. 선고 2002다10691 판결.

다. 직무상 불법행위

「국가배상법」상 '법령위반'에 관해서는 결과불법설, 행위위법설, 상대적 위법성설, 직무의무위반설 등이 주장된다. 이에 관하여 판례가 어느 견해를 취하는지 명확하지 않다. 그렇지만, 행위의 위법성을 판단할 때에는 엄격한 의미의 법령위반뿐 아니라 인권존중, 권력남용금지, 신의성실과 같이 공무원으로서 마땅히 지켜야 할 준칙이나 규범을 지키지 않고 위반한 경우를 포함하여 널리 그 행위가 객관적인 정당성을 결여하고 있음을 뜻한다고 판시하여, 그 의미를 넓게 보고 있다.[128] 한편, 판례 중에는 객관적 정당성을 상실한 것이 국가배상법상의 위법이라고 판시한 것이 다수 있으므로, 기본적으로 상대적 위법성설을 취하고 있는 듯하다. 이때 객관적 정당성을 상실하였는지 여부는 피침해 이익의 종류 및 성질, 침해행위가 되는 처분의 태양 및 그 원인, 처분의 발동에 대한 피해자 측의 관여의 유무, 정도 및 손해의 정도 등 제반 사정을 종합하여 손해의 전보책임을 국가 또는 지방자치단체에게 부담시켜야 할 실질적인 이유가 있는지 여부에 의하여 판단한다.[129]

한편, 국가배상책임이 성립하기 위해서는 공무원이 고의 또는 과실로 법령을 위반하여야 하므로, 「국가배상법」은 과실책임주의에 기반하고 있다. 이때 고의·과실은 해당 공무원을 기준으로 판단하여야 한다. 과실의 경우 중과실과 경과실로 구분될 수 있는데, 「국가배상법」 제2조 제2항에서 중과실을 특별히 요구하고 있는 반면 제2조 제1항에서는 단순히 '과실'이라고 기재하고 있으므로, 여기서의 과실은 중과실과 경과실을 모두 포함하는 것으로 해석함이 상당하다.

최근에는 「국가배상법」상의 과실관념을 객관화하여 되도록 피해자에 대한 구제의

---

127) 대법원 2005. 1. 14. 선고 2004다26805 판결.

128) 대법원 2009. 12. 24. 선고 2009다70718 판결. 따라서, 헌법상 과잉금지의 원칙 내지 비례의 원칙을 위반하여 국민의 기본권을 침해한 것도 법령위반이 될 수 있다(대법원 2022. 9. 29. 선고 2018다224408 판결).

129) 대법원 2000. 5. 12. 선고 99다70600 판결. 대법원 2011. 1. 27. 선고 2008다30703 판결은 같은 취지에서 행정청이 재결의 형식으로 처분을 한 경우에도 마찬가지라고 하였다. 위 판결은 관련 민사소송에서 근로자 갑의 후유장해를 인정하지 않는 내용의 판결이 확정되어 최초 재결 당시 그 판정의 근거가 되었던 주요 증거들이 모두 배척되었음에도 불구하고, 산업재해보상보험심사위원회가 확정된 민사판결의 내용을 뒤집을 만한 새로운 자료도 없이 이에 명백히 배치되는 사실인정에 기초하여 근로복지공단의 처분을 취소하는 내용의 재결을 한 사안에서, 그 재결이 국가배상책임의 요건을 충족하고, 사용자 을에게 재결의 취소를 구하는 행정소송의 제기와 응소를 강요함으로써 회복할 수 없는 정신적 고통을 가하였다고 본 원심판단을 수긍하였다.

폭을 넓히려는 추세에 있다. 구체적으로 ① 과실을 주관적인 심리상태보다는 객관적인 주의의무위반으로 파악하여 주의의무의 내용을 고도화하려는 시도, ② 가해공무원의 특정이 반드시 필요하지 않다고 보는 견해 등이 여기에 속한다.

라. 타인에 대한 손해의 발생

여기서 말하는 '타인'은 가해자인 공무원과 그의 위법한 직무행위에 가담한 사람 이외의 모든 사람을 말한다. 다른 공무원의 가해행위로 손해를 입은 공무원도 당연히 타인에 해당한다.

손해는 법률상 이익의 침해에 의한 불이익을 의미하고 반사적 이익의 침해에 의한 불이익, 공공일반의 이익침해는 포함되지 않는다. 공무원의 가해행위와 손해의 발생 사이에는 상당인과관계가 있어야 한다.

2. 군인·군무원 등에 대한 특례

군인·군무원·경찰공무원 또는 예비군대원이 전투·훈련 등 직무집행과 관련하여 전사·순직하거나 공상을 입은 경우에 본인이나 그 유족이 다른 법령에 따라 재해보상금·유족연금·상이연금 등의 보상을 지급받을 수 있을 때에는 이 법 및 「민법」에 따른 손해배상을 청구할 수 없다(「국가배상법」 제2조 제1항 단서). 위 특례규정은 위험성이 높은 직무를 수행하는 일부 공무원의 경우 그 직무집행과정에서 발생한 손해에 대하여 국가보상제도에 따른 보상이 이루어지면 족하고, 그와 별도의 국가배상청구권을 인정할 필요가 없다는 이중배상금지의 관점에 근거하여 입법된 것으로서 국가의 재정적 어려움을 해결하고자 하는 데 입법취지가 있다. 위 특례규정은 1967년 신설 당시부터 위헌시비가 있었고, 대법원은 당시의 「국가배상법」 제2조 제1항 단서를 위헌으로 선언하였다.[130] 이에 대하여 유신정권은 위헌법률을 개정하는 대신 헌법 제29조 제2항을 신설함으로써 위헌소지를 회피하였다. 헌법재판소가 「국가배상법」 제2조 제1항 단서 규정을 합헌이라고 판단하였음에도[131] 여전히 헌법내재적인 기본가치에 비추어 위헌이라는 주장이 제기되고 있다.

위 특례조항은 전투 등 직무집행과 관련하여 공상을 입은 경우에 적용되므로, 전투

---

130) 대법원 1971. 6. 22. 선고 70다1010 판결.
131) 헌재 2001. 2. 22. 선고 2000헌바38 결정.

등과 관련이 없는 직무집행으로 인하여 공상을 입은 경우에는 국가배상을 청구할 수 있다고 할 것이고, 이 경우 「보훈보상대상자 지원에 관한 법률」에서 「국가배상법」에 따른 손해배상금을 지급받은 사람을 보훈급여의 지급대상에서 제외하지 않고 있으므로, 국가보훈부 장관이 국가배상을 받았는 것을 이유로 보훈급여의 지급을 거부할 수 없다.132)

3. 배상책임

공무원의 위법한 직무행위로 인한 손해의 배상책임자는 국가 또는 지방자치단체이다(「국가배상법」 제2조 제1항). 손해배상책임의 주체는 각각의 사무의 귀속주체에 따라 배상책임을 지는 것이 원칙이다. 따라서, 자치사무의 위법한 처리 또는 지방자치단체가 설치·관리하는 공공시설의 하자로 인한 손해의 경우에는 지방자치단체가, 기관위임사무를 포함한 국가사무는 국가가 책임의 주체가 되는 것이 원칙이다. 다만 단체위임사무의 경우 지방자치단체가 자신의 이름과 책임으로 수행하므로 지방자체단체가 책임을 부담한다.

한편 「국가배상법」 제6조 제2항은 "국가나 지방자치단체가 손해를 배상할 책임이 있는 경우에 공무원의 선임·감독 또는 영조물의 설치·관리를 맡은 자와 공무원의 봉급·급여, 그 밖의 비용 또는 영조물의 설치·관리 비용을 부담하는 자가 동일하지 아니하면 그 비용을 부담하는 자도 손해를 배상하여야 한다."라고 규정하여 비용부담자의 책임을 예외적으로 인정하고 있다.133) 이 경우 양자의 관계는 부진정 연대책임이다.134)

---

132) 대법원 2017. 2. 3. 선고 2015두600075 판결.

133) 구 「지방자치법」(1988. 4. 6. 법률 제4004호로 전문 개정되기 전의 것) 제131조, 구 「지방재정법」(1988. 4. 6. 법률 제4006호로 전문 개정되기 전의 것) 제16조 제2항의 규정상, 지방자치단체의 장이 기관위임된 국가행정사무를 처리하는 경우 그에 소요되는 경비의 실질적·궁극적 부담자는 국가라고 하더라도 해당 지방자치단체는 국가로부터 내부적으로 교부된 금원으로 그 사무에 필요한 경비를 대외적으로 지출하는 자이므로, 이러한 경우 지방자치단체는 「국가배상법」 제6조 제1항 소정의 비용부담자로서 공무원의 불법행위로 인한 같은 법에 의한 손해를 배상할 책임이 있다(대법원 1994. 12. 9. 선고 94다38137 판결 등 참조). 형제복지원 관련 하급심에서는 위와 법리에 근거하여 피고 부산광역시에 기관위임된 부랑인 등 요보호자 수용, 보호사무와 관련한 위법행위에 대하여 피고 부산광역시의 책임을 인정하였다[부산지방법원 2022가합48079 판결(항소심 계속 중].

134) 대법원 1993. 1. 26. 선고 92다2684 판결.

4. 공무원의 배상책임과 구상

가. 공무원의 배상책임

가해자인 공무원이 고의·과실로 위법한 직무행위를 하여 특정인에게 손해를 가한 경우 그 특정인에 대하여 국가 또는 지방자치단체가 배상책임을 부담하는 외에 공무원 개인도 책임을 지는지 문제된다. 이는 국가 등은 물론 공무원 개인을 상대로 손해배상을 청구할 수 있는지의 문제로 귀결된다.

이에 대해서는 긍정설, 부정설, 고의 또는 중과실과 경과실을 구분하는 절충설 등이 있다. 대법원은 "공무원이 직무수행 중 불법행위로 타인에게 손해를 입힌 경우에 국가 등이 국가배상책임을 부담하는 외에 공무원 개인도 고의 또는 중과실이 있는 경우에는 불법행위로 인한 손해배상책임을 진다고 할 것이지만, 공무원에게 경과실뿐인 경우에는 공무원 개인은 손해배상책임을 부담하지 아니한다고 해석하는 것이 헌법 제29조 제1항 본문과 단서 및 국가배상법 제2조의 입법취지에 조화되는 올바른 해석이라고 할 것이다."라고 판시함으로써 절충설의 입장에 서 있다.[135]

나. 구상관계

공무원에게 고의 또는 중대한 과실이 있으면 국가나 지방자치단체는 그 공무원에게 구상할 수 있다(「국가배상법」 제2조 제2항). 경과실만 인정되는 경우를 제외하고 있는 것은 공무원이 배상에 대한 두려움을 갖지 않고 소신에 따라 직무를 수행할 수 있게 하기 위함이다.

III. 영조물의 설치·관리상의 하자로 인한 손해배상

「국가배상법」 제5조는 "도로·하천, 그 밖의 공공의 영조물의 설치나 관리에 하자가 있기 때문에 타인에게 손해를 발생하게 하였을 때에는 국가나 지방자치단체는 그 손해를 배상하여야 한다."라고 규정하고 있다. 이는 공작물 등의 점유자의 배상책임에 관한 「민법」 제758조에 상응하는 것이다.

---

135) 대법원 1996. 2. 15. 선고 95다38677 전원합의체 판결.

1. 배상책임의 요건

국가 등의 배상책임이 성립하기 위해서는 ① 영조물의 ② 설치·관리상의 하자로 ③ 타인에게 손해를 입힐 것이 요구된다.

강학상 영조물은 '국가 등 행정주체가 그의 목적을 달성하기 위하여 인적·물적 시설의 종합체 중 주로 정신·문화적 또는 진료적 목적에 계속적으로 제공된 것'을 말하나, 이와 달리 「국가배상법」 제5조의 영조물은 본래 의미의 영조물이 아니라 '행정주체가 직접 공적 목적을 달성하기 위하여 제공한 유체물', 즉 공물을 의미한다. 여기에는 개개의 물건뿐 아니라 물건의 집합체인 공공시설도 포함되나, 국·공유재산이라도 공물이 아닌 일반재산은 여기에 속하지 않는다.

설치·관리상의 하자는 '영조물이 통상 갖추어야 할 안정성이 결여된 상태'로 이해되는데, 그 판단에 있어 설치·관리자의 귀책사유를 고려할지 여부에 따라 학설이 대립하고 있다. 판례는 종래 설치·관리자의 귀책사유를 고려할 필요가 없다고 보는 입장에 서 있었으나, 최근 주관적인 요소를 고려하는 판시도 이루어지고 있다.

> **대법원 1994. 11. 22. 선고 94다32924 판결:** 「국가배상법」 제5조 소정의 영조물의 설치·관리상의 하자라 함은 영조물의 설치 및 관리에 불완전한 점이 있어 이 때문에 영조물 자체가 통상 갖추어야 할 안전성을 갖추지 못한 상태에 있는 것을 말하는 것이고, 국가 또는 지방자치단체는 영조물의 설치·관리상의 하자로 인하여 타인에게 손해를 가한 경우에 그 손해의 방지에 필요한 주의를 해태하지 아니하였다 하여 면책을 주장할 수 없다.
>
> **대법원 2001. 7. 27. 선고 2000다56822 판결:** 「국가배상법」 제5조 제1항에 정해진 영조물의 설치 또는 관리의 하자라 함은 영조물이 그 용도에 따라 통상 갖추어야 할 안전성을 갖추지 못한 상태에 있음을 말하는 것이며, 다만 영조물이 완전무결한 상태에 있지 아니하고 그 기능상 어떠한 결함이 있다는 것만으로 영조물의 설치 또는 관리에 하자가 있다고 할 수 없는 것이고, 위와 같은 안전성의 구비 여부를 판단함에 있어서는 당해 영조물의 용도, 그 설치장소의 현황 및 이용상황 등 제반 사정을 종합적으로 고려하여 설치·관리자가 그 영조물의 위험성에 비례하여 사회통념상 일반적으로 요구되는 정도의 방호조치의무를 다하였는지 여부를 그 기준으로 삼아야 하며, 만일 객관적으로 보아 시간적·장소적으로 영조물의 기능상 결함으로 인한 손해발생의 예견가능성과 회피가능성이 없는 경우, 즉 그 영조물의 결함이 영조물의 설치·관리자의 관리행위가 미칠 수 없는 상황 아래에 있는 경우임이 입증되는 경우라면 영조물의 설치·관리상의 하자를 인정할 수 없다.

마지막으로 영조물의 설치·관리의 하자로 타인에게 손해가 발생하여야 하고, 양자 사이에는 상당인과관계가 있어야 함은 공무원의 불법행위에 대한 책임과 동일하다.

2. 배상책임자와 구상관계

위와 같은 요건이 충족된 경우 영조물을 설치·관리하는 국가 또는 지방자치단체는 그 손해를 배상할 책임이 있고, 이 경우 비용을 부담하는 자가 별도로 있는 경우 비용 부담자도 배상책임자가 된다. 손해의 원인에 대하여 책임을 질 자가 따로 있으면 국가나 지방자치단체는 그 자에게 구상할 수 있다(「국가배상법」 제5조 제2항).

IV. 사회보장행정에서 국가배상

1. 사회보장행정법관계의 구조적 특성

사회보장행정과 관련하여 발생한 공무원의 위법행위에 대해서도 당연히 국가배상을 통한 권리구제가 가능하다. 그러나, 실제 사회보장행정 영역과 관련된 국가배상사건은 그리 많지 않다. 이는 사회보장급여가 처분의 형태로 이루어지거나 사무의 위탁을 받은 민간주체가 사회서비스를 제공하기 때문으로 보인다. 즉, 처분의 형태로 이루어지는 경우 그에 대한 권리구제는 주로 행정소송을 통해 구현되고, 민간주체를 통해 사회서비스가 이루어지는 경우 민간주체와 사이의 계약의 문제로 해결하거나 민법상 불법행위책임을 묻게 된다. 이러한 이유로 실무상 사회보장행정에서 국가배상이 문제되는 경우는 찾아보기 어렵다. 또한, 사회보장행정 영역은 국가의 적극적 개입을 필요로 하는 행정작용으로 상대적으로 넓은 재량권이 인정되어 국가배상사건에서도 위법성이 인정되기 어렵다. 그럼에도 불구하고 국가배상은 권리구제방법의 하나로서 여전히 의미가 있고, 특히 이른바 '형제복지원사건'이나 '한센인피해사건'과 같이 국가적 차원에서 이루어진 불법행위에 대한 최후의 보루로서 기능하고 있다.

아래에서는 국가배상책임의 내용 중 사회보장행정에서 특히 문제될 수 있는 부분을 중심으로 살펴본다.

2. 사회보장행정에서 특히 문제될 수 있는 부분

가. 재량의 문제

앞서 언급한 바와 같이 사회보장행정은 재량의 여지가 많은 영역인데 재량위반이 「국가배상법」 제2조의 '법령위반'에 해당하는지 문제될 수 있다. 재량의 일탈·남용 등 재량권의 한계를 벗어난 '위법한 재량권의 행사'는 당연히 포함된다고 할 것이나, 재량권의 한계 내에서 단순히 재량을 그르친 것에 불과한 '부당한 재량권의 행사'는 여기에 포함되지 않는다.

나. 부작위의 문제

사회보장행정은 구체적인 행정주체의 행위로 실현되는 경우가 많고, 사회보장급여의 구체적 내용이나 수급권자의 자격 등에 관하여 하위 법령에 위임하는 경우가 많다. 따라서, 공무원의 부작위나 행정입법부작위로 인한 국가배상이 문제된다.

공무원의 부작위에 대하여 판례는 공무원에 대하여 작위의무를 명하는 법령의 규정이 없다면 공무원의 부작위로 인하여 침해된 국민의 법익 또는 국민에게 발생한 손해가 어느 정도 심각하고 절박한 것인지, 관련 공무원이 그와 같은 결과를 예견하여 그 결과를 회피하기 위한 조치를 취할 수 있는 가능성이 있는지를 종합적으로 고려하여 판단해야 한다는 입장이다.[136]

한편, 행정입법부작위로 인하여 손해가 발생한 경우에도 국가배상청구의 요건이 갖추어진다면 국가가 손해를 배상할 의무가 있다. 행정입법의 제정 또는 개정의 지체가 위헌·위법이 되기 위해서는 ① 행정청에게 시행명령을 제정(개정)할 법적 의무가 있어야 하고, ② 상당한 기간의 경과에도 불구하고 명령제정(개정)권이 행사되지 않아야 한다.[137]

행정입법부작위에는 행정청이 법률에서 명령으로 정하도록 위임받은 사항을 전혀 입법하지 않은 경우(진정 행정입법부작위)뿐만 아니라 법률이 위임한 사항을 불충분하게 규정함으로써 법률이 위임한 행정입법의무를 제대로 이행하지 않은 경우(부진정 행정입법부작위)도 포함된다. 그런데, 최근 「장애인·노인·임산부 등의 편의증진 보장에 관한

---

136) 대법원 1996. 10. 25. 선고 95다45927 판결; 대법원 2010. 9. 9. 선고 2008다77795 판결; 대법원 1998. 10. 13. 선고 98다18520 판결; 대법원 2012. 7. 26. 선고 2010다95666 판결 등 참조.
137) 헌재 2005. 12. 22. 선고 2004헌마66 결정.

법률」(장애인등편의증진법)과 관련하여 부진정 행정입법부작위에 대한 국가배상을 인정한 판결이 선고되었는데, 위법한 행정입법부작위로 인한 국가배상책임의 성립요건뿐만 아니라 그로 인하여 권리가 침해된 경우의 위자료 인정요건 및 범위에 관하여 구체적으로 판시하였다는 점에서 의의가 있다.

대법원 2024. 12. 19. 선고 2022다289051 전원합의체 판결

〈사실관계〉

1998. 4. 11. 시행된 장애인등편의증진법은 편의시설 설치의무 대상시설을 대통령령에 위임하였다. 구 「장애인·노인·임산부 등의 편의증진 보장에 관한 법률 시행령」(2022. 4. 27. 대통령령 제32607호로 개정되기 전의 것) 제3조 [별표 1] 제2호 가목의 (1)(이 사건 쟁점 규정)은 그 위임에 따라 제정된 시행령 규정인데, 바닥면적 300㎡ 이상의 소규모 소매점에 대해서만 편의시설 설치의무를 부과함에 따라 95%가 넘는 비율의 소규모 소매점이 장애인 등을 위한 편의시설 설치의무를 면제받게 되었다. 원고 1, 2는 지체장애인으로 휠체어를 사용하고, 원고 3은 유아의 어머니로서 유아차를 빈번하게 사용하는데, 피고(대한민국)가 대부분의 소규모 소매점에 대하여 편의시설 설치의무를 면제한 결과 자신들의 접근권이 침해되었다는 이유로 국가배상을 청구하였다.

〈판시사항〉

[1] 국회가 법률로 행정청에 특정한 사항을 위임했음에도 불구하고 행정청이 정당한 이유 없이 이를 이행하지 않는다면 권력분립의 원칙과 법치국가 또는 법치행정의 원칙에 위배되는 것으로서 위법함과 동시에 위헌적인 것이 되고, 이는 행정청이 법률에서 대통령령으로 정하도록 위임받은 사항을 전혀 입법하지 않은 경우는 물론 그 법률이 위임한 사항을 불충분하게 규정함으로써 법률이 위임한 행정입법의무를 제대로 이행하지 않은 경우도 마찬가지이다.

[2] 법률이 행정청에 대하여 행정입법을 할 재량을 부여하였다 하더라도, 그 재량을 부여한 취지와 목적에 비추어 행정청이 행정입법의 권한을 행사하지 아니한 것이 현저하게 합리성을 잃어 사회적 타당성이 없는 경우에는 그 부작위가 객관적 정당성을 상실하였다고 볼 수 있고, 객관적 정당성을 상실하였다고 볼 수 있는 경우에는 특별한 사정이 없으며 국가배상법 제2조 제1항에서 정한 공무원의 과실도 인정된다.

[3] 입법부가 행정청에 행정입법의무를 부과하였음에도 행정청이 정당한 사유 없이 이를 이행하지 아니하거나 그 이행을 장기간 지연함으로써 개인의 권리가 침해된 경우 그로 인해 개인에게 위자료로 배상할 만한 정신적 손해가 발생하였는지는 법률이 행정입법을 위임한 목적과 취지, 위법한 행정입법 부작위로 침해된 권리의 헌법상 지위 또는 중요성, 그 침해의 정도와 지속 기간, 행정입법의무가 이행되지 않은 경위, 행정입법의무가 사후적으로나마 이행되었다면 그 행정입법의무의 뒤늦은 이행으로도 회복되지 않은 정신적 손해가 여전히 남았다고 평가할 수 있는지 여부 등을 종합적으로 고려하여 판단하여야 하고, 행정입법의무의 불이행에 대한 손쉬운 사법적 권리구제 수단이 마련되어 있지 않은 우리 법제에서 국가배상청구가 가장 유효한 규범통제 수단이자 실질적으로 유일한 구제수단으로서의 의의가 있다는 점도 아울러 참작하여야 한다.

[4] 행정입법의무의 불이행으로 인한 국가배상의 경우 위자료 산정에 있어 행정입법은 별도의 집행행위가 개입되지 않는 이상 그 자체로 국민의 권리의무에 직접적인 변동을 일으키지 않으므로 행정입법의무의 불이행으로 인한 권리 침해는 추상적인 수준에 머물게 되는 점, 행정입법은 다른

행정행위와 달리 상대방이 구체적으로 특정되어 있지 않고 전체 국민을 수범자로 하므로 특정 집단 또는 개인을 구체적인 대상으로 하는 행정행위에 비해 사회구성원 개인의 안전과 이익을 보호할 직무상 의무 위반에 대한 비난가능성은 상대적으로 크지 않은 반면, 국가배상책임이 인정되는 상대방의 인적 범위는 과도하게 확대될 수 있는 점, 행정입법의무의 불이행이 위법함을 선언하는 판결을 통해 피해자의 정신적 손해가 상당 부분 회복될 수 있음은 물론 국가의 위법한 행위에 대한 사법통제도 충분히 이루어질 수 있다는 점 등을 고려하여야 한다.

※ 위 사안에서 대법원은 장기간의 행정입법 부작위로 인한 불이익이 적다고 할 수는 없으나, 불이익을 주장할 수 있는 피해자의 범위가 넓고, 피고 스스로도 2022. 4. 27. 이 사건 쟁점 규정을 개정한 이래 추가적 개정을 계속해가는 등 행정입법의무 불이행으로 인한 위법을 해소하기 위한 노력을 기울이고 있는 것으로 보이는 점 등을 고려하여 위자료 액수를 원고 1, 2에 대하여 각각 10만 원으로 인정하고, 원고 3에 대해서는 이 사건 쟁점 규정을 개선하여 편의가 증진되더라도 이는 비장애인인 국민이 누리는 반사적 이익에 불과하다고 보아 국가배상책임을 부정하였다.

다. 당사자 특정의 문제

당사자 특정의 문제는 위법행위가 여러 단계 또는 다수인의 개입으로 이루어지는 경우에 문제된다. 국가배상요건에 관한 증명책임은 기본적으로 원고가 부담하는데, 위와 같은 경우에도 엄격하게 행위자의 특정을 요구한다면 행정 내부 절차, 절차마다의 관여자 및 관여 정도 등에 관하여 제대로 알기 어려운 개인으로서는 권리구제를 포기할 수밖에 없다.

이와 관련하여 과실의 객관화를 통해 피해자 구제를 강화하려는 최근의 추세 중 '가해공무원'의 특정이 필요하지 않다고 보는 견해를 앞서 소개한 바 있다. 대법원도 "국가배상책임의 성립 요건으로서 '공권력의 위법한 행사'를 판단할 때에는 국가기관의 직무집행을 전체적으로 판단할 필요가 있다."라고 판시하였고,[138] 구체적으로 한센인 요양소에서 이루어진 산아제한정책, 낙태수술 및 정관절제수술 등에 대한 국가배상책임이 문제된 사건에서 공무원의 불법행위에 따른 국가배상청구에서 가해공무원이 불특정 다수인 중의 어느 누구인지를 특정할 수 없을 경우에도 그것이 공무원의 가해행위인 이상 국가는 배상책임을 진다고 할 것이고, 가해공무원이 행사한 공권력의 귀속주체를 밝히면 족하고 개개 공무원의 이름까지 특정할 필요는 없다고 본 원심의 판단을 수긍한 바 있다.[139]

---

138) 대법원 2023. 3. 9. 선고 2021다202903 판결.
139) 대법원 2017. 5. 11. 선고 2016다260646 판결. 원심은 서울고등법원 2016. 9. 23. 선고 2015나

손실보상

I. 손실보상의 의의 등

1. 공용침해 · 손실보상의 의의

헌법 제23조는 제1항에서 국민의 재산권을 보호하는 한편, 제3항에서 "공공필요에 의한 재산권의 수용·사용 또는 제한 및 그에 대한 보상은 법률로써 하되, 정당한 보상을 지급하여야 한다."라고 규정하고 있다. 위 헌법 제23조 제3항은 일반적으로 '공법상의 손실보상'에 대한 근거규정으로 이해되는데, 구체적으로는 공법상의 손실보상의 원인 내지는 요건에 관한 근거규정이라고 하여야 할 것이고, 그중 '공공필요에 의한 재산권의 수용·사용 또는 제한'을 '공용침해'라 한다.

행정상 손실보상이란 적법한 공권력의 행사에 의하여 생긴 재산상의 특별한 희생에 대하여, 사유재산권의 보장과 공평부담의 관점에서 행정주체가 행하는 조절적인 재산적 전보를 말한다.

2. 공용침해조항의 법적 효력과 청구권의 성질

국가배상과는 달리 행정상의 손실보상에 관해서는 일반법이 제정되어 있지 않고, 「공익사업을 위한 토지 등의 취득 및 보상에 관한 법률」 등 개별법에서 그에 관한 규정을 두고 있을 뿐이다. 이에 공용침해에 관한 법률이 특별한 희생에 대한 손실보상에 관하여 규정하여야 함에도 불구하고 그렇지 않은 경우가 생길 수 있다. 이때 재산권을 침해당한 자가 손실보상을 청구할 수 있는 실정법상 근거가 문제되는데, 이는 헌법상 공용침해조항의 법적 효력과 관련된다. 이에 대해서는 입법자에 대한 직접효력설(위헌무효설),[140]

2040959 판결. 다만 대법원은 원심이 산정한 위자료 액수 산정이 공평의 분담과 형평의 원칙에 현저히 반하여 재량의 한계를 일탈하였다고 볼 정도로 과소하다는 취지로 파기환송하였고 파기환송심에서 화해권고로 종결되었다.

140) 헌법상 보상규정은 국민에 대한 직접효력 규정이 아니라고 보고, 공용침해에 따르는 보상규정이 없는 법률은 위헌, 무효라고 본다. 따라서, 그에 근거한 재산권 침해행위도 위법한 직무행위에 해당하여 국가배상법상 손해배상청구만 가능하다고 본다.

직접효력설,[141] 유추설(간접적용설)[142]이 다투어진다. 최근 대법원은 유추설에 입각하여 손실보상을 인정한 사례가 다수 있다.[143]

Ⅱ. 손실보상의 요건과 내용

1. 손실보상의 요건

가. 재산권에 대한 공권적 침해

재산권이란 소유권 그 밖의 법에 의하여 보호되는 일체의 재산적 가치가 있는 권리를 말하는데, 현존하는 구체적 가치여야 하므로, 기대이익은 포함되지 않는다. '공권적 침해'와 관련하여 헌법은 전형적인 것으로서 재산권에 대한 수용·사용·제한을 들고 있다. 마지막으로 개인이 입은 재산상 손실이 공권력의 발동으로 직접 야기되어야 하고, 부수적 사정이 가미되었거나 간접적·결과적으로 야기된 경우는 여기에 해당하지 않는다.

나. 공공의 필요

손실보상의 원인이 되는 재산권에 대한 공권적 침해는 '공공의 필요'를 위하여 또는 '공익'을 위하여 이루어져야 한다. 이는 전형적인 불확정개념으로 공용침해로 얻어지는 이익으로서의 공익과 재산권 보유에 따르는 이익으로서의 사익 사이의 이익형량을 통해 '공공의 필요' 여부가 결정될 수 있고, 그 경우 비례의 원칙이 기준이 된다.

다. 적법성(법률의 근거)

재산권의 침해는 적법한 것이어야 한다. 헌법 제23조 제1항도 공공필요에 의한 재산권에 대한 수용·사용·제한은 '법률로써' 하여야 함을 명시하고 있다. 여기서의 법률은 국회에서 심의, 의결된 형식적 의미의 법률을 말한다.

---

141) 헌법상 보상규정은 국민에게 직접적인 효력이 있고, 법률에 있어야 할 보상규정이 없더라도 헌법 제23조 제3항에 근거하여 보상을 청구할 수 있다고 본다.

142) 공용침해에 따르는 보상규정이 없는 경우 헌법 제23조 제3항 및 관계규정을 유추하여 보상을 청구할 수 있다고 본다.

143) 대법원 2002. 11. 26. 선고 2001다44352 판결; 대법원 2011. 8. 25. 선고 2011두2743 판결.

라. 보상규정

본래적 의미의 손실보상은 공용침해에 대하여 법률상의 보상규정에 따라 보상하는 것이다. 어떠한 법률이 공용침해를 허용하면서도 보상규정을 두지 않는 경우 어떻게 처리할 것인가의 문제는 앞서 본 것과 같다.

마. 특별한 희생

마지막으로 손실보상이 성립하려면 타인의 재산권에 대한 공권적 침해로 '특별한 희생'이 발생하여야 한다. 특별한 희생이란 '사회적 제약을 넘어서는 손실'을 말한다.

2. 손실보상의 기준과 내용

가. 정당한 보상의 의미

헌법 제23조 제3항이 규정하고 있는 '정당한 보상'이 무엇을 의미하는지와 관련하여 견해가 나뉜다. 대법원은 피수용재산의 객관적인 재산적 가치를 완전하게 보상하여야 할 것이나, 투기적인 거래에 의하여 형성되는 가격은 정상적인 객관적 재산가치로는 볼 수 없으므로 이를 배제하더라도 완전보상의 원칙에 어긋나는 것은 아니라고 판시하고 있고(완전보상설),144) 헌법재판소도 같은 입장이다.145)

나. 손실보상의 내용

「공익사업을 위한 토지 등의 취득 및 보상에 관한 법률」에 따르면 손실보상은 직접손실에 대한 보상, 간접손실에 대한 보상, 생활보상 등으로 나뉜다.

III. 그 밖의 손해전보를 위한 제도

1. 개설

국가배상과 손실보상은 전형적인 행정상 손해전보제도이다. 전자는 위법한 행정작용

---

144) 대법원 1993. 7. 13. 선고 93누2131 판결.
145) 헌재 1995. 4. 20. 선고 93헌바20 결정.

으로 인한 손해의 전보이고, 후자는 적법한 행정작용으로 인하여 발생한 손실의 전보로서의 성격을 가지고 있다. 그런데, 현실에서는 국가배상 및 손실보상에 관한 요건을 엄격하게 적용할 경우 구제받기 어려운 상황이 발생한다. ① 위법·무책한 공무원의 직무행위, ② 비의욕적 공용침해(결과적 손실), ③ 비재산적 법익에 대한 적법한 침해 등이 그러하다. 이 중 사회보장행정에서 최근 문제되는 영역은 비재산적 법익에 대한 적법한 침해이다.

2. 비재산적 법익침해에 대한 손실보상

가. 문제상황

어떤 사람이 보건복지부장관이 지정한 자의 검정을 받아 판매되고 있는 약품을 사먹었는데 뜻밖의 병에 걸린 경우, 국립병원의 의사가 예방주사를 놓았는데 특이체질로 인하여 병을 얻은 경우 등은 행정작용으로 인하여 불이익이 발생하였으나 '재산권'에 대한 침해가 아니라는 점에서 헌법 제23조 제3항에 의한 손실보상의 대상이 되지 않을 뿐 아니라 그와 같은 행정작용을 통해 발생한 개인의 불이익은 공무원의 위법·유책한 직무행위로 인한 것이 아니라 국가배상의 요건도 충족하기 어렵다.

나. 문제해결방안

2018년 개정된 「경찰관 직무집행법」은 제11조의2에서 경찰관의 적법한 직무집행으로 인한 재산상 손실뿐 아니라 생명·신체에 대한 손실에 대하여도 보상할 것을 규정하고 있다. 이와 같이 문제상황을 규율하는 법률이 있는 경우에는 그에 따르면 된다. 그런데, 관련 법령이 없는 경우에는 어떻게 처리할 것인지 문제가 된다. 독일이나 프랑스 등 외국에서는 희생보상청구권, 위험책임 등 관습법, 판례법 등을 통해 문제를 해결하고자 노력하고 있고, 우리도 이러한 문제 해결을 위하여 학설과 판례의 발전이 필요하다. 아래에서는 비재산적 법익의 손실에 대하여 보상을 청구할 수 있는 권리로써 발전된 법리인 희생보상청구권의 인정 여부와 그 요건 등에 대하여 살펴본다.

다. 희생보상청구권

희생보상청구권은 공동체의 복지를 위하여 개인의 권리 또는 이익이 희생되어야 하는 경우에 국가는 개인의 희생을 보상하여야 한다는 기본적 사고에 근거한다. 재산권에 관한 손실보상이 법적 제도로 형성된 후 공권력작용으로 인한 비재산적 법익의 손실에 대한 보상청구권으로 의미가 한정되었다.

희생보상청구권을 인정할 수 있을지 긍정설과 부정설이 대립하고 있다. 직접적인 헌법상의 규정은 없으나 생명·신체에 관한 권리가 재산권보다 우월하다고 볼 수 있음에도 재산권에 대한 침해는 보상하면서 생명·신체에 대한 권리는 규정이 없어 보상할 수 없다고 보는 것은 부당하다. 또한, 헌법 제10조와 제37조 제1항에 따라 국가는 헌법상 명문으로 규정되어 있지 않은 기본권도 보호할 의무가 있으므로, 비록 희생보상청구권에 관한 직접적인 헌법상의 규정이 없다 하더라도 이를 긍정하는 것이 타당하다.

희생보상청구권의 요건으로는 ① 비재산적 가치가 있는 권리에 대한 ② 고권적 침해가 ③ 관계자에게 특별한 희생을 야기할 것이 요구된다. 이러한 요건이 충족된 경우 비재산적 법인의 침해로 발생한 재산적 손실을 주장할 수 있다.

라. 코로나바이러스감염증-19(코로나19) 관련 문제

그동안 손실보상은 주로 토지보상을 중심으로 논의가 이루어져 왔으나 최근 이른바 코로나19가 야기한 여러 피해에 대한 구제수단으로서 손실보상이 주목을 받고 있다. 「감염병의 예방 및 관리에 관한 법률」(감염병예방법) 제70조에서 손실보상에 관한 규정을 두는 한편 제71조에서 예방접종 등에 따른 피해의 국가보상에 관한 규정을 두고 있다. 한편, 2021년 7월 7일 법률 제18292호로 개정된 「소상공인 보호 및 지원에 관한 법률」(소상공인법) 역시 제12조의2에서 감염병예방법에 따른 조치로 인하여 발생한 손실보상에 관한 규정을 두고 있다. 이하에서는 각 보상과 관련된 주된 법률 내용과 쟁점에 관하여 살펴본다.

(1) 예방·방역 조치에 따른 손실보상

감염병예방법은 제70조에서 위 법에 따른 예방·방역 조치로 인하여 발생한 손실을 보상하는 규정을 두고 있다. 보상대상이 되는 손실은 ① 감염병관리기관의 지정 또는 격리소 등의 설치·운영으로 발생한 손실, ② 감염병의심자 격리시설의 설치·운영으로 발생한 손실, ③ 이 법에 따른 조치에 따라 감염병환자, 감염병의사환자 등을 진료한 의료기관의 손실, ④ 이 법에 따른 의료기관의 폐쇄 또는 업무 정지 등으로 의료기관에 발생한 손실, ⑤ 제47조 제1호, 제4호 및 제5호, 제48조 제1항, 제49조 제1항 제4호,

제6호부터 제10호까지, 제12호, 제12호의2 및 제13호에 따른 조치로 인하여 발생한 손실, ⑥ 감염병환자 등이 발생·경유하거나 질병관리청장, 시·도지사 또는 시장·군수·구청장이 그 사실을 공개하여 발생한 「국민건강보험법」 제42조에 따른 요양기관의 손실로서 제1호부터 제4호까지의 손실에 준하고, 제70조의2에 따른 손실보상심의위원회가 심의·의결하는 손실이다(제70조 제1항 각호). 위 손실보상금을 받으려는 자는 보건복지부령이 정하는 바에 따라 손실보상 청구서에 관련 서류를 첨부하여 보건복지부장관, 시·도지사 또는 시장·군수·구청장에게 청구하여야 하고(제70조 제2항), 보상액 산정 시 손실을 입은 자가 이 법 또는 관련 법령에 따른 조치의무를 위반하여 그 손실을 발생시켰거나 확대시킨 경우에는 보상금을 지급하지 아니하거나 보상금을 감액하여 지급할 수 있다(제70조 제3항).

2015년 12월 29일 법률 제13639호로 개정되기 전의 감염병예방법은 손실보상에 관하여 "보건복지부장관, 시·도지사 및 시장·군수·구청장은 제37조에 따라 의료기관이 감염병관리시설로 사용됨에 따라 손해를 입은 해당 의료기관의 경영자와 제49조 제1항 제13호에 따른 소독이나 그 밖의 조치로 손해를 입은 건물의 소유자에게 그 손해에 상당하는 비용을 보상하여야 한다."라는 규정을 두고 있었을 뿐이었으나, 2015년 메르스 사태 이후 전반적인 법률 개정이 이루어지면서 손실보상에 관한 규정도 위와 같이 개편되어 그 범위가 확대되었다.

이후 코로나19의 유행으로 감염병예방법 제49조 제1항 제2호에 근거한 집합제한·금지가 장기간 이루어지게 되었고, 그로 인하여 자영업자들이 큰 타격을 입게 되었음에도 감염병예방법 제70조 제1항의 보상대상에서 제49조 제1항 제2호에 따른 조치로 인하여 발생한 손실을 제외하고 있어 문제가 되었고, 결국 2021년 7월 7일 소상공인법이 개정되기에 이르렀다.146)

---

146) 개정이유를 살펴보면, "코로나19 감염병 확산을 방지하기 위해" "소상공인의 영업장소의 사용 및 운영시간 등을 제한하고 있고, 해당 업종의 소상공인은 경영상 어려움을 겪고 있음"에도 "소상공인의 영업을 제한하여 발생하는 손실에 대한 보상과 관련된 조항이 법률에 규정되어 있지 않아 신속하고 원활한 지원이 이루어지지 못하고 있다는 의견"이 있어 "감염병 확산에 따른 집합금지·영업제한 조치로 인하여 소상공인의 경영상 심각한 손실이 발생한 경우 이에 대한 보상 근거를 신설"한다는 것이다.

소상공인법 제12조의2는 "중소벤처기업부장관은 감염병예방법 제49조 제1항 제2호 에 따른 조치로서 영업장소 사용 및 운영시간 제한 등 대통령령으로 정하는 조치로 인 하여 소상공인에게 경영상 심각한 손실이 발생한 경우 해당 소상공인에게 그 부담을 완 화하기 위한 손실보상을 하여야 한다."라고 규정하고 있다(제1항). 손실보상을 받으려는 자는 대통령령으로 정하는 바에 따라 중소벤처기업부장관에게 손실보상금의 지급을 신 청하여야 하고(제3항), 신청을 받은 중소벤처기업부장관은 심의위원회의 심의를 거쳐 손 실보상금의 지급 여부 및 금액을 결정한 후 신청인에게 손실보상금을 지급하여야 한다. 이 경우 신청인이 감염병예방법 제49조 제1항 제2호에 따른 조치를 위반한 경우에는 손실보상금을 감액하거나 지급하지 않을 수 있다(제4항). 중소벤처기업부장관은 신청인 이 제21조 제1항 제22호의3에 따른 우선 지원을 받은 경우 그 지원액을 감안하여 제4 항에 따른 손실보상금을 산정할 수 있으며, 우선 지원액과의 차액이 있는 경우 상환 또 는 반납하게 하여야 하고(제5항), 중소벤처기업부장관은 제4항에 따라 손실보상금을 지 급받은 자가 감염병예방법 제49조 제1항 제2호에 따른 조치를 위반하는 등 대통령령으 로 정하는 경우에는 그 손실보상금의 전부 또는 일부를 환수할 수 있다(제6항). 그 밖에 손실보상 및 환수의 대상과 절차 등에 관하여 필요한 사항은 대통령령으로 정하며, 손실보상의 기준, 금액 및 시기 등에 관한 구체적인 사항은 심의위원회의 심의를 거쳐 중소벤처기업부장관이 고시한다(제7항). 소상공인법 부칙 제2조는 손실보상의 대상을 2021년 7월 7일 이후에 발생한 손실로 한정하고 있다.[147]

소상공인법의 개정에도 불구하고 부칙에서 개정 이전의 손실에 대해서는 적용을 부정하고 있어 2021년 7월 7일 이전에 발생한 손실의 경우 어떻게 구제될 수 있을지 문제된다. 또한, 개정된 소상공인법이 적용되는 경우라 하더라도 '경영상 심각한 손실이 발생'한 경우에만 '부담을 완화하기 위한 손실보상'을 하여야 한다는 제한을 두거나 보상금 산정에서 100%에 미치지 못하는 보정률을 적용하는 것과 관련하여 위헌·위법성에 관한 논란도 있다.

(2) 예방접종으로 인한 피해에 대한 국가보상

감염병예방법 제71조는 '예방접종으로 인한 피해에 대한 국가보상'에 관하여 규정하고 있다. 국가는 필수 및 임시예방접종에 따라 예방접종을 받은 사람 또는 질병관리청장의 지정으로 생산된 예방·치료 의약품을 투여받은 사람이 그 예방접종 또는 예방·치료 의약품으로 인하여 질병에 걸리거나 장애인이 되거나 사망하였을 때에는 대통령령으로 정하는 기준과 절차에 따라 ① 질병으로 진료를 받은 사람: 진료비 전액 및 정액 간병비, ② 장애인이 된 사람: 일시보상금, ③ 사망한 사람: 대통령령으로 정하는 유족에 대한 일시보상금 및 장제비를 보상하여야 한다(제71조 제1항). 위 조항에 따라 보상받을 수 있는 질병, 장애 또는 사망은 예방접종약품의 이상이나 예방접종 행위자 및 예방·치료 의약품 투여자 등의 과실 유무에 관계없이 해당 예방접종 또는 예방·치료 의약품을 투여받은 것으로 인하여 발생한 피해로서 질병관리청장이 인정하는 경우로 한다(제71조 제2항). 질병관리청장은 제1항에 따른 보상청구가 있은 날부터 120일 이내에 제2항에 따른 질병, 장애 또는 사망에 해당하는지를 결정하여야 한다. 이 경우 미리 위원회의 의견을 들어야 한다(제71조 제3항). 감염병예방법 시행령은 예방접종 등에 따른 피해의 보상 기준(제29조), 예방접종 등에 따른 피해의 보상대상자(제30조), 예방접종 등에 따른 피해의 보상 절차(제31조)에 관하여 구체적인 규정을 두고 있다.

이와 같이 감염병예방법에서 예방접종 등으로 인한 보상규정을 두고 있음에도 코로

---

147) 서울행정법원의 위헌제청으로 현재 소상공인법 부칙 제2조에 대한 위헌법률심사사건이 헌법재판소에서 심리 중이다.

나19 백신 접종이 시작된 이후 보상과 관련된 문제가 지속적으로 제기되고 있다.[148] 그 중 가장 문제되는 것은 인과관계의 문제이다.[149] 앞서 본 것처럼 감염병예방법 제71조 제2항은 보상이 이루어지기 위하여 질병관리청장에 의한 인과관계 인정을 요구한다. 즉, 예방접종과 질병, 장애 또는 사망 사이의 인과관계 인정 여부에 따라 피해보상 여부가 결정된다. 감염병예방법 제71조에 의한 예방접종 피해에 대한 국가의 보상책임은 무과실책임이지만, 질병, 장애 또는 사망이 예방접종으로 발생하였다는 점이 인정되어야 한다. 대법원은 "여기서 예방접종과 장애 등 사이의 인과관계는 반드시 의학적·자연과학적으로 명백히 증명되어야 하는 것은 아니고, 간접적 사실관계 등 제반 사정을 고려할 때 인과관계가 있다고 추단되는 경우에는 증명이 있다고 보아야 한다. 인과관계를 추단하기 위해서는 특별한 사정이 없는 한 예방접종과 장애 등의 발생 사이에 시간적 밀접성이 있고, 피해자가 입은 장애 등이 예방접종으로부터 발생하였다고 추론하는 것이 의학이론이나 경험칙상 불가능하지 않으며, 장애 등이 원인불명이거나 예방접종이 아닌 다른 원인에 의해 발생한 것이 아니라는 정도의 증명이 있으면 족하다. 그러나, 이러한 정도에 이르지 못한 채 예방접종 후 면역력이 약해질 수 있다는 막연한 추측을 근거로 현대의학상 예방접종에 내재하는 위험이 현실화된 것으로 볼 수 없는 경우까지 곧바로 인과관계를 추단할 수는 없다. 특히 피해자가 해당 장애 등과 관련한 다른 위험인자를 보유하고 있다거나, 해당 예방접종이 오랜 기간 널리 시행되었음에도 해당 장애 등에 대한 보고 내지 신고 또는 그 인과관계에 관한 조사·연구 등이 없다면, 인과관계 유무를 판단할 때 이를 고려할 수 있다."라고 판시하였다.[150] 그러나, 실제 사례에서 위 기준만으로 인과관계 유무를 판단하는 것은 쉽지 않을 뿐 아니라 적절한 피해보상을 위해서는 인과관계 판단기준을 달리해야 한다는 논의가 최근 제기되고 있다. 질병관리청도 인과관계 판단기준은 물론 피해보상제도의 전체적인 개선을 위한 연구를 진행하고 있다.

---

148) 2021년 2월 26일부터 2024년 7월 20일까지 코로나19 예방접종 이후 신고된 이상사례는 484,662건이고, 그중 주요 이상사례는 17.785%, 사망사례는 2,150건이다(질병관리청, 코로나19 예방접종 이상사례 현황 보고서 177주차).

149) 최근 법원에서는 인과관계가 인정되지 않는다는 이유로 피해보상을 거부한 질병관리청장의 예방접종피해보상신청거부처분이 취소되기도 하였다[서울행정법원 2022. 8. 19. 선고 2022구합55477 판결(확정); 서울행정법원 2023. 7. 7. 선고 2022구합75617 판결(확정); 서울행정법원 2023. 12. 12. 선고 2023구합56996(확정)].

150) 대법원 2019. 4. 3. 선고 2017두52764 판결.

색인

참고문헌

<단행본>

곽노현·김엘림, 「사회보장법」, 한국방송통신대학교출판부, 2009.

김남진·김연태, 「행정법 I」 제28판, 법문사, 2024.

김남진·김연태, 「행정법 II」 제28판, 법문사, 2024.

김동희, 「행정법 II」 제25판, 박영사, 2019.

김철용·최광률 대표집필, 「주석 행정소송법」, 박영사, 2004.

박균성, 「행정법론(상)」 제22판, 박영사, 2023.

박우경, 「사회보장사건의 법원을 통한 구제절차 현황과 개선방안」, 사법정책연구원, 2022

박재윤, 「독일 공법상 국가임무론과 보장국가론」, 경인문화사, 2018.

석종현·손동수, 「일반행정법(상)」, 삼영사, 2015.

선정원, 「의약법 연구」, 박영사, 2019.

윤영진·양기용·이인재·이재원, 「사회서비스정책론」, 나눔의집, 2011.

이신용, 「사회보장법과 의회」, 한울, 2017.

이준일, 「헌법과 사회복지법제」, 세창출판사, 2010.

이호용, 「사회보장행정법의 구조적 특성」, 한국학술정보, 2007.

전광석, 「복지국가론」, 신조사, 2012.

전광석, 「사회보장법과 헌법재판」, 집현재, 2021.

전광석, 「한국사회보장법론」 제10판, 법문사, 2014.

전광석·박지순·김복기, 「사회보장법」 제7판, 신조사, 2022.

정은희·김태완·임완섭·최준영·김교성·김윤민, 「조건부 수급제도 개선방안 연구」, 한국보건사회
연구원, 2018.

정일용, 「미국사회보장제도의 발전과정과 특성」, 국민경제교육연구소, 1992.

정원오, 「복지국가」, 책세상, 2010.

최호용, 「사회복지사업법 해설」, 부크크, 2017.

하명호, 「신체의 자유와 인신보호절차」, 고려대학교 출판부, 2013.

하명호, 「행정법」 제6판, 박영사, 2024.

하명호, 「행정쟁송법」 제7판, 박영사, 2024.

홍정선, 「민간위탁의 법리와 행정실무」, 박영사, 2015, 125면.

「2024년 사회복지법인 관리안내」, 보건복지부, 2024.

「법령 입안·심사기준」, 법제처, 2012.

「법원실무제요(행정)」 제1권, 사법연수원, 2023.

「법원실무제요(행정)」 제2권, 사법연수원, 2023.

「요양기관 현지조사 지침」, 보건복지부, 2023. 12.

「행정심판의 이론과 실무」, 국민권익위원회 중앙심판위원회, 2022.

園部逸夫·田中舘照橘·石本忠義, 「社會保障行政法」, 有斐閣, 1980.

堀 勝洋, 「社會保障法總論」 第2版, 東京大學出版會, 2004.

\<논문\>

강신욱, "사회보장기본법 개정의 의의와 과제", 보건복지포럼 제189권, 한국보건사회연구원, 2012.

강혜규, "제4기 지역사회보장계획 수립 어떻게 할 것인가?-실천중심에서의 접근", 한국지역사회복지학회 추계학술대회 자료집, 2017.

경 건, "정보공개청구권의 헌법적 근거와 그 제한", 행정판례연구 제5권, 박영사, 2000.

구정태, "우리나라 사회복지정책의 분권화-분권교부세 '사회복지사업'을 중심으로-", 사회복지법제연구 제1호, 한국사회복지법제학회, 2010. 10.

김나경, "빈곤의 사회학적 이해와 법적 수용: 국민건강보험법상 보험료 체납에 대한 법적 제재의 정당성", 법과 사회 제42호, 박영사, 2012.

김복기, "헌법상 사회보장권 보장에 관한 소고-헌법재판소 결정에 대한 비판적 검토에 기한 시론, 사회보장법학 제7권 제1호, 사회보장법학회, 2018.

김선택, "인간다운 생활을 할 권리의 헌법규범성 -생계보호기준결정: 헌법재판소 1997. 5. 29. 94헌마33결정-", 판례연구 제9권, 고려대학교 법학연구원, 1998.

김 연·김정우, "사회복지법인의 법적 성격과 외부이사제의 필요성: 학설과 판례 분석을 중심으로", 한국사회복지학회 제67권 제4호, 한국사회복지학회, 2015.

김영란, "한국사회에서 새로운 사회적 위험과 위험관리전략: 복지국가의 재설계", 사회보장연구 제24권 제1호, 사회보장학회, 2008.

김주희, "사회보장행정에서 법률유보의 원칙-주거복지를 중심으로-", 법학논총 제47권 제4호, 단국대학교 법학연구소, 2023. 12.

김진곤, "사회보장법영역에서 포괄위임입법금지원칙의 적용과 그 한계", 사회보장법학 제3권 제1호, 사회보장법학회, 2014.

김춘환, "사회보장행정에 관한 법적 문제점", 토지공법연구 제11호, 한국토지공법학회, 2001.

노기현, "사회복지행정에 있어 계약화 현상에 관한 공법적 검토 – 한·일 간의 비교법적 검토를 중심으로 –", 공법학연구 제24권 제4호, 한국비교공법학회, 2023.

노호창, "사회서비스 이용권 사업을 위탁받아 수행하는 비영리단체에 대한 장애인고용부담금 부과에 관한 쟁점", 노동법논총 제27집, 한국비교노동법학회, 2013.

노호창, "현행 사회보장제도에서 외국인의 처우에 대한 현황과 문제점", 사회보장법연구 제4권 제1호, 서울대 사회보장법연구회, 2015.

문준혁, "「국민기초생활 보장법」상 조건부 수급 제도와 근로능력평가에 대한 비판적 검토", 사회보장법연구 제8권 제2호, 사회보장법학회 2019.

박규하, "미국헌법상의 적법절차조항과 행정행위에 대한 절차적 통제", 공법학의 제문제(김영훈 교수 화갑기념논문집), 법문사, 1995.

박균성, "의무이행심판의 발전방안", 법제 제574호, 법제처, 2005.

박균성, "행정상 인신구속에 대한 법적 통제", 공법학의 제문제(김영훈 교수 화갑기념논문집), 법문사, 1995.

박귀천, "사회보험법과 사회보장기본법-사회보장기본원리에 입각한 현행 사회보험법제 검토", 사회보장법학 제1권 제1호, 한국사회보장법학회, 2012.

박성은, "자활조건 불이행 시 생계급여 삭감의 위헌성- 독일 연방헌법재판소 판결(BVerfG, Urteil des Ersten Senats vom 5. November 2019 - 1 BvL 7/16)에 대한 소개를 중심으로", 사회보장법연구 제11권 제1호, 서울대 사회보장법연구회, 2022.

박수혁, "급부행정법의 기본원칙", 고시계 제31권 제6호, 고시계사, 1986.

박영아·전가영·서채완·권영실, "국민기초생활보장법상 조건부수급제도에 대한 법적 고찰", 사회복지법연구, 용인문화사, 2019.

박정연, "국민기초생활보장법상 급여지급의 절차적 개선에 관한 연구", 고려대학교 석사학위논문, 2012.

박정연, "복지서비스의 민간공급에 관한 공법적 규율-노인요양서비스를 중심으로-", 고려대학교 박사학위논문, 2016.

박정연, "사회서비스 바우처 부정사용에 대한 법적 규제", 법학논총 제34권 제3호, 한양법학회, 2017.

박정연, "사회서비스 바우처제도의 법문제", 행정법연구 제51호, 행정법이론실무학회, 2017.

박정연, "정신장애인의 지역사회 복귀를 위한 의사결정 지원-공법적 분석을 중심으로-", 법학논총 제53호, 숭실대학교 법학연구소, 2022.

박정연, "지역복지 행정조직의 문제와 법제 개선-지역중심 통합서비스의 관점에서-", 사회복지법

제 제9권 제1호, 한국사회복지법제학회, 2018.

박정연, "행정 영역에서의 의사결정 지원 -발달장애인 의사결정 지원을 중심으로-", 법학논총 제35권 제1호, 국민대학교 법학연구소, 2020.

법원행정처 헌법재판연구반, "명령·규칙의 위헌심사권에 관한 연구보고서", 저스티스 제23권 제2호, 한국법학원, 1990. 12.

백옥선, "행정기본법(안)의 이의신청 조항에 대한 검토 및 향후 법적 과제", 법제연구 제59호, 한국법제연구원, 2020.

성중탁, "행정심판에서의 조정제도 현황과 활성화 방안", 인권과정의 제506호, 대한변호사협회, 2022. 6.

손미정, "사회보장행정상 권리보호에 관한 법적 고찰", 노동법학 제27호, 한국노동법학회, 2009. 6.

송동수, "독일에 있어 토지에 관한 공익과 사익의 조정-형량명령을 중심으로", 토지공법연구 제16집 제1호, 한국토지공법학회, 2002.

양승미, "사회복지서비스 신청권과 지방자치단체의 과제-사회복지서비스 신청권 판례를 중심으로-", 지방자치법연구 제30호, 한국지방자치법학회, 2011.

오민수, "사각지대 발굴체계의 현황 진단: 읍면동 지역사회보장협의체를 중심으로", 한국사회보장학회 정기학술발표논문집 2016권 제1호, 한국사회보장학회, 2016.

윤석진, "사회보장을 받을 권리의 법적 성격", 중앙법학 제8집 제2호, 중앙법학회, 2006. 8.

윤수정, "사회보장법 영역에서의 법률유보와 위임입법의 한계-헌법재판소 결정 2019. 2. 28. 2017헌바245 결정에 대한 비판적 검토를 중심으로-", 공법학연구 제20권 제2호, 한국비교공법학회, 2019.

윤찬영, "국민기초생활보장법 제정의 의의와 잠재적 쟁점에 관한 연구", 비판사회정책 제7권, 비판과 대안을 위한 사회복지학회, 2000.

윤찬영, "사회복지서비스 신청권 판례의 의의와 과제", 월간 복지동향 제149호, 참여연대사회복지위원회, 2011.

이만우, "'사회서비스진흥원' 설립의 쟁점 및 과제", 이슈와 논점 제1469호, 국회입법조사처, 2018. 6.

이상덕, "산재보험 영역에서 과오급 보험급여 환수의 법적 문제-수익적 행정행위의 직권취소 제한의 법리와 관련하여", 사법논집 제57집, 법원도서관, 2013.

이상수, "행정법령상 '신청기간' 관련 판례 분석 및 법제적 시사점-대법원 전원합의체 판결(2018두47264)을 중심으로", 원광법학 제39권 제2호, 원광대학교 법학연구소, 2023.

이승훈, "행정재판의 편리성 제고를 위한 행정소송규칙의 제정", 서울행정법원 개원 25주년 기념 공동학술대회 자료집, 2023.

이은선, "공공부조의 권리성에 관한 헌법재판소 결정례", 2011년 한국사회복지법제학회 하반기 학술대회 자료집, 한국사회복지법제학회, 2011. 11.

이은선, "사회보장법상 급여처분의 변경 및 부당이득의 반환", 사회보장법학 제2권 제2호, 사회보장법학회, 2013, 133면

이정은, "광역자치단체의 지역사회보장계획 수립 현황 분석: 지역성을 중심으로", 보건복지포럼 제244호, 한국보건사회연구원, 2017.

이준일, "사회적 기본권", 헌법학연구 제10권 제1호, 한국헌법학회, 2004.

이재훈, "「행정기본법」(안)상 신고제에 대한 연구", 공법학연구 제21권 제4호, 한국비교공법학회, 2020.

이헌석, "사회보장행정의 일반 법원칙에 관한 연구", 사회과학연구 제10집, 서원대학교 사회과학연구소, 1997, 194면.

이헌석, "사회보장행정법상 행정재량의 관한 소고-생활보호급부를 중심으로-", 공법학의 제문제(김영훈교수 화갑기념논문집), 법문사, 1995.

이호용, "복지분권화와 국가·지방간 사회복지사무의 분담", 사회복지법제연구 제1호, 한국사회복지법제학회, 2010. 10.

이호용, "사회보장수급권의 절차법적 보장에 관한 소고", 한양법학 제27권, 한양법학회, 2009.

이호용, "사회보장을 받을 권리의 구체적 권리성을 위한 새로운 시론-행정법의 관점에서-", 토지공법연구 제14집, 한국토지공법학회, 2001. 12.

이호용, "사회보장의 시장화와 자기결정", 한양법학 제35권, 한양법학회, 2011.

이호용, 사회보장행정의 절차법적 모델의 탐구를 위한 기초 연구-독일 사회법전으로부터 시사점을 얻어-, 한양법학 제29권, 한양법학회, 2010.

임성택, "사회복지서비스 신청 소송경과와 과제", 복지서비스 신청권 실질화를 위한 대토론회 자료집, 2011.

임성훈, "보조금 부정청구에 대한 부정이익 환수 및 제재에 관한 연구", 행정법연구 제58호, 행정법이론실무학회, 2019.

임성훈, "인공지능행정이 행정절차·행정소송에 미치는 영향에 대한 시론적 고찰", 행정법연구 제62호, 행정법이론실무학회, 2020.

임영호, "공법상 소송유형과 소송형식-항고소송과 당사자소송을 중심으로", 행정법연구 제25호, 행정법이론실무학회, 2010.

임재홍, "행정절차법상 처분기준의 설정 및 공표", 행정법연구 제4호, 행정법이론실무학회, 1999.

장봉석, "사회복지서비스계약에 관한 연구", 전북대학교 박사학위논문, 2015.

장승혁, "사회보장소송의 특수성과 사회보장법원의 필요성", 사회보장법학 제8권 제1호, 사회보장

법학회, 2019.

장우찬, "사회연대 원리의 규범적 의미와 그 효력", 법학연구 제22권 제4호, 인하대학교 법학연구소, 2019.

장 욱, "사회서비스바우처에 대한 행정법적 고찰", 법학연구 제21권 제1호, 연세대학교 법학연구원, 2011.

장효훈, "고액 체납자의 개인정보 공개로 인한 사생활을 존중받을 권리 침해", 세계헌법재판 조사연구보고서 2023년 제4호, 헌법재판연구원, 2023. 6.

전광석, "최저생활보장의 규범적 기초-헌법 및 관련 법제의 형성과 과제를 중심으로", 저스티스 제156호, 한국법학원, 2016.

전숙경, "시설수용, 그 침묵의 카르텔을 깰 서비스 신청권에 대하여", 월간 복지동향 제136호, 참여연대사회복지위원회, 2010.

정관영·박보영, "사회보장수급권에 대한 헌법 제37조 제2항의 위헌심사기준: 공공부조를 중심으로", 사회보장법연구 제3권 제2호, 사회보장법학회, 2014.

정극원, "헌법상 보충성의 원리", 헌법학연구 제12권 제3호, 한국헌법학회, 2006.

정남철, "행정심판의 확대 및 기능 강화를 위한 개선방안", 행정법학 제14권 제1호, 한국행정법학회, 2018. 3.

정영진·김상찬, "사회보장관련법상 권리구제제도에 관한 연구", 법과 정책 제21권 제3호, 제주대학교 법과정책연구소, 2015.

정하중, "공법상 부당이득반환청구권의 독자성", 행정판례연구 제15권 제1호, 한국행정판례연구회, 2010.

조만형, "우리나라 사회보장법상 행정불복절차에 관한 연구", 공법연구 제35집 제2호, 한국공법학회, 2006.

조병규·오명은·장혜선·서장원·오군성, "사회보장수급권과 권리구제", 사회복지법연구, 경인문화사, 2019.

조성규, "복지사무와 지방자치단체의 역할", 지방자치법연구 제13권 제3호, 한국지방자치법학회, 2013.

조성규, "사회보장법제에 있어 조례의 역할과 한계", 지방자치법연구 제13권 제4호, 한국지방자치법학회, 2013.

조성규, "인공지능에 기반한 자동화된 행정결정의 행정법적 쟁점", 동북아법연구 제16권 제4호, 전북대학교 동북아법연구소, 2023.

차성안, "독일의 사회법 분쟁과 해결과 사회법원의 역할", 사회보장법학 제8권 제1호, 사회보장법학회, 2019.

차성안, "장애등급제 폐지와 장애인 권리구제를 위한 법원의 역할", 법학논집 제23권 제1호, 이화
　　여자대학교 법학연구소, 2018.

차진아, "사회보장수급권의 헌법적 근거와 제한사유의 합헌성에 대한 검토", 사회보장법학 제2권
　　제2호, 사회보장법학회, 2014.

채현탁, "읍·면·동 복지기능 강화에 따른 지역사회복지협의체와 사회복지협의회의 협력방안", 한
　　국지역사회복지학 제52집, 한국지역사회복지학회, 2015.

최계영, "국민건강보험의 행정법적 쟁점", 서울대학교 법학 제55권 제2호, 서울대학교 법학연구소,
　　2014.

최송화, "행정재량의 절차적 통제", 서울대학교 법학 제39권 제2호, 서울대학교 법학연구소, 1999.

최승필, "공행정에서 AI의 활용과 행정법적 쟁점-행정작용을 중심으로-", 공법연구 제49집 제2호,
　　한국공법학회, 2020. 12.

최철호, "사회복지행정법의 행정처분의 기준과 유형의 법적 특징", 영산법률논총 제7권 제2호, 영
　　산대학교 법률연구소, 2010.

최현수·오미애, "4차 산업혁명에 대비한 보건복지 분야 데이터 주도 정책 추진 필요성과 방향",
　　보건복지포럼 통권 제250호, 한국보건사회연구원, 2017.

하명호, "공법상 부당이득의 법리", 인권과정의 제490호, 대한변호사협회, 2020.

하명호, "사회복지서비스법 총론 구성의 시론", 사회보장법학 제1권 제1호, 사회보장법학회, 2012.

하명호, "사회보장행정에서 권리의 체계와 그 구제", 고려법학 제64호, 고려대학교 법학연구원,
　　2012.

한수웅, "본질성이론과 입법위임의 명확성원칙", 헌법논총 제14집, 헌법재판소, 2003.

한승훈, "우리나라 사회보험행정상 심급적 행정심판을 위한 법제적 고찰", 사회보장연구 제20권
　　제3호, 사회보장학회, 2004.

홍석한, "보충성의 원리에 대한 헌법적 고찰", 법학논문집 제43집 제1집, 2019, 중앙대학교 법학
　　연구원, 27-30면.

홍성방, "헌법상의 보충성의 원리", 공법연구 제36집 제1호, 한국공법학회, 2007.

홍완식, "헌법과 사회보장법에 있어서의 보충성의 원리", 공법연구 제28집 제4호 제2권, 2000.

황운희, "산재보험급여의 소멸시효 기산일", 노동법논총 제27집, 한국비교노동법학회, 2013.

저자약력

하명호(河明鎬)
고려대학교 법과대학 법학과 졸업
고려대학교 대학원 법학과 졸업(법학석사)
제32회 사법시험 합격
사법연수원 수료(제22기)
육군 법무관
대전, 천안, 인천, 수원 지방법원 판사
헌법재판소 헌법연구관·헌법연구위원
대법원 재판연구관
고려대학교 법학전문대학원 교수(행정법)
독일 Bonn 대학, 일본 와세다 대학, 나고야 대학 객원연구원

주요 저서
[단행본]
행정법대의(번역), 고려대학교 출판연구원
한국과 일본에서 행정소송법제의 형성과 발전, 경인문화사
행정법, 박영사
행정쟁송법, 박영사
신체의 자유와 인신보호절차, 고려대학교 출판부
[논문]
'지방자치단체의 사무구분체계에 관한 공법적 고찰', 지방자치법 연구
'행정소송법 개정의 필요성과 방향', 행정판례연구
'취소소송에서의 소송물과 심리범위 그리고 판결의 효력', 사법
'행정기본법의 제정과정과 주요내용', 법제연구
'처분기준의 설정·공표의무와 이를 위반한 처분의 효력', 행정판례연구
'공법상 부당이득의 법리', 인권과정의
'의무이행소송의 도입 필요성과 바람직한 도입 방안', 국가법연구

'제국일본의 행정재판법제와 식민지조선에의 시행 여부', 고려법학

'행정소송에서 가처분 규정의 준용', 행정판례연구

'위험사회에 대처하는 한국 행정소송제도의 문제점과 과제', 행정법연구

'헌법재판과 행정법이론', 공법연구

'목촌 김도창 박사의 복리행정법', 공법연구

'행정심판의 개념과 범위', 인권과 정의

'사회보장행정에서 권리의 체계와 그 구제', 고려법학

'처분사유의 추가·변경에 관한 판례의 평가와 보완점', 고려법학

'공법상 당사자소송과 민사소송의 구별과 소송상 취급', 인권과 정의

'韓國における憲法裁判所および行政法院の機能と役割', 早稲田大學 比較法學

등 다수

박정연(朴正蓮)

고려대학교 법과대학 법학과 졸업

고려대학교 일반대학원 법학석사(행정법 전공)

고려대학교 일반대학원 법학박사(행정법 전공)

법제처/법령정보관리원(현 한국법령정보원) 연구원

이화여자대학교 생명의료법연구소 박사후연구원

고려대학교 강사

고려대학교 법학전문대학원 연구교수

고려대학교 바이오의공학부 객원교수

한경국립대학교 법학과 부교수(현)

주요 저서

[단행본]

보건의료윤리법학(공저), 박영사

의약품·의료기기 관련 산업과 법(공저), 세창출판사

법적 이슈 공감하기 2018(공저), 세창출판사

신경과학기술과 법(공저), 박영사

[논문]

'장기요양기관의 지위에 관한 행정법적 고찰', 법학논총

'노인요양서비스의 민간공급과 국가의 역할', 사회보장법학

'노인의 주거권에 관한 규범적 의미의 재탐색', 법학논총

'미국의 GMO 표시법(공저)', 과학기술법학

'미국 행정청의 집행재량(enforcement discretion)에 관한 법리와 시사점(공저)', 공법연구

'사회서비스 바우처의 부정사용에 대한 법적 규제', 법학논총

'사회서비스 바우처 제도의 법문제', 행정법연구

'지역복지행정조직의 문제와 법제 개선', 사회복지법제연구

'간병비 급여화의 법적 쟁점', 법학연구

'의료행위 개념의 법제화 시론', 서울법학

'노인돌봄체계의 개선방안에 관한 법적 고찰— 재가(가정방문형)서비스를 중심으로 —
　(공저)', 법학연구

'의료기기 진입규제의 변화: 공법적 정당화 논거와 규제 방향성', 법학논총

'행정 영역에서의 의사결정 지원: 발달장애인 의사결정 지원을 중심으로', 법학논총

'제네릭 의약품 약가조정 고시에 대한 비판적 고찰', 의료법학

'정신적 장애인의 선거권 보장에 관한 영국 법제와 시사점', 법학논총

'요양병원에서의 의료 질 관리를 위한 법적 규제', 생명윤리정책연구

'신기술기반 의료기기 규제개선— 연구개발과의 연계적 관점에서 —', 법학논총

'정신적 장애인의 선거권 보장에 관한 영국 법제와 시사점', 법학논총

'정신장애인의 지역사회 복귀를 위한 의사결정 지원— 공법적 분석을 중심으로 —', 법학논총

'지역사회 통합돌봄의 구현을 위한 법제적 과제— 사무와 행정조직을 중심으로 —', 행정법학

'치매노인의 자기결정권 보장— 의사결정 지원과 돌봄의 연계적 고찰 —', 법학논총

'뇌자극기에 대한 FDA 규제와 시사점— 국내 의료기기 규제와의 비교법적 고찰 —', 생
　명윤리정책연구

'초고령화 시대 의료·돌봄 법제의 현안과 과제— 간병비 급여화 논의를 중심으로 —',
　행정법연구

'신경기술의 발전과 의료기기 규제의 국제표준화', 의생명과학과법

황지애(黃知愛)

고려대학교 법과대학 법학과 졸업

고려대학교 대학원 법학과 졸업(법학석사)

제47회 사법시험 합격

사법연수원 수료(제39기)

인천, 서울중앙, 서울남부 지방법원, 서울행정법원 판사

사회보장행정법

초판발행	2025년 1월 31일
지은이	하명호·박정연·황지애
펴낸이	안종만·안상준
편 집	장유나
기획/마케팅	조성호
표지디자인	BEN STORY
제 작	고철민·김원표
펴낸곳	(주) **박영사**
	서울특별시 금천구 가산디지털2로 53, 210호(가산동, 한라시그마밸리)
	등록 1959. 3. 11. 제300-1959-1호(倫)
전 화	02)733-6771
f a x	02)736-4818
e-mail	pys@pybook.co.kr
homepage	www.pybook.co.kr
ISBN	979-11-303-4857-5 93360

정 가   34,000원